Stefan Plaggenborg

Experiment Moderne

Der sowjetische Weg

Campus Verlag
Frankfurt / New York

Gedruckt mit Unterstützung der Deutschen Forschungsgemeinschaft

Bibliografische Information der Deutschen Bibliothek
Die Deutsche Bibliothek verzeichnet diese Publikation in der Deutschen Nationalbibliografie.
Detaillierte bibliografische Daten sind im Internet über http://dnb.ddb.de abrufbar.
ISBN 13: 978-3-593-38028-5
ISBN 10: 3-593-38028-5

Umschlagmotiv: Boris Jofan/Vladimir Gel'frejch/Vladimir Ščuko: Palast der Sowjets. Wettbewerbsbeitrag 1934, unrealisiert, in: Alexej Tarchanow/Sergey Kawtaradse: Stalinistische Architektur, München: Klinkhardt und Biermann 1992, S. 12.
Druck und Bindung: Druckpartner Rübelmann, Hemsbach
Gedruckt auf säurefreiem und chlorfrei gebleichtem Papier.
Printed in Germany

Besuchen Sie uns im Internet: www.campus.de

Inhalt

Einleitung

In diesem Buch wird der Versuch unternommen, die Moderne und das bolschewistische Experiment in einen Zusammenhang zu bringen. Das geschieht aus mehreren Gründen. Erstens interessiert der theoretische Ertrag, der aus der Beschäftigung mit der sowjetischen Geschichte gezogen werden kann. Zweitens ist die sowjetische Geschichte innerhalb der europäischen Geschichte des 20. Jahrhunderts zu lesen. Um sie im Kontext der historischen Entwicklungen dieses Jahrhunderts analysieren zu können, ist ein begrifflich wie theoretisch komplexes Konzept erforderlich, das nicht allein Teilbereiche von Modernisierungsprozessen in den Blick nimmt. Wenn diese Fragestellung unmittelbar in die Moderne hineinführt, die ihrerseits im historischen Vollzug zu beschreiben ist, so interessiert drittens die durch dieses Vorgehen mögliche theoretische Erweiterung oder konzeptionelle Schärfung dessen, was wir unter Moderne verstehen.

In keinem Zeitalter zuvor haben die Menschen so viel über sich selbst nachgedacht und ihre Epoche so sehr reflektiert wie in der Moderne. Eines der zentralen Kennzeichen dieser Zeit ist ihre Selbstthematisierung, und zwar stets im Kontext der historischen Einordnung als universales Unikat. Das gemeinsame Merkmal der umfangreichen Literatur über die Moderne ist das fortgesetzte Sprechen über sich selbst. Es scheint jedoch einen eigenartigen Widerspruch zu geben. Obwohl sich der Diskurs über mittlerweile rund 300 Jahre erstreckt, scheint die Moderne gerade unter Philosophen oder Soziologen des ausgehenden letzten Jahrhunderts auf seltsame Weise enthistorisiert; sie findet sich ausweislich des größten Teils des heutigen Modernediskurses in den Texten der Klassiker von der »Querelle des anciens et des modernes« bis zur heutigen soziologischen Modernetheorie – alles in allem ein fortgesetztes Projekt von Textauslegungen und Zuschreibungen für Vergangenheit und Gegenwart. In dieser Form der Selbstbeschreibung ist sie ein imaginiertes Phänomen, immer und immer wieder aus sich selbst heraus, das heißt aus Texten definiert. Fraglich ist der reale Vollzug von Geschichte als konstitutivem Element der Moderne. Ist es möglich, dass die Menschen modern denken, leben, schreiben, malen, komponieren, bauen, ohne dass der eigentlich begriffslose historische

Prozess davon unberührt bliebe? Manifestiert sich das Verständnis der Moderne lediglich in den Artefakten menschlicher Abstraktionsleistungen, ohne im historischen Prozess selbst auffindbar zu sein? Theoretisch scheint das Problem gelöst: Es ist von Modernisierungsprozessen als Verlaufsformen historischer Entwicklungen hin zur Moderne die Rede, wobei gesellschaftliche Modernisierung und kulturelle Moderne auseinander treten. Unübersehbar klafft dazwischen eine Lücke in empirischer, methodischer und theoretischer Hinsicht. Der Wirklichkeitsgehalt der Moderne liegt in ihrer Geschichte, nicht in den Texten über sie. (Wir lassen das Problem der Fiktionalität von Geschichte als Text und des narrativen Charakters der Geschichtsschreibung hier beiseite.) Anders ausgedrückt: Es existiert eine offensichtliche Differenz zwischen der imaginierten Moderne der Narrative und der Moderne in der Praxis. Das Unbehagen am mangelnden Wirklichkeitsgehalt der dominanten imaginierten Moderne bildete den Anlass für die vorliegende Untersuchung. Sie versucht, realgeschichtliche Vorgänge mit dem Diskurs über Moderne zu konfrontieren, was zwangsläufig nicht die geschichtlichen Abläufe zu ändern vermag, wohl aber das Verständnis von Moderne. Dies geschieht am Beispiel des bolschewistischen Experiments, welches die Moderne sowohl als Text enthält – als imaginierte Beschreibung ihres (scheinbar erfolgreichen) Fortgangs und als Beschwörung ihrer Entwicklungsoption – als auch eine Form der Moderne in der Praxis darstellt.

Die eingangs genannten drei Gründe sind zu erläutern. Die Leser müssen wissen, dass dieses Buch kein Lehrbuch der sowjetischen Geschichte ist. Wer ereignisgeschichtlich-strukturierende Darstellungen wünscht, sei an andere Orte verwiesen.[1] Dieses Buch gibt keine Chronologie wieder. Es geht vielmehr um den Versuch, die 74 Jahre sowjetischer Geschichte theoriebezogen und problemorientiert mit Hilfe bestimmter, als zentral postulierter Bereiche zu erfassen. Selbstverständlich müssen die zur Strukturierung der sowjetischen Geschichte herangezogenen theoretischen Konzepte und Begriffe sowie analytischen Kategorien expliziert werden. Dies geschieht in den jeweiligen Kapiteln, denn für die theoretische und auf die Analyse bezogene Herleitung im Einzelnen ist in der Einleitung nicht der Platz. Es sei aber bereits an dieser Stelle gesagt, dass es sich um Bereiche handelt, die dazu geeignet sind, den Stoff der über sieben Jahrzehnte währenden Sowjetgeschichte in den Kontinuitäten, Widersprüchen und Brüchen zu fassen. Dass dabei Vereinfachungen und Typisierungen vorkommen, liegt in der Natur der gewählten Vorgehensweise.

---

1 Altrichter, *Geschichte*; Hildermeier, *Geschichte*; Pichoja, *Sovetskij sojuz*; Plaggenborg, *Handbuch*

Siebeneinhalb Jahrzehnte sind eine kurze Zeit. Was bleibt? Was war wichtig? Auf diese Fragen sind viele Antworten möglich, aber wahrscheinlich ist, dass sich ein Konsens herausbildet, wonach diese Periode verlorene Zeit bedeutete, ein grandios gescheitertes Experiment, das kaum etwas hinterlässt außer der Erinnerung an die Lager, die entsetzlichen Vernichtungswellen, an Zerstörungen ungeheuren Ausmaßes, an einen Traum von einer besseren und gerechteren Welt, dem ein Aufwachen im Desaster folgte, an eine Industrialisierung, die sich selbst vernichtete, an ungeahnte ökologische Katastrophen, an die Knebelung und Unterdrückung der Künste und des Denkens, an ein System, dem jedes Mittel recht war, um sich an der Macht zu erhalten. Niemand käme heute auf die Idee, den seinerzeit gefeierten Aufbruch der Sowjetmacht als vorwärtstreibendes Geschehen der europäischen Geschichte zu betrachten. An epochale Aufbrüche wird niemand denken, wenn von der Sowjetunion die Rede ist. Sie ist doppelt tot: als untergegangenes System und als Vorbild für Bewältigungsstrategien gegenwärtiger und zukünftiger Probleme und Krisen.

So berechtigt diese Ansicht sein mag, so ist sie dennoch abzulehnen, weil damit die Analyse des Experiments Sowjetunion als abgeschlossen erklärt werden könnte, ohne es für ein sowohl historisches wie theoretisches Verständnis des 20. Jahrhunderts als einem pulsierenden Abschnitt der Moderne zu begreifen. Dann unterliefe derselbe Fehler wie bisher: Die Mehrheit der Historiker betrachtete den Osten Europas aus zentral- und westeuropäischer Perspektive als geschichtswissenschaftlich peripher, und die Modernetheoretiker können es sich mit einer solchen Ansicht leicht machen; sie erklären implizit die Geschichte der Sowjetunion für theoretisch unfruchtbar. Scheitern ist ein Begriff, der in dieser Arbeit außer in wenigen Zitaten nicht vorkommt, weil er ein normatives Moderneverständnis impliziert, damit den »gescheiterten« Fall für modernetheoretisch analyseunfähig erklärt und gleichzeitig die Existenz der Moderne konkludent bekräftigt.

Die in diesem Buch untersuchten Gebiete sowie die zu ihrer Analyse herangezogenen Begriffe, theoretischen Orientierungen und die Probleme, die sie umschreiben, kreisen um das Zentralthema der Moderne, ihre Ausprägungen und ihren Verlauf. Dabei kommt es hier nicht darauf an, dass die Bolschewiki ihr historisches Projekt als ein Modernisierungsvorhaben begriffen und Stalin dies ohne Wenn und Aber deutlich machte. Diese Tatsache steht hier nicht zur Debatte; sie wird vorausgesetzt ebenso wie die Existenz von Modernisierungsprozessen in Teilbereichen. Es geht darum, die Geschichte der Sowjetunion als Moderne zu lesen und vor diesem Hintergrund zentrale Probleme der Moderne und ihrer Theorie zu diskutieren.

Aber welche Moderne? Zum einen kommt sie »in so vielen Bedeutungen daher, wie es Denker und Journalisten gibt«,[2] zum anderen offenbart die Literatur eine erstaunliche Nachlässigkeit in der Theoriebildung. Ich beginne mit dem zweiten Punkt, der unmittelbar an die eingangs gemachten Ausführungen anknüpft. Max Weber hatte das historische Unikat der abendländischen Modernevoraussetzungen und -verläufe erforscht, also die Frage nach einer historischen Spezifik gestellt und ihre distinkten Merkmale erarbeitet. Zahlreiche heutige Modernetheoretiker verfahren anders: Ihre Untersuchungen sind blind dadurch, dass sie als Beobachter der westeuropäisch-nordamerikanischen Gesellschaften ihre Theorieaussagen aus diesen Gesellschaften ableiten. Sie setzen sich damit dem Vorwurf aus, sie gründeten ihre Theoreme auf historisch gewachsene Formen einer Moderneoption unter mehreren, die – in unkritischer Fortführung der frühen Modernisierungsforschung – als Modernebeschreibungen generalisiert werden. Modern ist, was modern ist, lautet der Zirkelschluss. Was als Moderne gilt, bestimmen Europa (sprich: Westeuropa) und Nordamerika. Mit Blick auf die Grundlegung durch Weber ist das richtig, aber für eine Fortschreibung der Moderne reicht diese Perspektive nicht aus.

In diesem Vorgehen kommt eine bemerkenswerte Distanzlosigkeit zur Moderne als einem sich unter bestimmten historischen und räumlichen Voraussetzungen abspielenden Vorgang zum Ausdruck. Die theoretisch orientierte Soziologie westlicher Provenienz hat bis auf wenige Ausnahmen[3] keine Versuche unternommen, die Entwicklungen in Osteuropa im 20. Jahrhundert in die Theoriebildung aufzunehmen, wenn schon von *europäischen* Verhältnissen die Rede ist. Die Unterlassung wäre aber nur dann erlaubt, wenn diese Literatur explizit und begründet die Gesellschaften dieses Teils Europas als prämodern oder sonst wie nicht modern bestimmen würde. Aber sie übersieht sie, obwohl sich die west- wie osteuropäischen Gesellschaften und Kulturen in enger Verwandtschaft entwickelten und es heute – anders als zu Max Webers Zeiten (der übrigens russisch lernte, um sich über die Revolution von 1905 und den (Schein-)Konstitutionalismus in Russland zu informieren) – keinen wissenschaftlich überzeugenden Grund gibt, Europa und Nordamerika theoretisch zu isolieren. Um wie viel mehr gilt dies für die ostmitteleuropäischen Regionen. Überlesen wurde der Hinweis eines Philosophen, wonach die Marxsche Utopie »das Projekt der Moderne auf seine eigentliche Formel gebracht« hatte,[4] was Anlass zu intensiver Forschung zu osteuropäischen Gesellschaften

2 Latour, *Wir*, S. 18
3 Die entsprechenden Untersuchungen werden in Kapitel 7 diskutiert
4 Spaemann, »Ende«, S. 31

hätte sein können. Hat diese Ausblendung mit politischen Verhältnissen der Nachkriegszeit zu tun? Unausgesprochen werden alle osteuropäischen Gesellschaften auf diese Weise zu den rückständigen Kellerkindern gerechnet. In dem Zusammenhang bedarf die Tatsache keines Kommentars, dass es in der alten wie neuen Bundesrepublik nur einen einzigen, über Jahre hinweg vakanten soziologischen Lehrstuhl gibt, der sich mit osteuropäischen Gesellschaften befasst.

Dem Argument könnte entgegnet werden, es habe sich in Osteuropa um Kopien des westeuropäisch-nordamerikanischen Entwicklungsweges gehandelt. In diesem Falle würde eine Untersuchung die Theorie nicht weiterbringen, denn im Falle einer »relationalen Bestimmung der Moderne« durch zahlreiche nachholende Modernisierungen rund um den Globus impliziere »Moderne« – als repetitiver Vorgang – weder übergreifenden Entwicklungssinn noch notwendige Entwicklungstendenzen.[5] Aber das ist kein überzeugendes Argument. Zurückzuweisen ist die sozialwissenschaftliche Anmaßung, die in der Beschreibung eines Grundtypus die Geschichte erschöpft sieht. Der Rest sei Epigonentum. Cornelius Castoriadis hat vor vielen Jahren diese Haltung mit guten Gründen kritisiert.[6] Bevor die Moderne im Osten Europas mit dem im Zitat vorgetragenen Argument als für die Theorie irrelevant erklärt wird, wäre es angebracht, sie zu diskutieren, sonst setzt sich die Theorie dem Apologieverdacht aus. Ein wichtiges, wenngleich keineswegs entscheidendes Theorieproblem besteht gerade darin, dass es die uneinheitliche europäische Moderne des 20. Jahrhunderts gibt; sie zeigt sich, wenn man sie historisiert und dennoch als ein gemeinsames europäisches Projekt begreift, das asynchron ablief und regional zu unterschiedlichen Resultaten führte, ohne dass jedoch die westeuropäisch atlantische Großregion normativ zu setzen wäre, für deren theorieleitende Hegemonie unter heutigen Gesichtspunkten kein überzeugendes Argument genannt wurde und in Anbetracht der langjährig geäußerten Kritik an der Modernisierungsforschung auch wohl kaum zu finden ist. Ob »Freisetzung und Verselbständigung von Handlungssphären«[7] oder Optionserweiterung, Spezialisierung und funktionale Differenzierung,[8] abgeleitet aus den Verhältnissen in Westeuropa und Nordamerika als den modernen Gesellschaften bedeutet das: Zurück auf Feld eins der Modernisierungstheorie. Es geht hier wohlgemerkt nicht um die Rehabilitierung einer geographischen Region, sondern um ein durch Ausblendung entstandenes (moderne-)theoretisches Defizit, das mit etwas Aufwand behebbar ist.

---

5 Lepsius, »Theoreme«

6 Castoriadis, *Gesellschaft*, S. 28-72, bes. 51; Müller, »Modernisierung«; Knöbl, *Spielräume*

7 Berger, »Gesellschaftsstadium«, S. 90

8 Offe, »Utopie«

Ein ähnlicher Vorwurf ist an Habermas' »Der philosophische Diskurs der Moderne« nicht zu richten, aber Fragen prinzipieller Natur stellen sich trotzdem. Sie ergeben sich spätestens dann, wenn der »Diskurs« mit Habermas' Aufsatz über die nachholenden Revolutionen in Osteuropa in Beziehung gesetzt wird.[9] Sehen wir an dieser Stelle von Habermas' Ausgangspunkt ab, die Moderne gegen die Postmoderne zu verteidigen, so ist seine Rekonstruktion des (westlichen) philosophischen Modernediskurses nicht ohne Berücksichtigung der Folgen für die betroffenen Gesellschaften möglich. Aber nur für die westlichen? Es ist ja offenkundig, dass die Moderne alle Gesellschaften verändert, die von ihr berührt werden. »Selbstbewusstsein, Selbstbestimmung und Selbstverwirklichung« sowie die »reflexiv gewordene Kultur, die Selbstbestimmung in generalisierten Werten und Normen, die Selbstverwirklichung in der fortgeschrittenen Individuierung der gesellschaftlichen Subjekte«[10] stellen Kennzeichen der Moderne dar. Aber gibt es keine Moderne ohne diese Elemente, oder genauer: in der diese Elemente, ohne dass sie ihren Wortlaut ändern müssten, vollständig andere Inhalte erhielten? War das bolschewistische Experiment deshalb nicht modern, weil es ihm an diesen Charakteristika mangelte, oder weil es sie negierte, oder weil es sie anders füllte? Wenn unter sowjetischen Modernevorzeichen zum Beispiel die »Selbstbestimmung in generalisierten Werten« nicht mit Hilfe der als hohl angesehenen bürgerlichen Zivilisationsversprechen erfolgte, sondern andere, dennoch moderne Werte in den Bürgern verankert werden sollten, war das dann amodern, weil diese Werte nicht mit den bürgerlichen zur Deckung kamen, oder handelte es sich um eine andere Form des Modernen, das heißt um eine prinzipielle Gleichheit der Wertgeltung und Wertgeltungsansprüche bei unterschiedlichen Wertinhalten? Der Ausgang aus diesen Aporien liegt in dem Verweis auf den Moderndiskurs selbst: Bei Habermas handelt es sich um den philosophischen Diskurs, nicht um die real existierende Moderne. Dass Habermas jedoch von der gegen die Soziologie gerichteten Kritik nicht freizusprechen ist, zeigt der genannte Aufsatz, der den Kollaps des Sozialismus in Osteuropa als Beginn einer Emanzipation im Sinne der westlichen Moderne interpretiert. Der west-orientierte Konformismus ist aber kein Wunder in den ostmitteleuropäischen Gesellschaften, die durch Besatzung unterdrückt wurden und dagegen revoltierten. Für die Sowjetunion war diese Richtung nicht ausgemacht (und ist es in den Nachfolgestaaten bis heute nicht). Wenn Habermas mit Marcuse meint, der Schritt zum Sowjetmarxismus sei aus der Lehre Marxens nicht zu recht-

9 Habermas, *Diskurs*; ders., »Revolution«
10 Habermas, *Diskurs*, S. 391-392 u. 400

fertigen,[11] so verdrängt er mit dem Theoriebezug, das heißt mit einem auf das Narrativ bezogenen Argument, die über sieben Jahrzehnte des real existierenden bolschewistischen Experiments aus der Geschichte der Moderne.

An dieser Stelle baut sich das entscheidende Theorieproblem auf. Die gesamte Modernedebatte scheidet sich an einer Zäsur, nämlich dort, wo die Geschichte ins Spiel kommt, und zwar nicht als geschichtsphilosophische Auslegung, die ihrerseits zentral zum Moderne*diskurs* gehört, sondern in der Berücksichtigung realgeschichtlicher Vorgänge, die sich dem selbstreferentiell gesteuerten Diskurs über Moderne entgegenstellen und erst einmal wahrgenommen werden müssen. Obwohl die Kritik so alt ist wie die Moderne selbst, hat erst die Katastrophe des Nationalsozialismus und des Zweiten Weltkrieges die modernetheoretisch verengte Wahrnehmbarkeit realgeschichtlicher Bestände grundlegend erweitert, die zwangsläufig die Kritik am Diskurs hervorrufen musste. (Paradox ist die Tatsache, dass die Modernisierungstheorie trotz dieses Befundes nach 1945 zur Blüte kam. Mir scheint diese widersprüchliche Verknüpfung der »Dialektik der Aufklärung« und der fundamentalen Moderneskepsis auf der einen Seite mit dem auch theoretisch untermauerten Pathos der Modernisierung der Historisierung wert.[12]) Das spricht für die imaginierte Moderne Bände. Doch auch nach 1945 ist die imaginierte Moderne, basierend auf Texten, Geschichtsphilosophie, Fortschrittsglaube, westlicher Selbstüberhöhung und selbstreferentiell interpretierten sozialen Systemen nicht abgestorben, sondern erfreut sich nach wie vor großer Rüstigkeit. Die Zäsur, die trennt, ist die zwischen dieser imaginierten Moderne und einer Praxis der Moderne.

Der Eintritt der Geschichte als realem Vorgang markiert die Differenz. Sie bildet die negationistische Gemeinsamkeit bei Horkheimer und Adorno, Michel Foucault und zuletzt Zygmunt Bauman, in dessen Schriften die theoretische Unzulänglichkeit der imaginierten Moderne hervortrat.[13] Die Skrupel, die Bauman zu dem Versuch trieben, den Holocaust als Problem der Sozialwissenschaften zu fassen und ihn in deren Theorie und Methodologie einzuführen, ließen einen großen Teil der soziologischen Literatur zur Moderne selbst dann unbefriedigend erscheinen, wenn diese sich modernekritisch zeigte, aber Baumans Problem außer Acht ließ. Das bestand darin, dass sich die Sozialwissenschaften mit dem Gedanken vertraut machen mussten, die Moderne berge ein Zerstörungspotential in sich. Spätestens seit Bauman kann sich die Theorie der imaginierten Moderne nur noch um den Preis der Ent-

11 Habermas, »Revolution«, S. 137

12 Alexander, »Modern«

13 Bauman, *Dialektik*; ders., *Moderne*

historisierung bestimmen. Dieses Defizit ist auch von anderen Soziologen beobachtet worden. Hans Joas bemerkte bei seiner Diskussion des Verhältnisses von Modernisierungstheorie und Gewalt: »Die Abstraktionsleistungen der soziologischen Theorie bedürfen eben der Verbindung mit der Sachintimität der Geschichtsschreibung«.[14] Das ist eine ungewollte Paraphrase der Kritik Norbert Elias' an der theoretischen Soziologie, geäußert vor beinahe 40 Jahren im Vorwort zur zweiten Auflage seiner vor rund 70 Jahren erschienenen Zivilisationstheorie.[15] Der Historiker begreift die im Zitat geäußerte Unterstellung als Aufforderung, sich zu äußern. Seit 1945 spätestens steht die Modernedebatte vor dem Problem, was sie mit der Geschichte, namentlich der des 20. Jahrhunderts, theoretisch anfängt. Damit stellen sich andere Probleme als bei der wiederholten Lektüre von Max Weber oder Nietzsche – was weder gegen Nietzsche noch Weber spricht.

Damit ist ein hinlänglich bekanntes Grundproblem der Moderne benannt, das zugleich die zuvor skizzierte Zäsur in der Moderneliteratur definiert. Habermas hat die »Kolonialisierung der Lebenswelten« ins Feld geführt: die einseitige Ausdifferenzierung, die Uniformisierung und Auszehrung der Lebenswelten und ihre Schutzlosigkeit gegenüber Systemimperativen.[16] Alain Touraine hat die Idee der Befreiung des Subjekts in den Mittelpunkt der Modernedefinition gestellt. Ohne sie sei die Verbindung zwischen der kulturellen und der sozialen und politischen Modernisierung unmöglich. Gerade das 20. Jahrhundert habe jedoch die Grunderfahrung »der zerstörerischen Macht kollektiver Kräfte über die Individuen und die der Verwandlung von Vernunftprogrammen in Willkür und Repression« gebracht.[17] Die postmoderne Kritik an der Moderne ist durchzogen von den Negativeffekten der Moderne. Was alle diese Kritiken kennzeichnet, ist ihr Rekurs auf Geschichte als realem Vorgang. Offensichtlich ist: Geschichte verfügt über eine Veto-Macht gegenüber dem Diskurs der imaginierten Moderne.

Von Seiten der Geschichtswissenschaft ist das tendenziell positiv besetzte Modernebild der imaginierten Moderne schon längere Zeit hinterfragt worden, ja man darf zugespitzt behaupten, der Paradigmenwechsel zur Kulturgeschichte habe unmittelbar mit der Kritik an der Modernisierungsforschung in Zusammenhang gestanden. Dazu musste nicht einmal das 20. Jahrhundert herhalten, sondern es ergaben sich zahlreiche Korrekturen bereits in der frü-

14 Joas, »Modernität«, S. 13-27; für eine historische Soziologie der Moderne plädiert Wagner, *Soziologie*; Knöbl, *Spielräume*, S. 23, sieht dabei die Gefahr des Abgleitens in »›bloße‹ Geschichtsschreibung«

15 Elias, *Prozess*, Bd. 1, S. 9-75

16 Habermas, *Theorie*, 2 Bde.

17 Touraine, »Krise«

hen Neuzeit. Moderne sei immer auch eine Geschichte ihres Scheiterns, »ja die Möglichkeit des Scheiterns ist der Kern der Moderne selbst«, warf ein Historiker ein.[18] So notwendig dieser Einwand seinerzeit war, so bleibt er doch im Vorurteil der »guten« Moderne stecken, denn von der Möglichkeit des Scheiterns zu sprechen, heißt, die Existenz der richtigen, doch leider zuweilen nicht zum Durchbruch kommenden Moderne zu unterstellen. Der Baumansche Begriff der Ambivalenzen der Moderne trifft ihren Gehalt besser. Auch die Überlegung, dass in der Moderne verschiedene Gegen-Modernen eingelagert seien, kommt den Umständen näher.[19]

Diese wenigen Bemerkungen weisen nicht nur auf die vielfach beschriebenen Paradoxien der Moderne hin, sondern darauf, dass deren Ursachen gerade in dem Bereich zu finden sind, aus dem heraus sie sich besonders definiert – in der Geschichte. Dieser Sachverhalt allein führt bereits zu der Einsicht, dass die Moderne nur am harten Material des realgeschichtlichen Vollzugs in sich selbst eintreten kann. Andererseits existieren die breite Streuung der Modernebegriffe und ein ausufernder Diskurs, der hier – sofern selbstreferentiell – als das Narrativ der imaginierten Moderne bezeichnet wird. Aber beide, Geschichte und Modernenarrativ, sind miteinander verwoben. Die Beschreibung ihrer Reflexivität ist das Problem, das durch die vielfältigen, aus unterschiedlichen Wissenschaften stammenden Moderneverständnisse nur verschleiert wird. So gibt es letztlich keine allgemein gültige Auffassung von Moderne, wobei die Literaturwissenschaft, die Kunstgeschichte, die Architektur, die Soziologie, die Philosophie und die Geschichtswissenschaft jeweils eigene, nur partiell zur Deckung kommende Begriffe entwickelt haben. Das heißt aber nichts anderes, als dass sich Moderne in der Konfrontation mit Geschichte formulieren lassen muss, und zwar reflexiv: als ein vom Diskurs beeinflusstes Geschehen und als von der Geschichte (als Geschehensabfolge) durchwirktes Narrativ. Einige Schlagworte mögen dies verdeutlichen. Moderne heißt: freier Markt, Planwirtschaft, Entwicklung der Weltwirtschaft, Technisierung und Verwissenschaftlichung, Beherrschung der Natur, Rationalisierung, Ausdifferenzierung der Gesellschaft nach Funktionskriterien, Herausbildung des zentralisierten Staates, Entwicklung partizipatorischer Verfahren, Individualisierung, Emanzipation, Kollektivierung des Individuums, Sozialdisziplinierung, Entstehung von Massengesellschaften, Pluralismus, kulturelle Homogenisierung, Affektkontrolle und Benimmregeln, Verrechtlichung der Lebenssphären, Gewaltkontrolle, Abkehr vom Gegenständlichen, Säkularisierung, Entzauberung der

18 Schulze, »Ende«

19 Welsch, *Moderne*, S. 73-77. Welsch spricht von »Gegen-Neuzeit«, meint aber unterschiedliche Ausprägungen der Moderne seit dem 17. Jahrhundert

Welt, entgrenzter Krieg, Genozid, politisch verursachte Massenmorde, Geschichtsoptimismus, Wiederkehr des Religiösen und vieles mehr. Es bedarf nicht viel Phantasie, um zu erkennen, dass sich hier einige Widersprüche ansammeln. Dennoch handelt es sich, so die immer wieder vorgebrachte Ansicht, um ein modernes Projekt, das nur im Rückblick als solches erkennbar wird, wenngleich seine Bestandteile keineswegs als zusammengehörig erscheinen; dennoch lasse sich das moderne Projekt »in allen seinen Verwandlungen und über alle geschichtlichen Brüche hinweg als Eines identifizieren«.[20]

Trotz der seit vielen Jahren vorgetragenen Einwände existiert nach wie vor eine soziologische Moderneliteratur, die vor den Vernichtungen und den europäischen (für Vergessliche: einschließlich des östlichen Europas) Geschichtsprozessen des 20. Jahrhunderts die Augen verschließt und sie nicht in die theoretische Verarbeitung der Moderne aufnimmt. Die Folgen dieser Ausblendung für die Theorie sind unübersehbar, da hinsichtlich Technik, Bildung, sozialer Differenzierung, Infrastruktur, Urbanisierung und so weiter immer mehr modernisierende Gesellschaften die »Optionserweiterung« dahingehend auslegen können, dass sie vermeintlich »atavistische«, »irrationale« Gewalt ausüben und ihre mühsam erarbeiteten Moderne- und Zivilisationsbestände vernichten. Das ist in Deutschland 1933–1945 ebenso zu beobachten wie in Serbien nach dem Zusammenbruch Jugoslawiens oder in der Sowjetunion in abgeschwächterer Form 1917 und 1991. Offensichtlich, dies hat die Modernekritik ausgeführt, ist dem Moderneprojekt eine Zerstörungsoption eingepflanzt. Diese eingebaute Zerstörungsmöglichkeit, und nur um eine Möglichkeit handelt es sich, zielt unter Umständen auf die Errungenschaften der Moderne selbst. Die Sowjetunion ist ein Beispiel dafür, wie wir sehen werden. Es handelt sich bei diesem Vorgang des Autokannibalismus nicht um ein Problem von außen, sondern es muss als Problem dieser Gesellschaft, Zivilisation und Kultur betrachtet werden.[21] Es ist nicht ausgeschlossen, dass sich selbstzerstörerische Prozesse auch in europäischen und nordamerikanischen Gegenden abspielen können.

Für den Zweck der Einführung in das Thema mag an dieser Stelle ausreichen, das Moderneverständnis zu skizzieren, das über die genannten Aspekte hinaus dieser Untersuchung zugrundelag, bevor sie das bolschewistische Experiment in den Blick nahm. In der Einleitung bedarf es lediglich dieser knappen Bemerkungen, weil das Schlusskapitel die Modernetheorie aufgreift und ausführlich diskutiert. Soviel sei an dieser Stelle gesagt: Um ein normatives Moderneverständnis zu vermeiden, begann die Suche nach historisierenden

20 Meier, »Moderne«, S. 17; Wagner, *Soziologie*, S. 10: um die Gegenwart zu verstehen, sei eine ›historische Neubeschreibung der Moderne‹ notwendig

21 So Bauman in seiner Definition des Problems für die theoretische Forschung über den Holocaust; Bauman, *Dialektik*, S. 10

Modernebeschreibungen. Bei Stephen Toulmin fand sich eine Zusammenfassung der Moderneproblematik, die in ihrer Begrifflichkeit Moderne und Modernekritik als Komplementärphänomene beschrieb und Moderne als historisch Gewordenes darstellte. Daraus ergab sich das theoretische Vorverständnis einer Moderne, die mit Descartes und Newton ihre Prägung fand und in die Ideen, Politik und Gesellschaft aufgenommen wurde. Ihre Kennzeichen sind Systematisierung, Abstraktion, Allgemeingültigkeit physikalischer und sozialer Gesetze, Gewissheit über die Lösung von Problemen im Sinne des Systems, Herrschaft der Rationalität, hierarchische Stabilität der Weltordnung und die Vorstellung von der vollkommenen Neuordnung der Welt nach rationalen Kriterien (Tabula rasa). »Der Rationalitätsbegriff des philosophischen Programms der Moderne ruht also auf drei Säulen – Gewissheit, Systemcharakter und Tabula rasa«. Diesen Begriffen kann man »negative« Definitionen an die Seite stellen: die Missachtung des Gefühls, der Erfahrung, des Besonderen, Lokalen, Akzidentellen, Überkommenen.[22] Folgt man diesem Verständnis der Moderne, die eine historisch bedingte und geschichtsmächtig gewordene Akzentverschiebung innerhalb der sich entwickelnden Moderne darstellte, so haben wir erstens den Vorteil einer historisierten Moderne: Sie bildete eine Antwort auf die spezifischen historischen Umstände des 17. Jahrhunderts. Zweitens können wir als Arbeitshypothese plausibel machen, dass sich die bolschewistische Moderne ebenfalls in einer vorgefundenen historischen Lage situiert und von ihr beeinflusst wird. Drittens liefert die Modernebeschreibung Toulmins eine Reihe von Kriterien, die für das bolschewistische Moderneprojekt zu überprüfen wären. Die zuvor genannten Begriffe besitzen bereits ohne nähere Ausführungen einen geradezu elektrisierenden Übertragungsimpuls auf die Sowjetunion. Die beherrschend gewordene Moderne scheint in Russland zum Durchbruch gekommen zu sein. »Die Ideale der Vernunft und Rationalität [...] waren also theoretisch perfektionistisch, moralisch rigoros und menschlich unerbittlich.«[23] Es scheint, als sei in diesem Satz der Kern der Sowjetgeschichte eingefangen, obwohl er nicht sie meinte, sondern die Moderne, wie sie sich im 17. Jahrhundert entwickelte.

Manche Leser werden sich an der zuvor verwendeten Formulierung »Geschichte als realer Vollzug« stoßen. Das ist berechtigt. Damit ist weder eine Definition von Geschichte beabsichtigt noch der Anspruch erhoben, die Totalität des vergangenen Geschehens darstellen zu können, sondern gemeint ist die Bestimmung einer Differenz. Das heutige Wissen über die Geschehensabfolgen in der Zeit reicht schon aus, um die Inkompatibilität zwischen Ge-

22 Toulmin, *Kosmopolis*, Zitat S. 286

23 Ebd., S. 318

schichte und Modernenarrativ offenkundig werden zu lassen. Nur diese Differenz ist mit der Formulierung gemeint. Dass Geschichte im Zusammenhang des Modernediskurses immer wieder neu konstituiert werden muss, versteht sich. Das zeigt sich im Schlusskapitel.

Da es keinen theoriebezogenen Modernediskurs gibt, der die sowjetische Moderne berücksichtigt, muss diese Untersuchung folglich zweierlei leisten. Sie muss einerseits das empirische Material systematisieren und strukturieren, welches das bolschewistische Experiment als einen Strang der Moderne ausweist, und sie muss andererseits in einem konfrontativen Verfahren einen beständigen Bezug zur bestehenden Theorie herstellen und diese in Form einer laufenden Debatte modifizieren. »Die Diagnose der Moderne verlangt [...] eine *historische* Analyse des spezifisch Modernen.«[24] Im Zentrum dieses Problems steht die Überlegung, dass das bolschewistische Experiment explizit ein Projekt ins Leben rief, welches auf Vorüberlegungen des 19. Jahrhunderts aufbaute und zugleich versuchte, die westliche Moderne des 20. Jahrhunderts zu übernehmen minus Kapitalismus und parlamentarischer Demokratie (die sich übrigens in Europa zwischen 1918 und 1945 keiner dauerhaften Beliebtheit erfreute). Nach Ablauf eines gigantischen Modernisierungsprozesses sollte die Sowjetunion in das Stadium der sozialistischen Moderne eintreten, das heißt, dass die normativen Absichten der revolutionären Elite und der Ideologie verwirklicht würden.[25] Kommunismus war ein anderes Wort für die alternative Moderne, die den morschen Kapitalismus überwinden sollte. Hier kommt es darauf an festzuhalten, dass die Sowjetunion ihren spezifischen Modernisierungsweg verfolgte und eine Moderne hervorbrachte, die aus dem gemeinsamen europäischen Kontext heraus zu verstehen und in ihn einzugliedern ist. Wenn Gorbačev am Ende des bolschewistischen Experiments vom »gemeinsamen Haus Europa« sprach, dann lag darin nicht allein politischer Pragmatismus, sondern er dokumentierte zugleich das historische Ensemble *einer* (aber nicht einheitlichen) europäischen Moderne. Von dieser hatte sich – auch im Selbstverständnis der politischen Elite der Sowjetunion – der sozialistische Teil Europas nie verabschiedet. Ja, manche hielten diese Moderne sogar für die bessere im Vergleich zum Kapitalismus.

Es geht im Folgenden nicht um gesellschaftliche Modernisierungsprozesse – sie sind häufig beschrieben worden –, sondern darum, das Projekt Moderne im Vollzug der Geschichte nachzuweisen. Deswegen wird hier nicht über Urbanisierung, Migration, Industrialisierung, Alphabetisierung und Bildungsaufschwung geschrieben. Um die Moderne als historischen Prozess nachzu-

---

24 Meier, *Moderne*, S. 18, Hervorhebung im Original
25 Offe, *Utopie*

vollziehen, und zwar eingeschrieben in das Handeln der historischen Akteure sowie in die handlungsbedingenden Strukturen, das heißt auch, um das Denken in Modernekategorien in seinen Übergängen in Handlung mit geschichtlicher Wirkung darzustellen, ist es notwendig, die paradoxiehaltigen Kernbereiche der Moderne in die historische Analyse einzuführen und zu beobachten, wie sie als geschichtsmächtige Faktoren Wirkung entfalten. Dass Geschichte in ihrem realem Vollzug die Moderne *ist*, versucht dieses Buch nachzuweisen. Dass sie anders ist als die imaginierte Moderne, ist schon gesagt worden.

Die Untersuchung beginnt mit den Verlusten an Menschen und den Auflösungen von Traditionen, Lebensformen und Strukturen als Folge des gewaltigen Umbruchs um 1917. Trotz sektoral anzutreffender Retraditionalisierung und einer gewissen Konsolidierung in bestimmten (Lebens-)Bereichen ist kaum eine historische Situation im 20. Jahrhundert ähnlich kontingent gewesen wie zu Beginn des bolschewistischen Experiments, als fast ausnahmslos alle sozialen, kulturellen, politischen und wirtschaftlichen Bestände abgeräumt wurden und das Land darüber hinaus von Gewalt, Krieg, Massenelend, Epidemien und Massentod gepeinigt wurde. Vor dem Hintergrund dieser Lage bildete das immer wieder improvisierte bolschewistische »Programm« eine Kontingenzbewältigungsstrategie. Das zweite Kapitel rekonstruiert am folgenschweren Streit zwischen Aleksandr Bogdanov und Lenin die erkenntnistheoretische Grundlegung des bolschewistischen Experiments durch den späteren Revolutionsführer. Diese philosophische Debatte gibt Aufschluss über den Stellenwert der Erkenntnismöglichkeiten und die Folgen nach der Oktoberrevolution sowie über den Status von Wissenschaft, ja von Theorie überhaupt. Dieses Kapitel versucht nicht nur, die Bedeutung von Ideen im Verlauf der Moderne einschließlich ihrer historischen Konsequenzen auszuweisen, sondern auch im Bereich der erkenntnistheoretischen Diskussion jene Reflexivität zu finden, durch die sich die Moderne in den historischen Vollzug einschreibt, indem sie zeitlich vorgelagert weitere historische Prozesse steuert, die im Bereich der Modernisierungsvorgänge liegen. Diese Debatte kommt vor der Modernisierung. Das dritte Kapitel beschäftigt sich mit dem Wandel des Zeitverständnisses und den sich daraus ergebenden Folgen für die Historizität der Sowjetunion. Von der beschleunigten Zeit während der Revolution verändert sich das Zeitverständnis im Stalinismus zur Handlungszeit, in der die Revolutionäre die Zukunft »machen«, bis sich ein erneuter Wandel um die Mitte der 1960er Jahre einstellt. Die Diskussion der Frage, wie sich die Zeitverhältnisse und das Zeitverständnis auf die Geschichtswissenschaft und das Geschichtsverständnis ausgewirkt haben, bildet den Abschluss dieses Kapitels. Eines der schwerwiegendsten Probleme der Modernetheorie steht im Zentrum des vierten Kapitels. Es versucht, den Konnex zwischen der Gewalt im bolschewistischen Experiment und der Moderne herzustellen, indem es eine Textur in den Gewaltformen findet und die Frage zu klären versucht, inwieweit die Vernichtung Moderne *ist*. Das fünfte Kapitel untersucht den Wandel des Staats, der kein Nationalstaat war, zwischen Revolution und Zusammenbruch. Die Diskussion verläuft hier stärker als in den anderen Kapiteln auf dem Gebiet normativer Modernevorstellungen, so dass sich mit Hilfe des Staatskapitels der später theoretisch zu erörternde Zusammenhalt von kulturell disponierten und normativen Moderneaspekten als Problem stellt. Das sechste Kapitel behandelt einen Bereich, der auf den ersten Blick am wenigsten mit Modernevorstellungen zu tun hat – das sowjetische Imperium. Es sei gleich gesagt, dass es nicht um Nationalitätenprobleme innerhalb der UdSSR geht, sondern um die internationale Verflechtung der Sowjetunion als Mutterland des »sozialistischen Weltsystems«. Dieser Gegenstand ist in die Untersuchung aufgenommen worden, damit er nicht – wie sonst üblich – im Gesamtzusammenhang des bolschewistischen Experiments in seiner zweiten Phase nach 1945 ausgeblendet bleibt. Darüber hinaus stellt sich die Frage nach der Moderne in den Binnenstrukturen des Imperiums und das Problem, auf welche Weise das Imperium als ein von der Modernetheorie kaum berücksichtigtes realgeschichtliches Phänomen auf die sowjetische Moderne einwirkte. Das abschließende Kapitel versucht, aus den empirischen Befunden und theoretischen Diskussionen der einzelnen Kapitel den theoretischen Ertrag aus der Sowjetgeschichte als Moderne in der Praxis zu beziehen. Es diskutiert die Modernetheorie unter diesem Aspekt und versucht, die theoretischen Implikationen der Analyse des bolschewistischen Experiments unter Moderneblickwinkel zu formulieren.

Insofern ist dieses Buch ein Stück Geschichte der Moderne. Wenngleich es hier nicht um den langen Atem von drei Jahrhunderten, sondern nur um etwas mehr als sieben Jahrzehnte geht, so stellt es den Weg nach 1917 doch in diesen Zusammenhang. Daraus folgt für die Ausführungen in den jeweiligen Kapiteln: 1) Das bolschewistische Experiment ist nicht allein aus russischen Bedingungen ableitbar und zu beschreiben, ohne den russischen Anteil bestreiten zu wollen; 2) es ist in die europäischen Entwicklungen unübersehbar eingebettet; 3) die Sowjetunion war weder amodern noch antimodern, sondern ein Teil der Moderne; 4) die spezifischen Bedingungen der relativen Rückständigkeit Russlands haben womöglich dazu geführt, dass die westliche Moderne in ihrer krassesten Form – »theoretisch perfektionistisch, moralisch rigoros und menschlich unerbittlich«, wie Toulmin schrieb – in Russland sich vollendete; 5) sie setzte – welch eine Ironie – in Russland ein, als ihr Gerüst im Westen bereits erodierte.[26] Aufgeladen mit dem Marxismus-Leninismus, dem hervorragenden Beispiel der theoretisierenden Rationalität und abstrahierenden Strukturierung, der systematischen, Regelhaftigkeit und historische Gesetzmäßigkeit vorgebenden, auf finale Stabilität hinarbeitenden und klare hierarchische Ordnungsvorstellungen enthaltenden Ideologie unter Missachtung des Humanen gingen die Bolschewiki zur Sache. Die Existenz der Sowjetunion hat diese Moderne ein kurzes Jahrhundert aufblühen lassen. Schließlich hat der Kollaps der UdSSR den Diskurs darüber, was Moderne sei und was womöglich nach ihr komme (Postmoderne), in bedeutendem Maße beschleunigt. Das war kein Zufall, denn solange sie existierte, blockierte sie dieses Denken, nur weil sie existierte.

Damit ist das Buch selbst ein Experiment. Es ist von einem Historiker geschrieben. Die professionelle Ausrichtung dieser Wissenschaftler zielt nicht auf Theoriebildung, wohl aber auf Konzeptbildung, und das Verständnis des Faches ist weniger ein theoretisches als mehr ein methodisches (wie auch Theoriefragen der Geschichtswissenschaft seit geraumer Zeit eigentlich Methodenfragen sind). Mit diesem Vorgehen jedoch wird der Pfad des Gelernten verlassen. Es besteht die Gefahr, die Historiker wegen zu wenig Empirie, die Soziologen und Philosophen wegen geringer Theorieschärfe zu verärgern. Ihr zu entgehen hieße, das Wagnis zu lassen. Es gibt Bücher, die sich der Fehlbarkeit in besonderer Weise, ja bewusst aussetzen und die den Rezensenten offene Flanken bieten. Wenn trotz der Mängel, die dieses Buch sicherlich aufweist, dennoch eine Diskussion über den Gesamtzusammenhang der Sowjetgeschichte, über theoretische Vorabklärungen bei der Arbeit des Historikers und über Fragen der historischen Methode in Gang käme, dann wäre mehr erreicht, als sein Autor zu hoffen wagt. Wenn darüber hinaus dieses Buch einen bescheidenen Beitrag zur Modernetheorie und zum Gespräch darüber unter Nichthistorikern leisten kann, so wäre das ein Übermaß an Lohn für die vorliegende Bemühung.

26 Nitschke/Ritter/Peukert/vom Bruch, *Jahrhundertwende*

I. Strukturauflösung und Traditionsverlust

Der vorliegende Versuch einer analysierenden Geschichte der Sowjetunion fängt mit den Verlusten an. Kein europäisches Land sah sich der Wucht der Katastrophen auf allen Gebieten so sehr ausgesetzt wie Russland. Beginnend schon im Ersten Weltkrieg, wälzte sich seit 1917 eine Welle der Auflösung über das Land, von der kein Winkel des untergehenden Russischen Reiches unberührt blieb. Die Oktoberrevolution stoppte diesen Prozess nicht, sondern beschleunigte ihn. Nach dem Oktober gerieten die Verhältnisse völlig aus den Fugen. Der bolschewistische *coup d'état* bildete in diesem Fortgang der Geschehnisse keine Zäsur, denn er hat in der ersten Phase kaum Neues geschaffen, vielmehr dem auf institutionellen, sozialen, kulturellen, zivilisatorischen, politischen und wirtschaftlichen Zerfall hinsteuernden Gang der Dinge Fahrt gegeben und der Anarchie Vorschub geleistet. Gewiss, neue Machthaber mit einem festgefügten ideologischen Leitbild betraten die politische Bühne, aber als für die folgenden Jahre ebenso charakteristisch erwies sich die rasant zunehmende Auflösung aller Bereiche. Sie war schon angelegt, nun aber nahm sie zu und wurde durch die Bolschewiki noch vorangetrieben. Die Oktoberrevolution ließ die ohnehin schon aufgeweichten Dämme, die den Erosionsprozess im Russischen Reich im Innern wie an den Kriegsfronten hätten aufhalten können, brechen. Der Weg war frei für die große Katastrophe im Europa jener Jahre. Davon wird in diesem Kapitel die Rede sein

Es gibt keine »schöne« Geschichte des »Großen Oktober« mehr, nicht mehr die große Erzählung von einer neuen Epoche der Menschheitsgeschichte, der Erlösung aus dem Joch der sozialen, politischen und nationalen Unfreiheit. Häufig sind die Oktoberereignisse in Ost und West so beschrieben worden, nicht ohne Sympathien, nicht nur bei sowjetischen Historikern, streiften hier doch die geknechteten Massen ihre Ketten ab. Hatten sie nicht ein unfähiges und schließlich durch und durch kompromittiertes Regime hinweggefegt, das offensichtlich die Bedürfnisse der Menschen nicht befriedigen konnte? Welch elementare Bedürfnisse: Brot, Frieden, Verfassung! Im Verlauf des Jahres 1917 wurden die Massen unzufriedener mit den Verhältnissen. Trieb nicht die Politik der verschleppten Entscheidungen der Provisorischen

Regierung die radikalisierten städtischen Unterschichten den Bolschewiki in die Arme? Welcher Historiker wollte gegen Befreiung und Emanzipation sein. Wer dagegen wollte es wagen, die Revolution seit dem Februar als zunehmende Auflösung zu beschreiben? In Russland war 1917 der Fortschritt auf dem Vormarsch! Und wenn auch nicht alle Historiker Geschmack an der Sorte von Fortschritt fanden, die sich nach dem 24./25. Oktober 1917 (alten Stils) abzuzeichnen begann, so waren viele in den Zeiten der Sozialgeschichte und der Geschichte der Arbeiterbewegung doch bereit, den sozialen Charakter der Revolution anzuerkennen, der das überlebte *Ancien Régime* und seine Erben vom Februar 1917 gänzlich der Vergangenheit überließ.[1] Selbst eine wohlwollende Sicht auf das späte Zarenreich muss konzedieren, dass mit dem Eintritt Russlands in den Ersten Weltkrieg die Autokratie ihre Mängel unrettbar offenbart, ja diese zum Kennzeichen des Systems erhoben habe. Die Sozialgeschichte der Revolution enthielt implizit auch eine Standortbestimmung der Historiker.[2]

Als am Ende des 20. Jahrhunderts – für die meisten überraschend – die Kraft des Nationalen mit elementarer Wucht in Osteuropa wieder zum Vorschein kam, da bemerkten die Historiker deutlicher als in der sozialgeschichtlichen Ära den nationalen Befreiungsaspekt der Revolution sieben Jahrzehnte zuvor. Die Finnen, die baltischen Völker, die Georgier, Armenier und Azerbajdžaner dürfen dankbar auf die Revolution blicken, die ihnen die nationale Selbstbestimmung schenkte – nicht ganz freiwillig, nicht ohne traumatisierende Bürgerkriege und nicht auf Dauer.[3] Von Sozialgeschichte ist seitdem weniger die Rede, mehr jedoch von nationalen Konflikten.[4]

Die Einschätzung der Russischen Revolution hängt davon ab, welche theoretischen Vorannahmen und welche Zeitperspektive angelegt werden. Eines der Geschichtsnarrative, das die Entwicklungen vor der Revolution in den Blick nimmt, betont die Bedeutung der Revolution als vorläufigen Endpunkt einer langen Entwicklung von Emanzipationsversuchen unterschiedlicher Intensität und Begründung in den verschiedenen sozialen Gruppen des Zarenreiches und die langfristig innere Widersprüche heraufbeschwörenden Reformen im Zuge einer defensiven Modernisierung durch den Staat. Es weiß infolgedessen das Jahr 1917 unter diesem Gesichtspunkt zu goutieren. Dieses auf die vorrevolutionären Entwicklungen orientierte Narrativ haben der marxistische Determinismus, der laut sowjetischen Interpretationen in der Oktoberre-

1 Zuletzt zusammengefasst bei Altrichter, *Rußland*, S. 75-95

2 Vgl. Bonwetsch, *Revolution* und die polemische Besprechung von Pipes in: *Jahrbücher für Geschichte Osteuropas* 42 (1994), S. 118

3 Suny, *Revenge*; Halbach, *Vielvölkerimperium*

4 Altrichter, *Rußland*, S. 399-539

volution bestätigt wurde, und das westliche, von der Modernisierungstheorie geleitete Narrativ gemeinsam.[5] Im »Roten Oktober« kam die Gesetzmäßigkeit der Geschichte zum Tragen – so die sowjetische Seite –, oder die modernisierende Aufholjagd zur Überwindung der Rückständigkeit setzte sich im historischen Projekt der Bolschewiki fort.

Aber auch extrem pessimistische, das Katastrophische der Revolution und ihrer Folgen hervorhebende Interpretationen gibt es.[6] Ein hoher Preis war zu zahlen, der höchste überhaupt: Das Experiment scheiterte, auf der Strecke blieben Menschen. Darin steckt eine andere Zeitperspektive. Die Frage lautete nicht, »woher kam das?«, sondern wohin führte die Revolution? Welche Ergebnisse brachte sie hervor? Ohne der »konservativen«, hinter die Sozialgeschichte zurückfallenden Revolutionsinterpretation zu folgen, begann sich jüngst die Lesart erneut zu wandeln. Wenn Russland 1917 »auf der Suche nach sich selbst« war,[7] dann zeigt sich in dieser Formulierung die Konzeptionslosigkeit des Zukünftigen. Statt Befreiung, Partizipation und verspielter Chancen – letztere suggerierten präfigurierte postrevolutionäre Zustände, die es bestenfalls in Umrissen gab – wurde die Revolution zur »Tragödie eines Volkes«, in der die Menschen ihren tragischen Part spielten, ohne zu wissen, worauf sie sich einließen und wie die Geschichte enden würde.[8] Die Wirkung des Oktoberereignisses besaß historische Größe, noch mehr indes die folgende Katastrophe, die zu verhindern weder die Oktoberrevolution als Ereignis noch die neuen Machthaber in der Lage waren.

In den soeben skizzierten Deutungsachsen offenbarte sich zugleich ein Wandel der theoretischen Vorannahmen, der aber nicht immer deutlich von den betreffenden Autoren expliziert wird. Es handelt sich dabei um den Ort der Russischen Revolution im Feld der revolutionstypologischen Überlegungen. Letztere ausführlich darzulegen, ist hier nicht nötig. Es geht um folgenden Gedanken, der jedoch in diese Bereiche hineinragt: Die sozialgeschichtlichen Deutungen, die auf modernisierungstheoretischen Überlegungen fußten, hatten dazu geführt, dass der Aspekt einer systematischen, ideologisch vorgegebenen und politisch durchgesetzten Weltverbesserungsabsicht als treibende Kraft der revolutionären Vorgänge mehr und mehr verschwand. Die Vorstellung von der »Utopie an der Macht«[9] kam aus der Mode. Daneben existiert jene polemische Katastrophengeschichte, welche die russische Entwicklung als aus den Spezifika Russlands bedingten Sonderweg beschrieb. Nun zeigt sich in

5 Altrichter, *Rußland*, S. 76-85; Hösler, *Geschichtswissenschaft*; ders., *Revolution*
6 Pipes, *Revolution*, 3 Bde.; Malia, *Wahn*
7 So der Untertitel von Altrichter, *Rußland*
8 Figes, *Tragedy*
9 Heller, Nekrich, *L´utopie*

den jüngsten Darstellungen die Revolution als von den historischen Subjekten relativ ziellos mitgetragenes und miterlebtes kontingentes Geschehen. Zwischen diesen Deutungen liegt ein interpretatorisches Niemandsland. Aber es muss zwischen strukturalistischer Makro- und kulturalistischer Fragmenthistorie, zwischen der Auflösung modernisierungstheoretisch informierter Interpretationen und der auf die Subjekte bezogenen Partikulargeschichte, die eben nicht zufällig theorielos und nicht explizit analytisch ist, sondern episch-narrativ, eine weitere Darstellungsoption geben. Was seit längerem an der Strukturgeschichte kritisiert wurde, muss deshalb nicht in ihr Gegenteil umschlagen, nämlich in eine auf die historischen Akteure und Aktionsformen, auf Bewusstsein, Erfahrung und Wahrnehmungen bezogene Geschichte, die aus Geschichten besteht, eine Art von »revolutionärem Parochialismus«, wie schon vor über 20 Jahren ein Betrachter die unverbundenen Geschehensabfolgen während der Revolution bezeichnete.[10]

Lässt man sich auf den Gedanken ein, wonach das kurze 20. Jahrhundert mit dem Jahr 1917 begann,[11] so bildete die Revolution das Tor zu einer Ära gewaltiger Kataklysmen, zu Auflösungen, Verlusten und, in Anbetracht der schieren Zahlen, physischer Vernichtung. Sie kennzeichneten die ersten Jahrzehnte dieses kurzen Jahrhunderts. Selbstverständlich stehen Revolution und Erster Weltkrieg in einem engen Zusammenhang. Beide gegeneinander auszuspielen, ist unsinnig, gingen doch die revolutionären Schübe des Jahres 1917 aus dem Weltkrieg hervor. Die Gemeinsamkeit liegt in der Katalysatorfunktion des Ersten Weltkrieges für die westeuropäischen Gesellschaften und der Revolution für die des Russischen Reiches: Die alte Ordnung bewährte sich nicht. Sie hielt der Ausnahmesituation nicht stand, verlor die soziale Unterstützung, rief die scharfen Konflikte hervor, die zu ihrem Untergang führten und zugleich den Keim weiterer Zerstörung in sich trugen. Ungleich größer als in Westeuropa aber war das Ausmaß der Destruktion, Auflösungen und Verluste in Russland. Der Oktober bildete einen neuen Typus von Revolution aus, die Vernichtungsrevolution. Ihre Wirkung war zerstörerisch in mehrerer Hinsicht: Sie zermalmte die zum Tode verurteilte Welt des alten Russlands in blutigen Kämpfen; sie präsentierte sich nicht als die *re-volutio* im eigentlichen Wortsinn wie sie die Bauern verstanden, die sich ihr altes Recht zurückholten; sie schuf die Dispositionen zur massenweisen Vernichtung von Menschenleben; sie eröffnete die historischen Optionen für den Aufbau eines über Jahrzehnte hinweg repressiven und gewalttätigen Regimes; sie ermöglichte die Errichtung eines Systems komplexer wirtschaftlicher, sozialer und politischer

10 Rexhäuser, »Modernisierung«, S. 105

11 Hobsbawm, *Zeitalter*; Buldakov, »Oktjabr' i XX vek«

Beziehungen, das den Anspruch auf eine neue Art von Zivilisation erhob; sie machte den Weg frei zu jenem System, das sich mit zunehmender Existenzdauer als unreformierbar erwies, sich in eine von Menschenhand kaum noch steuerbare Megamaschine transformierte und am Ende in einem systemischen Kollaps unterging. 74 Jahre nach dem »Großen Oktober« hatte das Land den Anschluss an die Industriegesellschaften verpasst; es war zu einem »Obervolta mit Atomraketen« (Helmut Schmidt) geworden – eine hübsche Metapher für die Ambivalenz des sowjetischen Modernisierungsweges.

Was also bleibt von der »Großen Sozialistischen Oktoberrevolution«, wenn man sie in den Gesamtzusammenhang des sowjetischen Experiments stellt, wenn man die Bilanz nicht zum Beispiel 1925 zieht, als die »goldenen« Zwanziger auch in Sowjetrussland hundert Blumen blühen ließen? Die Epoche, für die Bilanz zu ziehen ist, dauerte von 1917 bis 1991, die abgeschlossene Epoche des bolschewistischen Experiments und der ersten sozialistischen Gesellschaft. Was bleibt dann? Die kleinen Freiheiten, experimentellen Lebensweisen und Träume vom besseren Leben einer verschwindend kleinen Schicht in den ersten Jahren Sowjetrusslands, die boomende Avantgarde, oder – auf längere Sicht – die Menschenvernichtung, ein verlustreiches Experiment und eine Gesellschaft, die 1991 feststellen musste, dass sie über sieben Jahrzehnte lang auf dem falschen Weg war. Die Bilanz vom heutigen Standpunkt kann bei aller sachlichen Historisierung nur ernüchternd ausfallen. Dazu bedarf es nicht einmal der westlichen Leitbilder wie Freiheit, Demokratie, Parlamentarismus, Markt, Grund- und Menschenrechte, die zu vermissen in der Sowjetunion trivial ist. Auch ohne sie bleibt wenig.

Einer der Gründe für die weiteren Entwicklungen liegt in den Verlusten. Die Oktoberrevolution hat die Katastrophe vorbereitet, die im Bürgerkrieg zu einem ersten Höhepunkt kam. Aber wie bei allen geschichtlichen Ereignissen kann man weder dem Vorgang selbst noch den Akteuren auf der Straße dieses Ergebnis unterstellen, wohl aber einigen in der Führung der Bolschewiki, die systematisch versuchten, die alte Ordnung loszuwerden.

1. Menschenverluste

Sowjetgeschichte ist eine Geschichte der Verluste. Sie beginnt mit den Menschen. Versuchen wir zuerst zu quantifizieren. Zwei Millionen Menschen haben im Verlauf des Ersten Weltkrieges auf russischer Seite ihr Leben gelassen. Von 1917 bis 1922, also von der Revolution bis zum Ende des Bürgerkrieges, kamen bedeutend mehr Menschen um. Wie viele Tote der Bürgerkrieg forderte, ist genau nicht zu sagen, weil nicht exakt unterschieden werden kann zwischen Hungertoten, Seuchentoten, gefallenen Kombattanten und getöteten Zivilisten. Welcher Bürgerkrieg führt schon diese Statistik? Aber als man 1926 die Bevölkerung in den Grenzen der damaligen UdSSR zählte, da stellte sich heraus, dass darin 28 Millionen Menschen weniger lebten als erwartet. Darin eingeschlossen sind die Toten der ersten großen Hungersnot der Sowjetgeschichte 1921/22. Man schätzt ihre Zahl heute auf etwa fünf Millionen.[12] Schätzungen sprechen von drei Millionen Toten auf den Schlachtfeldern des Bürgerkriegs; der »weiße« Terror habe 200.000 bis 250.000 Menschen, der »rote« Terror eine halbe Million Menschen hinweggerafft.[13] Besonders betroffen waren die jungen Männer der rekrutierungsfähigen Jahrgänge. Sechs Millionen von ihnen fehlen in der Berechnung der erwarteten Jahrgangsstärke. Die Zeit 1917–1921 weist 31 Prozent der erwarteten Jahrgangsstärke als Verlust aus.[14] Die Jugend war dezimiert wie sonst nirgendwo in Europa.[15]

Bis zur nächsten demographischen Katastrophe dauerte es nur knapp zwölf Jahre. Wenngleich die Kollektivierung und die »Entkulakisierung« bereits Hunderttausende von Toten forderten, so erhielt diese Ziffer nicht die bevölkerungsstatistische Signifikanz wie die Hungersnot und Seuchenepidemie von 1932/33. Etwa sechs Millionen Menschenleben waren zu beklagen.[16] Katastrophal wirkte sich der Terror aus, so dass man für die Zeit zwischen 1928 und 1941 von insgesamt acht Millionen Toten sprechen darf. Das alles spielte sich vor dem Zweiten Weltkrieg ab, der alle Verluste noch überbieten sollte. Der deutsche Vernichtungskrieg gegen die Sowjetunion führte dazu, dass innerhalb von fast vier Kriegsjahren zwischen 26 und 28 Millionen Menschen auf sowjetischer Seite, Soldaten und Zivilisten, ihr Leben ließen.[17] Der Frieden 1945 brachte fürs erste keine demographische Erholung. Die nächste Plage stand den Bewohnern der UdSSR bevor – die Hungersnot von

12 Wehner, »Golod 1921-1922«, S. 223

13 Poljakov, *Sovetskaja strana*; Andreev/Darskij/Char'kova, *Naselenie*; Stepanov, » Terrora«, S. 210

14 Lorimer, *Population*; Melville/Steffens, »Bevölkerung«

15 Plaggenborg, »Jugend«

16 Merl, »Hungersnot«

17 Pervyšin, »Ljudskie poteri«

1946. Nicht unter zwei Millionen Menschen ließen ihr Leben.[18] Wie viele Menschen insgesamt in den Lagern umkamen, wird sich vielleicht niemals exakt klären lassen. Solange die politische Macht und der Geheimdienst in Russland ein Interesse daran haben, die entsprechenden Archivmaterialien unter Verschluss zu halten, obwohl es sich um die schlimmsten Verbrechen des untergegangenen Sowjetsystems handelt, zu dessen Aufklärung eine sich für demokratisch legitimiert haltende Regierung verpflichtet fühlen müsste, wird es Spekulationen geben.

Diese makabre Statistik für die Jahre 1914–1946 ergibt bei einer zurückhaltenden Berechnung auf Grundlage der gesicherten Zahlen circa 46 Millionen vorzeitige Tode, die unbekannte Zahl von Opfern in den Lagern der Nachkriegszeit nicht einmal schätzungsweise mitgezählt. Die Zahlen sprechen für sich. Sie bedürfen des Kommentars, aber nicht der Instrumentalisierung.[19] Die Sowjetgeschichte ist ein Massengrab unvorstellbaren Ausmaßes. Kein Mahnmal und keine Gedenkstätte können angemessen daran erinnern. Es gibt das Wort nicht für diese Auslöschung von Menschenleben in etwas über drei Jahrzehnten. Die geläufigen Begriffe passen nicht, weil sie die Opfer klassifizieren in Lagerhäftlinge, Juden, Kulaken, »Volksfeinde«, gefallene Soldaten, zivile Kriegsopfer, Priester, Gläubige, Repatrianten, Intellektuelle, Betriebsdirektoren, Ärzte, Parteimitglieder und so weiter; viele Opfer passen in keine Kategorie. Für einzelne Opfergruppen gibt es Gedenkstätten: der bedrückende Piskarev-Friedhof in St. Petersburg zur Erinnerung an den rassistischen Auslöschungsversuch durch deutsche Truppen an einer slavischen Stadtbevölkerung, das feierliche, etwas zu pathetische Mahnmal in Babij Jar für die ermordeten Juden von Kiev, der granitene Gedenkstein aus Solovki vor der Zentrale der Geheimpolizei in Moskau für die Opfer der stalinistischen Gewaltherrschaft. Dies sind Beispiele. Aber wie fasst sich der Zusammenhang? Wie bezeichnet man diese menschliche Katastrophe, die in ihren jeweiligen Schüben auf unterschiedliche Täter, Motive, Umstände zurückgeht? Denn auch das ist klar: Nicht wenige der Opfer waren Täter, die die Statistik der fahlen Gebeine verlängert haben, bevor sie selber zur Ziffer darin wurden. Wie sind die Tode von Millionen Menschen zu fassen, die nur eines zusammenbindet: dass sie Angehörige ein und derselben Gesellschaft und des kommunistischen Staates waren?

Verschieben wir das bedrückende Geschäft der Suche nach Erklärungen in das folgende Kapitel. Halten wir an dieser Stelle lediglich die Dimensionen fest. Und doch ist dieser Massentod nur ein Teil der Verlustgeschichte. Die

---

18 Zima, *Golod v SSSR*, S. 179

19 Courtois, »Verbrechen«

physische Vernichtung von Menschenleben spielte sich im Kontext einer flächendeckenden Zerstörung ab. Gerade zu Beginn der Sowjetperiode erscheinen die katastrophalen Verluste wie ein Fanal für das Kommende. Auch die Institutionen, Ordnungen und Werte lösten sich auf.

2. Die Auflösung der Institutionen, Ordnungen und Werte

In diesem Abschnitt werden jene Auflösungserscheinungen aufgezählt, die sich im Gefolge der Oktoberrevolution einstellten. Dies geschieht in der Absicht, nicht nur die zuvor geäußerte These von der »Vernichtungsrevolution« zu erläutern, sondern auch deswegen, weil über den Aufbau neuer Strukturen und die Entstehung neuer Lebensverhältnisse genügend berichtet worden ist. Eine Historikergeneration, deren Schaffen nach 1968 begann, hat sich diesen nachrevolutionären Entwicklungen gewidmet. Ohne den Ansatz einer politologisch ausgerichteten Sowjethistorie und Sowjetologie zu übernehmen, entwickelte sie ein sympathetisches Verhältnis zur Oktoberrevolution und zu den frühen Bolschewiki, vielleicht auch nur eine gewisse Unvoreingenommenheit, und ließ die Leistungen der neuen Machthaber aufscheinen.[20] Erst in letzter Zeit kam immer mehr zum Vorschein, dass der Versuch, die unmittelbare nachrevolutionäre Periode in Augenschein zu nehmen, unbekannte historische Realitäten ebenso zu Tage förderte wie mit Neuer Ökonomischer Politik, *Goėlro*, *Proletkul't* und postrevolutionärer sexueller Befreiung der Frau eine Wirklichkeit überlagert wurde, die das Blutbad von Kronstadt 1921[21] nur andeutete. Heute kann es keine gleichgewichtete Darstellung der beiden Seiten mehr geben, weil die Zerstörungsprozesse bei weitem alles übertrafen, was anfangs neu geschaffen wurde. Eine Darstellung der Sowjetgeschichte wird sich immer wieder vor Augen führen müssen, mit welchen Verwüstungen die Anfänge dieses Staates einhergingen und wie diese Kataklysmen auf das Entstehen des Neuen eingewirkt haben. Nichts spricht dagegen, die Geburt Sowjetrusslands, die eben nicht (nach dem in Russland seinerzeit gültigen Kalender) am 24./25. Oktober erfolgte, hauptsächlich in die Zeit des Bürgerkriegs zu legen – aus der Gewalt geboren und den Impuls der Zerstörung weitertragend. Doch das greift voraus. Verweilen wir an dieser Stelle erst einmal bei der Darstellung jener flächendeckenden, tiefgreifenden und totalen Auflösungen staatlicher,

20 Stellvertretend für viele Meyer, *Studien*; Haumann, *Planwirtschaft*; Brügmann, *Gewerkschaften*; Merl, *Agrarmarkt*; Lorenz, *Sozialgeschichte*, Bd. 1; in England bzw. USA Fitzpatrick, *Commissariat*

21 Getzler, *Kronstadt*

gesellschaftlicher und ziviler Strukturen und Beziehungen, die am Beginn der Sowjetära standen.

Im Verlauf des Jahres 1917 brach der zarische Staat zusammen. Den Revolutionären vom Oktober reichte dieser Prozess jedoch nicht, sie wollten mehr. Lenin sprach in seiner Schrift »Staat und Revolution« davon, dass die alte Staatsmaschinerie »zerschlagen« werden müsse.[22] So trat den ohnehin vorhandenen Zerfallserscheinungen der alten Ordnung die aktivistische Komponente der Oktoberrevolutionäre an die Seite. In dem Wort zerschlagen (*razbit'*) drückte sich eine Grundkategorie bolschewistischen Handelns aus, die in den folgenden Jahren ausschlaggebend werden sollte. Diese doppelte Komponente der Zusammenbrüche charakterisierte die Entwicklungen.

Vor allem im Bürgerkrieg sank die staatliche Ordnung total in sich zusammen, auch unter den kräftigen Hieben der Bolschewiki und bolschewisierter Gruppen. Der Staat hörte auf zu existieren. Auf lokaler Ebene stellte sich vielfach ein institutionelles Vakuum ein, das »von unten« gefüllt wurde. Es verstärkten sich sehr verschiedene, darunter auch traditionale Formen der Selbstorganisation, besonders auf dem Lande. Dort machte sich der Zusammenbruch des Staates am deutlichsten bemerkbar. Durch den Kollaps der staatlichen Institutionen lebten jene Organe wieder auf, die den Bauern von alters her bekannt waren und mit deren Hilfe sie ihre eigenen, dörflichen Angelegenheiten geregelt hatten. Die bäuerliche Gemeinde erlebte eine Renaissance und mit ihr die Dorfversammlung, der *schod*. Das Erbe der Zarenzeit, die administrative Unterversorgung der russischen Provinz, trug das seine zu dieser Entwicklung bei.[23] Die traditionellen Beziehungen zwischen der bäuerlichen Bevölkerung und dem Staat, die in der Steuerzahlung und in der Soldatenrekrutierung zum Ausdruck kamen, zerfielen. Um so mehr versuchten die Bolschewiki, den Staat dort durchzusetzen, wo er sich aufgelöst hatte.

Parallel dazu verlief die Auflösung wichtiger Ordnungsfaktoren. Die zarische Armee, in Kriegszeiten das bewaffnete Rückgrat des Staates, zeigte im Sommer 1917 Auflösungserscheinungen, als viele Bauern im Soldatenrock die Flinte ins Korn warfen oder, häufiger, mit nach Hause nahmen, wo das Land umverteilt wurde und die Ernte eingeholt werden musste.[24] Wer wollte da fehlen? Wieso sollten sie in einer Armee kämpfen, die die Interessen der Gutsbesitzer verteidigte, während die gerade von ihren Gütern vertrieben wurden, flohen oder ihr Land an Bauern übergaben; in einer Armee, auf die der Bauer in Uniform nicht einmal stolz sein konnte, weil sie in der gesamten Kriegszeit

22 *Lenin, Werke*, Bd. 25, S. 393-507

23 Male, *Organization*; Atkinson, *Land Commune*; Altrichter, *Bauern*; Keep, *Revolution*

24 Wildman, *Imperial Army*, 2 Bde.

nur eine einzige erfolgreiche Offensive zustandegebracht hatte? Auf diese Weise gerieten die Front und die erfolglosen russischen Streitkräfte ins Wanken und die Waffen aufs Dorf, wo sie noch zum Einsatz kommen sollten. Immer weniger gelang es den Vertretern der Provisorischen Regierung, ihren Generälen und Offizieren, die Soldaten zum Weiterkämpfen zu überreden. Letztere waren es leid, sich schurigeln und verheizen zu lassen. Der Geist der Revolte zog in die Regimenter ein. Es desertierten mehr Soldaten als Rekruten hinzukamen. Schließlich zeigten sich die Anzeichen der völligen Auflösung der militärischen Hierarchien und der Disziplin. Übergriffe von Soldaten auf Offiziere häuften sich. Offiziere wurden von Untergebenen getötet. Spektakulär, aber keineswegs ein Einzelfall war die Ermordung des letzten zarischen Generalstabschefs Duchonin durch revolutionäre Soldaten.[25] Bestialisch kam der Sergeant Linde zu Tode, der die Stimmung unter bolschewisierten Deserteuren falsch einschätzte, als er sie zum Weiterkämpfen überreden wollte.[26] Diese Fälle zeigen, dass sich die Armee auflöste, und zwar nicht nur organisatorisch, sondern auch als Erziehungsanstalt zum Gehorsam. Diese Auflösung der äußeren und inneren Struktur, ja selbst der antrainierten Verhaltensformen, konnte gründlicher nicht ausfallen.

Die bewaffnete ordentliche Polizei des Zarenreiches, die Miliz, geriet unter den Druck der Revolutionäre. Ihre Vertreter repräsentierten das *Ancien Régime* mit ihren Uniformen, ihrem hohlen Dünkel und der täglichen kleinen Machtausübung, die den Menschen auf die Nerven ging. Während der revolutionären Wirren des Jahres 1917 und danach sahen sich zahlreiche Milizionäre vom revolutionären Mob angegriffen. Viele wurden getötet. Im Verlauf des Jahres 1917 blieb von dieser Einrichtung organisatorisch nicht viel übrig, bevor sie formal abgeschafft wurde.[27]

Waren damit zwei Säulen des alten Regimes und der kurzlebigen Provisorischen Regierung in kurzer Zeit in Auflösung begriffen, so setzte der Zerstörungsprozess in einem noch wichtigeren Gebiet erst nach der Oktoberrevolution nachhaltig ein. Besondere Bedeutung erhält in diesem Zusammenhang die Auflösung der geltenden Rechtsnormen und der Justiz. Mit dem Gerichtsdekret Nr. 1 vom Dezember 1917 hoben die Bolschewiki geltendes Justizrecht auf und lösten zugleich die bisherigen Gerichte, die Staatsanwaltschaft und die Advokatur auf. Von nun an galt das revolutionäre Rechtsbewusstsein, das von niemandem kodifiziert worden war und von dem niemand genau wusste, um was es sich dabei handelte. Früher geltende Gesetze sollten

25 Hildermeier, *Revolution*, S. 256

26 Figes, *Tragedy*, S. 438-441

27 Eropkin, *Razvitie organov milicii*, S. 8-12

nur insoweit angewendet werden, »als sie durch die Revolution nicht aufgehoben sind und dem Revolutionsgewissen und dem revolutionären Rechtsbewusstsein nicht widersprechen«.[28] Mit einem Streich wurden damit die Ansätze von Rechtsstaatlichkeit, die es im Zarenreich seit der Justizreform von 1864 gab, ausgelöscht. Wenn es keine Gerichte mehr gab, die angeblich nur der Klassenjustiz gedient hatten, so bedurfte es auch nicht mehr der professionellen Richter, die Rechtswissenschaft studiert und über Jahre hinweg Rechtsprechung praktiziert hatten. Somit folgte auf die Zerschlagung des bisher existierenden Rechtswesens die durchgängige Amateurisierung der Justiz. In den Gerichten saßen keine ausgebildeten Juristen, häufig nicht einmal Personen mit höherer Bildung, sondern mit revolutionären Empfindungen. Es begann eine Phase vollständiger Rechtsanarchie, die vom Rechtnihilismus der Bolschewiki noch gefördert wurde. In den ersten Jahren gab es kein kodifiziertes Recht, d.h. überhaupt keines, wohl aber Gerichte, was dazu führte, dass unterschiedliche Gerichte für die gleiche Tat sehr unterschiedliche Strafen verhängten. Der Sinn und Zweck der revolutionären Justiz bestand nicht darin, Gerechtigkeit herzustellen, sondern die Revolution voranzutreiben. Die gerichtlichen Kompetenzen gingen zum großen Teil auf Organe außerhalb der Justiz über, und die Justiz selbst arbeitete Hand in Hand mit ihnen. Im Grunde handelte es sich nicht um Justiz, sondern um eine ziemlich originelle Methode, den Fortgang der Revolution zu gewährleisten. Feliks Dzeržinskij, der Vorsitzende der *Tscheka*, brachte es auf den Punkt: »Denkt nicht, ich suchte eine Form der revolutionären Justiz; die Justiz brauchen wir im Moment nicht. Jetzt ist Kampf – Brust an Brust«.[29] Das Rechtswesen zerfiel, die bisherigen Richter und Advokaten verschwanden, »Recht« und Justiz wurden von den Machthabern instrumentell verstanden und politische Organe übernahmen Teile der Rechtsprechung.[30]

Die Oktoberrevolution beschleunigte die fundamentale Zäsur in der Wirtschaftsordnung, in den Sozial- und in den Eigentumsverhältnissen. Dieser Aspekt ist so häufig beschrieben worden, dass hier Stichworte genügen. Die Bauern nahmen sich das Land, von dem sie seit Jahrhunderten glaubten, dass es denen gehören solle, die es bearbeiten. Lenin unterstützte und legitimierte die Revolution auf dem Lande, die ohne nennenswerte bolschewistische Einwirkungen ablief, durch das berühmte Dekret über den Boden. Viele Bauern beschritten darüber hinaus einen anderen Weg, als der ihnen noch vor dem Krieg vorgegebene: Die Stolypin-Reformen, als staatliche Modernisierung »von

28 Altrichter, *Sowjetunion*, Bd. 1, S. 100
29 Bordjugov, »Črezvyčajnye mery«, S. 31
30 Meder, *Sowjetrecht*, S. 15-71; Solomon, *Justice*, S. 17-48

oben« zu den Bauern gekommen, sollten den wirtschaftlich erfolgreichen bäuerlichen Familienbetrieb schaffen und fördern. Die Bauern nach 1917 suchten dagegen mehrheitlich das Heil in der Kommune. Auf diese Weise stellte die Agrarrevolution Zustände her, die lange Zeit als Ideal des bäuerlichen Wirtschaftens gegolten hatten. Der Großgrundbesitz und die adligen Gutsherren verschwanden, das Land fiel der »schwarzen Umverteilung« zu, die Bauernschaft wurde sozial homogener durch den verminderten Anteil der Landlosen, und – vergröbert gesprochen – die Bauerngemeinde regelte ihre Angelegenheiten selbst, und zwar in einem Maße, wie dies seit Menschengedenken nicht mehr der Fall war. Auch der wirtschaftliche Austausch zwischen Stadt und Land reduzierte sich auf ein Minimum. In der Industrie nahmen Arbeiter die Betriebe in eigene Hände. Im Juni 1918 wurden einige Bereiche der Industrie nationalisiert. Die Enteignung russischer Unternehmer setzte ein, wurde aber noch nicht zu Ende geführt. Im »Kriegskommunismus« traten die radikal sozialistischen Wirtschaftversuche auf den Plan. All dies gehört in den Kontext der Strukturauflösungen und Traditionsverluste, um so mehr, als gerade auf diesem Feld sichtbar wird, wie sehr die Pragmatiker der Macht ohne Konzept und mit viel Improvisation und *ad hoc*-Verfahren das Bestehende untergruben, ohne ein funktionierendes Äquivalent errichten zu können. Die Revolution, mehr noch der Bürgerkrieg und der ruinöse »Kriegskommunismus« können als massive Zäsuren gelten. Die revolutionäre Partei der Bolschewiki trieb nicht nur voran, sondern forderte die fundamentale Umwandlung der Sozial- und Eigentumsverhältnisse und setzte sie durch, so gut es unter Bürgerkriegsbedingungen ging.

Zusätzlich erodierten die bisher gültigen Werte und mit ihnen ihre institutionellen Repräsentationen. Das zeigte sich gleich auf mehreren Gebieten. Zuerst traf es Kirche und Religion. Sie wurden von den Bolschewiki als weltanschauliche Konkurrenten betrachtet, die sich überlebt und ihre Rolle ausgespielt hatten. Die orthodoxe Kirche, gegen die sich der Hauptstoß richtete, fand sich, von den Oktoberereignissen regelrecht überrollt, einer fundamentalen Statusminderung ausgesetzt. Sie verlor ihre Stellung sogar als juristische Person und darüber hinaus Eigentum und Einkommensmöglichkeiten.[31] Erneut finden wir die mit Brachialgewalt durchgesetzte Neuordnung der Bolschewiki, wie sie im Wort zerschlagen zum Ausdruck kommt: Gotteshäuser wurden geschlossen, Glocken abgehängt, Ikonen vernichtet, Sarkophage Heiliger geöffnet, damit das Volk sehen konnte, dass diese Verehrten trotz aller gegenteiligen Behauptungen verwest waren; Priester wurden verhaftet und erschossen, Gläubige desgleichen; sakrale Gegenstände konfisziert, angeblich

31 Giduljanov, *Cerkov' i gosudarstvo*

um für die hungernde Bevölkerung Lebensmittel einkaufen zu können, in Wirklichkeit aber, um ein Goldreservoir anzulegen.[32] Im März 1921 schlug die Geheimpolizei (GPU) in einem Brief an das Politbüro vor, die Synodenvertreter der orthodoxen Kirche kurzerhand zu verhaften, was mit einer kleinen Verzögerung auch geschah.[33] Während der Hungersnot im März 1922 schrieb Lenin einen Brief an Molotov und die Mitglieder des Politbüros, in dem er zum »entschiedenen und schonungslosen Kampf« gegen die Geistlichen aufrief und die »Chance von 99 zu 100« erkannte, das Problem der Kirche zu erledigen. Es sei nun eine gute Gelegenheit gekommen, den Gegner völlig zerschlagen zu können.[34]

Ins Herz der überkommenen Moralvorstellungen und Sozialisationsvorgänge zielten auch die Versuche einiger emanzipierter Bolschewistinnen, Ehe und Familie durch Kollektive zu ersetzen. Diese Vorstellungen waren zu Beginn der revolutionären Bewegung in den 1860er Jahren noch ein romanhaft ausgestalteter Traum,[35] aber plötzlich ergab sich die Möglichkeit, den Traum zu realisieren. In Verbindung mit den Ideen sexueller Freizügigkeit gerieten Ehe und Familie aus der Perspektive der Frauenemanzipation unter Beschuss. Die Wirkungen dieser Debatten im kleinen Kreis sollten keinesfalls überschätzt werden. Die Diskutantinnen und die Anhängerinnen dieser neuen Richtung kannten sich. Von größerer Bedeutung war dagegen die von den Bolschewiki per Dekret vorangetriebene, aber nicht von ihnen ausgelöste Auflösung der Familien. Der Zweck des Ehedekrets von Dezember 1917 bestand in erster Linie darin, die Registrierung statt bei der Kirche von nun an bei staatlichen Standesämtern vornehmen zu lassen. Handelte es sich bei dieser Maßnahme um eine Formalie mit allerdings bedeutender ritueller Wirkung für die Brautpaare, so bewirkte die wenig später erfolgte Regelung, sich per Postkarte von seinem Ehepartner scheiden lassen zu können, schwerwiegende soziale Konsequenzen. Die Scheidungsraten stiegen rasant an. Bis 1927 verdreifachten sie sich.[36] Insbesondere Frauen waren von einem Tag auf den anderen – häufig mit ihren Kindern – auf sich allein gestellt. Kinder fanden sich plötzlich ohne Schutz. Dass auf den Straßen der Städte immer mehr »Hooligans« im zarten Kinder- und Jugendalter auftauchten, hing auch mit den Neuregelungen im Bereich von Ehe und Familie zusammen.[37]

32 Rössler, *Kirche*; Pospielovsky, *Church*, 2 Bde.; Curtiss, *Church*
33 Škarovskij, »Kirche«
34 *Izvestija CK KPSS* 1990, H. 4, S. 190-193
35 Černyševskij, *Was tun?*
36 Schlesinger, *Attitudes*; Buckley, *Women*, S. 35-36.
37 Weitz, *Verwahrlosung*; ders., *Jugendverwahrlosung*, 2 Bde.; Ball, *Soul*

Es kommt hier nicht darauf an, die Ehe- und Familiengesetzgebung zwischen dem ersten Dekret und dem Familienrecht von 1926 als »fortschrittlich« oder »konservativ« zu charakterisieren. Für *Gender*-Historikerinnen mag diese Frage Bedeutung haben.[38] Unstrittig haben die Bolschewiki mit ihren Gesetzen auf bestehende Verhältnisse reagiert. Die revolutionären Umwälzungen, die kriegerischen Umstände und die Umstürzung der Lebenswelten hatte Ehen und Familien bereits in den Sog der Auflösung hineingezogen, bevor die neuen Machthaber Verhältnisse legalisierten, die de facto schon bestanden. Dies gilt für die »Ehe ohne Trauschein« ebenso wie für die längst vollzogenen Trennungen von Ehepartnern, wenn lediglich wegen noch bestehender Schwierigkeiten keine formale Scheidung erfolgt war. Die Bolschewiki lehnten Ehe und Familie zwar nicht grundsätzlich ab und wollten sie mit ihren Gesetzen auch keineswegs abschaffen, sie trugen jedoch insofern auch hier zum Prozess der Auflösung bei, indem sie mit ihren Dekreten und Gesetzen einer unter städtischen Intellektuellen wie Arbeitern – besonders unter Männern – verbreiteten Meinung Vorschub leisteten, wonach die diesen Institutionen zugrundeliegenden sittlichen Werte und Tugenden nicht mehr als unumstößlich galten. Für unsere Bestandsaufnahme ist es zweitrangig, aus welchen Gründen die tradierten Institute in Auflösung begriffen waren, wichtiger ist die Feststellung, dass sie es waren und dass sich dieser Prozess nach dem Oktober noch einmal deutlich beschleunigte, und zwar wiederum unter kräftiger Mitwirkung der Bolschewiki, die einem schon fortgeschrittenen Erosionsprozess »den Rest« gaben.

Um nicht missverstanden zu werden: Es geht hier nicht um eine moralkonservative Bewertung der Vorgänge, die in der Zerstörung der institutionalisierten Werte einen Niedergang sieht. Hier werden lediglich Auflösungsprozesse dargestellt, die zu den historischen Bedingungen des Denkens, Fühlens und Handelns der Menschen jener Jahre gehörten. Es bleibt, streng im Rahmen der gestellten Aufgabe dieses Kapitels, festzuhalten, dass mit Kirche, Religion und Glaube in seinen vielfachen in der frühen Sowjetunion anzutreffenden Auffächerungen und verschiedensten Frömmigkeitsformen sowie mit Ehe und Familie und den damit über Jahrhunderte transportierten (wiewohl nicht wandlungsfreien) Tugenden und Sozialisationsprozessen ein institutionalisiertes Wertesystem unter der Wucht der revolutionären und kriegerischen Verhältnisse zerbarst.

Ein großer Teil der früheren Verwaltungs- und Kulturelite war nach 1921 zu einem guten Teil verschwunden. Unter den mindestens anderthalb Millionen Menschen, die zwischen 1917 und 1921 emigrierten, befanden sich

38 Farnsworth, »Alternatives«; Goldman, »Freedom«; dies., »Women«; Evans Clements, »Effects«

Tausende von Spezialisten und Intellektuellen. Obwohl sie mit den ebenfalls flüchtenden »weißen« Truppen, Monarchisten und Haudegen wenig gemeinsam hatten, vereinte sie die Gegnerschaft zu den Bolschewiki, die ihnen, den *byvšie ljudi*, den »Menschen von gestern«, im roten Russland keine Existenzchance boten.[39] Diese Auswanderung und dieser intellektuelle *brain drain* wirkten sich nicht nur für den Aufbau im neuen Russland negativ aus, sie bilden ein Beispiel für die unsinnige Vertreibung von Geist, der nun in anderen Ländern zur Entfaltung kommen konnte und dort viel zum intellektuellen Leben beigetragen hat. Für die inneren Verhältnisse in Sowjetrussland bleibt zu bemerken, dass ein Resistenzpotential gegen das bolschewistische Regime durch Auswanderung verloren ging. Es war leichter, ohne kritisierende und besserwissende Quälgeister zu regieren. Der nachrevolutionären Gesellschaft fehlte es somit an Stimmen, die den bolschewistischen Entwurf aus dem Geist der mühsam errungenen Öffentlichkeit und Gesellschaft im Zarenreich heraus grundsätzlich zu kritisieren vermochten. Ob die Intellektuellen es getan, ob sie in Anbetracht des permanenten Kriegszustandes und der Bedrohung für Leib und Leben den Mut aufgebracht hätten, muss offen bleiben. Diejenigen, die im Lande blieben, sind häufig verstummt, haben sich angepasst oder konnten sogar eine gewisse Sympathie für die radikal neu gestaltenden Bolschewiki entdecken.[40] Jene, die als *specy* (Spezialisten) von den neuen Machthabern in sowjetische Dienste gestellt wurden, spürten die Angst im Nacken, und die ständige Kontrolle und Bedrohung verfolgte sie auf Schritt und Tritt.[41] Hier wird weder behauptet, diese verschwundene Elite hätte den historischen Verlauf ändern können, noch soll die Intelligenz pauschal als für den Widerstand prädestiniert glorifiziert werden – dafür besteht in Anbetracht der Verstrickungen von Intellektuellen in Gewaltregime und Barbarei dieses Jahrhunderts gewiss nicht der geringste Anlass –, festzuhalten bleibt aber, dass die emigrierten Intellektuellen und Teile der Funktionselite als potentielle Widersprecher ausfielen.

Gleichzeitig mit diesen Erscheinungen der allgemeinen Auflösung setzten ein vandalistischer Bildersturm und eine politisch inszenierte Symbolvernichtung ein, die den Menschen verdeutlichten, dass eine Ära grundsätzlich zu Ende gegangen war. Bei diesem vornehmlich in den Städten anzutreffenden Phänomen verschwanden Bilder des Zaren und der zarische Doppeladler von den öffentlichen Gebäuden, also die Symbole des alten Staates, Epauletten verschwanden von den Uniformen, Merkmale hierarchisch-sozialer Distink-

---

39 Schlögel, *Exodus*

40 Plaggenborg, *Revolutionskultur*; Beyrau, *Intelligenz*, S. 17-72

41 Liberman, *Lenin's Russia*

tion und militärischer Autorität (von Stalin 1943 wieder eingeführt). Gutshäuser – Symbole des unrechtmäßigen Reichtums des nicht arbeitenden Adels – wurden geplündert und angezündet, Gefängnisse von Aufständischen erobert, die Flaggen des *Ancien Régime* eingeholt und neue, rote, aufgepflanzt.[42]

Die Auflösung der Ordnung, Werte und Institutionen zog schwerwiegende Folgen nach sich. Die Kriminalitätsrate stieg innerhalb weniger Wochen auf bisher unbekannte Höhen. Im Jahre 1918 hatten 22 Prozent der Bevölkerung Petrograds (St. Petersburg) Eigentumsdelikte begangen, in Moskau waren es 70 Prozent – so eine zeitgenössische russische Statistik. Nimmt man das letzte Vorkriegsjahr 1914 als 100, so ergab sich für Moskau 1918 eine Steigerung bei bewaffnetem Raub auf 28.500, ohne die »Verbrechen der Sowjetbevollmächtigten«, wie die Quelle betont. In der Eisenbahn stahlen Diebe 1922 Gepäck im Wert von 22 Prozent des Haushalts des Volkskommissariats für Verkehr, das heißt Gegenstände im Wert von rund 50 Millionen Goldrubel.[43] Auch die Zahl der Gewaltverbrechen stieg an. Vergewaltigungen scheinen besonders stark zugenommen zu haben.[44]

Die bisher genannten Aspekte sind eingebettet in die Auflösung jeglicher Art von Zivilität im Bürgerkrieg. Er bildete die Grunderfahrung im sowjetischen Geschichtsprozess und die Dispositionen für Handeln. Die uneingeschränkte Gewalt entstand nicht erst nach dem Oktober 1917, sondern breitete sich im Verlauf des Jahres 1917 landesweit aus, während die staatlichen Institutionen immer mehr verfielen. Aber der Bürgerkrieg bildete den Höhepunkt. Die Gesellschaft befand sich in einem Krieg untereinander und war in verschiedene Lager aufgeteilt: »Rote«, »Weiße«, »Grüne«, Nationalisten, ausländische Interventionisten sowie namentlich kaum fassbare Gruppen.[45] Die Unterscheidung zwischen militärischen und zivilen Sphären verschwamm, entsprechend diejenige zwischen Zivilisten und Kombattanten. Allein gemessen an den quellenmäßig überlieferten grauenvollen Tötungsarten ist der Begriff »Auflösung der Zivilität« unzutreffend. Die Vorgänge der Gewalt ließen Zeitgenossen wie Historiker verstört auf diese Periode schauen. Selbst ein sehr nüchternes Buch von 1987 über den Bürgerkrieg in Russland beginnt mit den Worten: »Falls der Begriff ›apokalyptisch‹ auf irgendein Ereignis der jüngeren Weltgeschichte zutrifft, dann auf den russischen Bürgerkrieg. [...] Krieg und Zank, Hunger und Seuchen – die vier Reiter der Apokalypse – verheerten das größte Land Europas im Umlauf von drei Jahren.«[46] Sowjetrussland befand

42 Stites, *Dreams*, S. 61-72; Figes/Kolonitskii, *Revolution*, S. 48-57
43 Sorokin, *Soziologie*, S. 77-78
44 Ebd., S. 97
45 Brovkin, *Frontlines*; Pipes, *Revolution*, Bde. 2 u. 3
46 Mawdsley, *Russian Civil War*, S. XI

sich in dieser Zeit in einem Zustand »totaler Gewalt«.[47] Diese allumfassende Auflösung steigerte sich zu einem kaum noch vorstellbaren fulminanten Höhepunkt im Jahre 1921/22, als Hungersnot und Seuchen Millionen Menschenleben verschlangen. Über die Auswirkungen liegen Berichte der ausländischen Hilfsorganisationen und Fotodokumente vor, die das Ausmaß der Not wiedergeben. Unsagbares Elend erfasste die Menschen. Die Hungernden und Verzweifelten stahlen Leichen aus Massengräbern, um sie zu essen. Sterbende Verwandte wurden zu Mahlzeiten verarbeitet, Menschen umgebracht, um sie zu verspeisen. Die Menschen starben auf den Straßen, niemand kümmerte sich um sie. Nach Tagen erst wurden die Leichen weggeräumt.[48] Wie groß musste der Jammer sein, dass sogar der kapitalistische Westen den Roten zu Hilfe kam! Die verheerende Grippewelle 1918/19, die ganz Europa heimsuchte, verschlang auch in Sowjetrussland viele Opfer. Dann schwappte 1920 eine Typhusepidemie über das Land. In Petrograd kamen die Totengräber nicht nach. Leichen blieben über Monate unbeerdigt.[49]

Während die Menschen hungerten und krepierten, grassierten der rote Terror der Revolutionstribunale und der Geheimpolizei (*Tscheka*) sowie der »weiße« Terror ungehemmt weiter. Die bolschewistischen »Organe« arbeiteten effizient bei der Vernichtung von Menschenleben, und sie waren extrem erfolgreich beim Schaffen von Ernährungskrisen, aber als es um die Rettung der Hungernden ging, da versagten sie in grandiosem Ausmaß. Die Menschen entwickelten unter diesen Umständen Überlebensstrategien, für die humanitäre Gesichtspunkte nicht gelten konnten. Sie übten Gewalt gegeneinander aus, um sich zu schützen, sie raubten und mordeten, Lynchjustiz war häufig, weil keine strafenden Instanzen vorhanden waren. Die Kriminalität wuchs ins Unüberschaubare. Die Prostitution nahm erschreckende Ausmaße an. Verwahrloste Kinder bevölkerten zu Tausenden die Städte und lungerten an Eisenbahnlinien herum, auf der Suche nach Essbarem und irgendeiner Beschäftigung oder auch keiner. Der Zusammenbruch der Zivilisation, *sit venia verbo*, ja des Humanen in den ersten Jahren nach 1917 war total.

Die Verwüstungen zu Anfang der Sowjetperiode, hier nur skizzenhaft und in dürren Worten wiedergegeben, liegen auf der Hand. Welche Rolle spielt es in diesem Zusammenhang, dass während des Oktoberumsturzes die Straßenbahnen weiterfuhren und die Theater weiterspielten, als sei nichts geschehen? Am Tag des Umsturzes mag vielen Zeitgenossen die Dimension der zukünftigen Zerstörungen nicht aufgegangen sein. Das Unspektakuläre des Putsches

47 Pethybridge, *Social Prelude*, S. 96; Plaggenborg, »Gewalt«; ders., »Weltkrieg«

48 Narskij, *Žizn' v katastrofe*, S. 361-373, 553-559

49 Figes, *Tragedy*, S. 605

Lenins, der die Macht von der Straße aufhob, sollte nicht dazu verleiten, die epochale Wende, die aus diesem Ereignis hervorging, gerade in Beziehung auf die Lebensverhältnisse der Menschen geringzuschätzen. Von Anfang an galt in Sowjetrussland die historische Erfahrung, dass gesellschaftliche und staatliche Regulierungsinstanzen, die zum Teil Erziehungsfunktionen (wie etwa die Armee) oder präventive Verhaltenssteuerungsfunktionen (wie die Justiz) besaßen, zerstört wurden. Gewalt und materielles Elend gehörten zu den unmittelbaren Lebensumständen. Die Zerstörung elementarer Lebensgewissheiten war ein Charakteristikum der Epoche. Die knappe Aufzählung in diesem Kapitel allein reicht aus, die Traditionsverluste, die zum Teil Niederlagen der Traditionen im Kampf gegen die aktivistischen Bolschewiki waren, die Vorgänge kompletter Strukturauflösung, massenhafte Todeserfahrung während des Weltkrieges und des Bürgerkrieges, überwölbt schließlich von der Hungersnot, zu verdeutlichen – ein Erfahrungsgemisch aus Massentod, Flucht, Gewalt, Verelendung und Zerstörung.

Dieses Ausmaß an allgemeiner Auflösung und Zerstörung war im Europa der damaligen Zeit einzigartig. Es handelte sich um eine veritable Krise aller Bereiche des Staates, der Wirtschaft, der sozialen Beziehungen und der Werte. Die Erfahrung von Unsicherheit war allgegenwärtig. Wenn Historiker mit Blick auf eben jene Unsicherheitserfahrung mit dem Begriff der Krise operieren und ihn für andere historische Fälle anwenden, so für die zeitgleichen Entwicklungen in Weimardeutschland, so wird das Ausmaß der sowjetischen Katastrophengeschichte in diesem Vergleich jedem offensichtlich. Was ist noch nötig an zusätzlichen Elementen, um Krisenerfahrungen als historisch wirksam anzuerkennen?

Es hat nun wenig Sinn, den Begriff der Krise wortspalterisch zu deuteln und zu relativieren, um eine zynische Rangliste der Krisen im Europa jener Jahre aufzustellen. Dennoch kommt niemand um die Tatsache umhin, dass es – durchaus empirisch messbar – höchst unterschiedliche Krisenphänomene und Krisentiefen gab: Im Fall Sowjetrusslands entwickelte sich ein Krisenausmaß, das vom empirischen Befund her alle west- und mitteleuropäischen Gesellschaften in den Schatten stellte. Weder die italienischen Vorgänge zu Beginn der zwanziger Jahre, noch die in der Tat höchst labilen Verhältnisse im Baltikum, in Ungarn, Jugoslawien und Bulgarien sind ernsthaft vergleichbar mit den sowjetrussischen Entwicklungen. Auch der deutsche Fall stellt sich bei aller schneidenden Andersartigkeit als vergleichsweise harmlos heraus. Wie jedoch die erfahrungsgeschichtlichen Auswirkungen in Deutschland und Sowjetrussland aussahen, das hat die Geschichte gezeigt. Während bei den westlichen Intellektuellen die Krise nach dem Ersten Weltkrieg zu großen Teilen in den Köpfen stattfand, zumindest die Krisenrezeption in den Köpfen wesentlich dramatischer ausfiel als sie im empirischen Vergleich mit der Sowjetunion war, lässt sich die eigentliche europäische Großkrise für Sowjetrussland festmachen.

Was als Auflösung und Zerstörung festzustellen ist, besaß jedoch noch eine andere Bedeutung, die im Zusammenhang mit der hier geführten Modernediskussion von großer Bedeutung ist. Die ersten Jahre haben die sozialen und institutionellen Komplexitäten, die sich bis 1917 herausgebildet hatten, drastisch vereinfacht. Die Revolution erwies sich als ein »Reduktionsprozess großen Stiles«, in dessen Verlauf die »Agenturen der Verknüpfung« zwischen Gesellschaft und Staat beseitigt wurden.[50] An ihre Stellen traten fürs erste keine neuen ausdifferenzierten Verhältnisse. Bereits an dieser Stelle fällt ein eigenartiges Merkmal auf: Offensichtlich hat die Revolution den vereinfachenden Vorstellungen der Bolschewiki, von denen noch die Rede sein wird, gleichsam empirisch zugearbeitet. Während jedoch die Verhältnisse bald wieder ein gewisses Maß an Komplexität entwickelten, blieben die Antworten der Bolschewiki stets schlicht. Für die dreißiger Jahre hat es ein Buchtitel auf den Punkt gebracht: »*Simplifications staliniennes et complications soviétiques*«.[51]

3. Fortsetzungen

Ende der zwanziger Jahre setzten erneut bürgerkriegsähnliche Zustände ein. Zwar hatte sich der erste Versuch, den Kommunismus einzuführen (»Kriegskommunismus«), als eine einzige Katastrophe für die industrielle und landwirtschaftliche Produktion sowie für die Versorgung der Bevölkerung mit dem Wichtigsten des täglichen Lebens herausgestellt, aber das hielt die Bolschewiki nicht davon ab, in einem weiteren Schub während der Kollektivierung und des ersten Fünfjahrplans Restbestände der überkommenen Wirtschaftsordnung und Sozialverfassung auszuradieren. Der Staat verschwand diesmal zwar nicht, aber seine Institutionen existierten häufig nur noch nominell, wohingegen außerordentliche Organe den Staat repräsentierten. Die Kollektivierung war Bürgerkrieg. »Pogrome, Plünderung, Verfolgung, Terror, Deportation« schrieben Bauern in einem ukrainischen Bezirk. Sie sahen, worauf die Entwicklung hinauslief: »Ist das etwa die Freiheit? Das ist Leibeigenschaft.«[52]

50 Rexhäuser, *Modernisierung*, S. 103
51 Rittersporn, *Simplifications*
52 Viola, »Kollektivizacija«, S. XXXVII

Beide Schübe zeichneten sich durch ein hohes Maß an Gewalt aus. Die Zwangsrequirierungen von Nahrungsmitteln während des »Kriegskommunismus« und die Zwangskollektivierung stellten einen Krieg gegen die Bauern dar.[53] Die Dimension dieser Umstürzung der Agrarverhältnisse einschließlich der »Liquidierung der Kulaken als Klasse« muss man sich immer wieder vor Augen führen: In wenigen Jahren hat Stalin es geschafft, den über Jahrhunderte bestehenden Bauernstand vollständig zu vernichten und ihn in eine quasi leibeigene Schicht von rechtlosen Kolchosmitgliedern und Staatsangestellten zu verwandeln. Die Folgen dieses brachialen Aktes sind bis in unsere Tage zu spüren, als nach dem Zusammenbruch des Sowjetsozialismus der russische Staat sich ungemein schwer tat, die Kolchosen aufzulösen, weil er der stalinistischen Kollektivwirtschaftsideologie aus unerfindlichen Gründen noch lange anhing und weil – wichtiger noch – die entbäuerlichten Kolchosbauern und Sovchosangestellten der dritten und vierten Generation sich nicht vorstellen können, das zu tun, was die Bauern dieser Welt tun: im Familienbetrieb ein eigenes Stück Land zu bearbeiten. Dabei haben sie es auf der Minifläche des privaten Hoflands über Jahrzehnte ausprobiert, aber der Mut zum Sprung in die gänzlich eigenständige Wirtschaft fehlte den allermeisten. Wenn sie es versuchten, war der Staat mit Steuern und Gesetzen dagegen.

Während die orthodoxe Kirche bald ins Visier der neuen Machthaber geriet und ihre organisatorische Binnenstruktur durch Gesetzgebung und forcierte Spaltung aufgelöst wurde, so verhielt man sich gegenüber den Gläubigen bis Ende der zwanziger Jahre differenzierter. Vorübergehend erlebten die im Zarenreich unter der Fuchtel der orthodoxen Kirche stehenden oder verbotenen religiösen Minderheiten einen enormen Aufschwung und einen Mitgliederzuwachs. 1928/29 spürten aber auch diese jahrzehnte- und jahrhundertelang unterdrückten Gläubigen, dass ihre Freiheit zu Ende ging. Der Krieg gegen die Bauern verband sich erneut mit dem Angriff auf das Überkommene: Religion, Kirche und Gläubige, Moral. Die Fronten liefen nicht allein zwischen Zwangsstaat und Bauern, sondern häufig innerhalb der Familien. Der 14-jährige Pavel Morozov, bübischer Held sowjetischer Propaganda, der seinen Vater als Kulak denunziert hatte und dafür durch die Hand seines Onkels starb, war ein Fall mit besonders krassen Folgen. Der abgrundtiefe Riss spaltete viele Familien. All das kam wieder einmal zusammen, so dass die Bauern diese Vorgänge als »vierte Revolution« bezeichneten,[54] in der erneut die soeben mühsam stabilisierten lebensweltlichen Gewissheiten zerstört wurden. Im Unterschied zu den Anfangsjahren der Sowjetmacht liefen diesmal klassen-

53 Merl, *Bauern*; Fitzpatrick, *Stalin's Peasants*

54 Žuravlev, »Dokumental'naja istorija«, S. VI-XXI

kämpferisch aufgeladene antireligiöse Kampagnen an, die sich nicht allein gegen die institutionellen und rechtlichen Reste der orthodoxen Kirche richteten, sondern gegen Religion überhaupt, die sich nicht aus den Köpfen der Menschen verflüchtigen wollte.[55] Erneut, und diesmal weitaus stärker als zuvor, sahen sich Gläubige und Priester verfolgt. Die Kirche ging in den Untergrund. Die Mitglieder der religiösen Minderheiten traf der Schlag mit voller Wucht. Sie, die sich einer gewissen Privilegierung in den 1920er Jahren erfreut, die sogar mit den Bolschewiki hier und da paktiert und sympathisiert hatten, weil diese ihnen jene religiöse Freiheit ermöglichten, die sie bis 1917 entbehrten, durften sich zurecht verraten fühlen. Die religiösen Minderheiten, das heißt Sekten orthodoxer oder auch westlich-protestantischer Herkunft, die zuvor einen unvermuteten Aufschwung erlebt hatten, traf die Wende am härtesten. 1919, mitten im Bürgerkrieg, hatte eine politische Kommissarin der Roten Armee geschrieben: »In den Dörfern kehrten wir fast gar nicht ein, und wenn, so doch meistens bei den Sektierern: dort war es sauber, die Bauern sympathisierten mit uns, die Milch war so fett wie im Himmelreich und die Bauernmädchen so frisch wie Wabenhonig. Die Sektierer haben niemals versucht, uns in die Falle zu locken und wir waren immer satt, wenn wir von ihnen gingen.«[56] Diese Haltung wurde ihnen von den Bolschewiki nicht gedankt. Wie andere Gläubige auch, gerieten sie nach 1929 in den Strudel der stalinistischen Verfolgungen. Im Januar und Februar 1930, zum Höhepunkt der »Entkulakisierung« hörte sich die »Kirchenpolitik« der stalinistischen Regierung im Bericht eines Parteisekretärs zum Beispiel so an: »2 Sektenmitglieder verhaftet, die zur Versammlung [zur Organisierung der Kolchose – S.P.] kamen und sagten: ›Brüder, wir sind für Christus, wer ist mit uns?‹ und dadurch die Versammlung sprengen wollten.«[57] »Im Dorf Uvjaza verbreiten der Pope und die Evangeliumschristen Gerüchte über den Antichristen und das Ende der Welt. Sie überzeugen die Bauern, bis zum Frühjahr durchzuhalten, dann würden sie gerettet.«[58]

Der zweifelhafte Ruhm, die Gläubigen verfolgt zu haben, kam indes nicht nur Lenin, Trockij, Stalin und anderen führenden und zweitrangigen Vertretern der Bolschewiki zwischen 1917 und 1941 zu. Der antireligiöse Kampf musste ein Dauerbrenner unter sowjetischen Verhältnissen bleiben, solange es Religion einerseits und die Kommunistische Partei und den offiziellen Atheis-

55 Plaggenborg, »Volksreligiosität«; ders., *Revolutionskultur*, S. 315-342; Luukkanen, *Policy*; ders., *Party;* Peris, *Storming*; Škarovskij, *Kirche*; Nolte, *Budgetakkumulation*, S. 83-105; sowie in Anm. 56-58 genannte Literatur

56 Rejsner, *Izbrannoe*, S. 28

57 Viola, *Rjazanskaja derevnja*, S. 163

58 Ebd., S. 203

mus andererseits gab. Eine »Lösung« konnte es unter diesen einander ausschließenden Bedingungen nicht geben, wohl aber ein vorübergehendes Paktieren und Stillhalten auf Seiten der Kirche und Gläubigen, während gleichzeitig der Staat die Fragen der Religion gelassener und weniger bedrohlich betrachtete. Der Grundkonflikt zwischen zwei unterschiedlichen Wertesystemen und ihren Institutionen blieb indes bestehen. Ende der 1950er Jahre, als sich Chruščev voller Enthusiasmus über die Erfolge in der Maiskampagne, bei der Neulandkampagne, im Weltraum und bei der Raketenentwicklung daran machte, die USA bei der Fleisch- und Milchproduktion zu überholen, da schien auch das letzte Stündlein der Religion in der Sowjetunion geschlagen zu haben. Neue Gesetze minderten den nach dem Zweiten Weltkrieg wieder aufgewerteten Status der Kirche. Erneut ging der Staat gegen die materielle Basis der kirchlichen Arbeit vor und versuchte, Religion auf administrativem Wege auszutilgen. Über einen Zeitraum von drei Jahren, zwischen 1958 und 1961, ging der Staat gegen Mönche, Nonnen, Priester und Gläubige vor, wurden Kirchen und Klöster geschlossen. Der Übergang zum Kommunismus vertrug sich nicht mit der unausrottbar scheinenden Religion, von der die Führung behauptete, es handele sich um Restbestände.[59]

Die Tatsache, dass Ende 1959 noch 63 Klöster und über 13.000 »arbeitende« Kirchen und Gebetshäuser existierten, von denen aber ein großer Teil im Laufe der Kampagne geschlossen wurde, mag zu der Ansicht verleiten, die Auflösungserscheinungen seien von geringer Dauer gewesen. Doch sollte man sich nicht vom Aktionismus der späten Bolschewiki täuschen lassen. In der Tat war die Säkularisierung der Bevölkerung weit vorangeschritten. Einer solch harschen Kampagne hätte es nicht mehr bedurft, wenn nicht Religion immer noch als das Dunkelmännertum betrachtet worden wäre, das die Menschen vom Aufbau des Kommunismus abhielt. Nicht zufällig fühlten sich viele an die antireligiösen Kampagnen der zwanziger und dreißiger Jahre erinnert. In den Anfangsjahren der Sowjetperiode besaßen die Kampagnen jedoch einen zerstörerischen Charakter, der jenen der späten fünfziger Jahre – ohne beschönigen zu wollen – bei weitem übertraf.

Es ist eine bemerkenswerte Erscheinung, dass die hier vorgetragene Geschichte der Auflösungen und Verluste, eines konstitutiven Elements sowjetischer Geschichte, mit der Auflösung des lange Zeit herrschenden modernisierungstheoretischen Paradigmas und der strukturalistischen Geschichtswiedergabe einhergeht. Wenn man nun versucht, aus dem theoretischen Dilemma als unzureichend betrachteter Sozialgeschichte, politischer Katastrophengeschichte und narrativer Kulturgeschichte herauszukommen, dann mag nach

59 Čumačenko, *Gosudarstvo*, S. 174-228

der erzählerisch imposanten Leichenrede beim Begräbnis der modernisierungstheoretischen Revolutionsforschung ein »*exhumetur*« erklingen,[60] das die Makro- und Strukturgeschichte in seiner analytischen Leistungsfähigkeit rehabilitieren kann. Die in diesem Kapitel angelegte Deutungsachse, die als erste Etappe der noch folgenden Darlegungen die Verluste hervorhebt, geht damit von einer radikalen Unterbrechung jenes Modernisierungsprozesses aus, der trotz aller Defizite im Zarenreich eingesetzt hatte. Es verschwanden mit der alten Ordnung auch jene erfolgreichen Institutionen, die ihre Leistungsfähigkeit selbst unter den schwierigen Bedingungen der Krise unter Beweis gestellt hatten. Die *Zemstva*, noch nach dem Februar 1917 intakt und effizient, zerfielen unter den postoktobrianischen Verhältnissen. Zugleich aber stand Modernisierung im Kochbuch der Bolschewiki, und zwar unter krassen Bedingungen der Systemkonkurrenz zum Kapitalismus. Auflösungserscheinungen und Neufassungen des Moderneprojektes gingen Hand in Hand. Weil es keinen evolutionären Weg, sondern die Gleichzeitigkeit von totaler Destruktion und totalem Neuanfang gab, spiegeln die Entwicklungen Sowjetrusslands beziehungsweise der Sowjetunion die »Ambivalenz der Moderne«[61] wider. Eine Antwort auf die naheliegende Frage, welchen Einfluss die totalen Verluste und Auflösungen auf die Entstehung neuer Strukturen gehabt haben, fällt schwer, weil der Kausalnexus zwischen den beschriebenen Auflösungen und der Herausbildung neuer Strukturen kaum zu belegen ist. Was sich an konstitutiven Elementen herausgebildet hat, das heißt was an die Leerstellen des Alten trat, wird in den folgenden Kapiteln behandelt. Dabei geht es nicht um Vollständigkeit, sondern um ausgewählte zentrale Bereiche.

60 Zur ersten Variante Figes, *Tragedy*; Tiryakian, »Modernization«

61 Bauman, *Moderne*

II. Lenins konservative Moderne

Wann eigentlich beginnt die Zerfallsgeschichte des bolschewistischen Experiments? Das vorige Kapitel hat die Katastrophen und Kataklysmen aufgelistet, die das Entstehen dieser neuen Welt begleiteten. Liegt hier der zerstörerische Urgrund, der dieses Experiment zum Scheitern verurteilte? Diese Aussage verbietet sich insofern, als die Katastrophen nicht den Schicksalsschlägen antiker Tragödien gleich über das neue Regime hereinbrachen, sondern zu einem gerüttelt Maß von ihm verschuldet und in Gang gesetzt waren. Aber auch aus Dummheit, Inkompetenz und politischer Blindheit können Katastrophen entstehen und Regime untergehen. Doch würden wohl nur die gestrigen Antikommunisten, die ewigen Besserwisser, diese analytisch kurz greifende Ansicht allein gelten lassen. Kaum jemand wird behaupten können, ein Regime, welches sich über sieben Jahrzehnte an der Macht hielt, habe niemals die Chance gehabt, aus diesen Niederungen herauszufinden. Und doch sind 74 Jahre wenig. Es gab Reiche, die mythische Dauer beanspruchten und rascher kollabierten als die Sowjetmacht. Aber für eine Gesellschaftsordnung, die im 19. Jahrhundert entworfen worden und nicht für die Lebensdauer nur eines kümmerlichen Dreivierteljahrhunderts veranschlagt war, ist das Ergebnis etwas mager.

Kein Neuanfang ist auf Untergang programmiert. Es wäre unhistorisch, aus den im vorangehenden Kapitel beschriebenen Verhältnissen eine Geschichtsteleologie abzuleiten, die vom einen Untergang – dem des Zarenreiches – zum nächsten führte. Dennoch sind die Fragen berechtigt: Was ist schiefgegangen mit dem bolschewistischen Experiment? Wann und wo lässt sich ein *point of no return* erkennen, an dem das Regime und die von ihm geschaffene Ordnung irreparabel wurden? War der strukturbildende Stalinismus, dieses pulsierende Zentrum der Sowjetgeschichte, der Ausgangspunkt des Verfalls? Diese Frage führt zur Problematik der schwierigen Entstalinisierung. Chruščev und Gorbačev, aber auch Brežnev spielten die ihnen zugefallene historische Rolle des Don Quixote, der für seine Kommunismus-*Dulcinea* die absurdesten Reformabenteuer bestritt, hoch auf dem Ross des Weltgeistes zu reiten meinte und nicht bemerkte, dass er in Wirklichkeit die räudige Schindmähre des real existierenden Sozialismus unter sich hatte. Wir können die Problematik des Wandels im späteren Verlauf des Experiments erst einmal beiseite legen. Lag in der unmittelbar nach der Revolution 1917 einsetzenden Aufbauarbeit, die parallel zu den Verheerungen einsetzte, der Keim für die späteren Entwicklungen? Wer so fragt, verlegt Zeitpunkt und Ursachen in die sich herausbildenden Strukturen und die großen Schwierigkeiten, sie zu verändern. Reicht das aus, um jenes Erklärungspotential zu heben, das wir für ein theoretisch geleitetes Verständnis des Sowjetexperiments benötigen? Was spricht dagegen, noch einen Schritt zurückzugehen und bei den gedanklichen Voraussetzungen des bolschewistischen Experiments zu beginnen. Das bedeutet nicht, eine neue Variante der politik- und ideologiegeschichtlichen Untersuchungen zu liefern, die sich auf die Marx-Rezeption in Russland konzentrierten und daraus mehr oder weniger linear die Katastrophe des Bolschewismus ableiteten.[1] Es gilt, die unbestrittene Wirkkraft der Ideen im Russland des beginnenden 20. Jahrhunderts auf andere Weise zu kontextualisieren, um die geistigen Grundlagen des bolschewistischen Experiments zu hinterfragen. Es geht um den Aufbruch in die Moderne. Das ist das Thema dieses Kapitels.

1. Revolutionär im U-Boot

Die Verfallsgeschichte der Sowjetmacht beginnt mit Lenin. Zwar hat nicht er allein zum desaströsen Verlauf der sowjetischen Entwicklungen beigetragen – soweit soll die Geschichte nicht verkürzt und personalisiert werden –, doch kommt man an der Frage nicht vorbei, ob und inwiefern die Leninschen Grundlagen mit verantwortlich waren für diese Geschichte. Die triste Erkenntnis, die sich demjenigen einstellt, der die 74 Jahre Sowjetgeschichte untersucht, besteht unter anderem darin, dass dieses Regime gigantische menschliche und materielle Ressourcen zu mobilisieren im Stande war und eine Aufbauleistung vorzuweisen hat, die ihresgleichen sucht. Der Staat und seine Institutionen entstanden, Städte wuchsen aus dem Boden hervor, die historische Novität der Planwirtschaft trat ins Leben, Raketen flogen zum Mond und zurück zur Erde, die Elektrizität kam aufs Dorf, die Menschen erlangten ein solides Maß an Bildung, die Alphabetisierung ermöglichte Frauen die Teilhabe an der sozialen Mobilität, die Gesellschaft wurde in hohem Maße verwaltet, aber es gelang nicht, die zahlreichen Modernisierungsschübe, die sich in diesen Ergebnissen widerspiegeln, dauerhaft zu machen und entwicklungsfähig zu

1 Zuletzt Pipes, *Revolution*; Malia, *Wahn*

halten. In allen Leistungen steckte von Anfang an der Wurm. Der Blick über die 74 Jahre Sowjetgeschichte lässt eine Werkstatt vor Augen treten, in der ständig an der sozialistischen Moderne gebastelt wurde. Ob »Kriegskommunismus«, der Rückzug der »Neuen Ökonomischen Politik«, die Wirtschaftspläne und ihre dauernden Korrekturen, der Reformsozialismus Chruščevs, die gemäßigten Reformen unter Brežnev und der umstürzende Reformsozialismus der Gorbačev-Periode, es gab fast keine Phasen evolutionärer Entwicklung. Entweder handelte es sich um Ausnahmesituationen, wie 1918–1921 und 1941–1945, oder um Sturmarbeit und Durchbrüche – so 1929–1932, 1935–1938 –, oder es ging um fundamentale Korrekturen am System – so 1956–1964, bedingt 1966–1970 sowie 1986–1991. Vor allem aber zeigt sich, dass die Probleme, die das System heraufbeschwor, größer wurden, je länger die Sowjetmacht existierte: in der komplexer werdenden Wirtschaft, der sich auffächernden Gesellschaft, in den Wissenschaften, den technischen Innovationsbereichen, den sozialen Beziehungen, den Alltagsverhältnissen und in den internationalen Beziehungen unter Einschluss der Dritten Welt. Sobald die Welt komplizierter wurde, kam das System nicht mehr mit. In der zweiten Hälfte des 20. Jahrhunderts hinkte es permanent den Entwicklungen hinterher, obwohl es zahlreiche Anstrengungen unternahm, flexibel zu reagieren. Aber es *reagierte* auf äußere Umstände. Im Innern veränderte es sich zwar, aber ohne sich weiterzuentwickeln, was bedeutete, dass dieses System einen fundamentalen Fehler hatte. Obwohl das Regime bis in seine letzten Tage immer wieder modernisierte, gelang es nicht, modern zu werden. Darin liegt das eigentümlich Attrappenhafte, das den sowjetischen Modernisierungsbemühungen eigen war. Irgendwann war etwas schiefgegangen. Lag es an den Strukturdefiziten? Wenn trotz aller Modernisierung die Modernität ausblieb, so bleibt nur der Schluss übrig, dass es nicht an der Technik der Modernisierung lag, sondern dass es sich um ein kulturelles Problem handelte.

An dieser Stelle ist einzusetzen. Beginnen wir mit grundlegenden Ideen im Stadium des Aufbruchs. An die Ursprünge des bolschewistischen Experiments zurückzugehen heißt die Frage zu stellen, ob die kulturell bedingte Modernitätsunfähigkeit in der Grundlegung durch Lenin bereits angelegt war. Die Antwort darauf ist von Bedeutung, denn obgleich die Sowjetmacht nach 1917 nicht die Verwirklichung normativer Absichten war, so wirkten der Denkstil und geistige Habitus, die Lenin in die revolutionäre Bewegung hineingetragen hat, auf die nachrevolutionäre Phase ein. Vielleicht lassen sich einige langfristige Probleme der UdSSR schon in diesem frühen Stadium erkennen. Wenn sich diese These als richtig erwiese, bedeutete das, einen fatalen Anfangsfehler zu unterstellen, der das gesamte bolschewistische Experiment mit einem Fragezeichen versah. Man fühlt sich an »Dantons Tod« erinnert. Dort fällt das entscheidende Wort bereits in der ersten Szene: »Verloren.« Das Spiel war aus, bevor es begonnen hatte. Georg Büchner lässt hier keine sozialgeschichtliche Deutung zu, sondern es ging um Ideen und Haltungen. Darin entschied sich die Revolution. Und in Russland?

In den Wirren des Jahres 1917 gab es einen Mann, der unerschütterlich wusste, welchen Gang die Ereignisse nehmen würden und was zu tun war. Kaum im April 1917 auf Petrograds Finnischem Bahnhof angekommen, verkündete er jene »Aprilthesen«, die in ihrer trotz der taktischen Zurückhaltung unverrückbaren Gradlinigkeit in den Forderungen geradezu hellseherisch waren.[2] Gegen die Fortsetzung des Krieges und für die Übergabe der Macht an das Proletariat und die Räte, damit brachte Lenin die orientierungslosen Parteigenossen auf Linie. Die Losung »Alle Macht den Räten!« konnte somit zur Parole der Bolschewiki werden. Sie bildete den Grundzug bolschewistischer Politik im Verlauf des Jahres 1917. Nicht einmal die Führungsgruppe der Bolschewiki, nur Lenin besaß sie: die kalte Berechnung, die auf der jahrelang geübten gedanklichen Durchdringung revolutionärer Verhältnisse beruhte.

Das ist als das revolutionäre Genie dieses Mannes bezeichnet worden. Aber was daran war genial? Wir können nicht davon ausgehen, dass dieser nicht sonderlich temperamentvolle Jurist, Marxist und Revolutionär, der die längste Zeit seines Lebens im Ausland zugebracht hatte, gleichsam genetisch jene hervorragenden Fertigkeiten besaß, die ihn zu einer der wichtigsten Persönlichkeiten und einer der herausragenden Gestalten der neueren Geschichte machten. Eine Antwort zeichnet sich ab, wenn Lenin nicht auf die übliche Art kontextualisiert wird: nicht als Spross einer multiethnischen Familie, als Produkt der russischen revolutionären Tradition und des westlichen revolutionären Marxismus, als innerparteilichen Kämpfer, sondern als Typus der Moderne. Dazu ist von den tagespolitischen, organisatorischen und auch zum Teil ideologischen Fragen abzurücken. Es geht darum, an der Person Lenin und seinem Denken ein schwerwiegendes Problem der russischen Entwicklungen im Zusammenhang der Modernediskussion vorzuführen. Lenin ist ein vorzügliches Beispiel, nicht nur, weil er in hervorragender Weise einen bestimmten Modernetyp verkörpert, sondern auch, weil seine historische Rolle gerade ihn zu einem Muster für eine solche Betrachtung macht.

Dieser Lenin war seit den 1890er Jahren ein weltanschaulich gemachter Mann. Es ist erstaunlich, wie wenig sich sein Weltbild danach entwickelte: Marx, Engels, Plechanov und Kautsky waren die Erbauer seines materialistischen Gedankengebäudes. Robert Service, sein vorerst letzter Biograph, schreibt, dass Lenin auf diese Weise in einem kleinen Ausschnitt des Geistes-

2 Lenin, *Werke*, Bd. 24, S. 3-8

lebens des 19. Jahrhunderts stecken geblieben sei, denn er nahm nicht oder nur wenig Notiz von anderen einflussreichen Denkern. Andere philosophische Richtungen sowie die Philosophie und Gesellschaftstheorie seiner Zeit ignorierte er. Ob Carlyle, Nietzsche, Freud, Kierkegaard, Le Bon, Michels oder Max Weber – sie existierten für ihn nicht, wohl aber Darwin.[3] Nun sollte man den Revolutionär nicht überfordern, darf doch die Bewältigung eines solchen Lektüreprogramms als durchaus anspruchsvoll gelten. Aber darauf kommt es nicht an, sondern wichtig ist, dass der ehrgeizige Sohn eines Schulinspektors aus der russischen Provinz ein Weltbild besaß, das weitgehend immun war gegen Einflüsse, die es hätten in Frage stellen können.

Die von Service beschriebene Tatsache ist insofern bezeichnend, als Lenin innerhalb der Parteiführung den Rivalen ausschaltete, der ihm an Intellekt, Bildung, Esprit, Beweglichkeit des Geistes und Kenntnis der philosophischen und naturwissenschaftlichen Debatten seiner Zeit überlegen war. Lenins Kampf und Polemik gegen Aleksandr Bogdanov verdeutlichen präzise, dass es nicht allein um innerparteiliche Vorherrschaft und ideologische Dominanz ging, sondern dass hier zwei unvereinbare Weltbilder aufeinander trafen. An Bogdanov formte und explizierte sich Lenin als Vertreter eines Stranges der Moderne, wie er im Folgenden dargelegt wird. Lenin setzte sich dem Modernediskurs seiner Zeit aus, der keineswegs nur von russischen Denkern geprägt war, sondern einen Spiegel der Überlegungen jener Zeit darstellte. Der zu besprechende Streit zwischen Lenin und Bogdanov kann klären, welcher Modernitätsstatus Lenins Denken innewohnte und in welchen Denkkategorien er argumentierte, besonders aber, in welchem diskursiven Umfeld er sich bewegte.

Lenins gesamtes Werk ist durchzogen von Kämpfen gegen Abweichungen von Marx und Engels, gegen Entstellungen, Verwässerungen und Renegatentum. Das ist nichts Besonderes und erklärt sich aus der Geschichte der russischen Sozialdemokratie, dem Revolutionsverständnis, der Arbeiterbewegung und der Existenz unterschiedlicher politischer Gruppierungen und Parteien, die um die Arbeiter warben. Ein blinder Griff in Lenins gesammelte Werke fördert genügend Belege zu Tage, dass der Führer der Bolschewiki nur eine Meinung – seine – gelten ließ. Selbstverständlich verbanden sich diese Kämpfe mit Machtfragen. Aber darauf kommt es hier nicht an. Bei der Auseinandersetzung zwischen Lenin und Bogdanov handelte es sich um eine versteckte Modernedebatte, um eine intellektuelle Weichenstellung, die sich nachhaltig auf das Sowjetexperiment nach 1917 auswirkte. Sie kreist um die Schrift, die im Werk Lenins wenig goutiert wird und mit der selbst die Hagiographen aus

3 Service, *Lenin*, S. 273-275

der Zeit der Sowjetunion selig ihre Probleme hatten.[4] »Materialismus und Empiriokritizismus« gilt als die einzige philosophische Schrift Lenins und ist vornehmlich gegen Bogdanov verfasst.[5] Vordergründig geht es darin um eine Auseinandersetzung mit Bogdanovs philosophischen Positionen, die sich unter anderem an Ernst Mach und Richard Avenarius herausgebildet hatten. Sie lagen seit mehreren Jahren vor. Lenin kannte sie. Aber im Jahre 1908 gefiel es ihm, sich Bogdanov zum Gegner zu wählen und dessen »philosophischen Irrfahrten« in vier Stadien innerhalb von neun Jahren[6] ein Ende zu setzen.

Was hatte Genosse Bogdanov in Lenins Augen falsch gemacht? Um diese Frage zu beantworten, ist es notwendig, in aller Kürze die Theorie Bogdanovs vorzustellen, die Lenin zum Anlass des Streits nahm. Die notwendige ausführliche Auseinandersetzung mit den außerordentlich vielschichtigen, in manchen Bereichen bahnbrechenden Werken Bogdanovs wird an anderer Stelle erfolgen.[7] Die unmittelbaren parteiinternen Hintergründe des Streits, den Lenin vom Zaune brach, interessieren hier nicht.

In seinem erkenntnistheoretischen Hauptwerk *Ėmpiriomonizm* (Empiriomonismus), das zwischen 1904 und 1906 in drei Bänden erschien, hatte Bogdanov den Empiriokritizismus Richard Avenarius' und Ernst Machs einer Kritik unterworfen und weiterentwickelt.[8] Bogdanov legte Wert darauf, dass seine Theorie weder einem naiven Realismus noch den Spielformen des Idealismus, weder dem Materialismus noch dem Spiritualismus oder der Metaphysik überhaupt verwandt sei. Für ihn sind Materie und Geist lediglich Komplexe von Elementen, und jede »Wesenhaftigkeit« sowie Erkenntnis außerhalb oder »über« der Erfahrung hält er für leere Abstraktionen. Das kann er deshalb, weil er den Begriff der Erfahrung in das Zentrum seiner Erkenntnistheorie stellt. Die Erfahrung erfolgt über die Wahrnehmung in Elementenkomplexen. Dabei ist es kein prinzipieller Unterschied, ob es sich um den Bereich der physischen Körper handelt oder um psychische Erlebnisse. Beide werden als Komplexe von unterschiedlichen, aber miteinander in Beziehung stehenden Elementen wahrgenommen. Die Frage, wie aus der Vielzahl der Erfahrungen, die der einzelne Mensch macht, die Objektivität der Erfahrung entsteht, beantwortet Bogdanov folgendermaßen: Objektiv wird Erfahrung nur durch ihre soziale Anerkennung, durch Allgemeingültigkeit. Um diese zu erreichen, bedarf es der gegenseitigen Entsprechung von Erfahrungen unterschiedlicher Menschen und der Möglichkeit ihrer Vermittlung, also Kommunikation. Letztere führt

---

4 Rosental, *Lenin*, bes. S. 55-74, 90-113; Kan, »Lenin«, S. 30

5 Lenin, »Materialismus«

6 Ebd., S. 229

7 Im Rahmen eines von der Fritz Thyssen-Stiftung finanzierten Bogdanov-Forschungsprojektes

8 Ich zitiere nach dem Nachdruck in einem Band: *Ėmpiriomonizm*

nur dann zu sozial abgleichbaren Erfahrungen, wenn sich die Erkenntnisapparate der Kommunikationspartner auf etwa dem gleichen Niveau befinden. Es hat keinen Zweck, einen »Primitiven« mit einem Zeitgenossen erfahrungs- und erkenntnistheoretisch in eine Kommunikation zu bringen. So sind Fragen der Abstraktion, wie sie Bogdanov an den Beispielen Raum und Zeit darlegt, eine Frage der sozialen Organisiertheit von Erfahrung. Was nicht in den Bereich der Allgemeingültigkeit aufgenommen werden kann, verbleibt subjektive, individuelle Erfahrung. Das Problem besteht nun weiterhin darin, für diese beiden Reihen von Erfahrungen den vereinheitlichenden Vorgang zu beschreiben, weil ohne ihn der Erfahrungsdualismus unaufgelöst bliebe. Die individuelle Erfahrung ist ja immer der sozial organisierten, der »objektiven«, Erfahrung vorgelagert; sie verschwindet nicht, sondern befindet sich in einer bestimmten Beziehung zu ihr, die sich sowohl in einer »Disharmonie« oder einem Widerspruch ausdrücken kann als auch in der Annäherung an die sozial organisierte Erfahrung und das Aufgehen in ihr. Die Erkenntnis ist die Organisierung von Erfahrungskomplexen mit der Hauptaufgabe, diese zu vereinheitlichen, das heißt in eine harmonische Beziehung zu bringen. Damit werde der erkenntnistheoretische Dualismus (»Geist« und »Materie«) überwunden, so dass der Empiriomonismus entsteht als erkenntnisförmige Organisation von Erfahrung, der »Monismus als erkennende Methode«.[9] Geht es bei der Erfahrung um wahrgenommene Elemente und Elementenkomplexe, so bei der Erkenntnis um die Beziehungen unter ihnen. Der Unterschied der (wahrgenommenen) Elemente verschwindet in der Einheit der Beziehungen. Dass auch die Erkenntnis sozial bedingt ist, versteht sich nach diesen Ausführungen. Indem individuelle Erfahrung auf diese Weise in das System der sozial organisierten Erfahrung als ein untrennbarer Bestandteil übergeht, verliert sie für die Erkenntnis ihren eigenen Status. Ist der Dualismus der Erfahrungen einmal aufgelöst, dann verschwindet die sozial organisierte Erfahrung ihrerseits als eigene Welt. »Die einheitliche Erfahrung tritt als der Inhalt der einheitlichen Erkenntnis auf. Das ist Empiriomonismus.«[10]

Es geht hier nicht um die Frage, ob es sich bei Bogdanovs Ideen um eine angemessene Beschreibung der Erkenntniskonstitution handelt. Diese Skizze vergröbert und vereinfacht die Theorie und lässt keinen Raum für die begriffliche Differenzierung, die Bogdanov sorgfältig betreibt. Aber sie mag für unsere Bedürfnisse ausreichen. Auf einige Aspekte wird später jedoch noch zurückzukommen sein.

9 Ebd., S. 32
10 Ebd., S. 33

Wahrscheinlich hätten derlei Ausführungen den Juristen Lenin niemals dazu bewogen, sich auf dem Gebiet der Philosophie zu tummeln. Aber das dritte Buch von »*Ėmpiriomonizm*« erschien nach der Revolution von 1905, nahm auf dieses Ereignis und die Folgen für den Autor Bezug – er fand kaum Zeit, sich philosophischen Fragen zu widmen, weil »das Gefängnis Seiner Majestät mir keine freie Zeit dafür gab«[11] – und enthielt ein kritisches Kapitel über den Materialismus bei Engels und den russischen Marxisten. An ihnen kritisierte Bogdanov die Ansicht von den »objektiven« und »ewigen« Wahrheiten, die es seiner Meinung nach nicht geben konnte, da Wahrheit eine ideologische Form war, nämlich »die organisierende Form der menschlichen Erfahrung«.[12] In diese Kritik schloss er Plechanov, den »Lehrer« Lenins, mit ein. Bogdanov wies dabei nicht nur die holprige Argumentation der russischen Marxisten und Materialisten nach, er kam außerdem zu der Ansicht, dass die marxistische Philosophie ihrerseits eine Widerspiegelung der sozialen Form der Produktionsverhältnisse sein musste.[13] Da es nur eine historisch-sozial veränderbare Wahrheit gab, war folglich auch der Marxismus keine »ewige« und »objektive« Wahrheit. Das konnte nicht unwidersprochen bleiben.

Bogdanov hatte mehrere »Fehler« begangen. Er hatte sich gegen den materialistischen Geist-Materie-Dualismus gewandt, dem er die Wahrnehmung durch Erfahrung gegenüberstellte, und damit den materialistischen Wahrheitsbegriff abgelehnt. Ohne die objektive Welt zu leugnen, folgte Bogdanov nicht der unter den Marxisten verbreiteten Abbildtheorie. Ihm ging es nicht um die Frage, ob es eine Welt an sich gab, sondern um das Problem, wie der Mensch die Welt »erfährt«. Seine Theorie der Erkenntnis als Methode der Erfahrungsorganisation ließ die Marxisten und russischen Positivisten hinter sich. Von Plechanov war diese Abweichung vom materialistischen Weltbild bereits kritisiert worden,[14] bevor Lenin die Kritik in »Materialismus und Empiriokritizismus« aufgriff und verschärfte.[15] Bogdanovs Theorie der Erfahrung führte durchaus nicht in den verachteten toten Idealismus, wie Plechanov und Lenin unterstellten, sondern sie enthielt eine die Gesellschaft vereinheitlichende und

---

11 Ebd., S. 215

12 Ebd., S. 220

13 Ebd., S. 228

14 Vgl. die Ausführungen in ebd., S. 214-243

15 Der Wahrheitsrelativismus Bogdanovs bildete aber nur einen Bereich seines Denkens. Zusätzlich hatte er sich, von ihm selbst nicht deutlich geschieden und in enger Verbindung mit seinen erkenntnistheoretischen Positionen, über den Erfahrungsbegriff in eine Sozialpsychologie der proletarischen Revolution hineinbegeben, die – ein dritter Bereich – in politisch-organisatorische Überlegungen überleitet. Bogdanov, *Organisationslehre*; ders., *Filosofija živogo opyta*; Grille, *Alexander Bogdanov-Malinovskij*; Gorzka, *A. Bogdanov*; Williams, *Bolsheviks*, S. 34-45, 125-143; Vucinich, *Social Thought*, S. 206-231

harmonisierende Schlussfolgerung. Die soziale Anerkennung individueller Erfahrung auf dem Wege des Übertretens in die allgemeingültige Erfahrung bildete einen Grundstein seiner zu dieser Zeit nicht systematisch ausgeführten Gesellschaftstheorie, die ihn zum Verfechter einer authentischen proletarischen Erfahrung und damit Kultur werden ließ. In diesen Gedanken lag tatsächlich ein großer Unterschied zu Lenin. Nach Bogdanov war es möglich, dass sich die Erfahrung der Arbeiter bereits unter den Bedingungen der arbeitsteiligen kapitalistischen Klassengesellschaft veränderte, wenn sich die Produktionsverhältnisse, etwa räumliche Konzentration der Arbeiterschaft und Technik, wandelten. Überspitzt ausgedrückt: Den Moment des gesellschaftlichen Wandels verlegte Bogdanov mit Hilfe des Erfahrungswandels im Proletariat in die Phase des noch existierenden Kapitalismus hinein, der bekanntlich, hierin folgte Bogdanov Marx, die Elemente zu seiner Auflösung selbst schuf. In der bürgerlichen Klassengesellschaft sah Bogdanov dennoch keine Voraussetzungen für die durchgängige Sozialisierung der Erfahrung, wohl aber in der zukünftigen sozialistischen Gesellschaft. Erst in diesem Stadium, so Bogdanov, sei es möglich, dass die individuellen Erfahrungselemente sozial harmonisiert seien, so dass es zu einer dauerhaften sozialen Regulierung der Einzelpsyche komme. Erfahrungsdifferenz und -disparität verschwinden. Auf der Basis der zeitgenössischen Erkenntnistheorien entwarf Bogdanov das Konzept einer Homogenisierung der Erfahrungsvoraussetzungen in einer zukünftigen erfahrungsegalisierten Gesellschaft.

In den Darlegungen Bogdanovs fanden sich folgenschwere Aussagen, gegründet auf die erkenntnistheoretischen Überlegungen seiner Zeit. Dieser Philosoph und Bolschewik hatte sich auf einen Weg begeben, der ihn aus dem starren Marxismus, der marxistischen Deutung des Klassenbewusstseins und des gesellschaftlichen Wandels herausführte. Es war ihm gänzlich unverständlich, wie eine gesellschaftliche Bewegung und eine politische Partei ohne die Rezeption der neuesten naturwissenschaftlichen und erkenntnisphilosophischen Publikationen auskommen konnte, die zwangsläufig die Sicht auf die Dinge und das Weltbild verändern mussten.[16] Bogdanov suchte dem Marxismus ein theoretisches Fundament zu geben, das den erkenntnistheoretischen, naturwissenschaftlichen und soziologischen Erkenntnissen der Zeit angemessen war. Er versuchte, die zeitgenössische Wissenschaft, ihre Erkenntnisse und Methoden in den russischen Sozialismus hineinzutragen, um ihn aus der Starre des 19. Jahrhunderts zu befreien und ihn zu einer erneuerten philosophischen und sozialen Bewegung zu machen. Bogdanov ging es jedoch nicht um die Zertrümmerung des Marxismus, und nichts lag ihm ferner, als den Sozialismus

16 Bogdanov, *Vera*

preiszugeben. Ebenso wenig wollte er eine luftige Theorie entwickeln ohne praktische Absicht. Er stand schließlich mit beiden Beinen in der revolutionären Bewegung Russlands. Aber die Theorie bei Bogdanov behielt ihre marxistischen Qualitäten bei, anders als bei Lenin. Habermas hat diesen Punkt 80 Jahre später folgendermaßen formuliert. Es ist, als hätte er Bogdanov gelesen:

»Der Typus von Gesellschaftstheorie, den wir zuerst bei Marx ausgebildet finden, zeichnet sich dadurch aus, dass die Theorie in doppelter Hinsicht reflexiv ist. Der Historische Materialismus will eine Erklärung der sozialen Evolution leisten, die so umfassend ist, dass sie sich auch noch sowohl auf den Entstehungs- wie auf den Verwendungszusammenhang der Theorie erstreckt. [...] Mit der Reflexion ihres Entstehungs- und der Antizipation ihres Verwendungszusammenhangs begreift sich die Theorie selbst als ein notwendig katalysatorisches Moment desselben gesellschaftlichen Lebenszusammenhangs, den sie analysiert; und zwar analysiert sie ihn als einen integralen Zwangszusammenhang unter dem Gesichtspunkt seiner möglichen Aufhebung«.[17]

Habermas sagt nicht, wie sich der Status der Theorie während der Aufhebung verändert. Das wiederum steht bei Bogdanov. Zwar hat er keine Gesellschaftstheorie systematisch entworfen, aber seine Erkenntnistheorie und die daraus abgeleiteten gesellschaftstheoretischen Folgerungen haben den Standort des Historischen Materialismus verlassen. Diese Theorie hebt sich nicht selbst auf, sondern sieht sich neuen Elementenkomplexen ausgesetzt, das heißt sie ist mit neuen Erfahrungsdimensionen konfrontiert, die nach der Methode der erkenntnisförmigen Organisierung in ein anderes historisches Stadium sozial organisierter Erkenntnis übertreten. Diese Theorie ist praxisbezogen (man kann auch unsystematisch gebliebene Ansätze zu einer Handlungstheorie bei Bogdanov finden) sowie zeitlich-räumlich in höherem Ausmaß adaptiv als der Historische Materialismus.

Doch zurück zur Kontroverse. An dieser Stelle ist zu untersuchen, wie Lenin auf Bogdanov antwortete, weil sich daran exemplarisch ein grundlegendes Dilemma der Bolschewiki ablesen lässt, die mit der Lenin-Bogdanov-Kontroverse an einem Scheideweg angelangt waren. Würden sie einen weltanschaulichen Anpassungsprozess vollziehen können, oder würden sie konservativ werden? Indem Lenin sich durchsetzte, sollte seine Lesart schließlich geschichtsmächtig werden. Schauen wir also genauer hin, wie Lenins Arbeit der Dekonstruktion vonstatten ging und wie er argumentierte.

Unübersehbar ist, dass Lenin erkenntnistheoretische Positionen, die er als »idealistisch« und deshalb unmarxistisch brandmarkte, mit Häme und Polemik überzog, sie entstellte, verdrehte, etwas hinzufügte und wegließ sowie ihren Autor verunglimpfte. Das war nicht nur eine Frage des Stils, sondern der Me-

---

17 Habermas, *Theorie*, S. 9

thode. Die damaligen Erkenntnistheorien hatten, anders als Lenin in »Materialismus und Empiriokritizismus« glauben machen wollte, materialistische erkenntnistheoretische Positionen bestritten und eine – nach Lenins Meinung gelinde gesagt – Verkomplizierung der Weltsicht hervorgerufen. Lenins »Antwort« auf Bogdanov bestand deswegen auch nicht in einer ernsten Kritik der Theorie seines neuesten Gegners, sondern es handelte sich um Entlarvung, um eine Schmähschrift in politisch-weltanschaulicher Absicht zur Wiederherstellung der reinen – sprich Lenins – Wahrheit. Emphase ersetzte Inhalt. Wer nach der Lektüre von Bogdanovs »Ėmpiriomonismus« zu Lenins Schrift greift, ist schockiert von den intellektuellen und stilistischen Niveauunterschieden der beiden Autoren. Bogdanov hatte eine wissenschaftliche Abhandlung geschrieben, woraufhin er eine gehässige Anklageschrift vorgelegt bekam.

Es ist nicht leicht, den inhaltlichen Kern der Aussagen Lenins in seiner umfangreichen Schrift herauszuarbeiten. Der exzessive Gebrauch von Zitaten und eine ununterbrochene Polemik vernebeln die Position Lenins. Seine Hauptfrage lautete: Sind unsere Wahrnehmungen Abbildungen von Körpern und Dingen oder sind Körper Wahrnehmungskomplexe? Die Beantwortung dieser Frage scheidet, so Lenin, in Idealisten und Materialisten, und es ist unschwer zu erraten, auf welcher Seite Lenin stand. Im Kern ging es Lenin darum, etwas zu verstärken, was seiner Meinung nach längst bewiesen war, dass nämlich die anorganische Natur vor dem Menschen existierte und es deshalb nicht nachvollziehbar sei, dass diese Dinge nun zu Erfahrungskomplexen gemacht werden sollen. Lenin stellte unter Heranziehung des Arbeiters und der Hausfrau die Erkenntnistheorie des gesunden Menschenverstandes dagegen: Es gebe Dinge (Materie) außerhalb der Menschen. Sie existieren unabhängig von ihnen. Das Mittel, mit dem die Menschen die äußere Welt erkennen, sei ein Wahrnehmungsapparat, der ein Abbild des Dings »da draußen« in den Menschen appliziere. Aber Lenin lässt uns im Stich, wenn es um die Frage geht, welcher Art dieses Bild sein soll, ob etwa ein »geistiges« Bild besteht (Bogdanov spricht hier von psychophysiologischen Komplexen) oder es erst durch Wahrnehmung entsteht. Lenin hätte Aspekte dieses Problems bei Bogdanov nachlesen können. Der hatte mit Hilfe eines Beispiels bezweifelt, dass unser »Geist« ein Bild habe: Wenn unsere Wahrnehmung Elemente von »grün« aufnehme, dann sei nicht gesagt, dass es für »grün« ein Abbild im Menschen geben müsse. Wir können das außerdem nicht wissen, vielleicht gibt es nur »weiß«, »schwarz« und »rot«.[18] Erst durch Lenins Betonung der Abbildtheorie erhält diese Ausführung die ironische Note, die sie ursprünglich nicht besaß. Das Problem »löst« Lenin mit Engels durch den Verweis auf

18 Bogdanov, *Ėmpiriomonizm*, S. 31

Handlung: Der Pudding ist bewiesen, wenn man ihn essen kann. Das ist die Leninsche Verballhornung der zweiten Feuerbachthese, in der Marx die Frage stellt, ob »dem menschlichen Denken gegenständliche Wahrheit zukomme« und diese als eine durch Praxis vermittelte begreift.[19] Nach Lenin findet sich also die materialistische Theorie bestens belegt: Es gibt die Dinge außerhalb von uns, unsere Wahrnehmungen sind Abbilder davon, die Überprüfung erfolgt durch Praxis.

Man kann sich die Theorie plastischer vorstellen, indem man den Vergleich mit einem Unterseeboot heranzieht.[20] Dann findet sich im Spiegel des Periskops (im Kopf des Menschen) das Abbild des Dings außerhalb des U-Boots. Mit Hilfe verschiedener Techniken, besonders des Vergleichs, lässt sich herausfinden, ob das Abbild auf dem Spiegel richtig oder falsch ist (ob die Wahrnehmung des Menschen richtig oder falsch ist), ob – mit Lenin – die Wahrnehmung eine Abbildung des Dings ist; aber es gibt keinen davon unabhängigen Weg herauszufinden, ob es ein Abbild gibt oder nicht. Der Angehörige einer Seefahrernation, der diesen Vergleich nicht ohne Kenntnisse Platons anstellte, hat gemeint, das sei so, als ob jemand sagte: der Erfolg im Manöver zeigt, dass »sie« ein Periskop haben; haben sie keinen Erfolg, so besitzen sie kein Periskop; eine Untersuchung, ob das Periskop existiert, ist irrelevant. Das bedeutet, dass »ein Periskop haben« auf eine Weise verwendet wird, die auch dann noch wahr ist, wenn sich beim genauen Hinsehen herausstellt, dass sie keines haben. Mit Apparaten kann man aus geschlossenen Körpern heraussehen, aber was müssen wir tun, um aus »*closed minds*«[21] herauszuschauen?

Soweit der Abriss der Leninschen Erkenntnistheorie. Aber damit ist seine Schrift keineswegs hinreichend dargestellt. In ihr verbergen sich hinter den zornigen Federfechtereien vier unausgesprochene, außerordentlich ernste Konflikte.

Erstens: Lenin klagt seine Gegner mit Bogdanov an der Spitze nicht nur des »Idealismus« an, der Todsünde des Marxisten, sondern er fand, ihre Ausführungen trügen nicht zum Durchschauen der Verhältnisse bei. Ihm schien das philosophische Kuddelmuddel ins Abseits von Denken und Handeln zu führen. Mach und seine Theorien betrachtete er als ein Durcheinander, eine Mischung aus Materialismus und Idealismus, Bogdanovs Ideen als Verwirrung und Abweichung, nicht nur als unglaublich durcheinander, sondern auch als verwirrt und reaktionär, widersprüchlich und erkenntnistheoretisch haltlos. Solche Charakterisierungen durchziehen das gesamte Buch. Den Skeptizismus

19 *Marx-Engels-Werke*, Bd. 3, S. 5
20 Paul, »Lenin's Theory«, S. 65-73
21 Ebd., S. 69

der Gegner führte er auf die Tradition des Denkens des frühen 18. Jahrhunderts zurück, also in die Zeit vor Marx und Engels. Was können die bürgerlichen Epigonen des späten 19. Jahrhunderts noch Neues sagen? Sümpfe, Verirrungen und Verwirrungen – darin ertrank die wahre Erkenntnis.

Zweitens: Für all das gab es nur ein Wort – Häresie. All der neumodische Philosophenkram, den Lenin nicht verstand, störte die dualistische Harmonie des von ihm und Plechanov vertretenen orthodoxen Marxismus. Ihn aus der diskursiven Gefahrenzone zu bringen, war ebenso Ziel der Schrift. Denn mit Marxdeutung war Autorität verbunden. Der Herausgeber der neuen russischen Ausgabe des »Kapitals« war Bogdanov, nicht Lenin.[22] So wurde der Mann, der später Russland umstürzen sollte, zum Papst des orthodoxen Marxismus, der gegen die neumodische Synthese aller Häresien zu Felde zog. Aber das war nicht alles. In dem Streit ging es auch darum, wer auf der Rennbahn der Modernität die Nase vorn habe. Bogdanov zerstreute durch seine Repliken auf Lenin alle Zweifel. Lenin hielt sich aber ebenfalls für den Moderneren. Seinem Gegner warf er Rückfall in vergangene Zeiten vor. Ein Streit unter zwei Modernen.

Drittens: Bogdanovs Ansichten über Erfahrung und Erkenntnis standen diametral dem Leninschen Weltbild gegenüber, das sich auf die sozialökonomische Metatheorie Marxens berief und die Menschen strukturalistisch kollektivierte, während Bogdanov ihnen weitgehende Rechte der mentalen und kognitiven Selbstorganisation zugestand, ja die Erfahrung der Arbeiter als konstitutiv für die zukünftige Gesellschaft erachtete. Nicht zufällig landete Bogdanov auf dem Gebiet der (proletarischen) Kultur.[23] Schon der Begriff signalisierte den Unterschied, während Lenin im ökonomistischen Strukturalismus und Historischen Materialismus steckenblieb. Ob Lenin diesen Konflikt an der Bruchstelle der Moderne zu Beginn des 20. Jahrhunderts als solchen bemerkt hat, ist unwahrscheinlich. Zumindest hat er ihn nicht expliziert. Wahrscheinlich ist ihm die historische Gebundenheit seines Denkens nicht in den Sinn gekommen, weil sie ihn unweigerlich zu Skepsis oder gar Revision hätte führen müssen. Oder aber er hat sie innerlich von sich gewiesen als Ablenkung vom Hauptziel, dessen grandiose Eindimensionalität keine philosophischen Verwirrungen vertrug.[24]

Führen wir den Streit noch ein wenig weiter aus, bevor wir zum vierten Punkt kommen. Bei dieser Gelegenheit prallten zwei konfligierende Positionen aufeinander, die für den weiteren Verlauf der bolschewistischen Entwicklun-

---

22 Williams, *Bolsheviks*, S. 125-126

23 Bogdanov, *Vera*, S. 223

24 Vgl. Katkov, »Lenin«

gen in der Tat von großer Bedeutung waren. Lenin mag diesen unterschwelligen Konflikt gespürt und ihn deswegen in bissige Polemik verpackt haben. Bogdanov, wieder einmal der Besonnenere der beiden, antwortete schriftlich auf Lenin.[25] In der Replik wird der Subtext der Modernedebatte noch deutlicher, und wir erhalten sprechende Belege für unsere These. Bogdanov historisiert die Position Lenins und beschreibt sie als überholt. Die historische Leistung des Marxismus habe darin bestanden, die historische Bedingtheit von Ideensystemen offenzulegen. Wenn sich die gesellschaftlichen Bedingungen wandeln und die Ideologie nicht mitziehe, dann werde sie konservativ, ja reaktionär. Dieser Gefahr sei der Marxismus dann ausgesetzt, wenn er »absolute Bedeutung für irgendeine Systemidee«, sich selbst darin eingeschlossen, beanspruche.[26] Dem »absoluten« Marxismus Lenins zeichnete Bogdanov dieses Schicksal vor. Lenins Triebfeder beim Verfassen von »Materialismus und Empiriokritizismus« sei »autoritäres Denken«.[27] Das war nicht nur eine Anspielung auf die innerparteiliche Auseinandersetzung, sondern Bogdanov charakterisierte Lenin als Fundamentalisten der marxistischen Wahrheit. Punkt für Punkt setzte sich Bogdanov mit der Kritik Lenins an seinem »*Ėmpiriomonizm*« auseinander und wies ihm seine logischen und philosophiegeschichtlichen Fehler nach. Dabei blieb Bogdanov nicht stehen. Was dem Leser von »Materialismus und Empiriokritizismus« als »unwahrscheinlich wild« erscheine, erkläre sich leicht durch die Gewohnheiten des autoritären Denkens.[28] Die Autorität verstecke sich in der Formulierung vom Absoluten und von den »ewigen« Wahrheiten. Hinter Lenins Tun verberge sich entsprechend »die Forderung nach dem Verharren der wissenschaftlichen Erkenntnis auf einem gewissen Punkt, die Dekretierung der Unmöglichkeit, weiter zu gehen [...]. Überall ist Statik, die sich auf den Glauben stützt, dessen Objekt das Absolute ist.«[29] Das ist, um an dieser Stelle an die Ausführungen Toulmins zu erinnern, eine Paraphrase der »newtonschen« axiomatischen Moderne, der Lenin sich verschrieben hatte. Bogdanov dagegen präsentierte sich als Pluralist. Ihm ging es nicht um das Beobachten von außen, um die kalte Systematik von scheinbar gültigen Gesetzen, die zu exekutieren Lenin angetreten war, sondern er suchte Verstehen. Er wollte die »Schaffung einer neuen Kultur, für die alles Vergangene und Gegenwärtige nur Material ist, für welche die Formen sich nur in Umrissen abzeichnen. Den sich unendlich entwickelnden kollektiven Inhalt in

25 Bogdanov, *Vera*
26 Ebd., S. 222
27 Ebd., S. 146-147, 156, 158, 160-161 passim
28 Ebd., S. 169
29 Ebd., S. 160

unendlich-elastische und -plastische Rahmen zu setzen – das ist die Aufgabe dieser Kultur.«[30]

Es mag nach dieser kurzen Darstellung verständlich sein, dass Maksim Gor'kij Lenins Buch nach wenigen Seiten Lektüre angewidert in die Ecke schleuderte: »Alle diese Leute, die immerfort schreien ›Ich bin Marxist!‹, ›Ich bin Proletarier!‹ und sofort ihrem Nachbarn auf den Kopf springen und die Augen auskratzen, sind mir widerwärtig [...]. [Lenins] Disput über die ›Wahrheit‹ wird nicht geführt, um der Wahrheit zum Sieg zu verhelfen, sondern um zu demonstrieren: ›Ich bin Marxist! Der beste Marxist der Welt bin ich!‹«[31] Um die Gültigkeit dieser Meinung bestätigt zu finden, braucht man nur das Vorwort der Herausgeber des 14. Bandes der Werke Lenins (der deutschen Ausgabe) lesen, der den philosophischen Traktat enthält. »Materialismus und Empiriokritizismus« seien deswegen bedeutend, weil das Buch »die grundlegenden philosophischen Fragen beantwortet, die zu jener Zeit vor der Partei standen [...].« Lenin habe in diesem Buch die reaktionäre bürgerliche idealistische Philosophie und den philosophischen Revisionismus einer allseitigen Kritik unterzogen. Die Arbeit ›Materialismus und Empiriokritizismus‹ sei ein Musterbeispiel bolschewistischer Parteilichkeit im Kampf gegen die Feinde des Marxismus.[32] Entweder ist dies sturer Dogmatismus oder eine raffinierte Distanzierung von Lenin.

Was Lenin abging, war Skepsis als Denkprinzip. Der Ausspruch seines Parteigenossen Lunačarskij »Vielleicht irren wir, aber wir suchen« war ihm nicht nur unverständlich, er verabscheute ihn.[33] Auch eine Bemerkung, die Bogdanov in »*Ėmpiriomonizm*« notiert hatte, wäre niemals aus Lenins Feder geflossen: Von dem abzugehen, was er geschrieben habe, sei ihm solange unmöglich, wie die Kritik daran seine Ideen nicht untergrabe. Falls dies eintrete, werde er »mit Freude« die neue Wahrheit begrüßen.[34] Anders Lenin: Der früh Vollendete konnte taktieren, schwanken, lavieren, aber das Grundgerüst seines Denkens und Strebens stand niemals zur Disposition.[35] Ein westdeutscher Marxist sagte nach 1991 etwas irritiert, aber richtig, an Lenin könne man die Flexibilität in den »Wendungen« und den Fundamentalismus in den Prinzipien erkennen.[36] Lenin hatte eine Idee (den Marxismus), ein Ziel (den Sozialismus) und eine Methode (die Revolution). Im Grunde war das simpel. Aber

30 Ebd., S. 223

31 Zitiert in Service, *Lenin*, S. 264-265

32 Lenin, »Materialismus«, S. VII

33 Ebd., S. 10

34 Bogdanov, *Ėmpiriomonizm*, S. 243

35 Service, *Lenin*, S. 29

36 Haug, »Philosophie«, S. 213

darin lag seine Stärke, die ihn vor allen anderen auszeichnete und ihm Macht gab in Situationen, in denen andere vom Zweifel befallen wurden. Freilich, auch er beging taktische Fehler wie im Juli 1917, aber die Gewissheit blieb. Der zweifelnde Lenin im finnischen Exil des Sommers 1917 ist Episode. Nicht führende Bolschewiki wie der Zauderer Kamenev, der um ein Haar die Oktoberrevolution verdorben hätte, schon gar nicht die Menschewiki mit ihrem Festhalten an der umständlichen Etappen-Theorie der Revolution, nicht die Sozialrevolutionäre, die sich zwischen Regierungsverantwortung und Revolution verschlissen, nicht die Kadetten und die anderen bürgerlichen Parteien und Lager besaßen diese Durchschlagskraft. Fast möchte man sagen: Sie dachten zu kompliziert, was sich als ein Fehler in dieser Zeit herausstellte. An Gewissheit konnten es mit Lenin bestenfalls die knochenreaktionären Monarchisten und Antisemiten aufnehmen. Es waren die einfachen dualistischen Sichtweisen, die letztlich entschieden. Dieser Lenin war kein Vabanque-Revolutionär, sondern ein Analytiker der Revolution, dessen marxistisch durchrationalisiertes Revolutionsgebäude der einzige Leuchtturm der Gewissheit in der aufgewühlten Zeit schien. Diese Gewissheit ließ ihn, der im Sommer 1917 scheiterte, nicht aufgeben und im Oktober zum Erfolg kommen. Rationale Durchdringung, schlagende Einfachheit der Schlussfolgerung und unerschütterliches Vertrauen in die Richtigkeit der Analyse, das ist etwas gänzlich anderes als politisches Roulette. Die Stärke, die Lenin gegenüber anderen Bolschewiki und besonders gegenüber den alles verkomplizierenden Menschewiki auszeichnete, war die unerschütterliche und durch keine Zweifel getrübte Gradlinigkeit des Gedankens. Darin lag Schlichtheit mit durchschlagendem Erfolg.

Kommen wir nach diesen notwendigen Abschweifungen endlich zu Punkt vier, der mitten in die zuvor genannte These hineinführt. In alldem, beispielhaft in der Auseinandersetzung mit Bogdanov, verkörperte Lenin den Typus der Moderne: ein Mann mit Charakter und Weltbild, dessen Werk von Abhandlungen über die Methode (Revolution) wimmelte, fernab aller Skepsis, ein Kind der instrumentellen Rationalität, ein unerschüttlicher Anhänger entpersönlichter Strukturen und Systeme, der Gesetzmäßigkeit, des Zeitlosen, Übermenschlichen, jemand, der Ambivalenzen nicht ertragen konnte, das Lokale verabscheute, die Wahrheit zu kennen glaubte und nur seine zuließ und eine neue hierarchische Stabilität der Weltordnung anstrebte. Konfusion, Kauderwelsch und Verdunkelung auf der einen, die Leninsche Entlarvung auf der anderen Seite. Lenin war der Systematiker der Revolution. Ihr ordnete er sogar sein Leben, seine Affekte und Gefühle unter und erachtete darüber hinaus diejenigen anderer Menschen für nichtig – auch darin ganz dem Toulminschen Modernebild, wie es in der Einleitung referiert wurde, entsprechend.

Doch bildete Lenin nicht nur den Typ eines bestimmten Vertreters der Moderne, wie er hier mit Toulmin gezeichnet wurde, auch sein soeben skizziertes Denken weist Modernekennzeichen in besonders ausgeprägter Form auf: Lenin reinigte den Marxismus, indem er den Geist-Materie-Dualismus zum Dogma erhob und alle Relativismen nicht widerlegte, sondern verteufelte. Darin lag eine Reinigungsarbeit, die nicht zuließ, dass sich erkenntnistheoretische Hybriden in den Marxismus einschlichen. Lenin suchte die Unangreifbarkeit des Marxismus zu erhalten, dessen Kraft in den Worten des Wissenssoziologen Bruno Latour darin bestand, »zwischen materieller Kausalität und obskurantistischen Illusionen« und »zwischen Wissenschaft und Ideologie« unterscheiden zu können.[37] Die Empörung Lenins, ausgedrückt im polemischen Stil als Methode der Entlarvung mit den Mitteln der Denunziation, hat hierin ihre Ursache. Sie war also kein Zufall oder dem ansonsten eher kühlen Temperament des Autors geschuldet. Das bemerkte auch Bogdanov, der sein Universitätsexamen unter anderem in russisch-orthodoxer Apologetik abgelegt hatte und nun befand, dass deren polemische Methoden im Vergleich zu Lenin weniger repressiv seien.[38] Lenin wolle, dass man an Marx glaubt.[39] Der offenkundige Antiintellektualismus in Lenins Schrift unterstreicht diesen Sachverhalt, obwohl er nur eine dramaturgische Beigabe darstellt. Lenin tat die neue Philosophie als »Professorenphilosophie« ab, der die seinsbezogene Erkenntniskraft der kleinen Leute gegenüberstand. Der »Lohgerber J. Dietzgen« war der bessere Denker als der »ordentliche Professor Ernst Mach«,[40] weil ein Lohgerber besser denkt als ein ordentlicher Professor. Lenins erkenntnistheoretisches »Programm« war in dieser Aussage enthalten. Die Macht (des Proletariats) ist die Erkenntnis. Bogdanov fand das zu einfach.

Dieser Streit drehte sich offenkundig auch um die Ganzheit des sozialistischen Zukunftsentwurfs, der sich die Überlegungen Bogdanovs entzogen. So entstand hier ein klassischer Konflikt der Moderne auf der Ebene des Denkens und der Weltbilder: der Konflikt zwischen den ganzheitlichen, integrativen Systemanforderungen und den oszillierenden menschlichen Erfahrungen, der holistischen Homogenisierung und der partikularen Vielfalt. Aber stellen wir Bogdanov nicht in die postmoderne Ecke: Er war kein Anhänger autonomer Partikularismen, der sich an zusammenhanglosen Pluralitäten erfreute, sondern es ging ihm um die Einbeziehung der Vielfalt in ein – immer noch sozialistisches – Gesamtprojekt. Lenin dagegen ging es um die Einheit. Diese alternative Konzeption setzte sich durch, aber nicht mit Argumenten, sondern mit

37 Latour, *Wir*, S. 50-52, 62
38 Bogdanov, *Vera*, S. 191
39 Ebd., S. 218
40 Lenin, »Materialismus«, S. 133

Hilfe der Denunziation, der verbalen Stigmatisierung und des – auch wörtlich zu nehmenden – Ausschlusses.

Wie bemerkenswert, dass die epistemologische Reinigung, ein Kennzeichen der Moderne, scheinbar umstandslos in den bolschewistischen Vorgang der *čistka* (Säuberung) übergehen konnte, dessen frühes Opfer Bogdanov war. Es deutet sich an, dass es sich bei den späteren Säuberungen um ein bereits früh in Denken und Handlungen der Bolschewiki implantiertes Verfahren handelt. Hier soll nicht die Kausalität überstrapaziert werden, aber der Bezugsrahmen für die Säuberungen seit den frühen zwanziger Jahren scheint bereits durch Lenin vorgezeichnet. Nicht Lenin als Person, sondern sein Modernetyp und seine spezifische Variante von Moderne lassen diese Verbindung zu Tage treten. Das führte dazu, dass alles Andersartige, Fremde, Andersdenkende, Zweifelnde, Lokale, Besondere, Partikulare, Abweichende auf dem Altar des Systems geopfert werden musste. Dem sozialistischen Renegaten Anton Pannekoek ist aufgefallen, dass »Materialismus und Empiriokritizismus« im Stile eines Schauprozesses geschrieben ist mit Lenin als dem Generalstaatsanwalt (er war Jurist).[41] »Wollte man die philosophische Diskussion der Neuzeit in Form einer Gerichtsverhandlung rekonstruieren, wäre diese zur Entscheidung der einzigen Frage einberufen worden: wie zuverlässige Erkenntnis möglich sei.«[42] Mit diesem Satz lässt Habermas seine Abhandlung über »Erkenntnis und Interesse« beginnen. Im Jahre 1908 spielte sich ein für Russland wegweisender Prozess ab. Ist das Vorgehen des Anklägers einmal verglichen worden mit den Verfahren in den Schauprozessen der dreißiger Jahre? Konstruierte Anklagen, erfundene Vorwürfe, Falsifizierung des Materials, der herrische Ton, die Herabsetzung des Angeklagten durch Beleidigung, Verhöhnung und Verunglimpfung, seine Rechtlosigkeit und die Unmöglichkeit der Verteidigung auf der Basis einer inhaltlichen Auseinandersetzung, all das findet sich später wieder. Lenin hat das 1908 vorweggenommen. Auch die geistige »Sippe« Bogdanovs (Mach, Avenarius, Juškevič und andere) stand vor Gericht und wurde gleich mitverurteilt nach dem Prinzip: Wenn Othello Desdemona ermordet, dann soll Shakespeare dafür hängen. Bogdanov hat in Lenins Vorgehen ein Grundmerkmal der stalinistischen Schauprozesse schon 1910 beschrieben: »Wenn A den B empfiehlt, warum dann A kritisieren, es reicht, B zu entlarven. Wenn dabei B den C empfiehlt, so ist es noch besser, gleich den A direkt der Taten des C zu beschuldigen, und so weiter.«[43]

---

41 Pannekoek, *Lenin*, S. 87

42 Habermas, *Erkenntnis*, S. 11

43 Bogdanov, *Vera*, S. 168-169

Sind das nur zufällige Ähnlichkeiten? Wohl kaum, wenn man dem späteren Sowjetsystem, dem Stalinismus insbesondere, die Homogenisierung als Charakterzug unterstellt, was nicht von der Hand zu weisen ist. Von Lenins Wahrheitsanspruch, von seinem »absoluten« Marxismus war es nur ein kleiner Schritt zur Definition der Häresie, ein weiterer zur Ausgrenzung der Häretiker. Wahrheit und Gewalt fanden sich hier zusammen. Diese »Stimmung der Gewalt und der Wahrheit, diese[n] auf ein absolutes Wissen gestützte[n] Voluntarismus« sah Maurice Merleau-Ponty 1955 dem Bolschewismus philosophisch eingeschrieben.[44] »Terror ist der einzig effiziente Weg zum Ganzen. [...] Um Terror handelt es sich auch schon auf der Ebene des Diskurses, nicht erst im Lager.«[45] So lautet das strenge Urteil eines Kritiker der Moderne am Ende des 20. Jahrhunderts.

Bogdanov war keineswegs der einzige Angeklagte, den der Jurist Lenin im Laufe seiner Karriere erledigte. Was die Lenin-Bogdanov-Kontroverse indes allzu deutlich zeigte: Lenin entzog sich dem philosophischen und weltanschaulich-konzeptionellen Aufbruch der Zeit um 1900. Er verharrte auf veralteten Gewissheiten, wobei es ihm gelang, die Partei von seiner Linie zu überzeugen. Er brandmarkte seine Gegner, die seiner Konzeption nicht folgten. Dabei handelte es sich nicht um Willkür eines pathologischen Geistes,[46] sondern um die Entscheidung eines aus der Gesellschaft des Zarenreiches verdrängten Hochbegabten. Die Schlussfolgerung muss lauten: Lenin war zu Beginn des 20. Jahrhunderts bereits ein Konservativer, ja die konservative Zuspitzung der hier beschriebenen Moderne in einer Person: orthodox, fanatisch, begrenzt und eindimensional – aber von ungeheurer Durchschlagskraft und Widerspruch tilgendem Erfolg. Lenin war ein konservativer Moderner, weil er über die westeuropäische, »kapitalistische« Moderne hinausgehen wollte, gleichzeitig aber die Begrenzungen seines geistigen Habitus und Denkstils nicht wahrhaben wollte. Lenin war kein Reaktionär, schon gar kein finsterer. Er war auch kein Konservativer im herkömmlichen Sinne eines antiliberalen, vormodernen und traditionsbezogenen Verächters der Moderne, sondern ein konservativer Moderner, der seine Moderne gegen Anfechtungen durch einen anderen geistigen Habitus, der begierig aktuelle Probleme des Denkens rezipierte und die Plechanov-Leninsche Moderne in die Defensive zwang, verteidigte. Lenin blieb dem Modernediskurs seiner intellektuellen Sozialisation verhaftet, während Bogdanov mit außermarxistischen Theoremen argumentierte. Diese

---

44 Merleau-Ponty, *Abenteuer*, S. 104

45 Welsch, *Moderne*, S. 62

46 Katkov, »Lenin«

Diskursbezüge diktierten nicht nur die Aufteilung in häretisch und wahr, sondern auch in überholt und aktuell. Lenin war der Revolutionär im U-Boot.

2. Theorieblockaden und Wirklichkeitsentfremdung

Wir haben uns im Folgenden um die Konsequenzen zu kümmern, die sich aus dem erkenntnisphilosophischen Dogma ergeben haben. Zum einen stellt sich das Problem der theoretischen Innovationsblockaden, wie sie sich in der Wissenschaftslandschaft der Sowjetunion zeigten, zum anderen die Frage der Durchsetzung der Leninschen Moderne im Kreis der russischen Revolutionäre und die der sozialen »Einbettung« des Konflikts zwischen Bogdanov und Lenin in die Gemeinschaft der Revolutionäre. Drittens ist zumindest ein Schlaglicht auf das Problem der wahrnehmungsblockierten Erfassung von Wirklichkeiten unmittelbar nach 1917 zu werfen.

Obwohl es sich bei der Lenin-Bogdanov-Kontroverse als Modernedebatte um den Fall einer intellektuellen Auseinandersetzung im randständischen Milieu der äußerst linken russischen Sozialdemokraten im Exil handelte, war sie von enormer Wirkung. Die Abgelegenheit der Kontrahenten bedeutete nicht Folgenlosigkeit. In der Philosophie gingen alle sowjetischen Debatten über das Jahr 1908 nicht mehr hinaus. So zeigt etwa die letzte ernsthafte philosophische Diskussion in der Sowjetunion, jene zwischen »Mechanisten« und »Dialektikern« Mitte der 1920er Jahre, den bereits eingetretenen analytischen und theoretischen Niveauverlust. Die Diskutanten hatten mittlerweile die Leninschen Grundlagen der Erkenntnistheorie übernommen, ohne auf Bogdanovs Kritik noch eingehen zu können, die bereits »erledigt« war.[47] Oskar Negt hat den Sowjetmarxismus der zwanziger Jahre als »Vor-Stalinismus« charakterisiert,[48] was unzutreffend ist, da die Elemente des »Vor-Stalinismus« in diesem Fall auf das Jahr 1908 zurückgehen. So wird das Leninsche Verdikt bis in die marxistische Kritik nach 1968 hinein fortgesetzt, wenn Negt sagt, seit Plechanovs (unbedeutender) Schrift über die Hieroglyphentheorie habe es »im Sowjetmarxismus ernstzunehmende Einwände gegen die Widerspiegelungstheorie nicht mehr gegeben«, ohne Bogdanov im Kontext der Debatten ein

47 Bucharin/Deborin, *Kontroversen*; Ahlberg, *Dialektische Philosophie*

48 Bucharin/Deborin, *Kontroversen*, S. 13; vgl. ebd. S. 44: Der Unterschied zwischen beiden Phasen liege weniger im Inhalt der sowjetmarxistischen Theorien als in der institutionellen Absicherung durch die Partei. Aus heutiger Perspektive wird man statt Partei eher Stalin sagen müssen

Wort zu gönnen.[49] Dieser Mangel schmälert zwar nicht den Wert der Analyse der sowjetischen Philosophie Negts als einer legitimationskompensatorischen Ideologie, verweist aber auf die doppelte Löschung Bogdanovs aus der Geschichte und der Philosophie: von Seiten der Sowjetunion, weil er ein Gegner Lenins und Abweichler, von Seiten der westlichen Philosophie, weil er Bolschewist war.

Im Brennpunkt der Leninschen Antwort zeigt sich ein Dilemma der späteren sowjetischen Geschichte. Immun zu sein gegen Einflüsse des modernen Denkens blieb ein Grundzug der späteren Sowjetunion. Es ist nicht übertrieben, von einer Kontinuität des Denkstils seit dem Jahre 1908 auszugehen, die dazu führte, dass naturwissenschaftliche Entdeckungen und Erkenntnistheorie in einem technischen Sinne rezipiert wurde, nie jedoch ernstlich in den Wissensbestand der Sowjetunion eingingen; oder sie führten bestenfalls ein subkulturelles Kellerdasein.[50] Die Ursache dafür lag nicht nur in der ideologischen Bindung der Wissenschaft und der kollektivierten Wissenschaftlerschicht, sondern für diese Verhältnisse gab es triftige Gründe in den Denkverhältnissen.

Die Wissenschaftslandschaft der UdSSR legt dafür Zeugnis ab. Es gab keine Sozial- oder Kulturanthropologie; keine Philosophie, die über das Jahr 1908 hinausging; die – vor allem empirische – Soziologie verkümmerte und kam erst in der zweiten Hälfte der 1960er Jahre wieder auf; anstelle der modernen, auf Mendel gründenden Genetik setzte sich der Scharlatan Lysenko durch; Einstein wurde verworfen; dass ausgerechnet Bogdanov versucht hatte, ihn zu popularisieren, hat nicht zu seiner Verbreitung beigetragen; Interpretationen der Quantenmechanik wurden als Idealismus verworfen, die Theorie selbst als korrekt angesehen; die sich reich entwickelnde Landeskunde (*kraevedenie*) überlebte die zwanziger Jahre nicht. Es existierte nur eine kümmerliche Psychologie. Bezeichnend ist die Entwicklung der Psychoanalyse und der Karriere Freuds in der UdSSR. Bereits 1923 geriet die Psychoanalyse unter Beschuss, denn sie galt als Wiederherstellung des Idealismus, sie enthalte keine Gesetzmäßigkeit, sie sei ein Bestandteil der Ideologie des Bürgertums und Freud kein Materialist. Dieser »Welle der bourgeoisen Reaktion auf den Materialismus« sei der Kampf anzusagen.[51] Erst während der Perestrojka erlebte die Psychoanalyse ein Comeback. Zwischen 1929 und 1989 wurde Freud in der Sowjetunion nicht veröffentlicht. 1989 erschienen seine Werke erstmals vollständig auf russisch.

---

49 Ebd., S. 40

50 Scheibert, »Lenin«, S. 45

51 Miller, *Freud*, bes. S. 78, 88-89, 105 (Zitat); Etkind, *Eros*

Bezeichnend ist ebenfalls die Tatsache, dass die Psychologie den Höhepunkt ihrer Entwicklung in Form der forensischen Psychiatrie erlebte just zu der Zeit, als die empirische Soziologie den Machthabern vor Augen führte, dass die Wirklichkeit nicht nur anders, sondern komplizierter war, als sie sich sie vorstellten. Die tapferen Anhänger der Abbildtheorie sahen keine anderen Möglichkeiten, als Bewusstseinsspaltungen zu diagnostizieren, was aus ihrer Perspektive durchaus logisch erschien. Das Zwangspsychiatrisieren von *inakomysljaščie*, den im Wortsinne Andersdenkenden, so selbstverständlich es sich um Willkür des Regimes handelte, hatte aber ein makabres Fundament in der Leninschen Weltsicht des Jahres 1908. Man kann sie auch mit Bogdanov erklären: Was er in »*Ėmpiriomonizm*« über die Rolle der Kommunikation im Verlauf der sozialen Organisierung von Erfahrung schrieb, macht das spätere Problem in der Sowjetunion deutlich. Die Nichtübereinstimmung der individuellen Erfahrungen mit der durch Kommunikation sozial organisierten hob die Spannung zwischen beiden nicht auf, ja verstärkte sie, je mehr die Erfahrungsbereiche unterschiedliche, nur teilweise ineinander übergehende Kommunikations»räume« herausbildeten: die offizielle der »von oben« sozial organisierten Erfahrung und die damit meist unkompatible der individuellen Erfahrung – ein Widerspruch der Erfahrungsreihen im Sozialismus, von denen Bogdanov nicht zu träumen gewagt hatte, für dessen Verstehen er aber das theoretische Konzept lieferte. Für die Dissidenten der sechziger und siebziger Jahre drückte sich dieses Problem in der Sprache aus, von der sie sich entfernt fühlten und die sie als die Sprache der Lüge empfanden. Wer folglich – aus der Perspektive des Regimes – seine individuelle Erfahrung nicht in die allgemein gültige vermitteln konnte, musste zwangsläufig über kurz oder lang Bewusstseinsstörungen erleiden. Lenins dualistischer Rigorismus hatte Bogdanov seinerzeit nur ins Abseits getrieben, nicht aber ins Irrenhaus gebracht. Das Vokabular jedoch existierte bereits 1908, aber es fehlte noch an den Machtmitteln des Staates.

Auch in der Geschichtswissenschaft hat sich Lenins Dogma zu Ungunsten der Disziplin ausgewirkt. Es hat einer schematisierten Pseudogeschichte Vorschub geleistet, die Klassen und Klassenkampf ins Zentrum rückte. Wir wollen an dieser Stelle den Ausführungen über die Geschichtswissenschaft im nächsten Kapitel nicht vorgreifen, aber soviel ist hier schon zu sagen: Die marxistische Geschichtsphilosophie hat zwar den erkenntnisleitenden Begriffs- und Kategorienapparat zur Verfügung gestellt, dass aber die Geschichtswissenschaft in ihrer laufenden Arbeit im großen und ganzen die Engführung des wissenschaftlichen Darstellens von Geschichte auf marxistisch-leninistische Grundmuster der historischen Verlaufsformen vollzogen hat, ist nicht allein mit Marx und Engels zu erklären. Gewöhnlich ist dann von der ideologischen

Bindung der Geschichtswissenschaft die Rede, die unbestritten existierte. Doch steckt in der ideologischen »Bindung« nicht nur das Moment der institutionellen Verbindung von Historie und Partei und die Kontrolle der letzteren über die erstere, sondern auch die – mit Bogdanov gesprochen – Statik der Erkenntnismöglichkeiten, der beschreibenden und analysierenden Verfahren, ja die im großen und ganzen wenig ausgebildete Fähigkeit, in der Geschichte etwas anderes sehen zu können als durch das von Lenin 1908 als Verfahren der Erkenntnisgewinnung verbindlich gemachte Erkenntnis*mögliche*. Der Begriff der ideologischen Bindung und Kontrolle beschreibt eine politische, praktische und sichtbare Ebene der wissenschaftlichen Beschränkung der Geschichtswissenschaft. Der Verlust, den die Historie als wissenschaftliche Disziplin in der Sowjetzeit erlitt, bestand außerdem in der Unmöglichkeit, wissenschaftliche Verfahren der Rekonstruktion historischer Wirklichkeiten über das Leninsche »Programm« von 1908 hinaus zu entwickeln. Das war nicht nur eine Folge der von Lenins konservativer Moderne induzierten Theorie- und Methodenblockade, sondern auch eine Frage wissenschaftlichen Arbeitens, die sich jedem Historiker stellte. Deren wissenschaftliches Tun wurde erkenntnistheoretisch reguliert, so dass sich die Beschränkung der Geschichtswissenschaft als Selbstbeschränkung der Historiker vermittelte. Die ideologische Bindung bedeutete dann die institutionalisierte Kontrolle der kognitiven Selbstbeschränkung der Historiker. Zweifel an dieser Beschreibung des grundlegenden Dilemmas der »gebundenen« Geschichtswissenschaft und ihrer Vertreter verbieten sich insofern, als man andernfalls die überwiegende Mehrheit der sowjetischen Historiker für Schauspieler halten müsste, die allein für die Partei schrieben, obwohl sie in den Tiefen ihrer wissenschaftlichen Rationalität ganz anders dachten und zu gänzlich anderen Ergebnissen kamen als die, welche sie veröffentlichten beziehungsweise veröffentlichen durften. Sowjetische Historiker meinten aber ernst, was sie schrieben.

Nicht nur im »Ostblock« zeigten sich die Spuren dieses Denkens. Die marxistische Geschichtsschreibung im Westen sowie die Historische Sozialwissenschaft waren davon befangen. Hier findet sich sogar ein Beispiel für die spekulative Frage, was in der Wissenschaft geschehen wäre, hätten sich Bogdanovs Ansichten durchsetzen können. 1963 hatte ein englischer, vom Marxismus stark beeinflusster Historiker – im Bilde G. A. Pauls – das Periskop aus dem leninistischen U-Boot in die Geschichte ausgefahren. Das Ergebnis der Beobachtung war das seinerzeit als sensationell empfundene Buch *The Making of the English Working Class*. Sein Autor, Edward P. Thompson, hatte sich von den starren marxistischen Vorstellungen von Klasse und Klassenbewusstsein verabschiedet und die Erfahrung der Arbeiter als bewusstseinsbildenden Vorgang in den Vordergrund gestellt.[52] Seine Häresie in der Geschichtsschreibung über die Arbeiterbewegung bestand darin, den von ihm untersuchten englischen Arbeitern nicht den traditionellen Begriff von Klassenbewusstsein überzustülpen, sondern ihnen Erfahrungen zuzugestehen, die ihr Handeln beeinflussten. Der Skandal, den die Ausführungen Thompsons unter orthodoxen Marxisten auslösten, wäre vermutlich weitaus weniger spektakulär gewesen, wenn Bogdanov nicht aus der Geschichte eliminiert worden wäre. Die historischen Akteure können auch anders als im engen Rahmen der politischen Ökonomie handeln, nämlich im Sinne der »moral economy«.[53] Was Thompson der Sozialgeschichte an revidierten Ansichten gegeben hat, das hatte Bogdanov ein halbes Jahrhundert zuvor theoretisch formuliert. Der Geschichtswissenschaft hätten 50 Jahre Klassenhistorie erspart bleiben können, dem westlichen Marxismus die Verirrungen eines Louis Althusser.[54]

Lenin und sein geistiger Habitus blockierten die inhaltliche und systematische Rezeption von Naturwissenschaften, Philosophie und Erkenntnistheorie und besonders ihre Vernetzung. Wenn sie in der UdSSR angenommen wurden, dann nur instrumentell, wobei sich der sozialistische Staat die Errungenschaften der »kapitalistischen« Wissenschaften lediglich äußerlich, technisch aneignete. Das Instrumentelle, Technizistische im Denken verweist auf einen Mangel an Reflexion. Lenin hat dieser Entwicklung Vorschub geleistet, wenngleich sie vorher angelegt war. Es ist bemerkt worden, dass die philosophischen Grundlagen des Materialismus zu einer positivistischen Verkümmerung der Erkenntnistheorie geführt haben, deren Grund »in der Reduktion des Selbsterzeugungsaktes der Menschengattung auf Arbeit« liege, die – das ist entscheidend – das methodologische Selbstverständnis Marxens offen lege: die Reduktion des Vorgangs der Reflexion auf Produktion, auf den Umkreis instrumentellen Handelns.[55] Damit scheint eine treffende Formel gefunden zu sein, die den Status der Wissenschaften im Sowjetsystem erläutert und die Frage beantwortet, warum es Wissenschaft ohne Erkenntnis gab, warum wissenschaftliches Wissen angehäuft werden konnte ohne eine Reflexion der erkenntnistheoretischen Voraussetzungen und ohne wissenschaftstheoretische Implikationen. Negt hat darüber hinaus die Ansicht vertreten, erst im Sowjetmarxismus sei dieses Selbstverständnis in die Wirklichkeit eingetreten.[56] Sicher aber hat Lenin die soeben genannte Reduktion doktrinär durchgesetzt. Hier

52 Thompson, *Working Class*

53 Ders., »Economy«

54 Ders., *Elend*, bes. S. 222-245

55 Habermas, *Erkenntnis*, S. 58-77

56 Deborin/Bucharin, *Kontroversen*, S. 30

liegt der Grund, warum eine Ideen- und Geistesgeschichte mit Lenin endete.[57] Das Diktum »im Grunde genommen ist der Kommunismus aus geistigen Gründen gescheitert«[58] ist nicht leicht zu widerlegen, auch wenn sein Autor dafür die falschen Gründe anführt. Dass aber Lenins »Philosophie« die Theorie ausgesperrt und Praxis durch technische Aktion ersetzt hat, ist geschichtsmächtig geworden.[59] Genau auf diesen Punkt verwies die Aussage eines Mitglieds des sowjetischen akademischen Establishments im Jahr 1987: »Wir kümmerten uns nicht um Max Weber, Durkheim, Freud, Toynbee oder Spengler. Dabei handelt es sich nicht um irgendwelche Namen, sondern es sind Namen, hinter denen Welten, Weltsysteme stehen.«[60] Die Tatsache, dass hier nur Zeitgenossen Lenins genannt werden, überrascht – oder war es Absicht? Das Zitat markiert den Theoriestopp, der 1908 einsetzte. Der Autor fährt fort: »Wenn eine Gesellschaft es nicht fertig bringt, sich mit diesen Welten vertraut zu machen, tritt sie einfach aus dem 20. Jahrhundert aus und ist von seinen wichtigsten Errungenschaften ausgeschlossen.« Ein Psychologe schrieb, die Sowjetgesellschaft habe aus diesen Gründen nicht den Kern einer humanen Kultur herausbilden können. Freud, auf dessen Totschweigen er sich bezieht, sei ein »universelles Symbol der Kultur des 20. Jahrhunderts« geworden.[61]

Die Folgen, die am Ende des bolschewistischen Experiments deutlich formuliert wurden, waren für hellsichtige Intellektuelle schon viel früher erkennbar. Für Bogdanov, wie wir gesehen haben, aber auch für Mosche Wulff, einen führenden sowjetrussischen Psychoanalytiker, der 1927 die Sowjetunion verließ: »Dasselbe Schicksal [wie die Psychoanalyse – S.P.] teilten zum Beispiel die Relativitätstheorie, die Quantentheorie, die Phänomenologie, die Gestaltstheorie, die moderne Psychologie und die Philosophie, sogar die Biologie etc. [...] jeder neue Gedanke, jede Idee, jede neue theoretisch-wissenschaftliche Eroberung [wird] mit ängstlichem Misstrauen und Verdächtigung aufgenommen«.[62] Als die Wissenschaftler während der Perestrojka den gigantischen Rückstand in den Wissenschaften endlich realisierten, da führten sie ihn auf den Stalinismus zurück.[63] Erst am Ende der 1920er Jahre sei das Aus für die modernen Wissenschaften gekommen. So richtig diese Feststellung im einzelnen ist, so führt sie die Begründungen doch zu kurz. Das kurze Aufblühen der

57 Scheibert, »Lenin«, S. 55
58 Brzezinski, *Experiment*, S. 275
59 Merleau-Ponty, *Abenteuer*, S. 80
60 Evgenij Afanas'ev, zitiert in Brzezinski, *Experiment*, S. 51
61 Der Psychologe Radžikovskij, zitiert in: Miller, *Freud*, S. 157-158
62 Wulff, »Stellung«, S. 74
63 Beyrau, *Intelligenz*, ders., *Dschungel*

Psychoanalyse etwa 1921–1923 war nicht dem Wissenschaftsverständnis der politischen Elite geschuldet, sondern den unkontrollierbaren Verhältnissen. Der Tod der Wissenschaften war aber bereits 1908 beschlossene Sache. Deshalb trat die Sowjetunion gar nicht erst in das 20. Jahrhundert ein, müsste es richtig heißen, denn es war Lenin, der Gründer, der die Denkverhältnisse nachhaltig beeinflusste mit den zu seiner Zeit bereits überholten Instrumentarien und Begriffen der Weltanschauung. Alle Welt hält Lenin für einen Dogmatiker. Darüber hinaus war er, wie Gor'kij 1909 in einem Brief feststellte, »ein schrecklich konservativer Mensch«.[64]

Wäre dies lediglich die Charakterisierung eines gewissen Vladimir Uljanov gewesen, so wäre die Sache vielleicht glimpflich ausgegangen. So aber zeigten sich Wirkungen historischen Ausmaßes. Eines der Grundprobleme der Sowjetmacht wird deutlich: Sie nahm zahlreiche Modernisierungsstränge auf, aber dahinter blieb jene Statik verborgen, die Bogdanov erkannt hatte. Dabei war die Sowjetmacht – wie Lenin – nicht antimodern, sondern eine radikale Variante der Moderne. Wenn hier Lenin als der konservative Moderne charakterisiert wurde, dann deswegen, weil er den hier beschriebenen Zweig der Moderne exemplarisch verkörperte, ohne Anschluss zu finden an die Entwicklungen, die Bogdanov mit wachem Auge verfolgte. Lenins Moderne kam in Russland zum Durchbruch, als ihr Gerüst in Westeuropa bereits erodierte.[65] In Russland war sie mit dem Marxismus-Leninismus ideologisch aufgeladen. Mit dieser Mischung aus theoretisierender und instrumenteller Rationalität, abstrahierender Strukturierung, Systematik und Regelhaftigkeit, historischer Gesetzmäßigkeit und finaler Stabilität unter Missachtung des Humanen gingen die Bolschewiki an die Sache. Die Sowjetunion hat diese Moderne ein kurzes Jahrhundert aufblühen lassen.

Aber gehen wir noch einen Schritt weiter in Richtung Dekonstruktion der ideellen Grundlagen des bolschewistischen Experiments und damit auch des Revolutionshelden. Die Lenin-Bogdanov-Kontrolverse enthält einen Aspekt, der bisher nicht zur Sprache kam. Ausgangspunkt der Überlegungen ist erneut der Charakter der von Lenin geführten Debatte. Mit dem Sichtbarmachen der Matrix der Leninschen Moderne im Verlauf der Kontroverse ist nur ein Bereich beschrieben. Die erkenntnistheoretischen Fragen, das Problem der äußeren Natur und der Streit um die Wahrheit entschlüsseln nicht den kulturellen Sinn der Veranstaltung, ebenso wenig übrigens wie die tagespolitischen Umstände und Hintergründe, die uns hier nicht besonders interessieren. Folgende Fragen führen auf die Spur: Warum hat Lenin jahrelang gezögert, bevor er

64 Haupt/Scherrer, »Gor'kij«, S. 328
65 Nitschke u.a., *Jahrhundertwende*

seine Attacke gegen Bogdanov eröffnete? Warum schreibt er wie ein Ankläger? Warum verwendet er massenweise Zitate, die in einen dialogischen Rede-Gegenrede-Zyklus gestellt werden? Was bezweckt das unwissenschaftliche, denunziatorische Vokabular in einer erkenntnistheoretischen Untersuchung? Wieso findet sich in dem Werk ein Reigen sich wiederholender Schmähungen? Gibt es also einen immanenten Sinn in der Leninschen Argumentation, den zu entdecken das heutige kulturwissenschaftliche Instrumentarium erlaubt? Der im vorherigen Kapitel beschriebene Vorgang um Lenin und Bogdanov könnte mit dem Begriff Machtkampf bündig erklärt werden. Doch dann wären wir an der Oberfläche und kämen nicht zu dem kulturellen Sinn, der entschlüsselt werden muss, damit verständlich wird, warum diese Kontroverse über die schon genannten Aspekte hinaus von enormer Wirkung war. Die bezog sie nicht so sehr aus den sichtbaren Vorgängen, als vielmehr aus dem in ihrem Schatten mitlaufenden Problem. Es stellt sich nämlich heraus: Bogdanov wollte den Machtkampf nicht. Er scheute nicht die intellektuelle Auseinandersetzung, aber entzog sich ihr dort, wo es um reale politische Vorherrschaft ging – wir müssen ergänzen: um politische Vorherrschaft bei den Bolschewiki beziehungsweise in der überschaubaren Gemeinschaft der linken russischen Sozialdemokraten in der Emigration. Der Machtkampf, den die Forschung immer wieder aus der Erklärungskiste holt, löst sich in Luft auf. Lenins Kontrahent kämpfte nicht.

Die Antworten auf die soeben gestellten Fragen führen notwendig aus der bisher eingehaltenen Perspektive heraus, weil sie mit Erkenntniskritik nicht mehr zu verbinden sind. Es handelte sich bei dem »Gerichtsverfahren« Lenin gegen Bogdanov ja nicht nur um die Auseinandersetzung zwischen den Protagonisten unterschiedlicher erkenntnistheoretischer Richtungen, sondern es ging auch um die Diskurshoheit im Kreise der Bolschewiki und um die Frage, wie der Ausgang des Streits konsensfähig gemacht werden konnte. Nur darf man sich diesen Vorgang nicht als schlichten Überzeugungsprozess vorstellen, sondern er spielte sich nach Regeln ab, die ebenfalls nicht nur 1908 zur Anwendung kommen sollten. Das ist schon allein deswegen von Bedeutung, weil sich auf diese Weise ein Argument Bogdanovs einführen lässt, das er gegen Lenin ins Feld führte und das von ganz anderer Seite bestätigt wird.

Haben wir uns der Deutung vom Machtkampf erst einmal entledigt, dann werden Verfahren sichtbar, die dem Vorgang kulturell eingeschrieben sind. Vier Aspekte müssen hier zur Sprache kommen: das Opfer, die Beschwörung, die Denunziation und das rituelle Denken.[66] Alles das findet sich im Text der Schrift Lenins. Es bedarf nach den bisherigen Ausführungen keines beson-

66 Girard, *Das Heilige*

deren Beweises, dass mit Bogdanov dem »wahren« Marxismus ein Opfer dargebracht wurde, nach den Regeln der unter russischen Sozialdemokraten geltenden Polemik zur Strecke gebracht. Es wurde – nur verbal, denn wir befinden uns schließlich unter Intellektuellen, die noch nicht über politische Machtmittel verfügen – isoliert und gehetzt. René Girard hat dies als eine anthropologische Verhaltensoption beschrieben: Wiederkehrende Beschwörungsformeln und von Anfang an einsetzende Verstoßungsriten und -formeln stigmatisierten das Opfer und bereiteten es auf seine Rolle vor. Da es sich bei dem zum Opfer Auserkorenen um ein Mitglied der Gemeinschaft handelte, ist der Vorgang der Ausstoßung aus der Gemeinschaft nur unter Zuhilfenahme der Denunziationen möglich. Die fortgesetzte Schmähung zielt inhaltlich auf die Vermeidung der Verschmutzung der Gemeinschaft, die durch das Opfer entsteht. Das ist der entscheidende Punkt: Es sind nicht die Ideen, die verunreinigen, sondern es ist die Existenz des Ideenträgers. Ihn treibt man in die Ecke. Je mehr dies gelingt, wozu die fortdauernden Schmähungen beitragen und die ganze Veranstaltung zu einem rituell durchorganisierten Vorgang machen, desto stärker kann sich die (postulierte) Gemeinschaft hinter dem Anführer versammeln. In Lenins Augen existierte eine Gemeinschaft der Marxisten, die von Bogdanov und seinem außermarxistischen Bezugsdiskurs in Frage gestellt wurde. Nicht so sehr die Tatsache, dass Gemeinschaft hier geformt wurde, als vielmehr die Verbindung zu einem Ritual des die Gemeinschaft stiftenden Opfers, ist hier von Bedeutung. Bogdanov wurde aus Führungsgruppe und Partei ausgeschlossen. Er trat nie wieder ein. Der siegreiche Lenin erzielte die Einmütigkeit in der Gemeinschaft der Bolschewiki. Dieser vorhersagbare Ausgang des Rituals verhinderte keineswegs weitere Opferriten.

Die kulturanthropologischen Überlegungen Girards zum Ausgangspunkt einer ausführlichen Analyse bolschewistischen Handelns zu machen, wäre eine reizvolle Aufgabe, die aber im Rahmen dieses Buches nicht zu lösen ist. Es muss deshalb bei der unbefriedigenden Aussage bleiben, dass eine solche kulturanthropologische Studie einer kleinen Gemeinschaft – die der (Exil-)Bolschewiki – noch zu schreiben ist, ja vermutlich gar nicht einmal so schwierig sein dürfte aufgrund der dichten Materiallage, der Ego-Zeugnisse und der vielfachen Milieubeschreibungen. Wann wird die Gemeinschaft der Bolschewiki auf diese Weise kulturwissenschaftlich beschrieben, und zwar als in die Moderne eingesiedelt, um auf diese Weise die Handlungsmuster von Überzeugungsgemeinschaften zu entziffern? Das heißt an der Aufgabe mitzuwirken, auch die modernen gesellschaftlichen Erscheinungen kulturanthropologisch zu fassen.[67] An Lenins berühmter Schrift »Was tun?« (1902) lässt sich der Gedanke in aller Kürze erläutern. Die dort entworfene Idee der Partei der Berufsrevolutionäre lässt sich in die immer wieder neu zu formierende Gesinnungsgemeinschaft, die der versöhnenden Opfer bedurfte, einordnen. Sie enthält übrigens nicht nur die Idee der Gesinnungshomogenität, sondern präsentiert sich als eine Variante einer Vergemeinschaftungsutopie revolutionärer Virtuosen, in der geistige Heterogenität so unmöglich war wie die zentralistische Führungsautorität notwendig. So gesehen schwebt der Leninsche Entwurf, der ja ein impliziter Ordnungsentwurf ist, nicht in der dünnen Luft russischer Emigranten, sondern ist unmittelbar eingewoben in die europäischen Modernefragen jener Jahre. Er enthielt Autorität, Gehorsam, Gesinnungsgemeinschaft, kurz: ein modernes antiemanzipatives Konzept zur Bewältigung der bürgerlichen Moderne, die ihrerseits durch hohle zivilisatorische Versprechen diskreditiert war.

Bei Lenin ist, mit Girard gesprochen, rituelles Denken zu erkennen, dessen manichäischer Charakter Anzeichen einer primitiven Religion trägt. Dieser Befund trifft sich mit den Ansichten Bogdanovs. Dessen Vorwurf gegen Lenin lautete »religiöses Denken«, für das die Errichtung von Machtfetischen und die Forderung nach Gehorsam und Unterwerfung charakteristisch sei. Auf Lenins Ansichten bezogen schrieb er: »Das sind idealisierte Vorstellungen, geboren aus der Phantasie auf der Grundlage der realen Herrschaft der ›Autoritäten‹ über die Menschen und ihr soziales Leben. Kurz: Das religiöse Denken ist das autoritäre, sonst nichts.«[68] Dieses religiöse Denken beschreiben sowohl Bogdanov als auch Girard nicht in Bezug auf Religion, sondern als autoritären Denkstil. Das hatte Bogdanov im Auge, als er Lenin, dem Religion nichts bedeutete, religiöses Denken vorwarf. Wahrscheinlich ist diese Art der Erläuterung des Religiösen im Bolschewismus die einzige »vernünftige« und begründbare; der Rest sind Folgen. Dieses Denken vermischte sich mit den Modernekennzeichen, von denen schon die Rede war. Die Ritualisierung der bolschewistischen Umgangsformen und Fragen nach dem Kult bis hin zum Führerkult, der zumindest in diesem Ritual angelegt war, tauchen hier auf.

Darüber hinaus zeigt sich, dass in diesen Vorgängen und ihren Ritualisierungen Gewalt gegen das Opfer eingebettet ist, die über den philosophischen Zusammenhang von Wahrheit und Gewalt hinausgeht. In diesem Fall äußerte sich Gewalt verbal. Noch waren die Umstände nicht so, dass sie ein physisches Opfer verlangten. Es reichte aus, den Vorgang auf der sprachlichen Ebene zu halten. Was aber, wenn andere Verhältnisse einträten, die Opferung

67 Latour, *Wir*
68 Bogdanov, *Vera*, S. 146

unter Bedingungen einer brachialen Gemeinschaftsbildung erfolgte, bei der die Rituale nicht mehr nur verbal blieben? Bereits bei Lenin ist die Gewalt zu erkennen, die sich nicht nur äußern kann, wenn sich die Verhältnisse ändern, sondern die – und das ist wichtiger noch – zur Gründungsgewalt der bolschewistischen Gemeinschaft gehörte und niemals aus ihr verschwand. Damit ist beileibe nicht die Gewalt unter der Sowjetmacht hinreichend erklärt – das war auch nicht das Ziel dieses Kapitels –, aber die Gewalt andererseits nur als Ergebnis sozialer und politischer Konstellationen seit 1914 zu sehen, ohne die spezifisch leninistischen Dispositionen in Rechnung zu stellen, wäre einseitig.

Vorhin war von den langfristigen Folgen des Jahres 1908 die Rede. Verengen wir den Blick am Ende dieses Abschnitts noch einmal und fokussieren wir auf Lenins Position. Was blieb von ihr übrig nach 1917, als die Theorie des »absoluten« Marxismus praktisch werden musste, als die rasant sich verändernden Wirklichkeiten den erkenntnistheoretischen Dogmatismus auf eine harte Probe stellten, als der Erfolg im Manöver vom Vorhandensein des Periskops abhing? Will man nicht von einem vollständigen Verlust der Theorie sprechen, so ist doch von einem fundamentalen Theoriewandel zu reden.[69] »Es ist ja leider fast ausgeschlossen, dass sich die Lenin-Leute bei diesem furchtbaren Chaos [...] an der Macht erhalten. Aber schon ihr Versuch ist epochemachend.«[70] Die Partei, die Armee und die politische Polizei herrschten; unter dem Banner der »Diktatur des Proletariats« gingen sie hart gegen opponierende und streikende Arbeiter vor; die unbolschewistische Agrarrevolution wurde von Lenin abgesegnet (und von Stalin auf brutale Weise korrigiert); rücksichtslose Gewalt gegen alle vermeintlichen Gegner der Bolschewiki ertränkte das Land in Blut; der unmittelbare Aufbau des Kommunismus (»Kriegskommunismus«), der erste theoretisch geleitete Versuch sozialistischen Wirtschaftens, endete im Fiasko. Sozialismus und Diktatur des Proletariats konnten deshalb nur zur Karikatur werden. Rosa Luxemburg schrieb am 30. September 1918 verschlüsselt aus ihrem Breslauer Gefängnis, sie fürchte, »dass Józef [die Sowjetregierung – S.P.] sich verrannt hat [wenn er glaubt], dass man mit Energie beim Aufspüren von ›Verschwörungen‹ und beim Ermorden von ›Verschwörern‹ die ökonomischen und politischen Löcher stopfen kann.«[71] Nebenbei: ein makaber prophetischer Satz in Anbetracht des kommenden Josef Stalin. Als fast alle Versuche des unmittelbaren Sozialismusaufbaus gescheitert waren, erfolgte der Rückzug in die NÈP, während Rotarmisten die Matrosen von Kronstadt, Lenins ehemalige Verbündete, niederkartätschten.

69 Merleau-Ponty, *Abenteuer*, S. 91-115

70 Luxemburg, *Briefe*, Bd. 5, S. 329

71 Tych, »Briefe«, S. 364

Aus dem Analytiker der Revolution war ein blutiger Herrscher geworden, der sich mit allen Mitteln an die Macht klammerte, aus dem dogmatischen Materialisten, der 1908 immerhin noch eine klare Position eingenommen hatte – wenn auch eine bereits veraltete – ein theoretischer Flickschuster, der um jeden Preis im Namen der Wahrheit vorging und »sich der Gewalt mit um so weniger Skrupeln [bedient], als sie, wie man sagt, den Dingen innewohnt. Das ist der bolschewistische Geist [...] Krisis und Folge des Marxschen.«[72] Die Leute schrieben Briefe an den Führer der Bolschewiki: »Warum ist die Diktatur des Proletariats auf der lokalen Ebene zu einer Diktatur der Lumpen geworden?«[73] Nur auf der lokalen? In dem Brief eines wahrscheinlich fiktiven stellvertretenden Sowjetvorsitzenden in Orel vom 28.06.1918 an Lenin lasen die Spitzel der Geheimpolizei:

»Alle haben begriffen, dass anstelle der Freiheit alle zu rechtlosen Sklaven irgendeines unpersönlichen Staates wurden, diese Freiheit nahm allen die Luft, alle stöhnen unter dieser Freiheit, weil das die Freiheit der Gewalt ist, gut für schamlose Schurken. [...] Euren Lenin hält man für einen gewissenlosen, frechen und grausamen Tyrannen. [...] Lenin! Wir beten für Dich, den Herrscher über Gewalt, Rechtlosigkeit und Schmähung der Menschen.«[74]

»Du hast das Volk betrogen«, schrieb ein anderer am 25.12.1918.

»Das Volk fühlte für die Revolution, [...] aber dann kamst du, Blutsauger, und nahmst dem Volk die Freiheit, und jetzt heuchelst du Freiheit, und anstatt aus Gefängnissen Schulen zu machen, sind sie voll mit unschuldigen Opfern; anstatt dass du die Erschießungen verbietest, hast du den Terror entfacht, und jede Woche werden Hunderte schonungslos erschossen. [...] Vergiss nicht, dass du dem Volk die Freiheit nahmst und [seinen] letzten Tropfen Blut säufst, der nach 4 Jahren Krieg noch übrig blieb.«[75]

Die Fähigkeit, komplizierte Probleme zu vereinfachen, versagte im Angesicht der diese Fähigkeit übersteigenden realen komplizierten Verhältnisse. Wieder setzte sich das Jahr 1908 durch. Übrig blieben Gewalt und die vom Desaster der eigenen Politik und des Widerstands dagegen erzwungene defensive Revolution während der NĖP-Periode.

Mit dieser knappen Skizze des Weges, den eine der zentralen Figuren der Revolution beschritt, ist auf zwei Problemkomplexe aufmerksam zu machen, die zugleich auf spätere Kapitel verweisen. Erstens sollten wir uns noch einmal die Binsenweisheit vor Augen halten, dass die Probleme, mit denen Lenin und die Bolschewiki zu kämpfen hatten, nicht mit den Theoremen des Marxismus-Leninismus zu lösen waren. Die schlichten und unverrückbaren Gewissheiten

---

72 Merleau-Ponty, *Abenteuer*, S. 113

73 Bordjugov, »Črezvyčajnye mery«, S. 32

74 Sokolov, *Golos naroda*, S. 48-49

75 Ebd., S. 51

taugten plötzlich nicht mehr für das Abenteuer der Wirklichkeit. Sie waren gut, um in der Unübersichtlichkeit der Revolution den Überblick zu behalten und das Geschehen in klare Begriffe zu übersetzen. Sie leisteten Kontingenzverminderung. Sie taugten nicht zum Regieren. Das zeigte sich praktisch von der ersten Minute nach der Machtergreifung. Lenins »Dekret über den Boden« zeugt davon, dass der Interpretationsmonopolist Kompromisse schloss, die er im April 1917 noch abgelehnt hatte. Die Folgen waren aber noch schwerwiegender: Die soziale Revolution wurde in eine der Machtbeziehungen überführt, wobei es darauf ankam, einen institutionellen und Zwangsapparat zu errichten, der die soziale Revolution unterdrückte, in »geordnete« Bahnen lenkte oder »vollendete« – je nach Sichtweise. Was anderes bedeutete die Herrschaft der »Lumpen«, als dass die Obrigkeit des *Ancien Régime* durch die des *Nouveau Régime* ersetzt wurde? Ihr konnte der Briefschreiber ebenso wenig abgewinnen wie der verflossenen. Eine der ersten und wichtigsten Handlungen der Bolschewiki bestand darin, Ansätze von Staat zu entwickeln, das heißt administrative Grundfunktionen plus Zwang ausüben zu können. Das Projekt Sozialismus verblasste dagegen.[76]

Das zweite Problem ist mit dem ersten verwandt und führt uns zu Lenin und dem Moderneproblem zurück. Man kann das Handeln Lenins und der Bolschewiki nach der Oktoberrevolution mit Hilfe sittlicher Kategorien beschreiben, wie es häufig in der älteren Literatur geschehen ist. Dann liegt Lenins Skrupellosigkeit darin, dass er die von der Revolution zum Greifen nahegebrachte Selbstbestimmung der Menschen verriet und die Menschen um der Menschen willen betrog, indem sich die bolschewistische Herrschaft als Sozialismus tarnte und vorgab, das Leben der Menschen zu verbessern. »Ob und inwiefern irgendeine Art von Täuschung dem großen Haufen der Menschen zuträglich sein könne«, hatte Friedrich der Große 1780 die Preußische Akademie die Preisfrage stellen lassen. Der Lenin nach dem Oktober 1917 war radikaler als der aufgeklärte Despot von Sanssouci. Solch ein philosophisch zu erörternder Skrupel war ihm fremd. Rosa Luxemburg zum Beispiel hat diesen Verrat erkannt, und sie hat ihn in bitteren Worten dem Genossen ins Gesicht geschleudert. Lenin war zum Feind der Revolution geworden, der die Launenhaftigkeit des Demagogen und die Gewalt des Usurpators pflegte.

Hinter diesem mit Kategorien der Sittlichkeit jedoch nicht hinreichend zu beschreibenden Handeln stand mehr als die plötzliche Korrumpierung durch jene Macht, die Lenin von der Straße aufgehoben hatte. Revolution als Befreiung war Lenin von Grund auf fremd, weil er nicht Erfahrungen der Arbeiter zur Gestaltung der nachrevolutionären Verhältnisse anerkannte, sondern die

76 Vgl. Skocpol, *States*; dies., *Revolutions*, S. 3-24, 199-212

marxistisch-leninistische »Wahrheit« historisch verwirklicht sehen wollte. Diese Ausschließlichkeit war 1908 bereits festgelegt, ungeachtet allen späteren Lavierens. Die Wahrheit der Revolution, das heißt die Selbstbestimmung der vormals geknechteten Menschen, die zu finden sich die »Massen« aufgemacht hatten, war in ein sich selbst reproduzierendes, 1917 bereits anachronistisches Wahrheitssystem umgeformt worden. Dieses System von Selbstreferentialität hat 74 Jahre durchgehalten: institutionalisiert als Partei und Staat der Sowjetperiode. Es geht dabei nicht nur um die Tatsache, dass der Marxismus-Leninismus keine anderen Wahrheiten zuließ und Lenin die Freiheit der anders Denkenden abwürgte, sondern auch um die Umformung eines historischen Augenblicks mit offenem Ausgang in ein System von über den Menschen stehenden Referenzen zum Wohle eben dieser Menschen. Die Ursprünge liegen bereits bei Lenin. Nach 1917 folgte die Umwandlung des revolutionären Willens und der revolutionären Rationalität in ein System von machterhaltender Selbstreferentialität, die sich unter Stalin zum systemischen Autismus steigerte.

III. Zeit und Geschichte

74 Jahre hat die Sowjetmacht existiert. Das ist, in historischen Zeitläufen gemessen, nicht berückend lange, um so weniger, als die Alternative zum Kapitalismus auf Dauer angelegt war. Im zeitlichen Vergleich zum deutschen »Tausendjährigen Reich« hat es die Sowjetunion weit gebracht. Unter diesem Blickwinkel stellt sich nicht nur die Frage nach den strukturellen Voraussetzungen relativer historischer Dauer, sondern das Problem der geschichtlichen Zeit überhaupt rückt in den Vordergrund. Der Status, den Zeit in der Sowjetgeschichte innehatte, zeigt sich rasch in ihrer temporalen Oberflächenstruktur. Mit der Revolution 1917 sollte ein neues weltgeschichtliches Zeitalter beginnen. Ähnlich wie in der Französischen Revolution stand der überlieferte Kalender zur Disposition. In Sowjetrussland blieb die neue Zeitrechnung jedoch Episode. Die große Kalenderreform, welche die Welt mit dem Jahr eins neu anfangen ließ, fand nicht statt. Der kalendarische Neubeginn kam dennoch, indem die Bolschewiki den gregorianischen Kalender durch den julianischen ersetzten und sich damit der europäischen Zeitmessung anpassten.

Der Kalender ist nicht entscheidend. Dabei handelt es sich um Konventionen der Zeitmessung und -einteilung. In diesem Kapitel geht es um geschichtliche Zeit und das Verständnis davon. Die gesamte Sowjetunion hatte ein Zeitproblem, ja, es war eines ihrer zentralen Probleme. Von Anfang an befand sie sich in einem bestimmten Verhältnis zur geschichtlichen Zeit, wie wir gleich ausführen werden. Das hing mit der Rolle der Revolution im Verständnis von Vergangenheit, Gegenwart und Zukunft zusammen, zugleich mit der Geschichtsteleologie des Marxismus-Leninismus, welche die Zukunft unmittelbar in das Programm der nachrevolutionären Gestaltungsversuche integrierte. Geschichtsteleologie enthält an sich bereits ein Zeitverständnis – das der linear gerichteten, auf ein Ziel zulaufenden Zeit. Sie ist, wie wir ebenfalls noch sehen werden, ein Kind der modernen Zeit. Gerade dadurch, dass Zukunft eines schönen Tages unter dem Signum des Kommunismus real würde, stellte sich das bolschewistische Experiment ins Zentrum der geschichtlichen Zeit und verband sich aufs engste mit ihr. Sowjetmacht und geschichtliche Zeit wurden deckungsgleich.

Wenn hier von der geschichtlichen Zeit die Rede ist, dann geht es nicht darum, einen Entwicklungsweg chronologisch zu messen. Vielmehr soll zum Ausdruck gebracht werden, dass wohl kaum ein anderes System als das sowjetische sich der geschichtlichen Zeit mehr bewusst war, weil Zeit zu einem zentralen Element der auf Zukunft gerichteten Entwicklung wurde und sich die historischen Akteure über diesen Sachverhalt Rechenschaft abzulegen hatten. Allein die folgende Aufzählung verdeutlicht dies. Das Regime glaubte seit Ende der zwanziger Jahre der Zukunft in Fünfjahresrhythmen näher zu kommen; Chruščev kündigte vollmundig Fristen zur Erreichung des Endziels Kommunismus an, die – so sehr sie uns heute belustigen – seinerzeit ernst gemeint waren: Man werde bis 1980 im Kommunismus ankommen;[1] nach 1965 machte die »Finalitätskrise«[2] dem Regime zu schaffen; während der Perestrojka suchte die »Beschleunigung« (*uskorenie*) diese Krise zu beheben und das Theaterstück Michail Šatrovs gab der Beschleunigung der Zeit das hektische Signum: »Dal'še... dal'še... dal'še...« (Weiter... weiter... weiter).[3] Im Gegensatz zu dem zeitoffenen Kapitalismus stand die Sowjetunion von Anfang an, deutlicher aber seit Ende der zwanziger Jahre, unter Zukunftsstress, und das heißt: Sie hatte ein Zeitproblem.

Uns interessiert in diesem Zusammenhang nicht die Frage nach der Operationalisierbarkeit des Historischen Materialismus, sondern das Verhältnis von Zeit und Entwicklungsvorgängen des bolschewistischen Experiments und das in diesen Prozessen zu beobachtende Zeitverständnis. Es geht im folgenden also nicht um die kalendarisch messbare Zeit, sondern um das, was Reinhart Koselleck die Semantik geschichtlicher Zeiten genannt hat.[4] Das heißt, uns interessiert ebenfalls nicht die Frage nach dem Sinn der internen Periodisierung, die gewöhnlich seit 1929 mit den Namen der Generalsekretäre verbunden ist, sondern jene Zeit, die den geschichtlichen Rhythmus der Sowjetgeschichte ausmachte und an »soziale und politische Handlungseinheiten gebunden«[5] war. Es geht um die »jeweilige« Zeit, die in Vorstellungen von jeweiliger Vergangenheit, Gegenwart und Zukunft zusammenlief und nicht im Takt der Armbanduhr, im morgendlichen Abreißen des Kalenderblattes oder im Jahreskalender zum Ausdruck kam. Es ist jedoch mit Bedauern festzustellen, dass kulturgeschichtliche Langzeitstudien der Zeit, wie sie für Westeuropa

---

1 Meissner, *Parteiprogramm*, S. 69
2 Meuschel, *Legitimation*, S. 221
3 Schatrow, *Weiter*
4 Koselleck, *Zukunft*
5 Ebd., S. 10

vorliegen,[6] für den orthodox-russischen Raum einschließlich der Sowjetperiode fehlen. Wir folgen Koselleck in seiner These, dass sich »in der Differenzbestimmung zwischen Vergangenheit und Zukunft, oder anthropologisch gesprochen, zwischen Erfahrung und Erwartung, so etwas wie ›geschichtliche Zeit‹ fassen lässt«.[7] Für die Sowjetunion stellt sich demzufolge die Frage, welches Zeitverständnis sich nach 1917 entwickelte und wie es sich im Laufe der 74 Jahre währenden Existenz der Sowjetmacht veränderte. Welcher Art war der Wandel? Dass Zeit eine zentrale Rolle spielte, sollten die einführenden Bemerkungen verdeutlichen. Offensichtlich ist, dass die historische Zeit 1918 anders gedeutet wurde als 1929, und 1970 wieder anders als 1988. Wir gehen von der These aus, dass es verschiedene Zeitverständnisse gab, die sich in der Sowjetgeschichte nachweisen lassen. Obwohl damit die Gefahr besteht, »Theoriegebäude und deren despotische (System-)Modelle« zu verwenden, soll ein gänzlich anderer Zugang zur Problematik der Zeit ausgeklammert bleiben, der in der Untersuchung der Konstitution von Zeit als gesellschaftlicher Praxis und symbolischer Repräsentation in Mikromilieus besteht.[8] Wir hoffen dagegen zeigen zu können, dass die unterschiedlichen Zugänge sich nicht ausschließen müssen, weil die Problematik der geschichtlichen Zeit in der Sowjetunion zu einem Teil der sozialen Praxis wurde.

1. Beschleunigte Zeit

Wie denken Menschen nach Umstürzen, die innerhalb weniger Monate aufeinander folgen? Was passiert in den Köpfen, wenn nicht nur ein Zusammenbruch erfolgt, wie vollständig er auch sein mag, sondern eine Phase miterlebter Geschichte und alltäglicher Verrichtungen übergeht in ein Stadium, in dem sich die Zeit zu beschleunigen scheint? Plötzlich spielen die gewohnten Zeitverhältnisse des Alltags keine Rolle mehr. Arbeiter gehen nicht in die Fabrik, Beamte nicht in die Behörden, Frauen demonstrieren statt zu waschen und zu kochen. Minister kommen und gehen, die Regierung verändert ihr Gesicht und ihre Zusammensetzung in ungewohnt rascher Abfolge, politische Aufbauversuche scheitern oder gelingen nur vorübergehend, Kollaps folgt auf Kollaps,

---

6 Wendorff, *Zeit*; Dohrn van Rossum, *Geschichte*; Ehlert, *Zeitkonzeptionen*, unter Einschluss islamischer Zeitrechnung, aber ohne Osteuropa; ähnlich Chvojka/Schwarcz/Thien, *Zeit*; Whitrow, *Erfindung*

7 Koselleck, *Zukunft*, S. 12

8 Friese, *Ordnungen*, bes. S. 5 (Zitat); zum theoretischen Hintergrund Elias, *Zeit*, bes. S. VII-XLVII; Inhetveen, »Zeiten«

neue militärische Situationen entstehen und vergehen, neue Aufrufe, neue Programme, neue Machthaber tauchen auf und verschwinden wieder. Es gibt keine Gegenwart mehr zwischen dem bedeutungslosen Gestern und dem extrem verdichteten Jetzt, das sich augenblicklich in Vergangenheit und Zukunft auflöst.

In welch ungeheure Beschleunigung historischer Zeit sind die Menschen nach dem Februar 1917 hineingeworfen! Ganze Epochen schnurren in wenigen Momenten zusammen. Es muss einen vollständigen Zusammenbruch des herkömmlichen Zeitverständnisses gegeben haben. Selbst die biologische Zeit scheint von der Dynamik der Ereignisse fortgerissen zu sein: Vom Vorsitzenden der Provisorischen Regierung, Fürst L'vov, wird berichtet, sein Haupthaar sei während seiner dreimonatigen Amtszeit weiß geworden. Das ist nur ein harmloses Beispiel. Die vielen vorfristigen Tode, die zwischen 1917 und 1922 – auch danach, aber das steht in einem anderen Zusammenhang – die demographische Struktur veränderten, sie sind ebenfalls ein Signum für die Wechselwirkung von geschichtlicher und biologischer Zeit. Wie wirkten sich diese überstürzenden Ereignisse auf das Zeitverständnis aus? Gab es ein »revolutionäres« Zeitgefühl, das der Atemlosigkeit der Ereignisabfolgen entsprach? Was geschah mit der Gegenwart, von der beschleunigten Zeit fast wöchentlich zu immer neuen, riesigen Geschichtsbergen aufgetürmt? Diese Vergangenheit wird später das Forschungsterrain für Generationen von Historikern abgeben. Sie sind im Stande, über einen einzigen Tag ein ganzes Buch verfassen; für den einen erschüttern zehn Tage die Welt, für den anderen sind es »diese unglückseligen 10 Tage«.[9]

Revolutionen sind die Lokomotiven der Geschichte, sagt Marx – eine hübsche Metapher des 19. Jahrhunderts. Sie reißen die Geschichte mit sich fort. Welch grandiose Umkehrung erlebte dieses Bild in der Geschichte. Der Sonderzug seines Schülers Lenin aus der Schweiz nach Petrograd im Frühjahr 1917: Lokomotiven führen zu Revolutionen! Diese verdrehte Metapher veranschaulicht das soeben angesprochene Problem. Wie denken und empfinden die Menschen in den Waggons hinter der Lokomotive ihre Zeit? Die Metapher ist auch ein treffendes Bild für die entpersönlichte, akteurslose Geschichte. Was sehen diese Fahrgäste der Revolution, wenn sie aus dem Fenster schauen? Müssen sie nicht wahrnehmen, wie die sich immer wieder verändernden Landschaften in einem Flug der Zeit an ihnen vorbeirasen? Die Passagiere der Revolution lassen das Alte zurück auf ihrer rasanten Fahrt durch die Ge-

9 Vgl. Schulze, *14. Juli 1789*; ein vergleichbares Buch zur Russischen Revolution gibt es nicht; Beyrau, *Petrograd*; Reed, *10 Tage*; das Zitat in Okunev, *Dnevnik Moskviča*, S. 100

schichte. Irgendwann glauben sie, in einer neuen Geschichte angekommen zu sein.

Über die Zeitvorstellungen, über das Lebensgefühl, in einer rasant beschleunigten Zeit oder in einem »Stück geballte[r] Geschichte«[10] zu leben, ist heute wenig bekannt. Dennoch will auf den ersten Blick einleuchten, dass derlei Zeitumstände auf die Wahrnehmungen der Zeitgenossen einen Einfluss ausübten. Da uns aber keine Geschichte der Zeit in der revolutionären Epoche zur Verfügung steht,[11] so müssen wir einen Umweg machen, um mehr über das Zeitverständnis der Mitlebenden zu erfahren. Mit Hilfe der zentralen Denkfigur »Revolution« ist es möglich, Aufschlüsse darüber zu erhalten, ohne es jedoch umfassend rekonstruieren zu können. Dieses Vorgehen bedeutet, nur diejenigen zu betrachten, die im Zug der Revolution mit Enthusiasmus mitfuhren, nicht jedoch die Zaungäste am Bahndamm der Geschichte.

Im Zentrum steht die Revolution, »das gewaltigste Erdereignis seit dem Jahre 1«.[12] »Nach der Revolution...« wurde zum geflügelten Wort der Zeit. Viele waren der Meinung, die Revolution habe einen dermaßen fundamentalen Einschnitt mit sich gebracht, dass nun das Alte grundsätzlich aus den Köpfen der Menschen verschwunden sei. »*Revoljucija pobedila*« – die Revolution hat gesiegt! Varianten der Lokomotive tauchten auf: Eine einfache Mechanik war am Werk gewesen, die des Dampfkessels, »kolossaler Druck. Und... Explosion«.[13] Allein die Tatsache der Revolution machte auf viele Parteimitglieder den Eindruck, dass sie eine größere geistige Erschütterung hervorgerufen habe als Tausende der besten Programme und Agitationsreden.[14] Ein Kommentator der frühen Jahre konstatierte in einem seiner Werke lakonisch: »Das Proletariat ist an der Macht.« Im vorangehenden Kapitel war es noch mit dem Problem der proletarischen Klassensolidarität beschäftigt.[15] Die Revolution »säubert den Weg« in die Zukunft.[16] Sie reinigte das historische Plateau. Das berühmte Plakat »Lenin säubert den Erdball vom Unrat« aus dem Jahre 1920 von Michail Čeremnych und Viktor Deni mag eine religiöse oder chiliastische Bedeutung haben, ebenso sehr symbolisiert dieses Bild Lenins als Straßenfeger der Revolution jene auf Zukunft gerichtete Reinigungsarbeit. In diesem Falle war die Revolution anthropomorphisiert, hatte Gesicht und Namen bekommen, aber

10 Reed, *10 Tage*, S. 8

11 Vgl. die Ausführungen über das Tempo in der künstlerischen Avantgarde zu Beginn des 20. Jahrhunderts bei Wendorff, *Zeit*, S. 550-562; Lübbe, *Zug*, S. 119-154

12 Lorarius (d. i. Alfons Goldschmidt), »Diktaturen«, S. 46

13 Rejsner, »Staroe«, S. 281

14 Grigorov/Škotov, *Staryj i novyj byt*, S. 67; Tan-Bogoraz, »Staryj i novyj byt«, S. 12

15 Preobraženskij, *Morali*, S. 65-111

16 Rejsner, *Staroe*, S. 281

das Ergebnis war dasselbe: Das Alte war verschwunden. Die Revolution war eine »chirurgische Operation«[17] zwischen Alt und Neu. Aus dieser mechanistisch verkürzten Vorstellung entsprang die Idee vom automatischen Eintreten neuer Verhältnisse. Das ist der entscheidende Punkt – die Revolution als Skalpell, die mit einem raschen Schnitt ohne Zeitverluste das Alte vom Neuen trennte. Die Konstitution einer neuen Ordnung erfolgte ohne die hinderliche evolutionäre Langsamkeit und den Ballast des Überkommenen. Das Neue spielte sich plötzlich vor den Augen der Mitlebenden ab. Darin bestand die Leistung der Revolution, und deshalb war es müßig, sich noch mit dem Alten aufzuhalten. Man stand diesseits der Trennlinie.

Viele bewusst lebende und ihre Zeit reflektierende Personen glaubten, in einer neuen Ära angekommen zu sein. Sie wähnten sich getrennt von der Vergangenheit, Jahrhunderte von dem entfernt, was wenige Wochen zuvor noch unmittelbar miterlebte Gegenwart war. Der zeitliche Einschnitt konnte radikaler nicht sein. Nichts lebte in ihnen fort und durfte es auch nicht. Man dachte in polaren Kategorien. Wie sich die Gesellschaft in »bourgeois« und »proletarisch« teilte, so die Zeit in »vor« und »nach«. Aber es gab kein »während«. Kaum jemand sprach in Begriffen von kulturellem Erbe und Entwicklung, sondern es ging um »vergangen« und »gegenwärtig/zukünftig« oder grundsätzlich um »alt« und »neu«. Das Glück der Traditionslosigkeit ermöglichte »unbegrenzte Möglichkeiten«.[18] Die Revolution hatte die Vergangenheit abgeschafft. Diese Meinung war ein Charakteristikum jener Jahre.

Welches Zeitverständnis steckte hinter diesen Aussagen? Welche Folgen lassen sich nachzeichnen? Es fällt auf, dass die Vorstellung von der gerichteten Zeit vorherrschte. Dieses Zeitverständnis war linear. Der Pfeil der Zeit ließ die Vergangenheit unwiederkehrbar hinter sich. Die Revolutionäre hielten sich für Attila, hinter dem kein Gras mehr wuchs. Es ging nur noch vorwärts. Aus den Studien von Reinhart Koselleck wissen wir, dass dieses Zeitverständnis dem modernen Menschen zuzuordnen ist und dass gerade Revolutionen die Unumkehrbarkeit der Verhältnisse besiegelten. Wie es bereits die Französische Revolution vorgemacht hatte, so schuf auch die Russische Revolution eine unüberwindbare Barriere, hinter der das Reich der Vergangenheit lag. Zurückzugehen war unmöglich. Wer es versuchte, erwies sich als Reaktionär. Darin eingewoben war das Verständnis der Revolutionäre als die Macher der Zukunft. Die Tabula-rasa-Vorstellung, die auch eine zeitliche Dimension besitzt, wie sie gerade zum Ausdruck kam, enthielt zugleich die Möglichkeit der Umsetzung neuartiger Ordnungsvorstellungen. Moderne Revolutionäre denken in

17 Asmus, »Tradicija«, S. 14
18 Gastev, *Vosstanie kul'tury*, S. 29

die Zukunft, das ist ihr ureigener Charakterzug, »sie sehen nur geradeaus«, wie ein Begeisterter über die Bolschewiki schrieb.[19] Und sie wollen bei der Gestaltung des Neuen dabei sein. Dieses moderne Zeitverständnis stammte vom Ende des 18. Jahrhunderts. Lessing hatte ihm bereits Ausdruck verliehen, als er über den von ihm so genannten Schwärmer der Zukunft folgendes sagte: »Er wünscht diese Zukunft beschleuniget; und wünscht, dass sie durch ihn beschleuniget werde. [...] Denn was hat er davon, wenn das, was er für das Bessere erkennt, nicht noch bei seinen Lebzeiten das Bessere wird«.[20] Von da war es kein weiter Weg mehr zu der Feststellung eines Aktivisten der Zukunft in der Pose der auslaufenden Französischen Revolution, »in einem Staat wie dem unsrigen, auf Sieg gegründet, gibt es keine Vergangenheit«.[21] Das war 1808 gesprochen. Ein Petrograder Revolutionär im Jahre 1919 hätte sich dem Satz ohne weiteres anschließen können. In Petrograd sortierte man streng nach dem Zukunftsfähigen und -würdigen aus und entledigte sich des größten Teils des Vergangenen.

Hinter den Begriffen stand das Verhältnis von Vergangenheit, Gegenwart und Zukunft. In diesem Verhältnis gab es anfangs zwei Verliererinnen. Die Gegenwart, so sagten wir schon, war gleichsam aus dem beschleunigten Geschichtsverlauf herausgefallen, da sie in der beschleunigten Zeit als Gegenwart augenblicklich erodierte. Die Vergangenheit galt als abgeschlagen. Sie hatte als Erfahrungs- und Orientierungsraum für immer ausgedient. So verengte sich Zeit auf Zukunft. Aber auch sie gehörte bald zu den Verliererinnen. Anfangs wusste man von ihr lediglich, dass der Historische Materialismus zwar einige sehr allgemeine Verbindlichkeiten bereithielt, aber die täglich neue Zukunft nicht zu formen vermochte. Dass sie zu erreichen war, schien unzweifelhaft. Vom ersten Moment an trat deshalb in Sowjetrussland eine eigentümliche Paradoxie ins Leben, welche die Zeitkategorie über die Dauer der gesamten Existenz der Sowjetmacht bestimmen sollte: Diese Zukunft war im eigentlichen Sinne zukunftslos, der Zeithorizont des irdischen Paradieses behauptet, aber nicht sichtbar, eine – mit Hegel gesprochen – »schlechte Unendlichkeit« stellte sich ein, dem das »Noch-nicht« der handelnden Generationen entsprach, ein Handeln, das vom ersten Moment an in das verstetigte Sollen überging, welches die 74 Jahre Sowjetsozialismus charakterisierte.[22]

Bemerkenswert an diesem Zeitverständnis ist darüber hinaus, dass es die Mitlebenden der Revolution, sofern sie ihre Ära in Kategorien der Zeit reflek-

19 Lorarius, »Diktaturen«, S. 45

20 Lessing, »Erziehung«, S. 466 (Paragraph 90)

21 So der »Satrap Napoleons« Malchus, Staatsrat des Königreiches Westfalen am Jahrestag der Französischen Revolution 1808, zit. in Koselleck, *Zukunft*, S. 61

22 Ebd., S. 34-35

tierten, außerhalb der Weltzeit stellte.[23] Dieser Begriff bedarf der Erläuterung. Die Weltzeit ist gekennzeichnet durch die Fortbewegung der Geschehnisse, die vom modernen Menschen als verbunden angesehen werden und damit ein abstraktes Aggregat aus Vergangenheit und Gegenwart ergeben. Aber die Entstehungsgeschichte dieses Weltzeitverständnisses verweist auf seine kulturelle und auch ökonomische Bindung an die europäischen Verhältnisse seit dem ausgehenden Mittelalter. Deswegen kann man sie – sehr schematisch und nur zum Zwecke der Verdeutlichung der folgenden Gegenüberstellung – als »kapitalistische« Weltzeit bezeichnen.[24] Dagegen stand das soeben beschriebene Zeitverständnis. Es war in der Russischen Revolution nach 1917 und nirgendwo sonst anzutreffen. Das bedeutet, eine Asynchronie festzustellen, die Sowjetrussland aus dem Kontext der Weltzeit hinausbeförderte. In den Augen der Revolutionäre befand sich Sowjetrussland in einem anderen weltzeitlichen Stadium; es war anders, besser gesagt: »weiter«, das heißt in der geschichtlichen Zeit voraus im Vergleich zur bis dahin gültigen Weltzeit.

Das Problem, das in dieser Entwicklung steckte, lässt sich an einem Beispiel festmachen: Wie bereits erwähnt, setzte sich die fundamentale Neufassung des Sowjetkalenders nicht durch. Die im Vergleich dazu »kleine« Kalenderreform der Bolschewiki, die Anpassung des veralteten russischen Kalenders an den in der Welt gültigen, diente vornehmlich dem Ziel, die symbolisch im gregorianischen Kalender zum Ausdruck kommende Rückständigkeit Russlands aufzulösen und Sowjetrussland in die Weltzeit einzugliedern. Dem Zeitverständnis der Revolution wäre jedoch der Revolutionskalender angemessener gewesen. Uns interessiert hier wiederum nicht die Frage des Kalenders und der Zeiteinteilung. Die Bedeutung und zugleich die Ironie dieses Vorgangs besteht darin, dass der gut gemeinte Versuch der Bolschewiki, die Chronologie zu harmonisieren, das Problem des Auseinanderfallens von »kapitalistischer« und »sowjetischer« geschichtlicher Zeit nicht löste. Es existierten zwei unterschiedliche Zeit-Räume.

Das »sowjetische« Zeitverständnis geriet aber bald unter den Druck der geschichtlichen Ereignisse, so dass sich Auflösungserscheinungen einstellten. Dies geschah, während Sowjetrussland von der Hoffnung auf die Weltrevolution Abstand nehmen musste und deutlich wurde, dass es über eine gewisse Zeit hinweg zwei parallel existierende Weltzeiten geben würde, deren geschichtlicher Ort jedoch nicht auf derselben Linie lag – ein Ost-West-Konflikt der Zeitstrukturen. Die Auflösung dieser störenden, weil separierenden Asyn-

23 Blumenberg, *Lebenszeit*; Dux, *Zeit*, S. 312-348. Es kommt hier nicht auf die Gegenüberstellung von Lebenszeit und Weltzeit an, wie von Blumenberg vorgenommen, wo das Problem von Welt als die Unabdingbarkeit der Zeitbedingung für das Leben verhandelt wird.

24 Le Goff, »Zeit«

chronie fand sich bereits in Begriffen wie Revolutionsexport und Weltrevolution. Ihre auf Zeit bezogene Semantik bedeutete, die zwei Zeit-Räume zu vereinheitlichen. Bei diesen beiden Begriffen handelt es sich also um eine politische und ideologische Terminologie, die auch ein Problem geschichtlicher Zeit enthält. Der zeitliche Dualismus blieb aber bestehen, übrigens bis zum Ende der Sowjetunion. Doch schon zuvor hat Stalin der Diskrepanz mit Hilfe der berühmten Formel vom »Sozialismus in einem Land« die Spannung genommen, ohne sie jedoch auf Dauer aufzulösen. Das Ergebnis war dennoch wichtig: Die Asynchronie wurde verstetigt; Weltzeit B (sowjetisch) existierte nun ohne unmittelbare Konkurrenz und Reibung zur Weltzeit A (kapitalistisch). Das Bedeutende lag darin, dass nun ein homogener Zeit-Raum umgrenzt war, gleichsam die Synchronisierung nach innen. Dieser Schritt zog weitere nach sich.

2. Handlungszeit

In der zweiten Hälfte der 1920er Jahre spielte Tempo wieder eine Rolle. Im Verlauf der Industrialisierungsdebatte übertrafen sich die Diskutanten darin, die Sowjetunion möglichst rasch zu einem Industriestaat zu machen. Es fand ein »Wettkampf um den schnellsten Weg zum Sozialismus«[25] statt, der noch einmal deutlich machte, welche Bedeutung geschichtliche Zeit in der Sowjetunion besaß. Nach 1929, mit dem Beginn der Stalinschen Revolution »von oben«, setzte ein neuer Schub für den Fortschritt ein, jedenfalls im Verständnis der Revolutionäre. Beschleunigung spielte eine herausgehobene Rolle. Stalin verwendete 1929 in diesem revolutionären Kontext die Industrialisierungsmetapher *par excellence* des 19. Jahrhunderts: »Wir gehen mit Volldampf den Weg der Industrialisierung – zum Sozialismus.«[26]

Für das Zeitverständnis war hier ein bedeutender Schritt vollzogen, der die Stalinsche Revolution zu einer Epoche machte. Es begann das Zeitalter der Pläne. Nirgendwo sonst und nie zuvor war der Weg in die Zukunft in Fünfjahresrhythmen sequenziert worden, die – aneinandergereiht – zur vollendbaren Zukunft führten. Zuversicht über die Erreichbarkeit der Zukunft und die Richtigkeit des Tuns kamen darin zum Ausdruck. Es offenbarte sich ein über den Ereignisabfolgen »schwebendes apriorisches Wissen, vermittels des

25 Hildermeier, *Geschichte*, S. 371

26 Stalin, *Werke*, Bd. 12, S. 119

Hindurchlegens einer ideellen Linie«.[27] Die Wirtschaftspläne in Fünfjahresabschnitten besaßen gewiss eine ökonomisch-zyklische Logik, was aber in ihnen ebenfalls zum Ausdruck kam, war die Tatsache, dass sich ein Regime der geschichtlichen Zeit nicht nur bewusst wurde (das war auch in der Französischen Revolution der Fall), sondern sie in sein Aufbauprojekt integrierte. Deswegen waren die Fünfjahrpläne temporale Handlungsketten, die Glied an Glied in die Zukunft reichten. Sie enthielten ein prognostisches Element: »Prognosen heben insoweit den Status analytischer Urteile: Wenn wir wissen, was wir wollen, und wenn wir können, was wir wollen, und wenn zugleich niemand und nichts uns hindert zu tun, was wir wollen, so wird sein, was wir wollen.«[28]

Die Fünfjahrpläne bändigten die bisher vorherrschende Kontingenz des Weges zum Sozialismus. Bis 1925 hatte das Problem unter zeittheoretischem Gesichtspunkt darin bestanden, dass der Sozialismus irgendwann kommen musste, aber es an Wegen und Messeinheiten fehlte. Das sollte sich 1929 fundamental ändern. Ein Gegensatz von Projekt und geschichtlicher Zeit existierte nun nicht mehr. Eugène Zaleski, der grundlegende Studien zu den sowjetischen Planungsprozessen verfasst hat, kam zu dem Schluss, dass es einen »Mythos des Plans« gegeben habe, der den Glauben an den Marsch in den Sozialismus überwölbte. Beim Plan sei es nicht so sehr auf die außerordentlich schwierige Koordination angekommen, sondern »der Plan ist also in erster Linie eine Vision der Zukunft [...]. Mit unserem täglichen Handeln nehmen wir eine Hypothek auf die Zukunft auf, aber wir sind weit davon entfernt, sie im voraus zu bestimmen. Im Gegenteil, unsere Vision der Zukunft entwickelt sich jeden Tag. Im Zusammenhang mit dieser beweglichen Vision der Zukunft sind die Wirtschaftspläne aufgebaut.«[29] Zaleski, der an den Zeitverhältnissen nicht interessiert ist, macht unabsichtlich und deswegen noch etwas verschwommen auf einen wichtigen Aspekt aufmerksam: Zeit wurde zur Verfügungsmasse der historischen Akteure, indem sie sie in ihr historisches Tun integrierten. Entscheidend ist, dass geschichtliche Zeit allein am Handeln ablesbar und messbar wurde. Das Verlagern der Zeit in Handlung bewirkte, dass es nur noch eine Zeit gab: Das geschichtliche Handeln der Revolutionäre war zugleich die für die Sowjetunion gültige Zeitstruktur.

Weder die Tatsache, dass physikalisch-chronologische Maßeinheiten existierten und verwendet wurden, noch dass zwei Kommissionen an einem neuen Kalender arbeiteten, widerspricht diesem Befund. Diesmal gab es zwei Vari-

27 Simmel, »Problem«, S. 300

28 Lübbe, *Zeit-Verhältnisse*, S. 101; vgl. die ausführliche Fassung einiger Zeitaspekte bei dems., *Zug*

29 Zaleski, *Planification*, Bd. 1, S. 70 u. 286, zum Zyklus des fünfjährigen Plans 48-49; ders., *Reforms*, S. 482

anten. Die erste bestand darin, das Jahr 1930 zum Jahr 13 zu erklären und jedes neue Jahr – entsprechend der wirtschaftlichen Planungsbedingungen – mit dem 1. November beginnen zu lassen. In der zweiten Variante gab die 5-Tage-Woche den kalendarischen Wochenzyklus ab, so dass das Jahr aus zwölf Monaten zu jeweils sechs Wochen bestand plus fünf Feiertage, die keinem Monat zugerechnet werden sollten.[30] Keiner der neuen Kalenderentwürfe trat jedoch ins Leben. Daran zeigte sich erneut, dass es auf die »revolutionäre« oder mit wirtschaftlicher Logik gemessene Zeiteinteilung nicht ankam, weil sich das Handeln der Akteure in anderen Zeitkategorien als den kalendarischen abspielte. Der Versuch, beide kompatibel zu machen, das heißt die geschichtliche Zeit durch einen »sozialistischen« Kalender symbolisch zu repräsentieren,[31] beeinflusste den Gang der geschichtlichen Zeit ebenso wenig wie die Beibehaltung des »kapitalistischen« Kalenders mit dem arbeitsfreien Sonntag im atheistischen Staat.

Diesen Wandel revolutionärer geschichtlicher Zeit konnte Koselleck nicht ausmessen. Ihm war daran gelegen, die Zeiterfahrung des unmittelbaren revolutionären Umbruchs zu charakterisieren, was anhand des Materials, das er analysierte, verständlich ist. Der Fall Sowjetunion mit seinen über längere Zeiträume sich hinziehenden revolutionären Schüben, die in ihrem Charakter zudem unterschiedlich waren, stellt dann die Frage, wie der Wandel in der sowjetischen geschichtlichen Zeit um 1929 theoretisch gefasst werden kann.

Zuerst einmal lassen uns die historischen Akteure im Stich. Zeittheoretische Äußerungen wird man bei Stalin oder anderen Sowjetführern nicht finden. Das hängt, erstens, mit dem Schattendasein von Theorie überhaupt zusammen. Ob Stalin und seine Clique, zweitens, begriffen, dass sie Zeit mit Hilfe der Fünfjahrpläne in bisher unbekannten Ausmaßen verdinglichten, darf bezweifelt werden. Dass sie aber eine ungefähre Vorstellung über den geschichtlichen Verlauf als Zeitstruktur hatten, wird man vermuten dürfen. Wenn schon Augustinus auf die Frage »Was also ist die Zeit?« mit seinem berühmten Wort »Wenn mich niemand danach fragt, weiß ich es; wenn ich es aber einem, der mich fragt, erklären sollte, weiß ich es nicht«, die Antwort schuldig blieb,[32] um wie viel mehr dann Stalin? Ihn fragte aber niemand, und er stellte sich die Frage auch nicht selbst. Drittens konnten Stalin und die anderen Parteiführer Zeit nicht im sowjetischen Kontext theoretisieren, und zwar aus Gründen, die im Kapitel über Lenins konservative Moderne dargelegt wurden. Dass sie »Sein und Zeit« des bürgerlichen Heidegger, 1927 erschienen,

30 Davies, *Economy*, S. 144-145
31 In Anlehnung an Elias, *Zeit*, XVII-XVIII
32 Skutella, S. Avreli *Augustini Confessionum*, Bd. 13, S. 275

zur Kenntnis genommen hätten, ist nicht überliefert. Nebenbei gefragt – welcher führende Politiker Europas oder Amerikas hatte das Buch gelesen? Darauf kommt es auch letztlich nicht an, weil die Heideggersche Zeitlichkeitsanalyse und die Koppelung von Sein an Temporalität den Praktikern des Sozialismusaufbaus wenig gesagt hätte. Den Sowjettheoretikern waren Scheuklappen anderer Art aufgesetzt, die Lenin 1908 entworfen hatte. Zeit ist als Ding nicht begreifbar. Sie ist physisch nicht spürbar, wenngleich sie jeder wahrnimmt. »Die Zeit spricht sich also indirekt aus, immer in übertragener Form, mittels etwas anderem als sie selbst ist.«[33] Eine solche Beschaffenheit von Zeit passt ganz und gar nicht in die materialistische Abbildtheorie, denn was sollte – schlicht ausgedrückt – hier abgebildet werden, wenn es keinen fassbaren Gegenstand gab? Die Zeit war schließlich kein Pudding, den man essen konnte.

Blicken wir vom Jahr 1929 aus noch einmal zurück. Wie also können wir eine Zeit theoretisch fassen, die aus der Weltzeit durch die Revolution herausgeschleudert wurde, die darüber hinaus ihre Verbindung zur Vergangenheit gekappt hatte, deren Unverwendbarkeit und Nutzlosigkeit bei der Gestaltung des Neuen außer Zweifel stand, eine Zeit also, die sich ihrer Geschichte entledigt hatte und – einer Tabula rasa gleich – von neuem begann, eine Zeit, deren Problematik durch die Unmöglichkeit von Gegenwart verschärft wurde und die sich ganz in Zukunft begriff? Auf den ersten Blick hilft uns Koselleck weiter mit seiner Feststellung, dass das moderne Verständnis der Zeit von der Zersetzung des Erfahrungsraumes, sprich: der Vergangenheit, sowie von der zunehmenden Entfernung der Erwartung (Zukunft) von der Erfahrung bestimmt sei.[34] Auf Koselleck fußend, hat Habermas eine Generalklausel für die Moderne entworfen, wobei hervorzuheben ist, dass er diese Bestimmung im Zusammenhang des Zeitverständnisses der Moderne entwickelte und nicht anhand anderer Kategorien: Die »Moderne kann und will ihre orientierenden Maßstäbe nicht mehr Vorbildern einer anderen Epoche entlehnen, sie muss ihre Normativität aus sich selber schöpfen. Die Moderne sieht sich, ohne Möglichkeit der Ausflucht, an sich selbst verwiesen.«[35] Wir haben gesehen, dass die Revolution dieses Zeitverständnis hervorbrachte. Insofern stand es in Übereinstimmung mit den Beobachtungen Kosellecks zum Anbruch des Zeitverständnisses der Moderne.

Diese Beobachtung hilft uns aber nur bedingt weiter. Ihr Aussagewert ist begrenzt, weil sie die Analyse der Zeit nicht weit genug treibt. Die Aussage, die

33 Zarone, »Realität«, S. 166
34 Koselleck, *Zukunft*, S. 61 u. 369
35 Habermas, *Diskurs*, S. 16

Moderne sei an sich selbst verwiesen, hat zu recht dazu geführt, auch das Zeitverständnis als Gegenstand des historischen Prozesses zu begreifen. Was aber, wenn das Zeitverständnis wie im Falle der Russischen Revolution radikalisiert in Erscheinung tritt und mit dem beschriebenen »Stadium« noch nicht beendet ist? Mit Hilfe einer kleinen Akzentverschiebung in Kosellecks Begriff der »Erwartung« kommt zum Ausdruck, was im hier verhandelten Fall gemeint ist: Warten war für die Revolutionäre 1929 unmöglich. Diese Unmöglichkeit des Wartens korrelierte mit dem aktionistischen, zukunftseinholenden Programm der Revolutionäre, was den Zwang zum Handeln und dadurch die Herrschaft über die geschichtlichen Zeit durch die handelnden Revolutionäre hervorrief, und zwar so, dass geschichtliche Zeit und Handeln zusammenfielen. Die Frage nach der Zeit ist also zuzuspitzen, indem nach der Genese der neuen Zeit und des sich wandelnden Zeitverständnisses im Kontext der sich selbst erschaffenden Moderne gefragt wird: Wie erschafft sich die Zeit einer solchen Epoche? Oder wird sie geschaffen? Anders: Wie wird unter diesen Verhältnissen Zeit?

Dazu lässt sich auf die Kategorie der »Handlungszeit« zurückgreifen, die Günter Dux zwar in völlig anderen theoretischen Kontexten erarbeitet hat, die aber einen verstehenden Nutzen für unsere Zwecke erfüllt.[36] Dux hat einen vorgesellschaftlichen Zeitbegriff, den er in einer Analyse der ontogenetisch angelegten Zeitverständnisse in primitiven Gesellschaften entwickelt. Sein Begriff von Zeit ist damit unanfechtbar durch sozialen Wandel, das heißt, Dux etabliert ein geschlossenes zeittheoretisches System, das nicht historisierbar ist. Wir müssen, wenn wir die »Handlungszeit« übertragen, nicht zwangsläufig den gesamten methodischen und erkenntnisleitenden Apparat Duxens übernehmen, sondern lediglich dem Gedanken folgen, dass das Zeitverständnis sich dadurch entwickelt, dass es an Handlungen gekoppelt ist, weil dadurch der Mensch in ein Verhältnis mit dem Universum tritt und sich darin definieren kann. Eine eigenartige Übereinstimmung findet sich bei dem Zeitmetaphysiker Michael Theunissen, der – wenngleich er und Dux kaum in einen Dialog gegenseitigen Verstehens eintreten könnten – den menschlichen Zukunftsbezug dreifach differenziert sieht, nämlich durch – lassen wir den Philosophen sprechen – Propulsivität, Protensivität und Prospektivität.[37] Die Propulsivität sei das vorwärtstreibende (*propellere*), das »Nach-vorn-Leben«, protensiv sei das menschliche Tun, indem es intentional in die Zukunft ausgreife. Aus gänzlich unterschiedlichen zeittheoretischen Perspektiven stellt sich die Handlung als

36 Dux, *Zeit*, S. 54-58
37 Theunissen, *Theologie*, S. 63

Zeit strukturierende, ja sogar Zeit schaffende Komponente dar.[38] Mit diesen Hinweisen füllt sich die Leerstelle, die im Zeitverständnis der Stalinschen Revolution entsteht, wenn es nicht auf Handlungen bezogen wird. Der Unterschied 1929 zum Zeitverständnis der Revolution von 1917 liegt auf der Hand: Er besteht in der Erweiterung durch Handlungskomponenten der historischen Akteure, oder anders ausgedrückt, in der Verlagerung des historischen Subjekts von der Revolution zum handelnden Menschen.

Nun ist nicht zu bestreiten, dass unmittelbar nach der Revolution diese nicht nur »wirkte«, sondern die Revolutionäre den neuen Ordnungsentwurf rasch und unverzüglich umzusetzen hofften. Doch das Scheitern dieses Experiments, das unter dem Namen »Kriegskommunismus« lief, hatte die Bedeutung und das Verständnis geschichtlicher Zeit nur noch erhöht. Erst seit 1929 wurde das Ziel Sozialismus in einer erneuten, diesmal systematischen Strategie in Angriff genommen. Dieser Schritt bedeutete in theoretischer Hinsicht, dass das Handeln an die Zeit gekoppelt wurde. Indem sich Handlung und Zeit verknüpften, wurde die Zukunft durch das zeitlich sequenzierte Handeln ermöglicht, oder mit Dux gesprochen: »Das Subjekt handelt im Bewusstsein einer Handlungsmächtigkeit, vermittels derer es die Unbestimmtheit der an die Gegenwart angrenzenden Zukunft in deren Bestimmtheit überführt.«[39] Erst durch Handlung ging die Zukunft in die Zeitstruktur namens »Kommunismus als Ziel« ein. Das ist das Spezifische an der sowjetrussischen »Erwartung« im Sinne Kosellecks. Darin liegt zugleich der entscheidende Unterschied zur frühen Sowjetphase, als diese stringente Handlungskomponente in Verbindung mit der ermöglichten Zukunft sich nicht aus einem mythisch anmutenden Zeitverständnis zu lösen vermochte.[40] Erst Stalin hat ein Handlungssystem geschaffen, mit dessen Hilfe sich der Sowjetmensch Schritt für Schritt Zukunft erarbeiten konnte. Dabei bildete die Handlung schon Zukunft in dem Sinn, dass sich Zukunft in der Handlung selbst manifestierte. In diesem Verbund ist die auf die sowjetischen Verhältnisse übertragene Duxsche Kategorie der Handlungszeit zu sehen. Das heißt, Zeit war seit 1929 in der Sowjetunion als geschichtliche Zeit in Handlung präsent. Zwingend war diese Handlungszeit linear, ebenso wie die Fünfjahrpläne mit aufeinanderfolgenden Ordnungsziffern den linearen Strom der Zeit markierten.

---

38 Unter Prospektivität versteht Theunissen das besinnliche Verweilen beim Blick in die Zukunft. "Es ist ein Erwarten, dem ein Warten zugrunde liegt." Ebd., S. 63. Damit ist Theunissen näher an Kosellecks Erwartung als an der revolutionären Propulsivität, die das Warten nicht kennt bzw. nicht aushält

39 Dux, *Zeit*, S. 55

40 Plaggenborg, *Revolutionskultur*, S. 22-46

Zeitangaben nach 1929 enthielten deswegen diesen fortschreitenden Charakter: »Zwanzig Jahre Tätigkeit unserer Partei auf der Baustelle des Kommunismus haben schon Ergebnisse gezeitigt – wir haben die sozialistische Gesellschaft aufgebaut. Noch mal zwanzig Jahre Arbeit werden die höchste Phase ergeben – die kommunistische Gesellschaft.«[41] Der ukrainische Parteichef Nikita S. Chruščev meinte 1939: »Von Jahr zu Jahr steigen wir höher und höher zum Gipfel unseres Kampfes – zur kommunistischen Gesellschaft, zum Kommunismus.«[42] Natürlich war die Metapher falsch, denn gemeint war das Erreichen der Zukunft. Den »Aufstieg« möglich machten die Fünfjahrpläne: »Die Pläne der Partei für die Zukunft, die die Perspektiven und Wege unserer Vorwärtsbewegung bestimmen, werden auf dem Wissen über die ökonomischen Gesetze durchgeführt, werden durchgeführt mit dem Wissen über den Aufbau der kommunistischen Gesellschaft, wie sie Genosse Stalin herausgearbeitet hat.«[43] Da haben wir es, das »darüber schwebende apriorische Wissen«, von dem Georg Simmel gesprochen hatte.[44]

Bevor wir den Gedankengang fortführen, sind an dieser Stelle zwei abweichende Bemerkung einzufügen. Die erste betrifft den vermeintlich utopischen Charakter der Sowjetunion beziehungsweise der bolschewistischen Experimente. Alles, was hier über Handlungszeit gesagt wurde, weist von sich aus jede Beschreibung der Entwicklungen unter dem Blickwinkel der Utopie zurück. Es ist an der Zeit, sich endgültig von diesem Irrtum zu verabschieden. Aus der Tatsache, dass der Kommunismus unerreichbar war, auf kausale Zusammenhänge über die Art und Weise des Sozialismusaufbaus zu schließen, war immer schon eine inhaltlich und methodisch fragwürdige Angelegenheit. Auch der Philosoph irrt, wenn er meint, die Marxisten hätten ihre Version der Glücksutopie gehabt: »Die Faszination, die von solchen Programmen ausgeht, ist die Faszination einer grandiosen Vereinfachung unserer objektiven komplizierten Lage. Was hier statthat, ist die Pseudokompensation objektiv zunehmender Ungewissheit über die Welt, in der wir morgen leben werden, durch die verblendete Helle eines wirklichkeitskontrollfreien Endzeitwissens.«[45] Die Bolschewiki waren keine Utopisten, sondern Praktiker. Wenn das doch mal begriffen würde! Die Bolschewiki handelten, und zwar ganz und gar unutopisch. An der Analyse der Zeit zeigt sich dies erneut.

Die zweite Bemerkung bezieht sich auf die Verbindung der stalinistischen geschichtlichen Zeit zu den zeitgenössischen Individuen. Wenn soeben gesagt

---

41 *XVIII s-ezd VKP (b)*, S. 269

42 Ebd., S. 169

43 *XIX s-ezd KPSS*, S. 105

44 Siehe Anm. 189

45 Lübbe, *Zeit-Verhältnisse*, S. 48

wurde, Stalin habe ein Handlungssystem geschaffen, mit dessen Hilfe sich die Sowjetmenschen Zukunft erarbeiten konnten, dann liegt in dieser Verknüpfung von politischem Herrscher und Sowjetbürgern eine zusätzliche bedeutende Komponente. Sie enthält das Verbindlichmachen der revolutionären Handlungszeit für alle. Das ist insofern wichtig, weil das Zeitverständnis der Ivan Ivanovičs nicht von vornherein dem der Revolutionäre um Stalin folgen musste. Traten die Zeitverständnisse auseinander, so entstand eine Diskrepanz zwischen individueller »Ichzeit« und sowjetischer geschichtlicher Zeit, die zu überwinden jedoch mit Hilfe des stalinistischen Handlungssystems möglich war. Die Auflösung der (möglichen) Trennung von Ichzeit und geschichtlicher Zeit wurde durch Handlungszeit nach 1929 geleistet, indem die individuelle Zeit mit der sowjetischen geschichtlichen Zeit synchronisiert wurde. Fortschrittsglaube und Fortschrittsenthusiasmus, die ein Kennzeichen des frühen Stalinismus darstellten, finden hier ihre zeit-geschichtliche Begründung. Die teilweise emphatische Hinwendung des Individuums zu Stalin und zu seiner Sozialismusvariante beziehungsweise – in den Termini der Subjektivitätshistoriker gesprochen – die Herausbildung des stalinistischen Ichs (*stalinist self*) kam auch dadurch zustande, dass sich diese Erbauer des Sozialismus mit dem von Stalin propagierten Fortschritt historischer Dimension im Takt befanden. Als menschliche Subjekte partizipierten sie am Vollzug der Zeit, indem sie als Handelnde den Sozialismus errichteten, ihre Ichzeit also mit der sowjetischen geschichtlichen Zeit synchron lief. Die Zeitsequenzen »Fünfjahrplan« bildeten quasi die Uhr der geschichtlichen Zeit, an der sich alle, also auch »Ich«, orientieren konnten.[46] Das Eintakten der Zeit trug somit zum sozialen Status des Individuums im Stalinismus bei: Wer mitging, gehörte nicht zu den »gewesenen Menschen« (*byvšie ljudi*). Diese Mitmacher des Stalinismus verstanden, vielleicht zum ersten Mal in ihrem Leben, dass sie im großen Strom der sowjetischen geschichtlichen Zeit mitschwammen.

Zurück zur Handlungszeit. In dem vorwärts gerichteten Taumel der stalinistischen Revolution offenbarte die Losung, »den Fünfjahrplan in vier Jahren (zu erfüllen)«[47] zwei charakteristische Aspekte: zum einen die Auflösung normativer Zeitvorstellungen zugunsten der geschichtlichen Zeit durch Handlung. Wenn es beliebte, so dauerte der Fünfjahrplan eben nur vier Jahre. Es erübrigt sich der Hinweis, dass die Kürzung dazu beitrug, den ersten Fünfjahrplan in einem Desaster enden zu lassen, denn darauf kommt es hier nicht an. Die Losung ist ein Exempel dafür, wie sehr sich in der Zeit des erneuten revolutionären Umbruchs, des *velikij perelom*, die Gegenwart beschleunigte und

46 Vgl. Elias, *Zeit*, S. XXIII

47 *Pravda* 1.9.1929 und 9.12.1929, seit 1931 offizielle Losung

die Zukunft den Rhythmus des Alltags bestimmte. Zum anderen verfügte der oberste Revolutionär über die Zeitstruktur, und zwar mittels Handlung. Darin liegt eine Brachialität, die sich nicht allein in der unbestreitbaren Brutalität zeigte, wie die Losung umgesetzt wurde. In ihr kam zugleich die Totalität des Handelns, das sich auch auf die Herrschaft über die Zeit erstreckte, zum Ausdruck. Um es pointiert zu sagen: Stalin unterwarf die geschichtliche Zeit seinem gestaltenden Willen: »[...] der Plan kann nicht ewig sein, permanent, unberührbar«.[48] In dem Zeitverständnis, das sich seit 1929 herauskristallisierte, war diese Entwicklung angelegt: Auf den Kommunismus zu warten, war unmöglich; der »Revolutionär von oben« musste zwangsläufig handeln und dadurch, dies war wiederum zwingend, zum Beherrscher der geschichtlichen Zeit werden.

Die Losung war zugleich der erste systematische »Fehler« der Sowjetmacht bei ihrem Versuch, über die geschichtliche Zeit zu verfügen. Die Absurdität dieses Vorgangs, die wir bei der Lektüre der Losung erahnen, liegt ja nicht in der Unmöglichkeit, die wirtschaftlichen Ziele eines Fünfjahrplans in vier Jahren abzuarbeiten, jedenfalls ist dies vorstellbar, sondern in etwas anderem. Die Formel wandelt sich, übersetzt in das Problem geschichtlicher Zeit, in einen absurden Imperativ: die in formale Strukturen (Fünfjahrplan) übersetzte Zukunft einholen und überholen! Das erste Mal war in der Sowjetunion Zukunft mit Hilfe einer Zahlensequenz aus wirtschaftlichen Kennziffern normativ geworden, das postrevolutionäre »perennierende Sollen« in Zeitsequenzen zerlegt worden, deren überschaubare Fristen die Endlichkeit des Tuns suggerierten. Das war, vom Standpunkt der Theorie geschichtlicher Zeit aus betrachtet, bereits ein enormer Schritt. Aber dabei blieb es nicht. Die durch die temporale Normierung zur Zeitstruktur der Sowjetunion gewordene geschichtliche Zeit versuchte Stalin erneut in – willkürlich – »von oben« revolutionierte geschichtliche Zeit (vier statt fünf Jahre) zu überführen. Darin steckte die Usurpation der Zeit durch die politische Macht, eigentlich ein konsequenter Vorgang im Zuge der revolutionären geschichtlichen Zeit. Es handelte sich um einen schöpferischen Vorgang, und die Schöpfung des Sozialismus, den der »Führer« 1936 proklamierte, war an Stalin als Schöpfer untrennbar gebunden. Darin lag der prometheische Aspekt seiner Brachialität. 1917/18 erfuhren sich die Menschen als Mitfahrer im anonymen Zug der Geschichte, an dessen Spitze die Lokomotive voranbrauste. 1929 hatte Stalin sich ins Führerhäuschen gestellt und bestimmte über das, was den historischen Rhythmus der Sowjetunion ausmachte. Man glaubt ihn sagen zu hören: *L'avenir, c'est moi.*

48 Zit. in Zaleski, *Planification*, S. 70

3. Verstetigte Gegenwart

Wenn wir die Richtigkeit der vorausgegangenen Überlegungen zum Zeitverständnis unterstellen, dann erklärt sich das eigenartige Phänomen der Stalin-Periode, dass nämlich der Sozialismus wider besseres Wissen mit der Verfassung 1936 offiziell ins Leben trat. Darin kommt zum einen der Versuch des Regimes zum Ausdruck, sich vom Zukunftsstress zu entlasten, der sich wie ein Schatten über alle Aufbauversuche gelegt hatte. Das konnte aber nur formal gelingen, wie sich rasch zeigte, denn der Sozialismus stand zwar auf dem Papier, aber er existierte nicht wirklich. Zum anderen – und das ist für unseren Zusammenhang wichtiger – offenbarte sich in der verfrühten Proklamation des Sozialismus das Dilemma der durch Handlung definierten Zeitstruktur. Wenn wir davon ausgehen, dass Stalin und seine Mannen nicht aus purem Zynismus und nur für die ausländische Presse die im Wortlaut durchaus beachtliche Verfassung haben schreiben lassen, sondern auch deshalb, weil sie von den Fortschritten ihres Tuns überzeugt waren, dann ist die Konstitution die Bestätigung für die am Ende des vorigen Abschnitts geäußerte These. Denn wenn Handlungszeit in sich schon Zukunft enthielt, dann gingen die harten Kategorien dafür verloren, was diese Zukunft ausmachen sollte, dann lag im Handeln die Zukunft begründet, und es lag im Ermessen des Handelnden, Entwicklungsstadien zu benennen.

Zaleski hatte recht, als er die Regel niederschrieb, dass wir mit dem, was wir heute tun, eine Hypothek auf die Zukunft aufnehmen. Für den Willkürakt Stalins von 1936 gilt dies ebenfalls. Dieser einseitige Akt stellte spätere Sowjetführer vor ein Problem: Wenn 1936 schon Sozialismus herrschte, wie sollte man dann den unübersehbaren Fortschritt nennen, der dreißig Jahre später zu beobachten war? Noch immer mühten sich die Führer und die Partei am Kommunismus als Ziel ab, den zu proklamieren sich aber niemand traute. Drei Jahrzehnte nach der Stalin-Verfassung standen die sowjetischen Philosophen, Ökonomen, Rechtswissenschaftler und besonders Historiker vor dem Problem der Periodisierung der sowjetischen Entwicklungen. Michail Suslov, ZK-Sekretär für Fragen der Ideologie, beauftragte die Wissenschaftler 1972: »Die Hauptsache, die der 24. Parteitag [1971 – S.P.] den Gesellschaftswissenschaftlern auftrug, ist die Untersuchung der grundlegenden Probleme der entwickelten sozialistischen Gesellschaft sowie die wissenschaftliche Begründung der Wege und Mittel ihres schrittweisen Hinüberwachsens in den Kommunismus.«[49]

49 Suslov, »Obščestvennye nauki«, S. 19

Wenn in den späten 1960er Jahren eine Diskussion über den Standort der zeitgenössischen UdSSR in der fortschreitenden Entwicklung vom Sozialismus zum Kommunismus inszeniert wurde, wenn eine Konferenz über den »historischen Ort des Sozialismus, die Etappen und Kriterien seiner Entwicklung« stattfand und zu diesem Thema massenweise redundante Literatur die Buchläden überschwemmte,[50] dann steckte dahinter das Zeitproblem, diesmal in einer neuen Variante. In seinem Rechenschaftsbericht an den 24. Parteitag beschrieb Generalsekretär Brežnev im Zusammenhang mit der Wirtschaftsentwicklung das Problem folgendermaßen:

»Bei uns hat der Sozialismus bekanntlich schon in der zweiten Hälfte der dreißiger Jahre gesiegt. Seitdem sind mehr als drei Jahrzehnte heldenhafter Arbeit und heroischen Kampfes der Sowjetmenschen vergangen. Unsere Wirtschaft jener Zeit und unsere heutige Wirtschaft beruhen auf ein und demselben Typ von Produktionsverhältnissen, auf denselben ökonomischen Gesetzen, den Gesetzen des Sozialismus. Gleichzeitig darf man die wichtigen neuen Elemente nicht übersehen, die die heutige Wirtschaft von der am Ende der dreißiger Jahre unterscheiden.«[51]

An der Wende der 1950er zu den 1960er Jahren habe das Stadium des »entwickelten (*razvitoj*) Sozialismus« begonnen. Synonym zu »entwickelt« verwendeten die Diskutanten »reif« (*zrelyj*). Die zu diesem Behufe erarbeiteten Kriterien interessieren uns hier nicht, sondern lediglich das Zeitproblem. Aber es ist der Krampf nicht zu übersehen, der sowjetische Wissenschaftler befiel, als sie den reifen Sozialismus zu definieren hatten.

»Wenn man 1961–1965 als Unteretappe der Herausbildung und weiteren Vervollkommnung der Reife der Züge des Sozialismus bezeichnen könnte, so 1966–1970 als Etappe seiner höheren Reife. Freilich unterscheiden sich die Jahre des 9. und 10. Fünfjahrplans ihrerseits durch ein höheres Niveau der Reife dieser Züge von den Jahren des 8. Fünfjahrplans, der im Zeichen des neuen, wesentlichen Schritts auf dem Wege des Hinüberwachsens der reifen Züge des entwickelten Sozialismus in die Züge der klassenlosen kommunistischen Gesellschaft stand.«[52]

Und so weiter. Ja, man erfand die These, dass dem entwickelten Sozialismus der »hochentwickelte« (*vysokorazvitoj*) Sozialismus folge.[53] Das war selbst den Sowjetführern zuviel. Diese Theorie wurde zurückgewiesen; ihr Erfinder übte Selbstkritik. Der entwickelte Sozialismus sei, so versuchte es der bekannte Wirtschaftshistoriker Semen S. Chromov in bis dahin ungewöhnlicher Klarheit

50 Vgl. Glezerman/Rejngol'd, *Razvitoe socialističeskoe obščestvo*; Volkov, *Razvitoj socializm*; Stepanjan/Friš, *Razvitoj socializm*; die Konferenzbeiträge in *Problemy teorii*, S. 68-137; Evans, »Socialism«

51 *XXIV s-ezd*, S. 62

52 Senjavskij, *Social'naja struktura*, S. 24

53 *Problemy teorii*, S. 103

zu formulieren, eine »lange historische Periode, in der die Züge und Charaktereigenschaften reifen und sichtbar werden, die ihn charakterisieren«.[54]

Entkleidet man die Debatte über den reifen Sozialismus ihrer zahlreichen ideologischen Versatzstücke, dann schält sich das Zeitproblem dieser Phase deutlich heraus. Der »entwickelte Sozialismus« enthielt ein Zeitproblem, das sowohl in die Vergangenheit als auch in die Zukunft wies. In dem Maße, in dem der Sozialismus mit Hilfe waghalsiger Ideologiekonstrukte verstetigt und zu einer »geschichtlich langen Periode«[55] wurde, verlor die Sowjetunion die Zukunft. Sie wurde langweilig. Die Literatur dieser Zeit sagte nicht, wann der reife Sozialismus in den Kommunismus hinüberwachse, wie dieser Prozess vor sich gehe und mit welchen Kriterien der Übergang schon oder noch nicht vollzogen sei. Noch Chruščev hatte vollmundig verkündet, seine Generation werde im Kommunismus leben. Er hatte dies in dem Bewusstsein gesagt, dass seine aktionsreiche Politik die Sowjetunion diesem Ziel ein großes Stück näher bringen würde. Chruščev verkörperte durch und durch den stalinistischen Typus des Zukunft einholenden Akteurs. Er besaß dafür genügend Chuzpe, aber ihm fehlte die demiurgische Aura Stalins. Seine Worte blieben Hirngespinste, die nur verdeutlichten, wie sehr dieses System unter dem Zukunftsdiktat stand. Davon verabschiedeten sich die Sowjetführer in den späten 1960er Jahren. Auf bestimmte Fristen legten sich die Wissenschaftler und Parteileute nicht fest. Es blieb eine Ausnahme, wenn jemand von 50 Jahren sprach.[56] Sie schoben die Zukunft auf, die nur noch in den Sonntagsreden vorkam. Breźnev fand ein Lenin-Zitat, das seiner Einschätzung entsprach: »Genossen! Auf die Kommunisten entfielen die schwersten Prüfungen, die jemals Kämpfern für die Sache des Volkes auferlegt wurden. Aber wir erinnern uns der Worte Lenins: ›die unverbrüchliche Treue zur Revolution und der revolutionäre Appell an das Volk sind auch dann nicht vergebens, wenn ganze Jahrzehnte die Ernte von der Saat trennen‹.«[57]

Das mit ungeheuer viel akademischem Aufwand ausgearbeitete Konzept des »entwickelten Sozialismus« enthielt im Grunde dagegen eine zentrale Botschaft: Den Kommunismus werden wir in berechenbaren Zeiträumen nicht erreichen; also richten wir uns in der Gegenwart ein und machen sie besser, so gut es geht; sie dauert nämlich länger als geplant – wenn wir ganz ehrlich sind, dann dauert sie eigentlich immer. Der »entwickelte Sozialismus« war die Niederlage im Kampf mit der Zukunft, und er offenbarte die Ohnmacht der Führung, die aus der Handlungszeit ausgetreten war in ein Stadium des gleichför-

54 Chromov, »XXIV s-ezd KPSS«

55 *Pravda* 8.5.1981

56 Lel'čuk, »Problemy«, S. 459

57 *XXIV s-ezd*, S. 45

migen und wiederkehrenden Handelns. Das war der erste Teil der Botschaft, der sich auf die Zukunft bezog.

Der zweite betraf die Vergangenheit. Die Debatte war viel mehr mit der Abgrenzung der unterschiedlichen Reifegrade des Sozialismus beschäftigt als mit der Frage, wann der Übergang in den Kommunismus erfolgen könnte. Das bedeutete, sich über den bisher beschrittenen Weg Rechenschaft abzulegen, denn der Ausgangspunkt war zu bestimmen und daraufhin die Errungenschaften, die sich eingestellt hatten. Die Geschichte rückte in das Konzept ein, ohne dass dies gewollt war. Zwangsläufig kam es zu bis dahin unüblichen »Exkursionen in die Vergangenheit«.[58] Aber welche Vergangenheit? Es war die triumphale der Stalin-Ära, der Verfassung von 1936; es war die Geschichte der fortschreitenden Errungenschaften, ohne die Katastrophen und Rückschläge zu erwähnen. Im Konzept des entwickelten Sozialismus hatte selbst der Große Vaterländische Krieg mit seinen Verlusten keinen Platz. Es galt die mythische Geschichtsbetrachtung, wie sie seit Stalin zur Gebrauchsgeschichte geworden war. Darauf ist noch zurückzukommen. Worauf es an dieser Stelle ankommt ist die Tatsache, dass zwar die Vergangenheit wieder in den Blick rückte, dass dies aber nichts mit Historisierung zu tun hatte.

Wer »reif« sagt, denkt zugleich an ein Werden. In den Termini Kosellecks gesprochen hieß das, dass nun Erfahrung mit der Erwartung kollidierte. »Je geringer die Erfahrung, desto größer die Erwartung« ist eine prägnante Formel, die das stalinistische Zeitverständnis charakterisieren hilft. Koselleck hält sie unter dem Vorzeichen des Fortschritts für charakteristisch für die zeitliche Struktur der Moderne. Weiter sagt Koselleck, dass solche erfahrungsarmen oder -losen politischen Entwürfe, die von Revolutionen in die Welt gesetzt werden und eine Chance zur Verwirklichung erhalten, irgendwann vor dem Problem der sich einstellenden Erfahrung und der existierenden Erwartung stehen; »So arbeiten sich die alten Erwartungen an den neuen Erfahrungen ab. [...] Vermutlich wird es später einmal für den Sozialismus gelten und auch für den Kommunismus, wenn er überhaupt als eingeführt deklariert wird.«[59] Diese Aussage trifft auf die Abschaffung der Zukunft im Konzept des entwickelten Sozialismus voll und ganz zu. Die gemachten Erfahrungen erlaubten keine weiteren Prognosen, die doch nie eintrafen. Zu mehr taugten die Erfahrungen jedoch nicht als zur Abschaffung der Zukunft. Vergangenheit andererseits gab es erst seit 1936 beziehungsweise seit 1917. Man wird deshalb auch davon sprechen dürfen, dass diese Erfahrung noch nicht Geschichte ausmachte. So setzte sich fort, was seit 1917 beständig die Sowjetunion charakterisiert hatte:

58 Lel'čuk, »Problemy«, S. 455
59 Koselleck, *Zukunft*, S. 374

die Vergangenheit blieb ausgegrenzt. Die Sowjetunion war 1970 in der Gegenwart angekommen, aus der es kein Entrinnen gab. Zuerst hatte sie sich von der Vergangenheit befreit, nun entledigte sie sich der Zukunft. Als der Dissident Andrej Amalrik 1968 seine Kritik des Sowjetsystems unter dem Titel »Kann die Sowjetunion das Jahr 1984 erleben?« veröffentlichte, hat er damit unbeabsichtigt ein Spiel mit der Zeit charakterisiert: die in der Gegenwart steckengebliebene Sowjetunion, die weder vorangehen noch sich an der Vergangenheit orientieren konnte. Dieses Stadium stellte die Zeit still. Die »Finalitätskrise« entstand zu dieser Zeit. Es ging nicht voran. Man *trat* nicht einmal mehr auf der Stelle. Man stand.

Es scheint aber doch, dass es eine theoretische Leerstelle hinsichtlich der Zeit gibt, die durch Kosellecks Ausführungen nicht ausgefüllt werden. Der Widerspruch nämlich ist aufzuklären, wonach in der still gestellten Gegenwart der Brežnev-Ära die auf Dynamik angelegten stalinistischen Strukturen weiter existierten. Die Fünfjahrpläne erhielten nach wie vor ihre Ordnungsziffern, aber man kam nicht weiter. Die Sowjetführung handelte gemäß ihrem Vermögen, und dennoch kapitulierte die Handlung vor der Gegenwart. Warum also setzte sich die Handlungszeit nicht fort, wenn doch die zugrundeliegenden Strukturbedingungen unverändert bestanden? Das Problem ist zeittheoretisch zu lösen, also im Kontext der hier verhandelten Frage, nicht im Zusammenhang mit Entwicklungen von Wirtschaftsdaten und planwirtschaftlichen Strukturkrisen. Wir müssen, um die Frage zu beantworten, nochmals den Schritt in die Stalinzeit zurückgehen.

Zuvor war davon die Rede, Handlungszeit greife zwingend in die Zukunft aus. Das ist aber nur die halbe Wahrheit. Bereits in der Handlungszeit, in der Sequenzierung der Zeit, ließ sich ein Phänomen beobachten, das die Kehrseite der nach vorn (auf Zukunft) gerichteten Zeit darstellt. Die Zeit treibt nämlich ein doppeltes Spiel.[60] Sie »verläuft« einerseits auf dem linearen Pfeil, ist irreversibel wie Geburt und Tod und wie das Werden und Vergehen historischer Wirklichkeiten. Wolfgang Kaempfer, auf den wir uns hier berufen, hat diese Seite die Geschichtszeit genannt. Andererseits – und gleichzeitig – jedoch ist sie reversibel, wie sie sich in den Lebensrhythmen, in den Tagen, Wochen und Monaten ausdrückt. Das ist die Verkehrszeit. Das zeittheoretische Problem besteht darin, diese beiden Eigenschaften der Zeit miteinander zu synchronisieren. An dieser Stelle stehen wir nun vor einer schwerwiegenden Entscheidung, die wissenschaftlich kaum eindeutig begründbar ist. Was ist das Charakteristikum der *modernen* Zeit? Das hängt davon ab, was man als den Ausgangspunkt des Zeitverständnisses wählt. Koselleck untersuchte die »Lokomotiven«

60 Kaempfer, *Zeit*

der Geschichte, die Revolutionen. Aber es ist durchaus möglich, ein weniger dynamisches und kurzfristiges Zeitverständnis der Moderne zu formulieren. Wir haben bereits gesehen, dass mit dem Koselleckschen Verständnis der Semantik historischer Zeit nur eine begrenzte Wegstrecke von Geschichtsverläufen adäquat zu erfassen ist. Die Antwort auf die Frage nach dem Entstehen und der Dominanz der verstetigten Gegenwart bleibt Koselleck schuldig.

Noch einmal ist die Zäsur am Ende der zwanziger Jahre bedeutend. Es ging seinerzeit nicht nur um das Programm, die Zukunft einzuholen, sondern zugleich um ein hohes Maß an Zyklizität und Berechenbarkeit, das dieses Zeitverständnis von der Geschichtszeit in den Bereich der Verkehrszeit verlagerte. Es schien, als synchronisiere das »Zeitgetriebe«, so der Begriff Kaempfers, die zwei Seiten für eine Weile. Aber irgendwann muss sich die Geschichtszeit abgekoppelt haben, denn um 1970 sehen wir sie nicht mehr, wohl aber die zyklische, sich unendlich wiederholende Verkehrszeit. Diese Verkehrszeit lief nicht mehr nach vorn, sie kreiste wie eine Schallplatte aus Vinyl um ein leeres Zentrum, das sie nie erreichte – eine Platte mit Knacks: Die Nadel sprang immer wieder in die vorige Rille zurück und wiederholte Breževs Worte sinngemäß: »... große Errungenschaften des Sozialismus ... Ziele immer im Auge ... schreiten wir voran... ... große Errungenschaften ...«[61] Der »entwickelte Sozialismus« als Zeitbegriff bedeutete die fortlaufende Zyklizität der Zeit. Um bei unserem Beispiel zu bleiben: Die Ordnungsziffern der Fünfjahrpläne hätten auf dreistellige Höhen klettern können, ohne dass es das Fortschreiten auf dem Pfeil der Geschichtszeit gegeben hätte. Die Betriebsamkeit dieser Zyklizität stand in eigenartigem Gegensatz zur Monotonie der Entwicklungslosigkeit. »Verkehrszeit ist, wo ihr keine frischen geschichtlichen Impulse – keine Veränderungsimpulse – mehr zuwachsen, immer auch Verzehrszeit. Sie kann ja nur kursieren. Kursierend zehrt sie an der vorhandenen Substanz«.[62] Aus der dadurch bedingten Blockade der Geschichtszeit konnte nur der Schubs an der Nadel durch einen Revolutionär herausführen. Das geschah in der Perestrojka.

Was aber bedeutete es, wenn Vergangenheit, in welch fragmentarischer, ideologisierter und mythischer Form auch immer, in die Zeitverhältnisse zurückkehrte? Offensichtlich ist, dass sie, die man nie achtete, mit Macht den Zeitverlauf beeinflusste. Denn selbst den mit Scheuklappen ausgestatteten Diskutanten des entwickelten Sozialismus war aufgegangen, dass die kurze Anhäufung von Erfahrung ausreichte, die Zukunft zu verabschieden. Das ist der entscheidende Anteil der erneut auftauchenden Vergangenheit an der

61 *XXIII s-ezd*, Bd. 1, S. 18-109; *XXIV s-ezd*, S. 26-132; *XXV s-ezd*, Bd. 1, S. 26-115
62 Kaempfer, *Zeit*, S. 268

Zeitstruktur der Sowjetunion. Wie die kurze Erfahrung des sich entwickelnden Sozialismus die Zukunft unmöglich machte, so musste die Wiederkehr der »langen« Erfahrung, das heißt der Geschichte, das gesamte bolschewistische Experiment unterminieren. In der Perestrojka trat das offen zu Tage.

Schauen wir noch einmal zurück auf die Zeitverständnisse, bevor wir uns der Frage der Geschichte zuwenden: Was geschieht langfristig mit der historischen Zeit nach den Revolutionen, in unserem Fall: über einen Zeitraum von 74 Jahren hinweg? Langfristig wurde die Zukunft zur Verliererin, und zwar auf eine so vollständige Art und Weise, dass auf Zukunft bezogene Heilsversprechen keinerlei Chance mehr besaßen, erhört zu werden. Die Zeitverhältnisse rückten sich zurecht, nachdem die Beschleunigung nachgelassen, die Lokomotive der Revolution ausgerollt war. Mehr und mehr kamen die Reisenden in einer Gegenwart an, in der sich der habitualisierende Zeitrhythmus in temporale Trägheit ohne Zukunft verwandelte. Diese »neue« Gegenwart besaß auch wieder eine eigene Vergangenheit, die sich zwar immer noch der Jahre vor 1917 entledigt sah, aber mittlerweile ihren eigenen Erfahrungsraum ausgebildet hatte. So stellte sich letztlich doch heraus, dass selbst die beschleunigte Zeit Geschichte angesammelt hatte, die nun im Stadium abgebremster Zeit zum Vorschein trat. Dieser Umschwung lässt sich auf etwa die Mitte der 1960er Jahre datieren. Was sich seitdem einstellte, war in der Tat ein höchst erstaunliches Konglomerat aus historischer Zeit und Zeitvorstellungen. Die Zukunft verzog sich immer mehr ins Unendliche und versagte als temporal gliedernde Kategorie. Die Vergangenheit war ein Fragment. Sie unterlag dem Deutungsgebot der Herrschenden, die ständig Selektionen des Gewesenen vornahmen und bestimmte Vergangenheiten gänzlich ausschlossen. Sie wurde während der gesamten Sowjetperiode nie als Ganzes und schon gar nicht jenseits des Jahres 1917 rehabilitiert. Diese weitgehende Enthistorisierung der Sowjetperiode bedeutete schließlich, dass die Gegenwart ein bis dahin unbekanntes Ausmaß an Absolutheit in den Zeitverhältnissen gewann. Um 1970 war eine historische Leerstelle entstanden, die weder vom Glanz der kurzen Vergangenheit noch von der sonnigen Zukunft ausgeleuchtet wurde. 1970 war nur Gegenwart, nichts anderes, eine Gegenwart, die sich selbst genug sein musste und es nie sein konnte, weil sie ihrer flankierenden Schwestern im Zeitverlauf verlustig gegangen war. Das ist die steckengebliebene Gegenwart der späten Sowjetunion, die sich weder zurück in die Vergangenheit noch vorwärts in die Zukunft bewegen konnte, denn nun wurde alle Zukunft an der Messlatte der kurzen Erfahrung gemessen. Die Perestrojka hat dies bewiesen: Der Weg zurück zu den leninschen Ursprüngen war verbaut – von der vorrevolutionären Vergangenheit ohnehin zu schweigen. Der Aufbruch in den Erwartungshorizont Kommunismus scheiterte an der bisherigen Erfahrung des perennierenden und – hier wäre Hegel durch Freud zu ergänzen – frustrierenden Sollens. An dieser Stelle mag einem das Diktum Hermann Lübbes einfallen, dass Zukunftsgewissheitsschwund konstitutiv zum Zivilisationsprozess gehöre.[63] Die Analogie zur sowjetischen Entwicklung liegt mit diesem scheinbar universal gültigen Satz offen. Doch ist die Aussage Lübbes eine Pauschalisierung. Die sowjetische Version des Zivilisationsprozesses kennt diesen Sachverhalt höchstens seit Mitte der 1960er Jahre. Zu diesem Zeitpunkt hatte sie aber ihren Höhepunkt schon überschritten. So lässt sich die Semantik historischer Zeiten im Kontext der Revolution theoretisch erweitern: von der rhythmuslos beschleunigten Zeit zukunftsloser Zukunft zur rhythmisierten Veralltäglichung der Zeit in der steckengebliebenen Gegenwart. Solange dieser Zustand anhielt, war Geschichte nicht möglich. Erst mit dem Aufbrechen dieser Zeitkonstellation erhielt historische Zeit wieder ihr Eigenleben.

4. Geschichtslosigkeit

Im Grunde war in den vorangegangenen Abschnitten immer schon von Geschichte die Rede, sobald es um die Vergangenheit ging. Die Frage ist, wie sich der Stellenwert und die Eigenart von Geschichte in dem sowjetischen Zusammenhang von Vergangenheit, Gegenwart und Zukunft beschreiben lässt. Die Antwort kann nicht lauten, es müsse die historische Erfahrung einzelner Sowjetbürger untersucht werden. Das würde eine methodisch ausgeklügelte und quellenmäßig weit gesteckte Studie erfordern, von der nicht einmal sicher wäre, ob sie – da heute, viele Jahre nach dem bolschewistischen Experiment und dem Zusammenbruch des Sozialismus ausgeführt – zu verifizierbaren Einsichten führte. Die historische Erfahrung Ivan Ivanovičs hat es selbstverständlich gegeben; jeder Sowjetbürger hatte jeweils seine, aber aus dieser Erkenntnis heraus löst sich unser Problem nicht, einmal abgesehen von der Frage, ob sich wissenschaftlich stichhaltig ein Konnex zwischen individueller historischer Erfahrung und Regime- beziehungsweise Systementwicklungen in der Sowjetunion herstellen lässt. Eine demokratische Zukunft, so schrieb Lutz Niethammer, bedürfe einer Vergangenheit, in der nicht nur die Oberen hörbar sind.[64] Das ist wohl richtig, aber wir interessieren uns hier weder für die Demokratie noch wird das heutige Russland demokratischer, wenn wir Ivan Ivanovič sprechen lassen.

63 Lübbe, *Zeit-Verhältnisse*, S. 35

64 Niethammer/Trapp, *Lebenserfahrung*, S. 7

Stattdessen ist es sinnvoller, auf die Entwicklungen in der sowjetischen Geschichtswissenschaft zu schauen und diese im Rahmen des Konzepts von der geschichtlichen Zeit zu befragen: nach dem Raum, den Geschichte in den sich wandelnden Zeitverständnissen einzunehmen vermochte. Das geschieht mit der Absicht, gerade im Bereich des professionellen Umgangs mit der Vergangenheit die theoretische Ausdeutbarkeit des Standorts der Geschichte in der (sowjetischen) Zeitstruktur erarbeiten zu können. Immerhin hat es in der Sowjetunion eine institutionell und personell umfangreiche Geschichtswissenschaft gegeben, die sich in zahlreiche Abteilungen aufgliederte. Aber was hat sie letzten Endes zu leisten vermocht? In der Perestrojka kam das Dilemma der Geschichte wie der Geschichtswissenschaft deutlich zum Ausdruck. Am Ende erfolgte der Zusammenbruch der offiziellen Geschichte sowie der intellektuelle Kollaps des allergrößten Teils der akademischen Geschichtswissenschaft. Jahrzehntelang hat es eine Historikerzunft gegeben, die munter publiziert hat. Was bleibt davon? Genrich Ioffe, Historiker der Russischen Revolution und Verfasser eines Buches über die bürgerliche Falsifikation der Revolutionsgeschichtsschreibung hat im September 1991 – der Zusammenbruch des Sozialismus war so gut wie abgeschlossen – auf die Frage, wie er sein Werk und das seiner Kollegen einschätze, nonverbal mit einer wegwischenden Bewegung über den Tisch und mit den Worten »alles Makulatur« geantwortet.[65]

In dieser Anekdote steckt das gesamte Problem der Geschichte und der Geschichtswissenschaft in der Sowjetunion. Sie enthält die Bankrotterklärung der Profession, sie erklärt die wissenschaftliche Produktion zur Aufhellung des Vergangenen zu inhaltlich wertlosem Altpapier, und folglich – darin steckt die eigentliche Pointe dieser Bemerkung – blieb das Vergangene im Dunkeln; bestenfalls gab es Pseudo-Geschichte. Wir sind somit bereits mitten im Problem. Die Ausführungen zum Zeitverständnis haben nahegelegt, dass Geschichte, verstanden als Historisierung des Vergangenen, erst im letzten Stadium der Sowjetunion eine Rolle zu spielen begann. Dies hat uns dazu verleitet, von der Geschichtslosigkeit der Sowjetunion zu sprechen. Nun ist es an der Zeit, diese These zu untermauern.

Das späte Urteil eines angesehenen Akademiemitglieds deckt sich mit zahlreichen westlichen Beschreibungen der sowjetischen Geschichtswissenschaft. Die ideologische Bindung stand hier stets im Vordergrund. Die Geschichtswissenschaft sei Dienerin der politischen Macht und niemals eigenständig gewesen. Als von der Partei abhängige Wissenschaft habe sie auch die innere Motivation der Historiker zerstört, vor allem aber nicht dazu beigetragen,

65 In einem Gespräch mit dem Autor

historische Wirklichkeiten zu beschreiben.[66] An diesen Befunden ist nicht viel zu deuteln. Für unsere Problematik ist dabei nicht so sehr die Frage der Ideologieabhängigkeit von Bedeutung, sondern ob unter diesen Umständen Geschichte als Historisierung der sowjetischen Vergangenheit über den ideologischen Tellerrand hinaus überhaupt möglich war. Wenn die Geschichtswissenschaft unbestritten auf Linie gebracht wurde und sie dort weitgehend bis 1991 blieb, dann kann man einerseits von der Ideologieabhängigkeit sprechen und damit einige Vorgänge im Bereich der Geschichtspolitik beschreiben, andererseits aber ist der konsequente Schluss erlaubt, dass es keine Historisierung der Periode 1917–91 gegeben hat, folglich die Sowjetunion trotz der zahlreichen Historiker auf eigentümliche Weise geschichtslos geblieben ist. Das Urteil, in der Sowjetunion sei Geschichtsschreibung Mythologie gewesen, bedeutet nichts anderes.[67] Es bedarf hier keiner ausgefeilten Begriffsakrobatik, um zu erkennen, worum es geht. Mit Mythologie ist gemeint, dass *dieser* Geschichtswissenschaft der Gegenstand ihres Forschens fremd geblieben ist und sie statt dessen ein glorifizierendes Bild historischer Vorgänge zeichnete, welches die Legitimationsbedürfnisse des Regimes bediente. Mit Geschichte, wir wiederholen uns, hatte das nichts zu tun. Von der Mythologie zu sprechen bedeutet, dass es über die Ideologieabhängigkeit hinaus einen unmittelbaren Bezug zur Geschichte, die praktisch nicht »stattfand«, nur insofern gab, als sie lediglich in einem mythologisierenden Kontext von Parteigeschichte und Klassenkämpfen vorkam, der von der Aufarbeitung historisch pluraler und sich widersprechender Wirklichkeiten weit entfernt war. Darin erschöpfte sich der Inhalt der Geschichtswissenschaft und auch der Debatten, die über sie, besonders nach 1956, geführt wurden. Die Geschichtswissenschaft war der Aufbau und die Verstetigung des Mythos.[68] Alle Kritik, die sich dagegen wendete und die darauf hinauslief, die Geschichte in die Geschichtswissenschaft einzuführen, konnte dieser zentralen Aufgabe der Geschichtswissenschaft nichts anhaben. Mit Mythologie ist letzten Endes nichts anderes gemeint als Geschichtslosigkeit. Die mythologisierte »Geschichte« bildete in ihrem Wesen ein geschichtsfernes Narrativ. Erst in der Perestrojka brach diese Konstruktion zusammen.

Die These von der Geschichtswissenschaft als Mythologie scheint auf den ersten Blick plausibel und zur Beschreibung der Problematik ausreichend. Sie ist es nicht! Zwei Probleme ergeben sich in diesem Zusammenhang. Zuerst einmal muss man sich vor falschen Argumenten hüten. Die im Westen vorge-

66 Shteppa, *Historians*; Keep, *History*, bes. die Einführung des Herausgebers S. 9-18

67 Keep, »Introduction«, in: Ders., History, S. 15-16; Arnold, *Stalingrad*, S. 19

68 Markwick, *History*, S. 5-6

tragene These von der Ideologieabhängigkeit der sowjetischen Geschichtswissenschaft ist unlängst mit der Begründung kritisiert worden, sie sei Produkt der Totalitarismustheorie, die in ihrem theoretischen Rahmen zwangsläufig behaupten müsse, alle Geschichtswissenschaft in der UdSSR sei unfrei gewesen. So sei den damaligen westlichen Betrachtern der sowjetischen Geschichtswissenschaft auch entgangen, dass sie als Anhänger der Totalitarismustheorie ebenfalls nicht »objektiv« forschten und ebenso an einem Mythos strickten.[69] Diese postkommunistische »linke« These lässt sich aus mehreren sachlichen Gründen nicht halten, aber allein der Folgende ist schon schlagend: Die Totalitarismustheorie ist gegangen, die Mythologie aber blieb.

Das zweite Problem betrifft die Begriffe Mythos und Mythologie. Wir haben eingangs dieses Kapitels mit den Kategorien Kosellecks gearbeitet; seine Untersuchungen zielen aber nicht nur auf die Darstellung gewandelten Zeitverständnisses, sondern der Gegenstand seiner Analyse ist die Entstehung der Geschichtsphilosophie und des Fortschrittsgedankens, welche an einen bestimmten Wandel des Zeitverständnisses ausgesuchter Eliten gekoppelt war. Von Mythologie war bei Koselleck nicht die Rede. Die Charakterisierung als Mythologie dagegen verzaubert die sowjetische Geschichtswissenschaft. Sie befördert sie schnurstracks aus dem Projekt Aufklärung und Moderne hinaus und erklärt die wissenschaftliche Produktion der sowjetischen Historiker zu Fiktion. Das ist allerdings ein interessanter Punkt, der uns zu den Überlegungen Paul Ricœurs führt.[70] Der Eindruck drängt sich jedoch auf, das literaturästhetische Konzept des Sozialistischen Realismus' habe eine Entsprechung in der Historiographie gefunden: »Als die grundlegende Methode der sowjetischen schönen Literatur [der Historiographie – S.P.] und der Kritik fordert der Sozialistische Realismus vom Künstler [die Geschichtsschreibung vom Historiker – S.P.] eine wahrheitsgetreue, historisch korrekte Darstellung der Wirklichkeit in ihrer revolutionären Entwicklung.«[71] In der vermeintlich wahrheitsgetreuen Wiedergabe der Wirklichkeit – wir erinnern uns an die Ausführungen in Kapitel II – vollzog sich die Konvergenz von Historiographie und Literatur als Fiktion. Es ist nicht ersichtlich, daß die Mythologie-Vorwürfe diese Verbindung im Auge hatten. Wir wollen es an dieser Stelle ebenfalls bei einem Hinweis belassen, denn die nach Ricœur aufzustellende These, dass alle sowjetische Geschichtswissenschaft Fiktion und nur als solche interpretierbar sei, das heißt dass alle sowjetischen historiographisch-wissenschaftlichen Texte Fabeln sind und nicht mit den Methoden der Geschichtswissen-

69 Ebd.

70 Ricœur, *Zeit*, Bd. 1; Bd. 3, S. 159-311

71 Možejko, Realismus, S. 59

schaft, sondern nur textologisch zu erschließen seien, ist so faszinierend wie ihre arbeitsaufwendige Begründung notwendig. Aus den Fabeln lernt man wenig über Geschichte. Der Mythologievorwurf schwört diese These geradezu herauf. Die sowjetische Historiographie darf man dann nur als »Texte« lesen, das heißt mit textanalytischen Verfahren untersuchen, dann kommt man weiter. Nicht der Inhalt dieser massenhaften Literatur ist von Belang (wenn man von erarbeiteten Fakten absieht), sondern ihre »*Metahistory*«. Kurz: man beginne, sowjetische historiographische Literatur mit Hayden White und Paul Ricœur zu lesen, dann erfahren wir vermutlich mehr darüber, wie sehr der narrative Modus die spezifische Geschichtlichkeit der Sowjetepoche, die Narration das Ordnen der Zeit enthält, weitab von den Determinismen des Histamat. »Alles Makulatur« hätte auf diese Weise endlich die Bedeutung, die dem Ausspruch zukäme: nicht das Wegwerfen aufgrund wissenschaftlicher Nutzlosigkeit ist die Pointe, sondern die textuelle Oberfläche, die als »Fassade« textanalytisch aufgeschlüsselt werden muss. Ob sie zutrifft, mag eine spätere Untersuchung klären.

Mythologie muss durch einen präziseren Begriff ersetzt werden, der sowohl die Tatsache der Geschichtslosigkeit abdeckt wie die Funktionen der Historie enthält. Mythologie ist als Begriff allem Anschein nach nur deswegen in die Debatte eingeführt worden, weil kein besserer zur Verfügung stand. Mit Historie als Selbstbeschreibung des Systems kommt man den Zusammenhängen von geschichtlicher Zeit, Geschichte und Geschichtsschreibung weitaus näher. Diese Begriffsvariante bleibt dabei, dass es auf die Geschichte nicht ankam, legt aber Wert auf die Feststellung, dass Geschichtswissenschaft nicht nur ein geschichtsleeres Narrativ darstellte, sondern vom System als Systembestandteil nicht zu trennen ist. Mythologie gab es auch woanders, Selbstbeschreibung des Systems, getarnt als Historie, war ein Spezifikum des sowjetischen Sozialismus. Auf diese Weise verliert sich das starke Argument von der Diskrepanz zwischen der marxistischen Geschichtsschreibung in der UdSSR und dem Mythologievorwurf, der ja immer mit der Kritik zu kämpfen hat, dass die Mythologie im ernsten Gewande der nicht völlig von der Empirie losgelösten Wissenschaft daherkam. Wenn wir aber die sowjetische Geschichtswissenschaft als Selbstbeschreibung des Systems ansehen, dann werden wir dem Tun der sowjetischen Historiker und den Aussagen ihrer Werke eher gerecht als mit dem wohlklingenden, aber ein wenig nebulösen Mythologievorwurf. Dann nämlich können wir folgendes über die sowjetische Geschichtswissenschaft sagen: Sie stellte eine Form der Geschichtsphilosophie als Fortschrittserzählung dar, wie sie im sowjetischen Sozialismus stalinistischer Prägung zur Vervollkommnung gelangte. Sie bewirkte den Übergang des Jahres 1917 in die geschlossene Erzählung von der Überwindung der Kontingenz und in das

Narrativ vom Triumph über alle Ungleichzeitigkeiten in der Anfangskonstellation der sowjetischen Epoche. Aus diesem Grunde war es möglich, dass sich die sowjetischen Historiker für Wissenschaftler hielten und Texte produzierten, die bei aller scheinbaren wissenschaftlichen Ernsthaftigkeit ins literarische Genre gehörten – ohne deswegen gute Literatur zu sein. Nur so dürfen wir von Mythologie sprechen, was im folgenden nur in Anführungszeichen geschieht. Schauen wir genauer hin, wie dieser Prozess ablief.

Zu Beginn der Sowjetmacht war es noch möglich, dass verschiedene Geschichtskonzeptionen nebeneinander existierten. Bald jedoch setzte sich die Pokrovskij-Schule durch, die ein marxistisches Geschichtsbild propagierte.[72] Aber selbst dieses frühsowjetische offizielle Geschichtsverständnis hat der Stalinismus abgeschafft. Die verschiedenen Richtungen, die es trotz der dominanten Pokrovskij-Schule noch gab, verschwanden mit Michail N. Pokrovskijs Tod zu Beginn der dreißiger Jahre. Mehr und mehr verengte sich Geschichte auf eine stalinistische, schematische Parteigeschichte.[73] Der illustre Höhepunkt dieses Geschichtsbildes war der berüchtigte »Kurze Lehrgang« von 1938, den Millionen von Lesern zu lernen hatten.[74]

Was soeben gerafft berichtet wurde, hat seine Bedeutung für den Konnex von Geschichte und geschichtlicher Zeit im folgenden: Mehr und mehr ist das, was die professionellen Historiker vor 1917 unter Geschichtswissenschaft verstanden und übrigens mit erstaunlicher methodischer Innovation betrieben haben,[75] systematisch zurückgedrängt worden. Auch die Pokrovskij-Schule war professionelle und auf Quellen orientierte Geschichte, wenngleich ihre ideologischen Rücksichtnahmen deutlich zu Tage traten. Aber was danach kam, hatte weder mit Geschichtswissenschaft noch mit Geschichte etwas zu tun. Der »Kurze Lehrgang« war Selbstbeschreibung, und in diesem Sinne »mythologisch« war das gesamte Geschichtsbild von der herausragenden Rolle der Partei und der Klassenkämpfe, die schließlich in der Sowjetunion ihren historischen Zielpunkt in Form des Sozialismus erlebt hätten. Das war nicht einmal intelligenter Histamat.

Das musste so sein, weil sich die Sowjetmacht 1917 von der Geschichte befreit hatte. Wie sollte eine gründliche, quellennahe, methodisch plurale und thematisch breit gefächerte Historie, wie sie in den letzten Jahren des Zarenreiches aufgeblüht war, unter diesen Umständen möglich sein? Nicht einmal das Problem der historischen Legitimität spielte zu Anfang eine bedeutende Rolle, ja die historische Legitimität bezogen die Revolutionäre aus der Revolu-

72 Shteppa, *Historians*; Barber, *Historians*

73 Oberländer, *Sowjetpatriotismus*

74 *Istorija VKP (b)*

75 Bohn, *Geschichtswissenschaft*; ders., »Soziologie«

tion, nicht aber aus der Geschichte und schon gar nicht – wie wir gesehen haben – aus einer Historisierung der Revolution. Zwar war es in den zwanziger Jahren noch möglich, halbwegs professionelle Geschichtswissenschaft zu betreiben, besonders nachdem der *byt* (Alltag und Lebensweise) in die Phantasiewelten der Revolutionäre eingebrochen war – was immerhin die Wiederkehr der Geschichte in nuce enthielt –,[76] aber mit dem Stalinismus war auch dies vorbei. Statt dessen dominierte das Geschichtsbild, wie es im »Kurzen Lehrgang« zum Ausdruck kam, der zwischen 1938 und 1953 in 301 Auflagen erschien. Bis etwa zur Zeit des Zweiten Weltkrieges hatte sich die Sowjetunion also nicht nur, im Sinne des Zeitverständnisses, der Vergangenheit entledigt, sondern auch – parallel dazu – die Geschichte mit Hilfe der stalinisierten Geschichtswissenschaft[77] enthistorisiert. Deswegen wird im Folgenden begrifflich konsequent zwischen Mythologen (in der zuvor genannten Bedeutung) und Historikern geschieden, wobei letztere die Revisionisten seit 1956 bezeichnen, die sich – wie eng auch immer – die Geschichte zum Gegenstand ihrer Forschungen vorgenommen hatten.

Dieser Enthistorisierung der sowjetischen Verhältnisse unterlagen auch Phänomene, die, keineswegs im Widerspruch zur Geschichtslosigkeit, unter das Rubrum der »Erfindung der Tradition« fallen. Das Sowjetregime hat, durch die Revolution ohnehin geschichtslos geworden, parallel zur Ausweidung der Geschichte zu Selbstbeschreibungszwecken viel unternommen, um über Feste, Feiertage und Spektakel aller Art die öffentliche Sphäre und das Bewusstsein der Sowjetbürger zu dominieren.[78] Aber diese Veranstaltungen, so sehr sie auch mit historischen Versatzstücken spielten, zeigten sich ebenso geschichtsleer wie die Geschichtswissenschaft. Mit Geschichte darf man das nicht verwechseln.

Für den Komplex der erfundenen Traditionen und der engen Verbindung von Geschichtswissenschaft und Staat beziehungsweise Partei ist der Begriff »*politics as history*« ins Feld geführt worden. Damit ist die »Praxis der Politik« gemeint, die »zum Teil auf einem speziellen Blick auf die Vergangenheit beruhte«.[79] Das ist aber nur vordergründig richtig, denn die Vergangenheit hatte kein Eigenrecht. Sinn ergibt diese unpräzise Behauptung erst, wenn sie in den Zusammenhang der sowjetischen geschichtlichen Zeit gestellt wird. Dann lässt sie sich folgendermaßen »übersetzen«: Erst das Handeln (*politics*) schafft geschichtlich Zeit (*history*). Wir brauchen die stalinistische Zeitstruktur hier nicht

76 Plaggenborg, *Revolutionskultur*, S. 28-46

77 Barber, »Stalin's Letter«

78 Stites, *Dreams*; van Geldern, *Festivals*; Rol'f, *Sovetskij massovyj prazdnik*; Plaggenborg, *Revolutionskultur*, S. 258-288

79 Markwick, *History*, S. 35-36

zu wiederholen, um dennoch sofort zu verstehen, dass hier nicht die historisch begründete Legitimität des stalinistischen Systems gemeint sein kann, denn es bedurfte dieser nicht, sondern allein die Handlungszeit, die der Stalinismus zur geschichtlichen gemacht hat.

Die Tatsache, dass im Zweiten Weltkrieg eine Lockerung in der Geschichtspolitik zu bemerken war, spielt für unser Argument lediglich eine bestätigende Rolle. Wenn beispielsweise herausragende Persönlichkeiten der russischen Geschichte wie Zar Ivan IV. und der russische Feldherr und Gegenspieler Napoleons von 1812, Michail Ilarionovič Kutuzov, propagandistisch aufgemöbelt wurden, so deutet das weniger auf eine Wiederbelebung der Geschichte hin, als vielmehr auf eine Fortsetzung und Variation der Selbstbeschreibung, diesmal erweitert um die Komponente der großen Führerpersönlichkeit. Diese plötzliche Neigung zur »Geschichte« sollte nicht überbetont werden. Sie blieb aus Gründen der patriotischen Mobilisierung ein Phänomen des Zweiten Weltkrieges und verschwand danach sang- und klanglos. Wichtig ist festzuhalten, dass alle Versuche, die Historie als Selbstbeschreibung in Frage zu stellen, zurückgedrängt wurden. Die Folgen für die Geschichtswissenschaft waren katastrophal. Als Stalin starb, war "die Historikerzunft theoretisch verarmt, wissenschaftlicher Forschung und Kommunikation entwöhnt sowie international isoliert.«[80]

Die spannendste Periode der sowjetischen Geschichtswissenschaft vor der Perestrojka war das »Tauwetter«, weil Chruščevs berühmte »Geheimrede« auf dem 20. Parteitag erstmals einen Blick auf Geschichte ermöglichte und dadurch die Chance eröffnete, sie in die sowjetische Geschichtswissenschaft einzuführen. Der Erste Sekretär hatte im Grunde historisch argumentiert und der bisherigen Historie mit dem Hinweis auf Stalins Verbrechen einen schweren Schlag versetzt, obwohl er gleichzeitig die geschichtsverzerrende Konstruktion vom Personenkult verbindlich machte. Gerade die Geschichte der Geschichtswissenschaft in den Jahren nach 1956 zeigt jedoch, dass es den Historikern, die diesen Namen verdienten, gegen die Mehrheit der parteigebundenen »Mythologen« nicht gelang, der Mythologie den Boden zu entziehen.[81] Sie blieb auch im Tauwetter erhalten, ja musste erhalten bleiben, weil sie der abgeschlagenen Vergangenheit entsprach. Die Sowjetunion blieb geschichtslos selbst unter den Bedingungen der Entstalinisierung. So verwundert es nicht, dass der offizielle Standpunkt lautete, der Personenkult Stalins habe dem System nichts anhaben können, da dies bekanntlich nicht von Persönlich-

80 Hösler, »Perestrojka«

81 Hösler, *Geschichtswissenschaft*; Markwick, *History*; Alekseeva, *Istoričeskaja nauka*

keiten, sondern von Produktionsverhältnissen geprägt sei.[82] Bestenfalls angekratzt wurde die Mythologie. Sie durch Geschichte zu ersetzen, gelang nicht. Wenn jedoch das Urteil eines Historikers lautet, dass sich trotz einiger Debatten dennoch keine rückwärtsgewandte »Wende zu stalinschen Dogmen« vollzogen habe, so ist bei dieser Einschätzung der fehlende Richtungswechsel überhaupt zu bedenken. Parteilichkeit blieb das oberste Gebot; sie verlangte von den Wissenschaftlern »aktive Kämpfer für die Verwirklichung der Politik der KPdSU zu sein. [...] Gerade daher sind für uns Parteilichkeit und echte Wissenschaftlichkeit untrennbar«, hieß es 1958.[83]

Wie sehr diese ideologischen Vorgaben die Geschichtslosigkeit aufrecht erhielten, lässt sich an zwei Beispielen ablesen. Das erste betrifft den Zugang zu Sekundärliteratur, Fachzeitschriften und Quellen, besonders zu archivalischen Dokumenten. Die »Mythologen« blockierten den Zugang dazu, weil sie fürchten mussten, die Historiker könnten ihre Narrationen in Frage stellen. Bereits erstellte Manuskripte, die auf der Grundlage von Akten bestehende Auffassungen »korrigierten«, wurden zensiert oder von der Veröffentlichung ausgeschlossen.[84] Neufassungen von »Geschichte« blieben deshalb »blutleerer Katechismus« – gemeint ist »geschichtsleerer« –, der sich vom »Kurzen Lehrgang« nur in Nuancen unterschied.[85] Wie weit die sowjetische Historie von Geschichte entfernt war, hat einer der führenden Geschichtspolitiker jener Jahre, M. P. Kim, 1962 offen zum Ausdruck gebracht. Noch immer gebe es keine theoretischen Arbeiten, »in denen tiefgreifende wissenschaftliche Verallgemeinerungen und umfassende Schlussfolgerungen aus der geschichtlichen Erfahrung (!) des sozialistischen Aufbaus in der UdSSR gezogen werden.« Die Historiker sollten die »geschichtliche Wirklichkeit« und deren »tiefliegende Prozesse« erforschen.[86] Deutlicher lässt sich die in diesem Kapitel aufgestellte These aus dem Munde eines Sowjethistorikers nicht belegen. Sie führt in direkter Linie weiter zu dem schon erwähnten Urteil Ioffes. Dass Kim von historischer Erfahrung spricht, mutet vor dem Hintergrund der Ausführungen über geschichtliche Zeit nicht fremd an, wohl aber die Tatsache, dass das Wort von einem Angehörigen der sowjetischen Historikerzunft ausgesprochen wurde. Joachim Hösler, der die grundlegende Untersuchung zur sowjetischen Geschichtswissenschaft jener Jahre vorgelegt hat, verwendet anlässlich seiner Einschätzung der hier skizzierten Vorgänge ebenfalls die Begrifflichkeit, die sich durch das vorliegende Kapitel hindurch zog. Die Historiker seien »we-

---

82 Hösler, *Geschichtswissenschaft*, S. 47-49 u. 76
83 Zit. in ebd., S. 50-54
84 Markwick, *History*, S. 124-145
85 Hösler, *Geschichtswissenschaft*, S. 61-62
86 Kim, »O sostojanii razrabotki istorii«, S. 14

niger von politischen Vorgaben und Erwartungshorizonten bestimmt« (als die »Mythologen«).[87] Zusätzlich ist zu bedenken, dass es in der sowjetischen Geschichtswissenschaft eine institutionell und personell starke Abteilung gab, das *Istočnikovedenie* (Quellenkunde), in der sich zahlreiche Archivare und Historiker tummelten, die aber niemals einen bedeutenden Beitrag zur Geschichte hervorgebracht hat. Das konnte sie nicht, weil die Bedingungen des wissenschaftlichen Produzierens, nämlich die politisch gewollte Unzugänglichkeit des Materials, zu gewissenhafter Ergebnislosigkeit führte. Das *Istočnikovedenie* war die überflüssigste Veranstaltung der ganzen Sowjethistorie überhaupt. Sie hat, obwohl es ihr Auftrag war, Geschichte nicht sichtbar werden lassen. Darüber hinaus durften Historiker auch publiziertes Material nicht ohne weiteres lesen. In den Bibliotheken existierten »Giftschränke« für westliche und als »gefährlich« erachtete Literatur, an die selbst »Mythologen« nicht oder nur mit Sondererlaubnis herankamen. Wer als westlicher Historiker selbst harmlose Akten einsehen wollte, erhielt sie passagenweise geschwärzt, damit die Aussagen fragmentarisch und zusammenhanglos blieben.[88] Den allermeisten sowjetischen Historikern erging es ähnlich. Kurz: Auch während der Entstalinisierung »drehten sich die Vertreter der historischen Zunft allzu sehr im Kreise und waren nicht in der Lage, wirklich Neues vorzulegen.«[89] Anders ausgedrückt: Sie taten nicht genug, um der Geschichtslosigkeit der Sowjetunion abzuhelfen, weil sie es nicht durften. Die Mythologie war unantastbar, sie gehörte zur Zeitstruktur der Sowjetunion, und die wiederum war Teil des gesamten Systems. Daran lässt sich aber auch ablesen, welche Bedeutung Geschichte dann bekommen würde, wenn sie aus den Tiefen der Vergangenheit heraufbrodelte. Dann stand das System zur Disposition. Die Gefahr war im »Tauwetter« zu erahnen. Es war nur folgerichtig, die Historiker mit Macht wieder auf Linie zu bringen. Geschichte aber wurde dadurch weggeschlossen.

Das zweite Beispiel bestätigt die These von der Geschichtslosigkeit ebenfalls, weil es unmittelbar von den Themen und Methoden der historischen Zunft handelt. Nach Stalin entstand das Konzept der *mnogoukladnost'* (strukturelle Vielschichtigkeit). Es sollte dazu dienen, aus der Eindimensionalität der Erkenntnislagen herauszukommen, indem die vorrevolutionären, vornehmlich sozioökonomischen Strukturmerkmale des Zarenreiches in ihrem Interagieren erforscht werden sollten. Zuerst einmal bedeutete das eine Abkehr vom lange gepflegten Bild der Entwicklung des Kapitalismus sowie der Überreste des Feudalismus in Russland. Die Debatte über *mnogoukladnost'* zeigte, dass einige

87 Hösler, *Geschichtswissenschaft*, S. 70
88 Altrichter, *Bauern*, S. 7-8
89 Hösler, *Geschichtswissenschaft*, S. 163

Historiker an einer thematischen und vor allem Methodendiskussion und -weiterung ihres Faches interessiert waren. Gefährlich wurde das Konzept, als es auf die heilige Kuh der Mythologie, das Revolutionsjahr 1917, angewendet wurde. Spätestens zu diesem Punkt kam für *mnogoukladnost'* als Konzept das Aus. »Ehe die neue Richtung [...] Früchte tragen konnte, wurde sie zerschlagen. In den folgenden etwa fünfzehn Jahren blieb der produktivste Ansatz in der sowjetischen Oktoberrevolutionsforschung stigmatisiert.«[90] An die Stelle einer revisionistischen Revolutionsgeschichte trat die konventionelle von Isaak Minc.[91]

Im Kontext des hier verhandelten Problems der sowjetischen geschichtlichen Zeit lag die Bedeutung von *mnogokladnost'* darin, dass mit ihrer Hilfe Historiker Abschied von der stalinistischen geschichtlichen Zeit nehmen und ein anderes Zeitverständnis anerkennen konnten. Es begreift gleichzeitig ablaufende Entwicklungen unterschiedlichen Charakters als »Geschichte« und historisiert sich damit selbst. Das heißt die Einsicht der Historiker, dass es eine strukturelle Vielschichtigkeit gab, war gleichbedeutend mit der Feststellung, dass es Geschichte gibt. *Mnogoukladnost'* stand deshalb in paradigmatischer Polarität zur Mythologie und zur geschlossenen Geschichtsnarration. *Mnogoukladnost'* verschwand von der Tagesordnung, weil die Anerkenntnis historischer Wirklichkeiten bedeutete, Geschichte überhaupt wieder zuzulassen. Indem die »Mythologen« mit Unterstützung der Partei das Feld der Auseinandersetzungen siegreich verließen, blieb Mythologie anstelle von Geschichte eine der Konstanten in der sowjetischen Geschichtswissenschaft. Dazu hat sich 1971 sogar Breznev geäußert, und zwar in seinem schon zitierten Rechenschaftsbericht an den 24. Parteitag, der so etwas wie eine Regierungserklärung war:

»Die Partei maß der richtigen, objektiven Geschichte unseres Staates ernste Bedeutung bei. Einer scharfen, gerechten Kritik wurden einzelne Versuche unterzogen, den historischen Weg des sowjetischen Volkes von partei- und klassenfremden Positionen aus zu beurteilen und die Bedeutung seiner sozialistischen Errungenschaften herabzusetzen. Gleichzeitig hat die Partei nachgewiesen, dass die dogmatischen Vorstellungen nicht stichhaltig sind, die jene großen, positiven Veränderungen ignorieren, die sich im Leben unserer Gesellschaft in den letzten Jahren vollzogen haben.«[92]

Das letzte war ein Seitenhieb auf die Skeptiker des Konzeptes vom entwickelten Sozialismus. Auch die oberste politische Instanz, der Generalsekretär, dokumentierte folglich die Regel: Während sich viele Systemkomponenten

---

90 Hösler, *Revolution*, S. 59
91 Minc, *Istorija Velikogo Oktjabrja*
92 *XXIV s-ezd*, S. 128

wandeln konnten, blieb die Mythologie erhalten. Es ist noch einmal zu sagen, dass dies nicht allein seinen Grund in der ideologischen Bindung der Geschichtswissenschaft hatte, sondern die Sowjetführung sah sich in einer zeitstrukturellen Zwangsjacke: Sie konnte unter den hier beschriebenen Bedingungen gar nicht anders, als die Mythologie aufrecht zu erhalten, andernfalls hätte sie ihr Experiment grundsätzlich in Frage stellen müssen.

Die Wiederkehr der Geschichte erfolgte unmissverständlich und unumkehrbar während der Perestrojka. Damit ist viel mehr und Grundsätzlicheres gemeint als mit dem Begriff von der »Umwertung der Geschichte«, der den Vorgängen ein Etikett geben sollte.[93] Er trifft nur dann zu, wenn man die Mythologie für Geschichte hält, der mit »Umwertung« noch in Zeiten ihres Kollapses eine ihre Existenz rechtfertigende letzte Ölung erteilt wird. Nichts Geringeres als die *Wiederkehr* der Geschichte war zu beobachten. Sie kam nicht so plötzlich, wie zu vermuten wäre, denn seit den 1960er Jahren hatten Literaten und Liedermacher Fragen an die sowjetische Geschichte gestellt. Sie waren es, die – weit abgeschieden von der professionellen Historie – in einem kleinen Intellektuellenkreis die Erinnerung an die Vergangenheit wach hielten. Aleksandr Solženicyns »Archipel Gulag« ist das spektakulärste Beispiel dieser vom Staat unterdrückten Schattenhistorie, auch Roj Medvedevs »Die Wahrheit ist unsere Stärke«.

Nun richtete sich plötzlich der Vorwurf der Falsifikation nicht mehr an die bürgerlichen Historiker *zarubežom* (auf der anderen Seite der Grenze), sondern an die eigene Adresse: Es gebe vermutlich »kein Land auf der Welt mit einer solch falsifizierten Geschichte wie bei uns.« Die Schlussfolgerung folgte prompt: »Das stalinistische Regime hat sich seine eigene Geschichte geschaffen.«[94] Es ging, in der Sprache der Perestrojka, um die Beseitigung der »weißen Flecken«, zuerst um die spektakulären Fragen wie das Zusatzprotokoll zum deutsch-sowjetischen Nichtangriffspakt vom 23. August 1939 oder die Morde von Katyn. Aber die gesamte Geschichte, das stellte sich blitzartig heraus, war ein einziges unendliches weißes Gebiet. Die Debatten und Selbstfindungsprozesse der Historiker jener Jahre bezeugen im wesentlichen eines, was sich massenhaft an Zitaten belegen lässt, greift man nur beliebig nach der damals veröffentlichten Literatur: Eine Geschichte hatte es nicht gegeben. Niemand, nicht einmal die Historikerzunft, hatte eine Ahnung davon. Gerade die professionellen Historiker aller Couleur bemerkten, dass sie jahrzehntelang geforscht und publiziert hatten, ohne der Geschichte auf die Spur zu kommen. »Alles Makulatur«!

93 Geyer, *Umwertung*

94 Afanas'ev, »Perestrojka«, S. 498

Der Boom an Publikationen zur Geschichte, der nun auch die Schwelle zur Zeit vor 1917 überschritt, die Veröffentlichungen ehemals verfemter Historiker, die Neuauflagen von Werken einiger wichtiger Historiker der Zarenzeit, die Übersetzungen historiographischer Literatur aus dem Westen – alles das zeugte davon, dass nicht Umwertung auf dem Programm stand, sondern die Wiederkehr der Geschichte. Dieser Prozess setzte sich fort, nachdem das Sowjetsystem kollabiert war. Nun brachen die Tische auf den Bücherbasaren unter der Flut historiographischer Publikationen zusammen. Der Schwall auch völlig haltloser Geschichtstheorien und Darstellungen zeugte davon, dass dieses Land auf der Suche nach seiner Geschichte war. Es hat sie bis heute nicht gefunden. Der gigantische Publikationsberg zur Geschichte seit 1985 ist der beste Beleg dafür, dass die Sowjetperiode eine Phase der Geschichtslosigkeit war. Die jahrzehntelange Betriebsamkeit an den Akademieinstituten und universitären Fakultäten für Geschichte sollte nicht darüber hinweg täuschen. Dass der ungeheure Aufbruch im Rahmen von *glasnost'* (Öffentlichkeit) die Geschichtslosigkeit endlich beendete, war unübersehbar.

Als Vadim Medvedev, der neue Leiter der ZK-Kommission für ideologische Fragen, im Oktober 1988 meinte, »wenn wir die sozialistische Perspektive ausarbeiten und die gegenwärtige Konzeption des Sozialismus formulieren, ist es auch unmöglich, von der Erfahrung der Menschheit im ganzen abzusehen«, glaubte er noch daran, dass die Wiederkehr der Geschichte dem sozialistischen Projekt auf die Sprünge helfen würde.[95] Schneller als von den neuen Machthabern erwartet, hatte die Wiederkehr der Geschichte und das plötzliche Auftauchen der Historiker aber den Systemzusammenhang und – nebenbei – auch die Legitimationsgrundlage unterminiert. Die Revision der Ansicht über den Stalinismus, der als strukturelle Grundlage nicht mehr nur positiv eingeschätzt wurde, hat die Regierung selbst in Gang gesetzt. Aber sie argumentierte mit Geschichte, indem sie zu den »guten« Anfängen bei Lenin zurück wollte. Wie rasch stellte sich heraus, dass dies ebenfalls nichts mit Geschichte zu tun hatte, sondern nur eine neue Form der Mythologie bedeutete. Dieser Ausgang war verschlossen durch die Geschichte und durch die Historiker, die nun ihren Namen verdienten. Die Sowjetunion unterlag der Historisierung, wie notgedrungen unvollkommen auch immer.

Kann eine Gesellschaft ohne Vergangenheit eine eigene Geschichte haben? Wenn wir die Ausführungen über die Zeitstruktur als Modernephänomen annehmen, dann müssen wir folglich auch das Problem der Geschichtslosigkeit als ein Merkmal der Moderne akzeptieren. Die Radikalität der Geschichtslosigkeit der Sowjetunion treibt Habermas' Satz von der Selbster-

95 Zitiert nach Segbers, *Systemwandel*, S. 338-339

findung der Moderne auf die Spitze. Zugleich zeigen sich die Nachteile der Geschichtslosigkeit für den Fortgang des Systems: Es konnte sich letztlich der Geschichte nicht entziehen, deren Teil es war; es sah sich deshalb genötigt, narrative »Dämme« gegen die Geschichte zu errichten und gleichzeitig die offiziellen Geschichtstempel gegen den kritischen Blick in die Innenräume zu schützen. Der Blick in die Geschichte war der Blick in ein blindes Fenster. Wieso sollte ein System eine Geschichtswissenschaft erlauben, wenn es sich der Geschichte entledigt hatte? Deswegen hingen der Status von Geschichte und Geschichtswissenschaft mit dem Wandel des Zeitverständnisses zusammen.

Die Sowjetunion konnte auf lange Sicht ebenso wenig geschichtslos bleiben wie sie die Vergangenheit auf Dauer wegzuschließen vermochte. Die Einsicht, dass darin eine gerade für die angeblich marxistische Sowjetunion eigenartige Ironie begründet lag, entzog sich sowohl den Herrschenden als auch der Mehrheit der zeitgenössischen Historiker. Sie scheint auch von den Modernetheoretikern nicht bemerkt worden zu sein. Blicken wir kurz auf die Argumente in diesem Kapitel zurück. Wir haben gesehen, dass die stalinistische Handlungszeit in die verstetigte Gegenwart überging. Zugleich betrieb die »Geschichtswissenschaft« ihr geschichtsverneinendes Geschäft als Selbstbeschreibung des Systems, während sich Erfahrungen des kurzen historischen Zeitraums des Sozialismusaufbaus einstellten. Was Koselleck die Diskrepanz von Erwartung und Erfahrung genannt hatte, bedeutete unter sowjetischen Umständen das Auseinanderfallen der kommunistischen Vision und die ernüchternde Unabänderlichkeit der Fakten. Gerade in diesem Vorgang liegt die Ironie für ein modernes und marxistisch-leninistisches System begründet, denn nach Stalin vergab sich das Regime der Möglichkeit, Geschichte und Zeit zu beherrschen. Die Zeit trat wieder in ihr Eigenrecht ein, indem sie Geschichte angehäuft hatte, was von den Kommunisten seit Brežnev zwar zur Kenntnis genommen wurde, wofür sie aber keinerlei Verwendung hatten. An die Stelle der Herrschaft über Zeit und Geschichte trat ihre Ignorierung. Auf diese Weise koppelte sich Geschichte als objektives Geschehen von den Narrativen, die lange Zeit ihren Platz eingenommen hatten, ab. Für die Objektivität des Geschehens besaß dieses System kein hinreichendes Sensorium, für ihr Erfassen keine angemessenen Instrumente. Daraus folgte zweierlei: Geschichte verlagerte sich als individuelle Erfahrung in die Mikrowelten des Alltags. Dort blieb sie gleichsam »hängen« und prägte den Bewusstseinsparochialismus der Sowjetbürger. Sie blieb unverbunden mit dem historischen Prozess außerhalb dieses Milieus. Hier aber entwickelte sich eine »Vorgänglichkeit des Geschichtlichen«,[96] die sich der Erfassung durch die institutionalisierten Beobachter entzog – eine Entfremdung, ja Selbstabschließung des Systems von einer es tragenden Geschichte überhaupt war die Folge. Je mehr dieser Prozess voranschritt, das heißt je mehr sich die Kluft zwischen der Geschichte und dem aller Geschichte entfremdeten System vertiefte, desto stärker wurde die Spannung zwischen beiden, die sich erst während der Perestrojka entlud. Dass dies einem marxistisch anmutenden System passierte, war die Ironie.

Wird man unter diesen Umständen weit ausgreifend formulieren dürfen, dass auf diese Weise die Sowjetführer von den Herrschern über Zeit zu Beherrschten der Zeit wurden? Auch in einem Begriff wie »Finalitätskrise«, der für die DDR geprägt worden ist und die zunehmende Unerreichbarkeit des Endziels Kommunismus zum Ausdruck brachte,[97] ist diese Spannung enthalten. Wenn die hier vorgetragene Idee der Abkoppelung der Geschichte von ihrer Beschreibung stimmt, dann trat das »abstrakte Prozedieren der Zeit«[98] in Kraft, dem das Regime nichts entgegenzusetzen hatte außer der zutiefst fatalistischen Erwartung, dass irgendwann die Geschichte über sie hereinbrechen werde. Dass diese »neue« Ereignishaftigkeit eine neue Geschichte stiften könne, kam aber niemandem in den Sinn. Was war dann aus dem emphatischen Fortschrittsglauben geworden? Wenn das bürgerliche Zeitalter die Geschichtswissenschaft und die Geschichtsphilosophie als Fortschrittsidee hervorgebracht hatte, so trug der Sozialismus beide zu Grabe. Wenn in der Perestrojka das gesamte Gebäude imaginierter Geschichte und ihrer Narrative als Selbstbeschreibung des Systems zusammenbrach, dann zeigte sich daran, dass Geschichte nicht nur subversiv wirken, sondern auch, dass ein System sich seiner Geschichte nur um den Preis seines Zukunftsverlustes entledigen kann.

---

96 Angehrn, »Zeit«

97 Meuschel, *Legitimation*, S. 221

98 Angehrn, »Zeit«, S. 82

IV. Gewalttätige Moderne

»Schwärzer als das ›Schwarzbuch‹« könnte die Überschrift über dieses Kapitel lauten. Seinerzeit hatte Nicolas Werth in dem Sammelband eine Beschreibung der Gewalttaten in der Sowjetunion gegeben, die an Deutlichkeit alles übertraf, was bis dahin zusammengetragen worden war.[1] Obwohl Werth empirische Befunde festhielt und nicht in antikommunistischer Absicht, sondern als Historiker schrieb, sind seine Ausführungen durch die Einleitung des Herausgebers Stéphane Courtois in diesem Sinne instrumentalisiert worden. Über das Buch ist viel und kontrovers diskutiert worden.[2] Courtois hat den Kommunismus generell als Verbrechen deklariert, was analytisch nicht weiterführt.[3] Werths Beitrag dagegen enthielt sich billiger Urteile und behauptete nicht, »der Kommunismus« in Person der Bolschewiki sei für Gewalt und Terror verantwortlich. Er beschrieb die schauerlichen Vorgänge und stellte wenig Fragen, vor allem nicht die nach der Kontextualisierung der Gewalt im Zusammenhang des 20. Jahrhunderts.

Dieses Jahrhundert forderte einen Blutzoll unter der Bevölkerung in Europa wie keines zuvor. Dazu trugen die verfeinerte Tötungstechnik, die verbesserte Massenwirksamkeit der Waffen, der Wille, sie einzusetzen, die Rationalisierung der Gewalt, die Entgrenzung des Krieges, die nationalistischen, ethnischen, rassistischen und sozialen Stigmatisierungen, Ausgrenzungen und Vernichtungen das jeweils Ihre bei. Während über gewaltfreie Prozeduren der Konfliktregelung nachgedacht und diese in geltendem Recht, zumindest aber in Vereinbarungen formalisiert wurden, steigerte sich die Ausübung von Gewalt in einem bisher nicht gekannten Ausmaß. Die Ansicht, im Verlauf der Modernisierung würden Konfliktregelungsmechanismen nicht zuletzt infolge eines Zivilisierungsprozesses mit verstärkter Affektkontrolle Gewalt mehr und mehr verschwinden lassen,[4] erwies sich als gutmütig.[5] Wer meinte, der Krieg

---

1 Werth, »Staat«

2 Vgl. für den deutschsprachigen Raum die Beiträge in Heft 6 der Zeitschrift *Osteuropa* 50 (2000); Altrichter, »Großbaustelle«

3 Courtois, »Verbrechen«

4 Elias, *Prozess*

als eine Form der Gewaltanwendung unter Staaten ließe sich mit gut gemeinten internationalen Verhaltensregeln hegen, täuschte sich. Statt dessen hat die Rationalisierung nicht nur der Affekte auch zu rationalisierten, zugleich raffinierteren Tötungsgründen, -arten und -techniken geführt. Es scheint nicht nur so, dass das blutige 20. Jahrhundert allen wohlmeinenden Anhängern der Vernunft und der Ideale der Aufklärung einschließlich der Verbesserung des Menschengeschlechts Hohn sprach, es ist eine unumstößliche Tatsache, dass die Moderne Gewalt in sich birgt und diese nicht aus sich ausschied. Das ist der negationistische Grundgedanke, der die »Dialektik der Aufklärung« mit den Kritikern der Zivilisationstheorie Norbert Elias' verbindet, wenn diese auch darüber hinaus sehr unterschiedliche Gedanken verfolgen. Die Unterstellung der Moderne, Aufklärung und Vernunft könnten Gewalt verhindern und Gesellschaften friedlich machen, ist von der Wirklichkeit ebenso wenig gedeckt wie die Ansicht, die freilich vorhandene Stärke der Aufklärung und Vernunft, die der Moderne inhärenten Gewaltpotentiale zu erkennen und sie kritisch zu reflektieren, bewirkten einen Ausschluss der Gewalt. Dennoch bleibt nichts anderes übrig, als weiterhin am Projekt der Gewaltvermeidung und -verhinderung zu arbeiten.

Erstaunlich ist nicht die Tatsache, dass die Moderne Gewaltpotentiale in sich trägt. Warum sollte sie eigentlich nicht? Bemerkenswert ist die späte beziehungsweise lange Zeit analytisch zu wenig verfolgte Einsicht in dieses Problem, obwohl der empirische Befund, nämlich Gewalt zwischen Staaten, sozialen Gruppen und Individuen, vom großen Krieg bis zur schulischen und häuslichen Prügelstrafe, offenlag.[6] Es war immer ein leicht zu durchschauendes Ammenmärchen, dass die Modernisierung durch Bildung, Demokratisierung, Individualisierung, zivile Werte und Normen sowie durch wirtschaftliche Verflechtung und Märkte die Gewalt vertreiben werde. Die historische Erfahrung spricht dagegen. Das bedeutet andererseits nicht, dass die Versuche zur Pazifizierung der Gewalt gescheitert seien, sondern lediglich, dass sie neben und zusammen mit Gewaltanwendung ungekannten Ausmaßes erfolgten. Man darf sich beide nicht als sich gegenseitig ausschließende Prinzipien vorstellen. Es ergibt keinen Sinn, von der Gewalt, manche sprechen von Barbarei,[7] als dem Gegenprinzip der Moderne zu reden, das den vormodernen, unzivilisierten und rückständigen Gesellschaften zueigne. Das Argument enthält unausgesprochen die These, dass – nachdem allein die westeuropäischen und nordamerikanischen Gesellschaften den Modernisierungs- und Zivili-

5 Dinges, »Formenwandel«; Duerr, *Mythos*; Bauman, *Moderne*; Miller/Soeffner (Hg.), *Modernität*; Joas, »Modernität«

6 Lindenberger/Lüdtke, *Gewalt*

7 Miller/Soeffner, *Modernität*

sierungsprozess »korrekt« durchlaufen haben, der sie modern und zivilisiert werden und die Gewalt ächten ließ – in diesen modernen und zivilisierten Gesellschaften nur noch eingehegte, kontrollierte und legitime Gewalt vorkomme und diese nicht von ihr ausgehe. Barbarei sei ausgeschlossen. Diese Ansicht ist mit Blick auf das 20. Jahrhundert in Europa und nach 1945 auf die mit Stellvertreterkriegen überzogene Dritte Welt eine unzulässige Selbstbeschreibung der westlichen Moderne und darüber hinaus zynisch. Dass diese durch die Geschichte nicht gedeckte Anmaßung durch die polare Nachkriegskonstellation nach 1945 noch gefördert wurde, die den freiheitlichen und modernen Westen dem diktatorischen und rückständigen Osten gegenüberstellte, kann man nur vermuten.

Die hier skizzierte Gewaltgeschichte hat nicht erst im 20. Jahrhundert begonnen. Ein Rückblick auf das 19. Jahrhundert zeigt, dass das Junktim von Modernisierung, Zivilisierung und Gewaltvermeidung eine Illusion ist. Gerade in den Zeiten der Rationalisierung, der Technisierung, des Heranbrechens der bürgerlichen Freiheiten und Werte und des Entstehens zivilgesellschaftlicher Verhältnisse wurde Gewalt nicht geächtet und schon gar nicht vermieden, sondern die Auseinandersetzungen erreichten quantitativ und qualitativ eine neue Stufe. Gewalt gab es nicht nur im rückständigen, von Nationalismen zerfressenen Ost- und Südosteuropa. Ihr Auftreten kann auch nicht nur daran liegen, dass nachholend modernisierende Gesellschaften der Gewalt besonders leicht anheimfallen, denn wie ließe sich diese These mit den Gewaltaktionen »zivilisierter« und industrialisierter Staaten im 20. Jahrhundert widerspruchsfrei erklären? Ist es nicht eher so, dass der Schrecken der zivilisierten Forscher späterer Jahrzehnte über Gewalt in den »rückständigen« Gesellschaften in das Wort nachholend gefahren ist, womit gewissermaßen die gute Modernisierung, das heißt die westeuropäische und nordamerikanische, doch noch gerettet werden kann? Nachholend soll hier bedeuten, dass die Relikte vormoderner Barbarei noch nicht wegzivilisiert wurden, was nur eine Frage der Zeit sei. In einer solchen Ansicht erhält sich der zukunftsoptimistische Modernisiererblick, der nicht wahrhaben will, dass Moderne und Gewalt keine Ausschlussprinzipien darstellen. Das bequeme Bemühen des Wortes nachholend hat einen theoriestrategischen Sinn: Das evolutionistische Fortschrittsparadigma wird nicht aufgeweicht, die theoretischen Annahmen über den Modernisierungsprozess werden bestätigt.[8] So zu denken verschafft ein gutes Gewissen: Werdet so wie wir, dann wird »so etwas« nicht wieder passieren. Das hat eher mit Geisterbeschwörung zu tun als mit Wissenschaft – was allem Anschein nach auch zur Moderne gehört.

8 Vgl. Joas, «Modernität», S. 17-18

In diesen Zusammenhang die Geschichte der Sowjetunion einzuführen, mag einigen als Fehlgriff erscheinen. Doch niemand wird bestreiten, dass das Sowjetregime von 1917 bis 1953 zu den brutalsten in der Geschichte zählt. Es hat keinen Sinn so zu tun, als läge das bolschewistische Experiment mit seinen grauenvollen Leichenbergen und Gewaltorgien abseits von Modernisierung und Moderne, oder als sei es ein ideologisch bedingter Betriebsunfall im Verlauf einer groß angelegten Modernisierung, den rückständigen Verhältnissen im östlichen Europa geschuldet. So zu argumentieren hieße, liebgewonnene Scheuklappen aufzulassen. Anstatt die Sowjetunion mit nicht stichhaltigen Argumenten aus der Gewaltgeschichte Europas auszugrenzen, ist es sinnvoller, sie unter dem Aspekt der Gewalt zu analysieren und sie im europäischen Gewaltkontext des 20. Jahrhunderts zu interpretieren. Noch während einer Sektionsdiskussion auf dem internationalen Historikerkongress 1995 in Montreal (Kanada) wies ein Mitherausgeber einer deutschen, gesellschaftsgeschichtlich ausgerichteten Zeitschrift jede Annahme der »Ansicht«, stalinistische Gewalt und Modernisierung könnten etwas miteinander zu tun haben, brüsk zurück. Auch in jüngerer Zeit ist dieser Zusammenhang durch geographische Peripherisierung der Gewaltphänomene und Psychologisierung der Täter verschleiert worden, anstatt konsequent gerade die Ambivalenz der Moderne, wie sie in der Gewalt in der Sowjetunion seit 1917 zum Ausdruck kommt, herauszuarbeiten.[9]

Die Hauptfrage in Anbetracht der Vernichtung, die zwischen 1917 und 1953 stattfand, lautet: Warum hat die sowjetische Moderne in ihren – modernetheoretisch unterstellten – pazifizierenden, zivilisierenden und humanisierenden Potentialen versagt, jene Potentiale, die sie als Erbe des 19. Jahrhunderts mit sich führte und mit deren Hilfe sie die bürgerlichen hohlen Zivilisationsversprechen überwinden wollte? Es handelte sich ja nicht um blanken Zynismus, wenn den Vertretern der russischen revolutionären Intelligenz, die sich an westeuropäischen Leitbildern nährten, eine bessere Welt für alle vorschwebte und wenn sie den Sozialismus im Kern auf das reduzierten, was er trotz eines komplizierten Theoriegebäudes sein sollte: die Verteilung der Reichtümer für alle.

Die einfachste Antwort lautet erstens, diese Potentiale habe es aus bestimmten Gründen, zum Beispiel wegen der zivilisatorischen Rückständigkeit Russlands, von vornherein nicht gegeben. Unbestreitbar gehörte Russland zu den Staaten und Gesellschaften der nachholenden Modernisierung, und niemand wird bezweifeln, dass die Gesellschaft, das politische System, die Wirtschaftsstruktur und das Bildungsniveau des Russischen Reiches, um nur ein

9 Baberowski, *Feind*; ders., *Terror*

paar Aspekte zu nennen, gegenüber entwickelten westeuropäischen Staaten deutlich zurückfielen. Doch was bedeutet diese Feststellung hinsichtlich der Gewalt? Sie aus diesen Rückständigkeiten mechanisch abzuleiten und dabei auf die vermeintlich vorhandenen Atavismen zu verweisen, wäre empirisch unzureichend und theoretisch flach. Keine traditionale oder »halbmoderne« Gesellschaft ist voller Gewalt, die sie in Blut ertrinken lässt. Das ist eine unausgesprochene Unterstellung der Modernisierungstheoretiker, die wenig von Ethnologie und Anthropologie verstehen. Geht man von der Ansicht aus, diese Meinung sei unzutreffend, so bleibt, zweitens, die Möglichkeit, dass bestehende regulative Prozeduren und gewaltvermeidende Schranken aus verschiedenen Gründen *nach* 1917, zum Beispiel wegen der Ideologie der autoritären Bolschewiki, nicht zum Zuge gekommen seien. Aber diese Argumentation schlägt eigentümliche Kapriolen, denn sie sagt zum einen, modernisierungstheoretisch nicht vorgesehene pazifizierende Potentiale seien in der vormodernen Verfassung Russlands vorhanden gewesen, nach 1917 jedoch unterdrückt worden. Im Sinne der Theorie ist das eine Überraschung, weil nun die gewalteingrenzenden und -vermeidenden Elemente von den modernen Bolschewiki ausgehebelt worden seien. Nicht nur, dass die argumentative Stringenz aufgegeben wird, wenn den Bolschewiki etwas zur Last gelegt werden kann – noch ein Hinweis darauf, dass die Modernetheorie implizite Vorannahmen mit sich trägt, die sichtbar zu machen es eines Paul Ricœur bedarf –, sie überlässt außerdem – theoretisch unbegründet und im Sinne der Modernisierungstheorie konzeptionell inkonsistent – den Akteuren die historische Bühne und negiert weitgehend die strukturellen Entwicklungen, die im Modernisierungsprozess zur Zivilisation führen. Letzteres ist zwar möglich und kann durch empirische Befunde auch begründet werden, passt aber nicht in das Konzept der Modernisierungstheorie. Das Ganze endet in Konfusion. Zu einfach wäre es andererseits, die Existenz von Gewalt grundsätzlich in ein Anti-Modernisierungstheorem münden zu lassen, um lediglich die Kehrseite zu beschreiben: Modernisierung sei Gewalt. Es geht nicht um die Denunziation der Moderne, sondern um das Begreifen ihrer Möglichkeiten.

1. Gründungsgewalt

Die Herrschaft der Bolschewiki begann in einem Moment der zunehmenden Auflösung, wie sie im ersten Kapitel umrissen wurde. Von der Gewalt war dort nicht ausführlich die Rede, weil es zuerst einmal darum ging, die Ausgangssituation zu verdeutlichen. Dass sich die skizzierten Vorgänge nicht friedlich vollzogen, ist bekannt. Gewalt musste nicht erst von den Bolschewiki erfunden werden, sondern sie gehörte vom ersten Moment an zur revolutionären Situation dazu. Deswegen ist es angemessen, von Gründungsgewalt in einem doppelten Sinne zu sprechen: als das gewaltförmige Milieu der Revolution in Petrograd, Moskau und vielen anderen Orten, das heißt als Gewalt der Straße, des Mobs, der Soldaten, sowie als von den Bolschewiki ausgeübte Gewalt und der ihr durch das Regime verliehenen Legitimation unter revolutionären Bedingungen. Darin eingewoben ist ein zentrales Problem der Entstehungsbedingungen der Gewalt in der Sowjetperiode überhaupt: Wie es nämlich den Bolschewiki gelungen ist, die massenhafte »revolutionäre« Gewalt, die sie weder hervorgerufen noch angeführt hatten, unter ihre Kontrolle zu bekommen, so dass sich nach einer Phase ubiquitärer Gewalt, von einer unüberschaubar großen Zahl von Personen, Gruppen und Institutionen ausgeübt, die Zentralisierung der Gewalt in den Händen des Regimes vollzog. Dieser Prozess setzte unmittelbar nach dem Oktober 1917 ein, spätestens aber mit der Gründung der *Tscheka* im Dezember 1917. Danach wird die Entwicklung insofern kompliziert, als sich dieser Vorgang unter den Bedingungen des Bürgerkrieges abspielte. Damit ist, will man das Problem auf geläufige Formeln bringen, die Frage der Erringung des staatlichen Gewaltmonopols in das Bürgerkriegsgeschehen mit seinen regulären sowie irregulären Truppen, Verbänden und Banden verwoben. Was aber auf den ersten Blick als Verkomplizierung aussieht, erweist sich im Nachhinein als Vereinfachung der Lage. Der Sieg im Bürgerkrieg klärte zugleich die Frage, bei wem die legitime revolutionäre Gewalt lag: zentralisiert beim bolschewistischen Regime. Die noch verbliebenen konkurrierenden Gewaltinstanzen, die sich ihm entgegenstellten, waren für die neuen Herren insofern gefährlich, als sie sich im Innern der bolschewistischen Macht befanden: die aufständischen Matrosen von Kronstadt und die Bauern von Tambov, um nur die größten Gruppen zu nennen. Aber ihre Beseitigung erfolgte bereits auf der Grundlage der etablierten Macht, die es sich sogar erlauben konnte, jenes revolutionäre Programm (»Kriegskommunismus«) zurückzunehmen, das in den Jahren zuvor den Hintergrund des erbarmungslos und extrem blutig geführten Kampfes abgegeben hatte. Der Vorgang der Zentralisierung der Gewalt ist der erste entscheidende Aspekt, der systematisch die Gewaltverhältnisse erschließt.[10]

Revolutionäre Gewalt, ausgehend von den Demonstranten Petrograds und den Soldaten, vornehmlich gegen die verhassten Polizisten und Offiziere,[11] trat nicht erst nach dem Oktoberumsturz in Erscheinung. Bereits nach der Februar-

10 Plaggenborg, »Gewalt«

11 Burdzhalov, *Revolution*, S. 129, 138, 163, 165 u.ö.; Pipes, *Revolution*, Bd. 1, S. 485-487

revolution drückte sich der kommende Pogrom in *častuški* aus, vierzeiligen Spottversen, in denen der Zar, »der Vampir«, »das Schwein« den Tod fand und Unternehmer ausgelöscht wurden. Die Revolutionslieder waren so aggressiv, dass ein französischer Beobachter ironisch schrieb: »Der Tenor forderte die Köpfe aller Adligen, der Sopran den Kopf des Zaren, und der Bass wollte keinen auslassen.«[12] Es blieb nicht beim Singen. Der erste Volkskommissar für Justiz in der Leninschen Koalitionsregierung, der Linke Sozialrevolutionär Isaak Štejnberg, meinte: »Die Akte politischer Selbstjustiz hatten – das muss gleich hier betont werden – schon im Anfang der russischen Revolution, im Februar/März 1917 Platz gegriffen.«[13] Orlando Figes stellt in seinem Buch über die Russische Revolution kategorisch fest: »Die gewaltsame Zurückweisung von allem, was mit der früheren Zivilisation zu tun hatte, war ein integraler Bestandteil der Februarrevolution.«[14] Es lässt sich keine exakte Tätergruppe ausmachen. Beispielsweise stürzten sich »von Blut und Mord erhitzte« Frauen auf einen von Matrosen gefangengenommenen Marineoffizier mit dem Ruf »Schlagt ihn tot! Einer weniger!« und brachten ihn um.[15] Nach der Beschreibung vergnügter Frauen beim Anblick eines Haufens entstellter Leichname mit Offiziers-Schulterstücken folgerte der Historiker Vladimir Buldakov, erschreckend sei nicht so sehr die Gewalt als vielmehr das Vergnügen, das sie bei den Frauen hervorrief.[16] Besonders Soldaten und Matrosen rebellierten und verübten Gewalttaten. Es kam zu »einer Art Sport«, bei dem Polizisten von Dächern gestürzt wurden.[17] Auf dem Lande verlief die Revolution vor dem Oktober für die Gutsbesitzer insofern verhältnismäßig glimpflich, weil die Bauern eher materielle Werte zerstörten als Menschen töteten.[18] Die Gewaltakte gegen Personen nahmen aber auch hier im Verlauf des Jahres 1917 zu, wobei nicht nur Gutsbesitzer, sondern auch Einzelhöfer (*chutorjan*) die Opfer waren. Inwiefern die miserable ökonomische Lage bei der Entstehung von Gewalt eine Rolle spielte, lässt sich nicht genau sagen. Die Verbindung von Hunger und Krieg, deren Kehrseite die revolutionäre Forderung »Brot und Frieden« lautete, braucht nicht erneut betont zu werden. Ohne selbst genug zu essen zu haben, waren es die Demonstranten, Soldaten und Bauern leid, als Kanonenfutter zu dienen.

---

12 Figes/Kolonitskii, *Interpreting*, S. 154-155

13 Steinberg, *Gewalt*, S. 30

14 Figes, *Tragedy*, S. 399

15 Buldakov, *Smuta*, S. 55

16 Ebd., S. 122

17 Steinberg, *Gewalt*, S. 30

18 Keep, *Revolution*, S. 186-216

Der schon zitierte Justizkommissar Štejnberg, Autor eines der wichtigsten Bücher über die Gewalt in Sowjetrussland, spricht von Tausenden von Opfern, die nach der Februarrevolution in Russland zu beklagen waren.[19] In Anbetracht von Mord und Gewalt forderte der Schriftsteller Maksim Gor'kij bereits im April 1917: »Es ist Zeit, in uns selbst das Gefühl des Ekels vor dem Mord zu entwickeln, das Gefühl des Abscheus gegen ihn.«[20] Ein anderer Zeitgenosse konstatierte während des Zusammenbruchs des *Ancien Régimes* zugleich den Wandel jeglicher Verhaltensnormen.[21] Schon Monate vor dem Oktober war die Enthemmung im Verhalten offensichtlich. In dem Maße, wie die Kontroll- und Sanktionsinstanzen wegbrachen, die »Massen« in einem Akt revolutionärer Eroberung die Straßen, öffentlichen Gebäude und Paläste besetzten und die Symbole der verhassten Ordnung stürzten, vollzog sich der Wandel zu einer schrankenlosen Gewalt, die diesem revolutionären Geschehen inhärent war.

Im Verlauf der Revolution breitete sich die spontane, situative Gewalt der Pogrome flächendeckend aus. Dabei steckten Revolutionäre in einem eigenartigen Dilemma. Die Forderung, den Krieg zu beenden, »wir wollen nicht mehr töten! Genug Blut ist geflossen!«, kontrastierte aufs Heftigste mit dem nur einen Augenblick später ausgerufenen »Macht sie nieder!« und anschließendem Mord.[22] Ob Štejnberg recht hat, wenn er meint, der von ihm sogenannte Volkszorn sei »stürmisch, aber nicht anhaltend«,[23] muss dahingestellt bleiben. Obwohl theorie- und ideologielos, war er dennoch tödlich. Die Erscheinungen revolutionärer Gewalt lassen sich kaum auf ein Gewaltkonzept zurückführen, zumal Gewalt auch von den Weltkriegsfronten ins Innere Russlands einzudringen schien.[24] Der zutreffende Begriff ist Pogrom.[25] Darin kam der Hass auf die Bessergestellten der Gesellschaft, die alten Autoritäten und ihre Repräsentanten zum Ausdruck. Grenzenlosen Hass auf alles, was sozial höher gestellt war als die Masse, und auf die Symbole der vorrevolutionären Welt, und seien sie noch so bedeutungslos, stellte der »weiße« General Denikin inkognito während einer Bahnfahrt fest.[26]

Nach dem Oktober 1917 nahm revolutionäre Gewalt an Umfang und Intensität zu und wurde zur Gewohnheit, ja zum Habitus, wie eine ausländische Zeitzeugin meinte.[27] Allein die Machtergreifung der Bolschewiki und die daraus resultierende Polarisierung der politischen Lager und sozialen Gruppen wird kaum

19 Steinberg, *Gewalt*, S. 30

20 Gorkij, *Gedanken*, S. 25-26

21 Buldakov, *Smuta*, S. 62

22 Burdzhalov, *Revolution*, S. 163; Pipes, *Revolution*, Bd. 1, S. 566-567

23 Steinberg, *Gewalt*, S. 31

24 Pethybridge, *Prelude*, S. 73-131

25 Bakulin, »Komponent«

26 Zitiert in Figes, *Tragedy*, S. 520

27 Goldman, *Disillusionment*, S. 259-260

ausreichen, um den nachfolgenden Prozess zu erklären. Mehrere Aspekte sind zu nennen.

Gewalt wurde ideologisch aufgeladen mit den Begriffen des Sozialismus und des Klassenkampfes. Der *buržui* (Bourgeois) wurde zum entmenschlichten und plakativen Feindbild. Wenn ein erregter Sozialist im Januar 1918 schrieb, dass »wir« alle *buržui* ausrotten sollten, damit das ehrliche russische Volk besser leben könne, so zeigte sich darin die über den moralisch legitimierten Rebellenakt gestülpte klassenkämpferische Phrase. Sie verstärkte die legitimatorische Basis für Gewalt nicht nur dadurch, dass sie die passenden politischen Begriffe an die Hand gab, um die bereits im Februar einsetzenden Gewaltakte zu rechtfertigen, sondern die Täter wussten sich auch in Übereinstimmung mit den nach dem Oktober herrschenden politischen Kräften. Entscheidend ist also, was mit dem Oktober 1917 an Neuem in die Gewaltgeschichte eintrat. Dieses Problem ist eindeutig an das historische Auftauchen der Bolschewiki an der Macht gekoppelt. Seit dieser Zeit wurde aus Klassenkampf Klassenkrieg.[28] Der Übergang einer Vokabel aus dem theoretischen Diskurs in ein Muster sozialen Handelns, der sich bereits im ganzen Jahr 1917 angedeutet hatte, fand nun seine Vollendung. Klassenkampf wurde in systematischer Weise physisch.

Die Tatsache, dass die führenden Bolschewiki kein durchdachtes, theoretisch abgesichertes Verhältnis zur Gewalt entwickelt hatten, trug zur Verschärfung bei. Klassenkampf und revolutionäres Handeln ohne Gewaltanwendung stellte sich ihnen als ein unlösbarer Widerspruch dar, der zu einer grundsätzlichen Gewaltbejahung führte. Mit diesem mentalen Gepäck zogen sie in die Revolution, die gerade der Gewalt den Garaus machen sollte, indem sie die als Gewaltverhältnis gedeutete kapitalistische Gesellschaft zerschlug und ihr gewalt- und repressionsfreies Gegenstück schuf. Zeitgenössische Beobachter haben daraus eine paradoxe Lage für die Bolschewiki beim Übergang zur Gewaltlosigkeit durch Gewalt gesehen und deren Handlungsdilemmata folgendermaßen beschrieben: »[...] nur noch ein letztes Mal benutzen wir Gewalt, um die Gewalt aus der Welt zu schaffen, und ein letztes Mal töten wir, um den Staat ohne Macht über Tod und Leben einzurichten«.[29] Aus der Tötung im revolutionären Pogrom, entstanden in einer untrennbaren Vermischung von Gewalterleiden, Radikalisierung, revolutionärem Selbstschutz, Hass auf die Herren und Verfall der Autoritäten sowie Rache an beiden, wie sie die »Massen« des Jahres 1917 praktizierten, wurde die sublime revolutionäre Gewalt im Dienste einer lichten Zukunft. Überspitzt lässt sich sagen, diese Gewalt tötete nicht, sie verteidigte das Leben.[30] Aber das

28 Fitzpatrick, »Revolution«

29 Flake, *Ende*, S. 38

30 Vgl. Baudry, »Approche«, S. 8

bolschewistische Gewaltparadox hat es nur in den Köpfen wohlmeinender »Bourgeois« gegeben, die nach den Massakern des Ersten Weltkriegs an eine Läuterung der Menschen glaubten. Aus der lichten Zukunft wurde nichts. »Die Geschichte der Sowjetzivilisation ist ein schrecklicher, in die Länge gezogener Krieg«, schrieb sechs Jahrzehnte nach der Oktoberrevolution ein russischer Schriftsteller.[31] Der sowjetische Physiker und Dissident Andrej Sacharov erwähnt in seinen Erinnerungen den Ausspruch seiner Großmutter aus den dreißiger Jahren, die – »so wie auch andere Menschen ihrer Generation« – häufig die Floskel »zu Friedenszeiten« benutzte – und die Zeit vor 1914 meinte.[32]

Seit dem Oktober flossen die revolutionäre Gewalt »von unten« mit der bewussten Verschärfung und zugleich klassenkämpferischen Aufladung der Gewalt »von oben« zusammen, wenn man es etwas schematisch ausdrücken möchte. Lenin hob nicht nur die Macht von der Straße auf, sondern er übernahm auch die Gewalt. Im Dezember 1917 verfasste er unter dem harmlosen Titel »Wie soll man den Wettbewerb organisieren?« eine Hasstirade gegen die »Sklavenhalter«, die »Lakaien des Geldsacks, die Soldknechte der Ausbeuter, die Herren bürgerlichen Intellektuellen«, die »Speichellecker der Fronherren« und rief zum »Kampf auf Leben und Tod gegen die Reichen und ihre Kostgänger, die bürgerlichen Intellektuellen, gegen die Gauner, Müßiggänger und Rowdys« auf. Blindlings schlug er auf alle ein, die nicht zum russischen Volk oder zum Proletariat zählten. War das der Appell eines Revolutionärs, der im agitatorischen Überschwang die Bodenhaftung verloren hatte, oder der kalkulierte Aufruf zum Mord im Namen der Revolution, denn für die »Feinde des Volkes, für diese Feinde des Sozialismus und der Werktätigen darf es keine Schonung geben«?[33] Anfang Januar 1918 notierte Lenin, dass »der Klassenkampf sich bis zum äußersten verschärfte und in den Bürgerkrieg umschlug, den einzig rechtmäßigen, einzig gerechten, einzig heiligen Krieg, nicht im pfäffischen Sinne, sondern im menschlichen Sinne des Wortes, in den heiligen Krieg der Unterdrückten gegen die Unterdrücker für den Sturz dieser Unterdrücker, für die Befreiung der Werktätigen von jeder Unterdrückung.« Das »Intellektuellengeheul« gegen die Gewalt, unter anderem in Gor'kijs Zeitschrift *Novaja žizn'*, bezeichnete Lenin als die »fortdauernde Kriecherei vor dem Geldsack«.[34]

Dachte Lenins Diktum der »systematische[n] Gewaltanwendung gegen eine ganze Klasse«[35] im Januar 1918 Stalins »Liquidierung der Kulaken als Klasse« von

31 Sinjawskij, *Traum*, S. 99
32 Sacharow, *Mein Leben*, S. 47
33 Lenin, *Werke*, Bd. 26, S. 402-414
34 Die Zitate ebd., S. 399-400
35 Ebd., S. 400

1929 vor? Man braucht darüber nicht zu spekulieren; die Bolschewiki liefern die Beweise für diese Verbindung selbst. Der soeben zitierte Text, der jede humanitäre Anwandlung als kapitalistische Verirrung brandmarkte, wurde erstmals am 22. Januar 1929 in der Pravda veröffentlicht. Im Dezember desselben Jahres verkündete Stalin seine Losung. Im Februar 1918 erließ Lenin das berüchtigte Dekret »Das sozialistische Vaterland in Gefahr«, in dem es hieß: »Feindliche Agenten, Spekulanten, Plünderer, Rowdys, konterrevolutionäre Agitatoren und deutsche Spione sind am Tatort zu erschießen.«[36] Štejnberg wandte sich unmittelbar danach an Lenin und fragte ihn erzürnt, wozu es überhaupt noch ein Justizkommissariat gebe, man könne es gleich in »Volkskommissariat für soziale Vernichtung« umbenennen. Damit hatte der Koalitionär der Bolschewiki Lenins Ansicht genau getroffen. Dieser antwortete, eben darum handele es sich, aber man könne es nicht so sagen.[37] Aber nicht nur deswegen waren »Verhaftungen in einigen Fällen von Erschießungen begleitet«, wie ein Täter Anfang 1918 notierte, sondern auch aus lokalen Begebenheiten heraus. In der Stadt und im Bezirk Osa im Ural erschossen die »Roten« im Winter 1917/18 bis zu 2000 Menschen. Die Intelligenz wurde gänzlich ausgelöscht.[38]

In ganz Russland breitete sich die klassenkämpferisch aufgeladene Gewalt aus. Lenin und die Bolschewiki waren die Stichwortgeber. Es ist eine Legende, dass der rote Terror nach dem Aufstand der Sozialrevolutionäre und dem Attentat auf Lenin im Sommer 1918 die Gewalt entfacht und grenzenlos gemacht habe. Sie existierte schon viel früher, etwa im Januar 1918: Im Ural nahmen Raub, Mord und Selbstjustiz epidemische Ausmaße an;[39] in Taganrog warfen Rote Garden 50 kämpfende Kadetten, die sich auf das Versprechen einer Amnestie hin ergeben hatten, bei lebendigem Leib in den Hochofen der nahen Metallfabrik; in Evpatoria auf der Krim massakrierten bolschewisierte Matrosen 800 Offiziere und »Bourgeois«, einige von ihnen auf bestialische Art; in Nižnij-Novgorod erschossen Tschekisten »bürgerliche« Geiseln; die Mönche des Aleksandr-Svirskij-Klosters in Olonec, die sich den Bolschewiki entgegengestellt hatten, wurden hingerichtet.[40] Nach der Ermordung des Petrograder *Tscheka*-Vorsitzenden M. S. Urickij im August 1918 gab das Zentralkomitee der Kommunisten die Losungen aus: »Sie töteten eine Person, wir töten Klassen«, oder »Für jeden Führer von uns – Tausende von euch«.[41] Für das Wohl des russischen Volkes könne man eine Millionen Menschen umbringen, zitierte Gor'kij einen Matrosen. Der desillusio-

36 Lenin, *Werke*, Bd. 27, S. 16
37 Leggett, *Cheka*, S. 56
38 Narskij, *Žizn'*, S. 238
39 Ebd., S. 220-221
40 Figes, *Tragedy*, S. 526-528
41 Smirnova, »Štrichi«, S. 40

nierte Schriftsteller gab daraufhin einen sarkastischen Kommentar, aus dem die mittlerweile dramatisch abgesenkte Tötungshemmung seiner Zeitgenossen zum Ausdruck kommt: »Ich halte diese Erklärung nicht für Prahlerei. Meiner Meinung nach lassen sich Massenmorde unter keinen Umständen rechtfertigen, aber ich glaube trotzdem, dass man es bei uns fertig bringen wird, eine Million ›freier Bürger‹ umzubringen. Vielleicht noch mehr. Warum sollte man sie nicht umbringen?«[42] Das wird sich auch Grigorij Zinov'ev gefragt haben, einer der wichtigsten bolschewistischen Parteimänner und Vorsitzender der Petrograder Parteiorganisation, der die Zahl um das Zehnfache erhöhte. Von der 100 Millionen Menschen zählenden Bevölkerung Sowjetrusslands seien 90 Millionen mitzunehmen, der Rest müsse vernichtet werden.[43] Mitnehmen wohin? In die lichte Zukunft, von der die Menschen träumten und die ihnen nach kurzer Zeit brutal zerstört wurde?[44] Nach dem Aufstand der Sozialrevolutionäre und dem Attentat auf Lenin ließen die Bolschewiki bis zu 6000 Geiseln erschießen.[45] Eine Sanktionierungsinstanz, die Gewalt in ihre Schranken gewiesen hätte, existierte nicht. Aus dem Tagebuch des Schriftstellers Isaak Babel' von 1920, der an der Front seine Notizen machte, ergibt sich, dass weder Offiziere noch der Politische Kommissar etwas gegen das Wüten der Mörder im Soldatenrock unternahmen. Wenn sich die Verwahrlosung mit zu erwartender Straffreiheit und mit einer von der neuen Regierung noch vorangetriebenen revolutionären Gewalt verband, dann war das Töten schrankenlos und de facto legal. So scheint eine Passage in dem Tagebuch besonders aufschlussreich. Der Held der beschriebenen Ereignisse ist ein Angehöriger der Avantgarde, Arbeiter der Petrograder Putilov-Werke, also aus der proletarischen Kaderschmiede der Revolution. Das bevorstehende Umbringen von Gefangenen spitzt sich zu in dem Ausruf, »ich mache das Pack nieder und werde mich nicht dafür verantworten.«[46] Ein *Tscheka*-Mann meinte: »Die Atmosphäre war so, dass jeder, der Exekutieren ohne Befragung für kriminell hielt, unvermeidlich als Konterrevolutionär verhaftet worden wäre.«[47]

»Revolutionäre« töteten massenhaft und häufig wahllos, beließen es dann aber nicht dabei. Der Feldzug gegen die »Feinde« setzte sich nach dem Umbringen fort. Von der Schändung der Leichname zarischer Offiziere war schon die Rede. Die historische und Kulturanthropologie wissen, dass es dabei nicht nur um Hass und Affekte geht, sondern dass Verstümmelung auch einen kulturellen Sinn hat,

42 Gorkij, *Gedanken*, S. 142
43 Legget, *Cheka*, S. 114
44 Stites, *Dreams*
45 Melgunov, *Terror*, S. 165
46 Babel, *Tagebuch 1920*. Aus dem Russischen übersetzt, herausgegeben und kommentiert von Peter Urban, Berlin 1990, S. 142
47 Brovkin, *Front Lines*, S. 139

der sich in der Art und Weise der Schändung sowie in den geschändeten Körperteilen ausdrückt. In Petrograd 1918 gingen »Rote« noch weiter. Sie verfütterten die Leichen erschossener Intellektueller an die Tiere im zoologischen Garten[48] und gaben damit kund, dass diese toten parasitären Klassenfeinde zum Schluss nicht nur einer nützlichen Sache zugeführt wurden, sondern sie tilgten die Existenz dieser *byvšie ljudi* (gewesene Menschen) vollkommen. Die Verachtung und Entwürdigung, die darin zum Ausdruck kam, besagte: für den Kannibalismus schon nicht mehr gut genug.

Entscheidend ist, dass der allgegenwärtige Pogrom nach dem Oktober eine staatliche Gewalt an die Seite gestellt bekam. Alle bisher zitierten Äußerungen und das Handeln der Bolschewiki liefen darauf hinaus. Jeglicher Pazifismus war in dieser Zeit nicht nur zum Scheitern verurteilt, er hätte seine Vertreter augenblicklich von der historischen Bühne gefegt. Wenn wir uns also dem Problem stellen müssen, dass politische Emigranten, die im Ausland das Gesetz achteten, plötzlich Massenmord anordneten, so ist dieser Kontext mitzudenken. Er entlastet nicht von der Verantwortung für das Handeln. Die neuen Herren, die bis zu ihrer Machteroberung in einem Verhältnis von Treiben und Getriebenwerden zur revolutionären Bewegung gestanden hatten, integrierten sofort nach dem Oktoberumsturz die Gewalt in ihre Politik. Ohne Erschießungskommandos keine Revolution, meinte Lenin.[49] Sie legitimierten alle 1917 begangenen Gewalttaten, die sie nicht organisiert und nicht angeleitet hatten. So ist nicht bekannt, dass auch nur ein Fall einer politischen Tötung zwischen dem Februar und Oktober nach dem Umsturz gerichtlich verfolgt worden wäre – vorausgesetzt sie geschah im Namen der Revolution und nicht von gegnerischer Hand. Eine Generalamnestie für revolutionäre Gewalttaten hat es nicht gegeben, auch später nicht. Eine solche Maßnahme wäre in der Tat ein Novum in der Geschichte revolutionärer Regime.

Mit dem Vorgang der Gewaltintegration in das Handeln des revolutionären Regimes und in seine Institutionen war das Problem der konkurrierenden Gewalt aber noch nicht geklärt. Nach der Oktoberrevolution mussten die Bolschewiki große Anstrengungen unternehmen, um die Gewalt der Straße zu kanalisieren und zu ordnen, wenn sie die Macht in einem Lande ausüben wollten, das nicht nur in völliger Auflösung begriffen war, sondern auch in einen Bürgerkrieg hineingeriet, das heißt in den bewaffneten Konflikt einer Vielzahl keineswegs nur politisch begründeter Lager, Gruppen, Banden. In den Monaten zuvor hatte die revolutionäre Gewalt neben dem zusammenbrechenden Staat unzählige Gewaltinstanzen entstehen lassen, die sich über das ganze Land hin verstreuten und die in ihren jeweiligen, zum Teil rasch wechselnden Wirkungsbereichen auch nicht

48 Gippius, *Peterburgskij dnevnik*, S. 54-55
49 Zitiert in Figes, *Tragedy*, S. 630

annähernd auf einen Begriff zu bringen waren. Das Problem bestand in der Vielzahl konkurrierender Gewaltinstanzen. Im Oktober verwandelte sich im Blick der Bolschewiki die revolutionäre Gewalt in unkontrollierte »Anarchie«. Genau an dieser Stelle ist das Umschlagen der Gewalt der Revolution in staatliche Gewalt einschließlich der konkreten Tötungsgewalt festzustellen. Aus der Gewalt der Massen wurde die Gewalt im Namen der Massen.

Bei den Bolschewiki vollzog sich also ein Umdenkungsprozess, in dessen Verlauf sie aus dem Sieg in der Revolution die Legitimation der nachrevolutionären Gewalt ableiteten und weiterhin so taten, als sei dies die ursprüngliche revolutionäre Gewalt. Der Etikettenschwindel scheint in ihren eigenen Reihen nicht reflektiert worden zu sein. Dieser hier beschriebene Prozess des Umschlagens von der Gewalt der Massen in die Gewalt im Namen der Massen hat die kulturelle Infrastruktur des Sowjetstaates auf dreifache Weise geprägt. Erstens definierte sich revolutionäre Gewalt seitdem als die Gewalt des Staates, was zugespitzt auf die zweideutige Formel hinauslief: Alle Gewalt geht vom Staate aus. Diese Gewalt enthielt »revolutionäres« Töten in mannigfachen Varianten. Zweitens: Indem die Bolschewiki die revolutionäre Gewalt usurpierten, mussten sie sie zwangsläufig behaupten, solange die Revolution gefährdet war. Der Zeitpunkt des Entsagens der Gewalt war damit in das Belieben der Verwalter der revolutionären Gewalt gestellt und von persönlichen, situativen und akzidentellen Faktoren abhängig. »Was dem erobernden Vorgänger nur Mittel war, wird dem Nachfolger zum Zweck«.[50] Drittens veränderte sich der Handlungsrahmen. Weil das Töten im Verlauf der revolutionären Bewegung des Jahres 1917 straffrei blieb, ergab sich daraus, dass jede »revolutionäre« Tötungstat legitim war, da der Staat die individuelle Verantwortung des Täters für eine Tat gerade dadurch leugnete, dass politische Tötungsdelikte von »Revolutionären« ohne jegliche strafrechtliche Verfolgung blieben. Als Matrosen im Januar 1918 die beiden Minister der Provisorischen Regierung, die Liberalen F. F. Kokoškin und A. I. Šingarev, im Gefängnishospital ermordeten, hat die Führung der Bolschewiki den Prozess gegen die Mörder niedergeschlagen.[51] Auch in anderen Fällen hielt es die neue Macht nicht einmal nachträglich für nötig, Persilscheine auszustellen. Sie ließ die Täter einfach laufen.

»Denn es war klar, dass diese vor kein öffentliches Volksgericht [im übrigen auch kein geheimes Gericht – S.P.] gestellte Selbstjustiz, da sie von der Sowjetregierung – von der zu dieser Zeit höchsten, nicht nur politischen, sondern auch moralischen Gewalt – nicht verurteilt, von dieser Regierung indirekt gebilligt wurde! Und der bestimmte Eindruck der Gesetz-

---

50 de Man, *Psychologie*, S. 346

51 Dumova, *Kontrrevoljucija*, S. 58, 66-67; Rosenberg, *Liberals*, S. 282-283 u. 287; Steinberg, *Gewalt*, S. 38-40

lichkeit, Zulässigkeit, Berechtigung dieser Tat hat sich damals in dem verwirrten, durch Millionen von Eindrücken zerrissenen Bewusstsein der Massen erhalten können.«[52]

Die Ermordung der Zarenfamilie bedeutete in diesem Zusammenhang keine neue »Qualität« der Gewalt, sondern ein spektakuläres (und ausnahmsweise gut dokumentiertes) Ereignis.[53] Was den Eindruck der Zulässigkeit angeht, ist es jedoch schwierig, eine Verbindung zwischen den Losungen der Bolschewiki und dem tatsächlichen Handeln bolschewisierter Einzelpersonen und Gruppen zu finden. Der *missing link* kann nur in einer sehr präzise geführten Untersuchung des Einzelfalles gefüllt werden, sonst bleibt der ursächliche Zusammenhang zwischen dem Wort des einen und der Tat eines anderen für Historiker unaufklärbar. Aber der Gedanke vom mimetischen Charakter der nicht eingeschränkten Gewalt ist zu naheliegend, um ihn von der Hand zu weisen. Das Handeln der Bolschewiki jedoch lässt sich besser erläutern, wenn man die soeben genannten Aspekte berücksichtigt. Der Sozialist Hendrik de Man hat das Problem erkannt, als er meinte, »dass Gewalt Gewaltmenschen erzieht, und dass Gewaltmenschen sich nicht dazu eignen, eine gewaltlose Ordnung herzustellen. [...] Wer auf den Sieg der Gewalt rechnet, gibt der Gewalt den Sieg – auch über sich selber.«[54]

Der ehemalige Justizkommissar Štejnberg hat den inneren Zusammenhang zwischen den Morden an Šingarev und Kokoškin und der Gewaltpolitik der Bolschewiki beschrieben, der die Gewaltverhältnisse der Sowjetunion in Zukunft charakterisieren sollte. Im Dezember 1917 hatten zwei Dekrete des Rates der Volkskommissare die Partei der Konstitutionellen Demokraten (»Kadetten«) zu Konterrevolutionären und »Volksfeinden« erklärt. Die Mitglieder der Führungsgremien seien zu verhaften.[55] Wenn daraufhin Matrosen die bettlägerigen, kranken und unbewaffneten ehemaligen Minister umbrachten, so sei diese Tat eine Folge der gesellschaftlichen Ächtung der führenden Kadetten durch die Bolschewiki. Hellsichtig brachte Štejnberg eines der zentralen Probleme der frühsowjetischen Gewalt auf den Punkt. Getötet werden nicht die als Personen indifferenten Opfer namens Kokoškin und Šingarev, sondern die Idee, die sie verkörpern. Hier findet sich der Anknüpfungspunkt an die Ausführungen zum Streit zwischen Lenin und Bogdanov. Im Jahre 1917 wurde die Personifizierung der Idee für die sie tragenden Personen tödlich. Das Dekret, so Štejnberg, »bedeutete, dass von nun an keine reale Person wegen eines realen Verbrechens angeklagt wurde und dass eine politische und soziale *Abstraktion* (›die Kadettenpartei‹) dem allgemeinen Verdacht, der allge-

52 Ebd., S. 40

53 Sokolov, *Ubijstvo*; Bulygin, *Murder*; Pipes, *Revolution*, Bd. 2, S. 679-750

54 de Man, *Psychologie*, S. 346

55 Altrichter, *Sowjetunion*, S. 62-65

meinen Wut ausgeliefert wurde, dass ferner die zu dieser Abstraktion gehörenden *Menschen* als lebende, leidende Wesen zu existieren aufhörten, dass das Volk im Augenblick seines Zornes oder seiner Ohnmacht seine Vergeltung gegen sie richten durfte. Mit diesem mit dem Geist des Sozialismus in schreiendem Gegensatz stehenden Akt sagte man den Massen zum ersten Male: bei euren gegenwärtigen oder künftigen Leiden seid ihr nicht mehr verpflichtet, nach der Schuld der Schuldigen zu forschen, die Schuld auch in *euch selber* und in den Bedingungen der Lage zu suchen, Institutionen umzubauen und die Klassenfeinde *sozial* unschädlich zu machen; ihr könnt einfach an einem gegebenen Sündenbock Vergeltung üben, euch direkt rächen und eure Feinde wie Kriminalverbrecher strafen und vernichten.«[56]

Das ist die entscheidende und entschleiernde Passage, die ins Zentrum der frühen Gewalt in Sowjetrussland hineinführt. Sie spricht nicht nur von der mimetischen Qualität der Gewalt, sondern auch von der Entmenschlichung der Opfer als Repräsentanten von Ideen, als Ideenträger oder auch nur als Symbole. Ebenso wie die materiellen Symbole des Alten stürzten, so fielen die menschlichen Symbole, für die das Sowjetrussische den Ausdruck *byvšie ljudi* fand, die gewesenen Menschen. Es bildete keinen Unterschied mehr, Zarenadler vom Giebel einer Behörde zu reißen oder zwei ehemalige Minister zu ermorden. Von daher erklärt sich auch der leichte und rasch vollzogene Übergang zu Opferkollektiven, die nicht mehr aus einzelnen Menschen bestanden, sondern als Repräsentationen etikettiert wurden. Kulaken hatten wie Zarenadler hatten kein individuelles Gesicht. Schließlich brachte Štejnberg auf den Punkt, dass den Bolschewiki jegliches Rechts- und Sittlichkeitsempfinden abhanden gekommen war. Die Zitate führender Bolschewiki, mehr noch das Handeln einschließlich des Schreibtischtäters Lenin, der Massenmord anordnete, sprechen eine deutliche Sprache. Die Frage ist, ab wann ihnen, den gebildeten Anzugträgern, die jahrelang in der westeuropäischen Emigration zugebracht hatten, diese (unterstellte) Sittlichkeitsforderung an das Handeln verloren ging. Es war ja auch nicht so, dass niemand sie daran erinnert hätte. Gor'kij ließ an Deutlichkeit nichts zu wünschen übrig, Rosa Luxemburg ebenfalls nicht. Aber alle Mahnungen prallten an den macht- und zukunftstrunkenen obersten Bolschewiki ab. De Man bezweifelte 1926, dass es »nur der Arm des Gesetzes sein [sollte], der den Klassenkampf daran hindert, mit den Mitteln des Massenverbrechens geführt zu werden – oder sind es innere sittliche Schranken? Ich glaube das letzte.«[57] Wenn schon nicht das Recht, dann doch die Moral – nach den Ereignissen in Sowjetrussland verbot sich dieser Zivilisations-

56 Steinberg, *Gewalt*, S. 35, Hervorhebungen im Original
57 de Man, *Psychologie*, S. 321

optimismus, der sich auf nichts gründen konnte als auf den Wunsch, dass es anders sein möge.

So standen die Bolschewiki am Anfang ihrer Geschichte in einem Modernedilemma, wie es klarer nicht zum Ausdruck kommen konnte, gerade jene Bolschewiki, die zum »zivilisierten« Teil der russischen Intelligenz gehörten, einer wie Lenin, der die Rechte studiert hatte, als Intellektueller gelten durfte und – wenn an dieser Stelle ein »dennoch« stünde, so wäre keine Schlussfolgerung aus der Geschichte des 20. Jahrhunderts und der Rolle der Intellektuellen im Zusammenhang der Gewalt gezogen, wie sie vielfach bezeugt ist und wovon auch die deutsche Geschichte einen starken Eindruck hinterlässt – eine Gewaltherrschaft errichtete, die ein schockierter Zeitgenosse als die »despotischste und erbarmungsloseste Staatsform, die wohl je die Erde gesehen hat«, charakterisierte.[58] In dem Vorgehen der Bolschewiki lag nicht nur der im zweiten Kapitel dargestellte, mit Begriffen der Sittlichkeit nicht zu beschreibende Verrat an der Revolution, sondern ein Signum der Moderne, wie es in seiner Brutalität im 20. Jahrhundert zum Ausdruck kam. Wirklich radikal sein, hieß das nicht, »die Sache an der Wurzel fassen, die der Mensch ist? [...] Aber heißt nicht das immer, die Wurzel auszureißen? Ist das nicht der Inhalt des zupackenden zwanzigsten Jahrhunderts? Kamen seine Verwirklichungen nicht Verwüstungen gleich, hat es nicht die Ideen verbraucht wie die Leiber oder, schlimmer gesagt, die Ideen realisiert, indem es die Leiber verbrauchte?«[59]

Worin aber liegt der Anteil des Bürgerkrieges an der Gewalt? Diese existierte freilich nicht nur auf Seiten der Bolschewiki. Intellektuelle, Bauern, Kinder, Frauen, Arbeiter, Juden, Sozialisten, Greise, Adlige, Geiseln, Kommunisten, Monarchisten, Geistliche, Häftlinge und Liberale kamen ums Leben, indem »man« sie erschoss, aufknüpfte, ersäufte, lebendig begrub, erschlug, erstach, ins Eis warf, folterte und verhungern ließ. Es gab Verstümmelungen, Vergewaltigungen, militärische Schlachten, Massaker, Einzeltötungen, Lynchjustiz, Massenmorde, Judenpogrome. Das Bestialitätenarsenal erhebt keinen Anspruch auf Vollständigkeit. Dass auch die »Roten« vor keiner Skrupellosigkeit zurückschreckten, ist bekannt. Die Bolschewiki und ihre Truppen kannten dabei keinerlei Maß. Davon zeugen die Geiselerschießungen, die im Verlauf des Jahres 1918/19 Massencharakter annahmen, die Massentötungen feindlicher Offiziere und Soldaten, etwa der Massenmord auf der Krim an den geschlagenen Vrangel'-Truppen im Winter 1920/21, bei dem circa 100.000 Menschen ums Leben kamen, der Kampf gegen »Banditen«, die sich in Gruppen zu mehreren Hundert oder sogar Tausenden

58 Mühlestein, *Russland*, S. 51

59 Der Schriftsteller Volker Braun in seiner Rede anlässlich der Verleihung des Büchner-Preises in: Frankfurter Allgemeine Zeitung, 30. Oktober 2000, S. 56

zusammengefunden hatten. Die Begriffe versagen im Angesicht des ungeheuerlichen Schlachtens. Die »Psychopathologie«, sei es des russischen Volkes, sei es der Bolschewiki und ihrer Führung, führt Historiker analytisch nicht weiter. Trifft sie zu?[60] Darüber hinaus wäre es falsch, lediglich die »rote« Gewalt in den Blick zu nehmen. So ist berechnet worden, dass die »Weißen« allein in den letzten sieben Monaten des Jahres 1918 in 13 Gouvernements 22.780 Menschen erschossen.[61] Bestialisch brachten sie hier und da ihre Gegner um.[62] Im Bürgerkrieg befand sich das Land in einem Zustand »totaler Gewalt«.[63] Die Unterscheidbarkeit von zivilen und militärischen Räumen sowohl geographisch als auch mental und sozial war aufgehoben. Indem der Krieg überall und fast gleichzeitig stattfand, wiewohl nicht gleichmäßig intensiv, bezog er die schnell wechselnden Frontgebiete und das Hinterland mit ein. Das Umbringen von Menschen wurde zu einer Normalität. Es war eingebettet in die Erfahrungen völliger Auflösung, von denen das erste Kapitel handelte. Menschenleben zählten nicht. Tötungshemmungen schienen bei vielen wie weggeblasen. Der emigrierte Soziologe Pitirim Sorokin meinte, »man tötete ohne jeden Grund«[64] und zitierte die *Krasnaja gazeta* (Rote Zeitung) vom August 1918: »Wir wollen nicht zu Hunderten töten, sondern zu Tausenden. Lasst unsere Feinde in ihrem eigenen Blut ersticken. Tötet soviel ihr könnt.«[65] Zusätzlich verschwammen die Grenzen zwischen politischer und krimineller Sphäre. Nur in Einzelfällen ist herauszufinden, welches Tatmotiv vorlag beziehungsweise überwog – das politische, räuberische oder auch das ethnische.[66] Einhegende Instanzen funktionierten nicht. Das einzige, was im Bürgerkrieg die Gewalt beschränkt, ist der Sieg einer Partei. Das muss nicht das Ende der Gewalt bedeuten.

Auf der höchsten Parteiebene sind die politischen und verbrecherischen Sphären nicht voneinander zu trennen. Lenin hat Erschießungslisten unterzeichnet[67] und mehrfach Massenmord angeordnet.[68] Die *Tscheka* war an ungezählten Mordaktionen beteiligt. Tausende von Geiseln und Gefangenen sind zwischen 1918 und 1921 erschossen worden. Sie standen dem revolutionären Fortschritt im Wege. Der Schriftsteller Ivan Bunin brachte die Logik des Handelns – die Gewalt

60 Buldakov, *Smuta*; Gorkij, *Gedanken*

61 Litvin, *Kazan'*, S. 23

62 Berelovič/Danilov, *Sovetskaja derevnja*, Bd. 1, S. 80; Katzer, *Bewegung*, S. 275-310

63 Pethybridge, *Prelude*, S. 96

64 Sorokin, *Soziologie*, S. 138

65 Ebd., S. 144

66 Holquist, »Mass Terror«; Kenez, »Pogroms«

67 Mel'gunov, *Terror*, S. 20-32; Leggett, *Cheka*, S. 101-120; »Krasnyj terror v gody graždanskoj vojny«, S. 17-18

68 Mel'gunov, *Terror*, S. 24, 43-87, 96-100; Leggett, *Cheka*, S. 103; Latyšev, *Lenin*, S. 57, 65-66; *Izvestija CK KPSS 1990*, H. 4, S. 192

im Namen der Massen – mit Hilfe einer rhetorischen Frage auf den Punkt: »Welches Maß außer dem kriminellen können diese Priester, Gutsbesitzer, Offiziere, Kinder, Greise, an die Revolution anlegen?«[69] Das machte gerade ihren Charakter als »gewesene Menschen« aus. Im Bürgerkrieg richteten die »Roten« ganze Gefängnisbelegschaften hin, wenn die »Weißen« vor der Stadt standen. Feliks Dzeržinskij, der zu Sowjetzeiten gerühmte Gründer und erste Chef der Geheimpolizei, das propagierte Idol der sowjetischen Jugend, gehört in die erste Reihe der Massenmörder des 20. Jahrhunderts. Eine Begebenheit bringt die vollständig aufgelöste Tötungshemmung vielleicht besser zum Ausdruck als Tausende von Erschießungen: als in einer Nacht im Jahre 1919 in Moskau wegen eines Missverständnisses zwischen Lenin und Dzeržinskij 1500 »Konterrevolutionäre«, die in den Moskauer Gefängnissen saßen, erschossen wurden.[70] Dzeržinskij kam gar nicht auf die Idee, Lenin könnte etwas anderes gemeint haben, als per Federstrich anderthalb Tausend Menschen umbringen zu lassen. Die alltägliche Normalität des Tötens und die vielfach praktizierte Kooperation der politischen Organe mit den terroristischen ließen den Vorgang zu einem Geschäftsgang werden, der sich von Maßnahmen zur Schulspeisung nicht unterschied. Sarkastisch brachte es ein Brief eines Sowjetbürger vom 14. April 1920 auf den Punkt: »Das Leben ist abscheulich, die ČK [Geheimpolizei – S.P.] ›arbeitet‹. Das Erholungsheim [Gefängnis – S.P.] ist voll. Genossen ohne Anführungsstriche gibt es nicht. Wer verhaftet wird, den ermordet man.«[71]

Nicht alle Taten sind von oben angeordnet worden. Häufig hat es ausgereicht, dass Habenichtse und Zukurzgekommene Macht erhielten, von der sie vorher nicht zu träumen gewagt hatten. Mitglied bei den »Roten« zu sein, erhöhte den Status, das Einrücken in bestimmte Funktionen und Positionen verleitete dazu, Macht auch physisch auszuüben. So konnte es geschehen, dass ein Halbwüchsiger in einer dörflichen Gesellschaft zum Boss wurde und damit die tradierten Regelwerke brach, nur weil er bei den Bolschewiki war.[72]

Dem gewaltsamen Handeln und der Sprache der Gewalt stand ihre Visualisierung zur Seite. Auf zahlreichen Plakaten dieser Zeit findet sich ein ebenso drastischer wie deutlicher Aufruf zur Gewalt.[73] Unverhohlen wird mit Freude gemordet. »Rote« Bajonette stechen in Kapitalistenbäuche, auf einer »roten« Lanze stecken »Weiße« wie Fleischstückchen auf einem Schaschlikspieß, Köpfe werden mit der Sense abgemäht. Zumindest hier ist der *missing link*, von dem zuvor die Rede war, graphisch aufgelöst. Das Töten auf den Bildern gab die Losungen, die

69 Bunin, *Okajannye dni*, S. 162
70 Figes, *Tragedy*, S. 647; Narskij, *Žizn'*, S. 238
71 Ebd., S. 322
72 Tschudi, »Nagajka«
73 Plaggenborg, »Weltkrieg«; ders., »Gewalt«, mit Abbildungen

Täter und die Opfer wieder. Ist es in Anbetracht der Taten, der Worte und der Bilder gerechtfertigt, von einem Blutrausch zu sprechen? Dieser Begriff verschiebt die Gewalt ins Archaische, Irrationale, für Historiker wissenschaftlich nicht Erschließbare. Wir wollen statt dessen lieber von einem revolutionären Tötungskult sprechen, der sich in Anbetracht der hier skizzierten Verhältnisse des massenhaften Umbringens herausbildete. Darin liegt eine spezifische Hervorbringung dieser Jahre. Das revolutionäre Töten wurde schon vor dem Bürgerkrieg sublimiert. Diese Tendenz verstärkte sich noch, nachdem er auf Touren gekommen war.

Der Tötungskult operierte mit klaren Bildern und Gedankenketten.[74] Die Welt ist bevölkert von menschlichen Ungeheuern. Das Töten dieser Monster ist legitim, ja geschieht freudig. Fast alle Feinde der »Roten« sind dickleibig und feist und verkörpern damit das biologistisch in Szene gesetzte Symbol der Ausbeutung, des parasitären Lebens ohne Arbeit (Kapitalist) oder der parasitären Ideologie (Pope). Die Stilisierung des Gegners zur degenerierten und gefährlichen Bestie markiert die soziale Gefährlichkeit nicht des Individuums, sondern des feindlichen Kollektivs der Popen, Kapitalisten, Gutsbesitzer. In der Darstellung ist der Kollektivtypus ein pathologischer Fall. Seine Erscheinung weist ihn – sichtbar an Trinkernasen, Stiernacken und Fettwülsten, häufig negroiden Gesichtszügen – als krank, sozial und ethnisch fremd aus. Die Kombination des äußeren Erscheinungsbildes dieser denaturierten Ungeheuer mit ihren Taten oder allein ihr Auftreten suggerierten einen inneren Zusammenhang: Wer so aussieht, ist auch mental krank. Er handelt gegen die Gesellschaft der Gesunden. Da er die Gesellschaft der Gesunden zerstören will, muss er vernichtet werden. Der Gegentypus des Proletariers, Bauern oder Rotarmisten tritt folgerichtig stets als in Antlitz und Körperbau vor Kraft und Gesundheit strotzende Figur auf.

In der Darstellung der politischen und militärischen Feinde, der Klassen- und der weltanschaulichen Gegner schlichen sich auf diese Weise Merkmale ein, die mit politischen Argumenten kaum noch etwas gemeinsam hatten, um so mehr aber mit biologischen. Der Feind war mehr als »nur« Gegner, er war ein Kranker, eine Ausgeburt, ein Geschwür am Körper der Menschheit. Wer so aussah, durfte liquidiert werden. Darüber täuschen auch »satirische« Darstellungen nicht hinweg. Je länger der Bürgerkrieg dauerte, desto intensiver wurde die Blutpropaganda. Ihren Höhepunkt erlebte sie im Verlauf des polnisch-russischen Krieges 1920/21. Unverhohlen riefen die Plakate zum Töten auf.

Die Bilder zeigen deutlicher als Texte, wie sich revolutionäre Gewalt in staatlich legitimiertes Töten verwandelte. Hier wird nicht spontan getötet, hier findet kein Pogrom statt, sondern der Mord geschieht im Dienste der Partei,

74 Plaggenborg, *Revolutionskultur*, S. 163-186; ders., »Weltkrieg«; ders., »Gewalt«

der Sowjetmacht, der Zukunft. Offensichtlich verbinden sich hier zwei Ebenen: die revolutionäre Gewalt, die in staatlichen Terror umschlägt, und die von einigen Intellektuellen und Künstlern in eine millenarische Bildsprache übersetzte Dimension von Revolution und Kampf als menschheitsgeschichtlichem Neuanfang. Kampf, oder schlichter ausgedrückt: Töten war eine Erlösungstat.

2. Unerwünschte Pazifizierung

Blicken wir kurz zurück: Im ersten Kapitel war von den Strukturauflösungen und Traditionsverlusten die Rede. Als wäre dies noch nicht genug der Katastrophen, rückte im vorigen Abschnitt die allgegenwärtige Gewalt der frühen sowjetischen Geschichte in den Blick. Wie sollte nach diesen Verheerungen eine befriedete Gesellschaft entstehen? Die Fortdauer gewalttätigen Handelns über die unmittelbare Phase des Bürgerkrieges hinweg war in dem Maße wahrscheinlich wie Individuen oder soziale Gruppen nach den Bestialitäten der revolutionären Pogrome und des Bürgerkrieges nicht ohne Weiteres ins friedliche Leben zurückkehrten. Es ist zweifelhaft, von Rückkehr zu sprechen, wenn die Beteiligten die friedliche Gesellschaft nicht kennen gelernt hatten. Für die Bolschewiki galt Ähnliches: Wie, wann und warum sollte das Regime von der »bewährten« Gewalt Abstand nehmen, nachdem es das Gewaltmonopol usurpiert und gnadenlos gegen alle denkbaren Gegner einschließlich der ehemals treuesten Revolutionäre und der Arbeiter eingesetzt hatte? Wie konnten die staatlichen Institutionen und administrativen Verfahren, durch die Gewalt ausgeübt wurde, wie die Mentalitäten der Sowjetbürger nach *diesen* Erfahrungen der vorangegangenen Jahre pazifiziert werden?

Nur eine pessimistische Antwort scheint auf diese Fragen möglich, um so mehr, als jüngere Forschungen über die »Urkatastrophe« des Ersten Weltkrieges zeigen, wie wenig auch im Westen die Pazifizierung der Gewaltverhältnisse gelang und wie sehr dieses Defizit die politischen Verhältnisse besonders der Weimarer Republik zutiefst verstörte.[75] Der Blick auf Weimardeutschland verstärkt die Plausibilität, dass unter den Bedingungen der Urkrise Sowjetrusslands, die weitaus heftiger ausfiel als in Deutschland, eine Pazifizierung der sowjetischen staatlichen und Parteiinstitutionen und ihres Handelns sowie der Mentalitäten vieler Sowjetbürger kaum zu erwarten war. Wenngleich die unterschiedlichen Fälle nicht zu gleichen Ergebnissen führen müssen, so wird durch die empirischen Befunde der Analogieschluss doch gestützt.

75 Hirschfeld/Krumeich, *Mensch*; Mommsen, *Der Erste Weltkrieg*

Befriedung hätte dann einsetzen können, wenn Staat und Gesellschaft Verfahren gefunden hätten, Gewalthandeln wenn schon nicht zu verhindern, so doch zu ächten und zu bestrafen, wenn Gewaltinstitutionen abgeschafft und Gewalt sittlich in Frage gestellt worden wären, wenn die praktizierte Gewalt nicht nur mit den Mitteln der Staatsmacht, die sich selber der Gewaltanwendung hätte entheben müssen, unterdrückt, bekämpft und sanktioniert, sondern auch in für die Betroffenen physisch schmerzlose symbolische Formen »übergeleitet« worden wäre. Aber es gab kaum Versuche der Pazifizierung, obwohl das Recht kodifiziert und ein verbindliches Strafrecht geschaffen wurden. Die Optionen gewaltsamen Handelns blieben im Kern bestehen.

Während die Bolschewiki die Maßnahmen beschlossen, welche unter dem Begriff Neue Ökonomische Politik (NĖP) zusammengefasst werden sollten, schlugen sie mit großer Brutalität den Aufstand der Kronstädter Matrosen, der ehemaligen Verbündeten der Bolschewiki, nieder und sprachen anschließend drakonische Urteile aus: 6528 Personen wurden verhaftet, 2168 Menschen erschossen und im Vergleich dazu »nur« 1955 Personen ins Lager geschickt.[76] Während das Land im Sommer 1921 in die Hungersnot trieb, »befriedeten« bolschewistische Truppen die Bauern im Gouvernement Tambov, denen nichts als der Aufstand geblieben war. Vladimir A. Antonov-Ovseenko, ein hoher Bolschewik, »zog alle Register: Geiselnahme, Hinrichtung, Internierung in Konzentrationslagern, Ausrottung durch Giftgas und Deportation ganzer Dörfer«, die unter dem Verdacht standen, mit den Aufständischen gemeinsame Sache gemacht zu haben.[77] 1939 wurde er hingerichtet. Aber nicht deswegen. General Tuchačevskij ordnete an: »Die Wälder, in denen sich Banditen [Aufständische – S.P.] verstecken, sind mit Giftgas zu räumen. Alles ist so zu berechnen, dass die Gaswolke in den Wald eindringt und alles, was sich darin versteckt, ausrottet.«[78] Der Befehl wurde nach Protesten von hohen Bolschewiki zurückgenommen. Stalin ließ den tüchtigen Militär 1938 erschießen. Aber nicht deswegen. Die Bauernaufstände im sibirischen Gouvernement Tjumen' im Frühling 1921 sowie in Karelien im Herbst des Jahres wurden brutal niedergeschlagen.[79] Allein 1922, noch immer rebellierten Bauern, wurden im Gouvernement Vjatka 8.969 Personen, im Gouvernement Nižnij-Novgorod 6.642, im Gouvernement Nördliche Dvina 5.415 Personen verhaftet.[80] Die Angst vor »antisowjetischen Parteien« und ihren Mitgliedern geisterte 1924 durch die Ukraine und veranlasste die in GPU umgetaufte *Tscheka*, der »Verstärkung der Verschwörung« auf den Grund zu gehen,

76 *Kronštadtskaja tragedija 1921 goda*, S. 122

77 Werth, »Staat«, S. 133

78 Ebd.

79 Berelovič/Danilov, *Derevnja*, Bd. 1, S. 41

80 Ebd., S. 48

wobei der GPU-Vorsitzende es für besser hielt, die Übeltäter nicht vor Gericht zu stellen, sondern gleich administrativ zu verschicken.[81] Das alles geschah unmittelbar während des Übergangs zur NĖP.

Die NĖP mit ihren Kennzeichen Naturalsteuer, *chozrasčet* (wirtschaftliche Rechnungsführung) und *smyčka* (Bündnis zwischen Arbeitern und Bauern) definierte hinsichtlich der Gewalt keine strukturell andere Politik der Bolschewiki. Die »Atempause« erwies sich als ein Luftholen vor einem neuen gewalttätigen Aufbruch. Die NĖP hat keine befriedete Gesellschaft zustande gebracht. Das Regime unterließ es, den Bürgerkrieg institutionell, organisatorisch und symbolisch zu beenden. Stattdessen hielt das Regime den Sieg, das Siegerpathos, seine Legitimation vor der Geschichte und der Bevölkerung, die gesamte »heroische Periode«[82] wach und mobilisierte sie ständig neu. Allein die Rote Armee wurde personell verkleinert. Der Krieg endete nicht; die Kriegsschauplätze verlagerten sich. So setzte sich der Kriegszustand, dem die Bolschewiki Macht und Herrschaft verdankten, mit verminderter Kraft im Innern und offen an der Peripherie fort.[83] Die Bolschewiki haben die Gewalt und die sittliche Überhöhung der revolutionären Gewalt nach 1921 weder aufgegeben noch verringert, sondern auf andere Felder verschoben und nunmehr die wirtschaftliche Aufbauarbeit propagandistisch in den Vordergrund gestellt. Es ist Zeit, sich von der Vorstellung der »schönen« NĖP zu verabschieden, von einer Illusion, die von den wirtschaftlichen Zugeständnissen, der wirtschaftlichen Erholung besonders im Agrarbereich, der scheinbaren Verrechtlichung, dem Aufblühen der Künste und Literatur unter späteren Historikern hervorgezaubert wurde. Es ist nicht in Abrede zu stellen, dass sich die Verhältnisse entspannten, dass die Künste blühten – nachdem große Teile der Intelligenz aus dem Land geworfen und zahlreiche Künstler emigriert waren. Ist die Begeisterung über die zurecht groß zu nennende Kunst der 1920er Jahre in Sowjetrussland nicht zugleich die Unfähigkeit, über die riesigen Verluste, über die getöteten, verschollenen, verstummten, emigrierten, im Ausland ausharrenden Künstler zu trauern? Ist der Enthusiasmus nicht die zweifelhafte Freude darüber, dass die Bolschewiki diese Kunst nicht sofort verboten und die Künstler umbrachten, in den Selbstmord trieben, ins Lager steckten und in die Gefängnisse, mundtot machten, zensierten und Aufführungsverbote verteilten. Wir Historiker einschließlich der Kunsthistoriker freuen uns über die »große Utopie« und ihre Hervorbringungen und beschreien ihren Tod durch Stalin. Aber wir machen uns nicht genügend klar, dass sie von der Gnade der vorübergehend gemäßigten Bolschewiki und einiger Schöngeister unter ihnen abhing. Die NĖP

---

81 Šapoval/Pristajko/Zolotar'ov, *ČK-GPU-NKVD*, S. 230-231

82 Kricman, *Periode*

83 Baberowski, *Feind*

war die kleine Freiheit auf Abruf, die den Umständen geschuldete defensive Revolution, die wenige Jahre später für die Sowjetbürger unerbittlich und offensiv »von oben« fortgesetzt wurde. Wie lange denn dauerte die eigentliche NĖP? Wenige Monate, nämlich 1924/25.

Die Bolschewiki hatten den Bürgerkrieg gewonnen. Der Sieg rechtfertigte ihren Weg vor der Geschichte. Die Mittel hatten sich bewährt. Dass weder die Partei noch die »Gesellschaft« daraufhin eine Gewaltdebatte führten, ist verständlich. Ein zentrales Problem der Revolution wurde so unter den Teppich gekehrt. Es hat den Anschein, als fehlte den Bolschewiki die Einsicht vermittelnde Erfahrung der Niederlage, aus der die Beschäftigung mit der Gewalt zu erfolgen hätte. Es muss einen Grund haben, dass nicht sie, sondern die Verlierer die Gewaltfrage stellten. Die neuen Herren dagegen pflegten das Pathos der »eisernen Disziplin« und »das süße Wort ›Genosse‹, wie flüssige Lava der Fabrik geboren und hier, auf dem Felde des Revolutionskrieges, gehärtet durch Opfer und Tod«.[84] Dass der sublimierte Tod das Töten enthielt, passte nicht in den entstehenden Heldenmythos.

Für den Historiker Roger Pethybridge war evident, dass der Krieg das sowjetische Leben infiltriert und dass Lenin den »langen Schatten« unterschätzt hatte, den die Ehe der Bolschewiki mit der Gewalt auf die Zukunft des Sowjetstaates warf.[85] Pethybridge beschreibt die überall durchdringenden indirekten Einflüsse der Kriegszeit auf zivile Institutionen. Er zitiert Bucharin, der meinte, dass die Brutalisierung des damaligen Lebens ein Ergebnis unglaublich grausamer Kriege sei, gleichgültig ob imperialistischer oder Bürgerkrieg. »Das Kämpfen dauerte sechs Jahre, von 1914 bis 1920. Wir kommen nur langsam davon weg.« Pethybridge kommentierte lakonisch: »Im letzten Punkt irrte er.«[86]

Gewalt setzte sich fort in den Aktionen antireligiöser Radikaler,[87] in den Verhaftungen, Erschießungen und Verbannungen von Geistlichen und Gläubigen *nach* dem Bürgerkrieg.[88] Während der antikirchlichen Kampagne 1922 wurden nach kirchlichen Quellen 2691 Geistliche, 1962 Mönche und 3447 Nonnen umgebracht.[89] Gewalt zeigte sich in der massenhaften Kriminalität in den Städten und auf dem Lande, unter den Millionen von verwahrlosten Kindern, die durch die Lande streiften,[90] im Massenphänomen des Hooliganismus,[91] in den

84 Rejsner, »Staroe«, S. 278
85 Pethybridge, *Prelude*, S. 86
86 Ebd., S. 111
87 Plaggenborg, *Revolutionskultur*, S. 315-342; Peris, *Heavens*; Luukkanen, *Party*
88 Curtiss, *Kirche*; Pospielovsky, *Church*, Bd. 1
89 *Russkaja pravoslavnaja cerkov'*, S. 69
90 Weitz, *Materialien*, 2 Bde.; Ball, *Soul*
91 Wellmann, *Militanz*; Gorsuch, »Chairs«

Selbstmorden Jugendlicher,[92] wohingegen das Regime pauschal den Enthusiasmus der Jugend für den Kampf für den Sozialismus auszunutzen hoffte.[93] »Man muss einen vollkommen instinktiven leidenschaftlichen Hass gegen die Klassengegner anerziehen«, steht in einem 1925, zur Blütezeit der NĖP, publizierten Sammelband, der sich mit dem programmatischen Titel *Kakim dolžen byt' kommunist. Staraja i novaja moral'* (Wie der Kommunist sein soll. Die alte und die neue Moral) besonders an die Jugend wandte.[94] Wenn ein *buržui* (Bourgeois) die Sowjetrepublik beleidige, dann »muss man ihm sofort in die Fresse hauen« und »verzeihen darf man ihm das nicht«, dozierte Lenins »Liebling der Partei« Nikolaj Bucharin.[95]

Das hätten zahlreiche Bauern gern auch den Bolschewiki angetan. Die eigentliche Zielgruppe der NĖP sah sich gegen Ende der 1920er Jahre den staatlichen Repressionen erneut ausgesetzt. Entsprechend waren die Reaktionen. Den »Fluch über die Tyrannen und Peiniger« der werktätigen Bauernschaft sprach ein bäuerlicher Leserbriefschreiber am 13. August 1928 aus und verdammte ausgerechnet den Vorsitzenden des Rates der Volkskommissare, den »rechten« Befürworter der NĖP, Rykov, sowie das bauernfreundliche Staatsoberhaupt »Kalinin und seine ganze Bande.« Das tautologische »Menschenmörder« (*čelovekubijca*) gebrauchte er, um seiner Abscheu Ausdruck zu verleihen. »Niemals gab es solche Übeltäter wie euch.«[96] Der Brief wurde seinerzeit selbstverständlich nicht veröffentlicht.

Gewalt setzte sich besonders fort in den Handlungen staatlicher Stellen, von Parteifunktionären oder selbsternannten Vollstreckern des revolutionären Willens. Die im Bürgerkrieg geschaffenen »Truppen zur besonderen Verwendung« (*Časti osobogo naznačenija*, ČON) bestanden als irreguläre Territorialmilizen von KP- und Komsomolmitgliedern fort. Sie existierten bis 1924.[97] Sie stellten noch ein vergleichsweise geringes Übel dar. Am 17. Juli 1922 schrieb Lenin einen Brief an Stalin, in dem er die Ausweisung politischer Gegner veranlasste: »Wir reinigen Russland für lange Zeit. [...] Raus mit ihnen aus Russland. Das muss sofort erledigt werden. [...] Einige Hundert verhaften und ohne Angabe von Motiven – gute Reise, meine Herren!«[98] Anlässlich des Todes Lenins 1924 schlugen einige Bolschewiki vor, gleich alle Sozialrevolutionäre prophylaktisch zu erschießen.[99] Es blieb in diesem Falle nur bei Worten.

92 Kuhr-Korolev/Plaggenborg/Wellmann, *Sowjetjugend*

93 Kuhr-Korolev, *Helden*

94 Bucharin, »Vospitanie smeny«

95 Ebd., S. 24; ders., »O starinnych tradicijach«

96 Sokolov, *Golos naroda*, S. 207

97 Sakwa, *Communists*, S. 130

98 Šapoval/Pristajko/Zolotar'ov, *ČK-GPU-NKVD*, S. 229

99 *Neizvestnaja Rossija. XX vek*, Bd. 4, S. 13

Die Gewaltgeschichte der NÈP liest sich aber noch anders. Die Gewalt wurde ethnisch. Bereits 1919, während des Bürgerkrieges, waren die Kosaken zum Opfer eines Völkermords geworden. Pauschal als Feinde der sozialistischen Ordnung und Sowjetmacht gebrandmarkt, haben rote Truppen die Don- und Kubankosaken einer rigorosen Ausrottungspolitik unterworfen mit Hinrichtungen und Erschießungen sowie Deportationen mit hohen Verlusten während der Transporte.[100] Im Zuge der Ausdehnung des Sowjetimperiums während der frühen zwanziger Jahre gerieten auch andere Völker in die Gewaltspirale, auch im islamischen Mittelasien.[101] Während des Bauernaufstandes 1924 in Georgien, vom Georgier Sergo Ordžonikidze niedergeworfen, wurden 12.578 Gefangene von den Bolschewiki erschossen.[102] Ordžonikidze, der hier »ein bisschen übertrieben« hatte, wie er selbst sagte, nahm sich 1937 das Leben. Aber nicht deswegen. Ebenfalls Mitte der zwanziger Jahre kam es zu zahlreichen Verhaftungen führender Mitglieder der kommunistischen Partei in islamischen Gebieten, die sich in der Regel nationaler Ausprägungen des Kommunismus schuldig gemacht hatten. Einige wurden hingerichtet. 1925 kam es zu einer summarischen Erschießung lokaler Sowjetfunktionäre in der Provinz Nachičevan.[103]

Dennoch ist nicht zu übersehen, dass die Zahl der Verhaftungen, insbesondere der politischen Gefangenen, ebenso zurückging wie die Dauer der Gefangenschaft beziehungsweise Lagerhaft. Auch die Zahl der Todesstrafen sank von 1.724 im Jahre 1924 auf 880 ein Jahr später. Etwa die Hälfte der Verurteilten wurde hingerichtet.[104] Den vom Staat Getöteten half die neue Liberalität der Bolschewiki nicht, zumal Recht und Justiz auch in dieser Zeit willkürlichen Verurteilungen nicht Einhalt gebieten konnten. So ist zwar die Abnahme der physischen Strafen und die Verminderung der Brutalität der bolschewistischen und staatlichen Kader und Institutionen zu registrieren, aber von unabhängiger Justiz und Rechtssicherheit der Bürger lässt sich beim besten Willen nicht sprechen. Die Gewaltherrschaft setzte sich fort. Sie zeigte sich in der Verselbständigung der Geheimpolizei GPU/OGPU, besonders auch in der fortgesetzten Existenz der Lager. Die ersten waren bereits im Sommer 1918 in Murom und Arsamas entstanden. In ihnen sollten »Provokateure, konterrevolutionäre Offiziere, Saboteure, Parasiten und Spekulanten« interniert werden.[105] Bis November 1921 war die Zahl der Lager auf dem

---

100 Holquist, *Mass Terror*

101 Baberowski, *Feind*

102 Werth, *Staat*, S. 157

103 Baberowski, *Feind*, S. 536-552

104 Buldakov, *Smuta*, S. 265

105 Ivanova, »Sistema«; das Folgende, soweit nicht anders vermerkt, ebd.

Gebiet der RSFSR auf 122 gestiegen. In den Konzentrationslagern, von Lenin 1918 so genannt,[106] saßen vornehmlich von der *Tscheka* verhaftete Personen ohne gerichtliche Verurteilung. Ihre Zahl belief sich im September 1921, das heißt nach Einführung der wichtigsten NĖP-Maßnahmen, auf maximal 60.457 Gefangene. Problematisch war die Versorgung, zumal in den Zeiten des Hungers. Aber noch 1925, zur Hochzeit der NĖP, ließ die Sowjetregierung die Menschen dahinvegetieren, weil sie sich außerstande sah, circa 30 Prozent aller Gefangenen zu ernähren, da die Versorgungspläne eine entsprechend hohe Zahl an Gefängnis- und Lagerinsassen nicht vorsahen. So mussten die ohnehin knappen Rationen auf alle verteilt werden.

Viel ließe sich über die schreckliche Lage der Gefangenen in Sowjetrussland und der Sowjetunion sagen, doch lassen wir diesen Bereich beiseite. Es sei hier jedoch bemerkt, dass das zum »ordentlichen« Strafsystem parallel existierende Lagersystem der Geheimpolizei während der NĖP neu geordnet wurde. Das extralegale Lager der GPU/OGPU auf den Soloveckij-Inseln im Weißen Meer, das zum Inbegriff des Lagers überhaupt werden und eine traurige Berühmtheit erlangen sollte, entstand auf Beschluss des Rates der Volkskommissare am 13. Oktober 1923, sinnigerweise in einem ehemaligen Kloster, dessen Mönche vertrieben worden waren.[107] Ebenfalls nur erwähnt werden soll, dass nach einer anfänglichen Verrechtlichung der GPU/OGPU diese bald wieder freie Hand erhielt, so zum Beispiel im März 1924 das Recht zur administrativen Verschickung.[108]

Auf mehreren Ebenen setzte sich der Krieg fort: in der Militanz sozialer Gruppen,[109] in den staatlichen Institutionen,[110] in der Bellifizierung der Gesellschaft[111] und nicht zuletzt im gewalttätigen Handeln unterschiedlicher Akteure, besonders aber der Partei- und Staatsorgane.

Die Befunde der historischen Forschung der letzten Jahre haben gezeigt, daß die Pazifizierung der Gewalt nicht gelang, ja nicht einmal angestrebt war. Das neue Regime dachte nicht daran, der Gewalt einen Riegel vorzuschieben. Stellen wir die Frage aber noch einmal, um noch andere Gründe zu benennen: Warum ist Sowjetrussland am Ende des Bürgerkrieges und nach der Niederlage im polnisch-russischen Krieg 1921 nicht in ein Stadium der Befriedung eingetreten? Unter der Bedingung, dass der Sozialismus nicht so rasch ver-

106 Jacobson, *Origins*, S. 37

107 Kokurin/Petrov, *Gulag*, S. 29

108 Ivanova, *Sistema*

109 Kuhr-Korolev/Plaggenborg/Wellmann, *Sowjetjugend*; Kuhr-Korolev, *Helden*; Plaggenborg, *Revolutionskultur*; von Hagen, *Soldiers*

110 Leggett, *Cheka*

111 Plaggenborg, *Revolutionskultur*, S. 70-79; von Hagen, *Soldiers*

wirklicht werden konnte, wie sich einige Bolschewiki das gedacht hatten, und unter den Umständen, dass der Kleinkapitalismus mit seinen kleinkapitalistischen »Elementen« weiterexistierte, sah sich das Regime genötigt, nicht nur die Kommandohöhen der Wirtschaft in der Hand zu behalten, sondern auch eine strenge Kontrolle der gesellschaftlichen Verhältnisse auszuüben. Aber das erklärt keinen Massenmord während der NĖP. Ein diktatorisches Regime benötigt Gewalt, aber keine Massenmorde, um sich an der Macht zu erhalten. Die Frage ist also, warum die Bolschewiki die Chance einer Befriedung verspielten.

Die erste Antwort lautet: Sie wollten sie nicht. Lenin selbst hat der Gewaltkontinuität durch seine Maßnahmen und Direktiven Vorschub geleistet. Er, der die NĖP erfand und dafür von vielen, auch von Historikern, gelobt worden ist, weil er – im Gegensatz zu manch anderem sturen Bolschewiken – die Bedürfnisse der Bevölkerung gespürt habe, hat mit aller Brutalität und Rücksichtslosigkeit Menschen vernichten lassen.[112] Die Stilisierung Lenins zum herausragenden Parteiführer, der die Zeichen der Zeit erkannt und die »Atempause« der NĖP in die Wege geleitet habe, darf als zweifelhafte Aussage der westlichen Historiker angesichts der Wirklichkeit Sowjetrusslands jener Jahre aufgefasst werden. Das muss deshalb gesagt werden, weil ein großer Teil der schlimmsten Beschreibungen der Brutalität der Bolschewiki, die in der Exilliteratur zu finden waren, zutraf, aber von der Forschung als tendenziös abgetan, ihr kein Glauben geschenkt oder sie ignoriert wurde. Statt dessen stimmte die Historie den heute doppeldeutigen Lobgesang des Übergangs zur NĖP an und glorifizierte Lenin damit ein letztes Mal vor seinem Siechtum zum Helden der sowjetischen Geschichte.

Stellen wir die Frage so einfach wie möglich: Warum sollte die Parteiführung, die imstande war, die NĖP einzuführen, nicht auch alles tun, um nach den Gewalterfahrungen der ersten Jahre die Gesellschaft zu befrieden? Indem die Bolschewiki den Bauern ihre Wirtschaftsweise beließen, taten sie ja einen großen Schritt in diese Richtung. Wer so fragt, ist töricht, denn es lag nie in der Absicht der Bolschewiki, diesen Weg einzuschlagen, selbst wenn sie genügend wirksame Mittel dazu gefunden hätten.

Der Hinweis auf Lenin als Schreibtischtäter und Befehlsgeber für Massenmord führt zu einem weiteren Punkt in den Begründungszusammenhängen der Gewaltkontinuität. Die führenden Bolschewiki (und die der mittleren und unteren Ebenen desgleichen) waren weit davon entfernt, der Gewalt abzuschwören, und zwar aus den Gründen, die eingangs dieses Abschnitts genannt wurden. Noch einmal: Eine Gewaltdebatte hat es unter Bolschewiki nicht

---

112 Dazu s. den vorigen Abschnitt dieses Kapitels

gegeben. Aber offensichtlich ist, dass einzelne Personen an der Spitze ebenso wie Unbekannte oder erst jüngst aus den Archiven ans Licht getretene »Helden« zu Herren über Leben und Tod werden konnten. Das gilt für Lenin, der Erschießungen befürwortete, ebenso wie für zahlreiche »kleine« Parteimitglieder und Sowjetfunktionäre,[113] für die Mörder der ehemaligen Minister Kokoškin und Šingarev ebenso wie für die Mörder der Zarenfamilie, besonders aber für Mitarbeiter der Geheimpolizei. Lavrentij Berija, der unter Stalin 1938 Chef des NKVD werden sollte, in jungen Jahren in die Geheimpolizei eintrat und seine Position zu zahlreichen Verbrechen nutzte, ist ebenfalls ein solches Beispiel eines relativ unabhängig agierenden, in diesem Falle zusätzlich sadistischen Funktionärs.[114] Geradezu human wirken dagegen jene Kommunisten vermutlich russischer Herkunft, die im fernen Turkestan kämpften. In einem Brief an das Zentralkomitee vom 18. März 1921 beklagten sie sich darüber, dass die »Straforgane des Proletariats« zuviel und ungerecht Kommunisten, die sich eines Verbrechens schuldig gemacht hatten, erschießen. Schließlich seien sie auch Menschen.

»Wir protestieren nicht gegen Erschießungen, aber wir sagen unsere Meinung über ihre Anwendung gegen Arbeiter und Bauern. Zu erschießen sind: die Bourgeoisie, Spezialisten-Intelligenzler, Banditen und geistige Konterrevolutionäre. Indem wir sie erschießen, vernichten wir die Wurzel des Übels. [...] Erschießungen für die Bourgeoisie und kameradschaftliche Besserung [Besserungsarbeit – S.P.] für Arbeiter und Bauern. Darauf müssen unsere Straforgane gegründet sein.«

Der *Tscheka*-Vorsitzende Dzeržinskij, der sich mit diesem Brief befasste, schrieb, man müsse nur etwas unternehmen, falls (!) zu viele Tschekisten erschossen worden sind.[115]

Lenin in der Zentrale und Berija in der kaukasischen Provinz verdeutlichen zugleich, wie sehr das Auftauchen von Persönlichkeiten den Gewaltverhältnissen ihre Prägung gab. Das zeigt sich zuerst einmal darin, dass diese an Gewalt unmittelbar beteiligt waren oder sie anordneten. Dabei mögen die Strukturauflösungen und Traditionsverluste, von denen Kapitel I berichtete, das historische Gewicht von Persönlichkeiten und ihren Handlungen stärker zum Ausdruck gebracht haben als in funktionierenden Systemen. Die Verhältnisse verlangten geradezu danach, dass Persönlichkeiten sie prägten. Indem Persönlichkeiten wie Lenin, Trockij oder Stalin in diese strukturlose Geschichte eintraten, vermochten sie ihr ihren Stempel aufzudrücken, sei es auf dem Gebiet

113 Tschudi, *Nagajka*
114 Knight, *Beria*, S. 11-86
115 *Neizvestnaja Rossija*, Bd. 1, S. 43-47

der Gewalt oder auf vielen anderen. Ähnliches gilt für die strukturlosen Verhältnisse in der Provinz.

3. Ambivalenzen der Gewalt in der Moderne

Als 1998 die Aufsätze »Stalinismus als Gewaltgeschichte« und »Gewalt im Stalinismus. Skizzen zu einer Tätergeschichte« erschienen, stellten sie Versuche dar, aus der positivistischen Beschreibung von Gewaltaktionen herauszukommen und eine Textur in dem Geschehen zu finden. Sie suchten nach Erklärungsansätzen für ein Handeln sowohl der führenden Bolschewiki um Stalin als auch zahlreicher anderer, das zur physischen Vernichtung führte. Mit psychopathologischen Erscheinungen wie der in früheren Studien häufig behaupteten Paranoia der Führung ließen sich die Vorgänge nicht hinreichend erklären, mit dem Streben nach absoluter Macht ebenfalls nicht. Stattdessen interessierte ein aus der Gewalttheorie und aus historiographischen Untersuchungen über Gewalt bezogenes Geflecht hermeneutischer *Möglichkeiten*, die auf der empirischen Basis der Erkenntnisse von 1998 den bis dahin scheinbar unerklärlichen Vorgängen »irrationaler« Gewalt wenn schon nicht einen Sinn gaben, so doch eine kategoriale Erfassung und Kontextualisierung erlaubten. Dabei ist Sinn nicht mit Rechtfertigung zu verwechseln.

Nach ein paar Jahren und der Veröffentlichung einer großen Zahl damals noch unbekannter Quellen hat sich herausgestellt, dass an dem Konzept von »Stalinismus als Gewaltgeschichte« nicht gerüttelt zu werden braucht. In dem Aufsatz war von der Kontinuität der Gewalt seit 1917, vom Stalinismus *avant la lettre*, von den Beziehungen der Gewalt zum Recht, zum Strafen, zur Disziplinierung, zur Ideologie und zur Macht die Rede, also von Aspekten, welche zusammengenommen den Zusammenhang von Modernisierung und Gewalt aufhellen sollten. Nach wie vor gilt, dass mit Hilfe dieser Einteilungen unterschiedliche Bereiche der stalinistischen Gewalt erfasst werden können. Aber so eindeutig, wie es damals schien, stellen sich die Verhältnisse heute nicht dar. Die Orientierung an modernekritischen Theorien hatte dazu geführt, die stalinistische Gewalt zu sehr unter dem Signum der »Ambivalenzen der Moderne«[116] zu lesen. Dieser Zusammenhang ist heute nuancierter zu fassen. Überhaupt ist es äußerst schwierig, theoretische Konzepte für die Gewalt im Stalinismus zu finden. Es sieht danach aus, dass sie erst entwickelt werden müssen.

---

116 Bauman, *Moderne*

Die Gewalt des Stalinismus ist durchgängig nicht auf einen Nenner zu bringen, schon gar nicht auf Marxismus-Leninismus und Kommunismus, wie das Stéphane Courtois, der Herausgeber des »Schwarzbuchs des Kommunismus« suggeriert. Es hat grundsätzlich keinen Sinn, sie mit dem Nationalsozialismus zu vergleichen, weil dabei nur scheinbare Ähnlichkeiten herauskämen. Der Rassismus fehlt. Es gibt kein stalinistisches Auschwitz. Im Stalinismus waren Opfergruppen hinsichtlich ihrer faktischen Zusammensetzung inkonsistent. Es gab sie zwar aus den vorangegangenen Zeiten – zum Beispiel die »Bourgeoisie«, die aber schon weitgehend zusammengeschmolzen war, die Kulaken, die »bürgerlichen« Spezialisten, die laut Verfassung »Wahlrechtslosen« (*lišency*), »Volksfeinde« und andere –, aber das waren viel zu schwammige Begriffe für eine klare Feindbestimmung. Ihr gemeinsamer Nenner bestand darin, dass sie einer diffusen sozialen und ideologischen Definition entsprachen. Der Terror der Bolschewiki traf nicht nur Kulaken, sondern auch solche, die man dafür hielt, weil nicht klar war, wer ein Kulak sei. Er wütete unter der »roten« Intelligenz, der wissenschaftlichen und künstlerischen Elite des Landes, unter den Betriebsdirektoren und Führungskräften der Wirtschaft und Wirtschaftsverwaltung, den Offizieren der Streitkräfte, unter Parteimitgliedern bis hin zum Zentralkomitee und Politbüro sowie unter NKVD-Mitarbeitern. Die stigmatisierenden Begriffe der dreißiger Jahre – Trotzkist, Zinov'evist, Volksfeind, Spion, Schädling – entbehrten der definitorischen Schärfe und bildeten Repressionspassepartouts für die stalinistische Parteispitze und die Verfolgungsorgane. Opfer waren nicht rassisch bestimmt, aber ethnische Gruppen sind unter den Opfern eindeutig auszumachen. Dennoch richtete sich die Gewalt nicht nur gegen nationale Minderheiten, etwa Deutsche oder Koreaner, sondern auch gegen Slawen, das heißt gegen Polen, aber auch Ukrainer und Russen, darüber hinaus gegen die Landsleute Stalins, die Georgier. In den Jahren 1937/38 war für niemanden berechenbar, wer Opfer der Verfolgung werden würde – mit einer einzigen Ausnahme: Stalin. An ihm, davon zeugen alle Dokumente, die bisher gefunden wurden, rührte niemand. In politischen Versen und Briefen besonders der Bauern fand sich der Wunsch, dass man »Stalin ermorden muss«,[117] aber versucht hat es nach heutigem Erkenntnisstand niemand. Seine Person blieb selbst in den Zeiten des »großen Terrors« 1937/38 unangefochten. Niemand im Politbüro und im Zentralkomitee, das zusehends dezimiert wurde, wagte den Schritt gegen den Tyrannen. Obwohl zahlreiche Angeklagte in den Schauprozessen in Moskau und in der Provinz des versuchten Attentats auf sowjetische Führer, darunter Stalin, angeklagt wurden, hat es bis heute nicht einen einzigen Beleg für ein

117 Sokolov, *Golos naroda*, S. 303

veritables Attentat auf Stalin gegeben, weder aus den Reihen empörter Parteimitglieder noch aus der Masse der repressierten Bevölkerung.

Die in den letzten Jahren publizierten Quellen und Forschungen zu den stalinistischen dreißiger Jahren haben sehr viel an internen Abläufen des Terrors aufgedeckt und die Arbeitsweise des Politbüros und der »Organe« erläutern können.[118] Dennoch wurde eine der wichtigsten Fragen nicht beantwortet: Warum erschießen? Warum Blut? Oder muss die Frage lauten: Warum *so viel* Blut? Vorausgesetzt, Stalin und seine Gruppe haben an die absurde »allgegenwärtige Verschwörung«[119] geglaubt – nicht nur die Jahrzehnte später aufgezeichneten Gespräche mit Molotov lassen diese Vermutung als zutiefst begründet erscheinen[120] –, warum haben dann nicht mildere Strafen und Vorgehensweisen ausgereicht, die »Übeltäter« unschädlich zu machen? Das Regime stand ja nicht allein. Neben den konstruierten »Verschwörungen« gab es massenweise Loyalität, Unterstützung, ja Begeisterung. Die Stachanov-Arbeiter, soziale Aufsteiger *par excellence*, haben sich Stalin verschrieben,[121] die Parteikader durchliefen eine intensive stalinistische Schulung,[122] das Regime war erfolgreich bei der Herstellung stalinistischer Identitäten,[123] die enthusiastischen Selbstauskünfte der Bevölkerung in Leserbriefen, Briefen an die Parteiführung, in Lebensläufen und autobiographischen Fragebögen nahmen kein Ende, ausdifferenzierte Praktiken der Einübung in den stalinistischen Verhaltens- und Wertekanon[124] konnten Stalin und seiner Clique nicht entgangen sein. Dieses Regime nahm die Ehrerbietung von Millionen Menschen entgegen. Einer Lichtgestalt gleich stand der »Führer« unbestritten an der Spitze – eine inszenierte Glorifizierung gewiss, aber von großen Teilen des Volkes getragen, besonders von jenen, die in der stalinistischen Sowjetunion Traumkarrieren vom Habenichts zum Schichtleiter durchlaufen hatten.[125] Die Biographie der Stalinisten aus dem Volke las sich stereotyp so: »Ich begann als unqualifizierter Arbeiter [...] stieg dann zum [...] auf und wurde dann [...]«.[126] Warum hat all das nicht ausgereicht, das Regime davon abzuhalten, in Blut zu waten? Und wo ist eine spezifische Rationalität zu erkennen, eine »Logik«? Es hat nicht nur die Fremden vernichtet, die in dieser Inszenierung ethnisch, sozial und historisch aus dem Rahmen fielen oder »störten«, sondern auch

118 Chlevnjuk u.a., *Politbjuro*; Getty/Naumov, *Road*

119 Rittersporn, »Conspiracy«

120 Čuev, *Sto sorok besed*

121 Maier, *Stachanov-Bewegung*

122 Studer/Unfried, *Parteikader*

123 Kotkin, *Mountain*; Hellbeck, *Tagebuch*; ders., »Soul«; Halfin, »Darkness«

124 Khakhordin, *Collective*

125 Ennker, »Herrschaft«; Fieseler, »Innenpolitik«

126 Studer/Unfried, *Parteikader*, S. 13

diejenigen, die des Jubels voll waren. Das Regime liquidierte seine Anhänger. Das ist in diesem Ausmaß in der Geschichte einmalig.

Von Zygmunt Bauman stammt die These, dass die Moderne auf der Suche nach Ordnung Gewaltverhältnisse konstituiere, dass Ordnung als ein Charakteristikum der Moderne das Planerische enthalte und damit zugleich die Ambivalenzen ausgeschlossen bleiben. Es gebe nur die eine Ordnung, das andere sei das Chaos. Diese Vorstellung enthalte Intoleranz und Exklusion. Der moderne Staat repräsentiere diese Ordnungsvorstellungen einem Gärtner gleich, der seinen Garten bestelle und das Unkraut jäte.[127] Das Problem mit Baumans These ist, dass er sie am Holocaust entworfen hat, als er nach den theoretischen Schlüssen fragte, die er in der Literatur vermisste. Ob die Theorie hilft, den Stalinismus und die stalinistischen Vernichtungen zu entschlüsseln, ist eine andere Frage. Vorschnelle Analogien sind nur scheinbare, besonders dann, wenn der an den Ambivalenzen der Moderne interessierte Historiker meint, theoretisch formulierte Kategorien für die Beschreibung historisch-empirischer Vorgänge gefunden zu haben. Die Frage ist, welche Ordnung gemeint ist und wie sie definiert werden muss. Im Falle der stalinistischen Sowjetunion: War Sozialismus die geltende Ordnungsvorstellung, die totale Herrschaft Stalins, die Vorherrschaft der Russen oder eine wachsende Wirtschaft und ein starker Staat? Es ist im Sinne einer konsistenten Ordnung nicht einsichtig, dass Stalin und seine Clique Koreaner deportieren, Kulaken, NKVD-Mitarbeiter, Wissenschaftler und Parteigenossen töten ließen. Baumans Theorie ist stimmig, solange die Opfergruppen eindeutig identifizierbar sind wie im Nationalsozialismus (Juden, Sinti und Roma, Kommunisten, Gewerkschafter, Homosexuelle) und einigermaßen anwendbar im Stalinismus, wenn von Bourgeois, Gutsbesitzern, Kleinkapitalisten die Rede ist. Mit Baumans Theorie erschließt sich jedoch nur ein Teil des Stalinismus. Sie als Erklärung für den Stalinismus heranzuziehen gelingt nur unter Ausblendung der Tatsache, dass es nicht nur den »Soziozid« im Sinne einer Homogenisierung der sozialen Zustände in der UdSSR gegeben hat. Der Gärtner, um in Baumans Bild zu bleiben, hat nicht nur Unkraut gejätet, sondern seine besten Pflanzen abgemäht und seine eigenen Züchtungen ausgerissen. Der Stalinismus enthält beides: die homogenisierende Gewalt, welche die Fremden in der neuen Ordnung ausschließt, und die Gewalt gegen das Eigene. Bauman hilft uns das eine zu verstehen, ohne das andere theoretisch fassen zu können. Darüber hinaus gibt eine Tatsache zu denken: Die Exklusion vollzog sich nach bis heute nicht eindeutig identifizierbaren Differenzbestimmungen, die – das zumindest weiß man – temporär sein konnten. Im Sinne der Ordnung ergibt dieses Verfahren keinen Sinn. Zusätz-

127 Bauman, *Moderne*

lich erschwert wird der Baumansche Ordnungsgedanke dadurch, dass das Regime nach Stalin keine Probleme hatte, die ehemals Stigmatisierten, Repressierten, »Gesäuberten« als Bestandteile der Ordnung anzuerkennen, einige sogar zu rehabilitieren und bestimmte Mordaktionen als Verbrechen zu charakterisieren. Der Unterschied zwischen den Opfergruppen des Nationalsozialismus, auf die Baumans Thesen aufbauen, und denen des Stalinismus besteht in der Essentialisierung. Sie trifft zu im Falle der ersteren, im Stalinismus aber nur teilweise und nur solange, als von den sozial stigmatisierten Gruppen die Rede ist (zum Beispiel Kulaken). Im »großen Terror« aber ist diese Unterscheidung aufgelöst. Die Frage stellt sich also noch einmal: Welche Ordnung ist gemeint? Offenbar sind noch andere Gründe für die Gewalt im Stalinismus in Anschlag zu bringen.

Das stalinistische Regime hat Massenmorde befohlen, durchführen lassen und sie hervorgerufen. Darin und in den Morden zahlreicher »kleiner Stalins« und vieler anderer, in dem massenweise Zutodebringen in allen Gegenden der Sowjetunion und in den Lagern liegt der tiefste Abgrund des Regimes, die Abscheulichkeit und das ungeheure Verbrechen, dessen sich die Sowjetmacht schuldig gemacht hat. Die Lager waren schrecklich, die Rechtlosigkeit der Bürger, die Willkür der »Organe« und der Satrapen Moskaus, nichts daran ist zu relativieren, aber die massenhafte physische Vernichtung menschlichen Lebens sprengt alle Dimensionen. Auf welch niedrige Stufe war die Tötungshemmung, die menschlichen Wesen unterstellt wird, abgesenkt, und wie sehr war jegliche humanitäre Anwandlung in Auflösung begriffen. Der Zweifel an der *condition humaine* ist die Verzweiflung des Historikers.

Dieses Problem ist kaum dadurch zu lösen, dass »die Bolschewiki zu reißenden Wölfen« wurden,[128] weder durch Erläuterungen zur »Mordlust« Stalins und seiner Clique[129] oder den institutionellen Verhältnissen an der Parteispitze zu klären.[130] Seit Jahren war Gewalt präsent, nicht erst seit Beginn der dreißiger Jahre. Wenn das Regime sehr erfolgreich der Konstruktion stalinistischer Identitäten Vorschub leistete und Loyalität und Gefolgschaft erzeugte, so schuf es damit Grundlagen, die es für seine Politik, auch für das terroristische Vorgehen, brauchte. Große Bevölkerungsteile gingen mit Stalin. Die Unterstützung seiner Vernichtungspolitik war massenhaft. Die Vorstellung, die Gesellschaft sei Opfer des wild gewordenen Terrors der Parteispitze geworden, ist haltlos. Ohne das Mitmachen Tausender Namenloser und ohne stalinistische Solidarität und Komplizenschaft sind die blutigen Jahr-

---

128 Baberowski, *Terror*, S. 137-138
129 Ebd., S. 139
130 Getty, *Origins*

zehnte bis 1953 nicht denkbar. In erster Linie zu nennen sind Parteimitglieder, Komsomolzen, GPU/NKVD-Mitarbeiter und Aktivisten verschiedener Sorte. Wir lesen zum Beispiel: In den circa sechs Wochen zwischen dem 1. Februar und 15. März 1930, also während der »Dekulakisierung«, haben die Organe der GPU in der Ukraine folgende Bilanz ihres Wirkens aufgezeichnet: »Erschossen – 656 Personen, ins Konzentrationslager verbracht – 3.673, administrativ umgesiedelt – 5.580.«[131] Die Massendeportationen im Zweiten Weltkrieg betrafen Millionen von Menschen. Allein an dem Einsatz zur Deportation der kaukasischen Völker und der Krimtataren nahmen 19.000 NKVD-Leute und etwa 100.000 Mann der Truppen des Innenministeriums teil. Für solche Tätigkeiten benötigte das Regime Personal, Eisenbahnwaggons, organisierte Transporte, Wachen. Warum ist noch niemand auf die Idee gekommen, das sowjetische Eisenbahnwesen zwischen 1930 und 1953 unter dem Gesichtspunkt der Deportationen von Millionen Menschen zu untersuchen? Für die Durchführung des Erschießungs- und Deportationsbefehls Nr. 00447 vom Juli 1937, auf den noch zurückzukommen ist, berechnete das Regime Kosten in Höhe von 75 Millionen Rubel, davon 25 Millionen für den Eisenbahntransport. Die staatlichen Behörden auf zentraler und Republiks-Ebene mussten zu diesem Zweck zusammenarbeiten.[132] Um den zu erwartenden Massenverhaftungen und Massenverurteilungen Herr zu werden, zog die lokale Parteiorganisation im Bezirk Kuncevo am Stadtrand von Moskau Absolventen und Studenten der Moskauer Hochschulen zur Arbeit in den »Organen« heran. Nach einer Kurzausbildung warben sie Agenten an, verhafteten und führten Vernehmungen durch.[133] Die stalinistischen Mitmacher unterschiedlichen Grades konnten selbst in die Mühlen des Terrors geraten. Trotz der für den Stalinismus charakteristischen, häufigen Ununterscheidbarkeit von Täter und Opfer bleibt es dabei: die stalinistische Gesellschaft war eine Mitmachgesellschaft.[134] Ein 1937 Verhafteter schrieb später: »Sie wissen doch, dass die ›Unfehlbarkeit‹ der Čeka für das Volk damals etwas Heiliges war... An die Čeka glaubte man ganz einfach – die ›nimmt doch nicht ohne Grund jemanden fest‹.« Der Verfasser fuhr dann ohne Unterbrechung mit einer Passage fort, die ein helles Licht auf die damaligen Verhältnisse wirft: »Und wenn nicht die *Ežovščina* [der Höhepunkt des Terrors 1937/38 – S.P.] gekommen wäre, hätte sich ein solcher Glaube auch für immer gehalten. Die *Ežovščina* hat den Glauben an die Unschuld der sowjetischen ›*Ochranka*‹ [Geheimpolizei – S.P.] in Luft aufgelöst.«[135] Bis 1937

131 Sokolov, *Golos naroda*, S. 301
132 Junge/Binner, *Terror*, S. 32
133 Vatlin, *Tatort*, S. 47
134 Plaggenborg, *Gewalt im Stalinismus*
135 Zitiert in Hillig, *Gesichter*, S. 69

also kam zumindest der Briefschreiber nicht auf die Idee, dass auf dem Tun der Geheimpolizei ein »Schatten des Zweifels« lag.[136]

Wenn die Theorien versagen, müssen zur Begründung historische Dispositionen und Einübungen der Akteure über längere Zeiträume geltend gemacht werden, besonders die Auflösungserscheinungen, von denen bereits die Rede war, und die Gründungsgewalt der frühen Jahre der Sowjetmacht. Die Frage »warum Blut?« wird weder durch eine filigrane Chronologie des Terrors noch durch institutionsgeschichtliche Studien, weder durch die Untersuchung von Elitenbildungsprozessen noch durch diskursanalytische Verfahren, weder durch die Beschreibung von Identitätskonstruktionen noch durch die Analyse subtiler Kontrollmechanismen beantwortet, so wichtig diese Aspekte auch sind, um den Gesamtverlauf des Terrors zu rekonstruieren. Wie oft in der Geschichte hat es zum Beispiel die Herausbildung von Eliten und Elitenstilen gegeben, ohne dass es dabei jedes Mal zu einer massenhaften Vernichtung gekommen ist? Auch ist nicht in allen Fällen kommunistischer Elitenbildung Massenmord verübt worden. Es reicht nicht aus, über Diskurse zu reden. Erschossen zu werden ist kein Diskursproblem. Der *linguistic turn* scheitert an den Leichenbergen ebenso wie der Holocaust mit Hilfe einer Diskursanalyse nicht zu erschließen ist.

Die Frage »warum vernichten?« lässt sich auch nicht mit wirtschaftspolitischen Durchbrüchen, sozialem Aufstieg und Aufbau des Sozialismus erklären, sondern durch bereits angelegte und eingeübte Dispositionen und Verfahren. Die vorangegangenen Abschnitte haben zur Genüge zeigen können, dass die Tathemmung bei der Anwendung physischer Gewalt abgebaut war (falls eine solche als Verhaltensausstattung des Menschen überhaupt vorhanden ist), bevor von der Periode des Stalinismus die Rede ist. Die Gewalt im Stalinismus geht auf eine historisch bedingte Disposition zurück, die in diesem Kapitel skizziert wurde. Sie ermöglichte und forcierte gewaltförmiges Handeln. Es gibt die unübersehbare Kontinuität der Gewaltverhältnisse, die zu leugnen heute nicht mehr möglich ist. Der Stalinismus hat nichts Neues erfunden, um Gewalt und Terror auszuüben, er hat die bestehenden Instrumente und Verfahren perfektioniert und zu Höchstleistungen angetrieben: die Geheimpolizei und ihre Aktionen waren nicht neu, die Stigmatisierung und die Rechtsunsicherheit von Opfern, die verschwommene Feinbildbestimmung, der bürgerkriegsähnliche Zustand auf dem Lande während der Kollektivierung und »Dekulakisierung«, der »wenn nicht entscheidende, so doch wesentliche Einfluss« der historischen Erfahrungen und Erinnerungen der Generation, die Krieg, Requisitionen und das Wirken der Straforgane durchlebt hatte auf die Formen

136 *Neizvestnaja Rossija, XX vek*, S. 33

und Methoden des Bürgerkriegs gegen die Bauern 1930.[137] Die Verfolgung von »bürgerlichen« Elementen und Volksfeinden kam nicht erst 1930 auf die Tagesordnung. Der Massenmord an einer nationalen Minderheit war bereits 1919 an den Kosaken verübt worden. In der Ukraine kam es zu zahlreichen Hinrichtungen im Zusammenhang mit der Aufdeckung des ukrainischen Nationalismus 1932/33. Das geschah, bevor 1935 die Koreaner aus Angst vor Kollaboration mit den expandierenden Japanern nach Mittelasien deportiert wurden.

Die Kontinuität der Verbrechen lässt sich auch im Falle der polnischen Bevölkerung feststellen, die ein schweres Los traf. Im polnisch-russischen Krieg, den die junge polnische Republik unter Marschall Piłsudski 1920 in der Hoffnung auf territoriale Beute gegen das vom Bürgerkrieg geschwächte Sowjetrussland vom Zaune brach, wurden die Polen zum Hassobjekt. Ethnischer und sozialer Hass verbanden sich gegen den polnischen Pan. Die Revolution werde über die Leiche Polens hinwegschreiten, meinte General Tuchačesvskij, bevor er durch das »Wunder an der Weichsel« gestoppt wurde. Im »großen Terror« wurde er erschossen. Aber nicht deswegen. Unter Stalin sahen sich die Polen innerhalb der Grenzen der UdSSR schärfsten Repressionen ausgesetzt. Fast 36.000 Polen wurden 1936 von der sowjetischen Westgrenze ins Landesinnere deportiert. Das war nur die erste Etappe. Am 11. August 1937 unterschrieb der Volkskommissar für innere Angelegenheiten der UdSSR (NKVD), Nikolaj I. Ežov, den Befehl Nr. 00485 »Über die faschistisch-aufständische, Spionage-, Diversions-, defätistische und terroristische Tätigkeit der polnischen Aufklärung in der UdSSR«. Demnach sollten alle in Russland verbliebenen Kriegsgefangenen des polnisch-russischen Krieges von 1920/21, alle politischen Emigranten aus Polen, alle polnischen Flüchtlinge, alle ehemaligen Mitglieder der Polnischen Sozialistischen Partei (PPS) und »anderer polnischer antisowjetischer politischer Parteien« sowie der »aktivste Teil der lokalen antisowjetischen nationalistischen Elemente« in den polnischen Siedlungsgebieten verhaftet werden. Wie im Jahr 1937 üblich, teilte Ežov die Verhafteten in zwei Kategorien ein: diejenigen, die zur ersten gehörten (Spione, Diversanten, Schädlinge und Aufständische) waren zu erschießen. Die »weniger aktiven« Verhafteten sollten für 5 bis 10 Jahre ins Gefängnis oder ins Lager.[138] In dem zum Befehl dazugehörigen Brief »erklärte« Ežov die haarsträubende Geschichte dieser Maßnahme mit der Tätigkeit der polnischen Elemente bereits in der Zeit des Ersten Weltkrieges.[139] Circa 100.000 Polen wurden bis zum

---

137 Zitat in Žurav'lev, »Dokumental'naja istorija«, S. IX

138 *Repressii protiv poljakov i polskich graždan*; der Befehl im Wortlaut s. Šapoval/Pristajko/Zolotar'ov, *ČK-GPU-NKVD*, S. 347-350

139 Ebd., S. 350-377

November 1938 auf diese Weise dem Terror ausgesetzt, viele von ihnen erschossen. Als auf Beschluss des Politbüros im April und Mai 1940 15.000 polnische Offiziere bei Char'kov, Kalinin (Tver') und Katyn von NKVD-Mitarbeitern ermordet wurden, war dies also keineswegs eine einmalige antipolnische Tätigkeit sowjetischer Elemente. Auf der Grundlage desselben Beschlusses wurden mindestens 7.305 Polen in sowjetischen Gefängnissen im nun sowjetisch besetzten Ostpolen erschossen. Von den in den annektierten Gebieten 1939–41 verhafteten circa 108.000 polnischen Zivilisten starben 18.000 vor Erschießungskommandos, mal mit, mal ohne Gerichtsurteil.

Der Geheimbefehl Nr. 00485 korrespondiert mit dem zuvor erlassenen Geheimbefehl Nr. 00447. Selbst dieser unfassbare Befehl des NKVD vom 30. Juli 1937, einen Tag später vom Politbüro bestätigt, in dem Erschießungsquoten für die einzelnen Regionen der UdSSR aufgestellt wurden, ist in Anbetracht der frühen bolschewistischen Gewalt und der ungezählten summarischen Erschießungen keineswegs von einzigartiger Monstrosität.[140] Die Entstehungsgeschichte ist mittlerweile geklärt: Stalin hatte am 2. Juli 1937 die »antisowjetische« Tätigkeit der aus der Verbannung heimkehrenden ehemaligen »Kulaken« festgestellt und den regionalen NKVD-Organen »vorgeschlagen«, die feindlichsten Elemente unter ihnen auf administrativem Wege »unverzüglich zu verhaften und zu erschießen«, die anderen zu verschicken. Innerhalb von fünf Tagen wünschte das Zentralkomitee, das heißt Stalin, die Zusammensetzung der für die Maßnahmen zuständigen Sonderkommissionen (*trojki*) sowie die Anzahl der zu Erschießenden zu erfahren. Der NKVD-Vorsitzende Ežov teilte die zukünftigen Opfer in die berüchtigten Kategorien I (zu erschießen) und II (zu deportieren). Danach setzte Betriebsamkeit bei den »Organen« ein. Im Gebiet Moskau zählte der eifrige Parteisekretär 8.500 Personen der ersten Kategorie und schlug sich selbst als Mitglied der *trojka* vor. Stalin jedoch schenkte 3.500 Menschen das Leben, indem er in der Endfassung des Befehls die Zahl auf 5.000 verringerte. Der Moskauer Parteisekretär jener Zeit hieß Nikita S. Chruščev. In anderen Regionen hatten NKVD-Chefs bereits vor dem offiziellen Befehl die entsprechenden Maßnahmen ergriffen. Der Befehl Nr. 00447 legte Quoten für die erste Kategorie fest, zum Beispiel für die Sowjetrepublik Azerbajdžan 1.500 Personen, für Georgien 2.000, für die Autonome Sowjetrepublik der Wolgadeutschen 200, für das Gebiet Azov-Schwarzes Meer 5.000, für das Leningrader Gebiet 4.000, für die Lager des NKVD 10.000. Insgesamt 75.950 Menschen bildeten die erste Kategorie. Stalin genehmigte auf Bitten der regionalen Organe nachträgliche Erhöhungen der Quoten für Kategorie I. Rund ein Drittel aller Verwaltungsgebiete der

140 In vollem Wortlaut abgedruckt in Junge/Binner, *Terror*, S. 84-93

UdSSR setzten die im Befehl angegebenen Ziffern herauf, was zusätzlich circa 40.000 Menschen das Leben kostete. Bis Anfang 1938 wurden auf der Grundlage des Befehls circa 500.000 Personen verhaftet.

Der Befehl Nr. 00447 scheint ein moderner Vernichtungsbefehl zu sein: Die Opfer wurden kategorisiert; sie waren als »antisowjetisch« stigmatisiert; die Organe nutzten ihre seit Jahren bestehenden Karteien zur Ermittlung der Zahlen für die beiden Kategorien; die Erfassung der Delinquenten und die Durchführung des Befehls geschahen auf bürokratische Weise; der Staat entledigte sich seiner »Schädlinge«. Modern jedoch war der Befehl weder in der Intention noch in der Durchführung, die nur scheinbar mit modernen Verfahren zu tun hatte. Die Wirklichkeit sah folgendermaßen aus: Stalin hatte von antisowjetischen Kulaken gesprochen; bei Ežov wurden daraus Kulaken und Straftäter; auf den Listen der regionalen NKVD-Organe standen »Weißgardisten«, Priester, Angehörige religiöser Sekten, Teilnehmer »antisowjetischer Aufstände« aus welcher Zeit auch immer, ehemalige Mitglieder der seit langem verbotenen sozialistischen Parteien, ehemalige Polizisten der Zarenzeit u. a.[141] Es gab Fälle, in denen die lokalen Behörden nicht wussten, wie sie die Quoten erfüllen sollten. Also genügten die »soziale Physiognomie« und zwei Zeugen, um die betreffende Person zu »entlarven«. Was unter lokalen Umständen dabei herauskam, kann man erahnen. Auch sollten nur zusammengefasste »Gruppenfälle« an die *trojki* geleitet werden.[142] Materielle Interessen von Funktionären, etwa eine hübsche Wohnung, brachten so manchen Sowjetbürger, der nicht zu den stigmatisierten Opfergruppen gehörte, vor die *trojka*. Das bedeutet erstens, dass sich die inhaltliche Definition der Opfer erweiterte, je mehr die Organe an der Aktion beteiligt waren. Nicht die Qualifizierung als »antisowjetisches Element« schickte das jeweilige Opfer in den Tod oder in die Verbannung, sondern der Aufruf Stalins und die Existenz von Kartotheken, die nach vollkommen diffusen Kategorien geführt wurden und die in Moskau anders aussahen als in der kalmykischen Autonomen Sowjetrepublik. Darin zeigte sich nicht ein Mehr an Bürokratie bei der Vernichtung, sondern geradewegs dessen Gegenteil, nämlich der Zufall von Auffälligkeit bestimmter Bewohner der Gegend, der Denunziation, die noch zu besprechen sein wird, der Aufbewahrungsfristen der Karteikarten, der Lese- und Schreibfähigkeiten des Personals in den Organen. Zweitens konterkarieren die Zahlen jeden Gedanken an eine »moderne« Erfassung. Warum nur runde Zahlen? 15 Gebiete sind mit 1.000 Personen der Kategorie I ausgewiesen, die Lager mit 10.000, das Gebiet Sverdlov (Ekaterinburg) mit 4.000. Warum nicht 3.996 oder 4.023?

---

141 Ebd., S. 17-77

142 Vatlin, *Tatort*, S. 51

Moderne Erfassung sieht anders aus, so nämlich: Als sich der böhmische König und deutsche Kaiser, der Habsburger Karl VI., 1.726 der böhmischen Juden, die im Sinne des absolutistischen Staatsnutzengedankens nichts »nützten«, entledigen wollte, da setzte er eine Kommission ein, die dieses Problem erörterte, ließ die Juden genau zählen, kam auf 8.541 Familien in Böhmen und 5.106 in Mähren (und nicht auf 9.000 und 5.000) und erließ daraufhin die berüchtigten Familiantengesetze. Das war modern im Sinne Baumans. Der Unterschied zur Sowjetunion des Jahres 1937 liegt auf der Hand. Außerdem: Wenn der Moskauer Parteisekretär auf 8.500 Personen der Kategorie I kam, dann dürfte er – in der Logik des Vorgangs – gewusst haben, warum. Wenn Stalin die Zahl um 3.500 verringerte, dann konnte er nicht wissen, ob sich nicht doch mehr als 5.000 antisowjetische Elemente im Moskauer Gebiet aufhielten. Das zeigt, dass andere Begriffe als »modern« gefunden werden müssen, um den Vorgang der Vernichtung am Beispiel des Befehls Nr. 00447 zu beschreiben. Viel deutlicher dagegen ist die Gewaltkontinuität. Stellen wir an dieser Stelle ein einziges Mal eine rhetorische Frage: Hielten wir einen ähnlichen Befehl mit Erschießungslisten in den Jahren 1919–20 für ausgeschlossen? Wenn wir diese Frage begründet verneinen, denn solche gab es, was bedeutet das dann für die stalinistische »neue« Gewalt?

Es bedeutet, dass Gewalt im Stalinismus nicht überhistorisch und in psychopathologischen Verhältnissen zu suchen ist, auch nicht in scheinbar anthropologischen Gesetzen, die uns die Verhaltensforschung liefert, auch nicht nur in »modernen« Ordnungsvorstellungen, sondern sie ist in die Entwicklung dieses Regimes, des Staates und seiner Institutionen und eines großen Teils der Bevölkerung eingeschrieben als andauernde Disposition. Das massenhafte Umbringen von Menschen und die verschiedenen Formen der Köperqualen, seien es das Verhungernlassen, die Zwangsarbeit, die Hungerrationierung mit Lebensmitteln im Lager, die Folter – sie können nur aus den historisch äußerst sorgfältig zu begründenden Dispositionen heraus beschrieben werden. Aber diese Herleitung kann nicht das individuelle Handeln erklären, das sich naturgemäß aus vielen unterschiedlichen Motiven und Anlässen zusammensetzt. Die Disposition für Gewalt hat Werthaltungen bei den Menschen hervorgerufen; ihre Beschreibung erläutert Hintergründe – nicht in jedem Fall jedoch die tatunmittelbaren – des Täterverhaltens. Es schadet nicht, an dieser Stelle noch einmal daran zu erinnern: Gewaltlosigkeit stand nicht im Programm der Bolschewiki. Zu keiner Zeit wurde Gewalt pazifiziert. Wenn die Bolschewiki dies ernstlich gewollt und gar versucht hätten, wären sie rasch von der historischen Bühne gefegt worden. Gewalt war die Bedingung des politischen Überlebens der Bolschewiki und des revolutionären Staates.

Zu diesen Dispositionen gehörte die seit vielen Jahren eingeübte humanitäre Immunisierung. Hans Mommsen hat – bezogen auf den Nationalsozialismus – den Aspekt der Desensibilisierung als Ergebnis verwickelter Faktoren und Prozesse zur Debatte gestellt. Er sprach von »Formverwandlungen der Politik [...], die aus dezisionistischer Wurzel heraus die Wertgrundlagen menschlichen Zusammenlebens zur Disposition stellen.«[143] Das gilt auch für den Stalinismus, der sich anmaßte, eine neue Gesellschaft und Kultur zu schaffen, in der bestimmte Typen und Gruppen als Stigmatisierte überflüssig wurden. Mommsen und Bauman[144] betonten die moralische Neutralisierung von Opfern und Tätern und die besondere Gefühllosigkeit der letzteren. Die vorangegangenen Abschnitte haben gezeigt, dass »Gefühllosigkeit« vermutlich ein schlechtes Argument ist, um Gewaltverhältnisse analytisch zu fassen, weil es statt der analytischen Kategorie eine emotionale einführt. Das ist in Anbetracht der Grausamkeiten, um die es hier geht, sehr verständlich, vermittelt aber den Eindruck, dass mit einem als vorhanden unterstellten »positiven« Affekthaushalt derlei Brutalitäten kaum noch vorkommen. Es mag sein, dass sich hier ein Rest an Zivilisationstheorie erhalten hat, der aber Wunschdenken darstellt. Der schwärzeste der Schlüsse drängt sich auf, dass nämlich der Mensch unter bestimmten Bedingungen zu allem fähig ist, und dass Mitgefühl, Schuld, Verantwortung keine Begriffe sind, nach denen sich das Handeln ausrichtet. Was die »Wertgrundlagen« der Menschen angeht, so würde in den dreißiger Jahren der Sowjetunion jeder Stalinist vehement bestreiten, er habe keine Werte, ganz im Gegenteil! Die seinigen seien sogar die »besseren«. Ist es denn nicht ein höherer Wert, die Welt besser und gerechter zu machen, als dem verlogenen Zivilisationsversprechen der Bourgeoisie, das in Ausbeutung und Weltkrieg endete, Gehör zu schenken? Dazu sei es eben nötig, mit dem eisernen Besen auszukehren.

Es ist selbstverständlich, dass individuelles Handeln nur sehr schwer beschrieben und kaum erklärt werden kann. Dies ist nur in wenigen Fällen möglich. Oleg V. Chlevnjuk, J. Arch Getty und Oleg V. Naumov haben dies beispielsweise für einige Mitglieder der Parteispitze nachschreiben können und dabei ein Soziopsychogramm erstellt, das die Handlungsweise dieser Gruppe aufdeckt. Die »Desensibilisierung«, das Fehlen der (bürgerlichen?) Wertgrundlagen und des Mitgefühls zeigt sich darin deutlich. Ein unbeabsichtigtes Resultat der Untersuchungen ist, dass die Frage der mentalen Verwirrung der Stalin-Gruppe in der Tat erneut zur Debatte steht. Die Dokumente, die – im Verein mit Rittersporns gut belegter These vom Glauben an die »allgegen-

143 Mommsen, »Modernität«, Zitat S. 152

144 Baumann, *Dialektik*; ders., *Moderne*; ders., *Gewalt*

wärtige Verschwörung« – das Denken und Handeln der Führungsgruppe offenbaren, würden im Falle eines Gerichtsverfahrens jeden Richter veranlassen, psychiatrische Gutachten einzuholen. Es wäre interessant zu erfahren, zu welchen Ergebnissen die forensische Psychiatrie käme. Die eigentümliche Realitätskonstruktion der Führung, die wir in den Dokumenten nachlesen können und die mit dem Begriff pathologisch angemessen beschrieben ist, hat zweifellos zum Terror beigetragen. Sie entlastet keineswegs die Täter.

Bis zu diesem Punkt haben die Ausführungen dieses Kapitels den Bezug zur Moderne nur sehr unvollkommen herstellen können, ja sie warnen geradezu vor einer vorschnellen Kategorisierung der Gewalt unter Modernegesichtspunkten. Ambivalent ist nicht nur die Moderne, ambivalent sind auch die theoretischen Begriffe bei Bauman, mit deren Hilfe es nicht gelingt, den stalinistischen Vernichtungsfeldzug kategorial – darin ihrerseits Kennzeichen der Moderne – zu fassen. Aber der Bezug zwischen Gewalt im Stalinismus und der Moderne stellt sich auf andere Weise her, denn zweifellos enthält die stalinistische Gewalt Elemente, die ihr zuzuschreiben sind. Im Unterschied zu den vorangegangenen Jahren, besonders zur Zeit 1917–21/22 hat gerade der Stalinismus dazu beigetragen, den Konnex von Moderne und Gewalt zu Tage treten zu lassen. So kamen im Stalinismus zu den vorhandenen Dispositionen noch weitere hinzu: Mit der »Revolution von oben« beherrschte ein Aspekt die Gewaltverhältnisse, der zuvor keine Rolle gespielt hatte. Nun nämlich rückte die stalinistische Modernisierung mit Macht in den Vordergrund. Die Zäsuren, welche die Kollektivierung der Landwirtschaft und der Übergang zur Planindustrie bilden, sind nicht zu übersehen, die mit ihnen in Verbindung zu bringenden Gewaltverhältnisse des Stalinismus ebenfalls nicht. Die Verbindung von Modernisierung und Gewalt setze sich auf die bereits existierenden Dispositionen und vermischte sich undurchdringlich mit ihnen.

Der Stalinismus hat einen gewichtigen Beitrag zum Problem »Modernität und Barbarei« geleistet, und zwar in mehreren Bereichen. Vorhin wurde die Frage gestellt, warum mildere Strafen als das Töten und die Lagerhaft nicht ausgereicht hätten. Das hat nun mit der spezifischen Moderne in der Sowjetunion zu tun. Wenn wir von der Gewalt im Stalinismus sprechen, dann meinen wir die vom Staat an den Körpern der Sowjetbürger ausgeübte Gewalt.[145] Dass der menschliche Körper zum Gegenstand der staatlichen Straf- und Disziplinierungshandlungen wurde, macht die Differenz aus. Wir sagen Strafen und Disziplinieren, weil sie die Hauptbereiche waren, in denen Gewalt im Stalinismus zur Anwendung kam. Wir müssen feststellen, dass der Stalinismus immerhin noch rudimentäre Formen von Gerichtsverfahren beibehielt, wenn

145 Plaggenborg, *Stalinismus*

die »Prozesse« auch wie am Fließband abliefen und zuweilen mehrere Hundert Verfahren von den *trojki* an einem Tag »verhandelt« wurden. Aber selbst der Befehl Nr. 00447 sah ein Urteil vor, und wenn der Unterschied zwischen dem *trojka*-Urteil und der völlig willkürlichen Deportation oder Erschießung auch gering scheinen mag, so ist er doch vorhanden. Auch die Kulakenopfer des 30. Juli 1937 kamen nicht zum Hinrichtungsplatz oder ins Lager ohne ein formales Urteil, das sich heute in den Archiven finden lässt. Das heißt, dass der Staat auf einer Form des Strafens beharrte, wenngleich die Verfahren durch »Führerrecht« geschaffen wurden. Es ist dieser Strafaspekt, der die *differentia specifica* zur nur bürokratischen Vernichtung ausmacht. Wird dieser Gedanke akzeptiert, dann eröffnen sich weitere Aspekte.

Die Verurteilung zu Zwangsarbeit im Lager entsprach einer Körperstrafe, die Hinrichtung ohnehin. An den justiziellen und administrativ-justiziellen Verfahren des Stalinismus fällt besonders der drakonische, auf den menschlichen Körper gerichtete Strafstil auf, der nicht mehr mit den Rechtsentwicklungen vergleichbar ist, die sich mittlerweile als modern herausgebildet hatten. Das wird daran erkennbar, dass es in der Sowjetunion so gut wie keine Geldstrafen, das heißt die »kapitalistische« Form der Bestrafung, gab. Während im Europa des ausgehenden 19. und beginnenden 20. Jahrhunderts diese Strafart im Vormarsch war, kam sie in Russland und besonders in der Sowjetunion kaum zum Vorschein.[146] Selbstverständlich konnte es sie in der UdSSR nicht geben: Ihr Charakter war ideologischer Natur, sie war sozial ungerecht, die Verbreitung der Geldeinkommen in der Sowjetunion erlaubte keine solche Strafe. Aber darauf kommt es nicht so sehr an wie auf die Tatsache, auf die Georg Rusche und Otto Kirchheimer in ihrer historischen Soziologie des Strafens bereits 1939 aufmerksam machten:

> »Strafe ist weder die simple Konsequenz von Verbrechen, noch die andere Seite des Verbrechens, noch ein bloßes Mittel, das vom Zweck her bestimmt ist. Strafe muss als ein soziales Phänomen, frei von juristischen Konzepten und sozialen Zwecken, verstanden werden [...] Es ist somit notwendig, den sozialen Ursprung und die weitere Entwicklung von Strafsystemen, die Anwendung oder Vermeidung spezifischer Strafen sowie die Intensität der Strafpraxis insofern zu untersuchen, als sie von sozialen, besonders von ökonomischen und fiskalischen Kräften bestimmt sind.«[147]

Das gilt auch für die Sowjetunion, trotz der offensichtlichen Zertrümmerung des Rechts, der Ideologisierung der Justiz und der Politisierung der Devianz. Indem die Sowjetmacht die bürgerliche Rechtstheorie und justizielle Praxis vollständig ablehnte und zugleich eine neuartige Produktionsweise einführte,

146 Rusche/Kirchheimer, *Punishment*
147 Ebd., S. 5

musste sich der Charakter des Strafens ändern. In Verbindung mit dem ideologisch überdimensionierten Begriff der Arbeit erfolgte das Ausweichen in körperliches Strafen zwingend. Die sowjetische Moderne führte auf dem Gebiet des Strafens unweigerlich in bereits zurückgelassene Bereiche hinein – nicht zurück, denn es handelte sich nicht um eine Wiederholung vergangener Strafpraktiken, sondern um die Konsequenz dieser Moderne. Welche anderen Strafarten standen der Sowjetmacht unter diesen Bedingungen zur Verfügung? Es blieben nur die nicht aus dem Geist des bürgerlichen Rechts und der bürgerlichen Strafreformen erwachsenen Strafarten übrig, und die waren vornehmlich körperlich. Das sowjetische Arbeitslager kam der Galeere am nächsten und war doch modern. Rusches und Kirchheimers These, dass die Härte der Strafen in Zeiten wirtschaftlicher Krisen zunehme, findet unter sowjetischen Bedingungen ihre Bestätigung.[148] Wiewohl eigentlich eine Erscheinung des Kapitalismus, trifft sie auch im Sozialismus zu, was wiederum die ideologischen Vorzeichen moderner Praktiken relativiert und die Modernekonvergenz bekräftigt.

Aber das Strafen kam als Letztes; es stand am Ende einer Kette obskurer justizieller und administrativer Verfahren. Diese Kette begann viel früher, nicht erst mit der Verhaftung und Anklage wegen eines imaginären Verbrechens, für das ein reales Urteil gefällt wurde. Aber gehen wir der Reihe nach, das heißt von oben nach unten, denn das war der Weg der informellen Strafverfahren in der stalinistischen Sowjetunion, wie er nicht nur am Beispiel der Befehle Nr. 00447 und 00485, sondern auch in zahlreichen anderen Fällen sowie beim Aufruf zur Kollektivierung und »Entkulakisierung« beschritten wurde. Zuerst erfolgte das Stichwort der Politik, dann »arbeiteten« die »Organe«; es folgten Verhaftung und Verurteilung, Revision ausgeschlossen. Das ganze Rechtssystem war auf den Kopf gestellt – ein deutliches Anzeichen der vollständigen Abhängigkeit der »sozialistischen Gesetzlichkeit« und der Justiz von der politischen Macht. Wir kommen im Kapitel über den Staat darauf zurück.

Die sowjetische Praxis erinnert an die Probleme der vormodernen Prozessführung, Rechtsprechung und des Strafvollzugs: Das Verhör erhielt den Charakter einer von der Folter unterstützen Geständniserpressung. »Peinliches« Verhör und besonders dessen Ziel, das Geständnis, dessen hervorragende Rolle nicht nur in den Schauprozessen hinlänglich bekannt ist, bildeten deshalb Kernbestandteile des Strafens im Stalinismus. Auf das Geständnis legte die Anklage höchsten Wert. Ein spontaner Widerruf im Gerichtssaal brachte sie in Schwierigkeiten. Es stellte die Grundlage der Verurteilung dar, weil die kon-

148 Ebd., S. 185

struierten Indizien des real nicht existierenden Verbrechens dafür häufig nicht ausreichten. Diese stalinistische Strafpraxis war vormodern, weil sie – ungleich dem modernen Prozess – ein Verbrechen nicht empirisch untersuchte, sondern ein Foltergeständnis erpresste. Wie das vor sich ging, berichtete ein NKVD-Mitarbeiter, der als Neuling die »Techniken« des NKVD noch nicht beherrschte:

»Zwei Tage nach Arbeitsbeginn begab ich mich zum ehemaligen Leiter [der Dienststelle – S.P.] Kusnezow, um ihm mein Arbeitsergebnis [Vernehmungen – S.P.] vorzulegen. Karetnikow war im Dienstzimmer von Kusnezow. Kusnezow las ihm meine Protokolle laut vor und lachte mich aus: ›Ist das etwa ein Protokoll?‹ fragte er. ›Hier, sieh dir an, was für Aussagen du von den Angeklagten erhalten musst.‹ Mit diesen Worten reichte er mir ein Verhörprotokoll, das schon vom Angeklagten unterschrieben war. Ich las es mit großem Interesse und war erschüttert, was für ein schlechter Untersuchungsführer ich war. Daraufhin beschloss ich, mich davon zu überzeugen, wie Karetnikow die Untersuchung führt und ging am Abend in sein Dienstzimmer. Mir bot sich das folgende Bild: Der Angeklagte saß da und las das Protokoll. Nachdem er es gelesen hatte, weigerte er sich kategorisch, das Protokoll zu unterschreiben, weil es von Anfang bis Ende erfunden war. Da brüllte Karetnikow den Angeklagten an und begann, physische Mittel anzuwenden, das heißt auf ihn einzuschlagen, um letzteren zu zwingen, das Protokoll zu unterschreiben. Ich blieb nicht länger im Dienstzimmer von Karetnikow, da mir alles klar geworden war, das heißt ich hatte die Untersuchungsführung begriffen.«[149]

Die Wahrheit des Verbrechens war mit dem Geständnis bezeugt, die Verurteilung folglich rechtens, ja der Angeklagte machte sich, sofern er sein Geständnis im Gerichtssaal vor aller Öffentlichkeit ablegte, zum Resonanzverstärker der Anklage. Wie sollte an der Rechtmäßigkeit der Verurteilung gezweifelt werden dürfen?[150]

Diese wenigen Bemerkungen können eine Soziologie des Strafens in der Sowjetunion nicht ersetzen, die nicht vorliegt und die nicht in Sicht ist. Allein die theoretische Orientierung an Rusche, Kirchheimer und Foucault jedoch vermag schon genügend Fragen zu stellen, die über den Positivismus in den jüngeren Untersuchungen hinausführen. Es ist, wie schon Bauman beklagt hatte, wissenschaftlich unbefriedigend, von Terror und Lagern zu sprechen, ohne theoretische Schlüsse daraus zu ziehen, die diese Phänomene über die hier genannten Oberflächenbeschreibungen in ein Koordinatensystem historischer Optionen stellen.

Vor dem Strafen kam die Folter. Sie war in den Räumen der Untersuchungsgefängnisse und der NKVD-Gebäude an der Tagesordnung. Im

149 Vatlin, *Tatort*, S. 48

150 Zur Vergleichbarkeit mit politischen Prozessen im 18. und 19. Jahrhundert s. Kirchheimer, *Justice*, S. 97-98

sowjetischen Sprachgebrauch hieß sie »physische Einflussnahme«. Die Verhafteten wurden »bearbeitet«, um die gewünschten »Verbrechen« durch das Geständnis zu »beweisen«. Unzählige Personen waren den Schergen des NKVD hilflos ausgeliefert. Es handelte sich nicht einfach um Quälerei zu einem bestimmten Zweck. Die Folter war nicht allein phantasielose Körperqual geborener Sadisten im Dienste des NKVD. Sie machte dem Folteropfer klar, wer die Macht hatte. Sie gehörte zum Inventar der Herrschaftstechnik der sowjetischen Kommunisten. Gerade die Tatsache ihrer massenhaften Anwendung zeigt, dass mehr in ihr lag, als das »peinliche« Verhör. Sie ließ die Opfer nicht nur physisch und psychisch beschädigt zurück, sondern war eine Form der Einübung in die stalinistische Realitätskonstruktion. Jeder Gefolterte, der sein Geständnis unterschrieb, hatte sich in die Wahrnehmung der Stalinisten gefügt. Nur die wenigsten entzogen sich diesem Druck. Molotov, noch Jahrzehnte nach Stalins Tod uneinsichtig, machte in den von Feliks Čuev aufgezeichneten Gesprächen diesen Sachverhalt deutlich. Es geht in der entsprechenden Passage um Jan Rudzutak, den stellvertretenden Vorsitzenden des Rates der Volkskommissare, der im Jahre 1937 repressiert wurde.

»Molotov: Rudzutak – er hat nie gestanden! Er wurde erschossen. Mitglied des Politbüros. Ich glaube, dass er nicht bewusst Teilnehmer [an der Verschwörung – S.P.] war, aber er war ein Liberaler mit dieser Brüderlichkeit [der Verschwörer – S.P.], und er glaubte, dass alles [die Ermittlungen – S.P.] eine Lappalie war. Aber es war unmöglich, das zu entschuldigen. Er hat die Gefahr, die damit verbunden war, nicht verstanden. In einem gewissen Grade war er kein schlechter Genosse [...] Er klagte über die Geheimpolizei und darüber, dass sie nicht tolerierbare Methoden angewendet habe. Aber er hat nie irgendein Geständnis abgelegt [...] Es war im NKVD [...] Sie haben ihn ziemlich bearbeitet. Offensichtlich haben sie ihn schwer gefoltert. [...] Ich war [von den Beweisen der Geheimpolizei – S.P.] nicht hundertprozentig überzeugt. [...] Er sagte, ›Nein, das ist alles falsch. Ich streite das ab. Sie foltern mich hier. Sie zwingen mich. Ich werde nichts unterschreiben.‹ Čuev: Und das haben Sie Stalin berichtet? Molotov: Wir haben es berichtet. Es war unmöglich, ihn rauszuholen. Stalin sagte, ›macht, was ihr da machen müsst‹. Čuev: Und er wurde erschossen? Molotov: Er wurde erschossen.«[151]

Wie immer die Folter ausging – der gefolterte Mensch hatte in jedem Falle verloren: Er war psychisch beschädigt und seine Menschenwürde wurde gebrochen; er erlitt physischen Schmerz, um etwas zu gestehen, was es real nicht gab; er war der Willkür von Folterknechten ausgesetzt; aus der Situation gab es kein Entkommen, denn die Alternative nach der Folter lautete Lager oder Hinrichtung. Besonders der letzte Punkt zeigte, dass es kaum eine Chance der Gnade gab. Es gab sie deswegen nicht, weil es um Macht ging, die nicht zuließ, dass der »Verbrecher« in die Freiheit entlassen werden konnte. So kul-

151 Čuev, *Sto sorok besed*, S. 410-412

minierte in der Folter ein sowjetisches Syndrom: die Doppelzüngigkeit des Rechts, das die Gewalt legalisierte und die Macht schrankenlos werden ließ; die Machtfrage, die in jeder Folterung körperlich geklärt wurde; die Stellung der Polizei als der repressierende und folternde Apparat des Staates; das Verständnis von politischen Verbrechen bei der sowjetischen Führung; die *lèse-état*, die im Paragraphen 58 des Strafgesetzbuches der RSFSR zu finden war und die Verfolgung des *crimen exceptum*, das durch die Folter »bewiesen« werden musste.

Massenweise haben die Folterknechte Denunziationen aus den Verhafteten herausgeschunden – Beschuldigungen Unschuldiger, die dem Gefolterten nicht die Freiheit eintrugen. Wer wird unter diesen Umständen noch das Wort wiederholen, das August Heinrich Hoffmann, genannt Fallersleben, der Dichter der deutschen Nationalhymne, im deutschen Vormärz prägte und das zum geflügelten Wort wurde? »Der größte Lump im ganzen Land, das ist und bleibt der Denunziant.« Der Dichter verlor »nur« seine Professur in Breslau. Die Denunziation, die durch Folter zustande kam, entbehrt jedoch jeglicher Witzelei. Der größte Lump im großen Sowjetland war Stalin, und die Folterer stehen nicht weit unter ihm. Das stalinistische Erpressen der Denunziation ist mit der nationalsozialistischen deswegen nicht vergleichbar. Hier irrt Karol Sauerland, wenn er mit Hilfe einer quantifizierenden Analyse dem Phänomen der Denunziation und ihrer Funktion in den beiden Systemen beikommen möchte.[152] Denunziation gab es massenweise außerhalb der NKVD-Folterkeller.[153] Sie war eine seit Beginn der Sowjetperiode weit verbreitete und vom Regime geförderte Tätigkeit der Bevölkerung, die den Schein von »Volkskontrolle« ergab, in Wirklichkeit aber die Disziplinierung der Bürger bedeutete. Auch sie gehört in das Arsenal der vom Volke praktizierten stalinistischen Loyalitätsrituale. Aber auch freiwillige Denunzianten wurden erschossen.

Eines jedenfalls lässt sich über die Folter in der stalinistischen Sowjetunion nicht sagen: dass ihre Vollstrecker sie »von den Zwängen zur Wahrheit« befreit hätten.

> »Am Ende der Zivilisation hat die Kreativität der Grausamkeit einen vorläufigen Höhepunkt erreicht. Nun erweist sich, was die Folter immer war und was nur notdürftig durch den Vorwand der Befragung verdeckt war: nichts als Repression, nichts als Terror.«[154]

Diese Aussage ist falsch, wenn der Blick auf der Sowjetunion ruht. Die »Wahrheit« herauszufinden, war eine ihrer vornehmsten Aufgaben. Repression und Terror enthalten darüber hinaus die Machtfrage, die sich in der Folter

---

152 Sauerland, *30 Silberlinge*

153 Fitzpatrick, »Signals«; Kozlov, »Denunciation«

154 Sofsky, *Traktat*, S. 85-86

manifestiert. Die stalinistische Sowjetunion mitsamt ihren Folterpraktiken, Folterknechten und Folteropfern war Zivilisation. Folter und Moderne gehören zusammen. Auch das folgende Statement ist falsch:

»Kurzum, die Tortur erfasst alle sozialen Kategorien, die nicht dem Kernbereich der homogenen Gesellschaft zugehören. Sie ist eine Technologie zur Bekämpfung des Anderen, ein Instrument der sozialen Trennung, des Ausschlusses. Die Folter zieht eine Demarkationslinie zwischen Freund, Feind und Fremden [...].«[155]

Das ist nur auf den ersten Blick richtig. Die Sowjetunion zeigt, dass Folter in das Innere des Staates eindrang, dass der Folterer zum Gefolterten werden konnte. Unter diesen Umständen aber wird die kategoriale Trennung in Freunde, Feinde und Fremde hinfällig. Und homogen war am Ende der Folter gar nichts, schon gar nicht die sowjetische Gesellschaft. Eine »Theorie« der Gewalt unter Einschluss der Folter ist solange unmöglich, wie die sowjetischen Verhältnisse unberücksichtigt bleiben.

Die Frage ist, ob diese Bemerkungen über die Folter nicht eher die Sowjetunion als vormodern charakterisieren, wie es schon angeklungen ist. Die bejahende Antwort ergibt sich aber nur dann, wenn die zitierten Aussagen normativ zugrunde gelegt werden. Dazu besteht kein Anlass. Sinnvoller wäre es, die Ambivalenz der Folter in der Sowjetunion im Zuge der stalinistischen Modernisierung zu sehen. Sie existierte und betraf Tausende, wenn nicht Millionen Menschen, während die Industrialisierung große Fortschritte machte, Städte entstanden, Bodenschätze erschlossen wurden, Stahl- und Traktorenwerke zu produzieren begannen, das Analphabetentum mehr und mehr verschwand, in Moskau die erste Metro fuhr, sowjetische Piloten Flugrekorde aufstellten und gewaltige Stauseen die Landschaft veränderten. Es war jene Sowjetunion, die einige ausländische Beobachter zu Begeisterung hinriss ob der riesigen Fortschritte und der alternativen Zivilisation.

Die Moderne schloss Folter nicht aus. In einem nicht genau datierbaren Brief von 1945/46 ist zu lesen:

»Als Märtyrer bezeichne ich diejenigen, die den Folterungen im gegenwärtigen Gefängnis unterworfen waren. Im gegenwärtigen! Und wenn Du willst: in einem Gefängnis, das von jenen geschaffen wurde, die im Namen der Nicht-Rettung der Menschheit einen lebendigen, echten Menschen solchen Folterungen unterwarfen, die sich die kühnsten Phantasien eines beliebigen Henkers der wilden Vergangenheit nicht ausdenken konnten. Die Wilden zum Beispiel töteten ihre Opfer und aßen sie auf, das war alles. Doch die gegenwärtigen ›Psychologen‹, unterstützt von ›Psychotherapeuten‹, machten es so: [...] Natürlich wurden auch viel gröbere Methoden des ›Verhörs‹ praktiziert. [...] Es gibt eine feinere Art. In Abhängigkeit

155 Ebd., S. 87

von der Bildung desjenigen, der das Verhör durchführt, seiner Erziehung u. dgl. m. und auch vom Grade der Information des Betreffenden über die modernen Geisteswissenschaften.«[156]

Der Briefschreiber hat keinen Begriff von der historischen Entwicklung der Folter, und er verwechselt gewalttätige Rituale in primitiven Gesellschaften mit Folter. Aber darauf kommt es nicht an, sondern auf den folgenden Punkt: dass der modernisierende Stalinismus auch bei der Folter nicht die traditionellen Foltermethoden anwandte, sondern mit den wissenschaftlichen Erkenntnissen fortschritt. Auch dies war – so muss der zynische Kommentar lauten – eine lediglich technische Rezeption moderner wissenschaftlicher Erkenntnisse, die – wie wir im Kapitel über »Lenins konservative Moderne« gelesen haben – hier zur Anwendung kam.

Auch nach dem Abebben des »großen Terrors« wurde die Folter nicht abgeschafft. Allem Anschein nach wurde sie erst 1937 legitimiert, wie ein Brief Stalins an die Polizeichefs und Parteisekretäre vom 10. Januar 1939 preisgibt:

»Die Anwendung physischer Gewalt in der Praxis des NKVD, vom Zentralkomitee seit 1937 erlaubt, hat die Aufdeckung von Volksfeinden beschleunigt. Das Zentralkomitee meint, dass diese Methode von nun an als Ausnahme bei offensichtlichen und noch immer gefährlichen Feinden als die richtige und zweckmäßige anzuwenden ist.«[157]

Stalin selbst hat ihre Anwendung auch weiterhin befürwortet. In einem Brief vom 10. Februar 1939 an die Parteisekretäre auf *oblast'*-, *kraj*- und Republiksebene, an die Volkskommissare für innere Angelegenheiten in den Sowjetrepubliken und an die entsprechenden NKVD-Chefs gab er deutlich zum Ausdruck, dass er von ihrer – immerhin diskutierten – Abschaffung nichts hielt:

»Es ist bekannt, dass alle bourgeoisen Spionagedienste die physische Einflussnahme bezüglich des sozialistischen Proletariats anwenden und sie in den verschiedensten Formen anwenden. Es fragt sich, warum die sozialistische Aufklärung gegenüber den leidenschaftlichen Agenten der Bourgeoisie, den unversöhnlichen Feinden der Arbeiterklasse und der Kolchosbauern, humaner sein soll. Das ZK der VKP meint, dass die Methode der physischen Einflussnahme als vollkommen richtig und zweckmäßig auch weiterhin zwingend anzuwenden ist, als Ausnahme, gegenüber offensichtlichen und bewaffneten Volksfeinden.«[158]

Diese Haltung verwundert nicht, denn der Generalsekretär hatte schon 1930 empfohlen, Gefangene »strengstens zu verhören« und »durch die Mangel zu drehen«.[159]

156 Zitiert in Hillig, *Gesichter*, S. 84

157 Getty/Naumov, *Road*, S. 3. Das entsprechende Dokument ist in den Archiven bisher nicht aufgefunden worden.

158 *Sud palača*, S. 78

159 Lih/Naumov/Chlewnjuk, *Stalin's Letters*, S. 213

Die revolutionären Bolschewiki, welche 1917 die Welt gerechter und friedlicher machen wollten, reihten sich ein in die Internationale der Folterstaaten im 20. Jahrhundert.[160] Nachdem die Folter im ausgehenden 18. Jahrhundert geächtet worden war und im 19. Jahrhundert weitgehend verschwand, boomte sie im 20. Jahrhundert. Die Bolschewiki haben einen der bedeutendsten Beiträge zur Geschichte der Folter dieses Jahrhunderts geliefert. Obwohl allem Anschein nach bis 1937 außerlegal und danach nur politisch legalisiert, ist sie massenhaft angewendet worden. Über die Opfer der Folter ist mehr bekannt als über die Täter. Wie viele Folterer gab es in der UdSSR? Hunderte, Tausende in den Diensten des NKVD? Wie viele Folterer lebten jahrzehntelang in der sowjetischen Gesellschaft auch nach Stalins Tod, ohne dass sie sich ihrer Taten hätten schämen müssen oder dass sie zur Rechenschaft gezogen worden wären? Wie viele Menschen sind an Leib und Seele schwer beschädigt worden? Ein vom Karrieresoldaten zum Jesuiten gewandelter französischer Gegner der Folter, der seine Anschauungen in Algerien während des Unabhängigkeitskrieges gemacht hatte, schrieb:

»Aber unterstellen wir einen Moment, Folter sei durch Berufung auf ›edle‹ Motive zu rechtfertigen – hat man je an den einzelnen gedacht, der sie ausführt, an den Mann, der, ob er will oder nicht, zum Folterknecht gemacht wird? Ich habe in Frankreich und Algerien genug zu hören bekommen, um zu wissen, welche Schäden – und möglicherweise irreparable – das Foltern dem menschlichen Bewusstsein zufügen kann. Viele junge Leute haben ›das Spielchen mitgemacht‹, um dann ihre geistige Stabilität und Gesundheit einzubüßen und in einen erschreckenden Verfallszustand zu geraten, von dem sich einige wahrscheinlich nie wieder erholen werden.«[161]

Die Zahl der Folterer in der UdSSR zu ermitteln, wird kaum möglich sein, eine halbwegs genaue Zahl derjenigen, die der Folter unterlagen, ebenfalls nicht. Aber wenn wir wissen, dass 1937/38 circa 2,5 Millionen Menschen verhaftet worden sind, von denen die NKVD-Leute pflichtschuldigst Geständnisse zu erpressen hatten und weitere Denunziationen, selbst wenn wir unterstellen, dass weniger als die Hälfte von ihnen der Folter unterlag, dann befindet sich die Zahl der Folterer in der Sowjetunion auf einem hohen Niveau, denn wir reden hier von einem Zeitraum von nur wenigen Monaten. Gefoltert wurden Menschen in den Verhörzimmern und Kellern des NKVD, in den Gefängnissen und den Lagern nicht nur in diesen beiden Hauptjahren des Terrors. Dabei scheint auch deutlich, dass die Folter genauso viele Sadisten hervorbrachte wie anlockte. Aber was heißt Sadist und wie wird man dazu in der

160 Peters, *Folter*, Burschel/Distelrath/Lembke, *Das Quälen*. Laut Amnesty International war Folter im Jahre 1999 in 132 Ländern an der Tagesordnung, ebd. S. 6, Anm. 26

161 Zitiert in Peters, *Folter*, S. 227

Sowjetunion mit der hier skizzierten Gewaltgeschichte? Es ist fraglich, ob der »Sadist« ein angemessener Begriff ist, weil er die Abnormität umschreibt. In der Sowjetunion war der Sadist die Abnormität von was?

Im Jahre 1598 hat Anton Prätorius, ein Zeitgenosse Montaignes und Shakespeares, die Folter verurteilt, und zwar mit dem Argument des menschlichen Mitgefühls.[162] Dessen Fehlen haben Mommsen und Bauman als charakteristisch für den Nationalsozialismus angesehen. Wenn wir zuvor das »Argument Mitgefühl« für Analysezwecke relativiert haben, dann mit gutem Grund. Doch ist an dieser Stelle zu fragen, was der Folter und der Gewalt anderes entgegengesetzt werden kann, wenn die säkularen Schranken – Verfassung, Recht, Justiz, Moral – versagen, aufgelöst sind, gänzlich anderen Leitbildern unterliegen oder Gewalt sogar legitimieren. Was bleibt dann noch außer dem menschlichen Mitgefühl? Die Folter macht das Problem der Gewalt in der Sowjetunion deutlich: Die vorangegangenen Abschnitte haben versucht, Gewaltkontexte zu beschreiben, um Handlungsdispositionen zu erhellen. Das Wort Ursache wurde bewusst vermieden, um den Kausalnexus von Kontext und Handlung nicht zu strapazieren. Was aber bei der Gewalt noch angeht, versagt bei der Folter. Niemand zwang die sowjetische Führung, zur Folter aufzurufen und sie zu legitimieren. Stalin besaß Macht genug, sie zu verbieten, so, wie Berija es 1953 tat. Aber niemand in der Parteispitze sorgte sich um die Menschenwürde, um die Opfer und die Folterer. Die »Adiaphorisierung« ließ sich in der Stalin-Gruppe am besten beobachten. Alles Verstehenwollen (was nicht mit Verständnishaben zu verwechseln ist) scheitert an der Folter, für die es die genannten vordergründigen Erklärungen gibt, aber an ihr wird auch die völlige und weit verbreitete Enthemmung gegenüber dem Zufügen von Körperqualen deutlich, die eben jenes Mitgefühl vermissen lässt, welches den letzten, nur noch privaten Rückzugspunkt von Individuen in einer durch und durch zerrütteten Gesellschaft bildet.

Doch zurück zum Kontext von Moderne und Barbarei. Im Zusammenhang von Disziplinierung und Gewalt zeigt sich ein besonders deutlicher Aspekt der stalinistischen Modernisierung. Am 7. August 1932 verabschiedeten der Rat der Volkskommissare und das Zentralkomitee ein Gesetz, das den Schutz des sozialistischen Eigentums – gemeint war in erster Linie das der Kolchosen – beschwor und Verletzungen unter Strafe stellte: mindestens zehn Jahre, wenn nicht die Todesstrafe, für den Diebstahl auch kleinster Mengen Getreides vom Feld oder aus der Scheune, von Vieh und dergleichen.[163] Dieses Gesetz gilt zurecht als drakonisch. 1932 war das Jahr der großen Hun-

162 Vogel, »Sprache«

163 Rittersporn, *Simplifications*, S. 247; Fritzpatrick, *Stalin's Peasants*, S. 73

gersnot nach der Zwangskollektivierung. Selbst Bagatelldiebstähle wurden unnachgiebig geahndet. Bis Ende 1933 fielen etwa 149.000 Personen diesem Gesetz zum Opfer.[164] In der Industrie können die Verordnungen vom November 1932 als wichtiger Schritt zur Verschärfung der Arbeitsverhältnisse im Betrieb gesehen werden.[165]

Gewiss lassen sich für diese Verordnungen und Gesetze pragmatische Gründe anführen. So auch für das im Dezember 1932 eingeführte Passsystem. All die zahlreichen Bestimmungen in den Industriebetrieben bis hin zur scharfen Disziplinargesetzgebung 1938–1941, das System von Anreizen, Anerkennung und Belohnung beziehungsweise Entzug selbst der rationierten Nahrung und der Wohnung, die propagierte »sozialistische Beziehung zur Arbeit«,[166] hatten offensichtliche Gründe: Das Staatseigentum musste gegen Diebstahl geschützt werden, mit der »Arbeitsmoral« der Arbeiter stand es nicht zum besten, Maschinen gingen aus Unkenntnis ihrer Handhabung kaputt, einzelne Arbeiter oder ganze Abteilungen bummelten, erfüllten die Normen nicht, waren abwesend, betrunken und so weiter. Hinter den Maßnahmen der Regierung, welche die unliebsamen Erscheinungen auszurotten gedachten, steckte ein größeres, wenngleich unausgesprochenes Projekt, nämlich einen den modernen Produktionsbedingungen angepassten Menschen zu formieren. Darin lag die moderne Zivilisierungsaufgabe, wie sie sich die Bolschewiki, auch die der stalinistischen Ära, selbst gestellt hatten.[167] Es wäre verfehlt, den Kampf gegen Schlendrian lediglich unter dem Gesichtspunkt zu interpretieren, das Regime habe aus Systemgründen ein notwendiges Interesse an einem »ordentlichen« Funktionieren der Betriebe haben müssen. Sicherlich hatte es dieses Interesse, und die Zeugnisse über Unwirtschaftlichkeit und wirtschaftliche Ineffektivität sind ebenso zahlreich wie die Versuche, das System zu verbessern. Die genannten Gesetze stehen aber für mehr: für eine selbstgestellte Aufgabe der Bolschewiki. Die als modern betrachteten und anzustrebenden Produktionsverhältnisse, seien es die in der Landwirtschaft oder in der Industrie, erforderten einen neuen Typus von Produzenten, den die Sowjetunion kaum kannte. Es gab ihn aus vielerlei Gründen nicht: Die Arbeiterschaft musste sich nach dem Bürgerkrieg erst wieder formieren; bäuerliche Elemente bildeten die Mehrzahl in den Betrieben; ein proletarisches Klassenbewusstsein fehlte, Qualifikation ebenso; der sowjetische Alltag mit seinen Mangelerscheinungen untergrub die Versuche, diesen neuen Produzententypus über die Arbeit zu erschaffen; die Fluktuation der Arbeitskräfte in den Betrieben störte

164 Rittersporn, *Simplifications*, S. 248

165 Schröder, *Industrialisierung*, S. 280-316; Filtzer, *Workers*

166 Ebd.; Kotkin, *Mountain*, S. 203

167 Andrle, *Workers*, S. 87-155

die Produktionsabläufe. Es kam jedoch auf »Steigerung der Produktivität und Intensivierung der Arbeit einerseits und auf die Eingliederung der Arbeiter in die Systeme betrieblicher und politischer Herrschaft andererseits« an.[168] Dieses Fazit Hans-Henning Schröders lässt sich als ein Disziplinierungskonzept interpretieren. Zahlreiche Regelungen, Dekrete und Gesetze können als der Versuch gedeutet werden, die für die Produktion erforderliche Disziplin herzustellen.

Es ging um die Herstellung von berechenbarem Verhalten, um die Ausführung der gestellten Aufgaben am Arbeitsplatz, um die Durchführung der Produktion unter Hintanstellung persönlicher Bedürfnisse wie etwa Schwätzen, Blaumachen, Herumschlendern während der Arbeitszeit. Es ging letztlich darum, den Menschen als Produzenten in einen Gesamtzusammenhang zu stellen, den der einzelne nicht überschauen konnte, dessen Funktionieren aber für den Gesamtzusammenhang unerlässlich schien: der Produzent als Teil einer gewaltigen Maschinerie des industriellen und landwirtschaftlichen Erzeugens.[169] In der Landwirtschaft wurde dieser neuartige Produzent gebraucht, nachdem der Staat die Betriebe kollektiviert hatte, wohingegen das Problem in den Industriebetrieben so alt war wie die Sowjetmacht selber, wenngleich sich in den Jahren des ersten Fünfjahrplans der Druck auf die Arbeiter außerordentlich verschärfte. So ist zu erklären, dass in ein und demselben Jahr (1932) drakonische Gesetze für die Produzenten in der Landwirtschaft und Industrie erlassen wurden. Nicht zufällig spricht Rittersporn in diesem Zusammenhang von Disziplinierung.[170]

Untersuchungen über Arbeiter und Arbeitsverhältnisse während des Stalinismus bestätigen, dass Disziplinierung den modernen Produzenten schaffen sollte.[171] Womöglich ist gerade die parallel dazu vorangetriebene Auflösung des proletarischen Klassenbewusstseins und die Lostrennung des einzelnen Produzenten vom lediglich propagandistisch aufgedonnerten Klassenpopanz durch diverse Mittel wie unterschiedliche Löhne einschließlich Leistungslöhne sowie materielle und soziale Privilegierung und Minderstellung bis hin zur Stigmatisierung am Arbeitsplatz eine Voraussetzung für die vom Regime durch Gesetze, Verordnungen und polizeiliche Anwesenheit im Betrieb angestrebte Disziplinierung.

Insgesamt ist indes weniger das Faktum der versuchten Disziplinierung zu erörtern als vielmehr eine andere Frage: Wie ist die Härte der Strafen zu er-

---

168 Schröder, *Industrialisierung*, S. 315

169 Foucault, *Überwachen*, S. 173-251

170 Rittersporn, *Simplifications*, S. 239; Reiman, *Lenin-Stalin-Gorbačev*, S. 142

171 Schröder, *Industrialisierung*; Filtzer, *Workers*; Andrle, *Workers*, S. 126-146; Maier, *Stachanov-Bewegung*; Siegelbaum, *Stakhanovism*

klären, die im Zusammenhang mit Vergehen gegen die Arbeitsdisziplin ausgesprochen wurden? In der Sowjetunion existierte eine Vielfalt disziplinierender Maßnahmen bis hin zur Todesstrafe. Hier war die Disziplinarstrafe zugleich eine strafrechtliche Angelegenheit, die der Staat zu regeln hatte. Sie war Strafgewalt, und es gibt wohl kaum einen besseren Beleg dafür, wie ernst das Regime die Disziplinierung nahm.

Seit längerem schon arbeitete das Regime an der Herstellung eben jenes Produzenten, von dem zuvor die Rede war. Seit Anfang der zwanziger Jahre hatte es Versuche in diese Richtung gegeben.[172] Der Titel einer programmatischen Schrift von 1922 drückte aus, worum es ging: »Die lebendige Maschine (wie man arbeiten muss)«.[173] Darüber hinaus war bereits in den zwanziger Jahren Disziplinierung am Arbeitsplatz mit justiziellen Prozeduren verbunden. Sie erfolgte über Kollegengerichte. Es waren die bereits angesprochenen Disziplinierungsgesetze vom 7. August 1932 sowie vom November des Jahres, die die Kompetenzen der Kollegengerichte auf staatliche Justizorgane übertrugen. Damit war in der Anfangsphase des Stalinismus der Staat an die Stelle der halbstaatlichen Disziplinargerichtsbarkeit gerückt. Mit der Verstaatlichung der Disziplinargewalt verschärfte sich schlagartig die Strafgewalt.

Moderne *trudovaja kul'tura* (Arbeitskultur) oder *industrial culture*[174] hat der stalinistische Staat dennoch nicht schaffen können. Das Disziplinierungsprojekt in seiner gewalthaften stalinistischen Variante muss im Nachhinein als gescheitert betrachtet werden, weil sich die sowjetische Arbeiterschaft geduckt hat, aber nicht diszipliniert wurde. Modern war der Stalinismus in dieser zivilisatorischen Mission nicht, weil – mit Foucault gesprochen – er es nicht vermochte, den Produzenten als funktionierenden Teil in eine laufende Produktionsmaschinerie zu integrieren, ihn diskret zu disziplinieren und verschwiegen zu kontrollieren. Die zivilisatorische Leistung, die in der Übernahme der Disziplin in den kulturellen Code einer Gesellschaft besteht, hat der Stalinismus nicht zustande gebracht. Wenn es stimmt, dass die auf Disziplinierungsprozessen beruhende Macht »um so weniger körperlich und physisch [ist], je gelehrter und physikalischer sie ist«,[175] so erweist sich der Stalinismus mit seinen Techniken von Gewalt nicht als die Zivilisation, die dem postulierten Modernitätsanspruch substantiell entsprach. Stalinismus baute auf Gewalt, nicht oder nur scheinbar auf Techniken des Wissens. Der Fortschritt, so schrieb 1936 ein französischer Professor für Strafrecht, sollte sich darin ausdrücken, dass Disziplinierung durch konstruktive und nicht durch bloß repressive Maßnahmen

---

172 Plaggenborg, *Revolutionskultur*, S. 46-61.

173 Kekčeev, *Mašina*

174 Andrle, *Workers*, S. 83-104

175 Foucault, *Überwachen*, S. 229

erzielt wird. Der Gefangene sollte ermutigt werden, einen bestimmten Standard einzuhalten anstatt physische Strafen *in terrorem* auszuhalten.[176]

Regionale oder in einigen sozialen Gruppen anzutreffende Loyalität dem Stalinismus gegenüber widerspricht diesem Befund nicht. Auch die stalinistische Disziplinierung arbeitete nicht nur mit den Mitteln der Strafe. Wie jede Disziplinierung war auch sie angewiesen auf ein grundsätzliches Wohlwollen, Nichtbemerken und Mitmachen der Adressaten. Ein erlaubtes, jedoch nicht genau bestimmtes und deshalb willkürlich schwankendes Maß an Störung verkraftete auch der Stalinismus, selbst Verweigerung, wenn sie sich in Grenzen hielt; Widerstand jedoch nicht. Stephen Kotkins Kapitel über »*Speaking Bolshevik*« lässt sich – entgegen seiner Absicht – so interpretieren.[177] Dort zeigt sich, dass Abweichen von der gesetzten Ordnung gleichsam zum Disziplinierungsprogramm gehört wie das »Rührt Euch!« zum Exerzieren. Die kleinen Taktiken des Habitats bei Kotkin, die kleinen Fluchten trotz »gesamtgesellschaftlicher« Disziplinierung, vornehmlich der Produzenten, schleichend auch der Geistesarbeiter,[178] gehören zusammen. Jederzeit jedoch konnte die Disziplinierungsmaschine mit dem Arm der Justiz jede noch so kleine Abweichung strafen. Ob und wann sie den Arm ausstreckte, um einen Abweichler zu ergreifen, scheint mehr eine Machtfrage gewesen zu sein.

Der Sinn der Disziplinarstrafe besteht im Idealfall darin, die Abweichung zu korrigieren, die gesetzte Ordnung einzuüben. »Richten ist Abrichten.«[179] Im Stalinismus war Richten – die Pointe variierend – keineswegs in den meisten Fällen Hinrichten. Die Mehrzahl ist zu Zwangsarbeit verurteilt worden. Die grauenhaften Zahlen über Erschießungen sollten nicht den Blick verstellen dafür, dass parallel zum Terror die arbeitende Bevölkerung über drakonische Disziplinierungsmaßnahmen dem Strafdiktat des Staates unterlag. Nach 1932 stieg die Zahl der disziplinar Bestraften, die ins Lager mussten, sprunghaft an.[180]

Wir wollen an dieser Stelle das Kapitel über die stalinistische Gewalt schließen, ohne den Eindruck zu erwecken, es habe sie nur in den dreißiger Jahren gegeben. Die Gewalt nach 1945 in den letzten Jahren der stalinistischen Herrschaft stellt jedoch Fragen, wie sie hier diskutiert wurden, mit dem Unterschied jedoch, dass die Opfergruppen nun tatsächlich klarer auszumachen waren. Aber Eindeutigkeit im Sinne der Ambivalenzvermeidung hat es trotzdem nicht gegeben, wie die Verfolgung der aus deutscher Kriegsgefangen-

176 Zitiert in Rusche/Kirchheimer, *Punishment*, S. 155

177 Kotkin, *Mountain*, S. 198-237

178 Beyrau, *Intelligenz*, S. 117-122

179 Foucault, *Überwachen*, S. 232

180 Rittersporn, *Simplifications*, S. 237-265

schaft heimkehrenden Rotarmisten zeigt. Der Terror wurde nach 1945 systematischer, und er richtete sich schließlich gegen die jüdische Bevölkerung in der UdSSR, die dem Holocaust entronnen war. Die Statistik zeigt, dass niemals zuvor mehr Menschen in den Lagern saßen als nach dem Ende des Krieges: insgesamt etwa 3 Prozent der Gesamtbevölkerung. Der Kontext der Gewalt, wie er hier skizziert wurde, ändert sich dadurch nicht in einem Maße, dass eine ausführliche Diskussion an dieser Stelle vonnöten wäre.

Wir wenden uns abschließend deswegen einem anderen Problem zu, das über die Zeit nach Stalins Tod hinausweist. Es ist die Frage nach den Möglichkeiten der strukturellen Humanisierung nach 1953. Offensichtlich besteht die Zäsur des Jahres 1953 – Stalin starb am 5. März –, die hinsichtlich der Gewalt unübersehbar ist. Indem der Diktator von der politischen Bühne abtrat, war der Weg frei für eine weniger auf Gewalt setzende Politik. Es handelte sich also um eine Entscheidung der politischen Führung, nicht aber um eine strukturelle Humanisierung der sowjetischen Verhältnisse. Diese Tatsache ist bedeutend, da diese Führung sich stets der gewaltförmigen Mittel bedienen konnte, wenn sie dies wollte. So hat sie den Handlanger Stalins, Berija, im Sommer 1953 verhaften, in einem obskuren Gerichtsverfahren verurteilen und hinrichten lassen.[181] Dieser Vorgang trug noch alle Kennzeichen des Stalinismus, und Stalinisten waren an der Sache beteiligt. Doch danach, beginnend mit dem Jahr 1954 hat es eine Verschwörung der Parteispitze gegeben mit dem Ziel, Konflikte in Staat und Partei nicht auf Leben und Tod auszutragen. Die dennoch heftigen Machtkämpfe endeten für die Unterlegenen nicht mehr tödlich. Das gilt auch für Chruščev, der 1964 in Rente geschickt wurde, obwohl zumindest Brežnev daran gedacht hat, ihn liquidieren zu lassen.[182] Der Fall zeigt deutlich, dass es sich um einen Entschluss der Führung handelte, der – da es Stalinisten waren, die nach 1953 die erste politische Reihe abgaben – nicht zuletzt aufgrund eigener Erfahrungen gefasst sein mochte. Einen dokumentarischen Nachweis für die Gründe des Wandels gibt es nicht. Andererseits bestanden alle Gewaltmittel des Stalinismus weiter, wie ja überhaupt das stalinistische System fortlebte minus Gewalt. Die Geheimpolizei wurde nicht abgeschafft, sondern entwickelte sich unter der Bezeichnung KGB zu einer der wichtigsten Systemsäulen. Die Folgen des Entschlusses, die Gewalt einzuhegen, waren tiefgreifend: Zwingend führten sie zu Veränderungen im Verhältnis des Staates zu seinen Bürgern vermittelst des Rechts, ja zur Anerkennung von Recht überhaupt. Die Abkehr von der Gewalt jedoch, das lässt sich nicht übersehen, war eine ebenso willkürliche Entscheidung wie ihre An-

181 Naumov/Sigačev, *Berija*
182 *Komersant-Vlast' Nr. 40*, S. 51

wendung. Die folgenden Kapitel zeigen, dass Gewalt nicht aus dem Programm der kommunistischen Herrschaft verschwand. Besonders die Dissidenten wissen ein Lied über die Gewalt und ihre Anwendung zu singen. Aber diese Fragen führen auf das Gebiet des poststalinistischen Staates, auf dem fortan die Frage der Gewalt zu verhandeln ist.

V. Staat ohne Gesellschaft

Der Staat der Sowjetperiode 1917–1991 lässt sich mit rationaler, charismatischer oder traditionaler Herrschaft nicht durchgängig charakterisieren.[1] Er war während seiner Existenz weder ausschließlich total noch totalitär,[2] weder nur Erziehungsdiktatur[3] noch Modernisierungsdiktatur,[4] weder Diktatur des Proletariats[5] noch Volksstaat.[6] Die Beschreibung als Parteistaat im Sinne eines von der Kommunistischen Partei politisch abhängigen Institutionen- und Personenverbandes kommt der Sache nahe, bleibt aber statisch. Dass er als Einparteistaat im typologischen Gegensatz zum Parteienstaat parlamentarischer Demokratien stand, versteht sich. Allein dadurch kann er nicht beschrieben werden.[7] Ganz besonders war er kein Staat derjenigen Organe, von denen er seinen Namen hat – Sowjetstaat (Rätestaat).[8] Wenn er das alles nicht war, was war er dann? Gab es ihn überhaupt? War er der »Unstaat«, der durch den »Zustand vollkommener Gesetzlosigkeit« charakterisiert ist? Bildete er vielleicht nur ein Ensemble von Machtapparaten, ohne dass ein bestimmtes Organ auszumachen wäre, welches das Monopol der politischen Macht innehätte? Stellte auch die Partei nur einen Herrschaftsverband unter anderen dar? So hat Franz Neumann den nationalsozialistischen Staat beschrieben.[9] Nimmt man das von ihm beschriebene Prinzip der Staatsauflösung und Unstaatlichkeit im Gewande des Staates, so mag dieses ungeachtet des spezifisch nationalsozialistischen Kontextes auch für einen historisch anders gelagerten Fall gelten. Zumindest für einen gewissen Zeitabschnitt. Um nicht missverstanden zu

1 Weber, *Wirtschaft*, S. 122, 124-125, 395-396, 544; Breuer, *Herrschaftssoziologie*; Anter, *Webers Theorie*

2 Arendt, *Elemente*; Friedrich, *Diktatur*; Fainsod, *Russland*

3 Cohen, »Bolshevism«; von Laue, *Lenin*; vgl. den begrifflich nahekommenden »Vormundschaftsstaat« bei Tucker, *Culture*, S. 42

4 Hofmann, *Stalinismus*

5 Lenin, »Staat«

6 Meissner, *Parteiprogramm*, S. 104

7 Meissner u.a., *Einparteisystem*

8 Zusammengefasst bei Plaggenborg, »Organisation«, bes. 1518-1525

9 Neumann, *Behemoth*, S. 531 (Zitat), 542

werden: Nationalsozialismus und Kommunismus werden nicht in eine Vergleichsperspektive gestellt, sondern die Frage ist, ob die Beobachtungen Neumanns auch für die sowjetrussischen Entwicklungen partiell zutreffen.

Das Problem besteht darin, dass der Staat der Sowjetperiode viele Elemente in sich vereinigte, aber zu unterschiedlichen Perioden in verschiedenem Maße, manche nur andeutungsweise. Aber einige Punkte lassen sich doch über den Staat der Sowjetperiode festhalten, die für die über sieben Jahrzehnte seiner Existenz gelten: Er war nie demokratisch. Diese Aussage bezieht sich auf sein politisches System. Er war zentralistisch und desorganisiert zugleich. Das bezieht sich auf seine Binnenstrukturen. Er war bürokratisch – bezogen auf die Organisation und Soziologie des Staates; und er war repressiv und gewalttätig, was sich auf das Verhältnis zur Bevölkerung und zu den einzelnen Menschen bezieht. Das Problem, was der Staat der Sowjetperiode sei, wird dadurch größer, dass sich in der Sowjetunion immer neue Theoreme zu widersprüchlichen Aussagen gruppierten, die mancher für Staatstheorie hält.[10] Norberto Bobbio kam dagegen zu der – von anderen Marxisten im Prinzip hingenommenen – Auffassung, es gebe keine allgemeine marxistische Staatstheorie.[11] Das Fehlen einer allgemeinen Theorie des Staates im Marxismus sei durch den eschatologischen und prophetischen Dogmatismus des Marxismus-Leninismus ersetzt worden, meint der marxistische Staatstheoretiker Nikolas Poulantzas. Die Einsicht, wenn schon keine marxistische Theorie des kapitalistischen Staates vorliege, so folge daraus notwendigerweise das Fehlen einer hinreichend entwickelten Analyse des Staates in den sozialistischen Ländern, ist nicht von der Hand zu weisen.[12] Wenn »der« Staat der Sowjetperiode als eine manifeste Erscheinung nicht wegzudenken ist, dann deswegen, weil seine Institutionen über die gesamte Sowjetepoche hinweg weitgehend stabil blieben,[13] weil er für das Individuum in jeder Lebenslage spürbar Herrschaft ausübte und dafür umfangreiche Zwangsapparate einsetzen konnte, und weil er gegen Ende seiner Existenz von der Opposition (Dissidenten) zum Gegner erklärt wurde, weitaus mehr als die Partei, weitaus mehr als die Wirtschaft oder andere Bereiche des Sowjetsystems.

Inwiefern der Staat der Sowjetperiode mit den Kategorien Max Webers, besonders seinen Idealtypen der Herrschaft und seiner nicht systematisch ausgeführten Staatstheorie beschrieben werden kann, ist bislang nicht überzeugend dargelegt worden. Nicht deswegen, weil es Idealtypen in der Praxis ohnehin nicht gibt, sondern weil gerade die Formen der Herrschaft bei Weber

10 Schroeder, *Wandlungen*

11 Bobbio, »Staatslehre«

12 Poulantzas, *Staatstheorie*

13 Koržichina, *Sovetskoe gosudarstvo*; Ivkin, *Gosudarstvennaja vlast' SSSR*

kaum zur Beschreibung des Staates der Sowjetperiode taugen, wohl aber einige Elemente seiner Bestimmung des Staates. Das zu erläutern, wird unter anderem Aufgabe der nächsten Abschnitte sein. Wir begnügen uns damit an dieser Stelle festzuhalten, dass wir in den »europäischen« Geschichten des Staates kaum inhaltlich angemessene Beschreibungen des uns interessierenden Falles und folglich auch wenig brauchbare Begriffe zu seiner Charakterisierung finden. Zwar werden dort Webers Begriffe kritisch durchleuchtet, dann aber nach der Hinzufügung neuer Forschungen modifiziert übernommen, um somit als begriffliches Koordinatensystem für die Beschreibung des Staates, vornehmlich des modernen, zu dienen.[14] Das ist – abgesehen von der Weber-Hagiographie, die diese Vorgehensweise implizit enthält – methodisch nicht überzeugend, weil eine solche Untersuchung auf die Frage hinausläuft, ob der jeweilige Staatstyp zu den Kriterien passt, anstatt von einer historischen Analyse zu verallgemeinernden Aussagen – möglicherweise im kontrastiven Verfahren zu Webers Begriffen – zu kommen. Oder es werden Webers Äußerungen über den sozialistischen Staat geradezu mit Genugtuung als prophetische Begründung des Zusammenbruchs der UdSSR gelesen.[15]

In diesem Kapitel sprechen wir konsequent vom Staat der Sowjetperiode, oder kurz: vom Staat, um die von den sowjetischen Staatsrechtlern sowie westlichen Historikern und Politikwissenschaftlern benutzte irreführende Bezeichnung Sowjetstaat zu vermeiden. »Sowjetstaat« ist, wie die Historiographie auch (worüber das dritte Kapitel Auskunft gibt), Selbstbeschreibung des Systems. Wir behandeln hier den Staat, darin eingeschlossen die Kommunistische Partei. Das hat seinen Grund darin, dass wir für die Gesamtbetrachtung der sowjetischen Periode die häufig beschriebene Parallelität der Organisationen, die Kompetenzüberschneidungen und -konflikte und die personalen Kongruenzen nicht als das entscheidende Charakteristikum des sowjetischen politischen Systems betrachten, und zwar deshalb nicht, weil die Perspektive nicht auf die isolierte Beschreibung des sowjetischen politischen Systems ausgerichtet ist, sondern auf die zentralen Aspekte der europäischen Moderne, in deren Kontext wir die Sowjetunion untersuchen. In diesem Sinne wird auch das Problem des Staates der Sowjetperiode behandelt, der sich nicht so sehr als Ergebnis des spezifisch bolschewistischen Autoritätsdenkens, der revolutionären Ideologie oder russischer Traditionen versteht, sondern der einsortiert werden will in die europäischen Staatsbildungsprozesse – gleichsam als Thema *con variazione*. Obwohl es über das Verhältnis von Partei und Staat eine Menge Literatur gibt, wissen wir uns mit Wolfgang Reinhard darin einig, dass auch der

---

14 Breuer, *Staat*; Anter, *Webers Theorie*

15 Ebd., S. 183-184

Parteistaat eine Etappe der europäischen Staatsentwicklung darstellt. Reinhard hat diesen Abschnitt unter die Überschrift des totalen Staates gestellt.[16] Wir werden also Partei und Staat als zusammengehörige Bestandteile eines Ensembles behandeln.[17] Es hat keinen Sinn mehr, das Verhältnis der beiden zueinander über die Zeiten hinweg in immer neuen Detailuntersuchungen aufzuschlüsseln, weil dabei die alte Geschichte *mutatis mutandis* wiederholt wird, die sich bereits in den Anfangsmonaten der Sowjetmacht abzeichnete und die unter den Begriffen »Verstaatung der Partei« oder »Verparteiung des Staates« lief.[18] Wir betrachten also den sowjetischen Einparteistaat als eine Staatsform unter anderen, wobei die Tatsache, dass seit dem März 1918 nur eine Partei die Regierung bildete und das Politbüro das wichtigste Entscheidungsgremium darstellte, für eine Beschreibung dieses Staates ein nachgeordnetes Kriterium ist. Das Problem dabei ist, den Bereich des Politischen trennscharf zu fassen. Hier eine Differenzierung zu treffen, ist zum Scheitern verurteilt, wie die zahlreichen Bemühungen, dies zu tun, bezeugen, gleichgültig, ob sie im Gewande der sowjetischen »Staatstheorie«[19] oder als westliche politikwissenschaftliche Literatur daherkommen.[20] Reinhard, wie gesagt, stellte diesen Staatstyp in die Rubrik »totaler Staat«.

Aber schon an diesem Punkte lösen wir uns von seiner Darstellung aus zwei Gründen: erstens, weil sein Kapitel über den totalen Staat die europäische Perspektive zwar rhetorisch beibehält, indem Bemerkungen über den Kommunismus (und China!) vorkommen, aber im Grunde behandelt er den nationalsozialistischen Staat. Das ist – wenn man Entwicklungstendenzen des modernen Staates im Auge hat – für das 20. Jahrhundert enggeführt. Da aber Reinhard von vornherein die nicht zum lateinischen Christentum gehörenden Gebiete – für das Mittelalter und die frühe Neuzeit mit gutem Grund – ausschließt, kann man ihm lediglich vorwerfen, dass er die Selektion spätestens mit den säkularen Staatsgebilden des 19. Jahrhunderts hätte für hinfällig erklären müssen. Man muss folglich an seinen Ausführungen kritisieren, dass im 20. Jahrhundert die Entwicklung des »totalen Staates« mit dem konfessionell-kulturellen Ausschlusskriterium nicht mehr kompatibel ist. Damit ist der zweite Grund für die Lösung von Reinhards Darstellung schon angedeutet: Zwar gehört der sowjetische Staat in die Geschichte der Staatsgewalt des 20. Jahrhunderts. Ob er unter der Rubrik »totaler Staat« einsortiert werden kann,

16 Reinhard, *Geschichte*
17 Vgl. von marxistischer Seite ebenso Poulantzas, *Staatstheorie*, S. 282
18 Pietsch, *Revolution*
19 *Teorija gosudarstva*; Nedbajlo, *Vvedenie*
20 Hazard, *Soviet system*; Reshetar jr., *Soviet polity*; Grottian, *Regierungssystem*

ist in Anbetracht einer nicht erst jüngst geführten Debatte zweifelhaft.[21] Doch hier greifen wir voraus.

Ganz anders dagegen sieht Niklas Luhmann den Staat. Gern werden Einleitungen jüngerer Untersuchungen zum Staat mit seinem Zentralbegriff der Autopoiesis gewürzt, aber es ist nicht zu erkennen, welche Theorieimpulse er gegeben hat. Solange nämlich nicht auch Luhmanns Systemtheorie – und zwar völlig – als untersuchungsleitender Begriffs- und Konzeptrahmen übernommen wird, bleibt ein isolierter Begriff der Selbstreferentialität sowohl empirisch wie theoretisch unwirksam. Wenn Luhmann den Staat als »die Selbstbeschreibung des politischen Systems« bezeichnet[22], so ist damit die Selbstreferenz des politischen Systems in einem semantischen Artefakt lediglich begrifflich konzentriert. Aber die Arbeit fängt hier erst an, weil das System, in diesem Fall das Funktionalsystem Politik, systemtheoretisch zu untersuchen wäre. Es ist in diesem Fall nicht möglich, einzelne Luhmannsche Theoreme zu verwenden, sondern die Entscheidung für die Theorie muss vorher fallen: entweder systemtheoretisch oder nicht. Sie *muss* vorher fallen, weil Luhmann die Systemtheorie als a-aufklärerische Alternative ansieht und sie deswegen nur »unvermischt« existiert. Alle anderen Theorien und Theoreme wären – mit Luhmann gesprochen – Umwelt. So spannend es wäre, den Staat der Sowjetperiode unter dem Gesichtspunkt des kommunikativen Handelns, der doppelten Kontingenz und der System-Umwelt-Beziehung zu untersuchen, so nehmen wir dennoch davon Abstand, weil zu diesem Zweck eine theoretische Kritik an Luhmann nötig wäre, die hier nicht zu leisten ist. Damit ist immerhin begründet, warum die Systemtheorie in diesem Kapitel nicht vorkommt, aber auch, warum wir sie gänzlich, das heißt auch in begrifflichen Anklängen, unerwähnt lassen. Autoren von Staatsstudien, aber nicht nur sie, müssen sich immer entscheiden, ob sie systemtheoretisch argumentieren oder nicht, aber ein bisschen Selbstreferenz zum Charisma geht nicht.

1. Staatsbildung

Im Gegensatz zu fast allen anderen Bereichen des sowjetischen »Systems« hat sich der Staat schon rasch nach der Oktoberrevolution herausgebildet, das heißt deutlich vor dem »großen Durchbruch« am Ende der zwanziger Jahre,

21 Zusammengefasst bei Schröder, »Stalinismus«; ders., »Stalinismus von ›unten‹«; vgl. Plaggenborg, »Geschichte«

22 Luhmann, *Systeme*, S. 627

der sich für die meisten Teilbereiche des Sowjetsystems als strukturbildend herausstellen sollte. Aber auf diesem Gebiet erfand sich der Stalinismus institutionell nicht selbst, sondern baute auf Grundlagen, die kurz nach den revolutionären Ereignissen entstanden waren. Das betraf in erster Linie die staatlichen Institutionen. Will man die Frage personalisieren, so ist der Staat das Gebilde, das mit Lenin und nicht mit Stalin in Verbindung zu bringen ist.

In Sowjetrussland vollzog sich der Staatsbildungsprozess in wenigen Jahren zwischen 1917 und 1922.[23] Der neu entstandene Staat hatte, erstens, eine militärische Funktion; er war das Resultat von Organisation in einer kriegerischen Ausnahmesituation, wie sie die neuere Geschichte Russlands bis dahin nicht gekannt hatte. Er war, zweitens, – ebenfalls unter Kriegsbedingungen – ein Staat der Ressourcenerzwingung; und er war, drittens, ein Distributionsstaat angesichts der verheerenden Versorgungslage der Bevölkerung. Für die gesamte Zeit seiner Existenz sollten die daraus resultierenden Grundfunktionen weiterexistieren. Sie lassen sich ohne weiteres für den Ausnahmezustand der dreißiger Jahre übernehmen und zweifelsohne auch für die Zeit des Zweiten Weltkrieges. In Anbetracht des Kalten Krieges und der gigantischen Rüstungsprogramme musste der Staat auch nach 1945 dieselben Aufgaben lösen und dieselben Funktionen übernehmen. Noch 1982 sah er sich veranlasst, in Anbetracht der Versorgungsengpässe ein Lebensmittelprogramm aufzulegen.[24] Erst allmählich war er in der Lage, auch andere Funktionen zu übernehmen, von denen der sozialistische »Wohlfahrtsstaat«, der später behandelt wird, der wichtigste war. Die späte Konsolidierung des Staates, insbesondere die Verfestigung der Führungsschicht, der Nomenklatura, zu einer weitgehend geschlossenen Gruppe, sollte nicht darüber hinwegtäuschen, dass die militärischen, logistischen und distributiven Funktionen des Staates von Anfang an dieses Staatsgebilde dominierten. Das zeugt von einer starken Kontinuität über die rund sieben Jahrzehnte »Sowjetmacht« hinweg.

In allen drei genannten Fällen war eine tiefe Krise organisatorisch zu bewältigen – die Überlebenskrise der Revolution, zugleich die Machtkrise der Bolschewiki; die Krise in der industriellen und landwirtschaftlichen Produktion, des Transportsystems und der militärischen Logistik; schließlich die katastrophale Ernährungslage, die in der Hungersnot 1921/22 gipfelte, gesäumt von Epidemien. Es hat den Anschein, als würden sich im sowjetischen Staatsbildungsprozess die in Europa über lange Zeit ausgefalteten Faktoren und Stadien von Staatsbildung konzentriert wiederfinden.[25] Es sind offensichtlich

23 *Istorija sovetskogo gosudarstva*
24 *Prodovol'stvennaja programma*
25 Reinhard, »Wachstum«

Zwangsfunktionen im Sinne von für den Staat notwendig gewordenen Primärfunktionen vor allen anderen, die diesen Staat und seine Entstehung kennzeichneten.

Die Aussage, dass sich in Sowjetrussland ein Prozess der Staatsbildung vollzog, der in Europa vielfach durchlaufen worden ist, bedarf der Begründung. Machen wir uns klar: Die Bolschewiki hatten keinen Begriff von Staat. Sie lehnten die Formen, die sie unter Staat kennen gelernt hatten, grundsätzlich ab. Lenin hat diesen Überlegungen mit Rückgriff auf Marx, Engels und die Pariser Kommune wenige Tage vor dem Oktoberumsturz programmatischen Charakter verliehen. Seine Schrift »Staat und Revolution« ist als Klassiker in die Staatstheorie eingegangen. Aber als Programm war sie ins Nichts geschrieben, denn es kam alles ganz anders. Wenn der alte Staat zerschlagen und nach der Revolution der Staat »absterben« solle, dann zeigt sich, dass die Bolschewiki keine Vorstellung davon hatten, was Staat sein sollte. Neue Staaten des 19. Jahrhunderts, auch die Neugründungen nach dem Ersten Weltkrieg, waren mehr oder minder deutlich vorgedacht worden. Die »Staatsgründer« nahmen sich zum Beispiel eine für tauglich befundene Verfassung als Vorlage. Das war zwar keine Garantie für geordneten Staatsaufbau, aber die Lage war insgesamt berechenbarer als in Sowjetrussland, wo die Bolschewiki an die Macht kamen, ohne zu ahnen, was der neue Staat sein könnte. Historiker der Sowjetunion untersuchen deshalb nicht nur die Genese des Staates der Sowjetperiode, sondern ein historisches Experiment in Sachen Entstehungsbedingungen von Staat unter Einschluss der historischen Akteure. Das ist – soweit erkennbar – ein ziemlich einmaliger Fall in der neueren Geschichte, so dass hier das Problem, woher der moderne Staat kommt, ab wann er zu erkennen ist, welche Traditionen er übernimmt, unter Laborbedingungen zu beobachten ist. Umso bemerkenswerter, dass sich Historiker des Staates diese Gelegenheit haben entgehen lassen. Dieser Staat hatte kein Vorbild, ja er setzte sich programmatisch zunächst einmal ab von allen anderen Staatstypen, ganz besonders vom Nationalstaat. Wir haben es mit absichtlicher Traditionsvermeidung und staatstheoretischem Nihilismus zu tun. Trotzdem entstand der Staat, und die Bolschewiki waren daran maßgeblich beteiligt.

Versuche, den Staat der Sowjetperiode als die Theorie führender Bolschewiki in der Praxis zu sehen, reduzieren das Problem. Was spricht dagegen, diesen Staat den analytischen Fragen zu unterwerfen, die auch für andere Staaten gelten, besonders was die Entstehung anbetrifft. Wenn unter Historikern Einigkeit darüber herrscht, dass der Staat in dieser Form, mit dieser Ideologie, mit dieser Elite, mit ihrer sozialen Zusammensetzung, weniger aber mit seinen Institutionen ein Novum nicht nur der russischen, sondern überhaupt in der Geschichte war, so darf man ihn nicht danach beurteilen, inwiefern er von den Parteiführern errichtet wurde und welche Grade der Abweichung vom theoretisch vorgesehenen Modell (welches?) er aufwies. Über »Staat und Revolution« ist viel Aufhebens gemacht worden; die Schrift kann aber keinesfalls als Handlungsanweisung für das gelten, was die Bolschewiki nach 1917 taten. Schon gar nicht kann der Hinweis auf die führenden Bolschewiki und ihre staatstheoretischen Überlegungen zur »Diktatur des Proletariats« als ausschlaggebend für den sich entfaltenden Staat angesehen werden. Freilich waren die führenden Bolschewiki daran beteiligt, sie waren es schließlich, die die entsprechenden Dekrete verabschiedeten, mit denen Institutionen geschaffen und aufgelöst wurden, sie besetzten Ämter und verwalteten, wo es ihnen möglich war. Ihr Handeln hat den Staat entstehen lassen. Ja, man kann sagen: Indem die Bolschewiki (und andere) handelten, formierte sich Staat. Die Bezugsfelder des Handelns aber waren Militär, Logistik, Distribution.

Die drei Primärfunktionen des Staates sind hier zu skizzieren:

Mit Hilfe des Separatfriedens von Brest-Litovsk stieg Russland aus dem Ersten Weltkrieg aus, aber der Frieden überlappte zeitlich mit dem Beginn des Bürgerkriegs. Es gibt keinen Vergleichsfall in Europa im 19. oder 20. Jahrhundert, wo sich ein neuer Staat unter solchen Bedingungen wie im »roten« Russland 1917–22 erst formieren musste. Keiner der neu entstandenen Staaten des 19. Jahrhunderts kannte die militärisch bedrohliche Lage der Kombination von Bürgerkrieg und ausländischer Intervention während des Staatsbildungsprozesses. Da alle neuen Staaten des 19. Jahrhunderts in Europa nur unter Beteiligung der europäischen Mächte zustande gekommen waren, sollten die Institutionalisierungsprozesse folglich geordnet, von außen kontrolliert und friedlich vor sich gehen. Dass sie das nicht oder nicht in dem erwünschten Maß taten, ändert nichts an dem Umstand, dass die Lage in Russland grundsätzlich anders war. Alle neu gegründeten Staaten waren mit zum Teil großen Problemen auf die Welt gekommen, hatten sie doch schwerwiegende Grenz-, Sozial- (vorwiegend Agrar-) und Minderheitenfragen, um nur die wichtigsten zu nennen, zu lösen. Im bolschewistischen Russland sah die Lage ungleich dramatischer aus: Bis zum Herbst 1918 stand der Kriegsgegner des Ersten Weltkrieges im Land; nach dem Frieden von Brest-Litovsk (März 1918) hielt er sich nicht an die Vereinbarungen und marschierte bis in den Kaukasus; Japaner rückten in Fernost vor; Truppen der britischen und US-amerikanischen Verbündeten intervenierten; in Sibirien revoltierten die Soldaten der Tschechoslowakischen Legion, die eigentlich nach Hause fahren sollten; der Bürgerkrieg war ein Kampf aller gegen alle; schließlich verband sich der Bürgerkrieg mit einem Staatenkrieg zwischen Polen und Sowjetrussland. Es waren mehrere Kriege, die sich 1917–21 auf dem Gebiet des ehemaligen Zarenreiches abspielten. Mehrere Kriege – ein Gegner: die Bolschewiki. So sahen es die

»Weißen« wie die »Grünen«, die namenlosen Banden, die Deutschen, die einen starken bolschewistischen Staat verhindern wollten, die Engländer, Amerikaner, die Nationalisten in den Randgebieten, die Tschechoslowakische Legion, die sich von Sibirien nach Westen vorkämpfte. Der Kampf an den äußeren Fronten war für die Bolschewiki ebenso wichtig wie die Kontrolle ihres Herrschaftsbereichs, der phasenweise nur aus Kernrussland bestand. Dieses Regime kämpfte an allen Fronten. Als würde das nicht reichen, eröffnete es im Innern immer neue: gegen die Intellektuellen, gegen die wohlhabenden Bauern, gegen die Kirche. Es war kein Wunder, dass am Ende des Bürgerkrieges rot gegen rot kämpfte: Spektakulär erhoben sich die Veteranen der Revolution, die Matrosen von Kronstadt, gegen die Bolschewiki – und ebenso spektakulär wurde ihre »Konterrevolution« in Blut ertränkt.

Der Staat formierte sich zuerst militärisch. Ein Zeitgenosse bemerkte zurecht, dass die Bolschewiki für die Errichtung des Staates mehr Zeit benötigten als für die Aufstellung der Armee, weil sie vom ersteren keine Vorstellung hatten.[26] Es war zwingend, dass die Bolschewiki die Verteidigung zu einem der wichtigsten Bereiche ihrer Politik machten, und zwar dort, wo sie nicht der Auflösung und Zerstörung Vorschub leisteten, sondern etwas aufbauen mussten. Die Organisation einer Milizarmee, der sich die Bolschewiki angesichts der Auflösung der zarischen Armee 1917 zunächst zuwandten, wich sehr schnell dem Aufbau der revolutionären »roten« Arbeiter- und Bauernarmee, die sich kaum von einem herkömmlichen Heer unterschied. Zuvor hatten die Bolschewiki im Dezember 1917 die Wahl der Kommandeure durch die Soldaten legalisiert und alle Dienstränge aufgehoben, aber diese Maßnahmen gehören – wie die meisten dieser Wochen – in das Kapitel über den umfassenden Zusammenbruch, zu dem die Bolschewiki nach Kräften beitrugen. Den Kollaps der Truppe haben diese Maßnahmen nur beschleunigen können. Schon im Februar 1918 begann die sogenannte »Sowjetmacht« die neuen Militärverbände herkömmlicher Art aufzustellen. Sowohl die bestehenden Verbände der revolutionären Milizarmee als auch die soeben genannten Maßnahmen wurden abgeschafft. Disziplinierung, Zentralisierung und Kommandostrukturen standen nun auf der Tagesordnung – wie in der zarischen Armee, deren Offiziere vielfach den Weg in die »rote« Nachfolgeorganisation fanden. In den ersten Wochen des Jahres 1918 hatten sich die sowjetischen Milizverbände als den Deutschen hoffnungslos unterlegen erwiesen. Nicht zuletzt infolge dieser Erfahrung setzte Trockij auf eine traditionell aufgebaute Armee, die am Ende des Bürgerkrieges 5 Millionen Mann zählte. Aber dieser Wandel bedeutete eine Abkehr von den »revolutionären« Verfahren der

26 Zitiert in Lih, *Bread*, S. 250

Soldaten und Matrosen, und zwar in einer Organisation, die wie keine andere den Befehlscharakter zum Ausdruck brachte. Die Einführung der Wehrpflicht zeigte den Zwangscharakter der Veranstaltung deutlich, der sich eine (bäuerliche) Bevölkerung unterworfen sah, die seit Monaten Frieden forderte und – sofern sie Uniform trug – desertiert war. War die Entscheidung für die zentralistische Armee mit Disziplin- und Kommandostrukturen erst einmal gefallen, so benötigten die Streitkräfte die entsprechende zentralistische Verwaltung für Rekrutierung und Logistik. Kritiker in den eigenen Reihen, die den Zauber der alten Armee im roten Gewande nicht goutierten, wurden als kleinbürgerliche Intellektuelle diffamiert.[27]

Mit Trockij mag man die traditionelle Armeestruktur militärisch für geboten halten, und es ist weniger spekulativ als sehr wahrscheinlich, dass die Bolschewiki ohne die »Rote Armee« – und ohne Trockij – zu einer Episode der nachrevolutionären Geschichte geworden wären. Aber man muss sich zugleich vor Augen führen, dass die entgegen Einsichten unter Parteileuten aus früheren Tagen und gegen Widerstände in den eigenen Reihen vorgenommene Zentralisierung der Armee eines der wichtigsten Gewaltinstrumente des neuen Staates in der Hand weniger führender Bolschewiki vereinigte. Dieser Staat und seine Armee kamen etwa zeitgleich auf die Welt, wenn die wenigen Wochen, die zwischen den Dekreten zur Institutionalisierung von Staatsorganen und der Armee lagen, nicht als gravierend angesehen werden. Eines der entscheidenden Zwangsmittel des Staates, die bewaffnete Macht, war also der Zwilling des »zivilen« Staates, der bei Licht besehen dieses Attribut in diesen Jahren jedoch kaum verdiente, denn die Armee blieb – wie wir gleich sehen werden – nicht die einzige bewaffnete Macht des Staates, mit deren Hilfe er Zwang ausübte, Strukturen erpresste und sein Verhältnis zur Gesellschaft dauerhaft prägte – besser gesagt: beschädigte.

Die *Tscheka* (Allrussische außerordentliche Kommission zum Kampf gegen Konterrevolution, Spekulation und Sabotage, Abk.: VČK), die im Dezember 1917 gegründete Geheimpolizei, gehörte dazu. Es ist schon fast müßig, sie noch besonders hervorzuheben. Sie ist das bekannteste Instrument des entstehenden Staates. Wir brauchen hier nicht auf ihre Kompetenzen und die zügellose Tätigkeit dieser Organisation vertieft eingehen. Man kann das mittlerweile in zahlreichen Büchern nachlesen. Uns interessiert die Sache vom Standpunkt der Staatsbildung her. Zuerst einmal ist festzuhalten, dass die Geheimpolizei auch nach dem Bürgerkrieg nicht verschwand, obwohl sie bewusst als »Schwert der Revolution« während der Diktatur des Proletariats nur vorübergehend existieren sollte. Doch es kam ganz anders. Dass der

27 Trockij, *Revoljucija*; Benvenuti, *Bolsheviks*; Fischer, »Anfänge«

kommunistische Staat die nun GPU/OGPU genannte Geheimpolizei unter den Bedingungen der »defensiven Revolution« während der NĖP nicht auflösen wollte, ist nachvollziehbar. Also gab er ihr einen rechtlichen Rahmen. Aber wann konnte dieses Regime diese mörderische Organisation abschaffen, wenn nicht nach dem Bürgerkrieg? Unter sich verändernden Bezeichnungen (NKVD, MGB, KGB) ist die in der Geschichte Russlands einmalig verbrecherische Institution über sieben Jahrzehnte nicht abgeschafft worden. Sie blieb eine kräftige Säule des Regimes. Von allen Staatsorganen der Sowjetzeit ist sie sogar die einzige, die sich auch nach dem Zusammenbruch der UdSSR erhalten hat. Wenn ihre Bezeichnungen sich auch änderten, so existiert diese Organisation, die in ihrer Geschichte millionenfachen Tod zu verantworten hat, bis in unsere Tage weiter, ja es war sogar möglich, dass ein Freiwilliger dieser Organisation zum Präsidenten im post-sozialistischen Russland aufsteigen konnte. Wer etwas über Kontinuitäten von Staat lernen möchte, der kann sich an dieser Entwicklungslinie orientieren. Die Lektion führt in Hoffnungslosigkeit, die besagt, dass die Kontrolle der Bürger unabhängig von den ideologischen Vorzeichen geschieht.[28]

Mit der Geheimpolizei hatte sich das bolschewistische Regime eine Organisation geschaffen, welche die Diktaturen des 20. Jahrhunderts kennzeichnen sollte. Die russische Bezeichnung wies auf die Verbindung von äußerer und innerer Sicherheit hin und machte *nolens volens* diese Organisation zu einem Symbol der Staatssicherheit schlechthin – wobei die Betonung auf Staat liegt. Wie bei der etwas später geschaffenen Roten Armee auch, so hat die *Tscheka* zum Staatsbildungsprozess beigetragen. Sie war Teil desselben. Die Tatsache, dass die höchsten Regierungsorgane (Rat der Volkskommissariate und Fachkommissariate) bereits existierten, bevor die *Tscheka* gegründet wurde, darf nicht zu dem Irrtum verleiten, die Geheimpolizei sei das Produkt eines schon existierenden Staates. Dieser Staat stand erst im Prozess der Ausdifferenzierung. Er hat aus den genannten Gründen den Organen der bewaffneten Macht den Vorzug gegeben. Die *Tscheka*, die faktisch über Leben und Tod entschied, war zwar weitaus mehr als eine bewaffnete Truppe mit Sondervollmachten zum Kampf an der inneren Front – zum Beispiel repräsentierte sie das Prestige des revolutionären Helden, die quasireligiöse Todes- und Gnadenkompetenz, der Tschekist die im Blut gewaschene Reinheit der Revolution mit ihrem geschichtsteleologischen Vorfahrtsrecht –, aber an ihr wird – unter dem Gesichtspunkt des Staatsbildungsprozesses – deutlich, wie sehr dieser Staat auf

28 Vgl. die pessimistische Einschätzung der westlichen Staatsentwicklung bei Reinhard, *Geschichte*, S. 467

Gewalt und Zwang setzte und die sie ausübenden Instrumente zu Bestandteilen seiner *raison d'être* wurden.

Der sich institutionell ausfaltende Staat mit der Tendenz zur Zentralisierung hat das Militärische mit der Versorgung und der Verteilung kombinieren müssen. Viel mehr als der Begriff »Diktatur des Proletariats« ist deswegen die Bezeichnung »Versorgungsdiktatur« für die Jahre 1918–21 angebracht.[29] Denn von der Herrschaft der Industriearbeiter ist in diesen Jahren wenig zu sehen, jedenfalls nicht, solange sie nicht in die Partei eintraten und Ämter übernahmen. Die »Diktatur des Proletariats« gehört ebenfalls in die Abteilung Selbstbeschreibung des Systems. Empirisch dagegen ist der militärisch-logistische Erzwingungsstaat. Niemand hat das klarer ausgedrückt als die Bolschewiki selbst. Per Dekret wurde Sowjetrussland im September 1918 zum »Kriegslager« erklärt. Dem folgte das Dekret vom 30. November 1918, das unter Bezug auf das zuvor genannte Dekret forderte:

»Es ist notwendig, die Armee aufzurüsten und hierfür die Arbeitsproduktivität zu erhöhen. Es ist notwendig, die Armee und die Flotte sowie Moskau, Petrograd und alle anderen Formations- und Arbeitszentren mit Lebensmitteln zu beliefern. [...] Nicht nur in der Armee und in der Flotte, sondern ebenso im Bereich der Lebensmittelherstellung und des Verkehrswesens sowie auch im Bereich der Kriegsindustrie muss die Kriegsordnung eingeführt werden. [...] Zur Realisierung der angeführten Maßnahmen ist ein engster Zusammenschluss der Militärbehörde, der Außerordentlichen Kommission für Produktion und der Dienststellen für Verkehrswege und Versorgung bei der gemeinsamen Arbeit im Namen der gemeinsamen praktischen Aufgaben notwendig.«[30]

Das Dekret hatte zwar einen unmittelbar praktischen organisatorischen Bezug, die Gründung des Rates für Arbeiter- und Bauernverteidigung, aber es enthält zugleich die Zusammenfassung der staatlichen Primärfunktionen. *Das* ist das Staatsprogramm der Bolschewiki, wenn man schon eines braucht, nicht aber Lenins »Staat und Revolution«.

Im Februar 1918 nationalisierte die Regierung die Getreidedepots. Indem der Staat im Mai 1918 per Dekret alles Getreide zum Staatsmonopol erklärte, machte er die Organisation der Versorgung zur staatlichen Veranstaltung. Zuerst versuchte er es über die Entfachung des Klassenkampfes auf dem Dorf: neu gebildete Komitees der Dorfarmut (*kombedy*) sollten beim Aufbringen von Getreide gegen die wohlhabenden Bauern (Kulaken) vorgehen. Das erwies sich als Fehler, weil die *kombedy* nicht treffsicher zwischen Kulaken und Mittelbauern (*serednjaki*) unterschieden und so manche lokale Rechnung auf Grundlage der neuen Macht beglichen. Nach sechs Monaten wurden die *kom-*

29 Lih, *Bread*, S. 126-167
30 Altrichter, *Sowjetunion*, S. 37

bedy aufgelöst. Im Grunde handelte es sich bei diesem Versuch der Organisation von Versorgung um die Beteiligung der vermeintlich revolutionären Bündnisgenossen der Arbeiter und der Bolschewiki auf dem Dorfe, also um die Übertragung staatlicher Aufgaben an einen unter Klassengesichtspunkten ausgesuchten Teil der Gesellschaft. Aber diese Lösung endete im Fiasko. Folglich ergriff der Staat selbst die Initiative und bildete Organe, welche die Versorgung übernahmen.

Das Volkskommissariat für Versorgung (*Narkomprod*) wurde zum Zentrum der organisatorischen Bemühungen mit großen Kompetenzen. Um die widerspenstigen Kulaken gefügig zu machen, wurde ihm das Recht zugestanden, bewaffnete Verbände aufzustellen. Eine ganze Armee entstand neben der Roten Armee. Sie nannte sich *Prodarmija* – Versorgungsarmee. Wenige Tage vor der offiziellen Gründung der »Roten Arbeiter- und Bauernarmee« wurde per Dekret die Bildung von Truppenverbänden mit der Aufgabe, Getreidereserven zu konfiszieren, vorgesehen. Diese Einheiten durften auch »Sackträger«, die sich der Konfiszierung ihrer Güter widersetzten, standrechtlich erschießen. Es stellte sich bald heraus, dass diese Brigaden zu einem guten Teil aus Kriminellen und Deserteuren bestanden, jedenfalls nicht so sehr aus Arbeitern und Städtern, wie lange Zeit geglaubt. Im Sommer 1918 waren 40.000 Mann in der *Prodarmija* unter Waffen, im Dezember 1920 hatte sich die Zahl auf 62.000 erhöht. Unter der Bedingung, dass die dekretierte Zwangsrequirierung landwirtschaftlicher Erzeugnisse die einzige Art war, die Versorgung halbwegs zu garantieren, blieb nur die Wahl zwischen dem Einsatz der paramilitärischen *Prodarmija* und weiterer halbstaatlicher Verbände oder der Roten Armee. Auch der Trust der Zuckerindustrie und das Volkskommissariat für Transport schickten Truppen auf die Dörfer, letzteres zur Erntezeit im August 1918 immerhin in der Stärke von 70.000 Mann, deutlich mehr als die *Prodarmija*. Spezielle Truppen des Volkskommissariats für innere Angelegenheiten waren bis zu 165.000 Mann stark. Sie beteiligten sich am Kampf um das Getreide. Die Trennung zwischen *Prodarmija* und anderen Verbänden war keineswegs scharf, auch die doppelte Unterstellung von Truppen unter das Volkskommissariat für Versorgung und das Kriegskommissariat zeugte von der engen organisatorischen Verbindung von bewaffneter Macht, Krieg, Versorgung und Verteilung. Gegen Ende des Bürgerkrieges verlor die *Prodarmija* den größten Teil ihrer Funktionen an die reguläre Armee.[31]

Wie sehr die Organisation für Versorgung den Staatsbildungsprozess prägte und wie sehr dabei das Volkskommissariat für Versorgung zur zentralen

31 Stanziani, »La gestion«

Institution wurde, zeigt die Aussage eines Mitglieds des Exekutivkomitees des Gouvernementssowjets von Tambov im August 1920:

»Auf der Ebene des Staates stellt der *Narkomprod* seit den ersten Tagen der Revolution die einzige wirkliche Institution dar, auf jeden Fall die am besten organisierte. [...] Der *Narkomprod* [...] hat von Anfang an eine Macht ausgeübt, die nicht ihresgleichen hatte und haben wird im ganzen Sowjetsystem.«[32]

Selbst wenn die Einschätzung ein wenig überzogen sein mag, so sagt sie doch genügend aus über den Zusammenhang von Versorgung und Staatsaufbau. Der *Narkomprod* war auch für die Verteilung des requirierten Getreides zuständig. Zusammen mit dem Obersten Volkswirtschaftsrat kontrollierten die verlängerten Arme des Kommissariats die Transportwege und den Warenverkehr zwischen Stadt und Land. Auf diese Weise liefen die militärisch betriebene Aufbringung der Nahrungsmittel und ihre Verteilung organisatorisch zusammen. Durch die doppelte Unterstellung der Truppen war außerdem der organisatorische Zusammenschluss zum rein militärischen Arm des entstehenden Staates erfolgt. Schließlich verbanden sich alle bewaffneten Truppen operativ mit NKVD-Verbänden. Zwischen *Prodarmija*, Roter Armee, NKVD-Truppen und *Tscheka* gab es mehrfache organisatorische Umsetzungen. Ein noch engerer organisatorischer Zusammenhalt der zuvor genannten Grundfunktionen des Staates ist kaum vorstellbar. Dass die hier beschriebene institutionelle Verquickung von extremer Gewalt zur Durchsetzung des staatlichen Willens begleitet war, sei mit Verweis auf Kapitel IV lediglich erwähnt. Ein hoher Versorgungsoffizier hatte gemeint, die »Versorgungsarbeit« sei »organisierte revolutionäre Gewalt«.[33]

Gewöhnlich beginnen Historiker am Anfang einer Geschichte. Wir haben hier mit Bedacht den Umstand erst einmal ausgelassen, dass die eigentliche Regierung als erstes entstand, und zwar unmittelbar nach dem Oktoberumsturz.[34] Das ist für die Charakterisierung des Staatsbildungsprozesses aber nicht entscheidend. Es spiegelt sich darin lediglich die Zentralisierungstendenz wider, wobei jedoch die neue Exekutive im Oktober 1917 noch nicht unmittelbar die staatlichen Primärfunktionen zu übernehmen gedachte und diese auch noch nicht so klar vor Augen standen wie seit Beginn des Jahres 1918. Zwar entstand die Regierung per Dekret, aber ihre Rolle gestaltete sich erst im Verlauf einiger Monate, damit parallel zu den bereits skizzierten Vorgängen. Die erste Verfassung Sowjetrusslands, im Juli 1918 verabschiedet, spiegelte die

32 Ebd., S. 97
33 Lih, *Bread*, S. 130
34 *Dekrety*, S. 2

Tendenz zur Zentralisierung – nach heftigen Debatten auch unter Kommunisten – wider.[35]

Der äußerlich konventionelle Rat der Volkskommissare war einem bürgerlichen Kabinett viel ähnlicher als einer revolutionären Exekutive.[36] Obwohl das neue Gremium den Begriff »Sowjet« (*Sovet narodnych komissarov*, SNK) im Namen trug, hatte es nichts mit einem Vertretungsorgan der Arbeiter, Bauern und Soldaten gemeinsam. Was genau die Parteiführer getrieben hat, eine »Provisorische Arbeiter- und Bauernregierung« neben dem bestehenden Sowjetkongress und dessen Zentralexekutivkomitee zu installieren, eigentlich dem höchsten revolutionären »Staatsorgan«, ist trotz der soliden Untersuchungen nicht geklärt und kann nur mit unmittelbaren Verwaltungsaufgaben zusammenhängen. Darüber hinaus war das Problem zu lösen, dass die neuen Herren die Ministerien als Ressorts samt Personal und Immobilien erbten.[37] Die anarchische Illusion, der Trockij bei der Übernahme des Außenministeriums anheimfiel, war zu schön, um selbst in der Revolution wahr zu sein: »Was für diplomatische Arbeit werden wir denn haben? Ich werde einige revolutionäre Proklamationen an die Völker erlassen, dann die Bude schließen.«[38] Anstatt dass Ähnliches mit allen Ministerien geschah, wurden sie flugs unter der Bezeichnung Volkskommissariate, die wahrscheinlich Trockij erfunden hat,[39] in eine Regierung der Bolschewiki umfunktioniert. Wie andere Institutionen der Anfangszeit auch, sollte die »Arbeiter- und Bauernregierung« provisorisch, nämlich bis zur Verfassungsgebenden Versammlung, ihre Tätigkeiten ausüben. Als die im Januar 1918 aufgelöst wurde, gab es für das »provisorisch« keinen Sinn mehr. Ohne entsprechende Legitimierung irgendeines Gremiums wurde der SNK zum »obersten Organ des revolutionären Proletariats« erklärt, und da »wir [die Bolschewiki – S.P.] unmittelbar zu einer Festigung der neuen Staatsform durch neue Grundgesetze und Organisierung des sozialen Lebens auf deren Grundlage berufen sind, müssen wir das Wort ›Provisorische‹ streichen und unsere Oberste Regierungsgewalt von nun an ›Arbeiter- und Bauernregierung der Russischen Räterepublik‹ nennen.«[40]

So einfach war das! Die Delegierten des 3. Allrussischen Sowjetkongresses, im Grunde die Inhaber der höchsten Staatsgewalt, hörten sich das an und bejubelten mit nicht enden wollendem, tosendem Beifall ihre Entmachtung. Das Provisorium des Jahres 1917 dauerte bis zum Untergang der Sowjet-

35 *Istorija sovetskoj konstitucii*, S. 76-85; Altrichter, *Sowjetunion*, S. 143-176
36 Pietsch, *Revolution*; Rigby, *Government*; Plaggenborg, »Organisation«
37 Sivochina, »Rol'«
38 Trotzki, *Leben*, S. 296
39 Batsell, *Rule*, S. 544; Rigby, *Government*, S. 7
40 Altrichter, *Sowjetunion*, S. 33-34

union.[41] Die wichtigsten Parteiführer saßen auch im SNK, Lenin war sein Vorsitzender kraft Prestige.[42] Die einzelnen Ressorts, die insgesamt 18 Kommissariate, wichen in Aufgabe und Benennung in den meisten Fällen nicht von der zarischen Tradition ab. Bezeichnend ist die Tatsache, dass das Volkskommissariat für lokale Selbstverwaltung, bis zum Ausscheiden der Linken Sozialrevolutionäre aus der Regierung im März 1918 von einem Mitglied dieser Partei geführt, prompt von Lenin abgeschafft wurde. Die Fragen der Provinzialverwaltung gehörten seitdem – wie im Zarenreich – zu den Kompetenzen des Volkskommissariats für innere Angelegenheiten.

Aber nochmals: die institutionelle Entfaltung der Regierung ist nicht das entscheidende Kriterium. Schon deshalb nicht, weil auch die Regierung für die Jahre 1918–20 weitgehend vom »Verteidigungsrat« – im November 1918 gegründet – ausgeübt wurde. Von Bedeutung ist die Tatsache, dass die Inanspruchnahme der Primärfunktionen durch den Staat zwangsläufig rivalisierende Instanzen auf den Plan rief. Die Räte und die *Oblast'*-Vereinigungen – dazu gleich mehr – seien hier genannt. Viel dramatischer stellte sich das Problem im Bereich des Militärs. Es gehört zum Wesen des Bürgerkrieges, dass es eine Vielzahl von Kombattanten und ineinander verschachtelte Fronten gibt. Staat bildete sich in Sowjetrussland aber nicht allein durch die militärische Organisation und die dadurch bereitstehenden Zwangsmittel in den Händen einer bestimmten Gruppe, die sehr rasch die institutionellen Grundlagen für die Regierung gebildet hatte. In dieser Kombination von Regierungsorganen und bewaffneter Macht kristallisierte sich Staat *in nuce* schon heraus. Die Gründung des SNK und die Umbenennung der Ministerien in Volkskommissariate war – ob man will oder nicht – ein staatsbegründender Akt. Aber die Überlegung kann man auch umkehren: 1918–1919 waren die Bolschewiki eine Macht unter anderen, ihre Regierung eine unter anderen, ihr Staat *in nuce* einer unter anderen auf dem Gebiet des ehemaligen Zarenreichs. Was die Bolschewiki von den anderen unterschied, war die Tatsache, dass sie die Hauptstädte des vormaligen Staates kontrollierten und dass sie aus einem territorialen Zentrum heraus konzentrisch gegen Rivalen kämpften. Ob dieser Sachverhalt mehr für die empirische Entstehung des Staates oder mehr für die interpretierende, staatsbezogene Historie von Bedeutung war, sei dahingestellt.

Die Räte, während der Revolution die unmittelbaren Organe der revolutionären Bevölkerung, in die die Arbeiter, Bauern und Soldaten ihre Vertreter entsandten, jene Räte, denen Lenin in seinem berühmten Ruf »alle Macht« geben wollte, die nach dem Zusammenbruch des Zarismus zu Hunderten in

41 Tomson, *Ministerrat*

42 Irošnikov, *Predsedatel'*

den Städten Russlands – nicht jedoch auf dem Dorf – entstanden, die ihre eigenen, spontanen Organisationsformen und Arbeitsweisen fanden, diese Räte erwiesen sich in den Augen der neuen Herren *nach* der Revolution als lästig, ihre Politik galt als »lokalistisch« und ihr Aufbegehren gegen den wachsenden Zentralismus als »separatistisch«.[43] Die Kommunisten, wie sich die Bolschewiki seit 1918 nannten, versuchten, deren Zahl zu reduzieren und die Exekutivkomitees »von oben« zu gängeln. Nicht zuletzt deswegen nahm die Zahl der Räte dramatisch ab. Am Ende des Bürgerkrieges gab es nicht einmal in jeder zehnten Kreisstadt einen Sowjet.[44]

Wichtig an der Alternative der Rätedemokratie ist, dass sie keine Anstalten machte, zentralistische Staatsinstitutionen zu schaffen. Zwar gab es den Allrussischen Sowjetkongress und sein Zentralexekutivkomitee, aber diese beiden Gremien wollten – selbst wenn sie gekonnt hätten – nicht in die lokalen Belange der Sowjets eingreifen. Ein landesweiter zentraler Regierungsapparat war nicht vorgesehen, aber Zusammenschlüsse einzelner Gebiete hat es gegeben. Diese sogenannten *Oblast'*-Vereinigungen kristallisierten sich um die großen Industriezentren Moskau, Ural und Petrograd heraus. Sie bildeten rasch eigene staatliche und Verwaltungsstrukturen aus, einige bildeten gar eigene Regierungen im Stile der Moskauer Bolschewiki um Lenin. Diese sowie andere Regionen waren im Begriff, sich zu Staaten zu entwickeln.[45] Freilich lassen sich auch hier die Argumente für die straffere Organisation in Krisenzeiten anführen, die das scheinbar Zwingende oder sogar das, was der gesunde Menschenverstand rät, gegen alle Formen der Zerfaserung betonen. Die Räte mussten für jeden zentralistisch denkenden Bolschewiken in verwaltungstechnischer Hinsicht ein Gräuel sein, denn das Ausmaß der Desorganisation, der »revolutionäre Parochialismus«[46] und die Ohmacht des Zentrums waren überall zu spüren. Die örtlichen Sowjets »machen, was sie wollen, und wie man sagte, sogar aus einem Mann eine Frau und umgekehrt«.[47] Offensichtlich jedoch war es nicht nur eine Machtfrage für die Bolschewiki, ob sie zentralisierten oder es bei dem organisatorischen, lokalistischen und regionalistischen Pluralismus belassen wollten, sondern hier spielte sich offenbar eine Geschichte ab, die in anderen Gegenden Europas bei der Entstehung des modernen Staates vielfach durchgespielt worden ist: der zentralistische, mit einem großen stehenden Heer ausgestattete und die Zwangsmittel zur personellen und materiellen Logistik des Militärischen nutzende Staat sah sich im Vorteil gegenüber dezentral verfassten Insti-

43 Gimpel'son, *Sovety*

44 Ebd., S. 189

45 Pietsch, *Revolution*, S. 76-87

46 Rexhäuser, »Modernisierung«, S. 105

47 Der stellvertretende Finanzkommissar D. P. Bogolepov, zitiert in Pietsch, *Revolution*, S. 80

tutionengefügen. Sowjetrussland spielte diesen Konflikt der Alternativen innerhalb weniger Wochen durch, bevor es eisern zentralistisch wurde – und im Bürgerkrieg den Sieg davontrug!

So überlebten weder die Vertretungsorgane der vereinigten Gebietskörperschaften (*Oblast'*-Vereinigungen),[48] noch die Betriebskomitees, noch die Räte die ersten zwei bis drei Jahre der nachrevolutionären Ära, ohne Schaden zu nehmen oder ganz zu verschwinden. Alle nicht auf die Ziele Verteidigung, Kontrolle, Gewalt, Versorgung und Verteilung ausgerichteten Organisationen lösten sich auf oder wurden zentralisiert. An ihre Stelle traten »außerordentliche Komitees« oder »Kommissionen«, von der Zentrale *ad hoc* eingesetzt, mit bestimmten Aufgaben, die sie in unmittelbare Konkurrenz zu den revolutionären Organen der Räte brachten. Das war beabsichtigt. Mehr und mehr verdrängten diese improvisierten Institutionen der Staatsmacht die Sowjets, rissen deren Aufgaben und Kompetenzen an sich, übernahmen zum Teil das Personal der Exekutivräte und degradierten die einzigen von der Revolution legitimierten Gremien zu Attrappen politischer Partizipation. In vielen Fällen waren die Mitglieder der außerordentlichen Kommissionen bewaffnet.

Dass der Sowjetstaat eine Rote Armee aufbaute, um mit ihrer Hilfe gegen die Feinde der Sowjetmacht zu kämpfen, ist nur ein Teil der Geschichte. Auch die Bolschewiki standen vor der Aufgabe, die wuchernde Gewalt in ihrem Machtbereich und an den ausgefransten Rändern zu kontrollieren, schließlich zu unterdrücken. An dieser Stelle ist der Faden aus dem vierten Kapitel wieder aufzugreifen, wo es um die Gewalt in den Anfangsjahren der Sowjetmacht ging. Hier jedoch steht der Staatsbildungsprozess im Vordergrund. Gewalt gehörte zu den konstitutiven Elementen des neuen Staates. Die Tatsache, dass die staatliche Gewalt mit der revolutionären Gewalt und ihrer Legitimität eng verwoben war, hat wesentlich dazu beigetragen, dass dieser Staat kraft seiner gewaltsamen Entstehung und kraft seines äußerst blutigen Kampfes um das Gewaltmonopol die vermeintliche Gewaltkonkurrenz überall wiederzuentdecken glaubte. Solange der Staat nicht konsolidiert war und er die Bevölkerung und einzelne soziale Gruppen nicht beherrschte – hier im Weberschen Sinne: ihnen seinen Willen aufzuzwingen in der Lage war –, musste dieser Staat um die Wahrung des Gewaltmonopols fürchten. Es boten sich ja auch laufend Gelegenheiten, an der Existenz des Gewaltmonopols beim Staat zu zweifeln: die Bauernaufstände auch nach der Beendigung des Bürgerkrieges und die Unruhe an der Peripherie. Ob der Widerstand von der Politik der Bolschewiki selbst hervorgerufen worden war, spielt in dieser Sichtweise keine Rolle; lediglich die Infragestellung des Gewaltmonopols war von Bedeutung.

48 Serebrjakova, *Ob-edenenija*

Die Integration der Gewalt ging nicht nur mental vor sich, wie in Kapitel IV umrissen, sondern schlug sich in Verfahrensweisen nieder und fand Eingang in die sich formierenden Staatsstrukturen. Gewalt wurde institutionalisiert und – so paradox das klingen mag – verrechtlicht. Die *Tscheka* und die Gerichtsdekrete stehen dafür. Aber selbst unter Berücksichtigung der rechtstheoretischen Erwägungen jener Zeit lässt sich nicht ernsthaft behaupten, mit der revolutionären Justiz sei irgendeine Art von Recht entstanden. Das Dekret über das Gericht vom 5. Dezember 1917 legte nicht allein die organisatorischen Grundlagen für die sowjetrussische Klassenjustiz, sondern der Text enthält darüber hinaus die Passage, wonach die Gesetze der früheren Regierungen nur insoweit angewendet werden sollen, »als sie durch die Revolution nicht aufgehoben sind und dem Revolutionsgewissen und dem revolutionären Rechtsbewusstsein nicht widersprechen.«[49] Geht man von der normativen Kraft des Faktischen aus, also von der tausendfach unterlassenen strafrechtlichen Verfolgung von Tötungen im Verlauf der Revolution, so besagt diese Passage, dass Töten durch ein letztlich sittlich begründetes »Recht« jedes einzelnen revolutionären Subjekts gerechtfertigt war. Auf diese Weise entstand eine Ethik des revolutionären Tötens als sittlichem Handeln, für das bereits zahlreiche Präzedenzfälle existierten. Zusätzlich hat die Amateurisierung des Rechtswesens Unheil angerichtet und unter dem fadenscheinigen Deckmäntelchen des sozialistisch »gesunden« Rechtsempfindens des Volkes der revolutionären Gewalt Tür und Tor geöffnet.

Die »Außerordentliche Kommission« (*Tscheka*) erwies sich von Anfang an als ein Unrechtsorgan.[50] Sie und die Revolutionstribunale, deren Zusammenspiel in der Anfangszeit durchaus geklappt zu haben scheint, erwiesen sich als Institute der durch das Regime geadelten Gewalt. Auf diese Weise sind aus der Revolutionszeit Elemente der ursprünglich revolutionären Gewalt in die Organisation des neuen Staates eingebaut worden, haben ihm Profil gegeben und sein Verhältnis zu den Bürgern mitgeprägt. Wie diese Organisation »arbeitete«, ist bereits dargelegt worden.

Die Darstellung des Staatsbildungsprozesses wäre aber unvollständig ohne die Diskussion einer der wichtigsten Elemente in Max Webers Staatstheorie – der Bürokratie. Wenn in der älteren Literatur vom Staat der frühen Sowjetperiode die Rede war, dann vor allem mit Blick auf die rasch ausufernden bürokratischen Apparate und ihr Personal. Nicht zu vergessen ist, dass die Jahre nach der Revolution, besonders 1920/21, von einer kontroversen Bürokratiedebatte gekennzeichnet waren.

---

49 Altrichter, *Sowjetunion*, S. 98-100, Zitat S. 100

50 Sofinov, *Očerki*; Gerson, *Police*; Leggett, *Cheka*

Die Bürokratisierung hat Weber als einen Bestandteil des modernen Staates angesehen.[51] Die Bürokratie hat sich in Sowjetrussland rasch herausgebildet. Sie wurde von Anfang an heftig bekämpft.[52] Die Debatte um die Gewerkschaften, die 1920 entbrannte, nachdem der Sieg im Bürgerkrieg errungen war, enthielt eine verkappte Staatsdebatte.[53] Bürokratiekritik war zugleich Staatskritik. Spätestens jetzt wurde klar, dass es nicht nur einen Staat gab, sondern dass dieser Staat zu zentralistischen Tendenzen und bürokratischen Wucherungen neigte. Die naheliegende Reaktion, auf die »Selbstorganisation der Arbeiterklasse« zu setzen, erwies sich als Illusion, weil sich mittlerweile die Staatsführung mit Lenin an der Spitze das Argument zueigen gemacht hatte, dass der Staat erhalten bleiben müsse, solange sich der Sozialismus noch nicht vollständig gegen den Kapitalismus durchgesetzt habe.[54] Lenin glaubte, mit einer Verbesserung der sozialen Zusammensetzung und einem höheren Kulturniveau bei der Arbeiterkontrolle werde sich das Problem der Apparate lösen lassen. Statt dessen wurde die von ihm propagierte Arbeiter- und Bauerninspektion rasch der Partei untergeordnet. Das heißt, die Kontrolleure des Staatsapparates wurden nicht nur zu Kontrollierten, sondern auch zu einer regelrechten Behörde.[55] Die Bürokratiekritik gebar Bürokratie. Die Debatte zeigte jedoch mehr als die Tatsache, dass es Befürworter und Gegner des neuen Staates gab und dass sich die überwiegende Mehrheit darin einig war, die Bürokratie zu bekämpfen. Sie zeigte vielmehr, dass Staaten entstehen und Bürokratien ausbilden können, ohne auch nur im geringsten den Weberschen Kriterien der Rationalität und Effizienz zu entsprechen. Sowjetrussland hatte eine Bürokratie, aber keine gute Verwaltung. Gerade die Bürokratie wurde zum zeitgenössischen Ansatzpunkt für Staatskritik, damit für einen Begriff des Staates überhaupt, der sich als Bürokratie manifestierte. Darin liegt das Bemerkenswerte dieser Debatte. Weder die Frage des staatlichen Gewaltmonopols noch die staatlichen Zwangsmaßnahmen als Bereiche staatlichen Handelns haben unter den Zeitgenossen die Frage nach dem Staat aufgeworfen. Das hat allein die Bürokratiedebatte getan, die sich mit der Frage der Gewerkschaften verband und auf diese Weise Optionen eines dezentralen und von den Arbeitern selbstbestimmten Gemeinwesens offenzuhalten versuchte.

Seitdem die »Arbeiteropposition« und die »Demokratischen Zentralisten« ihre ätzende Kritik an der Bürokratie und den Bürokraten geäußert haben,

51 Weber, *Wirtschaft*, S. 128, 559; Rowney, *Transition*

52 Nienhaus, *Revolution*; Daniels, *Conscience*, S. 119-136

53 Brügmann, *Gewerkschaften*; Mergner, *Arbeiteropposition*; Kool/Oberländer, *Arbeiterdemokratie*; Shkliarevsky, *Labor*

54 Lenin, »Arbeiter- und Bauerninspektion«; ders., »Weniger«

55 Rees, *State Control*

wird der Sowjetstaat in erster Linie als bürokratisch deformierter Staat gesehen, ja als sei die Bürokratie, für die später der Begriff Nomenklatura eingesetzt wurde, der Staat überhaupt.[56] So berechtigt der Bürokratie-Vorwurf und so wichtig die Existenz der Apparate für den Staat ist, so ist die Darstellung des Staates in der bürokratistischen Engführung keine dem Staat der Sowjetperiode angemessene Beschreibung. Sicher aber ist, dass ebenso wie Institutionen, Funktionen und Gewaltmonopol auch die Bürokratie diesem Staat das Gesicht gegeben hat. Das Problem aber bleibt: Es ist im Grunde gleichgültig, mit wie viel Staatsangestellten die Primärfunktionen des Staates gelenkt werden. Ab einer bestimmten Zahl ist es sogar wahrscheinlich, dass die wirklichen Lenkungsfunktionen auf eine bestimmte Anzahl von Personen schrumpften, wohingegen ein erklecklicher Anteil der Bürokratie (die Mehrheit?) der dienenden Funktion oder schlicht der leeren »Tätigkeit« des Ernährtwerdens zufällt. Die Primärfunktionen existieren, und ihre Erfüllung bedarf einer gewissen Zahl von Personen. Die Bürokratie, definiert als der überschüssige Rest von Staatsangestellten im Verhältnis zu der zur Erledigung der Primärfunktionen benötigten Anzahl, war folglich kein konstitutives Element des neu entstehenden Staates, sondern sein Produkt. Den Anschein des staatsbildenden Faktors hat die Bürokratiedebatte hervorgerufen. Das Hauptproblem des Staates waren die Fortdauer der Gewalt und der Gewaltinstitutionen, der Machtapparat folglich, die fortgesetzte Ressourcenerzwingung und die Notwendigkeit der Distributionsapparate. Sie hatten Bürokratie zur Folge. Der Fortgang der Geschichte hat es gezeigt: Versuche, die Bürokratie zu beschneiden, gab es zahlreiche. Dass sie nicht erfolgreich waren, hing freilich an der Verselbständigung der Apparate. Aber selbst die schärfsten Vorgehensweisen gegen die Bürokratie wie unter Chruščev und unter Andropov (Antikorruptionskampagnen) haben an den hier aufgelisteten Funktionen dieses Staates wenig geändert. Das lässt uns schließen, dass die Webersche Kategorie Bürokratie für den Staatsbildungsprozess von geringer Bedeutung ist. Von Rationalität sprechen wir ohnehin nicht im Falle der UdSSR.

Mit diesem Ergebnis können wir in diesem Abschnitt einen letzten Aspekt behandeln, dessen relative Bedeutungslosigkeit die Kürze der Darstellung bewirkt. In einem Punkte unterschied sich der Staatsbildungsprozess in Sowjetrussland gravierend von anderen in Europa, wenn wir weiterhin bei dem Bild bleiben, dass sich 1917–22 die Vorgänge wie unter Laborbedingungen abspielten. Der fiskalische Aspekt der Staatswerdung, besonders die Steuererhebung, spielte hier keine Rolle. Zwar gab es auch ein Volkskommissariat für Finanzen, aber das verwaltete 1920 nur 0,5 Prozent der Staatseinnahmen des

56 Voslenskij, *Nomenklatura*

Jahres 1913. Die Ausgaben lagen bei vergleichsweise 4,4 Prozent. Die Wirtschaftspolitik des erst später sogenannten »Kriegskommunismus« kannte kaum Elemente, die den fiskalischen Zugriff des Staates als fiskalischen Zwangsapparat charakterisieren könnten, da die Steuern verschwanden. Anfang 1921 schaffte der Staat alle Geldsteuern ab.[57] Der völlige Zusammenbruch der Wirtschaft während des Bürgerkrieges und die chaotischen Verhältnisse in den Städten und auf dem Lande ließen keine Machtmittel des Staates auf diesem Gebiet entstehen. Es ging um das Allernotwendigste, nämlich Lebensmittel zu beschaffen. Schließlich lief die Politik des »Kriegskommunismus« auf die systematische Zerstörung des Geldsystems hinaus. Steuern, Staatshaushalt und Steuererzwingung spielten während der Jahre 1917–1922 deswegen keine Rolle bei der Staatsbildung. Die Tatsache aber, dass der regulierende Staat des »Kriegskommunismus« an die Stelle der kapitalistischen Marktbeziehungen trat, führte zu einem funktionalen Äquivalent für Steuererzwingung: der durch die Zerschlagung der bisherigen Wirtschaftsbeziehungen entstandene Zugriff verschob sich in die Zwangseintreibungsapparate für Naturalien. Der »Kriegskommunismus« kannte zwar nicht das »klassische« Modell des fiskalischen Zwangsstaats, aber den Zwangsstaat brachte er trotzdem hervor. Inwieweit diese Tatsache die Theorie von der Entstehung des modernen Staates aus dem Bereich des Wirtschaftssystems (Kapitalismus) abzieht, bedarf genauerer theoretischer Diskussionen, die hier jedoch nicht zu leisten ist.

Der Staatsbildungsprozess verlief nicht linear. Es handelte sich um einen Komplex von Institutionalisierung über einen Zeitraum von circa drei Jahren hinweg, wobei einige wichtige Vorentscheidungen bereits im Jahr 1918 fielen. Dieser Staat war nicht effizient, wohlgeordnet, organisatorisch stabil und administrativ durchsetzungsfähig. Er musste sich erst entwickeln. In manchen Bereichen, besonders auf dem Lande, war er, abgesehen von den genannten Zwangsmaßnahmen, abwesend. Doch ungeachtet aller Improvisation, Spontaneität, Desorganisation, Unterverwaltung in den regulären Bereichen und Konflikten zwischen Institutionen und sie repräsentierenden Personen zeigten sich die Umrisse des Neuen deutlich. Ob dieser Staat perfekt war, ist nicht die Frage, sondern welchen Charakter er annahm infolge der historischen Umstände, in denen er entstand. Alle Desorganisation ist kein Argument gegen die hier vorgetragenen Argumente. Welcher Staat hat sich innerhalb weniger Jahre konsolidiert? Wie lange hat es gedauert, bis der moderne Staat entstanden war? Die Bolschewiki, die alles ganz anders machen wollten als die Menschen bisher, haben einen der brutalsten Zwangsstaaten errichtet, den die Geschichte jemals gesehen hat. Dies in der Anfangszeit zu erkennen, war zu erläutern.

57 D'jačenko, *Istorija finansov*, S. 8-70; Sokolov, »Politika«

Während des Bürgerkrieges wurden Weichen für die Zukunft gestellt. Zum einen: Der Staat blieb bestehen trotz aller Zäsuren der sowjetischen Geschichte. Der Übergang zur NĖP 1921 änderte diesen Staat kaum. Die Wiederbelebung der Sowjets blieb Episode, die Verrechtlichung der Staatsorgane, auch der Geheimpolizei wandelte den Staat weder institutionell noch beschränkte sie den Zwangsapparat, der nun aus politischen Gründen reduziert wurde, durch Gesetze. Der Staat sollte auch den »großen Durchbruch« am Ende der zwanziger Jahre überstehen, wenngleich er sich in den Binnenverhältnissen stark wandelte. Es war möglich, die staatliche Struktur von 1920 auch während der Entstalinisierung beizubehalten, bis in der Perestrojka – nach sieben Jahrzehnten – der Versuch unternommen wurde, »mehr Demokratie« (als hätte es zuvor welche gegeben) zu wagen und die längst verflossene Vitalität der revolutionären Organe, der Sowjets, wiederzubeleben – eine erstaunliche Karriere für den hier beschriebenen Staat der Anfangszeit! Zum anderen: zentrale Fragen klärten sich gleich zu Beginn – die Frage des Verhältnisses von Zentrum und Peripherie und des Verhältnisses von Staat und Gesellschaft. Dieser Staat stellte sich über die geographischen Randgebiete sowie über die Gesellschaft. Letzteres war weder unerwartet noch verwunderlich, da sich das revolutionäre Regime, wie immer es sich organisieren würde, nicht auf Gesellschaft insgesamt bezog. *Die* Gesellschaft gab es ohnehin nicht mehr, sie hatte sich aufgelöst und sollte jahrzehntelang nicht wieder erstehen. Er stellte sich aber auch über die Gruppen der Gesellschaft, die zu vertreten er vorgab, und über ihre »revolutionären« Organe. Indem die Bolschewiki auch sie verdrängten, erledigten sie nicht nur alle Formen des institutionalisierten Regionalismus, sondern sie eliminierten die organisatorischen Substitute von Gesellschaft überhaupt. Die notwendigen Verbindungen zwischen dem Staat und einzelnen sozialen Gruppen mussten daraufhin erst hergestellt werden, das heißt *nachdem* der Staat sich gebildet hatte. Aber das war nur eine Frage der Organisation, die laut Lenin über »Transmissionsriemen« erfolgte.

2. Maßnahmen und Normen

In den über 70 Jahren seiner Existenz hat der Staat seinen Charakter stark verändert. Dieser Wandel lässt sich mit Hilfe der Begriffe Maßnahmen- und Normenstaat zum Ausdruck zu bringen. Ernst Fraenkel hat damit den nationalsozialistischen Staat beschrieben.

»Unter ›Maßnahmenstaat‹ verstehe ich das Herrschaftssystem der unbeschränkten Willkür und Gewalt, das durch keinerlei rechtliche Garantien eingeschränkt ist; unter ›Normenstaat‹ verstehe ich das Regierungssystem, das mit weitgehenden Herrschaftsbefugnissen zwecks Aufrechterhaltung der Rechtsordnung ausgestattet ist, wie sie in Gesetzen, Gerichtsentscheidungen und Verwaltungsakten der Exekutive zum Ausdruck gelangen.«[58]

Beide Aspekte des Staates hat Fraenkel im Begriff des Doppelstaates zusammengeführt, wobei er auf die Aussage Wert legte, Normenstaat und Maßnahmenstaat seien »keine komplimentären Gewalten, sondern konkurrierende Herrschaftssysteme«.[59]

Ob Fraenkels Kategorien geeignet sind, den nationalsozialistischen Staat zu beschreiben, kann hier nicht diskutiert werden.[60] Es ist zu begründen, warum seine Begriffe die Überschrift über ein Kapitel zum Staat der Sowjetperiode bilden – was nicht ganz einfach ist. Fraenkel hat den »Doppelstaat« nicht nur auf den Nationalsozialismus bezogen, weswegen eine Vergleichsperspektive sofort in den Vordergrund rücken könnte, sondern seine Existenz auch mit dem Kapitalismus verbunden. Seinem Staatsbegriff liegt eine substantialistische Staatsauffassung zugrunde, die – Fraenkel war Jurist – mit Begriffen von Verrechtlichung beziehungsweise Extralegalität erfasst werden soll. Franz Neumann, ebenfalls Jurist, hat diese Sichtweise kritisiert und dagegen vom »Unstaat« gesprochen. Im NS-Staat habe es kein »Reich von Recht und Gesetz« gegeben.[61] Jede von Marx herkommende Staatstheorie muss Fraenkel vorwerfen, dass er den Staat nicht als gesellschaftlich bedingt angesehen hat.[62] Die Frage ist also, ob Fraenkel Begriffe geliefert hat, die unabhängig vom Zeit- und Raumspezifischen Beschreibungskategorien bilden, die für andere Systeme gelten können.

Zuerst einmal ist die Scheidung in Maßnahmen- und Normenstaat für die Sowjetunion ebenso einsichtig wie unplausibel zugleich. Das Problem beginnt schon damit, dass es in der Sowjetunion die Gewalteneinheit gab und keine Gewaltenteilung, die bei Fraenkel für die Existenz des Doppelstaates vorausgesetzt ist. Auch der Staat der Sowjetperiode hat seine Maßnahmen in vielen Fällen rechtlich abgesichert. Das gilt für die ersten Jahre, als der Staat nicht regulär aufgebaut wurde, ebenso wie für spätere. Über die Verfassung von 1918 sind in diesem Zusammenhang nicht viel Worte zu verlieren, da sie

58 Fraenkel, *Doppelstaat*, S. 21

59 Ebd., S. 75

60 Michael Wildt verdanke ich den Hinweis, Fraenkel aufmerksamer zur Kenntnis zu nehmen, als es sonst vermutlich geschehen wäre, s. »Ordnung«; zur Anwendung auf die Sowjetunion s. Brunner, »Was ist sozialistisch«, bes. S. 200-203

61 Neumann, *Behemoth*, S. 541

62 Vgl. Poulantzas, *Staatstheorie*

keinerlei normierenden Charakter für das Staatshandeln der ersten Jahre einnehmen konnte.[63] Improvisation und Spontaneität erforderten andererseits den Maßnahmenstaat. Diese Phase der staatlichen Tätigkeiten ist als *Črezvyčajščina* bezeichnet worden,[64] was im Deutschen die »Herrschaft der außerordentlichen Maßnahmen« bedeutet. In den ersten Jahren der »Sowjetmacht« existierten Grauzonen des Rechts, weil das vorrevolutionäre Recht zertrümmert und ein neues systematisch noch nicht aufgebaut war. Man wird deswegen die Zeit des Bürgerkrieges nicht als charakteristisch bezeichnen dürfen. Welcher (sich ohnehin erst entwickelnde) Staat handelt im Bürgerkrieg entsprechend der Normen? In Sowjetrussland stellte sich die Lage dramatisch dar, weil nicht nur das frühere Recht und die Justiz zerstört worden waren, sondern weil der Rechtsnihilismus der Bolschewiki hinzukam. Es gab nicht nur keine Staatstheorie, sondern auch keine eigene Rechtslehre. Rechtstheorien, welche die Entwicklungen in Sowjetrussland nach dem Oktober 1917 berücksichtigten, wurden erst im Laufe einiger Jahre entwickelt. Es ist bezeichnend für diese Periode, dass es ein Volkskommissariat für Justiz gab, während der Terror mit außerlegalen Mitteln wütete. Recht andererseits entstand durch Dekrete, Verordnungen und Verfügungen, die – weil sie häufig an der Wirklichkeit scheiterten – neue Dekrete nach sich zogen. Saubere juristische Unterscheidungen zwischen Gesetzen, behördlichen Verordnungen und anderen »Rechtsakten« existierten nicht.[65] Es hat deswegen keinen Sinn, für die Zeit 1917–1922 den Maßnahmenstaat in ein Verhältnis zum Normenstaat zu setzen. Wo das Recht nicht existiert, handelt der Staat nicht außerlegal, sondern er schafft durch Handeln Recht.

Aber eine Debatte über die Rolle des Rechts gab es von Anfang an. Sie markiert eines der Grundprobleme dieses Staates, das alle Veränderungen über die mehr als sieben Jahrzehnte seiner Existenz begleiten sollte: das Verhältnis von Maßnahmen (Extralegalität) und »sozialistischer Gesetzlichkeit«. Die Debatte über die Bedeutung des Rechts in der sozialistischen Gesellschaft begann nach der Oktoberrevolution und kam in der Perestrojka zu einem letzten Höhepunkt. Der Zusammenbruch der UdSSR beendete eine Diskussion, die – würde der sowjetische Sozialismus noch existieren – wohl bis heute andauerte, weil sie – wie noch zu zeigen ist – einen unlösbaren Widerspruch enthielt. Zwischen 1917 und 1991 gab es zahlreiche Diskussionen, auch zu der Zeit, als der Terror der dreißiger Jahre wütete: eine geradezu gespenstische Diskussion über Fragen der Gesetzlichkeit, während die Menschen administrativ ins Lager

63 Gurvič, *Istorija sovetskoj konstitucii*

64 Bordjugov, »Črezvyčajnye mery«

65 Portnov/Slavin, *Stanovlenie*

gesteckt oder per »Maßnahme« erschossen wurden. Aber der Staat wandelte sich nach Stalins Tod. Gewalt war nicht mehr der charakteristische Bestandteil des Systems. Das hatte Folgen für die Bedeutung des Rechts. Wie aber soll man den Übergang von der Gewaltherrschaft zu einer mehr oder minder verrechtlichten beschreiben? Es gibt keine besseren Begriffe als die vom Maßnahmen- und Normenstaat, um diesem Wandel, zugleich aber auch dem Weiterexistieren der Maßnahmen, auf die Spur zu kommen. Zumindest ist der Wandel in der griffigen Formel vom Doppelstaat beschreibbar. Was Fraenkels Untersuchung also für die Sowjetunion hergibt, ist die Beschreibung eines rivalisierenden Verhältnisses, dessen zwei Pole, deren Gewicht sich im Verlauf der Jahrzehnte massiv veränderte, den Staat charakterisieren. Fraenkels »Doppelstaat« gibt dem Staat der Sowjetperiode einen Begriff, dessen Janusgesicht sonst mit den Vokabeln von Legalität und administrativer Willkür oder Legalität und »Flexibilität« beschrieben worden ist.[66] Die nie abgerissene Debatte über »sozialistische Gesetzlichkeit« ist ihrerseits schon Ausweis des Doppelstaates.

Von größerer Bedeutung als die Phase des Bürgerkrieges ist die Periode der Rechtskodifizierungen während der NĖP. Das Strafgesetzbuch, die erste Strafprozessordnung, die Einrichtung der Staatsanwaltschaft, nicht aber der Advokatur, die Gerichtsverfassung der RSFSR, Regelungen im Justizwesen zu Richtern, Appellation und Instanzenzügen, das Zivilrecht und das Zivilprozessrecht und andere Rechtsbereiche wurden nun geregelt. Damit war erstmals in Sowjetrussland, seit Gründung der UdSSR analog in den Sowjetrepubliken, ein Rechtswerk verfasst worden, das dem naturwüchsigen Maßnahmenstaat der Anfangsjahre Verrechtlichung entgegensetzte. Sie betraf auch das wildeste aller außerordentlichen Organe, die *Tscheka*, die nun rechtlich an die Kandare genommen wurde, wenngleich nur für kurze Zeit.[67] Man wird die Kodifizierungsarbeiten jedoch nicht allein aus dem Wunsch der Bolschewiki heraus interpretieren dürfen, unter den Bedingungen der Wiederzulassung eines eingeschränkten Kapitalismus auch dem Überbauphänomen Recht wieder mehr Bedeutung zuzumessen. Rechtskodifizierung war auch Herrschaftssicherung der Bolschewiki, weil das Chaos des Bürgerkrieges keine zentrale Rechtsinstitution hat durchsetzen können. Die zahlreichen Rechtsgewalten, die im Lande in Form unterschiedlichster Institutionen und Personen

66 Solomon, *Justice*, S. 65: Es sei problematisch, für den einen Bereich auf das Recht zu pochen und für den anderen nicht. »But much of Soviet history has been characterized by such a coexistence, however uneasy or imperfect. What changed was the relative size and shape of these spheres.« Fraenkel wird bei Solomon zwar in einer Anmerkung erwähnt (S. 468), aber er scheint keine theoretischen Impulse gegeben zu haben.

67 Leggett, *Cheka*, S. 344-346

und ihres Handelns existierten, mussten nun zentralisiert werden – ein Vorgang, der der Erlangung des Gewaltmonopols durch den Staat entsprach. Darin lag ja die Besonderheit der sowjetischen Verhältnisse, die im vorigen Abschnitt schon genannt wurde, dass sich Recht und Gewalt verbanden. Institutionell betrachtet, war Verrechtlichung zugleich Zentralisierung. Auch dieser Vorgang formte Staat. »Wir haben eine solche Verschiedenheit heute [...] Für Spekulation geben die einen eine geringe Strafe, andere immer Freiheitsentzug [...] Im Interesse der Zentralisierung der Macht müssen wir Recht erlassen.«[68] Über 400 Dekrete waren zwischen 1917 und 1921 zu Straftatbeständen erlassen worden, die nun geordnet werden mussten.[69] Lenin notierte 1922 in einem Brief: »Es darf nicht eine Gesetzlichkeit von Kaluga und eine von Kazan' geben, sondern sie muss einheitlich für Gesamtrussland und sogar einheitlich für die gesamte Union der Sowjetrepubliken sein.«[70]

Der Staat der Maßnahmen war jedoch mit den Kodifizierungsarbeiten keineswegs erloschen, wenngleich sich eine stärkere Normierung im Rechtswesen bemerkbar machte. Die *Tscheka*, 1922 in ihren Kompetenzen eingegrenzt, erhielt 1924 bereits wieder den Freiraum für Gewaltmaßnahmen.[71] Um Wiederholungen zu vermeiden, sei auf das Kapitel über die Gewalt verwiesen. Es kommt an dieser Stelle auf die Tatsache an, dass alle Rechtskodifizierungen nicht zu einem sozialistischen Rechtsstaat geführt haben und dies auch nicht sollten, sondern dass sich damit lediglich eine Form der Herrschaft rechtlich entfaltete, die von Rechtsgarantien und Rechtssicherheit der Bürger nichts wissen wollte und die das Recht, insbesondere das Strafrecht, in den Dienst des Sozialismus stellte. Dieses Recht und die Justiz stellten – um das Selbstverständliche zu sagen – keine unabhängige Gewalt dar. Es handelte sich um politisches Recht. Bolschewiki in juristischen Führungspositionen schwankten immer hin und her, wenn es um die Frage ging, ob das Recht gelten solle oder ob »unbürokratische« und »informale« Vorgehensweisen der jeweiligen Sache angemessener seien. Offensichtlich sahen einige Bolschewiki, die über derlei bedeutende Fragen zu entscheiden hatten, im Recht ein Synonym für Bürokratie. Während der Kodifizierungsdiskussion am Ende der NÈP zeigte sich die Problematik von Legalität und Extralegalität, oder in Fraenkels Begriffen: von Normen und Maßnahmen, allzu deutlich.[72] Das Politbüro oder einzelne Personen, Stalin besonders, nahmen sich nicht nur die Freiheit, auf das Recht

68 Der Jurist M. Ju. Kozlovskij auf einer Konferenz von Justizbeamten im Juni 1920, zitiert in Solomon, *Justice*, S. 25

69 Juviler, *Law*, S. 27

70 Lenin, *Sobranie*, S. 198

71 Solomon, *Justice*, S. 29

72 Ebd., S. 64-65, 69-77

einzuwirken oder ihre Ansichten als Recht durchzusetzen, sondern die wichtigste Parteiinstitution interessierte sich – während der NĖP – auch für besonders bedeutende Fälle der Strafjustiz. Dafür wurde sogar eine besondere Kommission eingerichtet.[73] Auch dies zeigt übrigens, dass die Partei nicht als vom Staat getrennt zu untersuchen ist, sondern dass sie in den Bereich des politischen Staates hineingehört.

Peter H. Solomons gründliche Untersuchung über Strafrecht und Strafjustiz in der Stalin-Ära vom Ende der zwanziger Jahre bis 1953 beschreibt die Existenz von außerlegalen Methoden und Maßnahmen des Staates und den gleichzeitigen Ausbau der »sozialistischen Gesetzlichkeit«, das Doppelgesicht des Staates, das auch nach dem Zweiten Weltkrieg zu beobachten war. Was bis zur Kollektivierung an Rechtskonsolidierung erreicht wurde, ist von Stalin zwischen 1930 und 1933 zerstört worden. Er sprach 1932 von »drakonischen sozialistischen Maßnahmen«,[74] nicht von drakonischen Gesetzen. Erneut herrschte *Črezvyčajščina.* Stalin steigerte sich in die Hoffnung hinein, dass »außerordentliche Maßnahmen« marxistische Politik seien, während er über die Gegner das tödliche Urteil der »bürgerlich-liberalen Politik« fällte.[75] Aber durch die dreißiger Jahre hindurch gab es nicht nur die bekannten Terrorwellen und die gesetzlosen Vorgehensweisen der »Organe« auf zentraler und regionaler Ebene, sondern auch eine Verrechtlichungsdebatte, die auf den normierenden Status von Recht und Gesetz Wert legte. Stalin hat sich diesen Standpunkt während des Terrors ebenfalls zueigen gemacht. So geißelte er 1934 Funktionäre, »die glauben, dass die Partei- und Sowjetgesetze nicht für sie, sondern für Dummköpfe geschrieben seien«.[76] Aber das wird man nicht ernst nehmen dürfen. Während der Diktator für Legalität plädierte, unterschrieb er Erschießungslisten und erließ den Vernichtungsbefehl Nr. 00447. Die Folge seiner zweifelhaften Haltung zur Legalität war nicht, dem Recht zum Durchbruch gegen den Maßnahmenstaat zu verhelfen, sondern die erneute und weitgehende Politisierung und Instrumentalisierung des Rechts. Solomon hat nachgewiesen, dass Stalin persönlich an der Verschärfung des Strafrechts beteiligt war, und zwar in einem Maße, dass man fast geneigt ist, von »Führerrecht« zu sprechen. Die eigenartige Koexistenz von außerlegalen Maßnahmen und der Festigung der »sozialistischen Gesetzlichkeit« erklärt Solomon damit, dass Stalin mit Hilfe der Verrechtlichung und Regulierung der justiziellen Verfahren den starken und zentralisierten Staat schaffen wollte.

---

73 Ebd., S. 60-61

74 Ebd., S. 113

75 Stalin, *Fragen*, S. 316

76 Stalin, »Rechenschaftsbericht«, S. 328

Mit dieser Verknüpfung von Recht, Legalität und Staat ist ein zentraler Aspekt genannt. Wenn Stalin den starken und zentralisierten Staat nicht vorfand,[77] eine Ansicht, die auch von anderen Historikern geteilt wird,[78] dann ist nicht einzusehen, warum er nicht auch legale Mittel eingesetzt haben sollte, diesen zu erkämpfen gegen die lokalen und regionalen »Gewalten«, das heißt auch gegen Richter, Justizbeamte und ihre politischen Einbläser auf der unteren Ebene. Aus der Sicht Stalins stellten *Črezvyčajščina* und Legalität nur zwei Varianten dar, dieses Ziel zu erreichen. Solomon stellt also Recht, in diesem Falle Strafrecht, in Beziehung zum Staatsaufbau, ohne aber diesen Aspekt weiterzuverfolgen. Aber er bestätigt damit den im ersten Abschnitt dieses Kapitels entwickelten Gedanken, dass die Erkämpfung des staatlichen Gewaltmonopols im Recht ihren Niederschlag fand, aber nicht zum Rechtsstaat führte, sondern zur Inkorporierung der Gewalt in das Recht. Der Staat war dieses Gewalt bejahende und legitimierende Recht im Namen der Massen einzusetzen in der Lage. Wenn seit der zweiten Hälfte der dreißiger Jahre der Legalitätsgedanke zur Konsolidierung des Staates beitragen sollte, geschah dies vor dem Hintergrund, dass Stalin die bereits erreichte Konsolidierung des Staates während der Kollektivierung sabotiert hatte. Dass Stalin aber durch die Doppelung der Rechtssphären im Bereich des Strafrechts (bei Solomon *compartmentalization*) in eine reguläre und eine außerreguläre Justiz etwas Neues geschaffen hätte, ist in Anbetracht der schon bestehenden sowjetischen »Rechtsverhältnisse« zu bezweifeln.

Damit ist ein entscheidender Punkt erreicht, was das Verhältnis von Maßnahmen- und Normenstaat anbetrifft. Dass es die Maßnahmen gegeben hat, ist unstrittig, ebenso die Tatsache, dass verschiedene Machtträger daran beteiligt waren, und zwar auf allen Ebenen des Staates. In der Person des Generalstaatsanwalts Vyšinskij verkörperte sich die Koexistenz. Er, der vor dem Oktober 1917 Verhaftungsbefehle gegen Bolschewiki unterzeichnet hatte, der 1919 von bolschewistischen »Organen« verhaftet worden war, sollte eigentlich gewusst haben, was Recht bedeuten kann.[79] In der Zentrale hat das Politbüro, ein Parteiorgan, an den Maßnahmen ebenso mitgewirkt wie Instanzen und Institutionen, die als staatlich zu bezeichnen sind. Das ist – unter den hier zur Debatte stehenden Gesichtspunkten – nicht das Problem. Dass der Stalinismus sich illegaler Mittel bediente – wer will das bestreiten? Das Problem sind die Rolle des Rechts und die Frage der Legalität. Zu erläutern sind also die

---

77 Solomon, *Justice*, S. 154-155
78 Schröder, *Industrialisierung*; Rittersporn, *Simplifications*; Easter, *State*
79 Sharlet/Beirne, »Search«

Existenz, Rolle und Bedeutung des Normenstaats in der Zeit des wüstesten Maßnahmenstaates. Zugespitzt ausgedrückt: Warum überhaupt Recht?

Diese Frage kann man mit dem Hinweis beantworten, dass keine Diktatur im rechtlosen Raum existiert. Aber damit kommt man nicht weit in dem hier zu erläuternden Fall. Einige Beispiele sollen das Problem verdeutlichen: 1) Wenn Stalins Handlanger in Rechtssachen, Andrej Vyšinskij, der berüchtigte Ankläger in den Schauprozessen Mitte der dreißiger Jahre, meinte, die »sozialistische Gesetzlichkeit« müsse den sozialistischen Staat gegen alle Übergriffe schützen,[80] so sprach er damit eine generelle Funktion des Rechts an, die in allen Staaten gleich welchen Gesellschaftssystems gilt. Unter Hinweglassung des »sozialistisch« würde diesem Satz jeder demokratische Jurist zustimmen. Was ist also problematisch daran? Es ist das sowjetische Recht, das diesem Satz die rechtsstaatliche Dimension raubt, die nur scheinbar in ihm enthalten ist. Wer und was nämlich schützt die Bürger vor dem Staat? 2) Am 7. August 1932 trat das Gesetz über das sozialistische Eigentum in Kraft, das für Bagatelldiebstähle – im Visier war das Stehlen landwirtschaftlicher Produkte in den Kolchosen und Sowchosen zu einer Zeit, als die Sowjetunion vor einer gewaltigen Hungersnot stand – zehn Jahre Lager oder die Todesstrafe vorsah. Stalins Handschrift war unverkennbar. Bis Ende 1933 wurden circa 149.000 Personen auf Grundlage dieses Gesetzes verhaftet.[81] Immerhin ein Gesetz! Aber eines, das gänzlich im Dienste der politischen Macht stand und bestimmte Funktionen erfüllen, in diesem Falle disziplinieren sollte.[82] Dass zahlreiche »Richter« dem gesetzlich vorgeschrieben Strafmaß nicht folgten, ist einer der wenigen Lichtblicke in der Geschichte des Stalinismus, hat aber mit dem Charakter des Rechts wenig zu tun. 3) Der Staat (einschließlich des Politbüros) war in der Lage, Terror mit Hilfe von Paragraphen des Strafgesetzbuches auszuüben und Schauprozesse auf Grundlage der Strafprozessordnung durchzuführen. Das Unrecht, das wir darin erkennen, war seinerzeit geltendes Recht. Eine historische Erklärung liegt jedoch nicht vor, wenn dieser Sachverhalt zu konstatieren ist. 4) Der Staat war außerdem imstande, den Terror nach Gutdünken abebben zu lassen: Am 17. November 1938 erließen der Rat der Volkskommissare und das Zentralkomitee der Kommunistischen Partei das Dekret, das den Terrorhöhepunkt der Jahre 1937/38 beendete.[83] 5) Im Juni 1947 legten Dekrete – Stalins Handschrift war wiederum deutlich – erneut drakonische Strafen für Diebstahl fest.[84] 6) Die Sowjetunion kannte bis zu

80 Ebd.

81 Rittersporn, *Simplifications*, S. 248

82 Plaggenborg, »Stalinismus«, S. 90-99; s. auch Kap. IV

83 *Istoričeskij archiv* 1992, H. 1, S. 125-127

84 Solomon, *Justice*, S. 405-412

ihrem Zusammenbruch kein formalisiertes und systematisiertes Verwaltungsrecht. Dieser Punkt ist mit vergleichendem Blick auf die Argumentation und ihre Begründung bei Fraenkel wichtig, weil dieser seine Darstellung auf einer breiten Dokumentation von Verwaltungsrechtssachen aufbaut. In der UdSSR sah die Lage allein von den Voraussetzungen her gänzlich anders aus, weil der Versuch, ein Verwaltungsrecht für die RSFSR zu erstellen, 1924 scheiterte.[85] Nur in der ukrainischen Sowjetrepublik existierte seit 1928 ein Verwaltungsrecht, das – obschon formal in Kraft – wegen der stalinistischen Gewaltherrschaft keinerlei praktische Wirkung entfaltete. Mit Otto Luchterhandt lässt sich sagen, dass die bescheidenen Anfänge des Verwaltungsrechts in der vorrevolutionären Zeit und das kodifikatorisch beachtliche ukrainische Verwaltungsrecht der Sowjetperiode dem stalinistischen Maßnahmenstaat komplett zum Opfer fielen. Das betraf selbstverständlich auch den Rechtsschutz der Bürger gegen den Staat, so dass es keinerlei rechtliche Handhabe der Bürger gegen die administrative Willkür gab. Allein das »vormoderne« Petitionieren, die Eingabe und Beschwerde bei Partei- und Staatsinstanzen blieb den Sowjetbürgern, oder das Schreiben von Leserbriefen an die sowjetischen Publikationsorgane, die jedoch der Zensur unterlagen.

Wenn man einen Grundzug des Rechts im Stalinismus feststellen möchte, dann diesen: Alles geschriebene Recht einschließlich der Verfassung von 1936 war für den Staat bedeutungslos, nicht aber für die Bürger der Sowjetunion. Während sich der Staat um rechtliche Normen nicht kümmerte, er sich also über das Recht stellte, erließ er Recht für seine Bürger mit der Forderung nach Gehorsam. Auch darin bestand die Überdimensionierung des Staates der Sowjetperiode. Der Grund dafür lag in der Verbindung zum revolutionären Recht, das der Staat usurpiert hatte. Wir kommen gleich darauf zurück.

Das Problem des Rechts lässt sich demnach folgendermaßen beschreiben: Der Eingriff Stalins hat Recht und Justiz dermaßen ausgehöhlt, dass der Begriff des Doppelstaats nicht mehr berechtigt ist. Es gab nicht nur die Vielzahl außerordentlicher Organe und Kompetenzen, die Terror und Gewalt ausübten, das Recht wurde nicht nur, wie Solomon richtig sieht, politisiert sowie zu Herrschaftszwecken zentralisiert und instrumentalisiert. Das ist zu weich beschrieben, denn das eigentliche Problem lag woanders, nämlich in dem Gewaltcharakter des Rechts seinerseits. Es hatte – nicht erst seit Stalin – die Gewalt in sich aufgenommen. Es gab von 1930 bis zu den Rechtsreformen unter Chruščev lediglich Attrappen der Gesetzlichkeit, sei sie sozialistisch oder sonst wie. Wenn im Terror der Jahre 1936–38, aber auch in der Zeit nach 1945, die »Organe« alles existierende Recht faktisch außer Kraft zu setzen imstande

85 Hier und im folgenden Luchterhandt, »Stand»

waren, dann haben das »reguläre« Recht oder die »sozialistische Gesetzlichkeit« im Kampf mit der Extralegalität nicht verloren, sondern sie haben ihrerseits einen Beitrag zum Terror dadurch geleistet, dass sie der Gewalt Tür und Tor öffneten. Die beiden Bereiche lassen sich kaum voneinander trennen. »Die gesamte Rechtsordnung steht zur Disposition der politischen Instanzen.« So ist es eine politische Frage, wann eine Angelegenheit aus dem Bereich des Normenstaates in den Bereich des Maßnahmenstaates überführt wird.[86] Die Registrierung von Geburten und Todesfällen zum Beispiel blieb in der Sowjetunion »unpolitisch«, nicht aber die Frage des Schwangerschaftsabbruchs.[87] An den Grundlagen für die strafrechtliche Verfolgung hat Stalin selbst mitgewirkt.[88] Die Gerichte, das hat Solomons Untersuchung dargelegt, sind den politischen Direktiven der Zentrale gefolgt – nicht immer in dem erwünschten Maße, aber im großen und ganzen blieben sie der Regierungslinie treu, sonst wäre das Wort von der politischen Justiz in der Sowjetunion ja auch fehl am Platze. All das lässt Zweifel an der Existenz des Normenstaates während des Stalinismus aufkommen.[89] Er wird weiterhin dadurch genährt, dass es in der Sowjetunion keinen Rechtsbereich gab, der nicht politisch durchwirkt war. Fraenkel macht den Normenstaat des Nationalsozialismus an den Gebieten des Wirtschaftsrechts und der Justiz auf diesem Gebiet fest. Aber auch hier hat der Maßnahmenstaat des Stalinismus voll und ganz eingegriffen: in die Arbeitsgesetzgebung der Betriebe, zur Disziplinierung der Produzenten, bei der Liquidierung und dem Austausch der Manager, bei der Kampagne der Stachanov-Arbeiter, vor allem aber bei der Eigentumsfrage. Die bereits erwähnten Gesetze, die den Diebstahl staatlichen Eigentums unter drakonische Strafen stellten, machten jedem Sowjetbürger die neuen »sozialistischen« Eigentumsverhältnisse klar.

Das Problem liegt folglich nicht in der *compartmentalization* von Rechtsbereichen, sondern in der Gewaltförmigkeit des Rechts überhaupt, unabhängig vom Maßnahmenstaat. Deswegen besagt der Hinweis auf Paragraph 58 StGB der RSFSR lediglich, dass dieses Recht die zweite Waffe der Politik neben den Maßnahmen darstellte. Schließlich geht es auch nicht so sehr um die Maßnahmen als »juristischer« Kategorie, sondern um die Gewalt, die das Hauptcharakteristikum des Stalinismus bildete. Hier ist der Faden wieder aufzuneh-

86 Fraenkel, *Doppelstaat*, S. 88 (Zitat)-95

87 Goldman, *Women*, S. 331-336

88 Solomon, *Justice*, S. 211-221

89 Vgl. Fraenkel, *Doppelstaat*, S. 103: Der Normenstaat bestünde nicht, »wenn die Träger der Justizhoheit [die es in der UdSSR aber nicht gab! – S.P.] unter mehr oder weniger starkem Druck das geltende Recht nur unter dem internen Vorbehalt anwenden, daß die Entscheidungen der Gerichte den Trägern der politischen Hoheitsgewalt akzeptabel sind.«

men, der im Kapitel über die Gewalt vorläufig abgelegt worden war. Dort wurde gesagt, dass sich schon unter Lenin die politische und die verbrecherische Sphäre nicht voneinander trennen lassen. Übersetzt in die Frage des Doppelstaats heißt das: Das revolutionäre Recht hatte die revolutionäre Gewalt der Anfangsmonate inkorporiert, um auf diese Weise die Revolution nicht nur zu retten, sondern voranzutreiben. Dieser Sachverhalt ist an anderer Stelle bereits ausführlich dargelegt worden.[90] Nur soviel: Die Bolschewiki haben die der Revolution innewohnende Gewalt übernommen. Aus der Gewalt der Massen wurde die Gewalt im Namen der Massen. Revolutionäre Gewalt definierte sich nach dem Oktober 1917 als Gewalt des revolutionären Staates, die in den einschlägigen »Organen« institutionalisiert und teilweise verrechtlicht wurde. Auf diese Weise sind aus der Revolutionszeit Elemente der ursprünglich revolutionären Gewalt in die Organisation des neuen Staates, den eine gewaltbereite Partei führte, eingebaut worden. Alle Probleme, die der Staat mit der amateurisierten Justiz hatte, widersprechen dieser Entwicklung nicht, ja sie verstärkten die Notwendigkeit der Erkämpfung des staatlichen Gewaltmonopols. Das Recht hatte sich zu keiner Zeit inhaltlich von der Gewalt getrennt, sondern diese war lediglich zum Recht des Staates geworden, der aber in den dreißiger Jahren immer noch damit beschäftigt war, das Rechts- und Gewaltmonopol zu zentralisieren. Wenn unter Stalin die »sozialistische Gesetzlichkeit« der Gewalt Vorschub leistete, dann deswegen, weil die Gewalt in der Maske des Rechts auftrat, wie Maurice Merleau-Ponty 1947 feststellte.[91] Das war keine Erfindung Stalins. Diese Tatsache aber bedeutete, dass Recht sich vorzüglich zum Strafen eignete. Das Strafrecht war der wichtigste Bereich des Rechtswesens in der Sowjetunion.[92] Strafen war ein Akt zur Fortsetzung der Revolution, und um so mehr verlagerte sich die Revolution in die Strafgewalt des revolutionären Rechts.[93] Stalins Rolle bei der Verschärfung des Strafrechts spricht für diese These. Erst mit dieser Argumentation ergibt sich der Sinn der Veranstaltung des gesamten Strafrechts und der Strafjustiz im Stalinismus. Dass es darüber hinaus die zahlreichen Verwicklungen gegeben hat, über die Solomon berichtet, ist unbestritten.

In der späten Stalin-Periode ist die Tendenz der politischen Führung, das Strafrecht zu politischen Zwecken zu gestalten und die Justiz stärker an die politische Leine zu legen, zum Höhepunkt gekommen. Durch die Straffung der Justizverwaltung und den politischen Druck auf Richter und Staatsanwälte verschwanden auch die letzten Reste einer unkontrollierten Justiz (die aber

90 Plaggenborg, »Gewalt«

91 Merleau-Ponty, *Humanisme*, S. 36-37

92 Berman, *Justice*, S. 368

93 Plaggenborg, »Stalinismus«, S. 83-85

nicht im Sinne der Gewaltenteilung »unkontrolliert« war). Gerade an der steigenden Zahl der Freisprüche seit 1938 entzündete sich die Initiative des Staates, an der Stalin wieder einmal persönlich beteiligt war.[94] Wenn gleichzeitig der späte Stalinismus neuerliche Terrorwellen inszenierte, und zwar weitaus gezielter als in den dreißiger Jahren, und wenn ebenfalls gleichzeitig Millionen von Repatrianten wie Verbrecher behandelt und ins Lager gesteckt wurden, so zeugt gerade der Spätstalinismus von der Vervollkommnung der Ununterscheidbarkeit von Maßnahmen- und Normenstaat.

So ist in der Zeit des Stalinismus mit dem Doppelstaat Fraenkels wenig anzufangen. Die Rechtsvoraussetzungen und die Entwicklung des Staates, die sowjetischen Rechtstraditionen und der Zustand der Justiz, die zuerst fehlende und dann politisch ausschlachtbare Rechtstheorie und überhaupt der gesamte Auflösungsprozess, der im ersten Kapitel beschrieben wurde, lassen die Übertragung des Doppelstaats auf den sowjetischen Fall unangemessen erscheinen.

Aber der Staat der Sowjetperiode existierte weiter, über den Stalinismus hinaus. Dass er sich wandelte, war jedem Beobachter offenkundig. Wenn also der Staat im Stalinismus fast aufgehört hatte zu existieren, »abgestorben« könnte man fast sagen trotz der scheinbaren Materialisierung in Recht, Regierung und sogar Verfassung von 1936, so sollte man sich daran erinnern, dass er in seinen Grundformen bereits seit 1917/18 bestand. Es war dieser Grundbestand des institutionellen Staates, der trotz der Stalinschen Aushöhlung der Institutionen und der Staatlichkeit über den Tod des Diktators hinaus erhalten blieb. Zugleich war ein Wandel der Rolle des Rechts zu beobachten, der das Attribut »spektakulär« verdient. Es handelte sich nicht um die Wiedergründung des Staates nach Stalin, eines Staates, der institutionell vorhanden war. Es vollzog sich die Wiederbelebung des Normenstaates. Aus diesem Grunde behält der »Doppelstaat« seine beschreibende Funktion bei.

Wenn Otto Luchterhandt bemerkte, dass nicht die Verfassung von 1936 die tiefe Zäsur in der Staatsordnung und in der Justiz darstellte, sondern Stalins Tod im März 1953,[95] so trifft er damit den entscheidenden Punkt. Stalin war gerade einen Monat tot, da veröffentlichte die *Pravda* einen Artikel unter der Überschrift »Die sowjetische sozialistische Gesetzlichkeit ist unantastbar«. Luchterhandt urteilt über die Rechtsreformen Chruščevs, sie hätten darauf abgezielt, den Bewohnern der UdSSR das nach dem Stalinismus vollkommen zerrüttete Gefühl der Rechtssicherheit im Staate zurückzugeben, ergänzt um die politische Funktion, auf diese Weise Vertrauen in die neue Führung zu

94 Solomon, *Justice*, S. 337-446

95 Luchterhandt, »Justiz«. Das Folgende nach Luchterhandt, soweit nicht anders vermerkt

gewinnen.[96] Einige der wichtigsten Schritte in diese Richtung seien genannt: Der Geheimdienst (mittlerweile KGB genannt) wurde 1959 dem Zentralkomitee und dem Ministerrat der UdSSR unterstellt, was eine strengere Bindung an bestehende Organisationen bedeutete. Jedoch gab es immer noch eine rechtliche Grauzone, die durch den raschen Wechsel von Kompetenzeinschränkung und -erweiterung entstand.[97] Die Ablösung vom Stalinismus ging soweit, dass selbst der KGB-Chef auf dem 22. Parteitag 1961 meinte, Vyšinskij, den juristischen Gehilfen Stalins im Amte des Generalstaatsanwalts, kritisieren zu müssen, wobei er ihm massenweise Fälle von Willkür bei Gerichtsverfahren und bei der Verhörpraxis vorwarf.[98] Die Sondergerichte der Terrorjahre wurden im September 1953 aufgelöst. Sowjetische Statistiken aber geben preis, dass auch in den sechziger und siebziger Jahren neben den ordentlichen Gerichten noch »andere« existierten, die einen signifikanten Anteil der Zivil- und Strafprozesse führten. Damit sind nicht nur Militärgerichte gemeint, deren Existenz bekannt war.[99] Bedeutend war die Änderung, dass die Sowjetunion nach Stalin einen formellen Verbrechensbegriff einführte. Damit war die »soziale Gefährlichkeit« strafrechtlich zurückgedrängt; an ihre Stelle trat der strafrechtliche Tatbestand einer rechtswidrigen und schuldhaft begangenen Handlung. Das Strafprozessrecht wurde umgestaltet, so dass es nun den Angeklagten größeren Schutz im Sinne der Grundrechte der Verfassung von 1936 (Unverletzlichkeit der Person und der Wohnung) einräumte und außerdem die Verurteilung auf administrativem Wege konkludent ausschloss. Weitere Veränderungen im Strafrecht und im Strafprozessrecht schlossen sich an, die man als Annäherung an rechtsstaatliche Standards bezeichnen kann. Schließlich trat das erneuerte Zivilrecht der RSFSR zusammen mit der Zivilprozessordnung im Oktober 1964, wenige Tage vor Chruščevs Sturz, in Kraft. Abgeschafft wurden schließlich die Rückwirkung von Tatbeständen ebenso wie die Analogie, die übrigens im Zarenreich 1903 gelöscht worden war. Langsam entwickelte sich auch eine Diskussion über die Grundrechte. 1961 stellten sowjetische Juristen fest:

»Eine beliebige Freiheit, ein beliebiges Recht, welche in der Verfassung verkündet werden, kann man vom juristischen Standpunkt nur unter der Bedingung für garantiert und faktisch verwirklicht halten, wenn ihre Verletzung dem Bürger das Recht auf gerichtliche Untersu-

96 Das Gefühl der Rechtssicherheit ist jedoch nicht erst seit dem Stalinismus abhanden gekommen

97 Knight, *KGB*, S. 47-77

98 Sharlet/Beirne, »Search«, S. 138

99 van den Berg, *System*, S. 22-26

chung oder andere gesetzlich vorgesehene Wege der Wiederherstellung des verletzten Rechts gibt.«[100]

Das war aber nur ein Teil der schönen neuen Rechtswelt in der UdSSR. Noch immer wurden Teile des Strafvollzuges durch geheime Verordnungen und Erlasse geregelt.[101] Die Maßnahmen existierten weiter, wenngleich eingeschränkt. Die Kampagne jedoch, die Chruščev gegen Religion, Kirche und Gläubige vom Zaum brach, trug eindeutig den Stempel des Stalinismus. Gegründet war sie auf Resolutionen des Zentralkomitees der Partei, ergänzt wurde sie durch vom Ministerrat bestätigte Instruktionen.[102] Der einschlägige Paragraph des Strafgesetzbuches (Paragraph 142 StGB RSFSR) sah parallel zur Kampagne die strafrechtliche Verurteilung wegen »Verletzung der Gesetze über die Trennung von Kirche und Staat« vor. Priester wurden verhaftet und verbannt, Gläubige unter Druck gesetzt, in Einzelfällen deren Kinder vor »schädlichen« Einflüssen geschützt, indem sie in ein Heim verfrachtet wurden.[103]

Andererseits ist unübersehbar, dass sich die Rechtsreformen in den Kontext der Entstalinisierung stellten und keineswegs nur einen marginalen Beitrag dazu leisteten. Dadurch musste Chruščev den Bereich der politischen Prärogative im Recht zugunsten der »normativen Sphäre« einschränken.[104] Die Rechtsreformen erwiesen sich darüber hinaus als sehr stabil, weil sie auch die Gegenreformzeit nach dem Sturz Chruščevs überstanden, in die Verfassung von 1977 Eingang fanden und zu einem »prägenden Faktor der sowjetischen Wirklichkeit« wurden.[105] Diese Leistung soll nicht geringgeschätzt werden, und es ist auch an dieser Stelle zu bemerken, dass Chruščev, der ehemalige Stalinist und Komplize bei den Verbrechen Stalins, diesen Weg eingeschlagen hat. Die Frage ist aber auch, ob die Rechtsreformen damit hinreichend beschrieben sind. Werden sie hingegen in die Sinnzugehörigkeit der Staatsentwicklung gestellt, so ergeben sich gewichtige Akzentverschiebungen. Nicht zu übersehen ist, dass die Sowjetunion auch nach Stalins Tod mit Hilfe der Reformen nicht zum Rechtsstaat werden sollte, sondern dass Legalität im Gegensatz zu außerordentlichen Maßnahmen wieder stärker in den Vordergrund rückte. Luchterhandt spricht in dieser Frage sehr zurückhaltend von der »Tendenz zur Stär-

---

100 Zitiert in Luchterhandt, *Entwicklung*, S. 8-9

101 Schmidt, »Gesetzgebung«, S. 126

102 Čumačenko, *Gosudarstvo*, S. 149-166; Luchterhandt, *Religionsgesetzgebung*; ders., *Sowjetstaat*; *Zakonodatel'stvo*; Anderson, *Religion*, S. 6-67

103 Škarovskij, »Ataka«

104 Sharlet, »Policy«, S. 319

105 Luchterhandt, »Justiz«, S. 992

kung der aufkeimenden rechtsstaatlichen Elemente«.[106] Bei der Rechtsreform handelte es sich um eine Selbstverpflichtung des Staates, sich der Maßnahmen zu entledigen.

Dieser Wandel jedoch sollte nicht unterschätzt werden. Er machte sich deutlich auf dem Gebiet bemerkbar, wo trotz Rechtsreformen die gröbsten Verstöße gegen das Recht zu beobachten waren. So revidierte der Oberste Gerichtshof unmittelbar nach dem Sturz Chruščevs 94 Fälle, in denen es im Verlauf der antireligiösen Kampagne zu Verurteilungen gekommen war. Von einem Rechtsbruch durch die Verurteilten könne keine Rede sein, hieß es.[107] Der Oberste Gerichtshof verabschiedete im Januar 1965 eine Resolution mit dem Titel »Über einige Fakten der Verletzung der sozialistischen Gesetzlichkeit gegenüber Gläubigen«. Die Neubewertung der antireligiösen Aktionen führte dazu, dass 1962–64 verhaftete und verurteilte Gläubige und Geistliche freigelassen wurden.[108]

Aber erinnern wir uns, dass der Staat prinzipiell über dem Recht stand und jederzeit auf *Črezvyčajščina* zurückgreifen konnte. Außerdem beließ Chruščev die wirkliche Gewalt beim Staat, da er das Prinzip der Gewalteneinheit nicht aufhob. So blieb es auch nach 1956. Alle Verrechtlichung im Sinne der »sozialistischen Gesetzlichkeit« stand unter dem Staatsvorbehalt. Ein sowjetischer Dissident hat diesen Umstand auf die Formel gebracht: Von den Bürgern werde erwartet, dass sie das Recht respektieren, aber ebenso die Willkür der staatlichen Behörden.[109] Da das Recht jedoch für die Bürger des Staates verbindlich war, ergaben sich durch die Reformen in der Tat einige Veränderungen zu ihren Gunsten. Unstrittig ist, dass besonders die Veränderungen im Straf- und Strafprozessrecht für den Wandel in Richtung des Normenstaates betont werden müssen.[110] Nur sollte diese Tatsache nicht darüber hinwegtäuschen, dass es auch weiterhin »Maßnahmen« gab. Aber auch eine andere Richtung bildete sich stärker heraus. Von nun an musste der Staat, der die Option, Maßnahmen anzuwenden, nicht völlig aufgab, dafür Sorge tragen, dass das Recht jene Aufgaben übernahm, die aus Gründen der Herrschaftssicherung sonst durch Maßnahmen erledigt worden waren. Dieser Punkt ist insofern bedeutend, als sich ein Prozess fortsetzte, der im Staat der Sowjetperiode angelegt war. Das Recht blieb politisch instrumentalisierbar. Aber es musste nun raffinierter werden, um die Wirkungen der plumpen administrativen und außerlegalen Maßnahmen im Recht antizipierend aufzunehmen.

106 Ebd., S. 992

107 Anderson, *Religion*, S. 72

108 Krämer, *Wandel*, S. 67

109 Chalidze, »A propos»

110 Dazu in einem zentralen Bereich s. Feldbrugge, »Labor Law«

Genau diese Entwicklung trat ein, wie noch zu sehen sein wird. Der Ausbau der Rechtsgrundlagen für die staatliche Aufsicht über die Bevölkerung und besonders die verfeinerten Rechtsgrundlagen für die Kontrolle und Aburteilung der »Politischen« waren die Folge des wiedererstandenen Normenstaats. Nur hatte das nichts mit Rechtsstaat zu tun, sondern mit der Verrechtlichung von Unterdrückung.

Wie der Vorgang zur Erzielung raffinierter Gesetze aussah, zeigen die »Parasitengesetze«, die 1957, also während der Rechtsreformen, in einigen Sowjetrepubliken in Kraft traten.[111] Sie wurden gegen Personen angewendet, die sich der gesellschaftlich nützlichen Arbeit entzogen. Ein prominentes Opfer dieser Regelung war der Leningrader Schriftsteller Iosif Brodskij. Weiterhin gab es Paragraphen des Strafgesetzbuches, mit deren Hilfe unliebsamen Personen der Prozess gemacht werden konnte. 1965 wurden 100 ukrainische Intellektuelle vom KGB verhaftet, 20 von ihnen wegen antisowjetischer Propaganda und Agitation verurteilt,[112] aber immerhin von einem ordentlichen Gericht auf der Grundlage eines existierenden Strafrechtsparagraphen, der jedoch allen rechtsstaatlichen Standards Hohn sprach. Die Mitglieder des »Allrussischen christlich-sozialen Bundes zur Befreiung des Volkes«, Studenten zumeist, erlitten ein ähnliches Schicksal.[113] Die Schriftsteller Andrej Sinjavskij und Julij Daniėl' standen im Februar 1966 wegen antisowjetischer Propaganda und Agitation vor dem Obersten Gericht der RSFSR. Wie immer in politischen Fällen leitete der KGB die Untersuchungen. Die beiden Literaten wurden zu Freiheitsentzug verurteilt. Ihr »Vergehen« bestand in der Veröffentlichung eigener Werke im westlichen Ausland.[114] Weil selbst der Staat eingesehen hatte, dass hier der einschlägige Strafgesetzparagraph »gedehnt« worden war, wurde Paragraph 190 des Strafgesetzbuches der RSFSR reformiert – nicht jedoch der Justizirrtum korrigiert. Er ermöglichte nun die Anklage wegen Verbreitung verleumderischer Aussagen über die sowjetische Staats- und Gesellschaftsordnung sowie wegen aktiver Teilnahme an Gruppenhandlungen zur Störung der öffentlichen Ordnung.[115] Für die siebziger Jahre sind 5.000 bis 10.000 Urteile jährlich wegen Verbrechen gegen den Staat errechnet worden.[116]

Das alles hatte bei weitem keine stalinistischen Dimensionen. Aber die »Doppelbödigkeit« der Rechtsordnung blieb bestehen. *Partijnost'* (Parteilichkeit)

111 Armstrong, »Campaign«
112 Luckyj, »Turmoil«
113 *VSChON*
114 Ginzburg, *Belaja kniga*; Hayward/Labedz, *On Trial*
115 Fincke, »Entwicklung«, S. 90-93
116 van den Berg, *System*, S. 59

stand im Zweifelsfall immer höher als *zakonnost'* (Gesetzlichkeit).[117] Auch weiterhin griff der Staat neben den veröffentlichten Gesetzen mit Hilfe von untergesetzlichen Normativakten, die zum Teil geheim blieben, in das Leben der Sowjetbürger ein.[118] Auch der KGB ergriff weiterhin illegale Maßnahmen. Die Beschlagnahme des Archivs Aleksandr Solženicyns 1965 ist nur ein Beispiel dafür. 1969 kamen 96 Personen wegen antisowjetischer Propaganda und Agitation vor Gericht. 12.000 Personen wurden vom KGB prophylaktisch »einbestellt«.[119] Zwischen 1967 und 1974 kamen 121.406 Personen in den zweifelhaften Genuss der »vorbeugenden« Tätigkeit des KGB.[120] Häufig arbeiteten KGB und die Miliz, das heißt die gewöhnliche Polizei, zusammen.[121] Ebenso deutlich blieb der Maßnahmenstaat in seiner späten Phase. 1985 verfasste KGB-Chef Čebrikov einen Bericht, den er dem neuen Generalsekretär Gorbačev vorlegte. Darin stand: »Die KGB-Organe [...] leisten einen großen Beitrag zur Verhinderung verbrecherischer und staatsfeindlicher Handlungen, politisch schädlicher Prozesse und Erscheinungen. Bei 15.271 Personen wurden vorbeugende Maßnahmen durchgeführt.«[122] Der ukrainische KP-Chef Ščerbickij, der das Problem des Nationalismus in seiner Sowjetrepublik kannte, fragte zu dem Bericht, wie es zu erklären sei, »dass relativ wenige Personen wegen besonders gefährlicher Staatsverbrechen vor Gericht gestellt werden«, was Čebrikov mit der »prophylaktische[n] Arbeit« der Organe beantwortete.[123] Diese Zitate reichen für die Feststellung aus, dass der Maßnahmenstaat neben dem nun existierenden Normenstaat sein Eigenleben führte. Immerhin fragte Ščerbickij nach Gerichtsverfahren und nicht nach administrativer Verschickung oder anderen Arten des Maßnahmenstaates.

Aber ohne den Hinweis auf die Zwangspsychiatrisierung von »Politischen« wäre selbst die knappste Skizze des späten Maßnahmenstaates der Sowjetperiode nicht vollständig. Diese perfide Behandlung missliebiger Personen, die der Staat strafrechtlich nicht oder nur sehr schwer belangen konnte, war ebenso rechtswidrig wie zerstörerisch für die Betroffenen. Der Staat machte auf diese Weise die politischen Störenfriede sozial »unschädlich«.[124] Die Einweisung in psychiatrische Anstalten erfolgte entweder auf administrativem Wege oder nach einer Justizfarce mit Hilfe einer willfährigen Gerichtspsy-

117 Sharlet, »Policy«, S. 326; Brunner, »Was ist sozialistisch?«, S. 200-203

118 Luchterhandt, »Justiz«, S. 1010-1011; Juviler, *Law*, S. 82-116; Chalidze, »A propos«, S. 75

119 Kozlov, *Bezporjadki*, S. 405

120 Pichoja, *Sovetskij Sojuz*, S. 364-366

121 Shelley, *Society*, S. 48

122 Zitiert in Bukowski, *Abrechnung*, S. 231

123 Ebd., S. 233

124 Medwedjew/Medwedjew, *Fall*; Bukowski, *Opposition*

chiatrie. Gleichzeitig jedoch gelang es einer Fraktion unter den sowjetischen Juristen, nach zwanzigjähriger Diskussion um eine Verwaltungsgerichtsbarkeit den Artikel 58 Absatz 2 in die »Brežnev-Verfassung« von 1977 einzubringen, welcher Sowjetbürgern unter bestimmten Umständen die Möglichkeit eröffnete, gegen Amtspersonen, die gegen das Gesetz verstießen und die Rechte der Bürger beeinträchtigten, juristisch vorzugehen – »einer der bedeutendsten innenpolitischen Erfolge der rechtsstaatlich gesonnenen Kräfte während der Brežnev-Ära«.[125]

Ebenso wie diese Beispiele legte ein neues Phänomen Zeugnis ab für die Existenz des Doppelstaates. Erstmals erlaubten sich Sowjetbürger, öffentlich nicht nur auf ihre vom Gesetz geschützten Rechte hinzuweisen, sondern auch – viel bedeutender – darauf, dass der Staat sich an seine von ihm selbst erlassenen Gesetze zu halten habe. 200 Demonstranten versammelten sich am 5. Dezember 1965, dem Jahrestag der Verfassung, am Puschkin-Denkmal in Moskau und verlangten von der Sowjetregierung die Achtung der Verfassung.[126] Seitdem durchzog dieses legalistische Argument die Vorwürfe der Dissidenten an die Adresse des Staates – im Zusammenhang der Frage des Doppelstaats eine kaum zu unterschätzende Neuerung. Die *Samizdat*-Literatur war voll von Aufzählungen von Verstößen gegen die Gesetze durch den Staat. Die Untergrund-Zeitschrift *Chronika tekuščich sobytij* (Chronik der laufenden Ereignisse) gibt davon beredtes Zeugnis ab. Der Doppelstaat wurde von den »Andersdenkenden« offenbar sehr genau registriert, denn sie verspürten am eigenen Leibe, wie das Recht im Dienst der Politik stand und wie Maßnahmen ihr Leben veränderten. Sie hatten aber auch begriffen, dass selbst im politischen Recht der Sowjetunion ein normativer Anspruch steckte, der von den Bürgern des Staates geltend gemacht werden konnte. Dieser Wandel war bedeutend, weil erstmals, das heißt in den späten sechziger Jahren, das existierende Recht nicht mehr als Arkanbereich des Politischen betrachtet wurde, sondern als verbindliche Regelung des zwischenmenschlichen Lebens und der Beziehung des Bürgers zum Staat. Plötzlich stand der Staat nicht mehr über dem Recht, sondern sah sich der Forderung nach rechtsförmigem Handeln unterworfen. Ließ sich der Staat darauf ein, so bedeutete das die Einschränkung seiner Machtmittel. Die Verrechtlichung war also für den Staat ein zweischneidiges Schwert. Indem er sie vorantrieb, betrieb er im Grunde Selbstbeschränkung. Im Sinne des Maßnahmenstaates hieß das: Die Entstalinisierung war – auch auf diesem Gebiet – ein Fehler. Dieser Staat hätte die Finger vom Recht lassen sollen, um weiterzuexistieren. Mit Maßnahmen hatte er sich be-

125 *Konstitucija*; Luchterhandt, »Justiz«, S. 1008 (Zitat); Fincke, *Handbuch*, S. 632-643
126 Litvinov, *Demonstration*

gründet, über Maßnahmen war er im Stalinismus ausgehöhlt worden, das stalinistische Recht war Gewalt in den Händen der sich als Revolutionäre ausgebenden Staats- und Parteispitze. So sehr Luchterhandts oben zitierter Einschätzung der poststalinistischen Rechtsreformen zuzustimmen ist, so bedeutete alle Verrechtlichung nach 1953 aber auch, dass der Staat der Sowjetperiode mit dem unlösbaren Gegensatz von Norm (Recht) und Maßnahmen (Außerordentlichkeit) seine Legitimation untergrub, sobald er die Normen betonte. Er hatte die Wahl: Gesetzlichkeit oder »Flexibilität«.

Er entschied sich für Gesetzlichkeit – ein fürwahr spektakulärer Vorgang, wenn man auf die Genese und Entwicklung dieses Staates schaut, selbst wenn in Rechnung gestellt wird, dass die Verrechtlichung als Teil der Entstalinisierung zwingend war. Es ist hinsichtlich der Historisierung der Sowjetunion wenig sinnvoll, in ihr nur das repressive Ungeheuer zu erblicken, als das sie im Ost-West-Konflikt von westlichen Ideologen so gern beschrieben wurde. Dass die UdSSR kein Rechtsstaat war, bedarf keiner Erörterung. Wie sich aber ein Staat von der blutrünstigen Diktatur zu einem auf Normen basierenden Staat wandelt, ist eine Frage von Belang. So autoritär die Verhältnisse waren, so diktatorisch die Partei herrschte, der Staat hatte sich auf den Weg aus dem Maßnahmenstaat gemacht.

Der wichtigste Schritt ereignete sich während der Perestrojka. Indem die Führung sich für Gesetzlichkeit und gegen Maßnahmen entschied, musste sie zwangsläufig auch den politischen Charakter aus dem sowjetischen Recht entfernen. Man behalf man sich mit der Formulierung vom »sozialistischen Rechtsstaat«,[127] was einen begrifflichen Fortschritt ausmachte, der sich jedoch materiell ebenfalls einstellen musste.[128] In der Tat zielte eine lange Liste von Reformen in Recht und Justiz, darunter erstmals die Einrichtung einer Verfassungsaufsicht, auf einen entscheidenden Zuwachs an Rechtssicherheit, mehr Professionalität der Richter und Transparenz der juristischen Verfahren. Wenn ein reguläres Verfassungsgericht zwar nicht auf der Ebene der Union eingerichtet werden konnte, so doch 1991, wenige Monate vor dem Kollaps der UdSSR, in der RSFSR. Allein diese Tatsache macht deutlich, wie schwierig sich der Fortschritt zum Rechtsstaat vollzog, wobei die kurze und schwache Etappe des Normenstaates seit den fünfziger Jahren das Ihre dazu beitrug. Zusätzlich ist die konservative Bürokratie geltend zu machen. Aber wie sehr die politischen Kämpfe in den Jahren 1988–90 von einzelnen Fraktionen in Partei und Staat bestimmt waren, so sehr zeigte sich auch in der Reformperiode der Perestrojka das Dilemma der kurzen sowjetischen Rechtstradition:

127 *Materialy*, S. 62; Schroeder, »Rechtsstaat«
128 Luchterhandt, »Sowjetunion«

Um den Rechtsstaat einzuführen, bedurfte es fundamentaler Veränderungen im *politischen* System. Die UdSSR war dazu nicht in der Lage, wohl aber die für einen kurzen Zeitraum liberalere und demokratischere Führung der RSFSR. In dem Moment, in dem die RSFSR und die UdSSR rechtlich auseinander driften, zeigte sich, dass der »sozialistische Rechtsstaat« ein Widerspruch in sich war. Die RSFSR ging den Weg des Rechtsstaats ohne »sozialistisch«. Nachdem der Präsident der RSFSR, Boris El'cin, das Dekret erlassen hatte, das Zellen der kommunistischen Partei am Arbeitsplatz verbot, suspendierten alle Mitglieder des Obersten Gerichts der RSFSR ihre Parteimitgliedschaft. Als im Dezember 1991 schließlich das Verbot der Kommunistischen Partei folgte, war die Entpolitisierung der Justiz bereits im Gange.[129] Auf der Ebene der UdSSR versuchten die Augustputschisten 1991 nicht nur, das Imperium zu erhalten, sondern ihr Staatsstreich hätte auch die existierenden Normen zwangsläufig außer Kraft setzen müssen. Man braucht nicht viel Phantasie, um in diesem Fall die Wiederkehr des Maßnahmenstaates zu erahnen.

Den Zwiespalt des Doppelstaates seit Stalin konnte die Sowjetunion folglich strukturell trotz aller Rechtsreformen nicht überwinden. Solange sie von »*sozialistischer* Gesetzlichkeit« sprach, blieben Recht und Legalität an das Politische gebunden. Erst unter Weglassung des »sozialistisch« eröffneten sich Wege zum Rechtsstaat, was aber zugleich bedeutete, das Recht vom Politischen zu lösen und die Gewalteneinheit durch Gewaltenteilung zu ersetzen. Das wurde in der Perestrojka debattiert, aber wie dieser Schritt im Rahmen von »mehr Sozialismus« gleichsam »systemisch« hinzukriegen war, wusste man nicht. Es sei denn, man zerschlug das System! Allmählich wurde klar, dass Rechtsstaat und Demokratie zusammenhingen. Hatte ein marxistischer Staatstheoretiker orakelt, »der Sozialismus wird demokratisch sein oder gar nicht«,[130] so blieb am Ende auch vom Sozialismus nichts. Ob das Diktum für den Sozialismus im allgemeinen zutrifft, steht hier nicht zur Debatte, aber für den sowjetischen Sozialismus lässt sich sagen: Der Sozialismus war diktatorisch oder gar nicht!

---

129 Huskey, »Administration«, S. 225

130 Poulantzas, *Staatstheorie*, S. 294

3. Der sozialistische Wohlfahrtsstaat

Das Kapitel über Normen und Maßnahmen hatte die Gesellschaft weitgehend ausgeblendet. Das ergab sich durch die Perspektive, welche die Beschreibung des Staates im Recht suchte und den Wandel dieses Verhältnisses während der Sowjetperiode beschrieb. Zusammen mit dem Kapitel über die Staatsbildung wurde deutlich, dass dieser Staat die Gesellschaft nicht benötigte wegen der zwingend auszuübenden Funktionen, während er andererseits behauptete, den wichtigsten Teil der Bevölkerung, die Arbeiter und die armen Bauern, zu vertreten. Dass es sich dabei um eine folgenschwere Veränderung handelte, wobei an die Stelle der Diktatur des Proletariates die Diktatur über das Proletariat trat, ist ebenfalls deutlich geworden und gehört ohnehin zum Gemeinplatz des Wissens über die bolschewistische Herrschaft. Allein die Diktatur betraf nicht nur das Proletariat, sondern alle sozialen Gruppen. Keineswegs nur auf die Zeit des Bürgerkrieges beschränkt, setzte sie sich in der Neuen Ökonomischen Politik fort. Auch in dieser im Vergleich zur vorangegangenen Zeit relativ ruhigen und auf (halbherzige) Kooperation zwischen Regime und Bevölkerung ausgerichteten Periode offenbarte sich der bolschewistische obrigkeitsstaatliche Zugriff auf die Bürger.

Aber dieses Bild vereinfacht. Das Problem ist zuerst einmal die Gesellschaft. Es gab sie nicht mehr. Im Sinne der vorrevolutionären Gesellschaft als einer Verbindung von *Intelligencija* und Öffentlichkeit existierte sie nicht. Im soziologischen Sinne war von ihr seit dem Bürgerkrieg kaum noch etwas zu erkennen. Klassen existierten nicht mehr. Die für das Regime wichtigste, das Proletariat, war durch den Krieg dezimiert worden.[131] Es gab bestimmte soziale Zuschreibungen[132] seitens der politischen Herrschaft, aber Gesellschaft fand sich kaum. Im Stalinismus sind auch die Residuen von Gesellschaft, die sich während der Neuen Ökonomischen Politik herausgebildet hatten, zerstört worden. Von »Atomisierung« der Gesellschaft war die Rede.[133] Oder Gesellschaft fand sich nur im Lager, wo sie jedoch politisch keine Rolle spielte. Ansonsten muss man von Bevölkerung sprechen oder von Masse.[134]

Es wäre spannend, die Antwort auf die Frage zu finden, ob dieser Staat zum Zwecke seiner Existenzberechtigung die Gesellschaft notwendig zerstören musste.[135] Die Frage stellt sich deshalb, weil der zentralisierende und bürokratische Staat, der sich als Klassenstaat unter Führung einer revolutionä-

131 Schröder, *Industrialisierung*, S. 280-316
132 Fitzpatrick, »Ascribing Class«
133 Filtzer, *Workers*
134 Arendt, *Elemente*, S. 668
135 Vgl. Poulantzas, *Staatstheorie*, S. 90

ren Partei ausgab, faktisch alle Ansätze von Gesellschaftsbildung zerschlug, andererseits aber als Klassenstaat ein Substitut für die Gesellschaft (der Werktätigen) darzustellen glaubte. Damit ist mehr gemeint als die Avantgarderolle der Partei, die sich zur ideologischen Begründung der zentralisierten politischen Macht nutzen ließ. Die Frage ist, ob dieser Staat die Auflösung der Gesellschaft betrieb, um andererseits die nicht vorhandene soziale Einheit als Klassenstaat zu repräsentieren.

Ohne eine auch nur vorläufige Antwort auf dieses empirisch wie theoretisch anspruchsvolle Problem zu finden, lässt sich festhalten, dass der Staat Machtbeziehungen gestaltete, die eine Gesellschaft nicht aufkommen ließen. Aber kein Staat, auch kein diktatorischer, kann auf Dauer ohne Rücksicht auf die Bewohner existieren. Auch der Stalinismus war nie eine Herrschaft ohne Loyalität und Unterstützung durch die Bevölkerung. Zahlreiche Befunde zeugen davon, wie sehr bestimmte Bevölkerungsgruppen das Regime Stalins mittrugen. Die Stachanov-Bewegung belegt dies ebenso deutlich wie die Nutznießer der sozialen Mobilität allgemein.[136] Stalin vermochte Terror und Angst in der Bevölkerung ebenso zu erzeugen wie Enthusiasmus und Zuneigung zum »Führer«. Aber eines war der Stalinismus bestimmt nicht: gesellschaftsbildend. Stalin hatte keine Ahnung von Gesellschaft, er sah Klassen, mehr noch Verräter und Feinde. Aber seit der Entstalinisierung – dieser zeitliche Zusammenhang ist bezeichnend – rückte der Staat näher an die Bevölkerung heran. Er tat das namentlich auf dem Gebiet des »sozialistischen Wohlfahrtsstaats«. Indem das Regime einen Großteil seiner Aktivitäten auf dieses Feld verlegte, vollzog sich ein fundamentaler Wandel im Verhältnis von Staat und Bevölkerung.

Es gab noch einen weiteren Bereich, wo dies der Fall war, der hier aber nicht diskutiert werden soll. Es handelt sich um die Neubegründung der Legitimation der Herrschaft, die nun den Triumph im Zweiten Weltkrieg über die Ideologie und die revolutionäre Grundlage des Regimes stellte. Zwar blieben das Revolutionspathos und der mittlerweile ritualisierte Hinweis auf den Marxismus-Leninismus erhalten, doch während diese beiden Elemente das Regime mehr und mehr von der Mehrheit der Bevölkerung trennten, wurde der Sieg im »Großen Vaterländischen Krieg« in der eigentümlichen Mischung aus Trauer und Triumph in politische Unterstützung für das Regime durch die Bevölkerung umgemünzt, einer Bevölkerung, in der es fast keine Familie gab, die nicht Kriegsopfer zu beklagen hatte.[137]

---

136 Maier, *Stachanov-Bewegung*

137 Fieseler, »Innenpolitik«; weitere Gründe für den Legitimationswandel s. Plaggenborg, »Entwickelter Sozialismus«, S. 501-507

Zeitlich erstreckte sich der sozialistische Wohlfahrtsstaat auf die Periode von 1956, besonders mit neuem Aufschwung seit 1965, bis in die Perestrojka. Da er zugleich in die Endphase des sowjetischen Systems fällt, steht er in einem engen Zusammenhang mit dem Untergang der Sowjetunion. Aus diesem Grunde erhält der Wohlfahrtsstaat eine zweifache Bedeutung: als grundlegender Richtungswechsel nach Stalin und im Kontext des Zusammenbruchs des sowjetischen Systems.

George Breslauer hat den Begriff des sozialistischen Wohlfahrtsstaates mit einem Wesenszug des politischen Systems verbunden. Er spricht vom »*soviet welfare-state authoritarianism*«.[138] Für Breslauer beschreibt dieser Wandel des Staates in groben Zügen das Neuartige der poststalinistischen Phase. Das Regime begann, sich auf die Bevölkerung auszurichten. Der Kern des Breslauerschen Konzeptes ist eingebunden in das Legitimationsproblem der kommunistischen Herrschaft. Auf Dauer könne sie nur Bestand haben, wenn die Loyalität der Bevölkerung gesichert sei. Breslauer spricht von einem ungeschriebenen Sozialvertrag, den das Regime mit der Bevölkerung abgeschlossen habe. Das Regime stelle Sozialleistungen in großem Umfang zur Verfügung, welche die Bevölkerung mit Loyalität zum Regime »bezahle«. Dieser ungeschriebene Sozialvertrag sei eine wichtige Systemsäule seit den ausgehenden fünfziger Jahren. Diese Überlegung ist später von sowjetischen Soziologen beziehungsweise Sozialhistorikern aufgegriffen worden.[139]

In der These vom ungeschriebenen Sozialvertrag steckt jedoch eine gedankliche Voraussetzung, die unausgesprochen bleibt. Der sowjetischen Gesellschaft wird darin eine Einwirkung auf die Politik zugestanden. In der Tat lässt sich der Zusammenhang herstellen, hatten sich doch zu Beginn der sechziger Jahre Unruhen in der Bevölkerung gezeigt. Der bedeutendste Aufstand ereignete sich 1962 in Novočerkassk, der blutig niedergeschlagen wurde.[140] Das Regime hatte eine Lektion zu lernen, die ihm unter Stalin erspart geblieben war: Die Loyalität der Bevölkerung musste neu errungen werden. Dieses Problem stellte sich, weil mit Terror und Gewalt wie im Stalinismus nicht mehr Politik gemacht werden konnte. Die Sowjetführung benötigte folglich ein funktionales Äquivalent, mit dem die Bevölkerung auf Kurs gehalten werden konnte.[141]

Breslauers These enthält aber noch weitere gedankliche Prämissen sowie theoriebezogene Implikationen, die den Wohlfahrtsstaat als solchen betreffen. Sie unterstellt, dass sich die sowjetische Bevölkerung – wir wollen den Begriff

---

138 Breslauer, »Adaptibility«

139 Dunaeva, *Social'naja politika*, S. 10-18; Čžun, *Social'naja politika*

140 Kozlov, *Bezporjadki*, S. 401-407; Baron, *Saturday*

141 Merl, »Entstalinisierung«

Gesellschaft lieber vermeiden – die in Unruhen errungene Handlungsmacht durch Sozialleistungen hat »abkaufen« lassen. Wohlfahrtspolitik wäre dann das, was sie in den Augen marxistischer Beobachter auch im Kapitalismus ist: Politik zur Vermeidung von Sozialkonflikten, die dem Zweck dient, das System und die herrschende Klasse zu erhalten.[142] Wohlfahrtspolitik sei Herrschaftsstrategie. Wenn dieser Sachverhalt zutrifft, dann zeigt sich im Wohlfahrtsstaat eine Funktionskonvergenz unabhängig von den Produktionsverhältnissen.

Es stellt sich darüber hinaus aber noch eine ganz andere Frage der Konvergenz: Gilt für die Sowjetunion die These, dass ein bestimmtes Niveau der industriellen Entwicklung den Wohlfahrtsstaat historisch fordere?[143] Die Entwicklung des Wohlfahrtsstaates in seinen unterschiedlichen Typen in verschiedenen Regionen beziehungsweise Ländern, die als Voraussetzung ein hohes Industrialisierungsniveau aufweisen, lässt vermuten, dass der Wohlfahrtsstaat nicht nur politische Funktionen erfüllt, sondern auch ein unvermeidliches Produkt industrieller Strukturen darstellt. In solchen Überlegungen steckt viel Glaube an Strukturzwang insofern, als der Wohlfahrtsstaat ergebnishaft gedacht wird. Aber das Ausmaß der wohlfahrtsstaatlichen Maßnahmen und die Frage des wohlfahrtsstaatlichen Systems bleiben dabei weitgehend unberücksichtigt. So kennt der Kapitalismus »drei Welten« des Wohlfahrtsstaates, das heißt das auch regional differenzierte sozialdemokratische, das liberale und das konservative Modell.[144] Ihre Existenz stützt die Industrialismus-These, aber die Unterschiede etwa zwischen den Entstehungsbedingungen von Sozialpolitik (der Arbeiterfrage in Deutschland, der Familienfrage in Frankreich und der Armutsfrage in Großbritannien) und ihren Ausprägungen zum Beispiel im schwedischen »Volksheim« und in der Sozialpolitik der USA sind groß genug, um sie für zulässig, aber vergröbernd zu halten. Die folgenden Ausführungen über die Sowjetunion zeigen, dass das Argument von den Strukturzwängen nicht aus der Luft gegriffen ist, denn Fragen der Arbeitsproduktivität, der Wirtschaftsleistung und der demographischen Veränderungen spielten bei der Herausbildung des sowjetischen Wohlfahrtsstaates eine Rolle.

Breslauer, von dem diese Überlegungen ausgingen, sprach von Wohlfahrtsstaat. Der Begriff ist seinerseits keineswegs eindeutig. Wenn dieser Terminus hier Verwendung findet, ohne die endlose Diskussion über die terminologische Abgrenzung zum »Sozialstaat« und zur »Sozialpolitik« zu wiederho-

---

142 Reidegeld, *Sozialpolitik*, bes. S. 12; Higgins, *States*, S. 48-55, 68-71; Barr, *Economics*, S. 62-64; Mishra, *Society*, S. 68-98

143 Wilensky, *State*, S. 27; Higgins, *States*, S. 32-41; Mishra, *Society*, S. 39-49

144 Esping-Andersen, »Welten«; Schmid, *Wohlfahrtsstaaten*; Europa endet hier wie so häufig an der Elbe

len,[145] dann im Bewusstsein der Tatsache, dass es sich um einen – je nach politischem Lager und regionaler Herkunft – sowohl in differenzierender Absicht als auch häufig synonym gebrauchten Begriff handelt. Wichtiger als die definitorischen Probleme ist ein inhaltliches: Es ist nicht gesagt, dass der Begriff im Fall der Sowjetunion überhaupt angemessen sei, selbst wenn er, wie bei Breslauer, mit Autoritarismus in Verbindung steht. Das hängt mit den historischen Entstehungsbedingungen und dem Entwicklungsprozess in *westlichen* Industriegesellschaften zusammen. Im historischen Verlauf, so Thomas H. Marshall, sind erst die bürgerlichen Rechte, dann die politischen und schließlich die sozialen kodifiziert worden.[146] Nicht zu Unrecht ist die Kombination von Rechtsstaat, Demokratie und Sozialstaat als grundlegender Bestandteil der Moderne angesehen worden. Sie wird durch die Sowjetunion gerade nicht bestätigt, weil der sozialistischen Variante des Wohlfahrtsstaates weder die Demokratie noch der Rechtsstaat zur Seite standen. Folglich scheint der sozialistische Wohlfahrtsstaat – begrifflich ohnehin eine Tautologie – dem zuvor genannten Zweck des System- und Statuserhalts der »herrschenden Klasse« zu dienen, und nur diesem. Sowjetische Sozialpolitik war konservativ in dem Sinne, als sie die Kontrolle der Produktivkräfte in den Händen der Elite beließ, keine Möglichkeiten der Arbeiterselbstverwaltung – etwa institutionell über eine gestärkte Rolle der Gewerkschaften – zuließ und auch nicht das politische Potential der Arbeiter stärkte, die im Sozialstaat westlichen Typs zumindest über Wahlen die Geschäftsgrundlagen verändern konnten. Es gab nicht den »Januskopf« der Sozialpolitik wie im Westen, der sich in der Verbindung von strukturkonservativer Politik und gesellschaftspolitischer Emanzipation zeigte.[147]

Die Tatsache, dass der sowjetischen Sozialpolitik der emanzipatorische Charakter abging und dass die in der Verfassung festgelegten Rechte keine sozialen Staatsbürgerrechte darstellten, kann als allgemein akzeptiert gelten. Ganz so einfach ist die Sache aber nicht, wenn Wohlfahrtsstaat folgendermaßen definiert wird – gemeint ist der kapitalistische:

»Der Begriff Wohlfahrtsstaat [...] charakterisiert als deskriptives Konzept einen bestimmten Typus der Staatstätigkeit. Er kennzeichnet Länder, in denen der Staat eine aktive Rolle in der Steuerung wirtschaftlicher und gesellschaftlicher Abläufe übernimmt und einen beträchtlichen Teil seiner Ressourcen sozialpolitischen Zwecken widmet, die der Förderung nach einer größeren Gleichheit der Lebenschancen in den Dimensionen Einkommenssicherung, Gesundheit, Wohnen und Bildung dienen. In der Verwendung des Konzepts [...] schwingt

---

145 Kritisch zusammengefasst bei Butterwegge, *Wohlfahrtsstaat*, S. 11-19; Schmid/Niketta, »Wohlfahrtsstaat«; Ritter, *Sozialstaat*, bes. S. 1-30

146 Marshall, *Bürgerrechte*

147 Offe, »Widersprüche«, S. 328; grundsätzlich Heimann, *Theorie*

eine Verpflichtung des Staates auf eine umfassende Politik des Ausbaus sozialer Staatsbürgerrechte mit, die sich nicht mit der Sicherung von Konsumchancen begnügt, sondern auch die Förderung von Wirtschaftswachstum und Vollbeschäftigung anstrebt und den Abbau ungleicher Teilnahmechancen am gesellschaftlichen und politischen Leben zum Ziel erhebt.«[148]

So beschrieben, lesen wir hier eine passende Definition für den sowjetischen Wohlfahrtsstaat, die auch in der »Großen Sowjetenzyklopädie« stehen könnte. Das Zitat verdeutlicht das definitorische Problem, das nicht zuletzt dadurch entsteht, dass bis auf wenige Ausnahmen bundesdeutschen Soziologen und Politologen die Existenz einer sowjetischen Sozialpolitik entgangen ist. Erneut zeigt sich die Schwierigkeit, die schon zu Anfang des Buches genannt wurde: Auch in diesem Falle wurde die (wohlfahrtsstaatliche) Moderne ohne Berücksichtigung Osteuropas normiert.[149]

Es scheint, als sei trotz der konzeptionellen Schwierigkeiten das technische Instrumentarium des Wohlfahrtsstaates ähnlich, unbesehen aller quantitativen Unterschiede, und es stellt sich die Frage, ob über eine solche instrumentelle Darstellung der Wohlfahrtsstaat adäquat erfasst werden kann. Die ebenso pragmatische wie normative Definition von Wohlfahrtsstaat umfasst dann die Staatsaktivitäten in Form von Dienstleistungen und Geldzahlungen im Sozialbereich,[150] unabhängig von den Systemkontexten.

Der Wandel in der Sowjetunion, den die Einführung der Sozialpolitik charakterisiert, sollte nicht unterschätzt werden. Vergleichsweise niedriger Lebensstandard, Bedürftigkeit, ja Armut gab es im Sozialismus stalinistischer Prägung zuhauf. Dass die Sowjetführung das Ruder herumwarf, ist beachtlich und hat der Bevölkerung in der Tat geholfen, ein besseres Leben zu führen, und zwar so sehr, dass die Sozialstaatsnostalgie nach dem Zusammenbruch der Sowjetunion 1991 zu einem Charakteristikum der gesellschaftlichen Debatten und Stimmungen in der Bevölkerung wurde. Der postsozialistische Kapitalismus vergaß die Schwächsten, die Armen und die Rentner. Viele Sowjetbürger mussten einsehen, dass die viel versprechende Marktwirtschaft wenig hielt. Will man diese Sozialstaatsnostalgie verstehen, die sich bis in den Unmut der Bevölkerung anlässlich der Sozialreformen in Russland im Sommer 2004 vernehmen lässt, dann muss man wissen, wie sehr der Sowjetstaat nach 1956 der Bevölkerung in Form von Sozialleistungen entgegenkam.

Sie passten in eine Zeit, in der der Erste Sekretär der Partei im Unterschied zur vorangegangenen stalinistischen Periode nicht mehr auf die diktatorische

148 Nohlen, *Wörterbuch*, S. 705
149 Huf, *Sozialstaat*
150 Barr, *Economics*, S. 7

Führung setzte. Zwar war die »kollektive Führung« bereits sofort nach Stalins Tod als Losung ausgegeben worden, aber Chruščev pflegte sie zu praktizieren, indem er Interessenvertreter der Bürokratie und Repräsentanten »gesellschaftlicher« Organisationen an der Politik beteiligte.[151] Es zeigte sich, dass sein neuer Herrschaftsstil zwar immer noch Herrschaft war und Züge von offensichtlichem Personenkult trug, doch war der Wandel im Stil seit Stalin unübersehbar. Die Hinwendung zur Bevölkerung fügte sich bruchlos ein. Zahlreich waren die Gelegenheiten, bei denen der wichtigste Mann der UdSSR an die Bevölkerung appellierte. Der 20. Parteitag, der als Entstalinisierungsparteitag in die Geschichte eingegangen ist, weil Chruščev dort seine berühmte »Geheimrede« hielt, in der er mit Stalin abrechnete, kritisierte die mittlerweile eingetretene Distanz zwischen Bevölkerung und den Organen der Sowjetmacht. Dass die Sozialpolitik unter Chruščev systematisch betrieben wurde, und zwar seit dem 14. Juli 1956 anlässlich des Gesetzes über die staatlichen Renten für Arbeiter und Angestellte, war folglich der neuen Richtung in der Politik geschuldet.

Nach dem Sturz Chruščevs im Oktober 1964 machte sich die Führung unter Brežnev den Gedanken einer Sozialpolitik noch stärker zu eigen als das Vorgängerregime. Nun traten wirtschaftliche Gründe hinzu. Die Reformen in der Industrie und in der Landwirtschaft dienten unter anderem dazu, den Übergang von der extensiven zur intensiven Form des Wirtschaftens zu vollziehen. Dies bedeutete besonders im Industriesektor, den Werktätigen eine höhere Arbeitsproduktivität abzuverlangen. Gleichzeitig sollten die nach dem Ministerpräsidenten Kosygin benannten Reformen Anreize und Prämien für die Betriebe liefern.[152] Insgesamt ergab sich also ein Ensemble ineinandergreifender Politikfelder aus Sozialpolitik und Wirtschaftsreform sowie Strukturwandel der Wirtschaft (von der Extensivierung zur Intensivierung), das Sozialpolitik nicht allein als Folge von Unruhen erscheinen lässt.

Der Beginn der Brežnev-Periode markiert eine umfassende Debatte über Sozialpolitik. In dieser Zeit wurde das Konzept vom »entwickelten Sozialismus« entworfen, welches ein höheres Stadium der Entwicklung im Vergleich zu den vorangegangenen in der Sowjetunion charakterisieren sollte, ohne dass der Kommunismus schon erreicht worden wäre.[153] Der »entwickelte Sozialismus« aber stellte die Frage nach der sozialen Absicherung der Bevölkerung. So war es kein Wunder, dass der Begriff Sozialpolitik erst in den sechziger Jahren in die sowjetische politische Sprache Einzug hielt. Nun diskutierte die ein-

---

151 Schröder, *Verbindung*, S. 523-560

152 *Chozjajstvennaja reforma*; Zaleski, *Reforms*; Feiwel, *Quest*

153 Volkov u. a., *Razvitoj socializm*; Stepanjan/Friš, *Razvitoj socializm;* Glezerman/Rejngol'd, *Obščestvo*

schlägige Literatur Begriffe wie »soziale Garantien« und »soziale Gerechtigkeit«, die zuvor verpönt waren, da sie sozialdemokratische Reparaturarbeiten am kapitalistischen System bezeichneten. In der Sowjetunion war die politische Führung bis dahin der Meinung gewesen, Sozialismus und soziale Gerechtigkeit seien Synonyme und infolgedessen bedürfe es keiner Sozialpolitik. Die Stalin-Verfassung von 1936 enthielt zahlreiche soziale Rechte, rein deklamatorischen Charakters jedoch, wie überhaupt die Verfassung nicht das Papier wert war, auf dem sie gedruckt wurde. Wenn für die Verfassungen der Sowjetunion gilt, dass sie nicht so sehr die Wirklichkeit wiedergeben sollten, sondern prospektiv angelegt waren, so traf das 1936 nicht ohne Ironie für die sozialen Rechte zu, die nach 1956 tatsächlich Aufmerksamkeit erhielten, während sie unter Stalin in Anbetracht der Umstände wie eine Verhöhnung der sowjetischen Bevölkerung erscheinen mussten. Erst seit der Entstalinisierung rückten die Verfassungsrechte auf dem Gebiet der Sozialfürsorge zu Handlungsfeldern der Politik auf.[154]

In der Brežnev-Zeit ging man dazu über, soziale Garantien entsprechend der Verfassung von 1936 allen Bürgern zuzusagen. Damit kehrte sich das Regime von der Ansicht ab, sie nur bestimmten Klassen zuzugestehen. Das heißt, erstmals nahm das Regime die Verfassung in einem Teilbereich ernst. Hinzu traten Vorstellungen von wohlhabenden, in schönen Wohnungen lebenden Sowjetmenschen, denen ein hohes Niveau sozialer und medizinischer Versorgung zur Verfügung stand und die hohe Konsumstandards genossen.[155] Das war »entwickelter Sozialismus« oder »sozialistische Lebensweise«.

Die Debatte über Sozialpolitik war eingebettet in den Optimismus der politischen Führung Ende der sechziger, Anfang der siebziger Jahre. Er gründete sich auf ein scheinbar stabilisiertes sozialistisches System. Anscheinend gab es Wohlstand zu verteilen, weil der 8. Fünfjahrplan (1966–70) zu respektablen Wachstumsraten in den allermeisten wirtschaftlichen Sektoren, auch bei der Landwirtschaft, geführt hatte. Das Nationaleinkommen war gestiegen, ebenso die Arbeitsproduktivität.[156] Im Kreml konnte man mit Stolz feststellen, dass das Wirtschaftswachstum in der Sowjetunion höher lag als in vielen industrialisierten kapitalistischen Staaten einschließlich der USA. Nur die Wirtschaftswunderstaaten Westdeutschland und Japan wiesen höhere Raten auf.[157] Das Wachstum der Industrieproduktion schien Mitte der sechziger Jahre auf neue Höhen zu klettern. Es war für die Sowjetführung kaum vorhersehbar, dass dieser Höhenflug rasch in einen Abstieg übergehen sollte. Noch ging sie von

154 Rogovin, *Social'naja politika*, S. 38-41; Andreev, *Pravo*
155 Kantor, *Krasota*
156 Höhmann, *Wirtschaftsentwicklung*, S. 168-200
157 Steinberg, *Economy*, S. 181-183

einer Fortsetzung dieses Trends aus. Auch in der internationalen Lage durfte sich die UdSSR im Aufwind gegenüber dem Gegner wähnen: Ende der sechziger Jahre hatte sie den Rückstand zu den USA in der Raketenrüstung aufgeholt und galt nun als gleichwertige Atommacht. In Vietnam schlitterten die USA immer stärker in eine Niederlage hinein; das politische System der USA wurde vom Watergate-Skandal und dem Rücktritt Präsident Nixons aufgewühlt; das Währungssystem von Bretton Woods brach Anfang der siebziger Jahre auseinander; die Ölkrise traf die westlichen Industrienationen heftig; darüber hinaus zeigte sich in den westlichen Gesellschaften eine Neigung bestimmter Teile der jungen Generation zum Revolutionspop. Wenn sowjetische Kreise daraus einen Vorteil für die UdSSR abzuleiten meinten, so sollten sie sich auf allen Feldern täuschen. Das goldene Zeitalter schien bereits eingetreten. In der Rückschau dauerte es maximal 10 Jahre. Der grundlegende Wandel jedoch in jenen Jahren blieb bestehen: die Entstalinisierung durch Sozialpolitik, die bereits unter Chruščev begann. Einige hier angedeutete Bereiche können das verdeutlichen.

Mit Fug und Recht darf man die Vollbeschäftigung als eines der wichtigsten sozialen Ziele in der Sowjetunion, ja des Sozialismus überhaupt ansehen. Als »Recht auf Arbeit« hatte sie Eingang in die Verfassung von 1936 gefunden. Es war das einzige Recht, das von der Sowjetführung respektiert wurde. Allein diese Tatsache zeigt schon, dass Vollbeschäftigung per se noch kein Kriterium für einen Wohlfahrtsstaat darstellt, und nur Zyniker würden einwenden, das Recht auf Arbeit habe auch im Lager gegolten. Jede kapitalistische Gesellschaft weiß, welche sozialen Kosten entstehen, falls Vollbeschäftigung aufrechterhalten werden soll, wenn die Wirtschaftslage diese nicht ermöglichen kann. Die Bundesrepublik Deutschland, die in den fünfziger Jahren aufgrund des »Wirtschaftswunders« und infolge der demographischen Verluste im Zweiten Weltkrieg für eine kurze Zeit Vollbeschäftigung erreichte, kennt das Problem sehr genau. Aus heutiger Perspektive stellt sich heraus, dass die Vollbeschäftigung und die Blüte des Sozialstaats im Westen eine Episode bildeten, die sich auf die Ausnahmebedingungen nach dem Zweiten Weltkrieg und die weltweite bipolare Konkurrenzsituation zurückführen lässt. Nach Ablauf von rund 50 Jahren sind diese speziellen Umstände erodiert und die Verhältnisse fallen in die kapitalistische »Normalität« zurück, wo das System krasse soziale Differenzierung und Armut hervorbringt, vor der auch die hochindustrialisierten Staaten nicht geschützt sind. Parallel dazu wird der kurzlebige Sozialstaat, der höchstens zwanzig Jahre in voller Blüte existierte, Schritt für Schritt zurückgestutzt. Die Folge, die kein Sozial- oder Wohlfahrtsstaat verhindern konnte und die auch mit der Veränderung der Arbeitsgesellschaft zusammenhängt, lautet: Arbeitslosigkeit bleibt die Geißel des Kapitalismus.

Als das bolschewistische Experiment 1917 begann, sollte der Sozialismus diesem Übel endlich ein Ende bereiten. Arbeitskräfte für den Arbeitsmarkt »freizusetzen«, war in der Sowjetunion unmöglich. Dass die Vollbeschäftigung andererseits die Personalkosten der Betriebe erhöhte und die betriebswirtschaftliche Bilanz belastete, wusste auch die Sowjetregierung. Aber ihr waren in diesem Bereich die Hände gebunden. Sie hat deswegen nur in einem Experimentierbetrieb ausprobiert, ob durch »Entlassung« von Arbeitskräften und gleichzeitig durch Anreize für die verbliebenen Beschäftigten die Produktivität gesteigert werden könnte. In Wirklichkeit sind die Arbeiter nicht entlassen, sondern in andere Abteilungen umgesetzt worden. Das Problem war dadurch nicht gelöst, sondern verschoben.[158] Im Westen hat man deswegen von »verdeckter Arbeitslosigkeit« gesprochen. Mag der Begriff in einem volkswirtschaftlichen Sinne angebracht sein, so geht er dennoch an der Sache vorbei, denn der »verdeckte Arbeitslose« erhielt Lohn. Im Sinne des Arguments wären die Kosten für die Aufrechterhaltung der Vollbeschäftigung eine »verdeckte Arbeitslosenunterstützung« bei vollem Lohnumfang. Auch das muss ein kapitalistischer Wohlfahrtsstaat erst einmal nachmachen beziehungsweise die finanziellen Ressourcen mobilisieren, um einen solchen Weg einschlagen zu können. Wie man es dreht und wendet, an der darin zu erkennenden Lohnsubvention riesigen Ausmaßes ist nicht zu rütteln.[159]

Die wirtschaftlichen Folgen dieses Rechtes waren in der sowjetischen Wirtschaft zu spüren, weil die Löhne in keinem Verhältnis zur Arbeit und zur Arbeitsleistung standen und weil die Betriebe »überbevölkert« waren. Vollbeschäftigung und Reallohnsteigerungen, auf die noch zurückzukommen ist, bildeten in der Breznev-Periode ein volkswirtschaftlich problematisches Zwillingspaar. Wie sollte diese Kombination finanziert werden? Pavel Stiller hat in seiner Untersuchung der sowjetischen Sozialpolitik gemeint, dies sei über insgesamt niedrige Löhne geschehen. Indem das Regime ein durchschnittlich niedriges Lohnniveau beibehalten habe, seien die überschüssigen Mittel sowohl in Lohnsteigerungen als auch in die Sicherung der Vollbeschäftigung geflossen.[160] Das Argument überzeugt jedoch nicht, weil die Reallohnsteigerungen so beträchtlich ausfielen, dass kaum von einem Anteil zu sprechen ist, der durch Niedriglöhne »erpresst« wurde. Davon wird noch die Rede sein. Berechnen lassen sich diese Relationen kaum. Anstelle der Vermutung Stillers scheint die Lösung darin zu liegen, dass die Lohnfonds auf Kosten anderer Faktoren stiegen, so dass sich unter dem Strich nicht nur eine Lohnsubvention giganti-

158 Delamotte, *Shchekino*; Fil'ev, »O dal'nejšem vnedrenii«

159 Ellman, *Employment*

160 Stiller, *Sozialpolitik*, S. 22-24

schen Ausmaßes feststellen lässt (die allerdings nicht berechenbar ist, weil man dafür zahlreiche Betriebsbilanzen bis ins Detail auseinander falten müsste), sondern über die Aufrechterhaltung der Vollbeschäftigung Kapital in unproduktive Bereiche abfloss, während es beispielsweise im investiven Sektor fehlte. Der volkswirtschaftliche Schaden, der durch diese Distributionspolitik entstand, konnte wiederum nicht im Interesse der Nutznießer der Vollbeschäftigung sein, weil sie auf diese Weise am Ast sägten, auf dem sie saßen. Man kann es einer Bevölkerung, die jahrzehntelang zugunsten des Aufbaus des Sozialismus Konsumverzicht geleistet hatte, jedoch nicht verübeln, dass sie die neue Konsum- und Sozialpolitik der Regierung begrüßte. Die Freude über den plötzlichen Wohlstand der Sowjetmenschen war aber von Anfang an durch dieses Strukturproblem überschattet, auch wenn die Empfänger der Wohltaten dies nicht bemerkten. Inwieweit die Sowjetführung das Problem erkannt und zu lösen versucht hat, entzieht sich weitgehend unserer Kenntnis. In der Rückschau ist offenkundig, dass auch die sozialistische Wirtschaft aus dem Teufelskreis von steigenden Wohlfahrtskosten und sinkender Wirtschaftsleistung keinen Ausweg wusste, ein *circulus vitiosus*, der sich gegen Ende der Sowjetperiode auf die Alternative von Sozialstaat oder Zusammenbruch der Wirtschaft zuspitzte. Es ist eine ganz andere Frage, ob diese Erkenntnis behagt oder nicht. An dieser Geschichte ist erstaunlich, dass offenkundig weder Soziologen noch Politologen oder Wissenschaftler anderer Disziplinen aus dem Zusammenbruch des sowjetischen Wohlfahrtsstaates vergleichende Schlussfolgerungen gezogen haben. Vielleicht wäre dann so manche Überraschung im kapitalistischen Wohlfahrtsstaat hinsichtlich der »plötzlichen« Schwierigkeiten, den Sozialstaat aufrechtzuerhalten, zu vermeiden gewesen.

Die »gesellschaftlichen Verbrauchsfonds« bildeten das Kernstück der sowjetischen Sozialpolitik. Ihr Ziel war die Einkommensverteilung in der sozialistischen Gesellschaft. Sie bildeten das Institut sowjetischer wohlfahrtsstaatlicher Distributionspolitik. Seit den fünfziger Jahren firmierte letztere unter dem Begriff der Egalisierung, wofür das Russische das Wort *uravnilovka* bereithält, das häufig in diesem Zusammenhang fälschlich und pejorativ mit Gleichmacherei übersetzt wird. Die *uravnilovka* sollte die zwischenzeitlich entstandenen sozialen Differenzen ausgleichen helfen, die sich als ein Produkt der stalinistischen Industrialisierung eingestellt hatten. Diese zeigten sich besonders in den Unterschieden zwischen geistiger und körperlicher Arbeit und zwischen Beschäftigung in der Industrie und in der Landwirtschaft. Die Frage der Egalisierung von Löhnen für gleiche Arbeit, die von Männern und Frauen ausgeübt wurde, stand weniger auf der Tagesordnung. Die »gesellschaftlichen Verbrauchsfonds« sollten im Sinne der Egalisierung wirken. Sie stellten jedoch keine materiellen Institutionen dar, sondern bildeten eine Art sozialistischer

Abstraktion, einen Oberbegriff für verschiedene Posten der sozialen Sicherung. Die soziale Fürsorge konnte als Dienstleistung oder als Geldzahlung unabhängig vom Einkommen des Beziehers beziehungsweise von der geleisteten Arbeit erfolgen. Konkret hieß das, dass die »gesellschaftlichen Verbrauchsfonds« das Geld für Renten, Lohnfortzahlung bei Krankheit, Mutterschaftsurlaub, Vorschulkinderbetreuung, Jahresurlaub in Erholungsheimen (»Ferienverschickung« im DDR-Deutsch), medizinische Fürsorge und Freizeitgestaltung in Klubs, Stipendien für Studenten umfassten. Dahinter stand die Idee, die Werktätigen von der Sozialversicherung der kapitalistischen Systeme zu befreien, jener Sozialversicherung, die vom Lohn abging. In der sozialistischen Gesellschaft galt die »Sozialversicherung« als eine Angelegenheit der Gesellschaft, die vom Staat verwaltet wurde und für die der einzelne Lohnempfänger keine Kopeke von seinem Einkommen entrichtete.

Soeben war von den Reallohnsteigerungen die Rede, die, wie die Einkommen generell, einen zentralen Baustein im System der sowjetischen Sozialpolitik ausmachten. Seit den fünfziger Jahren sind folgende, politisch gewollte Trends, zu beobachten: Die Lohnunterschiede wurden durch kräftige Erhöhungen bei den unteren Lohngruppen und durch Einfrieren der oberen nivelliert. Diese Lohnpolitik führte über mehrere Jahre hinweg im Durchschnitt zu einer Verdoppelung der Pro-Kopf-Industriearbeiterlöhne. 1965 wurde der Minimallohn für Industriearbeiter und Angestellte auf 40 bis 45 Rubel im Monat festgelegt, 1968 um 50 Prozent (auf 60 Rubel) angehoben. Damit verringerte sich nicht allein der Unterschied zwischen Durchschnitts- und Spitzenlöhnen, sondern auch die Differenz zwischen Einkommen aus körperlicher und geistiger Tätigkeit.[161] Ganz neu in der Sowjetgeschichte waren die seit 1966 ausgezahlten staatlichen Löhne für Kolchosbauern.[162] Sie lagen im Durchschnitt unter den Durchschnittslöhnen von Industriearbeitern, bedeuteten andererseits aber für die Empfänger eine monetäre Einkommenssteigerung um das Doppelte. Davon unabhängig waren die Einkommen aus der privaten Nebenerwerbslandwirtschaft. Dass diese Nebeneinkünfte zeitweise über 30 Prozent der Gesamteinkünfte bei Kolchosbauern ausmachen konnten,[163] relativiert die Aussagen über die Verbesserung der ländlichen Einkommensverhältnisse von staatlicher Seite. Der Generaltrend seit Mitte der fünfziger Jahre, die Angleichung der Einkommen, führte auch dazu, dass die Unterschiede zwischen Stadt und Land im Verlauf der beiden Jahrzehnte nach

161 Mamontova, »Roli«; Artem'eva, »Struktura«; Kirsch, *Wages*; Chapman, »Trends«; Filtzer, *Workers*, S. 92-120

162 Sidorova, *Fondy*; Wädekin, *Bezahlung*

163 Die Zahl bezieht sich auf den Durchschnitt in der UdSSR 1970, s. Meredova, *Osnovy*, S. 44

1965 deutlich geringer wurden.[164] Fast 50 Jahre lang existierte die große Kluft, ohne dass diese Situation ernsthaft hätte verändert werden sollen. Nun gab es nicht nur staatliche Löhne für die Kolchosbauern, ihre staatlichen Geldeinkommen stiegen auch rascher als die der Arbeiter und Angestellten. In den ersten zehn Jahren erhöhten sie sich um das Dreifache, kamen aber bis 1980 auf lediglich durchschnittliche 74 Prozent der Arbeiterlöhne.[165] Da die Landwirtschaft nicht in der Lage war, die Lohnsteigerungen aus dem Produktionszuwachs zu erwirtschaften – sie war selbst ein Investitionsfass ohne Boden[166] – sprang der Staat ein und übernahm in der Rolle der Umverteilungsinstitution die Lohnsubvention.

Alles in allem zeigte sich ein beträchtliches Wachstum der Realeinkommen seit den fünfziger Jahren, wobei jedoch das extrem niedrige Ausgangsniveau zu berücksichtigen ist. Im osteuropäischen Vergleich der Wachstumsraten des Einkommens stand die Sowjetunion immer noch hinter der DDR und der Tschechoslowakei, nur ein wenig vor Ungarn und Polen.

Die steigenden Realeinkommen zeitigten eine eigentümliche Folge. Die Bevölkerung verdiente »zuviel«. Es gab einen Kaufkraftüberhang, weil das verdiente Geld nicht für Konsumgüter ausgegeben werden konnte. Sammelte sich eine bestimmte Bargeldmenge an, so hatten die Sowjetbürger zwei Möglichkeiten der Aufbewahrung. Entweder sie versteckten ihr Geld zu Hause oder sie trugen es zur staatlichen Sparkasse, dem einzigen Geldinstitut für Individualsparer. Dort stiegen die Einlagen seit den fünfziger Jahren, besonders seit 1965, kräftig an: bis 1975 um das 32-fache pro Kopf.[167] Damit nahmen die Spareinlagen schneller zu als die Einkommen, was ein helles Licht auf die Konsummöglichkeiten in der UdSSR wirft. Wenn das Wachstum der Spareinlagen auf dem Lande höher lag als in den Städten, so spiegelt sich in dieser Tatsache die unvergleichlich schlechte Konsumsituation in der Provinz wider, obwohl die Durchschnittseinkommen auf dem Lande unter dem in den Städten lagen. Der eigenartige »Reichtum« der Sowjetbürger (im Durchschnitt) führte im übrigen dazu, dass Geld von vielen als relativ wertlos betrachtet wurde. Deswegen lohnte es sich auch nicht, Geld zu fälschen, wohl aber Warenbezugsscheine. Darüber hinaus zeigte sich eine volkswirtschaftlich verhängnisvolle Folge des Kaufkraftüberhangs. Den sowjetischen Industriearbeitern konnte man eine höhere Arbeitsproduktivität oder Arbeitsdisziplin mit steigenden Löhnen ab einem bestimmten Niveau nicht mehr schmackhaft

164 *Aktual'nye problemy*, S. 76-93

165 Kuznecova, »Dochody«; Mikul'skij, *Social'naja politika*, S. 168-178; Artem'eva, »Struktura«; McAuley, *Welfare*, S. 23-69

166 Plaggenborg, »Entwickelter Sozialismus«, S. 333-340

167 Majer, *Uroven'*, S. 244-249

machen. Die Floskel »lieber für 200 Rubel nichts tun, als sich für 220 Rubel abrackern« brachte dieses Problem auf den Punkt.[168]

Dieser Satz beschrieb nicht nur eine in der Sowjetzeit zu beobachtende Mentalität der für den Sozialismusaufbau ausgebeuteten und entrechteten Arbeitskräfte, die allein schon die wirtschaftliche Entwicklung stark behindern musste, sondern auch ein zentrales Problem des sowjetischen Wohlfahrtsstaates. Das System konterkarierte seine sozialpolitischen Anreize durch seine unauflösbaren systemischen Mängel. Wozu sollten alle Reallohnsteigerungen gut sein, wenn sie nicht zu mehr Konsum bei den Verbrauchern führten? Lohnzuwächse, die nicht konsumptiv verausgabt werden können in einer immer noch bestehenden Mangelgesellschaft, sind reizlos. Da auch andere materielle Anreize weitgehend ausfielen, verbaute sich das System die Möglichkeit, durch die Sozialpolitik, besonders die gestiegenen Einkommen, Impulse für wirtschaftlich produktive Verhaltensweisen der Bevölkerung zu geben – sei es durch Konsum (den das System nur begrenzt ermöglichte) oder durch höhere Arbeitsproduktivität (die sich für den einzelnen Arbeiter nicht lohnte und die darüber hinaus aus vielen anderen betrieblichen Gründen ausblieb). Bei aller Sozialtechnik, die es nach wie vor in der Sowjetunion gab, ist dieses Problem nie gelöst worden.

Das Regime jedoch bemerkte bald, dass es sich mit seiner Sozialpolitik in eine fatale Lage hineinmanövriert hatte. Als die Führung Anfang der achtziger Jahre auf den raschen Niedergang der Wirtschaft alarmiert reagierte, hat sie nicht mit sozialpolitischen Wohltaten gelockt oder die Arbeiter an ihre Gegenleistung erinnert, die nun durch mehr und bessere Arbeit zu erbringen sei, nachdem über Jahre hinweg Einkommenszuwächse zu verzeichnen waren, sondern die Führung hat stattdessen zu Disziplinierungsmaßnahmen gegriffen, die Gesetze zur Arbeitsdisziplin verschärft, während der »Operation Schleppnetz« die Miliz und paramilizionäre Verbände, ja sogar den KGB ausgeschickt, um harmlose Sowjetbürger im Kino, beim Friseur, auf der Straße oder sonst wo zu kontrollieren, ob sie sich gerade der regulären Arbeit entzogen.[169] Mit Wohlfahrtsstaat hatte das nichts mehr zu tun, wohl aber mit Polizeistaat. Generalsekretär Jurij N. Andropov, zuvor KGB-Chef, auf dessen Initiative diese Maßnahmen zurückgingen, hegte eine Sympathie für die stalinistischen dreißiger Jahre.[170] Er glaubte zwar nicht, dass mit solchen Maßnahmen die Wirtschaftsprobleme der UdSSR gelöst werden könnten, aber er meinte damit einen wichtigen Schritt in Richtung Erhöhung der Arbeitsproduktivität, des

---

168 Shlapentokh, *Life*, S. 67-68

169 Medvedev, *Neizvestnyj Andropov*; Zemcov, *Krach ėpochi*, S. 9-150

170 Sharlet, *Crisis*, S. 65

Wirtschaftswachstums und dadurch auch der Erhöhung des Lebensstandards der Bevölkerung zu tun. In diesem Sinne war der Andropovsche Staat *Policey*-Staat – eine Form des autoritären, mit Sozialtechniken und Kontrolle zum Wohle von Staat und Bevölkerung modernisierenden Regimes. Das war nicht vormodern oder amodern, sondern ein Teil jener Moderne, welche die Sowjetunion noch zweihundert Jahre, nachdem ihre Vorläufer zur Zeit der aufgeklärten Despotien in Preußen oder im Habsburgerreich Josephs II. verblichen waren, aufrechterhielt.

Den sozialistischen Wohlfahrtsstaat charakterisiert folglich überaus viel Staat bei der Wohlfahrt. Diese Variante verweist auf ein Problem, das die Wohlfahrtsstaatforschung zu wenig beachtet hat, weil sie die westliche Version der Gesellschaft freier Individuen vor Augen hatte, deren Risiken staatlich und gesellschaftlich aufgefangen werden sollten. Dass im begrifflichen Kompositum des Wohlfahrtsstaates der zweite Bestandteil ebenso wichtig ist wie der erste, ist häufig zugunsten der Wohlfahrt übersehen worden. So stark jedoch der Staat war und so autoritär er sich immer noch gab – er veränderte sich dennoch. Wenn zuvor gesagt wurde, der Staat sei nach Stalin erstmals auf die Bevölkerung zugegangen und habe deren Lebensrisiken und Konsumbedürfnisse unter den gegebenen Umständen ernstgenommen und in der Sozialpolitik eine Antwort darauf zu geben versucht, so vollzog sich in dieser Neuausrichtung staatlichen Handelns zugleich ein grundlegender Funktionswandel des Staates. Dieser Vorgang gibt den im vorigen Kapitel über Normen und Maßnahmen beschriebenen Veränderungen eine zusätzliche Dimension. Der »neue« Staat, der institutionell immer noch der alte war und darüber hinaus – wie wir gesehen haben – die Zwangsapparate zur Anwendung bereithielt, durchlief gleichsam einen zweiten Prozess der Staatswerdung, indem er auf dem Gebiet des Sozialen einen fundamentalen Kurswechsel vollzog. Ohne die autoritären Herrschaftspraktiken aufzugeben und ohne die Machtbeziehungen zwischen staatlichen Apparaten und Bevölkerung im Kern zu verändern, wandelte sich dieser Staat zum wohlfahrtsstaatlichen Autoritarismus. Die Sozialpolitik machte diesen autoritären und – wie im Falle der Dissidenten deutlich zu erkennen – repressiven Staat besser erträglich. Er verteilte soziale Leistungen, sicherte die Bürger gegen die Risiken Unfall, Invalidität, Arbeitsunfähigkeit, Alter ab und verlangte dafür Loyalität. Man kann sagen: nur Loyalität, nicht mehr den fiebrigen Enthusiasmus der ersten Jahrzehnte, besonders während des Stalinismus; er gebrauchte die Peitsche, wenn Störenfriede diese Ordnung zu untergraben versuchten, aber er tötete keine »Volksfeinde« mehr. Diese Beschreibung soll die Verhältnisse nach Stalin nicht beschönigen, der Unterschied zum Stalinismus aber ist größer als auf den ersten Blick, der allein die Abkehr von der Gewalt sieht, erkennbar.

Im vorangegangenen Kapitel stellte sich heraus, dass der Staat während seines Wandlungsprozesses nach 1953 in ein unlösbares Dilemma von Recht und Macht geriet. Ein analoges Problem stellte sich auch im Bereich des Wohlfahrtsstaates. Ebenso wie der Staat sich für Normen entschied und daraus ungeahnte Konsequenzen entstanden, so zog die Entscheidung für die Sozialpolitik die Frage der gesicherten Finanzierung, damit die Frage nach Abbau oder Ausbau der Sozialfürsorge und folglich die nach der Existenz des Staates und des Regimes nach sich. Nicht nur in der Sowjetunion war das Problem der Sozialpolitik zunächst einmal ein pekuniäres. Nach einigen Jahren stellte sich heraus, dass sich der Staat die Sozialpolitik in diesen Dimensionen nicht leisten konnte. Er war sozial »überdehnt«. In diesem Spannungsverhältnis zwischen Wohlfahrtsstaat und sozialer Überdehnung verbirgt sich ein Zentralstück spätsowjetischer Krisenbeschreibung.[171] Wie wir schon in anderen Fällen gesehen haben, so bedeutete auch hier der Wandel nach 1953, das System in einen Widerspruch zu verstricken, der unter den Verhältnissen vor 1953 durch terroristische Herrschaft überlagert worden war.

Die Aufzählung einiger wichtiger Bereiche sozialistischer Wohlfahrtspolitik, die – wie immer in Erinnerung gehalten werden muss – praktisch bei Null anfing und den Lebensstandard einer Bevölkerung verbessern half, die im europäischen Vergleich auf einem niedrigen Niveau lebte, lässt schon die Dimensionen der finanziellen Belastungen erahnen. Freilich ist es unzulässig, Sozialleistungen allein unter dem Blickwinkel der Kosten darzustellen, aber an der Tatsache, dass sie Kosten verursachen, ist nicht zu rütteln. Man kann deswegen die Sozialpolitik als ein Ruhmesblatt sowjetischer Politik nach Stalin betrachten und die in der Tat weit ausgreifenden sozialen Geld-, Dienst- oder Sachleistungen entsprechend hervorheben. Die Kosten machten aber ein Zentralproblem des sozialistischen Wohlfahrtsstaates deutlich – seine Finanzierbarkeit. Sie hing ihrerseits mit der Wirtschaftsentwicklung, dem Wachstum der Arbeitsproduktivität und der demographischen Entwicklung zusammen. Jeder Faktor für sich wirkte sich nachteilig aus, alle zusammen bildeten ein Ursachengeflecht für höchst ungünstige Entwicklungschancen des sozialistischen Wohlfahrtsstaates.

Das Problem lässt sich unter dem Begriff der »sozialen Überdehnung« fassen. Er wird hier als Analogbegriff zum »imperial overstretch« benutzt, der von Paul Kennedy, Severyn Bialer und Hannes Adomeit verwendet worden ist.[172] Insbesondere die beiden erstgenannten Autoren haben das Problem von abnehmender Wirtschaftskraft und expansiver Außenpolitik beschrieben,

171 Ausführlich s. Plaggenborg, »Entwickelter Sozialismus«; ders., »Lebensverhältnisse«

172 Kennedy, *Rise*; Bialer, *Paradox*; Adomeit, *Overstretch*

welches Bialer unter dem griffigen Titel *The Soviet Paradox* zusammenfasste. Die Kosten für die Ausdehnung oder den Erhalt des Imperiums stiegen immer höher, was schließlich zu einer Krise führen musste. Ohne zu fragen, ob dieses Bild richtig ist, übernehmen wir von diesen Ausführungen lediglich den Gedanken der Überdehnung, der sich klarer für den Zusammenbruch der UdSSR im Bereich des Sozialen festmachen lässt. Während es nämlich für die Kausalbeziehung zwischen äußerer Expansion, dem »Totrüsten« durch die USA und dem Kollaps der Sowjetunion keinen überzeugenden Beweis gibt, so lässt sich für die soziale Überdehnung der Problemgegenstand benennen und zumindest tendenziell beziffern. Die soziale Überdehnung wurde zu einem Systemmerkmal, seitdem es die Sozialpolitik in der Sowjetunion gab. Alle Sozialpolitik stand auch im sozialistischen System der Sowjetunion unter dem Finanzierungsvorbehalt. Wenn der Boom der Sozialpolitik Mitte der sechziger Jahre einsetzte, so hing dieser Zuwachs an Sozialleistungen durch den Staat mit der Entwicklung in der Wirtschaft untrennbar zusammen.

Wie schon bemerkt, hing der Finanzierungsrahmen der »gesellschaftlichen Verbrauchsfonds« von der Wirtschaft ab, die wiederum den Umfang des Staatsbudgets bestimmte.[173] Jährlich wurden Gelder in einer bestimmten Höhe im Staatshaushalt durch den Ministerrat der UdSSR für die »gesellschaftlichen Verbrauchsfonds« festgelegt.[174] Es lassen sich seit 1956 große Steigerungsraten feststellen: 1957 im Vergleich zum Vorjahr um 19,5 Prozent, 1958 um 17,8 Prozent und 1968 um 12,1 Prozent. Es ist ausgerechnet worden, dass 1975 die Mittel für die »gesellschaftlichen Verbrauchsfonds« rund ein Viertel des Nationaleinkommens ausmachten. Das bedeutete auch, dass die Steigerungsraten bei den Verbrauchsfonds die des Nationaleinkommens und auch die der Löhne übertrafen. Während das Nationaleinkommen zwischen 1950 und 1978 im Durchschnitt jährlich um 1,4 Prozent wuchs, so die Verbrauchsfonds im Durchschnitt jährlich im selben Zeitraum um 6,5 Prozent. Zwischen 1950 und 1980 ist eine Verfünffachung der durchschnittlichen Sozialausgaben pro Kopf festzustellen.

Die Angaben für den Durchschnitt verschleiern, dass die Verteilung der Pro-Kopf-Sozialleistungen auf das gesamte Gebiet der UdSSR stark schwankte. Wenn für 1980 ein Durchschnittswert für die UdSSR von 439 Rubel pro Kopf errechnet worden ist, so geben die folgenden Angaben die regionalen Vergleichswerte wieder: RSFSR 497 Rubel, Ukraine 412 Rubel, Estland 560 Rubel, Lettland 513 Rubel, Tadžikistan 278 Rubel.[175] Zum Ver-

173 Basov, *Fondy*; Garkuša, *Tempy*; Pešechonov, *Resursy*, 45-143; Veretenikov/Ržanicyna, *Fondy*, S. 38-43

174 Pešechonov, *Resursy*, S. 57

175 *Razvitie*, S. 51-85; Alymov, *Social'naja infrastruktura*, S. 90-112

gleich: Im Jahre 1940 betrug der durchschnittliche Aufwand pro Kopf an Sozialleistungen in der UdSSR 23,5 Rubel (zu laufenden Preisen), im Jahre 1961 war er immerhin schon auf 127 Rubel gestiegen. Der für die UdSSR 1980 als Durchschnitt angegebene Betrag, 439 Rubel, entspricht dem zweieinhalbfachen des monatlichen Durchschnittslohns eines Industriearbeiters für das angegebene Jahr. Mit Blick auf den gesamten Ostblock lässt sich feststellen, dass die DDR deutlich besser abschnitt als die Sowjetunion.[176]

Nicht nur der riesige Finanzbedarf setzte das Sozialsystem unter Druck. Wirtschaftswachstum und Arbeitsproduktivitätswachstum brachen seit Beginn der siebziger Jahre dramatisch ein und glichen sich seit dieser Zeit an, das heißt beide stiegen auf einem gleichermaßen niedrigen Niveau. Neben vielen anderen Faktoren, die für eine wirtschaftshistorische Untersuchung von Interesse sind, im Zusammenhang mit der Diskussion des Wohlfahrtsstaates aber unberücksichtigt bleiben müssen, hing dieser Trend mit der demographischen Entwicklung zusammen. Sie ließ das Arbeitskräftereservoir schrumpfen. Spätestens in den achtziger Jahren betrug der Zuwachs der Bevölkerung im arbeitsfähigen Alter nur noch marginale Ausmaße. Die Reserven lagen bei den nichtslawischen Völkern im islamischen Mittelasien und im Kaukasus, weit entfernt von den industriellen Zentren. Dass dieser Umstand zu beachtlicher Arbeitsmigration geführt hat, sei hier nur erwähnt. Die lange Zeit »überbevölkerte« Landwirtschaft war nicht mehr in der Lage, durch Abwanderung die Lücken in der Industrie auszufüllen. Die deutlich spürbare Folge dieses Mangels war die Zunahme der Frauenarbeit in der Industrie, auf dem Lande war sie ohnehin unabdingbar.[177] Aber das half nicht, das Problem zu lösen. Es bestand darin, dass die extensive Nutzung der Ressource Arbeit erschöpft war und dass nun der Übergang zur Intensivierung mit Hilfe von verbesserter Technik, verbesserter Ausbildung, höherer Ausnutzung der vorhandenen Kapazitäten bei Arbeitskräften und Maschinen zu erfolgen hatte. Aber diese Intensivierung konnte die sowjetische Wirtschaft nur unter schwierigen Bedingungen vollziehen, gerade weil ihr der sozialistische Wohlfahrtsstaat im Wege stand. Sie hätte einen bedeutend höheren Kapitaleinsatz erfordert, der unter anderem aus den sozialpolitisch überdehnten Lohnfonds hätte bestritten werden müssen. Das hätte eine Rückkehr zum Konsumverzicht zum Zwecke der wirtschaftlichen Entwicklung bedeutet, besaß also einen stalinistischen Beigeschmack, den die Bevölkerung Anfang der achtziger Jahre nicht mehr goutierte. Überspitzt lässt sich sagen: Vollbeschäftigung und Reallohnsteigerungen führten dazu, dass der Faktor Arbeit nicht durch den Faktor Kapital in einem Umfang ersetzt werden

176 Ebd.; Mikul'skij, *Social'naja politika*, S. 199-211; Sidorova, F*ondy*
177 Feshbach/Rapawy, »Population«

konnte, dass die Volkswirtschaft die notwendige Umstrukturierung, Rationalisierung, Dynamisierung und Effizienzsteigerung in allen Bereichen hätte vollziehen können. Diese Substitutionsinelastizität, die ein Charakteristikum der sozialistischen Wirtschaft darstellte, trug zur weiteren Verschlechterung der Wirtschaftslage bei.[178]

Die Probleme, die sich daraus für das Sozialsystem ergaben, spitzten sich zu, als die Wirtschafts- und Wachstumskrise seit Mitte der 1970er Jahre zu einem erheblichen Finanzierungsengpass im Sozialsystem führte, und zwar unter verschärften Bedingungen: Die Bevölkerung wurde immer älter, so dass 1988 rund 50 Prozent aller Mittel der »gesellschaftlichen Verbrauchsfonds« für die verschiedenen Arten der Rente, ganz besonders für Altersrenten, aufgewendet werden mussten.[179] Renten stellten eine große Belastung in sozialer und finanzieller Hinsicht dar. Zum Beispiel mussten allein im Jahre 1956 9,6 Millionen Kriegsversehrte staatlich unterstützt werden.[180] Noch 1975 erhielten 3,5 Millionen Menschen Kriegsrente. Der Anteil der Altersrentner an der Bevölkerung stieg im Laufe der Nachkriegsjahrzehnte immer mehr an. 1970 waren 17 Prozent der Bevölkerung in der UdSSR Altersrentner. Das entsprach in absoluten Zahlen einer Bevölkerung von 41 Millionen. 1990 betrug der Anteil 21,4 Prozent oder 60 Millionen Personen. Auf dem Lande lag der Rentneranteil deutlich höher als in den Städten, weil ein großer Teil der arbeitsfähigen Jahrgänge abgewandert war. So stellte sich schließlich heraus, dass Ende der siebziger Jahre jeder dritte Landbewohner Rentner war.[181] Im internationalen Vergleich begann in der Sowjetunion das Rentenalter, eine 25-jährige Lebensarbeitszeit vorausgesetzt, sehr früh: für Frauen mit 55 Jahren, für Männer mit 60.

Seit den Gesetzen von 1956 wurden die Rentenzahlungen ausgeweitet. Den spektakulärsten Schritt machten die Gesetze vom Juli 1964, welche Renten für Kolchosbauern einführten. Einerseits war das ein großer Fortschritt im Sozialsystem, weil die seit der Kollektivierung stets zu kurz gekommenen Kolchosbauern endlich, fast 50 Jahre nach der Revolution, eine staatliche Altersversorgung erhielten. Andererseits bedeutete diese Maßnahme, dass auf einen Schlag acht Millionen Rentner zusätzlich finanziert werden mussten. Als dann im Jahre 1967 die Rentenaltersgrenze für Kolchozniki denen der Industriearbeiterinnen und -arbeiter sowie Angestellten angeglichen wurde (55 beziehungsweise 60 Jahre; zwischen 1965 und 1967 galten für Kolchosbauern

178 Gomulka, »Postwar«

179 Zacharov, *Pensii*

180 Fieseler, »Themen«

181 Zusammengefasst bei Plaggenborg, »Entwickelter Sozialismus«, S. 425-429; ders., »Lebensverhältnisse«, S. 801-804

heraufgesetzte Stufen), kamen noch einmal weitere 2,5 Millionen Rentner hinzu. Allein die Zahl der Kolchosbauern-Rentner stieg zwischen 1965 und 1969 von 8,18 Millionen auf 22,41 Millionen.[182]

In Zusammenhang mit der Förderung der Landwirtschaft und der Besserstellung der dort Beschäftigten hat die Brežnev-Regierung weitere sozialpolitische Maßnahmen ergriffen, die hier kurz genannt werden: 1971 wurde die Sozialversicherung für Kolchozniki erweitert; 1971 wurden die Altersrenten generell aufgestockt; ebenfalls 1971 wurden bestimmte Einkommenszulagen, etwa beim Bergbau, erhöht. Seit Anfang der siebziger Jahre wurde mehr Geld für den Bau und Unterhalt von Krankenhäusern sowie für die Kinderbetreuung ausgegeben. 1973 wurden die Renten erneut heraufgesetzt. Darüber hinaus gab es dauernde und einmalige Zahlungen wie Geburtsprämien und Müttergelder und ähnliches. So zum Beispiel wurden zehn Millionen Kinder in Kinderkrippen im Jahre 1973 versorgt. Pro Kind gab der Staat 400–500 Rubel jährlich aus, was dem 3,5-fachen eines Durchschnittslohns eines Industriearbeiters in dieser Zeit entsprach. Die Beteiligung der Eltern lag bei maximal 25 Prozent der Gesamtkosten.

Für Renten wie für die Einkommen generell galt, dass die Steigerungen nicht aus dem Produktivitätszuwachs der Wirtschaft flossen. Das bedeutete erneut, dass der Staat die Löhne und Renten in hohem Umfang subventionierte. Es kann hier nicht die Rede davon sein, ob die Zahlungen für den einzelnen gereicht haben, sondern lediglich davon, dass sich der Staat besonders seit 1965 eine ungeheure Sozialbürde auferlegt hat.

Das zeigt sich auch bei der Wohnungspolitik. Nach dem Zweiten Weltkrieg war eine extreme Wohnungsnot in der UdSSR festzustellen. Pro Kopf lag die Wohnfläche im Jahre 1950 bei vier Quadratmetern. Das war weniger als im Jahre 1913. Diese Lage war auch dem deutschen Vernichtungskrieg zu verdanken. Wohnungsbauprogramme, insbesondere seit 1956, sollten dem Missstand abhelfen. Zwischen 1956 und 1960 flossen 23,5 Prozent aller Investitionen in den Wohnungsbau. Zu dieser Zeit wurden jene vierstöckigen Wohnblocks mit bescheidenem Komfort errichtet, die heute noch zu besichtigen sind und im Volksmund *Chruščeba* genannt werden. Seit Mitte der sechziger Jahre setzte sich das Bauen ungebrochen fort. Über drei Viertel aller sowjetischen Wohnungen zwischen 1956 und 1985 wurden seit dieser Zeit gebaut. Das entspricht 66 Millionen Wohnungen oder drei Milliarden Quadratmetern. Zirka die Hälfte aller Sowjetbürger zog nach 1971 in eine neue oder bessere Wohnung. 1980 lebten – welch ein Traum für Sowjetbürger der vorangegan-

182 Mamontova, »Povyšenie«; Stiller, *Sozialpolitik*, S. 118-165; Wädekin, *Bezahlung*, S. 228-240

genen Jahrzehnte – 80 Prozent aller sowjetischen Familien in einer eigenen Wohnung. 1960 waren es erst rund 40 Prozent.[183]

Meistens handelte es sich um staatliche Wohnungen, die ohne finanzielle Beteiligung der späteren Nutzer errichtet wurden. Die »Wohnungsabgabe«, die im kapitalistischen System Miete heißt, war seit 1928 nur minimal heraufgesetzt worden und betrug im Durchschnitt drei bis vier Prozent des Familieneinkommens. Davon können Mieter im kapitalistischen System nur träumen. Selbstverständlich führte das zu einer gewaltigen Kluft zwischen den Ausgaben für den Wohnungsbau und den Einnahmen aus den Mieten. In Wirklichkeit handelte es sich also auch hier um eine Bezuschussung des Wohnens durch den Staat. Eine Schätzung auf der Basis sowjetischer Quellen kam auf die Zahl von 6,5 Milliarden Rubel an jährlichen Subventionen für den Zeitraum Mitte der achtziger Jahre.

Der sowjetische Wohlfahrtsstaat kennt darüber hinaus Seiten, die im kapitalistischen nicht oder nur am Rande vorkommen. Im Unterschied zu den Marktwirtschaften regelt der Staat den Preis auch für Güter des täglichen Bedarfs und kann auf diese Weise wohlfahrtspolitische Steuerung über Preispolitik erwirken. Das war in der UdSSR beim Konsum und bei den Verbraucherpreisen der Fall. Die Preisindices für Lebensmittel blieben trotz der Reallohnsteigerungen seit Ende der fünfziger Jahre beinah unverändert. Insbesondere Grundnahrungsmittel blieben im Preis stabil.[184] Das war – nicht zuletzt wegen der Unruhen, besonders 1962 in Novočerkassk – politisch gewollt. Eine sowjetische Studie hat errechnet, dass die Einzelhandelspreise zwischen 1950 und 1975 real sanken, während die Einkommen pro Kopf um das 37fache stiegen.[185] 1961 hatte die Partei erklärt, dass ab 1980 Brot kostenlos sein solle. Für ein paar Jahre gab es das Ende der sechziger und Anfang der siebziger Jahre in den öffentlichen Kantinen tatsächlich.

Die Nahrungsmittelpreise niedrig zu halten gelang jedoch nur durch riesige Subventionen. So hat der Staat im Jahr 1975 19 Milliarden Rubel an Subventionen für die Erzeugung und den Verkauf von Fleisch- und Milchprodukten bereitgestellt. Die Größenordnung dieser Zahl wird verständlich im Vergleich zum Gesamtumsatz dieser Erzeugnisse, der im selben Jahr 28,7 Milliarden Rubel betrug.[186] Beispiele dieser Art lassen sich vielfach finden. Der Fünfjahrplan 1976–80 plante die riesige Summe von 100 Milliarden Rubel an Subventionen für Fleisch- und Milchpreise ein. Dieser Betrag entsprach dem Vierfa-

183 Martiny, *Bauen*; weitere Angaben in Plaggenborg, »Lebensverhältnisse«, S. 805-810; das folgende ebd.

184 Majer, *Uroven'*, S. 250-251

185 Ebd., S. 24

186 Ebd., S. 252

chen der Gesamtinvestitionen in der Landwirtschaft im selben Fünfjahrplan. 1979 betrugen die Subventionen für die zuletzt genannten Produkte rund neun Prozent der Ausgaben des Staatshaushaltes. Das entsprach dem Anderthalbfachen der offiziellen Verteidigungsausgaben.[187] 1989 gab die Regierung 87,8 Milliarden Rubel Subventionen nur für Lebensmittel aus. Das heißt, dass Fleisch für einen Rubel im Laden verkauft wurde, obwohl es vier Rubel Herstellung kostete, nicht eingerechnet die Kosten für die »Vermarktung«.[188] Bei Kleidung zeigt sich ein ganz besonders absurdes Beispiel. Sowjetische Mode war unbeliebt, die Qualität mangelhaft. Je mehr »Wohlstand« sich in der Bevölkerung ansammelte, das heißt, je größer der Kaufkraftüberhang wurde, desto unwilliger kauften die Sowjetbürger Kleidung aus heimischer Herstellung. Nähmaschinen dagegen fanden reißenden Absatz. Noch heute findet sich in fast jedem Haushalt in Russland eine Nähmaschine.[189] Die Umstände in den sechziger und siebziger Jahren führten dazu, dass hausfrauliche Kenntnisse nicht ausstarben. Die Lagerkosten für die sowjetische Kleidung in den siebziger Jahren dagegen verdoppelten sich zum Teil. Das wiederum führte dazu, dass der Staat versuchte, die Ware in Ramschaktionen loszuwerden. Aber das ging nur über Bezuschussung. 2,4 Milliarden Rubel Subventionen sind 1971–74 an Läden gezahlt worden, deren Bilanzen durch Niedrigpreise ins Rutschen geraten waren. Nur für das Jahr 1975 sind eine Milliarde Rubel solcher Subventionen verzeichnet.[190]

Alle diese Aspekte, ergänzt durch das für Patienten fast vollständig kostenlose Gesundheitssystem, spielten zusammen, als während der Perestrojka sowohl die Wirtschaft als auch das Sozialsystem zuerst in eine ernste Krise gerieten, dann unübersehbar verfielen. Es ist zum gegenwärtigen Zeitpunkt unmöglich, eine genaue Berechnung der Kosten aufzustellen, die dieses Sozialsystem verursacht hat – ein System, das in der Breite der wohlfahrtsstaatlichen Leistungen weit über westliche Systeme hinausging, weil es jene Bereiche zu sozialpolitischen Tätigkeitsfeldern erklärte, die im Kapitalismus über den Markt geregelt werden und nur bei Bedürftigkeit zu sozialer Fürsorge führen: Wohnungen, Konsum und Preise für Güter des täglichen Bedarfs, besonders Nahrungsmittel. Aber allein die Addition der hier genannten Zahlen, wie unpräzise diese auch immer sein mögen, ergibt eine atemberaubende finanzielle Größenordnung wohlfahrtspolitischer Maßnahmen. Wie sollte dieser überdehnte Wohlfahrtsstaat auf Dauer seine Leistungen finanzieren? Die schon erwähnte Verschärfung der Politik unter Andropov machte das

187 Denton, »Consumer Policy«, S. 764; McAuley, »Policy«, S. 155

188 Clayton, »Contract«

189 Levin, *Uroven'*, S. 35; Majer, *Uroven'*, S. 38

190 Schroeder/Severin, »Consumption«

Dilemma deutlich. Während der Staat repressiver wurde, blieb er aber dennoch Wohlfahrtsstaat. Zurückgenommen wurde keine wesentliche Maßnahme der vorangegangenen Jahre, lediglich konnten Sozialleistungen bei Verstoß gegen die Arbeitsdisziplin verweigert werden. Aber das war schließlich keine ernsthafte Drohung mehr, auch wenn sie im Einzelfall schmerzlich war.

Der Zusammenbruch erfolgte während der Perestrojka. Personen mit niedrigen Einkommen bekamen die Krise am stärksten zu spüren, weil nun die Sozialleistungen ausblieben, wenngleich sie formal weiterbestanden. Während die Verbraucherpreise, die vom Staat nun nicht mehr subventioniert wurden, rasch anzogen, sanken die Reallöhne und die Renten. Damit war ein Teufelskreis entstanden, aus dem die Sowjetführung keinen Ausweg wusste. Wenn die Wirtschaftskrise und das langsame Wachstum des Nationaleinkommens zu einem Niedergang des Lebensstandards führten, so gab es kaum noch einen Stimulus für die Erhöhung der Arbeitsproduktivität. Arbeit litt unter diesen Umständen noch mehr, als sie es ohnehin schon tat. Das unauflösbare Dilemma lautete: Erst wenn die Arbeit effizienter wird und die Wirtschaft und das Nationaleinkommen wachsen, gibt es wieder mehr Sozialleistungen; erst wenn die Sozialleistungen stimmen, arbeiten die Werktätigen so, dass Wirtschaft und Nationaleinkommen wachsen. Wie sollte die Sowjetführung aus diesem Teufelskreis herauskommen?

Sie kam nicht heraus. Andropov sah ein, dass es volkswirtschaftlich ungünstig war, wenn Arbeiter während der Arbeitszeit vor Geschäften Schlange standen oder sie mehr oder weniger raffinierte Verfahren der Arbeitsverweigerung erfanden. Er versuchte, das Problem durch Disziplinierung zu lösen. Das war schon zuvor immer wieder gescheitert. Andropovs Konzept lief darauf hinaus, den fehlenden Stimulus für Arbeit durch Disziplinierung zu ersetzen. Er wollte also den soeben beschriebenen Teufelskreis mit Zwangsmitteln durchbrechen, während die Logik der Sozialpolitik seit Chruščev darin bestanden hatte, mit weichen Methoden zum Ziel zu kommen, jedoch ohne die Option für Repression aufzugeben. In der Perestrojka kam die Disziplinierung nicht mehr auf die Tagesordnung, aber alle anderen Mechanismen versagten ebenfalls. Der Zusammenbruch des Sozialen, die größte Katastrophe der untergehenden Sowjetunion, war nicht aufzuhalten. Das Resultat der gewaltigen Kosten des überdehnten sowjetischen Wohlfahrtsstaates war am Ende erbärmlich. Statt *uravnilovka* trieb die Gesellschaft sozial auseinander. Einige wenige reüssierten als Geschäftsleute, Kriminelle oder Staatsangestellte – häufig begrifflich nicht scharf zu trennen – und kamen durch obskure Vermögenstransfers im undurchschaubaren Geflecht von Staat, Wirtschaft und Bürokratie zu Reichtum, andere – die meisten – stiegen sozial ab oder stürzten ins soziale Nichts. Besonders traf es die Intellektuellen, die nicht zuletzt wegen ihres sozialen Statusniedergangs an der Perestrojka in ihrer späten Phase kein gutes Haar mehr ließen, außerdem die Arbeiter, deren Einkommen in den wilden Umstrukturierungen nach 1987 und nach 1991 wegbrachen, mehr noch die Kolchosbauern, die von der Regierung sich selbst überlassen wurden und die vollständig an den Rand des Ruins gerieten. Armut gab es auch schon vorher, aber jetzt wurde sie zu einem Massenphänomen. Legt man die Kriterien der UNO zugrunde, so lebte 1990 ein Viertel aller Bewohner der UdSSR in Armut – rund sieben Jahrzehnte nach der »Großen Sozialistischen Oktoberrevolution«.

Der Zusammenbruch des Sozialen hatte eine systemische Folge. Gorbačev hat sie klar erkannt und auf den Punkt gebracht: Entweder wirtschaftlicher Erfolg und stabilisiertes Sozialsystem oder Zerrüttung der Produktion und Ausbreitung der Armut. Die Bevölkerung kündigte den ungeschriebenen Sozialvertrag – stumm, wie es dem Charakter des Ungeschriebenen entsprach. In dieser Tatsache ist übrigens auch zu lesen, dass der sowjetische Wohlfahrtsstaat Gesellschaft nicht hervorbrachte und dass weder seine Leistungen noch seine Institute zu ihrer Heranbildung beigetragen hatten. Das Regime stellte nicht mehr die gewohnten Leistungen zur Verfügung, die Lage verschlechterte sich zusehends, das Leben wurde für die Sowjetbürger während der Perestrojka immer miserabler. Es gab schließlich keinen Grund mehr, diesem Regime die Stange zu halten. Warum loyal sein, wenn es nicht einmal die elementaren Lebensverhältnisse gewährleisten konnte? Das Regime verlor den Massenrückhalt.

Es ist bemerkt worden, dass bei Wirtschaftskrisen im Kapitalismus nicht der Kapitalismus Schaden nimmt, sondern die Demokratie. Anders beim Sozialismus, woran sich theoretische Überlegungen über die größere Geschicklichkeit des Kapitalismus im Verhältnis zu Krisen und Gesellschaften anschließen ließen, die hier aber nicht ausgeführt werden sollen. In der Sowjetunion brachen Produktionsverhältnisse und Überbau gleichermaßen zusammen. Die Sozialpolitik war gut gemeint, aber eine grandiose Fehlkalkulation, die in eine gigantische soziale Überdehnung der Sowjetunion führte. Von allen Gründen, die zum Kollaps des Sozialismus beitrugen, ist dieser sicherlich der sympathischste.

VI. Der Preis des Imperiums

Kaum ein Begriff zur Kennzeichnung der UdSSR ist geläufiger und zugleich unschärfer in seiner Bedeutung als »Imperium«. Eine Unklarheit ruft für gewöhnlich die nächste hervor. Gibt es das sowjetische Imperium, so existiert auch der sowjetische »Imperialismus«. Beide Begriffe erlebten eine erstaunliche Karriere, die sie auf Buchdeckel beförderte, wo sie der Abschreckung halber semantisch verbunden waren mit »Bedrohung« und »Aufstieg«.[1] Wer die Begriffe Imperium und Imperialismus, bezogen auf die Sowjetunion, verwenden wollte, befand sich lange Zeit in der unerwünschten Gesellschaft der westlichen Autoren, die wissenschaftliche Darlegung mit politischer Absicht vermengten. Obwohl besonders »Imperialismus« niemals neutral war, hatte sich die Geschichtswissenschaft dennoch um eine definitorische und zeitliche Festlegung bemüht. Demnach endete das Zeitalter des Imperialismus im Ersten Weltkrieg, spätestens jedoch mit der Erosion der Kolonialreiche.[2] Jede spätere Verwendung des Begriffs, namentlich der »Imperialismus der USA« nach 1945, diente eher als eine Kampfparole, die sich mehr oder weniger gut begründet aus Lenins Imperialismusthesen ableitete, und war von geringer analytischer Qualität. Die Verbindung von Kapitalismus und Imperialismus, die Lenin deutlich gemacht hatte, stellte den gemeinsamen Nenner für »Imperialismus« im 20. Jahrhundert dar. Die begriffliche Klarheit wurde nicht größer, als nach der militärischen Intervention der UdSSR in Afghanistan 1979 der Begriff auf die sozialistische Sowjetunion Anwendung fand. Es war den Kommunisten offenbar trotz des jahrzehntelangen offiziellen Sprachgebrauchs nicht gelungen, dieses »Hasswort« auf Dauer für den kapitalistischen Gegner zu reservieren. Ein sozialistischer Imperialismus war sonst nur im Lager der antikommunistischen Polemiker zu finden.[3] Verwirrung entstehe, wenn nicht deutlich sei, in welchem Sinn der Begriff Imperialismus verwendet werde,

1 Librach, *Rise*; Haines, *Threat*; Gurian, *Imperialism*, hier bes. die Einleitung des Herausgebers S. 1-16

2 Porter, *Imperialism*; Wehler, *Bismarck*; Mommsen, *Imperialismus*; von Albertini, *Kolonialherrschaft*

3 Koebner/Schmid, *Imperialism*; Pervillé, »L'impérialisme«

schrieben Richard Koebner und Helmut Dan Schmid in ihrer 1964 veröffentlichten Begriffsgeschichte.[4] Daran hat sich bis in jüngste Zeit wenig geändert.[5]

Anders beim Imperium. Dass die Kontinuitätsthese, die Bolschewiki hätten die imperiale Tradition des Zarenreiches fortgesetzt, kaum einer wissenschaftlichen Überprüfung standhält, hat Nicholas Timasheff schon 1953 dargelegt.[6] Dietrich Geyer erweiterte und vertiefte die Argumente in überzeugender Weise.[7] In der Tat, wer im Sinne der Kontinuität argumentiert, entkleidet Lenin und die Partei der Bolschewiki ihres zeitgenössischen Kontextes und reduziert den Kampf gegen den – keineswegs unberechtigt – als verknechtendes und ausbeuterisches Scheusal angesehenen Imperialismus und die Hoffnung auf die sozialistische Revolution nicht nur in Russland im Vergleich zu der unterstellten imperialen Eroberungsabsicht zu Marginalien. Das ist eine Verzerrung der historischen Verhältnisse. Aber Geyers Kritik verpuffte weitgehend folgenlos. Jüngere Forschung übersieht sie.[8] Autoren, Herausgeber und Verlage ließen sich nicht verdrießen, den Begriff weiterhin zu verwenden, im späteren Stadium der Entwicklung vorzugsweise in Zusammenhang mit »Zerfall« und »Untergang« – eine bemerkenswerte Umwertung der semantischen Verbindung![9] Jean-Baptiste Duroselle hat in seiner Theorie der internationalen Beziehungen ein abschließendes Kapitel über den Untergang von Imperien geschrieben – angeregt und verstärkt durch das Ende der Sowjetunion. Sein Buchtitel formuliert eine historische Regel: *Tout empire périra.*[10]

Von vornherein sei betont, dass in diesem Kapitel von Imperium nur in Bezug auf die Gebiete außerhalb der UdSSR die Rede ist. Diese Klarstellung ist notwendig, um jene Verwirrung zu vermeiden, die sich augenblicklich einstellt, wenn nicht deutlich zwischen dem Territorium der UdSSR als Vielvölkerreich und dem imperialen Ausgreifen über die Grenzen der UdSSR hinaus geschieden wird. Zuviel Konfusion ist schon entstanden. So geht hin und wieder der Überblick verloren: »Bis hierher haben wir angenommen, die Sowjetunion sei ein Imperium; aber war sie eins? Die Sowjetunion *hatte* handgreiflich ein Imperium in Osteuropa und zeitweise in Ostasien; aber war die UdSSR *selbst* ein Imperium?«[11] »Wenn die UdSSR ein Imperium war, dann was

4 Koebner/Schmid, *Imperialism*, S. 264

5 Cohen, *Imperialism*; Vgl. die nicht weiterführenden Definitionen und Analogien zum Osmanenreich bei Suny, »Categories«, bes. S. 187-188

6 Timasheff, »Imperialism«

7 Geyer, »Voraussetzungen«

8 Für die anglophone Literatur beispielhaft Cohen, *Imperialism*; Parrott, »Transformation«; Lake, »Rise«; Szporluk, »Fall«; Lieven, *Empire*

9 Hertzfeld, *Sowjetunion*; Simon, *Verfall*

10 Duroselle, *Empire*

11 Parrott, »Transformation«, S. 11, Hervorhebungen im Original

für eins?«[12] Historiker der Nationalbewegungen und des Vielvölkerreiches – das im anglophonen Sprachraum auch *empire* heißt – verwenden denselben Begriff wie Historiker der Außenpolitik und der internationalen Beziehungen. Der Imperiumsbegriff wird dadurch unscharf. Terminologisch sollte es die Forschung bei »Vielvölkerreich« belassen, wenn die UdSSR in ihren Grenzen gemeint ist.[13] In der jüngeren Literatur wird der Imperiumsbegriff im internationalen Zusammenhang in analytischer Absicht verwendet.[14] Seine politische Bedeutung ist zusammengeschmolzen, weil sich nach 1991 ohnehin niemand mehr im Westen vom »Sowjetimperium« bange machen lässt. Solange »Imperium« inhaltlich und analytisch expliziert wird, ist seine wissenschaftliche Verwendung unbedenklich.

Dennoch sollen zwei Aspekte kurz gestreift werden, welche die problematische Beziehung zwischen dem Vielvölkerreich UdSSR und ihrem (äußeren) Imperium betreffen. Im Kontext der zwischenstaatlichen Beziehungen und der über die Staatsgrenzen hinausgehenden Expansion im 20. Jahrhundert ergeben sich für die Historiker heikle Sachverhalte, wie das folgende Beispiel zeigt. Als sich die UdSSR 1940 (und nach der deutschen Besatzung 1944/45 erneut) die baltischen Staaten einverleibte, handelte sie imperial. Die Esten, Letten und Litauer bildeten nach der Annexion ihrer unabhängigen Staaten nach 1940, formal im Genuss eigener Sowjetrepubliken, einen Bestandteil der UdSSR als Vielvölkerreich. Aus der imperialen Inkorporation erwuchsen für die Forschung auf diese Weise (innere) Nationalitätenprobleme. Aus der Behandlung der Annexion als Problem der internationalen Geschichte und der Imperialgeschichte wird kurzerhand ein nationalitätengeschichtliches Thema; methodisch gesprochen: An die Stelle des normativen Völkerrechts treten erklärende Nationalismustheorien. Könnte es sein, dass die normative Kraft des Faktischen die Historiker veranlasst, ungewollt die Annexion zu legitimieren? Offensichtlich spiegelt sich hier eine Diskrepanz zwischen der historischen Erfahrung und Einschätzung der Kolonisierten, die in der Spätphase der Perestrojka auf den Unrechtscharakter der Annexion und den Verstoß gegen das Völkerrecht pochten, und den nationalitätengeschichtlichen Untersuchungen der Historiker wider. Als zum Beispiel Litauen 1989 unter Berufung auf die völkerrechtswidrige Besetzung durch sowjetische Truppen auf der Grundlage des geheimen Zusatzprotokolls zum Hitler-Stalin-Pakt und des deutsch-sowjetischen Freundschaftsvertrages vom 28. September 1939 die staatliche

12 Zubov, »Sovetskij Sojuz«, S. 56

13 Kappeler, *Russland*; vgl. dagegen Kaspė, *Imperija*, S. 181-196, bes. 182-183; mit theoretischem Anspruch Lieven, *Empire*

14 Adomeit, *Overstretch*, S. 25-48; Kaspė, *Imperija*; Kennedy, *Rise*, S. 347-437; mit theoretischem Anspruch Doyle, *Empires*, der die UdSSR jedoch nicht untersucht

Unabhängigkeit proklamierte, da war praktisch über Nacht aus der Nationalitätenfrage wieder eine Imperiumsfrage geworden.

Der zweite Aspekt ist ebenfalls an der Grenze zwischen »nationaler Frage« und Imperium angesiedelt. Im Falle der UdSSR ist unstrittig, dass Moskau das Zentrum bildete. Die Kremlführung und die entsprechenden Bürokratien bildeten die imperiale Mitte für die »Satelliten« in Ostmitteleuropa. Das bedeutet aber auch, dass die UdSSR-Führung *in toto* verantwortlich war für die Herrschaft im sowjetischen Imperium, das heißt auch für die Unterwerfung der Reformkräfte 1956 und 1968. Der azerbajdžanische Parteiboss im Politbüro war Teil des Hegemonialkonzepts über Polen und die DDR. Man kann es auch anders ausdrücken: Die azerbajdžanische Elite stand innerhalb des Imperiums über der polnischen oder ostdeutschen kommunistischen Führung. Das werden die Historiker im spätnationalen Zeitalter in Polen ungern hören, die in Azerbajdžan mögen es mit Wohlwollen aufnehmen. An dem Sachverhalt ändert sich dadurch nichts.

Auf der Suche nach aussagekräftigen Definitionen für das Imperium außerhalb der Landesgrenzen gerät man schnell in begriffliche Aporien.[15] Bestenfalls sind sie durch Vergröberung zu umgehen. Die Definition von Michael W. Doyle ist so weich, dass sie beliebig wird. Für ihn ist Imperium ein »Interaktionssystem« zweier politischer Einheiten, von denen die eine, die dominante Metropole, über die untergeordnete Peripherie politische Kontrolle ausübt.[16] Duroselle benennt einige Kernelemente, die aus seiner gründlichen Kenntnis der internationalen Beziehungen auf empirischem und theoretischem Gebiet bezogen sind: die unersättliche Eroberung, die Unterwerfung von Völkern unter die Herrschaft anderer Völker, die (territoriale) Vergrößerung.[17] Maurice Duverger macht aus der begrifflichen Unschärfe eine Tugend, wenn er meint, eine genaue Festlegung des Konzepts »Imperium« würde es für die Forschung unbrauchbar machen. Die Untersuchung Shmuel Eisenstadts sei dafür beispielhaft. Schon 1718 habe der Sprachwissenschaftler Gabriel Gérard die zwei grundlegenden Kriterien für das Imperium genannt: die Größe des Territoriums und das Vorhandensein unterschiedlicher Völker darauf. Aber »Größe des Territoriums« sei ein durchaus vager Begriff.[18]

Unter den konstitutiven Elementen des Imperiums ist der Raum sicherlich eines der wichtigsten. Für das sowjetische Imperium, das eine politisch-territoriale Vernetzung der UdSSR mit Gebieten außerhalb ihrer Staatsgrenzen darstellt, ist Raum ein unabdingbares Kriterium. Darin liegt der Anknüpfungs-

15 Lieven, *Empire*, S. 3-27; Cohen, *Imperialism*, S. 1-28
16 Doyle, *Empires*, S. 12
17 Duroselle, *Empire*, S. 295
18 Duverger, »Concept«

punkt von imperialer Außenpolitik. Nun erst sind wir am Beginn einer weiterführenden imperialgeschichtlichen Darstellung. Es bedurfte der angelsächsischen Unaufgeregtheit, um im Falle der UdSSR das für deutsche Historiker durch die NS-Zeit belastete Kriterium des Raumes als etwas ganz Normales anzusehen. Die räumlichen Bedingungen der Sowjetunion als eine physische Realität und als Bedingung des staatlichen Handelns anzuerkennen, schlug Geoffrey Parker vor. Der revolutionäre Umbruch von 1917 müsse unter dem Gesichtspunkt hinterfragt werden, wie tiefgreifend der Wandel in geopolitischer Bedeutung war. Parker stellte in seiner vergleichenden Untersuchung fest, dass sich die UdSSR in dieser Hinsicht von anderen Staaten kaum unterschied; man dürfe sich eben nicht von der Ideologie blenden lassen.[19] Auch ist es sicherlich kein Zufall, dass Soziologen und Historiker im postsowjetischen Russland den Raum und das Imperium als Forschungsthema entdeckten, noch bevor sie in Deutschland zum Thema wurden.[20]

Zu der begrifflichen Präzisierung, wonach das Sowjetimperium hier nur auf die Gebiete außerhalb der UdSSR bezogen wird, ist eine weitere hinzuzufügen. Wir beschränken uns auf den »Ostblock« oder, in der Metapher Hannes Adomeits, auf den zweiten »Ring« des Imperiums.[21] Weder Kuba noch (Nord-) Vietnam, weder Angola noch Äthiopien können ernsthaft zum Sowjetimperium gezählt werden. Dieser dritte Ring war instabil und unsolide. Sozialistische Regime in der Dritten Welt kamen und gingen, aber die UdSSR blieb bestehen. Die Beziehungen hatten weniger mit Imperium zu tun als mit Wirtschafts- und Militärhilfe im Kontext der globalen Systemkonkurrenz. Wer an dieser Argumentation zweifelt, möge überlegen, was es für das Imperium bedeutete, wenn Ungarn 1956 oder die Tschechoslowakei 1968 oder Polen 1980 »ausgetreten« wären. 1986 bezeichnete Seweryn Bialer Osteuropa als »das einzige überlebende Imperium auf der Welt«.[22]

---

19 Parker, *Geopolitics*, S. 102-132

20 Filippov, »Nabljudatel' imperii«; Osterhammel, »Raumbeziehungen«; ders., »Imperialgeschichte«; Renouvin/Duroselle, *Introduction*, S. 22-27

21 Adomeit, *Overstretch*, S. 23-48, den ersten bildete die UdSSR, den zweiten Ostmitteleuropa, den dritten die sozialistischen Staaten der Dritten Welt

22 Bialer, *Paradox*, S. 191

1. Raum, Krieg, Grenze

Trotz aller Unterschiedlichkeit der ideologischen Hintergründe, des handelnden Personals, der Sozialisation, der Perzeption der Welt – auf diese Aspekte hatte Geyer hingewiesen – bleibt es eine unbestrittene Tatsache, dass die Sowjetunion das Zarenreich territorial beerbte. In einer erstaunlich kurzen Frist war sie in der Lage, einen Großteil der im Ersten Weltkrieg verlorenen Gebiete zurückzuerobern. Es handelte sich dabei um eine kriegerische Restitution, denn nicht ein einziges Gebiet trat der Union der Sozialistischen Sowjetrepubliken freiwillig bei. 1921, nach dem Bürgerkrieg und dem polnisch-russischen Krieg, war Sowjetrussland im asiatischen Raum im Vergleich zu 1914 wieder »komplett«, aber in Europa »fehlten« Finnland, die baltischen Provinzen, Bessarabien sowie die an Polen abgetretenen ehemals zarischen Westgebiete. Es handelte sich um nicht zu unterschätzende territoriale, wirtschaftliche und Bevölkerungsverluste. 1939–45 konnte Stalin Landgewinne verbuchen, die zuvor nicht einmal das Zarenreich erlangt hatte. Zwar blieb das historisch mit dem Zarenreich durch Personalunion verbundene Gebiet »Kongresspolen« mit Warschau als Kern außerhalb der UdSSR, aber das Baltikum gehörte wieder vollständig dazu; Bessarabien war ebenfalls inkorporiert worden; neu waren das Gebiet Kaliningrad/Königsberg, die nördliche Bukowina und die Karpato-Ukraine. In Asien hatte sich die UdSSR ebenfalls ausgedehnt und ihren bikontinentalen Charakter verfestigt: auf der Halbinsel Sachalin, die nach dem verlorenen Krieg 1905 an Japan abgetreten werden musste, und auf den Kurilen.

Man muss sich den raketenartigen Aufstieg einer kleinen Gruppe von Personen aus der politischen Provinz zu Führern einer der beiden Weltmächte innerhalb von bescheidenen drei Jahrzehnten nur einmal vor Augen führen! Über die Mongolen Dschingis Khans ist das treffende Wort »vom Stamm zum Weltreich« geprägt worden.[23] Blickt man auf die bolschewistische Führungsgruppe, so war die Ausgangslage noch überschaubarer als der Stamm. So wird, ob man es gut findet oder nicht, das Sowjetimperium in die Geschichte eingehen als ein weiteres Beispiel für ein kurzlebiges, militärisch begründetes Weltreich, das die Lebenszeit seines Gründers nur um wenige Jahrzehnte überdauerte. Duroselle hat diese Reiche und ihre Herrscher in seiner Systematik aufgezählt: Alexander der Große, Karl der Große, Dschinghis Khan, Timur Lenk, Napoleon Bonaparte, Mehmet Ali und die »Karikatur« Hitler. Stalin übersah er.[24] Russische Nationalisten werden nicht aufhören, den Generalissi-

23 Moret und Davy (1922), zitiert in: Duverger, »Concept«, S. 12
24 Duroselle, *Empire*, S. 296

mus des »Großen Vaterländischen Krieges« als imperialen Übervater in einem ebensolchen Maße zu verehren wie er von den unterdrückten Völkern gehasst wird.

Zu recht ist bemerkt worden, dass »die Sowjetmacht binnen eines Vierteljahrhunderts jene territoriale Expansion noch einmal nachvollzog, für die der zarische Staat mehrere Jahrhunderte benötigt hatte«.[25] In der Rückschau blieb die Erosion des Zarenreiches unter dem Vorzeichen des »Selbstbestimmungsrechts der Völker« eine Episode, denn das Zarenreich war unter anderer Benennung territorial nicht nur wieder auferstanden, sondern in seiner sowjetischen Version noch größer geworden. Allein, es ist eine Frage des Zeitpunkts, von wo aus man zurückschaut. Wer, wie Geyer, 1972 darüber schrieb, dem konnten die soeben genannten Entwicklungen nicht verborgen bleiben, weil es den Anschein hatte, als sei das Russische Reich auf Dauer gestellt. Doch aus der heutigen Perspektive sieht es eher so aus, als sei die sowjetische Wiederherstellung des Reiches die Episode, die im Vergleich zu der historisch wirkmächtigen Erosion von 1917/18 keinen Bestand hatte. 1991 zerrann das imperiale Erbe des Zarenreiches. Wer aber wird mit Blick auf diese Entwicklungen das Wort »endgültig« aussprechen? Sicher ist jedoch, dass es dem Sowjetimperium nicht gelang, innere Stabilitätszustände zu erreichen.

Doch gibt dieser Befund wenig her für eine Analyse des sowjetischen Imperiums unter Raumaspekten, vor allem nicht für eine Erklärung der Expansion. Auch der in diesem Zusammenhang zu nennende Russozentrismus, ebenfalls ein Erbe aus zarischer Zeit, spielte für die inneren Verhältnisse eine große Rolle, hat aber für unsere Diskussion kaum Gewicht. Wir lassen ihn deswegen beiseite. Zwei Faktoren dagegen sind von größerer Bedeutung. Der erste betrifft die (im Vergleich zum übrigen Europa) Ausnahmeerscheinung UdSSR als Vielvölkerreich.[26] Die Sowjetunion stellte den einzigen programmatisch gebildeten polyethnischen Staat in Europa dar, während das übrige Europa nach 1918 dem Prinzip des Nationalstaats folgte, wenn auch so mancher in der Sache weit davon entfernt war. Das Königreich der Serben, Kroaten und Slowenen, das sich 1929 in Jugoslawien umbenannte, sowie die Tschechoslowakei sind als weitere Ausnahmen genannt worden.[27] Aber das täuscht. Jugoslawien war, obwohl unbestreitbar multinational, als Staat dennoch einer überwölbenden nationalen Idee, dem Südslawentum, verpflichtet.

25 Geyer, »Voraussetzungen«, S. 3

26 Vgl. Salmin, »Sojuz posle sojuza«, wo zwischen der »ideologischen« und »geopolitischen« Periode unterschieden wird, wobei die ideologische die Parteiherrschaft meint und die geopolitische die staatlichen Strukturen der UdSSR. Der im Ansatz richtige Blickwinkel wird von Salmin nicht genügend historisiert und auf den Zusammenbruch der UdSSR gerichtet.

27 Lemberg, »Versuche«

Dass Bulgarien ausgeschlossen blieb, ist in diesem Zusammenhang lediglich ein Schönheitsfehler, ändert aber nichts an der prinzipiell und strukturell durch und durch national charakterisierten südslawischen Idee. Völlig undenkbar ist, dass Südslawien ein ähnlich universales und potentiell expansives Handlungsmuster an den Tag gelegt hätte wie die UdSSR. Kein vernünftiger südslawischer Nationalist wollte nach Budapest, Wien oder Athen. Der Zusammenschluss der Tschechen und Slowaken war ein pragmatischer Vorgang, der ursprünglich nicht in den beiden Nationalbewegungen angelegt war und erst im Ersten Weltkrieg vollzogen wurde.

Ein vergleichender Blick auf europäische politische Landkarten von 1815 und 1918 zeigt die Anzahl neu entstandener Staaten in Europa. In diesem »langen« 19. Jahrhundert tauchten zahlreiche neue Staaten auf der Landkarte auf: Serbien und Griechenland 1829, Belgien 1830, Rumänien 1859, Bulgarien 1878/1908, Luxemburg 1890, Norwegen 1905, Albanien 1913, Finnland 1917, Polen, Estland, Lettland, Litauen, Ungarn, Österreich, die Tschechoslowakei 1918, Irland 1922. Auch der nationalstaatliche »Spätzünder« Türkei ist hinzuzuzählen. Dem nationalstaatlichen Prinzip folgten die Staatsbildungen in Deutschland und Italien. Wenn deshalb davon gesprochen wurde, das 19. Jahrhundert habe zu einer Zunahme der souveränen staatlichen Einheiten in Form von Nationalstaaten – wie vordergründig proklamiert auch immer – geführt, so verlief die Entwicklung gegenläufig zu den Entwicklungen außerhalb Europas, wo eine Vielzahl von Herrschaften unter die vereinheitlichende Fuchtel der Kolonialstaaten kam.[28] Was ist hier die Ausnahme? Stehen die beiden Entwicklungen in einem kausalen Zusammenhang? Während die Pluralisierung der europäischen Staatenwelt voranschritt, verminderte die Kolonisierung die souveränen Einheiten.

Innerhalb Europas jedoch bildete nicht erst die 1922 entstandene UdSSR, sondern bereits Sowjetrussland von 1917–1922 und innerhalb der Sowjetunion die RSFSR ein Vielvölkerreich, das dem offenkundigen historischen Prozess in Europa seit dem frühen 19. Jahrhundert entgegenstand. Die Sowjetunion war räumlich die Fortsetzung des 19. Jahrhunderts. Weder Sowjetrussland noch die föderative Union der Sozialistischen Sowjetrepubliken hatte den Weg in den Nationalstaat vollzogen. Er passte auch nicht in das Denken der internationalistisch ausgerichteten Bolschewiki, die – um das Selbstverständliche zu sagen – keinem bürgerlichen, nationalstaatlichen Prinzip folgten und die »Einladung der Massen in die Geschichte«[29] nicht aus Gründen der nationalstaatlichen Legitimation gegen die früheren Eliten anvisierten. Trotz aller Unterschied-

28 Osterhammel/Loth, *Geschichte*, S. 394-396

29 Tom Nairn, zitiert in Anderson, *Erfindung*, S. 85

lichkeit zwischen Zarenreich und Sowjetunion ergab sich jedoch die Kontinuität des Raumes, die zu übersehen unverzeihlich wäre. Halten wir außerdem noch die Binsenweisheit fest, dass Vielvölkerreiche räumliche Gebilde sind. Geyer hat recht, wenn er schreibt, dass »Analysen, die der sowjetischen Periode zugewendet werden, an den vorrevolutionären russischen Imperialismus sinnvollerweise nicht angeschlossen werden können«.[30] Das ist, man beachte die Begrifflichkeit, ein Plädoyer dafür, den Imperialismus als eine historische Epoche dem 19. Jahrhundert zuzuordnen.

Aber das Vielvölkerreich Sowjetunion existierte räumlich mit verblüffender Ähnlichkeit zum Zarenreich. Sonst war fast alles anders. Raum ergab sich nicht als ein Zufallsprodukt der historischen Entwicklung. Sein Umfang und seine Bedeutung sind erklärungsbedürftig. Der Hinweis auf »bedingungslose Vergrößerung des internationalen Einflussbereiches ohne Sinn und Zweck, ohne die gründliche Abwägung von Nutzen und Kosten«,[31] greift ins Leere. Wie also fasst sich der räumliche Zusammenhang, der offenbar nicht mit den von Geyer herausgearbeiteten Unterschieden zwischen Zarenreich und Sowjetunion zu beschreiben ist? Den versteht man nur, wenn man die scheinbar eiserne Regel der europäischen Geschichtsverläufe nicht als solche anerkennt, dass nämlich der Nationalstaat ein historisches Muss sei. Erst wenn sich die Historiker ihrerseits aus dieser Vorannahme befreien, die ihnen eine analytische Befangenheit auferlegt, weil das Resultat dieses Prozesses die Gesellschaft ist, in der sie forschen, werden die historischen Konturen einer strukturellen Kontinuität sichtbar, die sich über den Raum fassen lässt. Indem Sowjetrussland und die UdSSR einen anderen Weg einschlugen als der Rest Europas, schufen sie zugleich die Grundlage für eine Fortsetzung imperialer Traditionen, die anderen Völkern und Staaten systematisch verschlossen blieb. Diese hatten sich zum Teil aus Vielvölkerreichen separiert und als Nationalstaaten konstituiert. Das verschaffte ihnen eine politische Grenze, die zu überschreiten nur dann möglich war, wenn es nationale, ethnische oder historische Gründe dafür gab, weil sonst der Gedanke des Nationalstaats *ad absurdum* geführt würde. Die neuen europäischen Staaten folgten dieser nationalstaatlichen Fiktion zumindest verbal, wenn sie auch den empirischen Befunden nicht standhielt, ja selbst dann, wenn sie das Nationalstaatsprinzip benutzten, um unter seiner Flagge expansive Außenpolitik zu betreiben. Das Prinzip Nationalstaat ließ sich durchaus flexibel interpretieren. Die UdSSR jedoch brauchte die nationalstaatliche Schranke nie zu definieren. Sie war ein Vielvölkerreich, in diesem Sinne die Fortführung des 19. Jahrhunderts. Wenn das

30 Geyer, »Voraussetzungen«, S. 10

31 Bühl, *Ende*, S. 102

Reich Usbeken und Ukrainer, Tataren und Tadžiken, Georgier und Armenier einschloss, warum sollten nicht auch andere Völker Mitglied der sozialistischen Völkerfamilie werden? Was seit 1939 folgerichtig geschah. Es gab keine nationalstaatlich-ideologische Barriere, die sich territorial ausgewirkt hätte. Das Vielvölkerreich UdSSR brachte von vornherein alle Voraussetzungen mit, sich über den 1924 in der Union der Sozialistischen Sowjetrepubliken versammelten Bestand hinaus zu erweitern. Weder die Verfassung von 1924 noch die von 1936 hatten formal etwas dagegen. Die UdSSR besaß im Vergleich zu Nationalstaaten damit einen strategischen Vorteil der Expansion, der sich in den zwanziger Jahren aufgrund der gegebenen historischen Konstellationen noch nicht bemerkbar machen konnte. Aber er erklärt, warum es der UdSSR ohne ideologische Verrenkungen möglich war, nach 1939 neue Gebiete und Völker einzuverleiben. Ein Vielvölkerreich ist nicht auf eine bestimmte Anzahl von Völkern festgelegt. Wenn US-Präsident Roosevelt vor dem Hintergrund des Scheiterns der Wilsonschen Nationalstaatspolitik zwischen 1918 und 1939 hoffte, dass keine Nation in der Lage sein werde, einen Akt der physischen Aggression gegen einen Nachbarn zu begehen,[32] dann hatte er den auch nach 1945 andauernden Bestand der europäischen Nationalstaaten im Auge. Übersehen hat er jedoch, dass die scheinbare historische Gesetzmäßigkeit der Herausbildung und Existenz von Nationen und den dazugehörigen Nationalstaaten auf die UdSSR nicht zutraf. Wie zum Beweis dieser These gab es in Europa nach der Stabilisierung der Nachkriegsordnung »Akte der physischen Aggression« durch die Sowjetunion: 1953 in der DDR, 1956 in Ungarn, 1968 in der Tschechoslowakei. Hier agierte keine Nation, auf die der fromme Wunsch Roosevelts zutraf. Im übrigen sollte der historischen Gerechtigkeit wegen hinzugefügt werden: Auch die USA, als Nation höchstens ein Sonderfall, hielten sich in der folgenden Zeit nicht an die Regel ihres Präsidenten.

Der zweite Aspekt, der im Rahmen der Erläuterungen über den Raum von Bedeutung ist, enthält einen weiteren Vorzug für die Sowjetunion. Das Zarenreich war imperial an seine Grenzen gestoßen, indem es eine Kontinentalmacht blieb. Schwerer aber als die territoriale Beschränkung wog die Tatsache, dass der imperiale Sinnzusammenhang auseinander fiel. Der russische Imperialismus wirkte nach innen als Russifizierung. Das bekamen die politisch autonomen Finnen ebenso zu spüren wie die kulturell autonomen Deutschbalten oder die keineswegs autonomen kaukasischen Völker. Der Zusammenhang von Imperium und Russifizierung musste zwangsläufig den russischen Imperialismus des 19. Jahrhunderts als Fremdherrschaft erscheinen lassen. Es war die *russische* Macht, die eingriff. Dem *russischen* Imperialismus fehlte per definitio-

32 *Public Papers*, S. 672

nem das zivilisatorisch Universale. Das änderte sich zu Sowjetzeiten. Nicht nur, dass die UdSSR keine nationalstaatlichen Hemmungen zu kennen brauchte, sie war außerdem ausgestattet mit einer universalen Ideologie. Das war der zweite große strategische Vorteil im Vergleich zum Zarenreich. Das Russische Reich hatte auf diese Wunderwaffe der Universalität nicht zugreifen können, weil es eine national-hegemonistische Ideologie entwickelte.

Die Kombination der beiden Vorteile enthielt die Option auf Expansion in hervorragender Weise. Dass sie nicht gleich in Anschlag gebracht wurde, hing mit den Umständen zu Beginn der zwanziger Jahre zusammen. Aber immerhin war es der Sowjetunion gelungen, bis 1922 einen Teil der ehemaligen zarischen Gebiete wieder einzukassieren. Kurz: Die europäische Ausnahme Vielvölkerreich UdSSR brauchte keine expansive politische Strategie. Die Expansion war ihr inhärent. So war es nicht nur ein Traum, wenn die Verfassung der UdSSR 1924 von einer sozialistischen und sowjetischen Weltrepublik sprach, sondern eine reale Potenz.[33] Die »Internationale« blieb bis 1943 die Staatshymne der UdSSR. Dass 1939/40 und 1944–48 unabhängige »Nationalstaaten« und andere Gebiete annektiert wurden, war nur dann ein Verbrechen, wenn der Nationalstaat als ein Wert an sich betrachtet wurde. Aus der Sicht des Kremls spielte er keine entscheidende Rolle, denn das Nationale war bürgerlich, also historisch von geringer Haltbarkeit. In diesen Verhältnissen lag – lange Zeit verdeckt – die sowjetisch-imperiale Geopolitik versteckt. Die Bedingungen der außenpolitischen und der Sicherheitslage der UdSSR hatten ihr keine Chance gegeben, ans Tageslicht zu kommen. Ihr Ventil fand sie höchstens in den ideologisch begründeten Illusionen einer Weltrevolution im Rahmen der Komintern.

Daraus folgt, dass eine Änderung der Bedingungen diesen lange unsichtbaren, strukturell angelegten Zug sowjetischer Außenpolitik zu Tage fördern würde. Die im europäischen Zusammenhang kontrazyklische Gestalt der UdSSR vermochte zu gegebener Zeit ihren strategischen Vorteil auszuspielen. Dieser Wandel ist am Ende der dreißiger Jahre sichtbar geworden. Irgendwann davor, in der zweiten Hälfte der 1930er Jahre, muss der Richtungswechsel von der defensiven, auf die Sicherung des Sozialismus in der UdSSR gerichteten, zu einer machtvolleren, auf Stärke, möglicherweise auch auf Expansion setzenden Außenpolitik vollzogen worden sein. Georgi Dimitrov hielt in seinem Tagebuch einen Trinkspruch Stalins vom 7. November 1937 fest:

> »Die russischen Zaren haben viel Schlechtes getan. Sie haben das Volk ausgebeutet und versklavt. Sie haben Kriege geführt und Land im Interesse der Gutsbesitzer erobert. Aber sie haben eine gute Sache gemacht – sie haben ein riesiges Reich geschaffen – bis Kamčatka.

---

33 *Istorija sovetskoj konstitucii*, S. 226-237

Wir haben diesen Staat geerbt. Und wir Bolschewiki schlossen diesen Staat zusammen und festigten ihn als einigen und unteilbaren Staat, nicht im Interesse der Gutsbesitzer und Kapitalisten, sondern zum Nutzen der Werktätigen, aller Völker, die diesen Staat bilden. Wir haben diesen Staat vereinigt auf der Grundlage, dass jeder Teil, der vom allgemeinen sozialistischen Staat abgeschnitten wäre, nicht nur diesem schaden würde, sondern auch für sich allein nicht existieren könnte und unvermeidlich unter ein fremdes Joch geraten würde. Deshalb ist jeder, der diese Einheit des sozialistischen Staates zu zerstören versucht, jeder, der danach strebt, einzelne Teile und Nationalitäten aus ihm herauszutrennen, ein Feind, ein geschworener Feind des Staates und der Völker der UdSSR.«[34]

Was auf den ersten Blick nach einer stalinistischen Deutung des Sowjetreiches aussieht, lässt sich ohne weiteres auf Expansion hin interpretieren, denn Stalin hatte – mit Blick auf das Zarenreich – implizit die ehemals zarischen Territorien im Baltikum sowie Finnland und Bessarabien eingeschlossen. Auch diese gehörten schließlich zu der »guten Sache«.

Am plausibelsten ist dieser Wandel in die Zeit kurz vor den deutsch-sowjetischen Nichtangriffsvertrag (»Hitler-Stalin-Pakt«) vom 23. August 1939 zu datieren. Von einer imperialen Sowjetmacht kann man deutlich seit diesem Zeitpunkt sprechen. Lange Zeit hatte sich die Sowjetführung genötigt gesehen, das Territorium des ersten sozialistischen Staates vor Angriffen des kapitalistischen Auslands zu schützen. Die Bedrohung ging nicht nur vom kapitalistischen System und seinen starken Mächten, sondern auch vom unmittelbaren europäischen Nachbarn und Kriegsgegner von 1920–21, Polen, aus, das erst 1932 bereit war, die UdSSR durch einen (nach Verlängerung bis Ende 1945 gültigen) Nichtangriffspakt zu beruhigen. Der gegen Polen gerichtete Impuls sowjetischer Außenpolitik, der auf der Grundlage des Rapallo-Vertrages in der Zusammenarbeit mit Weimar-Deutschland zum Ausdruck kam und im Hitler-Stalin-Pakt seinen Höhepunkt fand,[35] basierte auf der Einschätzung, dass Polen das sicherheitspolitische Problem in Ostmitteleuropa darstellte.

Unter den außenpolitisch eskalierenden Bedingungen des Sommers 1939 in Europa und unter Berücksichtigung der Tatsache, dass die UdSSR zu dieser Zeit in bewaffneten Auseinandersetzungen mit japanischen Truppen in Fernost stand,[36] sie also der Gefahr einer Umklammerung ausgesetzt war, hat die Sowjetunion jenen Pakt mit Hitler-Deutschland geschlossen, der ihr den Krieg vom Leibe halten sollte. (Die Präventivkriegsfrage darf als geklärt gelten: Stalin plante keinen Präventivkrieg gegen Deutschland.[37]) Teuflisch war der Pakt nicht nur, weil er, erstens, mit dem Erzfeind der sowjetischen Propaganda ab-

34 Dimitrov, *Dnevnik*, S. 128-129
35 Schramm, »Grundmuster«
36 Safronov, *SSSR*, S. 210-215
37 Pietrow-Ennker, *Präventivkrieg*

geschlossen wurde, zweitens die auf Antifaschismus getrimmte sowjetische Bevölkerung konsternierte, drittens vielen aus Deutschland geflohenen Kommunisten das Leben kostete, viertens Hitler ermöglichte, bei seinen kriegerischen Machenschaften den Zweifrontenkrieg zu vermeiden, sondern auch, weil, fünftens, gerade das nationalsozialistische Deutschland den Richtungswechsel der sowjetischen Außenpolitik verursachte, nämlich mit Hilfe der Nazis expandieren zu können. Bis dahin war die Idee einer territorialen Ausdehnung, das heißt der Ausbreitung des Sozialismus, illusorisch. Sie hatte sich in den zwanziger Jahren nicht verwirklichen lassen, weil das europäische Proletariat nicht einmal in Deutschland, auf das die Sowjetführung große Hoffnungen gesetzt hatte, zur sozialistischen Revolution bereit war. Nun mit Hilfe *dieses* Vertragspartners (und ohne die Hilfe des Proletariats!) die Option auf Landgewinn, das heißt bessere sicherheits- und verteidigungspolitische Verhältnisse sowie Systemerweiterung, zu erhalten, war in der Tat diabolisch. Hier liegt das historisch Entscheidende und Wirkmächtige des Paktes: das plötzliche Öffnen eines Tors aus einem scheinbar türlosen Raum in der internationalen Politik, der zudem von zwei Seiten, Europa und Fernost, unter Beschuss genommen werden konnte. Raum war plötzlich nicht mehr begrenzt; er wandelte sich zu einer flexiblen Größe und kehrte in die sowjetische Geschichte zurück. Nirgendwo erkannte man diese Tatsache besser als in Deutschland, wo die Vokabel geläufig war. Nach Abschluss des Hitler-Stalin-Paktes war vom »Gesetz des Raumes« und mit Blick auf das Russische Reich seit Peter dem Großen von der »Macht der Geschichte« die Rede.[38]

Damit war Stalins defensive Formulierung aus dem Jahre 1924 vom »Sozialismus in einem Lande« territorial entgrenzt. Sie war im Zusammenhang sowohl mit dem Ausbleiben der internationalen proletarischen Revolution entstanden als auch mit dem Übergang zur Neuen Ökonomischen Politik, die eine Abkehr vom katastrophalen Experiment des »Kriegskommunismus« bedeutete – in beiden Fällen also eine Konzentration auf das Kerngeschäft: statt der sozialistischen Wirtschaft die Kontrolle ihrer »Kommandohöhen«, anstelle des proletarischen Internationalismus die Entwicklung des Sozialismus in der Sowjetunion. Wenngleich jedoch der Primat der Sicherheit des eigenen Landes die sowjetischen Außenbeziehungen leitete, so ist nicht zu übersehen, dass »Sozialismus in einem Land« eine von vornherein paradoxe Formel war, wies sie doch die internationale Option nur vorübergehend zurück. Als 1929 die Volksrepublik Mongolei zum Sozialismus kam, war das im internationalen Maßstab von geringer Bedeutung. Bis 1939 war der Sozialismus dazu verurteilt, außerhalb der UdSSR nicht auf die Geschichte einwirken zu können. Er

38 Hedeler/Rosenblum, *1940*, S. 91

war isoliert, ja bedrängt von seinen Gegnern. Das änderte sich schlagartig in diesem Jahr.

Reden auf dem 18. Parteikongress, der im März 1939 tagte, ließen den Richtungswechsel bereits erkennen. Hinter der Floskel von der Vermehrung der Sowjetrepubliken und der Ausdehnung der Weltrevolution verbarg sich der Übergang zu einem »klassischen Großmachtdenken«.[39] Zwar hatte Stalin bereits 1934 die Großmachtstellung des Zarenreichs thematisiert,[40] aber es bestanden schlechte Aussichten, diese in absehbarer Zeit wiederzuerlangen. Der 23. August 1939 jedoch hat Dämme brechen lassen. Der antipolnische Reflex der sowjetischen Außenpolitik hat sogar bewirkt, das von Deutschland in Betracht gezogenen Restpolen als Puffer zwischen beiden Teilungsmächten abzulehnen, um es ganz zu inkorporieren.[41] Wie rasch sich Stalin und seine Clique die Logik imperialer Vorstellungen zueigen machten, lässt sich daran erkennen, dass die Sowjetunion den deutschen Plan eines Vier-Mächte-Abkommens zwischen Deutschland, Italien, der UdSSR und Japan, der ein gigantisches, bikontinentales Hegemonialkonzept mit antibritischer Stoßrichtung enthielt (aber als Täuschungsmanöver Hitlers zu interpretieren ist), ernsthaft in Erwägung zog.[42]

Mit Aplomb war die UdSSR im August 1939 auf die weltpolitische Bühne getreten. Der sowjetische Volkskommissar für auswärtige Angelegenheiten Molotov hatte recht, als er am 31. August 1939 verkündete, der Nichtangriffspakt zwischen Deutschland und der Sowjetunion sei »ein Wendepunkt in der Geschichte Europas, ja nicht nur Europas«.[43] Hat Hitler Stalin geopolitisch korrumpiert? Falls das eine Vokabel ist, die sich auf Stalin anwenden lässt, dann ist die Frage zu bejahen.

Für unseren Zusammenhang sind die Fragen der deutsch-sowjetischen Zusammenarbeit, diese an Irrsinn grenzende Verkennung der deutschen Gefahr durch Stalin und die in den Wind geschlagenen Warnungen vor dem deutschen Einmarsch nicht von Bedeutung. Sie belegen, wie sehr Stalin seine neue weltpolitische Bedeutung aus der engen Kumpanei mit dem nationalsozialistischen Deutschland bezog. In Stalins tiefem Misstrauen gegen England, das ihm klare Hinweise auf die militärischen Vorbereitungen der Wehrmacht für einen Krieg gegen die Sowjetunion zuspielte, mag man neben dem Argwohn gegenüber einem Erzkapitalisten sogar den Nachhall des nationalsozialistischen »perfiden Albions« hören. Der Sowjetführer fasste solche Meldungen als Provokation

---

39 Pietrow-Ennker, »Außen- und Deutschlandpolitik«, S. 82
40 Stalin, *Sočinenija*, Bd. 1, S. 2-10
41 Pietrow-Ennker, »Außen- und Deutschlandpolitik«, S. 84
42 Naumov, *1941 god*, S. 356-394
43 Slutsch, »Beziehungen«, S. 98.

auf. Doch das sind im Rahmen der sowjetischen Imperialgeschichte Nebenschauplätze. Wichtiger ist die Frage, ob es 1939–41 um den »Primat der Sicherung der Sowjetmacht [...] als Gleitschiene territorialer Expansion« ging.[44] Nicht nur Geyer, von dem dies Zitat stammt, widerspricht seiner eigenen Aussage, wenn er drei Zeilen zuvor schreibt, für Stalin sei »die Machtsteigerung des sozialistischen Vaterlands die alleinige Norm der Praxis geworden«, sondern auch die hier aufgeführten Tatsachen lassen Zweifel an dieser Interpretation aufkommen, ganz zu schweigen von dem in der Folge als imperial zu charakterisierenden Handeln des Kreml. Auf Ostpolen bezogen stellte die deutsche Seite entschleiernd fest, dass die UdSSR »ihr jetziges Eingreifen [die Besetzung Ostpolens laut dem geheimen Zusatzprotokoll am 17. September – S.P.] nach außen irgendwie begründen« musste.[45] Stalins absonderliche, nur imperial zu deutende Begründung für Gebietsforderungen gegenüber der finnischen Delegation im sowjetisch-finnischen »Winterkrieg« 1939–40 brachte es ebenfalls auf den Punkt: schließlich habe Hitler das deutsche Territorium 300 Kilometer ostwärts ausgedehnt![46]

Gegen Finnland brach die UdSSR das erste Mal in ihrem soeben begonnenen Kapitel der imperialen Geschichte einen Staatenkrieg vom Zaun. Die Sowjetführung schickte ihre Soldaten in einen Krieg, den sie selbst angezettelt hatte. Allein diese Tatsache belegt, wie die Kumpanei mit Hitler-Deutschland den Wandel der sowjetischen Außenpolitik und den Drang zur Expansion ermöglichte. Es lohnt sich, diesen Fall genauer unter die Lupe zu nehmen. Er liest sich wie das Drehbuch für spätere Vorgänge in Ostmitteleuropa, die unter dem Schlagwort »Sowjetisierung« in die Geschichte eingegangen sind. Dass der Krieg am 30. November 1939, also *nach* dem Hitler-Stalin-Pakt, von sowjetischer Seite mit einem Überfall ohne Kriegserklärung begann, war kein Zufall. Stalin fühlte sich durch das Zusatzprotokoll zum Nichtangriffspakt, das Finnland der sowjetischen Einflusssphäre zurechnete, zu solchem Handeln berechtigt. Außerdem, so sagte er nach dem Krieg, lud die politische Lage in Europa dazu ein. Den Krieg begann er deswegen in einer wegen des Winters ungünstigen Saison, weil die Großmächte gerade mit anderen Fragen beschäftigt waren und sich kaum um Finnland kümmern konnten.[47] Wie der Zeitpunkt des Beginns unzufällig, so war für die sowjetische Kriegskunst symptomatisch, dass die ersten Bomben die sowjetische Botschaft in der finnischen Hauptstadt in Schutt und Asche legten.[48] Dass in diesem Krieg »hegemoniale Ziele« vor

44 Geyer, »Voraussetzungen«, S. 84
45 *Akten zur deutschen auswärtigen Politik*, D, Bd. 8, S. 60
46 Pietrow-Ennker, »Außen- und Deutschlandpolitik«, S. 86
47 Vichavajnen, *Stalin*, S. 122
48 Ebd., S. 135

Sicherheitsinteressen standen,[49] lässt sich durch den Kontext erklären. Die Überlassung von militärischen Stützpunkten, insbesondere Hanko/Hangö am finnischen Meerbusen, ergab strategisch lediglich einen, wenn auch wünschenswerten, komplementären Nutzen, da die UdSSR von den drei baltischen Republiken bereits im September und Oktober die Zusage über militärische Stützpunkte erpresst hatte. Das hätte ausgereicht, den östlichen Teil der Ostsee zu kontrollieren. So ergaben die finnischen Stützpunkte einen strategischen Sinn, der über die Kontrolle des östlichen Baltischen Meeres hinausreichte: Sowjetische Truppen im Nachbarland hätten die als feindlich eingeschätzte finnische Regierung vor »Abenteuern« geschützt. Die militärische Begründung der Sowjetunion, einen Stützpunkt für die – ohnehin schwache – Kriegsflotte zu erhalten, war vorgeschoben, weil sie andere Absichten mit der Stationierung sowjetischer Truppen verfolgte. Hanko war für die Sowjetunion außenpolitisch wichtiger als militärisch. Die Gebietsforderungen, die der Kreml an die finnische Adresse richtete, besonders die Verschiebung der finnisch-sowjetischen Grenze nördlich von Leningrad zuungunsten Finnlands, sprachen eine deutlichere Sprache. Für den Kreml mögen die 32 Kilometer von der zweiten Hauptstadt bis zur Grenze unter sicherheitspolitischen Gesichtspunkten zu wenig gewesen sein. Aber wie viel Kilometer sollten es denn sein, um die Stadt zu sichern? In den Verhandlungen war von einigen Dutzend Kilometern, verbunden mit einem für die Finnen ungünstigen territorialen Kompensationsgeschäft, die Rede.[50]

Die entscheidende Frage jedoch ist nicht geklärt: Warum Krieg? Warum begann die UdSSR gegen Finnland eine militärische Aggression, wenn es keinen Grund dafür gab. Die Regierung in Helsinki hatte sich – durchaus nachvollziehbar – strikt geweigert, Stützpunkte zur Verfügung zu stellen und wichtiges Territorium preiszugeben. War diese ablehnende Haltung Grund genug für eine militärische Verwicklung? Gewiss, Stalin unterschätzte die finnische Gegenwehr, als er dachte, die Sache sei in wenigen Tagen erledigt.[51] Aber der vermeintlich problemlose Waffengang stellt keinen hinreichenden Grund dafür dar, den Krieg tatsächlich zu beginnen. Er mag den Entschluss erleichtert haben. Zumindest die kalte Berechnung eines schnellen Sieges über einen vermeintlich schwachen Feind ist darin zu erkennen, die Stalin in seiner Meinung gestützt haben mag, sein Land und die Rote Armee in einen veritablen Krieg zu schicken. Das war immerhin seit 1921 nicht mehr vorgekommen,

49 Myllyniemi, »Folgen«, S. 80

50 Siehe die ausführlichen Darlegungen der Verhandlungen in den Erinnerungen des damaligen finnischen Außenministers Tanner, *Winter War*; Stalin sprach von 70 km, Manninen/Baryšnikov, »Peregovory«, S. 125

51 Vichavajnen, *Stalin*, S. 120-144

sieht man von den Gefechten in Fernost ab. Man darf jedoch den Sowjets, wenn sie sich schon auf einen Krieg einließen, »höhere« Ziele unterstellen, denn wer bombardiert wegen der verweigerten Grenzverschiebung und Stützpunkte gleich die Hauptstadt des Nachbarlandes? Das Problem bei der Beantwortung dieser Frage ist, dass im Umfeld des Winterkrieges das mögliche Kriegsziel, die Besetzung und Sowjetisierung ganz Finnlands, nicht thematisiert worden ist. Es findet sich kein Dokument, das diese These erhärten könnte. Aber der Kontext sagt einiges darüber aus.

So konnten sich, erstens, einige Mitglieder der finnischen Regierung nicht des Verdachts erwehren, dass es um eine Besetzung ganz Finnlands gehen sollte.[52] Zweitens: Verteidigungskommissar Marschall Kliment Vorošilov ließ sich schon eher in die Karten schauen: In einem Tagesbefehl ermunterte er die Rotarmisten dazu, den schwedischen (!) Grenzwächtern Ehrensalut darzubringen.[53] Noch während der Kampfhandlungen hatte Stalin, drittens, die finnische »Volksregierung der Demokratischen Republik Finnland« ausgerufen, der Otto Kuusinen vorstand – ein finnischer Stalinist, der den Terror überlebt hatte, was ihn zur Lösung größerer Aufgaben befähigte. Nur mit dieser (Marionetten-)Regierung dachte Stalin zu verhandeln. Viertens: Mit ihr schloss die Sowjetunion einen Tag, nachdem sie sie installiert hatte, einen Vertrag über gegenseitigen Beistand und Freundschaft (»Terijoki-Vertrag«) ab. Darin steht, dass die Rote Armee in Verbindung mit dem »heldenhaften Kampf« des finnischen Volkes – Letzteres stimmte, aber anders, als den Sowjets lieb sein konnte – das »äußerst gefährliche Kriegsnest liquidiert«, das finnische Volk nun seine eigene demokratische Republik gebildet habe und dass die Zeit gekommen sei, »die hundertjährigen Hoffnungen des finnischen Volkes« auf eine Wiedervereinigung mit Karelien zu verwirklichen. Darüber hinaus erhielt die Sowjetunion alle Gebiete und Stützpunkte, die ihr zuvor von Helsinki verweigert worden waren.[54] Fünftens, die sowjetische Propaganda hatte der Erfüllung der Geschichte etwas vorgegriffen. Wenige Tage nach Beginn des Krieges erschienen zwei Publikationen, eine davon in einer Auflage von 100.000 Exemplaren, welche die finnische Geschichte bei der »Demokratischen Republik Finnland« enden ließen.[55] Das war etwas voreilig, wie sich herausstellen sollte, und deshalb entlarvend für die eigentlichen Absichten Moskaus. Sechstens schließlich entschleierte Außenkommissar Molotov nach dem »Winterkrieg« bei seinem Gespräch mit Hitler in Berlin am 13. November 1940 den 1939–40 militärisch verhinderten »Erfolg« der sowjetischen Ziele. Zu diesem Zeitpunkt hatten sich

52 Tanner, *Winter War*, Vichavajnen, *Stalin*, S. 122

53 Paasi, *Territories*, S. 102

54 Wagner, *Finnlands Neutralität*, S. 159-162

55 Vichavajnen, *Stalin*, S. 125 u. 129

Hitlers Pläne für einen Angriff auf den Partner von 1939 bereits konkretisiert. Die Aufzeichnungen über die Besprechung geben die ölige Geschmeidigkeit Molotovs und die gegenseitige Belauerung der kriminellen Kumpane wieder. Finnland gehöre laut Zusatzprotokoll zum Interessengebiet der UdSSR, so Hitler. Die finnische Frage werde so behandelt, wie im letzten Jahr, das heißt im Hitler-Stalin-Pakt, geregelt. Hitler war jedoch zum Zeitpunkt des Gesprächs entschieden gegen einen Krieg in der Ostsee.

»Molotov meint, es sei nicht von einem Krieg in der Ostsee die Rede, sondern von der finnischen Frage, die auf der Grundlage der Vereinbarung des letzten Jahres gelöst werden müsse. Hitler merkt an, dass in dieser Übereinkunft festgelegt wurde, dass Finnland zur Interessensphäre Russlands gehöre. Molotov fragt: ›In der gleichen Art wie, zum Beispiel, Estland und Bessarabien?‹«[56]

Eine perfide Frage, denn beide Gebiete hatte die Sowjetunion bereits laut dem geheimen Zusatzprotokoll annektiert. Die Niederlage im »Winterkrieg« hatte die Sowjetisierung Finnlands verhindert. In der zweiten Jahreshälfte 1940 war ein zweiter Versuch durch Hitlers Beharren auf Ruhe im Ostseegebiet und seine strategische Annäherung an Finnland unmöglich geworden. Diese Aufzählung mag ausreichen, auch wenn sie nicht vollständig ist.[57]

Eine Sache muss jedoch richtiggestellt werden. Ein finnischer Historiker hat behauptet, im Zusammenhang mit den Katyń-Akten sei ans Tageslicht gekommen, dass im Februar 1940, also noch während des »Winterkrieges«, sieben Lager für rund 20.000 finnische Kriegsgefangene eingerichtet wurden, was in etwa der Zahl aller finnischen Offiziere entsprach.[58] Der archivalische Zusammenhang mit der Ermordung der fast 22.000 polnischen Offiziere, Polizisten und Gefangenen in Katyń und an anderen Orten drängt die Parallele geradezu auf.[59] Aber die Behauptung lässt sich nicht belegen. Im »Winterkrieg« sind 1.100 Finnen von der Roten Armee gefangengenommen worden. Dass für eine viel höhere Zahl von erwarteten finnischen Kriegsgefangenen Lager eingerichtet worden seien, ist nicht belegt. Es gab seit September 1939 im Zusammenhang mit der Annexion der ostpolnischen Gebiete (laut »Zusatzprotokoll«) schon acht Lager für Kriegsgefangene.[60]

---

56 Naumov, *1941 god*, S. 375-383, Zitat S. 379

57 Baryšnikov/Manninen, »V kanun«

58 Vichavajnen, *Stalin*, S. 131

59 Materski u.a., *Katyń*, Bd. 1; Bd. 2. Den Ermordungsbeschluss fasste das Politbüro auf Initiative Stalins am 5.3.1940. Die russischen Dokumentenbände sind in Zusammenarbeit mit der dreibändigen polnischen Ausgabe entstanden; sie sind weniger ausführlich, vgl. Pichoja/Gejštor, *Katyń*; Lebedeva, *Katyń*

60 Zagorul'ko, *Voennoplennye*, S. 27

Angeblich hatte Stalin gesagt, »fremdes Land wollen wir nicht, aber von unserem geben wir niemandem auch nur einen Zipfel.«[61] Was heißt »unser«? »Unser« konnte keinen ethnisch begründeten Anspruch enthalten. Die Gegend war von Finnen besiedelt. Die konnte man nach Mittelasien deportieren, was mit einem großen Teil der finnischen Bevölkerung südlich der Grenze im sowjetischen Gebiet um Leningrad 1935–36 bereits geschehen war.[62] In dieser Logik imperial handelnder Politiker blieb der gesunde Menschenverstand außen vor: »Sie fragten niemals, ob ein fremdes Gebiet wohlhabend war und gut regiert wurde und falls ja, beließen sie es nicht dabei. Sie fragten: ›Hat es jemals *uns* gehört? Und warum jetzt nicht?‹«[63] Was hier auf »die Europäer« gemünzt ist, trifft auch auf Stalin zu. »Unser« enthielt nur und nichts anderes als ein historisch-staatsrechtliches Argument. Damit stellte sich Stalin direkt in die territoriale Tradition des Zarenreiches. Finnland hatte bis Ende 1917 als Großfürstentum mit Autonomiestatus zum Russischen Reich gehört. Was also macht das Imperium aus? Die Größe des Raums, der »unser« genannt werden darf.

Beeindruckend aber ist diese Tatsache: Kaum hatte die UdSSR den Weg der strukturell angelegten Expansion eingeschlagen, da führte sie einen Krieg. Einen besseren Beweis für die Verbindung von Geopolitik, Raum und Krieg im internationalen System des 20. Jahrhunderts gibt es kaum.

Bezeichnend für den raschen Wandel der UdSSR von der defensiven Haltung zu imperialem Handeln war die Reaktion der finnischen Regierung. Sie konnte sich bis zum Heulen der Luftschutz-Sirenen nicht vorstellen, dass die UdSSR einen imperialen Krieg gegen das Nachbarland führen würde. Entsprechend unkooperativ zeigte sich Helsinki in den Verhandlungen, verbunden zwar mit einer Mobilmachung und der Verlegung von Truppen an die Grenze während der Gespräche, aber diese auch einsetzen zu müssen, schien einigen Regierungsmitglieder unrealistisch. Sie schwankten zwischen Verdacht, Prävention und glaubten an einen sowjetischen Bluff. Selbst die einseitige Kündigung des finnisch-sowjetischen Nichtangriffvertrages aus dem Jahre 1932 durch die Sowjetunion schreckte viele nicht auf. Noch sieben Tage vor dem Überfall erklärte der finnische Ministerpräsident Cajander, das Leben kehre in seine normalen Bahnen zurück. Hätte sich der Verteidigungsminister nicht quer gelegt, so wären noch wenige Tage vor dem sowjetischen Überfall Truppen von der Grenze abgezogen worden. Nach dem Abbruch der Verhandlungen schien die Gefahr abgenommen zu haben. Außerdem glaubte sich Hel-

61 *Karelija*, S. 308. Diese Aussage Stalins konnte nicht verifiziert werden

62 Suni, »Ingermanlandskie Finny«

63 Koebner/Schmid, *Imperialism*, S. 331, Hervorhebung im Original

sinki der Rückendeckung Schwedens sicher, ein Irrtum, wie sich herausstellen sollte.[64]

Es kann an dieser Stelle nicht um eine Diskussion gehen, ob diese Einschätzung als fahrlässige Ignoranz finnischer Politiker anzusehen sei. Das Problem bestand ja gerade darin, dass sich letztere nicht der neuen Ausrichtung sowjetischer Außenpolitik als imperialer Politik vergewissern konnten. Sie kam praktisch über Nacht, zeigte sich am 17. September erstmals in der Besetzung der ostpolnischen Gebiete und im Anschluss daran in den ultimativen Verhandlungen mit den baltischen Staaten. Deren »vollständige Unabhängigkeit« hatte Molotovs Amtsvorgänger Maksim M. Litvinov im März 1939 noch als vitales Interesse der UdSSR bezeichnet; eine Verletzung würde sie nicht tolerieren.[65] Für die finnische Wahrnehmung spielte eine Rolle, dass die UdSSR die baltischen Republiken bis zum »Winterkrieg« nicht militärisch besetzt, sondern »nur« Stützpunkte gefordert hatte. Ein sowjetischer Überfall auf das im Vergleich zu den baltischen Republiken militärisch stärkere Finnland schien unplausibel und unwahrscheinlich. Den Wandel von der auf Sicherheit bedachten zur imperialen UdSSR haben Mitglieder der finnischen Regierung zu spät eingesehen. An dieser Reaktion zeigte sich das Tempo der sowjetischen Verwandlung. Der »Winterkrieg«, der in den Lehrbüchern und in den Geschichten des Zweiten Weltkrieges nur am Rande vorkommt, hat unter imperialgeschichtlichem Gesichtspunkt weitaus größere Bedeutung als unter militärischen und diplomatischen, unter denen er gewöhnlich als Randerscheinung interpretiert wird.

Der fatale Irrtum der Regierung in Helsinki kostete circa 23.000 Finnen das Leben.[66] Die Sowjetunion zahlte für ihren ersten imperialen Krieg mit einem blamablen Kriegsverlauf und der unverhältnismäßig hohen Zahl von 130.000 Toten.[67] Sie gewann dennoch Gebiete, deren Umfang in keinem Verhältnis zum Kriegsende ohne militärischen Sieg stand. 1940 erklärte Andrej Ždanov mit Blick auf Ostpolen hämisch, »ohne Krieg zu führen, gewinnen wir gewisse Gebiete hinzu«,[68] aber im Falle des verlustreichen »Winterkrieges« war das nicht der Fall.

Wir haben uns bei den Ereignissen der Jahre 1939/40 etwas länger aufgehalten, um den Wandel zur imperialen Politik zu verdeutlichen. Es ist nicht nötig, die Einzelheiten der weiteren Entwicklungen, die Phasen und Verfahren der Machtausdehnung in Osteuropa darzustellen. Einige Bemerkungen mögen

64 Jussila/Hentilä/Nevakivi, *Geschichte Finnlands*, S. 204-213; Vichavajnen, *Stalin*, S. 120-135
65 Haslam, *The Soviet Union*, S. 209
66 Hier wie im Vorangegangenen Myllyniemi, »Folgen«, die Zahl S. 81
67 Vichavajnen, *Stalin*, S. 143
68 Slutsch, »Beziehungen«, S. 96.

genügen. Der deutsche Angriff auf die Sowjetunion hat die imperialen Züge erst einmal unterbrochen. Zwischen 1941 und 1944 bestand die Hauptaufgabe darin, den Aggressor aus dem Land zu werfen und ihn vernichtend zu schlagen. Insofern stellten die Rotarmisten, die 1945 nach Ostmitteleuropa und in Deutschland bis zur Elbe vorrückten, eine Realität mit unwiderruflichen Folgen für den imperialen Status der Sowjetunion dar. Unübersehbar ist, dass das Sicherheitsinteresse bei den räumlichen Vorstellungen des Kremls nach den Erfahrungen dieses Krieges eine bedeutende Rolle spielte. Aber nochmals: Allein damit wird man dem imperialen Gestaltungswillen der UdSSR nicht gerecht. Auch war der Weg nicht gradlinig von Stalingrad bis zu Stalins Äußerung im Jahr 1947 Milovan Djilas gegenüber: »Dieser Krieg ist nicht wie in der Vergangenheit; wer immer ein Gebiet besetzt, erlegt ihm auch sein eigenes gesellschaftliches System auf. Jeder führt sein eigenes System ein, soweit seine Armee vordringen kann. Es kann gar nicht anders sein.«[69] Es reicht anzumerken, dass nach der Wende im Kriegsverlauf, das heißt seit 1943, der imperiale Impuls von 1939 wieder in Erscheinung trat, diesmal jedoch in Zusammenarbeit mit den westlichen Alliierten. Stalin gab nach außen zu Protokoll, dass die Sowjetunion niemandem die sozialistische Ordnung aufzwingen wolle, was die Abschaffung der Komintern dokumentieren sollte. Doch letztere unterbrach ihre Arbeit nicht vollständig. Im Stillen arbeitete sie weiter und trat 1947 unter neuer Benennung wieder ans Tageslicht.[70] Richtig ist, dass der Kreml keine proletarischen Revolutionen in Osteuropa prognostizierte. Diese Hoffnung war bereits im »Winterkrieg« ausgeblieben, als sich die finnische Arbeiterschaft gegen die roten Genossen stellte. Wenn nicht mit den Arbeitern, dann mit den Bajonetten! Also stellte die Sowjetunion nationale Truppenverbände auf, die bei der Befreiung vom Faschismus helfen sollten. Kommunistische Regierungen aus Moskauer Emigrantenkreisen standen ebenfalls zur Verfügung. Mit dem Vormarsch der Roten Armee war die Frage des Systemexports weitgehend gelöst. Mit den Truppen kamen SMERŠ, die Geheimpolizei, die Verfolgung, Drangsalierung und so weiter. Das war es, was Stalin in seinen bekannten Worten im Gespräch mit Milovan Djilas auf den Punkt brachte: die modifizierte Form von *cuius regio, eius religio*. Die umfangreiche Publikation sowjetischer Akten und jüngste Forschung in den letzten Jahren haben andererseits zeigen können, wie sehr die sowjetische Politik gegenüber den osteuropäischen Staaten, Regierungen und Vertretern politischer Gruppierungen schwankte, wie der Prozess der Sowjetisierung verlief und wie die aus den dreißiger Jahren bekannten Machtmittel des stalinistischen Regimes einschließlich der Wahlfäl-

69 Djilas, *Gespräche*, S. 146

70 Adibekov, *Kominform*; Gibijanskij, »Kominform«

schung, des Terrors und der Deportation zum Einsatz kamen.[71] Es ist hier keine Geschichte der kommunistischen Machtergreifungen in Ostmitteleuropa und Deutschland oder eine Geschichte des Kalten Krieges zu schreiben. Uns interessiert der imperialgeschichtliche Aspekt. Für Stalin begann 1944 ein Spiel, das er kannte, wenngleich sein Partner gewechselt hatte.

Wie die Sowjetunion die Grenzfrage gegenüber Polen behandelte, zeugte von imperialen Vorstellungen, in die freilich Sicherheitsinteressen eingeschrieben waren. In Churchill fand Stalin einen Kumpan, mit dem er großzügig Interessensphären besprach und festlegte. Im Stil des Jahres 1939 zog der Sowjetdiktator mit Zustimmung seines britischen Verbündeten einen Strich über die Landkarte Südosteuropas, der die Demarkationslinie der Interessensphären bezeichnete: westlich zu England, östlich zur UdSSR. War es für Stalin ein Unterschied, ob er mit Hitler Polen oder mit Churchill Jugoslawien aufteilte? Mit Hitler, dem Vertreter eines der Sowjetunion gegenüber feindseligen Staats und Regimes, mit Churchill, dem er am Vorabend des deutschen Angriffs nicht vertraut hatte, herausragende Repräsentanten des kapitalistischen Systems alle beide. Im Januar 1944 unterbreitete der stellvertretende Volkskommissar für Auswärtige Angelegenheiten, I. I. Majskij, seinen Entwurf »Über die wünschenswerten Grundlagen des zukünftigen Friedens«,[72] in dem die Grenzen und Interessen der Sowjetunion als Nachkriegsordnung vorgeschlagen wurden: Inkorporierung des nordfinnischen Petsamo-Gebiets, Südsachalins, der Inselgruppe der Kurilen; eine gemeinsame Grenze der UdSSR mit der Tschechoslowakei auf Kosten Polens oder Rumäniens; Abschluss langfristiger Verträge mit Finnland und Rumänien über die Nutzung von Militärbasen für die Rote Armee, freier Transit durch den Iran zum Persischen Golf; Verhinderung eines großen und starken polnischen Staates; Abschluss von Verträgen über gegenseitige Hilfe mit den Balkanstaaten. Darüber hinaus enthielt der Entwurf Überlegungen zu Ungarn, Griechenland, Frankreich und der Türkei.

Das als »Sowjetisierung« bekannte Verfahren der Gleichschaltung und Anverwandlung osteuropäischer Heterogenität an das stalinistische System war auch Raumpolitik. Es betraf die einverleibten Gebiete im Baltikum, in Bessarabien, in der nördlichen Bukowina, Kaliningrad ebenso wie die ostmitteleuropäischen Staaten, die formal ihre Unabhängigkeit beibehielten. Das heißt, die gesamte laut der geheimen Zusatzprotokolle von 1939 sowjetische Interessensphäre plus eines enormen Territoriums in Ostmitteleuropa war von

71 Volokitina, *Faktor*; dies., *Evropa*; *NKVD*; *SSSR-Pol'ša*; *Tri vizita*; *Soveščanija Kominforma*; Danilov/Pyžikov, *Roždenie*; Adomeit, *Overstretch*; Naimark, *Russen*; ders./Gibianskii, *Establishment*

72 Danilov/Pyžikov, *Roždenie*, S. 16-18

der Sowjetisierung betroffen. Allein in Finnland scheiterten die Kommunisten, von denen Ždanov »Angriffsschlachten« erwartet hatte.[73] Dieses Land blieb das einzige der sowjetischen Interessensphäre, das seine Autonomie bewahren konnte. In Korea teilten die ehemaligen Alliierten des Zweiten Weltkrieges das Land in zwei Teile entlang dem 38. Breitengrad. Die sowjetischen Truppen zogen aus dem Norden 1948, die amerikanischen aus dem Süden 1949 ab. Die Teilung blieb.

Blicken wir auf die Landmasse, welche die Sowjetunion 1950 beherrschte, so ergibt sich unbestreitbar ein räumliches Gebilde. »Ein Sechstel der Erdoberfläche«, bezogen auf das Territorium der UdSSR, sollte zu einem mit Stolz gefüllten Begriff imperialen Selbstverständnisses werden. Der Begriff »Ostblock« hat dem sowjetischen Raum über Jahrzehnte ein Etikett gegeben. Die Herausbildung dieses Raumes entsprang der zuvor beschriebenen strukturellen Disposition der UdSSR. Was daran auffällt, ist die gänzlich »unwissenschaftliche« Begründung des Raumes. In den Quellen, die für diesen Bereich zur Verfügung stehen, ist von einer systematischen ideologischen oder wissenschaftlichen Herleitung nichts zu spüren. Weitere Untersuchungen müssen prüfen, ob etwa die sowjetische Geographie der 1930er Jahre den Raum mit geopolitischen Begriffen beschrieb, oder ob andere Wissenschaften den wissenschaftlichen Sockel für politische Raumkonstruktionen anboten. Allem Anschein nach bedurfte es dieser Begründungen nicht, wie das Stalin-Zitat von 1937 deutlich machte. Es gibt auch keinen Hinweis darauf, dass die Ideen des Oxforder Geographie-Professors Halford J. MacKinder eine Rolle gespielt hätten. Der hatte 1919 davon gesprochen, dass Russland den eurasiatischen Raum organisiert habe, gewissermaßen das Kernland (*heartland*) der Welt. Die Kontinentalmacht sei immer mächtiger als andere gewesen, meinte MacKinder, weil sie eine zentrale strategische Position einnehme, die ihr die Ausdehnung in alle Richtungen erlaube.[74] Die »Raumfrage« ist von den Eurasiern, jene Gruppe emigrierter Intellektueller in Prag, Paris und anderen westlichen Hauptstädten, nach 1917 aufgeworfen worden. Hier tauchten, bezogen auf den eurasischen Raum, Ideen auf, die Geographie sowie die Geopolitik für Russland als wissenschaftliche Grundlage zu nehmen. Ob diese Ideen von MacKinder beeinflusst worden sind, ist nicht mit Sicherheit zu sagen. Es scheint, dass sowjetische Geographen und Geopolitiker die eurasischen Raumkonzepte nicht kannten.[75]

---

73 Beyer-Thoma, *Kommunisten*; das Zitat in *Sovetskij faktor*, Bd. 1, S. 15

74 MacKinder, »Pivot«; ders., *Ideals*. Diskussion der Ideen MacKinders bei Aron, *Frieden*, S. 228-242; Parker, *Geopolitics*, 96-99, die Fortsetzung der Debatte in jüngerer Zeit S. 134-135

75 Böss, *Lehre*

An dieser Stelle nun kommen wir zu einem entscheidenden Aspekt von Raumvorstellungen. Es ist die Grenze. Wir haben gesehen, dass in der Sowjetunion eine starke strukturelle Disposition für Geopolitik angelegt war. Es zeigte sich, dass diese Tendenz erst 1939 ans Tageslicht treten konnte, dann aber mit geradezu explosiv entfalteter Wirkung unter Mithilfe Hitlers. Darüber hinaus zeigte sich, dass Krieg (»Winterkrieg«) untrennbar zu dieser sozialistischen Variante der Geopolitik dazugehörte. Wir verweisen an dieser Stelle auf Kapitel IV, das um diesen Aspekt zu ergänzen ist. Ungeachtet der zahlreichen, kriegsbedingt taktischen und strategischen Veränderungen 1941–1945 und der notwendigen Rücksichtnahmen auf die westlichen Alliierten setzte sich die sozialistische Geopolitik fort. Die Frage war, wo sie enden würde, wenn sie Staatsgrenzen nur als Faktum akzeptierte, nicht als Prinzip.[76] Darauf gibt es nur eine Antwort: Ihre potenzielle Grenzenlosigkeit hörte dort auf, wo ihr durch eine andere Macht Grenzen gesetzt wurden. Das war unmittelbar nach 1945 in Griechenland, im Iran, in der Türkei und in Japan der Fall, 1948 in Berlin.[77] Übrigens musste der Gegner keine Großmacht, es konnte auch ein abwehrbereites und national vereintes kleines Volk sein. Das zeigt das Beispiel Finnlands. Auch das kommunistische Jugoslawien befreite sich aus der Moskauer Hegemonie. Dort tauchte im Juli 1948 ein polemischer Umgang mit dem Imperialismus auf, der auf elegante Weise mit der UdSSR in Verbindung gebracht wurde. Säuerlich bemerkte der sowjetische Botschafter in Belgrad, dass der Entwurf für das Programm der Kommunistischen Partei Jugoslawiens folgenden Passus enthielt: »Der Leninismus ist der Marxismus der Epoche des Imperialismus und der sozialistischen Revolution.«[78] Dieser Satz war ein in ironischer Absicht verkürztes Stalin-Zitat. Die jugoslawischen Genossen, die sich soeben von Moskau losgesagt hatten, trugen es als unverfrorene Polemik gegen die stalinistischen Ansprüche vor.

Wie aber können wir das Problem der Grenze in diesem Zusammenhang des potentiell grenzenlosen Sowjetimperiums analytisch fassen? Die Historiker helfen an dieser Stelle kaum weiter.[79] In seiner vorzüglichen Erörterung des soziologischen und politischen Gehalts von Imperium und Raum schrieb der Soziologe A. F. Filippov, die reale räumliche Grenze (*predel*) der imperialen Macht sei die faktische Grenze (*granica*) des Imperiums, aber der Grad des Universalismus der imperialen Idee sei seine ideale Grenze.[80] Timasheff hatte geschrieben, kommunistische Expansion sei nicht auf das bereits Erreichte

---

76 Filippov, »Nabljudatel' imperii«, S. 93

77 Adomeit, *Sowjetmacht*, bes. S. 431-432

78 *Sovetskij faktor*, Bd. 1, S. 622

79 Überblick bei Haslinger, »Funktionsprinzip«; ders., »Einleitung«; Duroselle, *Empire*, S. 49-62

80 Filippov, »Nabljudatel' imperii«, S. 105

beschränkt, sondern sie sei universal.[81] Aber diese Behauptung, so haben wir gesehen, greift zu kurz. Bei Walter Bühls enthistorisierter UdSSR kommen die internen Handlungszwänge des Imperiums zum Tragen: die Sowjetunion handelte nach 1945 imperial (oder auch imperialistisch, beide Begriffe werden verwendet), weil sie eine Weltmacht war. Damit entstehen zwar einige von Bühl richtig gesehene Strukturprobleme des Imperiums, aber wir erfahren nichts über die Triebkräfte der Expansion.[82]

Es war unmöglich, dass Stalin selbst eine Grenze der Expansion absteckte. Die Grenzen wurden ihm gesetzt – von den Regierungen Englands und der USA. Von den jugoslawischen Kommunisten bedrängt, den griechischen Kommunisten im Bürgerkrieg zu helfen, antwortete Stalin: »Glauben Sie denn, dass Großbritannien und die Vereinigten Staaten – die Vereinigten Staaten, der mächtigste Staat der Welt – zulassen werden, dass Sie ihre Verbindungslinie im Mittelmeer durchbrechen! Unsinn.«[83] Wenn sich die Sowjetunion aus Gebieten zurückzog, wohin Rotarmisten gedrungen waren, dann nur auf Druck der beiden militärisch stärkeren Kriegsalliierten. Die »Westverschiebung« Polens dagegen ist das beste Beispiel dafür, dass Stalin sich durchsetzen konnte. Dem tschechoslowakischen Präsidenten Eduard Beneš riet er bezüglich der Vertreibung der Deutschen: »Sollen die Deutschen ihre revisionistischen Forderungen stellen, Sie behalten ihr Territorium.«[84] Im ostanatolischen Kars und Ardahan musste er einen Rückzieher machen. Die Eindämmungspolitik wurde zu dieser Zeit geboren, wenn auch der Name erst später aufkam. Es war Churchill, der offiziell das Tischtuch zwischen den beiden Verbündeten zerschnitt. Mit seiner Formulierung vom »eisernen Vorhang«, vorgetragen im März 1946 in Fulton, Missouri, prägte er die Metapher, die seitdem Ost und West voneinander trennen sollte. Ob er gewusst hat, dass Goebbels und andere Nazi-Größen diese starke Formulierung, jedoch mit anderer räumlicher Bedeutung, bereits verwendet hatten?[85]

Uns interessiert an dieser Stelle nicht die Frage, inwiefern mit der amerikanischen *One-World*-Ideologie das westlich geprägte universalistische Gegenstück auf den Sozialismus sowjetischer Prägung prallte. Wir haben uns um die Folgen zu kümmern, die diese Konkurrenz-Konstellation für das sowjetische Imperium bereithielt. Die erste betrifft die Ost-West-Grenze, die zweite die Binnenkonsolidierung des Imperiums.

---

81 Timasheff, »Imperialism«, S. 34
82 Bühl, *Ende*, 100-142. Vgl. die Kritik von anderer Warte bei Filippov, »Nabljudatel' imperii«
83 Djilas, *Gespräche*, S. 230
84 Zeman, *The Making*, S. 202
85 Parker, *Geopolitics*, S. 105

Für die folgenden Jahrzehnte bildete die Grenze zwischen Ost und West eine in vieler Hinsicht unüberschreitbare Demarkationslinie. Aus Sprach- und Staatsgrenzen, die in Europa vielfach existierten, war eine geopolitische Trennlinie geworden.[86] Sie teilte in »wir« und »die anderen«, »hier« und »dort«, sie ideologisierte in polaren Begriffen (»Freiheit oder Sozialismus«), sie teilte Raum materiell wie kulturell, trennte Zivilisationen, soziale Beziehungen, Familien.[87] Die Bürger des Westens zeigten sich nicht frei von ideologischer Gefangenschaft im eigenen »Block«. Als der Schriftsteller Wolfgang Koeppen 1956 in die Sowjetunion reiste, hielt man ihn für einen Kommunisten.[88] Unübersehbar war das Grenzregime für die Bewohner des »Ostblocks« unvergleichlich härter.

Niemals in der Geschichte hatte es eine solche Grenze gegeben, nicht einmal gegen die Türken,[89] die das lateinisch-christliche Abendland in der frühen Neuzeit fast so arg bedroht hatten wie die Kommunisten nach 1945 hinter dem »eisernen Vorhang«. (Dass die Osmanen vornehmlich *orthodoxe* Christen unterworfen hatten, spielte eine nachgeordnete Rolle.) Wie das Abendland die Türken brauchte, um sich selbst zu definieren, so der Westen nach 1945 den Kommunismus. Arroganz paarte sich mit Ignoranz, eine nicht nur in diesem Fall erstaunlich dauerhafte Ehe, die den Kommunismus überlebte. Immer waren Grenzen »Zwischenräume«, wo es um die Organisierung von Durchlässigkeit ging. Dazu bedurfte es der Grenzregime, -wächter und -verwaltungen. Lokalkulturen und Mischformen entwickelten sich, die zwar unter dem Diktat der Trennung standen und doch ihre Eigenheiten zu entfalten vermochten. Die habsburgische Militärgrenze zum Beispiel, scheinbar das Musterbeispiel einer zivilisatorischen Demarkationslinie, war ein Kosmos für sich. Gedacht zur Einhegung der osmanischen militärischen Aktivitäten und zur Abwehr der islamischen Bedrohung, war sie eine ethnische, religiöse, wirtschaftliche und politische Lebenswelt für sich. Anders der »eiserne Vorhang«. Absurd, von Durchlässigkeit zu reden, und über Grenzkulturen zu sprechen bedeutet, Schießanlagen zu beschreiben. Nicht nur in Deutschland zog sich die Demarkationslinie durch die Landschaft. An der 356 Kilometer langen Grenze zwischen dem sozialistischen Ungarn und dem kapitalistischen, außenpolitisch neutralen Österreich ließ das Budapester Regime circa 300.000 Tret- und Zugminen und doppelten Stacheldrahtverhau auslegen. Dem sozialistischen Renegaten Jugoslawien gegenüber meinte Budapest seine Bevölkerung mit circa

86 Váradi, »Pinkamindszent«, S. 147

87 Paasi, *Territories*, S. 3-76

88 Koeppen, *Rußland*, S. 98-199

89 Kaser, *Bauer*

400.000 Minen sichern zu müssen.[90] Diese Grenze teilte, und zwar radikal und einschneidend. Nicht nur in Berlin waren Bürger von der Teilung betroffen. Auch in Pinkamindszent (Allerheiligen), einem kleinen Dorf an der österreichisch-ungarischen Grenze.[91] Die Grenzüberschreitung war lebensgefährlich geworden von Nordfinnland bis nach Thrakien.

Deutschland jedoch war in einem Punkt anders. Nur hier gab es überlappende Kompetenzen der Alliierten und anfangs unklar verlaufende Grenzen, die im Grunde durch die Anwesenheit der jeweiligen Truppen gebildet wurden. Deutschland war grenztechnisch wie Gummi. Das war ein unmöglicher Zustand. Die Grenze als essentialistisches Prinzip seit der Ära der Nationalstaaten fand ihre Fortsetzung im Kalten Krieg, der die zwei Blöcke deutlich voneinander schied. Der »eiserne Vorhang« gab die Metapher für die Grenze überhaupt. Aber sie existierte gerade nicht in Deutschland bis 1952, und mit Ausnahme Berlins sogar bis 1961 nicht.[92] So ist zu erklären, dass das Grenzproblem ein Dauerbrenner im West-Ost-Konflikt war und dass es gerade immer wieder in Berlin zu einer Krise kam, weil nur in dieser Stadt die Frage bis zum 13. August 1961 in der Schwebe blieb. Das Problem zeigte sich hier nicht im großen und ganzen, sondern wie unter der Lupe besonders scharf. Grenzmauern früherer Zeiten hatten Eindringlinge abhalten sollen, etwa der Limes oder die chinesische Mauer. Der »antifaschistische Schutzwall« entsprach in der Benennung dieser Tradition, in der Sache war es andersherum: Er sollte niemanden herauslassen. Verkehr zwischen Ost und West, darunter auch der demographische »Verkehr« in Form der Massenabwanderung von DDR-Bürgern, existierte am stärksten in Berlin. Während der »eiserne Vorhang« bereits geschlossen war, blieb hier ein Schlupfloch übrig, das Ulbricht und Chruščev 1961 stopften. War die innerdeutsche Grenze 1952 bereits »abgedichtet« worden, was den Ost-West-Güterstrom zum Erliegen brachte, so existierte seit 1954/55 ein »ausführlicher Plan über Beschränkungen im Verkehr der Bevölkerung zwischen dem Westsektor Berlins und dem sowjetischen Sektor«.[93] Das Schlupfloch, eine Unmöglichkeit in politischer, militärischer, mentaler, wirtschaftlicher, demographischer und ideologischer Hinsicht, wurde mit einer Mauer und bewaffneten Grenzanlagen dichtgemacht. Wenn nun ein amerikanischer Jeep auf sowjetisch verwaltetes Gelände vordrang, dann drohte ein Krieg.[94] Diese Grenze sollte auch hier undurchlässig sein, ausgenommen die wenigen Passiermöglichkeiten. Seit 1961 war der »Ost-

90 Varga, »Aspekte«

91 Váradi, »Pinkamindszent«

92 Schultke, *Keiner*

93 Ebd., S. 34-40; Uhl/Wagner, *Ulbricht*, S. 63

94 Ebd., S. 54-56, 158-172

block« unter räumlichen Gesichtspunkten wirklich Block. Die Propaganda versuchte, die Bevölkerung gegen das Fremde auf der anderen Seite des »Schutzwalls« einzustellen und die paradiesischen Verhältnisse auf der eigenen Seite herauszustreichen, während die Regime Osteuropas gleichzeitig Polizeistaaten errichteten. Dahinter, so formulierte es Jean-Paul Charnay als allgemeine Regel der Imperien, steckte das Prinzip: »der Friede – das Glück [...] Immer dasselbe Prinzip: nach der Eroberung und der Zerstörung: das Glück«.[95]

Die kritische Grenzfrage in Berlin hatte einen Vorläufer en miniature. An seinem Beispiel zeigte sich Stalins Haltung gegenüber der Offenheit von Grenzen. Nachdem die chinesischen Kommunisten 1949 an die Macht gekommen waren, verständigte er sich 1950 mit Mao Zedong über strittige Territorialfragen. Den schon von Roosevelt vorgebrachten Gedanken, der fernöstlichen Hafenstadt Dal'nij den Status einer offenen Stadt zu gewähren, lehnte Stalin brüsk ab. In seiner Antwort spiegelt sich deutlich der abschirmende Status der Grenze wider: »Was bekommt man: ein Haus mit offenen Türen.«[96] Für Stalin muss das eine grauenvolle Vorstellung gewesen sein.

Räumlich hatten sich die UdSSR und ihr Imperium mit dem Abschluss des Zweiten Weltkrieges etabliert. Über 100 Millionen Menschen lebten zusätzlich zur sowjetischen Bevölkerung darin. Dieses Imperium war zuerst einmal territorial definiert. Es bildete damit einen starken Kontrast zur Konkurrenzmacht USA, die kein solches territoriales Herrschaftskonzept erkennen ließ. Warum die Sowjetunion den veralteten Typus herausbildete, haben wir zu zeigen versucht. In Stalin fand die geopolitische Disposition der Sowjetunion und ihre Umsetzung in expansiv-imperiales Handeln ihre Verkörperung.[97] Stalin hatte sich in seinem schon zitierten Trinkspruch von 1937 als Erbe des Zarenreiches gesehen. Molotov meinte in der Rückschau, ganz im Geiste Stalins, »es ist gut, dass die Zaren soviel Land für uns erobert haben. Jetzt ist es einfacher für uns, gegen den Kapitalismus zu kämpfen.«[98] Diesen territorialen Bestand zu erhalten und zu sichern, war das oberste Gebot aller sowjetischen Außenpolitik seit 1945. Das »System von Jalta« entsprach den sowjetischen Vorstellungen. Jalta war die Fortsetzung der Politik der Interessensphären mit anderen Partnern als 1939. Es kam nun darauf an, die Grenzen, das heißt den Territorialbestand des Imperiums, zu sichern. Deswegen blieb die innerdeutsche Grenze und die Anerkennung der DDR lange Zeit ein kritischer Punkt in den Ost-West-Beziehungen. Deswegen hatte Brežnev 1968 gesagt: »Die so-

95 Charnay, *Le Bonheur*, S. 14-15
96 Danilov/Pyžikov, *Roždenie*, S. 64
97 Zubok/Pleshakov, *Cold War*, S. 16
98 Čuev, *Sto sorok besed*, S. 14

zialistische Tschechoslowakei geben wir nicht her.« Aus diesem Grunde war die UdSSR 1975 in Helsinki bereit, über Menschenrechte zu verhandeln und sie durch Unterschrift unter die »Schlussakte« formell zu garantieren. Endlich hatte sie, dreißig Jahre nach Kriegsende und wenige Jahre nach der deutsch-deutschen Verständigung, ihr Ziel erreicht: die Bestätigung der bestehenden Grenzen auch durch die USA in einer Friedensordnung für Europa. Grenze und Raum blieben folglich Geschwister in der gesamten Nachkriegsordnung der Sowjetunion. Aber für die Kontinuität des 19. Jahrhunderts zahlte die UdSSR ihren Preis. Sie verbaute sich den »Übergang von einer obsoleten Imperial- zu einer modernen Funktionalpolitik«.[99] Hätte sie doch auf Molotovs Vorgänger im Amt des Volkskommissars für Auswärtige Angelegenheiten, Maksim Litvinov, gehört, der das Territorialkonzept der sowjetischen Außenpolitik für altmodisch hielt.[100]

An dieser Stelle halten wir vorerst inne, weil die Frage nach dem Fortgang des Imperiums mit seinem bekannten Ende nicht das Thema dieses Abschnitts ist. Außerdem steht noch die Diskussion der – einige Seiten zuvor schon angedeuteten – zweiten Folge aus. Wir können sie kurz fassen, weil sie unmittelbar in den nächsten Abschnitt überleitet: Die Grenze steckte nicht nur den Raum des sowjetischen Imperiums zum »anderen« Imperium ab – übrigens erneut mit Ausnahme Finnlands, über dessen Grenze zur Sowjetunion eine vorzügliche Studie vorliegt,[101] wie man sie sich auch für andere Gebiete wünschte –, sie lenkte das Imperium nach innen um. Beschreibbar wird es seitdem nicht so sehr durch seine scheinbar ungezügelte Expansion, dem – wie man meinen könnte – zentralen Aspekt imperialer Politik überhaupt. Was wird aus dem Imperium, wenn es an seine Ausdehnungsgrenzen gestoßen ist (wenngleich diese nicht die »ideale Grenze« fixieren)? Allein der Raum oder die Geopolitik reichen als Kriterium nicht aus, um das Imperium zu beschreiben. Es ist mehr als ein großer Staat.[102] Es muss durch seine inneren Zusammenhänge beschreibbar sein. An diesem Punkt befinden wir uns jetzt. Die Existenz der Grenze, des »eisernen Vorhangs«, zwingt uns, die Analyse des Imperiums in die Binnenstrukturen zu verlegen. Wenn Raum jedoch die zentrale Kategorie des Imperiums bleiben soll, dann heißt das, diesen im folgenden analytisch anders anzugehen. Raum, sofern bewohnt, ist immer grundlegend für Machtausübung.[103] »Ein geographischer Umfang von so und so vielen Quadratmeilen bildet nicht ein großes Reich, sondern das tun die psychologischen Kräfte,

99 Bühl, *Ende*, S. 132
100 Zubok/Pleshakov, *Cold War*, S. 37-38
101 Paasi, *Territories*
102 Filippov, »Nabljudatel' imperii«
103 Foucault, *Schriften*, S. 38-54

die die Bewohner eines solchen Gebietes von einem herrschenden Mittelpunkt her zusammenhalten.«[104] Das Imperium, so Filippov, sei durch Kommunikation bestimmt. Es lasse sich weniger durch politische Funktionalität als vielmehr als ein soziologisches Konstrukt fassen. Filippovs Raum ist einer, in dem sich zirkuläre Migrationsbewegungen und soziale Migrationen, Warenumläufe und Wirtschaftbeziehungen gestalten. Und er ist mental definiert; in der Sprache der Sowjetunion als »sozialistisches Weltsystem«.

Bevor wir uns diesem Aspekt zuwenden, ist noch eine Bemerkung über die Grenzen im »Ostblock« einzufügen. Obwohl es sich bei den im »Ostblock« zusammengeschlossenen Staaten und Gesellschaften um den Kern des »sozialistischen Weltsystems« handelte, war dieser Raum nicht ohne Grenzen. Zwischen der UdSSR und ihren »Satelliten« existierte ein äußerst strenges Grenzregime, das die Sowjetunion von ihren befreundeten Bevölkerungen trennte.

Bis 1953 blieben die Staatsgrenzen im Ostblock beinah undurchlässig. Das galt auch für die Satellitenstaaten untereinander.[105] Fast zwei Jahrzehnte dauerte es, bis aus der schrittweisen Lockerung des Grenzregimes während der Entstalinisierung die weitgehende Öffnung wurde. Je mehr sich der Verkehr von Menschen und Gütern zwischen den sozialistischen »Satelliten« normalisierte und die Grenzen als Barrieren zwischen Bruderstaaten mehr und mehr überwand, desto deutlicher entwickelte sich die sowjetische Westgrenze zu einem Anachronismus aus stalinistischer Zeit. »Eine Fahrt aus Polen in die Ukraine konnte bis 1991 – also bis zum Ende der Sowjetunion – nur auf der Grundlage von Einladungen zur Erledigung von Familienangelegenheiten erfolgen«.[106] Während die meisten osteuropäischen Staaten bereits Ende der sechziger und Anfang der siebziger Jahre Verträge über visafreien Personenverkehr abgeschlossen hatten, kam ein solches Abkommen zwischen Polen und der UdSSR erst 1979 zustande. Die Verhängung des Kriegsrechts in Polen am 13. Dezember 1980 machte diese Neuerung de facto wieder zunichte.

104 Simmel, »Soziologie«, S. 133; vgl. Nolte/Simmel, »Anthropologie«
105 Schultz, *Bevölkerungstransfer*; dies., »Nachkriegsordnung«
106 Stępień, »Grenze«, S. 265

2. Gezähmte Weltmacht

Springen wir aus den unmittelbaren Nachkriegsjahren an das Ende der Sowjetunion. Es ist eine erstaunliche Tatsache, dass der erste sozialistische Staat, der sich zu einer Weltmacht entwickelte, zusammenbrach, ohne den Globus – oder, wer es etwas kleiner mag, Europa und die USA – in einen Krieg zu ziehen. Der Gedanke an einen großen Krieg ist so abwegig nicht, denn als gegen Ende der Brežnev-Ära die inneren Schwächen der UdSSR offensichtlich wurden, da vertraten kompetente und bekannte Beobachter die Meinung, die Sowjetunion könne gerade deswegen nach außen unberechenbar werden. Seweryn Bialer, einer der klügsten Analytiker der sowjetischen Verhältnisse, sprach 1981 von einer kommenden »harsh decade«, weil die Gefahr bestehe, dass die inneren Entwicklungen in der Sowjetunion zu internationalen Krisen führen.[107] Carl Friedrich von Weizsäcker meinte, die UdSSR könne unter diesen Umständen versucht sein, ihre Militärmacht einzusetzen.[108] In der Sowjetunion fürchtete ein Dissident vom Rang eines Andrej Sacharov ähnliches.[109] Doch nichts dergleichen geschah. Weder zerbrach die UdSSR an dem Konflikt mit China, wie Andrej Amalrik vorausgesagt hatte,[110] noch riss die sozialistische Supermacht einen Teil der Welt in den Abgrund. Alle Horrorszenarien, die im Westen jemals über die Unberechenbarkeit, die Aggressivität, die militarisierte Mentalität und die einzusetzenden Machtmittel der Sowjetführung entworfen worden waren, erwiesen sich als unzutreffend. Die Sowjetführung hat am Ende sogar ihr unmittelbares Sicherheitsvorfeld in Ostmitteleuropa ohne einen Schuss freigegeben. Sie hat die Vereinigung der beiden Deutschlands ermöglicht unter Preisgabe des SED-Regimes in der DDR, das sich von den Genossen in Moskau verraten fühlen durfte. Das war eine Leistung, die nicht nur die friedliche Neuordnung in Europa ermöglicht hat (mit Ausnahme des Krieges in Südosteuropa, der aber nicht auf das Konto der UdSSR und ihres Imperiums geht), sondern die auch auf einen Wandel im Verständnis der internationalen Politik verweist, für den der Begriff »fundamental« angebracht ist. Wäre ein solcher Abgang unter Stalin, auch noch unter Chruščev denkbar gewesen? Die Antwort gibt die Geschichte. 1956 und 1968 sind Beweis genug. Allein um den inneren Bestand des Vielvölkerreiches UdSSR brachen am Ende Kämpfe aus; um dieses Reich zu erhalten, putschten Regierungsmitglieder, Armeegeneräle und der Chef des Geheimdienstes im August 1991 – vergeblich, wie wir wissen. Die Sowjetunion, der von west-

107 Bialer, »Decade«

108 von Weizsäcker, *Friede*

109 Sacharow, *Zukunft*, S. 15-28

110 Amalrik, *Sowjetunion*

lichen Kreisen alle nur denkbaren militärischen Übeltaten zugetraut wurden, hat ihre Schwäche nicht durch außenpolitische Abenteuer zu kompensieren versucht. Sie hat während des Zusammensackens keine jener Massenvernichtungswaffen eingesetzt, über die sie verfügte.

Der soeben skizzierte Befund führt zu dem Problem, das in diesem Abschnitt behandelt wird: die Frage nach dem Wandel, den das sowjetische Imperium seit seiner Entstehung am Ende des Zweiten Weltkrieges durchmachte, wie er in der Tatsache des nach außen friedlichen Zusammensinkens symbolisch zum Ausdruck kam. Wie ist er zu erklären? Zwei Thesen wollen wir hier vortragen und erhärten. Die erste ist die von der Zähmung durch Internationalisierung. Das bedeutet, dass die Sowjetunion, die im Hinterhof Europas den stalinistischen »Sozialismus in einem Land« unter eng begrenzten außenpolitischen Entfaltungsmöglichkeiten aufbaute, nach 1953 unter den Bedingungen der global handelnden Weltmacht in einer bipolaren Welt mehr und mehr die stalinistischen Elemente abschliff, die Wahrnehmung der Welt entideologisierte und zugleich die Außen- und Sicherheitspolitik professionalisierte. Die Existenz der bipolaren Welt, deren grundsätzliche Bedeutung wir trotz der darin enthaltenen Vereinfachung nicht in Frage stellen, hat zu der Zähmung beigetragen. Dieses Argument tritt zugleich jeder Romantisierung der sowjetischen Politik als Friedenspolitik, wie Moskau sie zu bezeichnen pflegte, entgegen. (Die Zähmung durch Bipolarität gilt auch für die USA. Als entfesselte Weltmacht treten die Vereinigten Staaten erst seit dem Zusammenbruch der Bipolarität auf.) Der Prozess der Zähmung durch Internationalisierung bedeutete nicht, dass Konflikte ausblieben, und er verhinderte auch nicht verhängnisvolle Irrtümer und Fehler wie im Falle Afghanistans. Auch war die soeben angedeutete Tendenz keineswegs nur eine Erscheinung der Perestrojka, sie kam aber in dieser Phase zum Durchbruch. Wenn Gorbačev schließlich vom »gemeinsamen Haus Europa« sprach, so spiegelte diese Formel die vollendete Zähmung wider.

Die zweite These lautet, dass die soeben skizzierte Entwicklung mit der Existenz jenes spezifischen Flächenimperiums in Osteuropa zusammenhing, dessen gewaltsame Entstehung sich seit 1939 vollzogen hatte. Sie besagt also, auf den ersten Blick paradox, dass das im Stalinismus geschaffene osteuropäische Imperium der UdSSR die Voraussetzung des friedlichen Auseinandertreibens war. In dem Paradox verbirgt sich der fundamentale Wandel. Er wird gewöhnlich durch die scheinbare Unveränderlichkeit und Stabilität der bipolaren Situation in Europa, aber auch durch die militärischen Invasionen 1956 und 1968 verdeckt. Erklärungsbedürftig ist die Tatsache, dass auch während des Zusammenbruchs der UdSSR der Friede in einer Gegend erhalten blieb, wo er in den Anfangsjahren der Bipolarität ernsthaft bedroht war. Erinnert sei nur an die Berlin-Krisen 1948, 1958 und den Bau der Mauer 1961. Wir sagen damit zugleich, dass der eigentümliche – und selbst von Experten unvorhergesehene – Ausgang der umstürzenden Entwicklungen 1989 in der sowjetischen Nachkriegsgeschichte strukturell angelegt war. Trotz aller diplomatischen Geschicklichkeit bei den »Zwei plus Vier-Gesprächen« – die friedliche Neugestaltung Europas wäre ohne diesen Wandel von der stalinistischen zur international disziplinierten UdSSR kaum möglich gewesen. Um ein Jahrhundert abzuwählen,[111] bedurfte es nicht nur der Massenproteste in den osteuropäischen Ländern, sondern auch eines gewandelten imperialen Zentrums, das diesen Vorgang »erlaubte«. Diese beiden Thesen wollen wir im folgenden begründen.

Stalins Wort gegenüber Djilas, wonach das gesellschaftliche System dort eingeführt werde, wo die Truppen hinreichen, ist noch nicht zu Ende gedeutet. Stalins kriegerisch begründetes und territorial definiertes Imperium blieb bis 1989 bestehen, wenngleich nicht ohne Wandel. Seine wichtigste Säule bildete das Militär, ohne das der osteuropäische Kommunismus sowjetischer Bauart nicht zu erklären ist. Von vornherein zeigt sich, dass der Begriff des Sowjetimperiums sinnvoll nur auf Osteuropa angewendet werden kann, denn hier allein war die Sowjetunion dauerhaft präsent, hatte die Länder unter ihre Herrschaft gebracht, das eigene System eingeführt, Truppen stationiert, und sie übte die militärische Kontrolle aus. In keiner anderen Gegend der Erde, wo immer die Sowjetunion zeitweilig Einfluss besaß, war der feste Griff der Weltmacht so zu spüren wie in Osteuropa. Das Bild von den drei Ringen des Imperiums, das wir nach Adomeit zu Beginn des Kapitels vorgestellt haben, ist insofern an dieser Stelle zu präzisieren. Der dritte Ring war ein sehr ausgefranster und instabiler Bereich, der die Länder der »Dritten Welt« umfasste. Aber nirgendwo dort war sowjetischer Einfluss dauerhaft stark, so dass wir von ähnlichen Verhältnissen wie in Osteuropa sprechen könnten. Nicht einmal Kuba und später Vietnam ließen sich von Moskau an die Kandare nehmen. Zwar war so mancher Drittweltstaat von sowjetischer Wirtschafts- und Militärhilfe abhängig, und zumeist waren es die Ärmsten unter den Armen, die sich an die UdSSR wandten, doch ein Imperium bildete sich nicht heraus. Wir können uns, wenn wir das Sowjetimperium untersuchen wollen, getrost auf Osteuropa beschränken. Zweifler mögen sich mit dem Gedanken auseinandersetzen, dass in der »Dritten Welt« sozialistische Regierungen mit mehr oder weniger sozialistischen Systemkomponenten kamen und gingen, dies aber die UdSSR nicht untergrub – wohl aber die Frage, ob Ungarn, die Tschechoslowakei oder Polen im Machtbereich verblieben oder nicht. Wenn das sozialistische Angola

111 Ash, *Jahrhundert*

fiele, dann lebte die UdSSR weiter. Wenn Polens Kommunisten stürzten, dann drohte der Zusammenbruch des Imperiums. Darin liegt der Unterschied zwischen dem zweiten und dem dritten Ring des Imperiums.

Um die erste These zu stützen, wenden wir uns den Fällen zu, in denen die Sowjetunion mit allen Mitteln ihr Imperium zu sichern trachtete: Ungarn 1956 und Tschechoslowakei 1968. Diese Ereignisse geben Gelegenheit herauszuarbeiten, wie sich dieser Wandel vollzog, obwohl auf den ersten Blick 1956 und 1968 geradewegs das Gegenteil zu belegen scheinen. Hier jedoch spitzten sich Situationen zu, welche die Sowjetführung zu einer Stellungnahme hinsichtlich des imperialen Zusammenhalts zwangen.

In Ungarn hat der Kreml die Entwicklung über den sowjetischen Botschafter in Budapest, Jurij Andropov, genau verfolgen können, und er stand mit der ungarischen Führung in engem Kontakt, zuerst mit dem Stalinisten Mátyás Rákosi, dann mit dessen Nachfolger Ernö Gerö. Es war Andropov, der die Lage in Budapest als »außerordentlich gefährlich« – er meinte: für die Sowjetunion – einschätzte und militärische Maßnahmen befürwortete, obwohl Gerö, der Kompromisskandidat im Amt des ungarischen Parteichefs, dies für unvernünftig hielt.[112] Die Parteiführung in Moskau war sich keineswegs einig über das Vorgehen gegen die Ungarn.[113] Ausschlaggebend für unsere Thematik ist der Aspekt, dass sie schließlich keinen anderen Ausweg mehr wusste, als der ungarischen Rebellion, die im Oktober in einen Massenaufstand übergegangen war, durch die militärische Besetzung des Landes Herr zu werden. Die Tatsache, dass die Vorherrschaft der Partei vor dem Ende stand, dass Ministerpräsident Imre Nagy den Austritt aus dem Warschauer Pakt erklärt hatte und der gesamte Zustand in Ungarn vom sowjetischen Politbüro als »Konterrevolution« eingeschätzt wurde, brachte das Fass zum Überlaufen. Neben diesen entscheidenden Gründen gab es weitere. In den militärstrategischen Überlegungen war von Bedeutung, dass Ungarn an der Nahtstelle des möglichen westlichen und südwestlichen Kriegsschauplatzes lag. Darüber hinaus ist ein Argument vorgetragen worden, das in den offiziellen Debatten und Entscheidungen kaum auftauchte, aber ein Licht auf die mentale Disposition wirft, die den politischen Erörterungen vorgelagert war: Die Sowjetunion habe ihre Söhne zur Befreiung Ungarns eingesetzt. Allein in der Operation zur Befreiung Budapests seien über 80.000 Soldaten und Offiziere der Roten Armee gefallen. »Es wäre den sowjetischen Soldaten, Unteroffizieren und Offizieren gegenüber, die im Kampf gegen die Faschisten auf ungarischem Territorium ihr Leben gelassen hatten, einer Lästerung gleichgekommen, wenn wir elf Jahre

112 Kirov, »Hungary«, S. 131

113 *Sovetskij Sojuz*

später Ungarn dem Gegner überlassen hätten.«[114] Dieses Wort aus der Feder eines der ranghöchsten sowjetischen Offiziere im Warschauer Pakt ist jedoch nicht zeitgenössisch, sondern erst viele Jahre später niedergeschrieben worden. Aber es verweist darauf, wie sehr gerade das Offizierskorps der Sowjetarmee den »Großen Vaterländischen Krieg« zu einer moralischen Rechtfertigung politischen Handelns und der Existenz des Imperiums heranzog. Das Pathos des mit Blut besiegelten Triumphs im antifaschistischen Befreiungskampf ließ sich offensichtlich problemlos in Gründe für politische Herrschaft ummünzen. Stalins schon zitierter Satz Djilas gegenüber muss dem Offizierskorps aus dem Herzen gesprochen sein. Dass hier nicht nur ein patriotisch und zugleich imperial gesinnter General seine Meinung zum besten gab, wird sich später noch bestätigen, als nämlich Brežnev anlässlich der Invasion der Warschauer-Pakt-Truppen in die Tschechoslowakei 1968 dasselbe Argument vortrug.

Aber haben die Offiziere, die 1956 in Ungarn an der Front standen, gewusst, dass die Gefahr eines Verlusts dieses Landes an den Klassenfeind nicht bestand? Die nach Budapest entsandten sowjetischen Beobachter, keine geringeren als die Politbüro-Mitglieder Mikojan und Suslov, gaben zu befürchten vor, dass im Falle des Abzugs sowjetischer Truppen amerikanische einrücken würden.[115] Das war eine glatte Lüge, denn in Moskau war man sich der Zurückhaltung der Amerikaner im Falle der Invasion bewusst.[116] Es gab schließlich noch andere Angelegenheiten, bei denen die Kreml-Führung mit den Amerikanern in Kontakt stand. Im Sommer 1956, während der Suez-Krise, waren beide Supermächte damit beschäftigt, ihren Einfluss auf die mit ihnen verbündeten Konfliktparteien geltend zu machen, damit diese nicht aus dem Ruder liefen.

1968 war der Zyklus der Sozialismuskrisen nach der DDR 1953, Polen und Ungarn 1956 in der vergleichsweise stalinistisch verbliebenen Tschechoslowakei angekommen. Wie schon 1956 setzte Moskau nicht von vornherein auf Druck und militärische Lösung. Zwischen Brežnevs Wort »ėto vaše delo« (das ist eure Sache) anlässlich seines Besuches in Prag im Dezember 1967 und seinem »socialističeskuju Čechoslovakiju ne otdadim« (die sozialistische Tschechoslowakei geben wir nicht her) im Sommer 1968 lag ein kurvenreicher Wandel in der Beurteilung der Lage in der ČSSR.[117] Ohne den »Fehler« zu begehen, den sich die Ungarn 1956 hatten zu schulden kommen lassen, nämlich den Austritt aus dem Warschauer Pakt zu beschließen, blieb den Tschechen und Slowaken im »Prager Frühling« die militärische Intervention durch sowjetisch dominierte

114 Gribkov, *Warschauer Pakt*, S. 130

115 Ebd., S. 124-125

116 Békés, »New Findings«, S. 2; ders., »The 1956 Revolution«

117 Pauer, *Prag*

Warschauer-Pakt-Truppen dennoch nicht erspart. Erneut setzte das Imperium alle zur Verfügung stehenden Mittel ein. Dass aber nicht nur sowjetische Verbände, sondern auch bulgarische, ungarische und polnische Truppen einmarschierten und die Nationale Volksarmee der DDR im Bereich der Logistik und Fernmeldetechnik den Feldzug unterstützte, war nicht nur politische Kosmetik. Hinter dieser brüderlichen Waffensolidarität, die sich auf den berüchtigten Brief moskautreuer Prager Kommunisten mit der Bitte um »Hilfe« berufen konnte,[118] stand schließlich die keineswegs nur von Moskau erzwungene Zustimmung der osteuropäischen Parteiführer Ulbricht, Živkov, Kádár und Gomułka. Nach allem, was die Archive in den Jahren nach 1989 hergaben,[119] wird man nicht davon sprechen können, hier habe der Kreml eisenhart und rücksichtslos über die Köpfe der osteuropäischen Parteiführer hinweg gehandelt und sie in die Waffenbrüderschaft hineingeprügelt. Dass die tschechoslowakische Führung nicht eingeweiht wurde, versteht sich. Ceauşescu hatte eine Beteiligung Rumäniens an der Invasion abgelehnt.

Was aber bedeutet ein solches »abgestimmtes« Vorgehen für das Imperium? Die Sowjetunion hatte sich, obwohl sie unbestritten die militärische Führungsmacht im »Ostblock« war, nicht nur den Anschein konsultativer Verfahren in Krisenlagen gegeben, sie wollte darüber hinaus nicht ohne die Zustimmung der Verbündeten handeln. Ihr Wunsch, die Prager Renegaten nicht allein niederzuschlagen, zeigte nichts anderes, als dass die politischen Binnenstrukturen im Imperium keineswegs mehr stalinistisch-hierarchisch gegliedert waren und die Parteichefs der kleinen Länder wie brave Kolonialgouverneure funktionierten, die mit ihren Truppen anrückten, wenn das Zentrum rief. Hinter dem nun propagierten Begriff »sozialistischer Internationalismus« verbarg sich diese neue Pluralität. Was geschehen wäre, wenn die Mehrheit der osteuropäischen Parteichefs von der Invasion abgeraten oder gar ihre Truppen nicht zur Verfügung gestellt hätten, kann nur zu Spekulation führen. Auf jeden Fall ist diese Frage nicht einfach mit »dasselbe, was geschah« zu beantworten, weil der Kreml ohnehin von allen im Westen, aber auch von den sozialistischen Ländern Jugoslawien, Albanien und China als der verantwortliche Schurke ausgemacht wurde. Die Konsequenz dieses konsultativen Verfahrens aber musste schließlich sein, dass der soeben hypothetisch beschriebene Fall der verhinderten Invasion eintreten könnte. Genau das geschah 1980/81 während der polnischen Krise. Darauf kommen wir zurück.

Was die sowjetischen Politbüromitglieder an militärischen, sicherheitspolitischen, ideologischen und wirtschaftlichen Aspekten vor dem Einmarsch am

118 Ebd., S. 196-197

119 Ebd.; Pichoja, *Sovetskij sojuz*, S. 301-344; ders., »Čechoslovakija 1968 god«

21. August 1968 erörterten, braucht hier nicht wiederholt zu werden.[120] Auch in diesem Jahr stand nicht zu befürchten, dass der kapitalistische Gegner aus der Situation militärisch Kapital schlagen würde.[121] Das »System von Jalta« funktionierte, die Einflussgebiete waren festgelegt, das noch zarte Pflänzchen der Entspannungspolitik konnten die Stiefel der fremden Soldaten in Prag nicht zertreten. Dennoch war die Invasion eine heikle Angelegenheit, weil der politische Schaden unübersehbar war. China, Albanien und selbst der Warschauer-Pakt-Staat Rumänien kritisierten das Vorgehen. Für die Linke im Westen sollte das ruhmreiche Jahr 1968 seinen Höhepunkt nicht in der rüden Besetzung eines reformsozialistischen Landes durch ehemalige Stalinisten finden. Entsprechend enttäuscht zeigten sich die »Eurokommunisten«. In der ČSSR nahm die Sowjetunion den Verlust der Sympathien bei den zuvor russophilen Tschechen und Slowaken in Kauf. Die verloren nach 1968 alle Illusionen über den großen Bruder. Schon Wochen vor der Invasion vom 21. August, als sowjetische Manöververbände trotz der Beendigung der Militärübung im Lande geblieben waren, hatte der sowjetische Botschafter in Prag prophezeit: »Die Truppen müssen abgezogen werden, weil die Bevölkerung bei dieser Lage die Anwesenheit unserer Truppen nicht unterstützt. Im Moment sind die Beziehungen [der Bevölkerung – S.P.] zu unserer Armee sehr gut. Aber wenn wir jetzt unsere Truppen hier lassen, wird man sich gegen uns wenden.«[122] Nach der Intervention war die Russophilie der offenen Russophobie gewichen. 1945 hatte die Bevölkerung den Rotarmisten Blumen zugeworfen, 1968 las man an Häuserwänden »Ivan, go home«,[123] die östliche Variante von »Ami, go home«, das sich auf Vietnam bezog. Wer die Russenfeindlichkeit nicht zeigte, ballte die Faust in der Tasche. Von hier aus war es kein weiter Weg mehr zu dem Vorwurf, auch die Sowjetunion sei imperialistisch, wenngleich der Begriff – wie eingangs gesagt – ein Schlagwort im politischen Tagesgeschäft war. Doch hüten wir uns hier vor romantisierenden Vorstellungen: Selbst nach den Niederschlagungen der Aufstände und Reformsozialismen 1953, 1956 und 1968 blieben genügend Personen übrig, die weiterhin zum kommunistischen System hielten. Es ist eine Illusion zu glauben, dass ganz Ostmitteleuropa nur aus Unterdrückten bestand. Das hätte die nationale Geschichtsschreibung in Ostmitteleuropa nach 1989 gerne so.

Hinter dem Entschluss, den friedlichen Reformsozialismus militärisch niederzuschlagen und auf Menschen zu schießen, die einen »Sozialismus mit menschlichem Antlitz«, das heißt einen entstalinisierten Sozialismus wollten,

120 Dazu s. Anm. 116-119
121 Mlynář, *Nachtfrost*, S. 301
122 Pichoja, »Čechoslovakija 1968 god«, S. 20
123 Mlynář, *Nachtfrost*, S. 250

steckten mehrere Gründe: der »offiziell« vorgebrachte Vorwurf der »Konterrevolution«; das befürchtete baldige Ende der Parteiherrschaft und des Sozialismus in der ČSSR und die Furcht auch der deutschen, bulgarischen, ungarischen und polnischen Satrapen, der »konterrevolutionäre« Funke könne auf ihre Länder überspringen. Sie befürworteten deshalb eine militärische Niederschlagung des »Prager Frühlings«. Darüber hinaus ist der gewaltsame Zusammenhalt des osteuropäischen Imperiums 1968 auch vor dem Hintergrund der sowjetisch-chinesischen Auseinandersetzungen zu sehen. Für Moskau bedeutete der Bruch im sozialistischen Lager nicht nur den Verlust der ideologischen Vorherrschaft, die 1948 bereits im sowjetisch-jugoslawischen Konflikt erodiert war, sondern auch die Zuspitzung der Konflikte bis hin zu militärischen Auseinandersetzungen zwischen dem China Mao Zedongs und der UdSSR im März 1969.[124] Man mag die Gefechte auf der Damanskij-Insel (chinesisch: Zhenbao dao) im Grenzfluss Ussuri, die für die Chinesen weitaus verlustreicher endeten als für die sowjetischen Streitkräfte, als Nebensache abtun, doch wäre das eine falsche Perspektive. Man darf nicht die Tatsache ausblenden, dass sich Moskau seit der wachsenden Gegnerschaft zu China stets dem Szenario eines Zweifrontenkrieges ausgesetzt sah.

Alle diese Aspekte spielten 1968 eine gewichtige Rolle. Aber überwölbt wurden sie von einem historisch-moralischen Argument. In einer Situation, als die tschechoslowakisch-sowjetischen Gespräche völlig in der Sackgasse steckten, holte Brežnev das historisch-moralische Argument für den Erhalt des Imperiums heraus. Alexander Dubček, der tschechoslowakische KP-Chef, der unmittelbar nach dem Einmarsch der Truppen als Geisel nach Moskau verschleppt worden war, musste sich von Brežnev belehren lassen. Dessen Worte hat der Augenzeuge Zdeněk Mlynář zusammengefasst:

> »Euer Land liegt aber in dem Bereich, in den im Zweiten Weltkrieg sowjetische Soldaten ihren Fuß gesetzt haben; wir haben das mit großen Opfern bezahlt, und von dort gehen wir nicht mehr fort. Eure Grenzen sind auch unsere Grenzen. Und weil ihr uns nicht gehorcht, fühlen wir uns bedroht. Im Namen unserer Toten aus dem Zweiten Weltkrieg, die ihr Leben auch für eure Freiheit geopfert haben, sind wir vollauf berechtigt, unsere Soldaten zu euch zu schicken, um uns innerhalb unserer Grenzen wirklich sicher fühlen zu können. Ob uns unmittelbar jemand bedroht, ist nebensächlich, es handelt sich um eine prinzipielle, von äußeren Umständen unabhängige Angelegenheit. Und so wird es vom Zweiten Weltkrieg an ›für ewige Zeiten‹ sein.«[125]

Heute wissen wir, wie lange ewig ist.

---

124 Boden, »Streitkräfte«, S. 1041

125 Mlynář, *Nachtfrost*, S. 300-301

Wer vornehmlich ideologische Gründe für die Invasion sieht, wird den Wahrnehmungen der Sowjetführer nicht gerecht. Es gab einen Begründungszusammenhang, der nur aus den Erfahrungen sowjetischer Parteiführer zu verstehen ist und der sich dem aus dieser Perspektive geradezu unmoralischen Argument von der widerrechtlichen Sowjetisierung Ostmitteleuropas durch Stalins Truppen gegenüber sperrte. Brežnevs Hinweis auf den Zweiten Weltkrieg und die Befreiung durch die Rote Armee enthielt die Letztbegründung des Imperiums. Stalin hatte sinngemäß gemeint, die Soldaten der Roten Armee bringen auch den Sozialismus, Brežnev 1968 und der zitierte General Gribkov mit Blick auf 1956 verlegten den Akzent auf das Niederringen Hitler-Deutschlands. Dass dies keine leere Formel war, belegt die Tatsache, dass Brežnev im Dezember 1964, als von einem Prager Reformsozialismus noch keine Rede sein konnte, vor tschechoslowakischen Kommunisten ebenfalls dieses Argument benutzt hatte. »Diese Erinnerung verpflichtet zu vielem.«[126] Schließlich bestand diese Sowjetführung aus der sogenannten Brežnev-Generation, das heißt aus Personen, die kurz vor dem Ersten Weltkrieg geboren waren und für die der Zweite Weltkrieg Grunderfahrung und Karriereaufschwung zugleich war. In dem Ensemble unterschiedlicher Gründe, zu denen das historisch-moralische als zentrales hinzugehört, ist die Entscheidung zur Invasion verständlich zu machen.

Gegen das historisch-moralische Argument war kein Kraut gewachsen. So wundert es nicht, dass in Brežnevs Philippika gegen den trotz schwerer körperlicher und psychischer Erschöpfung widerborstigen Dubček Begriffe wie Souveränität, staatliche und nationale Unabhängigkeit nicht vorkamen. Für den sowjetischen Generalsekretär stellten diese Fragen kein Problem dar. Insofern ist entschleiernd, was Mlynář anschließend in der wörtlichen Rede des sowjetischen Generalsekretärs wiedergibt. Brežnev rechnete Dubček vor, auf wessen Unterstützung die Reformer zählen könnten:

> »Was glaubt ihr, wird nun zu euren Gunsten geschehen? Gar nichts wird geschehen. Ein Krieg wird nicht ausbrechen, Genosse Tito und Genosse Ceauşescu werden Reden halten, auch [der Vorsitzende der italienischen KP – S.P.] Genosse Berlinguer. Na und? Ihr verlasst euch auf die kommunistische Bewegung in Westeuropa – aber die hat bereits seit fünfzig Jahren keine Bedeutung mehr.«[127]

Hier sprach der Altstalinist, der das imperiale Erbe der Stalinzeit bewahrte, und er hatte vollkommen recht mit seiner Einschätzung der »Eurokommunisten«. Konnte Berlinguer die Ergebnisse des Zweiten Weltkrieges revidieren?

126 Brežnev, *Leninskim kursom*, S. 51
127 Mlynář, *Nachtfrost*, S. 301

Hatte er einen Panzer?[128] In einem Moment völliger Ausweglosigkeit, der persönlichen Enttäuschung und des Ärgers legte Brežnev die Karten auf den Tisch – die historische Begründung für das imperiale Handeln im »Ostblock« nach Stalin: Das »sozialistische Lager« hatte sich gebildet, eine Erweiterung des sozialistischen Gesellschaftsmodells nach Westen war aussichtslos; dort, wo es existierte, sollte es jedoch stabil und vor äußerer Bedrohung sicher sein; es war ein Ergebnis des Zweiten Weltkrieges, woran auf keinen Fall gerüttelt werden durfte. Breženvs Worte ließen sich folgendermaßen übersetzen: Soweit haben wir es geschafft; mehr ist nicht drin, und das, was wir erreicht haben, verteidigen wir mit allen Kräften. Im Grunde war das eine zutiefst defensive Haltung. Der Kreml platzierte das historisch-moralisch begründete Imperium über die Reform des in seinen Strukturen noch immer stalinistischen Sozialismus.

Unter diesen Umständen stellt die Beteiligung der osteuropäischen Parteiführer ein schwer erklärliches Paradox dar. Dass die militärische Invasion mit Unterstützung der »Satrapen« erfolgte, wird zwar aus naheliegenden Gründen verständlich, konnten diese doch an »Frühlingen« in ihren Ländern kein Interesse haben, aber die moralisch-historische Letztbegründung schloss alle osteuropäischen Parteichefs im Grunde von jeglicher Machtbeteiligung aus und machte sie zu Statthaltern des moralisch überhöhten Zentrums. Die Realität sah anders aus. Die Koalition der sozialistischen Konservativen enthielt zugleich die Option auf ein plural ausgestaltetes Imperium, das unter diesen Bedingungen bereits in Anführungszeichen zu schreiben ist. Der Machtanspruch Moskaus, wie er sich in der Invasion vom August manifestierte, war folglich in dem Moment ausgehöhlt, als der Kreml auf die gemeinsame Sache Wert legte. Ein starkes imperiales Zentrum erledigt Probleme in der Peripherie ohne militärische Hilfe. Wenn es der Unterstützung der Verbündeten bedarf, dann ist es entweder nicht mehr imperial oder es ist schwach. Die »Befreiung« im »antifaschistischen Kampf« war deswegen zugleich das letzte argumentative Aufgebot des Kremls zur Aufrechterhaltung der sowjetischen Hegemonie. Aber auch das sollte erodieren.

Für die sowjetische Führung war das historisch-moralische Argument verhängnisvoll, denn sie setzte sich über kurz oder lang der Frage der historischen Legitimation ihres Imperiums aus. Noch war das Argument im Stile des »80.000 unserer gefallenen Soldaten für eure Befreiung vom Faschismus« unschlagbar. Nicht nur von Moskau abhängige Kommunisten hatten keine Chance, etwas dagegen zu sagen, denn der Blutpreis der Sowjetunion war für die kleinen Länder in der Tat eine moralische Verpflichtung. Aber wie lange würde das Argument vorhalten, um den immer verhassteren Sozialismus stali-

128 Ebd., S. 302

nistischer Prägung und die kulturelle Überformung durch die sowjetische Hegemonie zu sichern, den Autoritäts-, ja auch den moralischen Ansehensverlust der Kommunisten in den kleinen Ländern aufzuhalten oder zu verhindern? Das Problem dieses Arguments bestand darin, dass es die Geschichte enthielt, die spätestens dann in den Vordergrund rücken musste, wenn die Moral erodierte. Dann jedoch würde sich zeigen, dass die historische Begründung nur Bestand hatte in Kombination mit der moralischen und ohne diese rasch in sich zusammensacken musste. Das geschah gegen Ende der 1980er Jahre, als immer deutlicher vor Augen trat, dass dieses Imperium durch Gewalt und brachiale Eroberung, dass es in enger Kumpanei mit dem Unrechtsregime Hitlers entstanden war, ja dass es absolut keine Rechtfertigung für den Erhalt dieses Imperiums mehr gab, wenn erst die Geschichte ihr Recht einforderte. Katyń ist das Symbol für diesen Vorgang.

Das Jahr 1968 zeigte das eigentümliche Doppelgesicht, welches das Imperium mittlerweile angenommen hatte. Einerseits sprach aus Breżnevs Worten unüberhörbar das schon zitierte Wort Stalins Djilas gegenüber, war die Invasion ein Akt der Wiederherstellung der imperialen Ordnung im sowjetischen Sinne, andererseits hatte sich das Imperium intern pluralisiert, ohne jedoch den Grundbestand des Imperiums preiszugeben. Dieser Sachverhalt spiegelte sich in der Rede wider, die Breżnev am 12. November 1968 auf dem 5. Parteitag der Vereinigten Polnischen Arbeiterpartei in Warschau hielt und deren Inhalt im Westen als »Breżnev-Doktrin« in die Geschichte eingegangen ist.[129] Der Generalsekretär sprach von der Gefahr, die dem »sozialistischen Lager« als ganzem durch die »Imperialisten« drohe, erwähnte die dem Sozialismus feindlichen Kräfte in der Tschechoslowakei und meinte, dass die Kommunisten ihre Fehler analysierten, um die Position des Sozialismus zu festigen und »um den Feinden des Sozialismus nicht ein Stückchen von dem zu geben, was schon erobert ist«. Breżnev stellte keineswegs die Doktrin von der beschränkten Souveränität der osteuropäischen Länder auf. »Wir wenden uns scharf gegen die Einmischung in die [inneren – S.P.] Angelegenheiten irgendwelcher Staaten, gegen die Verletzung ihrer Souveränität.« Wenn das nicht reiner Zynismus war – warum sollte Breżnev vor den polnischen Kommunisten diese provokante Haltung einnehmen? – dann steckte hinter diesem Satz eine in Breżnevs Augen fundierte Ansicht. So verwundert es nicht, wenn er weiter davon sprach, dass die Sowjetunion viel für die Souveränität der sozialistischen Staaten getan und deren Weg zum Sozialismus entsprechend der nationalen Bedingungen gefördert habe. Solche Worte als zynische Floskeln abzutun, fiel westlichen Kommentatoren und Reformsozialisten, nun Dissidenten, seinerzeit

129 Breżnev, *Leninskim kursom*, Bd. 2, S. 324-336

begreiflicherweise leicht – ein Beispiel für sowjetisches *double speak*. Die Gefahr, der sowjetischen Rhetorik auf den Leim zu gehen, besteht auch heute, nur verbaut eine solche Voreingenommenheit weitgehend die Historisierung der damaligen Vorgänge und verhindert die Unterscheidung zwischen Propaganda und außenpolitischem Konzept. Die entscheidende Passage der »Brežnev-Doktrin« lautet:

»Aber es ist bekannt, Genossen, dass es auch allgemeine Gesetzmäßigkeiten des sozialistischen Aufbaus gibt, von denen sich loszusagen zum Abgehen vom Sozialismus als solchen führen könnte. Wenn dem Sozialismus feindlich gesinnte innere und äußere Kräfte versuchen, die Entwicklung irgendeines sozialistischen Landes in die Richtung der Wiederherstellung der kapitalistischen Ordnung umzudrehen, dann entsteht eine Gefahr für die Sache des Sozialismus in diesem Land, eine Gefahr für die Sicherheit der sozialistischen Gemeinschaft insgesamt. Das ist dann nicht mehr das Problem des Volkes in dem jeweiligen Land, sondern ein allgemeines Problem, eine Sorge für alle sozialistischen Länder. [Applaus.] Es ist verständlich, dass eine Maßnahme wie die militärische Hilfe, die einem Bruderland zur Beseitigung der Gefahr für den Sozialismus gewährt wird, eine außerordentliche, erzwungene Maßnahme ist.«[130]

Hier kommt der Wandel des sowjetischen Imperiums vom brachial eroberten Gelände unter Stalin zu einem »sozialistischen Weltsystem«, das nur unter den Bedingungen der territorialen Integrität aufrechtzuerhalten war, zum Ausdruck. Die Sowjetführung und ihre osteuropäischen Verbündeten hatten recht, wenn sie meinten, dass ein Ausscheren aus dem »Ostblock« das sozialistische Lager – sofern unter Kontrolle der UdSSR – auflösen würde. Zwar verzerrte die Vorstellung eines bevorstehenden militärischen Einmarsches amerikanischer Truppen in die Tschechoslowakei die Realität zur propagandistischen Grimasse vom Rivalen, doch was sollte die Männer in Moskau, Ostberlin, Sofija, Budapest und Warschau davon überzeugen, dass eine reformsozialistische Tschechoslowakei nicht doch peu à peu ins kapitalistische Lager abdriften würde? Tappten die Prager Reformer erst in die Falle der westlichen Kredite, war es um die Unabhängigkeit des Landes, folglich um das Gesellschaftssystem, bald geschehen. Die Logik dieses Gedankens ist ebenso einfach wie die Antwort auf die zugegeben äußerst spekulative Frage, ob die USA einer drohenden Machtübernahme der DKP in der Bundesrepublik Deutschland und ihrer Eingliederung in den Rat für gegenseitige Wirtschaftshilfe und den Warschauer Pakt tatenlos zugesehen hätten. Das Hineinversetzen in die Handlungsgründe der Kremlherren rechtfertigt weder Invasion noch Unterdrückung. Aber so funktionierte die Politik im internationalen System nun einmal, denn seit Jalta hatten sich die Herren der Welt auf ihre Einflusszonen

130 Ebd., S. 329

geeinigt. Die Variante von »*cuius regio, eius religio*« im bipolaren Maßstab bedeutete, dass sich die Supermächte ihre Rechte zuerkannten und die der kleinen Staaten leugneten.[131] Deswegen interpretierte der sowjetische Generalsekretär die Reform als eine »Konterrevolution« im Dienste des Imperialismus, welche die »Position des Sozialismus in Europa als ganzen« bedrohe. Aus diesem Grunde legte er Wert darauf, dass die »Völker der sozialistischen Länder der ganzen Welt deutlich demonstrieren, dass sie ihre revolutionären Errungenschaften nicht preisgeben und dass die Grenzen der sozialistischen Gemeinschaft unverbrüchlich und unantastbar sind.«[132] Die »Brežnev-Doktrin« war folglich eine Sicherheitsdoktrin für den »Ostblock« auf der Grundlage der im Zweiten Weltkrieg entstandenen Bipolarität, wie sie in Europa besonders scharf zum Ausdruck kam. Die Souveränität der kleinen Länder war insofern eingeschränkt, als ihre Zugehörigkeit zum Block unwiderruflich war. Einer der ranghöchsten Generäle des Warschauer Paktes, der die militärischen Konsequenzen der »Brežnev-Doktrin« überschaute, hat deswegen auch nicht von einer aus ideologischen Gründen eingeschränkten Souveränität der kleinen Länder gesprochen: Der Hauptinhalt sei der Einmarsch sowjetischer Truppen in das geschwächte Glied eines lebenswichtigen militärstrategischen Territoriums der Gemeinschaft der sozialistischen Staaten.[133] Militärisch knapp fasste dieser Satz das Wesentliche zusammen, wobei zu bemerken ist, dass hier von sowjetischen Truppen die Rede ist, nicht von solchen des Warschauer Paktes.

Die »Brežnev-Doktrin« war zum Zeitpunkt ihrer Verkündigung bereits ein Anachronismus. Sie postulierte zwar oberflächlich die Kontinuität des stalinistischen Imperiums, aber dessen Inhalt hatte sich mittlerweile stark verändert. Lässt sich für den »Ostblock« in der Stalin-Periode ein bekanntes Lenin-Wort variieren zu »national in der Form, imperial im Inhalt«, so galt seit der Entstalinisierung immer mehr »national in Form und Inhalt«. Die Doktrin bestimmte den *status quo* des »sozialistischen Weltsystems« als eines in sich pluralen »Lagers« mit der UdSSR als *primus inter pares*, und sie definierte den sozialistischen Raum als begrenzt. Der letzte Punkt ist wichtig, weil er, zusammen mit dem historischen Argument des Sieges im Zweiten Weltkrieg, die Sicherung der Grenzen dieses Raumes zur entscheidenden Frage erhob. Die »Brežnev-Doktrin« ist folglich ein vorzüglicher Ausweis der Tendenz, von der am Ende des Kapitels über Raum, Krieg und Grenze gesprochen wurde: Das Imperium war an seine Ausdehnungsgrenzen geraten; eine weitere Expansion war unrealistisch oder nur in einem dritten Weltkrieg denkbar; von nun an

---

131 In Abwandlung eines Gedankens von Aron, *Frieden*, S. 217

132 *XXIV s-ezd*, S. 36

133 Gribkov, »Doktrina Breževa«, S. 57

wurde das Imperium zu einem Territorium mit Binnenstrukturen und -verhältnissen, das durch ein gemeinsam als feindlich aufgefasstes Außen zu einem »Lager« wurde; die Sicherung der abschottenden Grenzen wurde zu einer Sorge aller Verbündeten dieses Lagers, wobei die wichtigste Macht zweifelsfrei beanspruchte, den Ernstfall zu definieren.

Mit der sogenannten Brežnev-Doktrin hat es eine eigentümliche Bewandtnis. Sie ist nämlich nie angewendet worden. Obwohl als Handlungsanweisung für zukünftige Fälle von Abweichung im sozialistischen Lager interpretierbar, kam sie weder während der polnischen Krise 1970 noch in dem antikommunistischen und antirussischen Aufbruch 1980/81 in Polen oder beim Zerfall des Imperiums 1989 zur Anwendung. Warum blieb die Doktrin in der Schublade, als ihre Anwendung geboten war? Die DDR-Führung, die 1980 ein Überspringen des Aufruhrs in Polen auf ihr eigenes Territorium befürchtete, hatte für eine militärische Intervention der Warschauer-Pakt-Staaten im östlichen Nachbarland plädiert. Brežnev war dieser Lösung ebenfalls nicht abgeneigt, hat sich jedoch von den Gegenargumenten Ceauşescus und Kádárs überzeugen lassen. Die Invasionsdrohung blieb aber bestehen. Noch auf dem Treffen der Verteidigungsminister des Warschauer Paktes im Dezember 1981, kurz vor Ausrufung des Ausnahmezustands durch die polnische Regierung, war die Forderung, den Aufruhr mit Warschauer-Pakt-Truppen niederzuschlagen, unüberhörbar. Erneut wandten sich der rumänische und der ungarische Parteichef dagegen.[134] Das zeigt, wie konsultativ mittlerweile die inneren Strukturen des »Ostblocks« ausgestaltet waren. Die »Brežnev-Doktrin« enthielt keinen Automatismus als Handlungsanweisung. Nicht einmal die hegemoniale Prärogative, wonach Moskau über den Ernstfall entschied, ist 1980/81 zu beobachten. Immerhin, einen Plan für den Einmarsch gab es; auch Militärmanöver zur Einschüchterung der Polen. Doch anstelle von Truppen schickte Moskau Politbüro-Mitglieder nach Polen, was General Wojciech Jaruzelski zu dem Ausspruch veranlasste: »Die UdSSR distanziert sich von uns.«[135]

Unter den sowjetischen Militärs fand die Frage, Einmarsch oder Ausrufung des Kriegsrechts durch die polnische Regierung, unterschiedliche Antworten. Der Oberbefehlshaber der Warschauer-Pakt-Truppen, Marschall Kulikov, plädierte fest für die militärische Niederschlagung durch Truppen der ČSSR, der UdSSR und der DDR. General Jaruzelski erklärte ihm daraufhin kategorisch: »Nur keine deutschen Truppen!«[136] (Die Logik der Entgegnung enthielt: andere ja!) Der sowjetische Verteidigungsminister Ustinov fand die Spaltung

134 Kubina/Wilke, *Hart*; vgl. die Schilderung des Treffens bei Gribkov, *Warschauer Pakt*, S. 174-175

135 Gribkov, »Doktrina Brežneva«, Zitat S. 52; ders., *Warschauer Pakt*, S. 178

136 Ebd., S. 186

im Lager der höchsten Offiziere ärgerlich: »Was für eine peinliche Situation! Der Oberkommandierende ist für den Truppeneinmarsch, aber der Stabschef ist dagegen. Demnach ist man sich im Oberkommando der Vereinten Streitkräfte also nicht einig!«[137] Das Politbüro im Kreml entschied sich – übrigens ohne unmittelbare Beteiligung hoher Offiziere, deren Ansichten durch den Verteidigungsminister zur Sprache kamen – gegen Kulikovs Standpunkt und gegen die Entsendung von Truppen. Ausgerechnet »Chefideologe« Suslov und KGB-Chef Andropov hielten eine Intervention für einen schwerwiegenden Fehler. Das ist bemerkenswert, denn die beiden waren an den ungarischen Verhältnissen 1956 beteiligt – Suslov als Moskaus Krisenmanager, Andropov als Botschafter in Budapest. Beide hatten damals für ein hartes Vorgehen plädiert, 1981 aber rieten sie dringend von der Intervention ab. Suslov meinte:

> »Wenn Truppen einmarschieren, kommt es zu einer Katastrophe. Ich denke, dass wir hier alle einer Meinung sind, dass von einem Truppeneinmarsch nicht die Rede sein kann [...] Sowjetische und andere Truppen dürfen auf keinen Fall in Polen einmarschieren [...] Ein Truppeneinmarsch wäre eine Katastrophe für Polen und auch für die Sowjetunion.«

Auch Außenminister Gromyko sah das Heil nicht im Einsatz der Truppen: »Einen Truppeneinmarsch kann es nicht geben.« Andropov: »Wenn Genosse Kulikov wirklich von einem Truppeneinmarsch gesprochen hat, dann war das meiner Meinung nach ein Fehler. Wir können kein Risiko eingehen. Wir beabsichtigen nicht, in Polen einzumarschieren. Das ist die richtige Position, an der wir bis zum Schluss festhalten müssen.«[138] Der Stabschef der Warschauer-Pakt-Truppen hielt den Einmarsch für militärisch unberechenbar und warnte davor, dass die UdSSR im Falle der militärischen Intervention Ansehen und Freunde verlieren würde. Viele gab es ohnehin nicht mehr, denn Moskau hatte zum Zeitpunkt der Zuspitzung in Polen bereits allen Kredit in der Welt verspielt, weil sowjetische Soldaten im Dezember 1979 in Afghanistan einmarschiert waren. Nicht zuletzt erwartete der Kreml vom Westen, dass der nicht mehr nur zusehen, sondern handeln würde.[139] Wenngleich US-Präsident Carter vor einer gravierenden Verschlechterung der Beziehungen zwischen den Vereinigten Staaten und der UdSSR im Falle eines Einmarsches in Polen warnte, was hätte er denn getan in diesem Fall, wenn er gleichzeitig versicherte, dass die USA die Lage in Polen nicht ausnutzen würden, um legitime sowjetische Sicherheitsinteressen zu verletzen?[140] In der Sprache der Diplomatie war

137 Ebd., S. 187
138 Ebd., S. 176-177 u. 188
139 Ebd., S. 187
140 Ouimet, *Rise*, S. 168

das der Freischein für die Sowjetunion, in ihrer Einflusssphäre zu handeln, wie es ihr beliebte.

Einmarschieren oder nicht, war jedoch nur ein Teil des Problems. Was sollte geschehen, wenn Polen für die Kommunisten verloren ginge? Andropov und Suslov hatten auch darauf eine Antwort. Andropov:

»Ich weiß nicht, was mit Polen wird, doch selbst, wenn das Land in die Hände von ›Solidarność‹ gerät, ist das seine Sache. Es wird sehr schwer für uns, wenn die kapitalistischen Länder, und dazu gibt es bereits eine entsprechende Vereinbarung, verschiedene wirtschaftliche und politische Sanktionen gegen die Sowjetunion verhängen würden. Wir müssen für unser Land, für die Stärkung der Sowjetunion Sorge tragen. Das ist unser Hauptkurs.«[141]

Suslov: »Kommt eine neue Führung an die Macht, dann werden wir mit ihr zusammenarbeiten. Wir dürfen unser Land nicht noch einmal internationaler Verurteilung aussetzen.«[142]

Wie weit hatte sich die Kreml-Führung 1981 bereits von der ein Dutzend Jahre zuvor entworfenen Doktrin verabschiedet! Über die Gründe kann man zum gegenwärtigen Zeitpunkt nur spekulieren. Der Mangel an Archivalien ist durch argumentative Plausibilität zu ersetzen. Sicherlich ist ein Bündel von Faktoren zu nennen, deren Gewichtung jedoch schwierig ist: außer den schon genannten Gründen spielte die Furcht vor westlichen Sanktionen eine Rolle, die in Anbetracht der wirtschaftlichen Schwäche der UdSSR schmerzlich gewesen wären, darüber hinaus der durch den Afghanistan-Krieg bereits eingetretene Ansehensverlust und die internationale Verurteilung durch die UNO. Aber es gab auch einen gravierenden Unterschied zu 1968. Im Kreml wie auch in der militärischen Führung des Warschauer Paktes hielt man die Spitze der polnischen Kommunisten um General Jaruzelski für »gesunde Kräfte«, die nicht vom Kurs abgewichen waren wie seinerzeit die tschechoslowakischen Kommunisten.[143] Diese Sichtweise hat wesentlich dazu beigetragen, dass Moskau die Lösung durch die »gesunde« polnische Regierung favorisierte.

Wie immer man die Akzente setzt, offensichtlich ist, dass Moskau zu einem zögerlichen, ja schwachen Zentrum des Imperiums geworden war. Der vordergründige Erfolg von 1981, nämlich die Unterdrückung des polnischen Aufstandes durch polnische Landsleute und damit die Sicherung des sozialistischen Lagers, konnte nicht darüber hinwegtäuschen, dass der Imperiumsgedanke selbst im Kreml zu erodieren begonnen hatte. Einfach einmarschieren und die Lage in Ordnung bringen, war unmöglich. Es war deshalb unmöglich, weil die UdSSR immer mehr aus der Rolle des Hegemons herausgetreten war,

141 Gribkov, *Warschauer Pakt*, S. 176-177
142 Ebd., S. 188
143 Ebd., S. 164-191

die Gepflogenheiten zwischenstaatlicher Beziehungen auch im »Ostblock« übernommen hatte, die Internationalisierung Rücksichtnahme erforderte und nicht zuletzt der Kreml sein eigenes Wohl über das der »Satelliten«-Staaten stellte. »Die ›Breschnew-Doktrin‹ hatte sich 1981 bereits überlebt«, urteilte der hier zitierte General Gribkov.[144] Daran ist lediglich das Wort »bereits« falsch, denn – wie gesagt – die Doktrin war schon zu dem Zeitpunkt, als sie verkündet wurde, ein Anachronismus. Dass sich der Prozess der Zähmung durch Internationalisierung auch durch die immer stärker hervortretende Internationalisierung der Sowjetunion im globalen Maßstab ergab, können Andropovs und Suslovs Äußerungen hinreichend belegen. Eine Macht, die – wie die USA in Vietnam – aus Anlass des Afghanistankrieges den Zorn, ja die Verachtung der ersten und besonders auch der »Dritten Welt« auf sich gezogen hatte, konnte nicht mehr so handeln wie unter den Bedingungen unmittelbar nach dem Zweiten Weltkrieg. Die Nichtanwendung der »Brežnev-Doktrin« 1981 zeigt deutlich, dass Überlegungen zur Rolle der UdSSR in der Welt, und nicht mehr allein zur Sicherung des sozialistischen Lagers, eine erhebliche Rolle spielten. Die Tatsache, dass 1980/81 die wichtigsten Männer im Kreml das Wohl der UdSSR vor den Zusammenhalt des Imperiums um jeden Preis stellten, zeugt von einer notwendigen Beschränkung auf Selbsterhaltung. Wenn Charles A. Kupchan in einer vergleichenden Untersuchung westlicher Imperien zu dem Schluss kommt, imperiale Selbstzerstörung hänge mit einer spezifischen »strategic culture« zusammen, das heißt, dass die jeweiligen Eliten die Außenwelt – internationale Beziehungen, Militär, Sicherheit und so weiter – während des imperialen Aufstiegs wahrnehmen und sich später von dieser Perzeption nicht mehr lösen können, was zu Krisen im Imperium führe,[145] so trifft diese Beobachtung nur eingeschränkt auf die Sowjetunion zu. Die Inflexibilität der Haltungen war häufig nicht zu übersehen, aber auf der anderen Seite hatten die Herren im Kreml ihre Lektionen der jüngeren Vergangenheit gelernt.

Der Wandel, der sich 1981, spätestens aber während des friedlichen Zerfalls des Imperiums 1989 deutlich zeigte, ist um so erstaunlicher, als wenige Jahre zuvor die UdSSR offenbar einen außen- und sicherheitspolitischen Triumph feiern konnte. Nach drei Jahrzehnten war es ihr endlich gelungen, in der Schlussakte der Helsinki-Konferenz 1975 das »System von Jalta« durch einen internationalen Vertrag festzuschreiben. Die Grenzen in Europa wurden für unantastbar erklärt. Damit war der nicht nur von der UdSSR gefürchtete Revisionismus der Bundesrepublik – ob zurecht oder nicht soll hier nicht

144 Ebd., S. 191
145 Kupchan, *Vulnerability*

diskutiert werden – gebannt. Moskau zahlte einen hohen Preis für dieses Zugeständnis, das außer Albanien und dem Vatikan alle europäischen Staaten sowie die USA und Kanada unterschrieben, indem es in »Korb 3« Rechte und Freiheiten für seine Bürger anerkannte, die es in der Praxis nicht erlaubte. Dazu war der Kreml bereit, weil er lange Zeit größten Wert darauf gelegt hatte, dieses Ziel zu erreichen. Es stand vollkommen in der Linie der hier beschriebenen Außenpolitik der UdSSR. In Moskau meinte man, dass dieser Vertrag das »sozialistische Lager« nach außen gegen alle Anfeindungen festigen würde. Aber hat irgendjemand im Kreml zu dieser Zeit ernsthaft noch daran geglaubt, dass damit der innere Zusammenhalt des Imperiums gesichert sei? Es muss späteren Untersuchungen vorbehalten sein, diese Frage zu klären. Das folgende Kapitel über die Wirtschaftsbeziehungen im Imperium liefert bereits deutliche Hinweise.

Was spricht dagegen, den sowjetischen Sieg in Helsinki 1975 in seiner doppelten Bedeutung zu sehen? Zum einen tatsächlich als den Triumph, von dem soeben die Rede war: die Sicherung der Grenzen, das heißt des »Ostblocks«, und die Garantie der Nachkriegsordnung. Zum anderen aber verbarg sich darin etwas grundsätzlich Defensives. Wenn es der UdSSR darauf ankam, ihr Imperium gegen mögliche Revanchisten und Revisionisten zu schützen, so zeugte das gerade nicht von einer offensiven Haltung, von Revolutionsexport und ideologisch begründeter Aggression, ebenso wenig vom *grand dessin* sowjetischer Außenpolitik. 1975 markiert die Selbstbescheidung der Supermacht UdSSR, die sich hinter dem scheinbaren Glanz auf der diplomatischen Bühne offenbarte. Zwischen 1975 und 1989 lag keine Zäsur. Vom international bestätigten Zusammenhalt des osteuropäischen Imperiums zum Zugeständnis seiner Auflösung war es kein großer Schritt. Es handelte sich auch nicht um einen grundsätzlichen Wandel, der irgendwo zwischen diesen beiden Jahren eingetreten sein muss, sondern die Veränderung lag in der grundsätzlich defensiv gewordenen (ost-)europäischen Politik des Kremls begründet. Wo gab es denn auf der Helsinki-Konferenz ernsthafte Anzeichen, dass die UdSSR versucht sein könnte, ihr Einflussgebiet auszuweiten? Man wird sie nicht finden, wohl aber zahlreiche Hinweise dafür, dass sie Garantien der USA zur Nachkriegsordnung wünschte. Die Teilung Deutschlands war in diesem Konzept unabdingbar und in sowjetischer Sicht überaus vernünftig.

Alexis de Tocqueville hatte in seinem Vergleich der beiden zukünftigen Supermächte USA und Russland im Jahre 1835 geschrieben, dass von der östlichen Macht Europas die Knechtschaft ausgehen werde, von den USA komme die Freiheit.[146] Das ist zu einem geflügelten Wort geworden und

146 de Tocqueville, *Demokratie*, S. 61-62

schien prächtig in die Zeit des Kalten Krieges zu passen. Dieser Abschnitt des Imperiums-Kapitels zeigt jedoch, dass die Dinge nicht so blieben, wie sie in der Nachkriegszeit eingerichtet wurden. Zwar hat auch die Sowjetunion während der Perestrojka die Demokratie nicht erfunden, aber der antikommunistische Befreiungskampf in Osteuropa 1989 traf auf einen schon schwachen Gegner, der zu diesem Zeitpunkt nicht mehr bereit war, die Herrschaft um jeden Preis zu erhalten, mehr noch, der bereit war, sie aufzugeben, wenn es der Wunsch der Völker Osteuropas sein sollte. Gorbačevs »neues Denken«, welches das außenpolitische Konzept der Perestrojka-Periode enthielt, war so neu nicht. Der Übergang vom »sozialistischen Lager« Brežnevs zum »gemeinsamen Haus Europa« Gorbačevs vollendete den fundamentalen Wandel der Binnenstrukturen im Imperium seit der Entstalinisierung Chruščevs. Trotz der zweifachen Invasion (1956 und 1968) war dieser Wandel nicht zu übersehen. Er wurde ergänzt durch die Veränderungen in den Wirtschaftsbeziehungen, wovon noch die Rede sein wird. Selbst das Wort vom »gemeinsamen Haus Europa« stammte nicht von Gorbačev. Brežnev hatte es 1981 bei seinem Besuch in Bonn gebraucht, Gorbačev danach während seines Besuchs in England 1984, als er noch ZK-Sekretär für Landwirtschaft war.[147] Übersetzt man die Metapher vom gemeinsamen Haus mit verschiedenen Eingängen und den Familien mit eigenen Wohnungen darin in die politische Sprache, dann lautete die Botschaft: Die Sowjetunion anerkennt das Selbstbestimmungsrecht der Völker, sie anerkennt die unterschiedlichen Traditionen und Kulturen und die politischen Systeme, sie erklärt die Zwei-Lager-Theorie von 1947 für obsolet und die Trennung Europas für überwunden. Das konnte nichts anderes bedeuten, als dass die UdSSR ihr osteuropäisches Imperium aufzugeben bereit war. Anders ausgedrückt: Die ohnehin nicht angewendete »Brežnev-Doktrin« galt nicht. Taten folgten: 1988 begann Moskau, seine Truppen aus Ungarn, der Tschechoslowakei und der DDR abzuziehen. Nun stellte sich heraus, dass die fremden Soldaten, ursprünglich imperiale Wächtertruppen, die heruntergekommenen, korrupten und verhassten kommunistischen Regime gestützt hatten, die – kaum zogen die Truppen ab – zusammenbrachen wie Kartenhäuser. Der reformierenden Sowjetführung war dieser Sachverhalt klar geworden. Warum sollten sowjetische Soldaten eingeigelte Regime aufrechterhalten, die über kurz oder lang wie schon zuvor unter den Druck der sozialen und politischen Aufstände geraten würden. Am Beispiel der DDR ist dies am deutlichsten sichtbar. Gorbačevs berühmter Satz »Wer zu spät kommt, den straft das Leben« hieß ja, dass ohne die Unterstützung der Bevölkerung der Sozialismus nicht bestehen könne – anders ausgedrückt: »unsere« Soldaten

147 Altrichter, »Zusammenbruch«, S. 585

sollen »euren« stalinistischen Sozialismus nicht am Leben erhalten. Das war die Logik des »neuen Denkens«, sofern auf Osteuropa bezogen.

In der Tat war der Beschluss des Politbüros, die sowjetischen Truppen aus Ostmitteleuropa abzuziehen, entscheidend für die Aufgabe des Imperiums. Sowjetische Truppen standen – wir erinnern uns an Stalins Wort Djilas gegenüber – in Ostmitteleuropa. Sie hielten im Zweifelsfalle das Imperium zusammen. Im Falle der DDR ist unübersehbar, dass die sowjetischen Truppen eine der wichtigsten Stützen des SED-Regimes waren.[148] Wenn jedoch der Zusammenhalt des Imperiums politisch in Frage stand oder nicht mehr gewollt war, dann spielte das Militär keine vorrangige Rolle. Das Militär in Osteuropa war nach 1968, also zur Zeit der »Brežnev-Doktrin«, nicht die letzte Rettung gegen Renegaten. Die Truppen in den genannten Ländern haben lange Zeit allein durch ihre Existenz den Anschein der imperialen Kontrolle aufrechterhalten. Das war sicherlich gewollt und aus Moskauer Perspektive sinnvoll. Doch weder die Regime im »Ostblock« noch die Bevölkerungen in den kleinen Ländern haben sich vorstellen können, dass der politische Wille, die Militärmaschine im Falle einer fundamentalen Abweichung, gar eines Verlustes für das »sozialistische Lager« einzusetzen, bereits ausgehöhlt war. Diese unfreiwillige Täuschung der Verbündeten gehört wohl zum Ereignisablauf zusammenklappender Imperien. Erst bei der Nagelprobe stellt sich heraus, was noch möglich ist.

Das Imperium zog sich zurück. Das konnte nicht gut gehen. Indem die Sowjetführung ihr ostmitteleuropäisches Imperium aufgab, untergrub sie ihre eigene Existenz. Wie sollten die widerrechtlich annektierten Gebiete innerhalb der UdSSR, besonders die baltischen Sowjetrepubliken, die sich auf das Unrecht von 1939 berufen konnten, den auch historisch begründeten Aufbruch im zweiten »Ring« des Imperiums ignorieren? Nun trat das ein, was 1968 als Menetekel schon an der Wand gestanden hatte. Aus Gründen der Selbsterhaltung hatten Ulbricht, Živkov, Kádár, dessen Land 1956 Opfer der sowjetischen Invasion geworden war, auch Gomułka, für die Invasion in die Tschechoslowakei plädiert. In Moskau vertrat besonders der ukrainische Parteichef Šelest einen harten Standpunkt, befürchtete er doch ebenfalls ein Überschwappen des »Frühlings« auf das angrenzende ukrainische Gebiet. Hatten sie nicht auf ihre Weise alle recht? 1988/89 fiel das Imperium auseinander, kaum dass in Ostmitteleuropa die Absetzbewegung erfolgreich begonnen hatte. So war es 1989 nur eine Frage der Zeit, wann auch der erste »Ring« vom Separatismus zersetzt sein würde. In diesem Fall jedoch sah das Zentrum nicht mehr tatenlos zu. Tote blieben in Tiflis und Wilna zurück. Der Putsch im August

148 Wolle/Kowalczuk, *Roter Stern*

1991 sollte die Auflösung der multinationalen UdSSR verhindern – zu spät. 1981 hatten Andropov und Suslov gemeint, das eigene Hemd sei ihnen näher als die ostmitteleuropäische Hose, aber diese Rechnung ging nicht auf, vor allem deswegen nicht, weil auch in der UdSSR die Geschichte ins Spiel kam.

Die Geschichte kehrte mit aller Macht in die damalige Gegenwart zurück. Davon handelte Kapitel III. Diesen Faden greifen wir hier noch einmal auf. Geschichte wurde zum Argument, aber gänzlich anders, als Brežnev es sich gedacht hatte. Die Perestrojka war in erster Linie das sowjetische Schlusskapitel der Entstalinisierung. Ob Sozialismusreform, sozialistischer Markt, politische Partizipation, Verfassungsänderung, Föderalismus, Recht, außenpolitische Neukonzeptionierung – alles lief auf ein Problem hinaus, das heißt auf die Überwindung des Stalinismus, oder anders ausgedrückt: Die Epoche nach Stalins Tod bis 1991 war asynchrone Entstalinisierung.[149] Deswegen war die Perestrojka eine Epoche des historischen Erinnerns, der versuchten und gescheiterten Geschichtsbewältigung. Es gab einen harten Kern, um den sich alle Maßnahmen der Perestrojka herumlegten – die Geschichte. Wie das gesamte System und seine Entwicklung sich schließlich vor der Geschichte rechtfertigen musste, so auch der Bereich des stalinistisch errichteten Imperiums.

In allen Gesellschaften der kleinen Länder mit Ausnahme der DDR und Rumäniens wurde die Entstehung des Imperiums als stalinistisch verurteilt. Die stalinistischen Schauprozesse, die politischen Verfolgungen, die Repressionen, das oktroyierte Wirtschafts- und Gesellschaftssystem – all das war plötzlich auf der Tagesordnung. Das Imperium gründete sich auf Unrecht und Gewalt. Die langgedienten Kommunisten Kádár in Ungarn und Husák in der Tschechoslowakei traten ab. Die Helden von 1956 in Ungarn, besonders Imre Nagy, wurden feierlich rehabilitiert. In Prag erlebte Alexander Dubček ein (kurzzeitiges) politisches Comeback. Doch nirgendwo brach die Geschichte mächtiger hervor als in Polen, wo die Ermordung der polnischen Offiziere und Polizisten durch den sowjetischen Geheimdienst und das monströse Zusatzprotokoll zum Hitler-Stalin-Pakt jegliche Rechtfertigung einer sowjetischen Hegemonie über diese Gesellschaft verbot. Katyń war ein unschlagbares Argument, plötzlich weitaus wirkmächtiger als die »Befreiung«, von der Brežnev so heftig gesprochen hatte. Die moralische Begründung entpuppte sich als verlogen, und historisch gesehen gab es nicht einen Grund, warum die UdSSR in Osteuropa die Geschicke der Völker bestimmen sollte. Der polnische Sejm verurteilte im August 1989 den Einmarsch in die ČSSR 1968, an der polnische Truppen teilgenommen hatten.[150] Die Sowjetunion wurde von ihrer Ge-

149 Plaggenborg, »Sowjetunion«; ders., »Sowjetische Geschichte«
150 *Europa-Archiv 45* (1990), S. D 162-166, D 178-180

schichte eingeholt. Es war ihre Geschichte der Expansion in Osteuropa, die erheblich zum Kollaps der UdSSR beitrug.

Die Aspekte fügen sich allmählich zusammen. An dieser Stelle könnte eine Erörterung der Rolle der UdSSR in der Entspannungspolitik folgen, der wir aber in unserem Zusammenhang keine weitere Aufmerksamkeit schenken wollen, soll dieses Kapitel nicht auf Umwege geraten. Und was ist mit der Hochrüstung? Wir halten lediglich fest, dass auch Experten der sowjetischen Militärstrategie neuerdings nicht mehr von einer offensiven Planung des Kremls ausgehen, sondern Waffensysteme und Kriegspläne als tendenziell defensiv beschreiben und die Wahrnehmung des Westens als überzogen betrachten.[151] Ohne die Sowjetunion als defensiven Riesen zu verniedlichen, stellt sich doch immer mehr heraus, dass das Problem Sowjetunion in militärischer und sicherheitspolitischer Hinsicht vom Westen grob überschätzt, ja dass bei der Interpretation der sowjetischen Außen-, Sicherheits- und Militärpolitik merkwürdige Interpretationsfehler unterliefen. Wie die zustande kamen, wird man eines Tages erläutern können. Wir wagen hier die These, dass auch der Nato-Doppelbeschluss, vor allem aber seine Verwirklichung, auf einer Fehleinschätzung der sowjetischen Sicherheitspolitik und Rüstung beruhte. Das Ergebnis bestand darin, dass noch mehr Atomwaffen in Europa standen – die übrigens wenige Jahre später wieder verschrottet wurden. Aus der Perspektive des Nichtbeteiligten erschließt sich die Handlungslogik der Aufrüstungsexperten nicht.

Aber wie passt Afghanistan in dieses Bild? Während sich die UdSSR in Osteuropa zurückzuziehen im Begriffe war, begann sie jenen Krieg an der Südgrenze, der ihr als imperiales Verhalten ausgelegt wurde. Dieses Kapitel ist jedoch im Zusammenhang einer Erörterung des Imperiums vergleichsweise rasch zu erledigen. Der Afghanistan-Krieg war kein imperialer Krieg. Er diente – nach allem, was wir bis heute wissen – dazu, ein destabilisiertes Land, das aus dem Moskauer Einflussbereich zu gleiten drohte und das sich immer mehr in einen Bürgerkrieg verstrickt hatte, im Sinne Moskaus zu beruhigen. Sowjetische Berater kamen zu Tode. Dass sich die Flügel der kommunistischen Bewegung in Afghanistan gegenseitig bekämpften, kam hinzu. Der Afghanistan-Krieg war – in der zynischen Sprache der Diplomatie – ein Krieg im »Hinterhof« der Sowjetunion. Es gab keine imperialen Pläne für die Ölvorkommen am Persischen Golf, zu denen »durchzumarschieren« schon allein aus geographischen Gründen kaum möglich war, wenn es in der Sowjetführung jemand gewollt hätte. Die sowjetische Führung glaubte an einen kurzen Krieg und meinte, mit geringen militärischen Kräften das afghanische Problem zu lösen.

151 Bluth, »Militärdoktrin«

Selbstverständlich wollte sie eine moskautreue Regierung, und selbstverständlich suchte sie der Gefahr vorzubeugen, dass der Islamismus und die ethnischen Konflikte Afghanistans auf die angrenzenden islamischen Republiken der UdSSR mit zum Teil ethnisch verwandter Bevölkerung übersprangen. Darüber hinaus ergab sich ein Kalter Kriegs-Konflikt insofern, als die USA die islamistischen Taliban unterstützten, die schließlich den Sieg davontrugen. Ob deren Regime, welches dank der USA zustande kam, für das Land und die Bevölkerung besser war als eine mehr oder weniger kommunistische Herrschaft? Dass dieser Krieg zu einem militärischen, finanziellen, außenpolitischen und sozialen Desaster wurde und dass am Ende 50.000 sowjetische Soldaten ihr Leben lassen sollten, ahnten die Kremlherren nicht, als sie im Dezember 1979 die Truppen einmarschieren ließen.[152]

Wir können an dieser Stelle das Kapitel schließen. Die wichtigsten Faktoren sind genannt, die Argumentationslinie deutlich. Uns ging es in diesem Abschnitt um die Beschreibung des sowjetischen Imperiums. Das bedeutet nicht, die Sowjetunion habe nicht noch vor anderen außen- und sicherheitspolitischen Fragen gestanden. Das bedeutet auch nicht, die Fragen des Imperiums seien losgelöst von der Stellung der UdSSR als Weltmacht zu betrachten. Ein Blick auf die Kuba-Krise belehrt uns über die globalen Dimensionen. Aber selbst diese Krise stützt das Argument von der Zähmung durch Internationalisierung. Eine Konfrontation der Supermächte dieser Art hat es seit 1962 nicht mehr gegeben, ungeachtet der vielen Stellvertreterkriege in der Dritten Welt und der Kriege in Nahost. Die Führung um Brežnev suchte keine ähnlichen »außenpolitischen Abenteuer«, wie sie sie Chruščev anlässlich seines Sturzes vorwarf. Auch auf die Frage der Raketenrüstung brauchen wir in diesem Zusammenhang nicht einzugehen. Die Sowjetunion ergriff während der Perestrojka mehrfach Abrüstungsinitiativen, die bei den USA meistens nicht auf Resonanz stießen. Die Probleme der Rüstung, des nuklearen Overkills und des militärisch-industriellen Komplexes existierten und spielten in die Politik des Kremls hinein. Aber sie erklären nicht die Zähmung der imperialen Zentrale, sondern lassen das vermuten, was historisch nicht eintraf: die Anwendung der gigantischen Militärpotentiale in Europa.

Für unsere beiden eingangs genannten Thesen ist damit der Punkt erreicht, sie als belegt betrachten zu dürfen. Die Sowjetunion hatte sich mehr und mehr entideologisiert, hatte das stalinistische Erbe Schritt für Schritt aufgegeben, konsequent schließlich in der Perestrojka. Das Handeln als Weltmacht und als Zentrum des osteuropäischen Imperiums ließ sich nicht mehr voneinander trennen. Die gemeinsamen Fragen, allen voran die Überrüstung der Super-

152 Allan/Kläy, *Bürokratie*; Vogel, *Intervention*; Sapper, *Auswirkungen*

mächte mit Massenvernichtungswaffen, hatten zu der Internationalisierung der UdSSR beigetragen, die sich nicht als wilde Kolonialmacht im sozialistischen Lager aufführen konnte, wenn sie nicht zugleich ihren Status als Weltmacht bedachte. Aber dieser Wandlungsprozess vollzog sich nicht in der Dritten Welt, sondern in Europa. Es war das Imperium in Osteuropa und die Teilung Europas, stellvertretend für die Teilung der Welt, welche die handgreiflichen Anlässe für eine neue Politik des Kremls bildeten. Das Imperium, das die UdSSR 1989 verlor, war schon lange vorher lästig geworden. Polen, Ungarn und die Tschechoslowakei waren ständige Erinnerungen daran, dass es Alternativen zum sowjetischen Sozialismus gab, kulturelle Traditionen, Religion, eine andere Geschichte als die der Klassenkämpfe mit einer anderen kollektiven Erinnerung. Außerdem: Dieses Imperium kostete nicht nur politisches Kapital in Europa und auf der internationalen Bühne, sondern schlicht und einfach Geld – viel Geld. Davon handelt der nächste Abschnitt.

3. Imperium als Wirtschaftsraum

Der »Ostblock«, der sich bei Kriegsende herausbildete und bis 1989 existierte, definierte sich nicht nur über das politische System. Er war zugleich ein Wirtschaftsraum, den die ältere deutsche Literatur als »Großraumwirtschaft« bezeichnete. Eine Großraumwirtschaft entsteht durch den Zusammenschluss einer Reihe von Ländern, die wirtschaftliche Zusammenarbeit und wirtschaftliche gegenseitige Ergänzung verabreden und gleichzeitig die Wirtschaftsbeziehungen zur »äußeren« Welt reduzieren.[153] 90 Prozent des Außenhandels der »Ostblockländer« spielte sich innerhalb Osteuropas ab. Das sollte nicht über die bemerkenswerte Tatsache hinwegtäuschen, dass Osteuropa am Ende der 1980er Jahre nur zwei bis drei Prozent des gesamten Welthandelsvolumens aufbrachte, in den guten Zeiten waren es circa elf Prozent gewesen.[154] Die Mongolei, später Kuba und Vietnam können in dieser Hinsicht unberücksichtigt bleiben, weil sie im Kontext der Wirtschafts- und Handelsbeziehungen keine große Rolle spielten. Ihr Anteil am Gesamtumsatz des Handels im Rat für gegenseitige Wirtschaftshilfe (RGW) machte Mitte der 1980er Jahre rund zehn Prozent aus.[155] Wie sehr der »Ostblock« ein in sich geschlossener Wirt-

153 Gumpel/Hacker, *Comecon*, S. 13; von Knorre, *Zehn Jahre*, S. VII
154 Meier, *Konzepte*, S. 9
155 Ders., *RGW*, S. 8

schaftsraum war, zeigt auch die Tatsache, dass die UdSSR von allen Industriestaaten der Welt die geringste wirtschaftliche Verflechtung aufwies.[156]

»Großraumwirtschaft« war begrifflich ein bundesrepublikanisches Spezifikum,[157] das in der angelsächsischen Literatur nicht vorkam. Die Selbstbezeichnung im »Ostblock« lautete »sozialistisches Weltsystem«. Es umfasste die »Einheit von Nationalem und Internationalem« und die »Gesamtheit souveräner sozialistischer Länder«, die grundlegende Gemeinsamkeiten in Politik, Wirtschaft und Gesellschaft aufwiesen.[158] Kurios, dass Immanuel Wallerstein genau diesen Begriff des Weltsystems – freilich ohne das Attribut sozialistisch – zur terminologischen Grundlage seiner groß angelegten Untersuchung des in der frühen Neuzeit entstehenden Kapitalismus benutzte. Ob sich der aus der marxistischen Tradition stammende Sozialwissenschaftler vom sowjetischen Terminus hat inspirieren lassen, der ja bereits existierte, als der erste Band unter dem Titel *The modern world-system* erschien, hat er nirgends verraten.[159] Inhaltlich entsprach das sowjetische Imperium kaum den Kriterien für ein Weltsystem, die Wallerstein anhand des sich entfaltenden Kapitalismus erarbeitete, obwohl er sich einen sozialistischen Typus von Weltsystem, »a socialist world government«, vorstellen konnte.[160]

Die sozialistische »Großraumwirtschaft« wurde überwiegend mit Ausbeutung in Zusammenhang gebracht. Das lässt sich für einen gewissen Zeitraum nicht bestreiten. Getreu der Devise, die Stalin Milovan Djilas gegenüber zum Ausdruck gebracht hatte, dass nämlich dort, wo sowjetische Soldaten stehen, auch der Sozialismus eingeführt werde, hat der sowjetische Generalissimus Osteuropa dem sowjetischen Modell des Sozialismus unterworfen. Wie sehr das politische System Osteuropas dem sowjetischen Vorbild nachgebildet war, braucht hier nicht noch einmal beschrieben zu werden. Auf kleinere Abweichungen in den Satellitenstaaten kommt es nicht an. Wir interessieren uns mehr für die Vorgänge im wirtschaftlichen Bereich. Aber auch sie sind hinlänglich bekannt, weswegen Stichworte genügen mögen: Kollektivierung der Landwirtschaft, Nationalisierung der Industrie und des Handels, Einführung des staatlichen Außenhandelsmonopols, Förderung des Produktionsmittelsektors während der Industrialisierung. Doch war das nur ein Teil der Geschichte. Zwei Aspekte sind von Bedeutung: der räuberische Vorgang, der die

156 Machowski, *Außenhandel*

157 Der Spezialist für den RGW, Christian Meier, sprach – wahrscheinlich um die Konnotationen an die nationalsozialistische Großraumwirtschaft zu vermeiden – lieber von Großwirtschaftsraum, vgl. Meier, *RGW*

158 Hövelmans, *RGW*, S. 9

159 Wallerstein, *World-System*

160 Ebd., S. 348

wirtschaftspolitischen Maßnahmen im entstehenden »Ostblock« charakterisierte, und die grundsätzliche Umlenkung der Handelsbeziehungen der ostmittel- und südosteuropäischen Länder.

Die vom Krieg und der deutschen Okkupation materiell und demographisch verheerte Sowjetunion hat einen Teil der Verluste durch Reparationen, Beschlagnahmung Hunderttausender Rinder, Pferde und Schafe, Demontage von Industrieanlagen und technischen Einrichtungen, obskure Formen von *joint ventures* (»gemischte Gesellschaften« und sowjetische Aktiengesellschaften) und eine diskriminierende Preispolitik im Außenhandel auszugleichen gehofft, gleichgültig, ob es sich um ehemalige Kriegsgegner handelte oder nicht. Der Anteil dieser Entschädigungen in verschiedenen Formen am sowjetischen Wiederaufbau ist kaum zu beziffern. Sicher aber litten die kleinen Länder darunter mehr als die UdSSR gewann. Volkswirtschaften, die sich industriell auf einem höheren Niveau befanden als die Sowjetunion, sind dadurch zurückgeworfen worden. Die Kollektivierung der Landwirtschaft hat überall dort, wo sie eingeführt wurde, zu einem Rückgang der landwirtschaftlichen Produktion geführt – von der Ablehnung unter den Bauern zu schweigen. Aber hier soll es nicht um eine wirtschaftliche Leistungsbilanz des Stalinismus in den »Satellitenstaaten« gehen, die ohnehin klar ist: Der Stalinismus hat – übrigens ebenso wie in den baltischen Ländern, die er in das sowjetische Territorium integrierte – das Vorhandene zerschlagen, ein bereits erreichtes Produktions- und Lebensniveau dramatisch abgesenkt und die wirtschaftliche Leistungsfähigkeit der eroberten Länder auf allen Gebieten ruiniert. Einen ausgleichenden Ersatz konnte er nicht anbieten. Stalin hat dieses zweifelhafte Ergebnis auch durch die völlige Abschottung vom Westen erreicht, die für die Länder seines Machtbereichs zumeist erzwungen war. Dazu gehörten die Ablehnung des Marshall-Plans und die Weigerung, das Abkommen von Bretton Woods über das internationale Währungssystem und den Internationalen Währungsfonds in Osteuropa zuzulassen. Zwar hatte die UdSSR an den Verhandlungen teilgenommen, den Vertrag aber nicht unterschrieben. Auch Polen und die Tschechoslowakei mussten schließlich dem Abkommen fernbleiben.[161] Solange Stalin herrschte, konnte von einem Wirtschaftsraum in Osteuropa nicht die Rede sein, wohl aber von einem imperialen Raub der siegreichen UdSSR in den Ländern ihrer Einflusssphäre. 1937 hatte Stalin gemeint, die russischen Zaren hätten Territorium zugunsten der Gutsbesitzer erobert,[162] doch niemals sind in zarischer Zeit eroberte Gebiete so erbarmungslos ausgebeutet worden wie unter Stalin während der Einführung des Sozialismus in

161 Schüller/Hamel, *Mitgliedschaft*
162 Dimitrov, *Dnevnik*, S. 128

Osteuropa. Es verwundert nicht, dass der Diktator für diese Art offenen Raubs das schönfärberische Wort vom »sozialistischen Weltmarkt« erfand,[163] bei dem nichts stimmte, weder sozialistisch noch Welt noch Markt.

Der zweite Aspekt betrifft die Ausrichtung der Handelswege, die grundsätzlich nach Osten umgeleitet wurden. Insofern war der »Ostblock« die Negation der über Jahrzehnte, ja zum Teil über Jahrhunderte gewachsenen Wirtschaftsbeziehungen. Die Güterströme flossen immer zwischen West und Ost, niemals nur im Osten. Ob böhmische Industrieprodukte oder russisches Getreide, beliefert wurden vornehmlich westliche Länder. Der kommunistische Wirtschaftsraum sollte den Versuch bilden, ein Wirtschafts- und Handelssystem komplett neu zu gestalten und geographisch zu begrenzen. Für die agrarisch geprägten Länder Bulgarien und Rumänien bedeutete dies den Partner zu tauschen, von dem sie wirtschaftlich abhängig waren – vor dem Krieg vom nationalsozialistischen Deutschland, nach dem Krieg von der Sowjetunion. Die Abhängigkeit jedoch blieb bestehen. Rumänien zum Beispiel wickelte 1939 nur 0,1 Prozent seines Außenhandels mit der Sowjetunion ab, aber über 50 Prozent mit Deutschland. 1958 hatte die UdSSR die Rolle Deutschlands eingenommen.[164] Aus Ungarn holte sich die UdSSR laut Reparationsabkommen Maschinen, Fabrikanlagen, Rohstahl, Lokomotiven, Eisenbahnwaggons, Schlachtvieh, Getreide und die wichtigen Rohstoffe Bauxit und Uran.[165] Zwar stieg der Anteil am Außenhandel mit der Sowjetunion nicht auf die gleiche Höhe wie bei Rumänien und Bulgarien, aber die Gewichte verschoben sich doch von einem marginalen Anteil vor 1941 auf 29 Prozent im Jahre 1952. Innerhalb des mittlerweile bestehenden Rats für gegenseitige Wirtschaftshilfe betrug der Anteil der sozialistischen Länder am ungarischen Warenaustausch 71 Prozent.[166] Für die Tschechoslowakei änderte sich die Lage folgendermaßen: Machte der Handel mit den späteren sowjetischen »Satellitenstaaten« 1939 nur neun Prozent aus, so stieg er bis 1954 auf 78 Prozent.[167] Auch Polen wies für die Zwischenkriegszeit nur sehr geringe Handelsumsätze mit der UdSSR aus, die bei den Importen nicht über 2,2 Prozent und bei den Exporten nicht über 2,7 Prozent des jeweiligen Gesamtwertes hinausgingen. Großdeutschland kam 1938 auf 23 Prozent und bildete damit den mit Abstand wichtigsten Handelspartner Polens, nachdem sich beide Länder noch zu Beginn der dreißiger Jahre in einem zermürbenden Zollkrieg ineinander verbissen

163 Stalin, »Problemy«
164 Gross/Schmutzler/Schönfeld, »Außenwirtschaft«
165 Spulber, *Economics*, S. 167-172
166 Ebd., S. 410
167 Hoensch, *Geschichte*, S. 138

hatten.[168] 1953 lag der Anteil der UdSSR an den polnischen Außenhandelsumsätzen bei einem Drittel, der Anteil des RGW bei knapp 70 Prozent.[169] Welche historischen Umstände auch immer hier vorliegen, Tatsache ist, dass mit der Etablierung des »Ostblocks« die Güterzüge nach Osten rollten.

Diese Umleitung von Güterströmen war in den Jahren Stalins keineswegs ein geregelter Handel zwischen Staaten. Zu den Ausbeutungsmechanismen gehörte, dass die Sowjetunion Ausfuhren aus den kleinen Ländern systematisch im Preis unterbewertete, um auf diese Weise die eigenen *terms of trade* zu verbessern. So ist zum Beispiel Kohle aus Polen – nebenbei gesagt: kein Kriegsgegner der UdSSR, sondern auf Seiten der Alliierten – zu einem im Vergleich zu den Weltmarkt- und den RGW-internen Preisen lächerlich geringen »Konzessionspreis« in die UdSSR eingeführt worden.[170] Bei Gütern aus der Tschechoslowakei, während des Krieges ebenfalls auf Seiten der Alliierten, hat Moskau als Zwischenhändler verdient, indem es die Maschinen billig »einkaufte« und teuer an dritte Länder verkaufte.[171] Zur verbesserten Organisation des Handels dieser Art trug das in allen sozialistischen Staaten errichtete staatliche Außenhandelsmonopol wesentlich bei, indem es andere Akteure bei diesen Geschäften ausschloss. Die kleinen Länder sahen sich gezwungen, den größten Teil ihrer »Ausfuhren« als Reparationen zu deklarieren, ohne die Möglichkeit, über Importe – schon gar nicht aus dem Westen – ihre wirtschaftliche Leistungsfähigkeit wiederherstellen zu können. Darüber hinaus führte diese Politik der Ausbeutung zu einem starken Rückgang der Kapitalbildung, der bewirkte, dass die jeweiligen nationalen Volkswirtschaften aus eigener Kraft in Schwung gebracht werden mussten, das heißt auf Kosten der Ersparnisse und der Bevölkerung.[172]

Die Gründung des Rates für gegenseitige Wirtschaftshilfe (RGW) im Januar 1949 änderte an der Lage vorerst nichts. Das gemeinsame *Kommuniqué* der UdSSR, Albaniens, Bulgariens, der Tschechoslowakei, Polens, Ungarns und Rumäniens (die SBZ/DDR erhielt wegen ihres völkerrechtlichen Sonderstatus erst 1950 Zutritt) enthielt lediglich Absichtserklärungen über eine engere wirtschaftliche Zusammenarbeit.[173] Die Ausbeutung ging währenddessen weiter. Jedoch verzichtete die Sowjetunion auf einen Teil der Entschädigungszahlungen, während sie mit den kleinen Ländern über den Wirtschaftsverbund verhandelte. Für die kleinen Länder stellte die Gründung des RGW in jener

---

168 Poralla, »Wirtschaft«, S. 95

169 Zotschew, »Außenhandel«, S. 493

170 Gumpel/Hacker, *Comecon*, S. 10; Spulber, *Economics*, S. 176-178

171 Kiesewetter, *Vorbild*, S. 36

172 Spulber, *Economics*, S. 180

173 Seiffert, *Ostblock*, S. 40-58; Uschakow, *Rat*, S. 9-13; Ribi, *Comecon*, S. 23-102

Zeit nicht einmal ein Trostpflaster für die entgangenen Aufbauhilfen aus dem Westen dar. Zu Stalins Zeiten hieß Imperium unter wirtschaftlichen Gesichtspunkten also, dass die Abschottung vom Westen komplett vollzogen wurde, ohne dass die Weltmacht Sowjetunion willens oder auch nur in der Lage gewesen wäre, dem von ihr beherrschten Wirtschaftsraum entsprechende Gegenwerte liefern zu können. Wie sollte sie auch, wenn man auf die Zerstörungen und Verluste, die durch den Zweiten Weltkrieg und die deutsche Okkupation entstanden waren? 25 Prozent des materiellen Vermögens im Vergleich zum Vorkriegsstand waren 1945 vernichtet.[174]

Man muss sich den Charakter des stalinistischen Sozialismus, der in Osteuropa (einschließlich Jugoslawien bis 1948) flächendeckend eingeführt wurde, nur noch einmal vor Augen führen, um zu begreifen, welche neuerliche Katastrophe über die Gesellschaften der »Satellitenstaaten« nach dem Zweiten Weltkrieg hereinbrach. Die Kollektivierung der Landwirtschaft, die Verstaatlichung der Produktion und des Handels entschied über individuelle Schicksale, deren Tragweite sich unter diesen Begriffen nicht subsumieren lässt. Aber das war noch nicht alles. Deportationen en masse, Verhaftungen, Erschießungen, Schauprozesse, Antisemitismus, Umstürze in der Wirtschaft und ein allgemeiner Niedergang des Lebensniveaus großer Teile der Bevölkerung fügten sich zu einem ruinösen Gesamtprozess zusammen. Von heute aus betrachtet steht der stalinistische Eroberungszug in der Kontinuität des gewalttätigen stalinistischen Handelns in der Sowjetunion seit 1929. Er vernichtete die bestehenden Eliten, trieb einen Teil der Intelligenz außer Landes, zerstörte Infrastrukturen, Fabriken und landwirtschaftliche Betriebe, ruinierte die Produktion und raubte privates und staatliches Vermögen, das die Nazis nicht konfisziert oder zerstört hatten. Es scheint in dieser Hinsicht keine Zäsur zu geben zu der Zeit vor dem Zweiten Weltkrieg, als die UdSSR bereits auf dem Weg zu dieser Art von räuberischem Imperium war. Die kurze Zeitspanne 1939/40, die der UdSSR zur Besetzung Ostpolens nach dem Hitler-Stalin-Pakt zur Verfügung stand, zeigt, dass die Vorgänge nach 1945 weniger aus der wirtschaftlichen Not entstanden als dass es vielmehr eine stalinistische Art der Unterwerfung gab, welche die Bevölkerung in den ostpolnischen Gebieten, dann aber auch die baltischen Völker rasch kennen lernen sollten, und die sich nicht anders in Ostmitteleuropa fortsetzte, nachdem die kommunistischen Regime etabliert waren. Diese Vorgänge setzten den sowjetischen »Entwicklungspfad«, wie die arglosen Modernisierungstheoretiker sagen, mit seinen Hauptbestandteilen Gewalt, Unterdrückung, sozialer, politischer, kultureller und wirtschaftlicher

174 Harrison, *War*, S. 160-162; Filtzer, »Wirtschaft«; ders., »Standard«

Homogenisierung durch Zerschlagen des Bestehenden und Überkommenen fort. Stalin hielt das für Modernisierung.

Als der Diktator starb, da war ganz Osteuropa zu einem politischen, militärischen und wirtschaftlichen Raum geworden, der gegenüber dem Westen eine strukturelle Andersartigkeit aufwies. Wir sagen »strukturelle Andersartigkeit«, um den zumeist verwendeten Begriff »Abschottung vom Westen« zu vermeiden, der bereits eine verbale Selbstüberhöhung des kapitalistischen Systems enthält und nicht bedenkt, dass die sozialistischen Wirtschaften Osteuropas eben nicht den Gesetzen des Marktes mit seinen unerquicklichen Folgen ausgeliefert sein sollten. Diese Tatsache darf man nicht aus dem Auge verlieren, denn sie zu negieren bedeutet, die Planwirtschaften ihres historischen Kontextes zu berauben. Den Markt durch planerische Elemente zu regulieren, war auch westlichen Ökonomen spätestens nach der Weltwirtschaftskrise nicht fremd. Allerdings erklärt dies keineswegs die aufoktroyierte stalinistische Version der Volkswirtschaften in Osteuropa. Die strukturelle Andersartigkeit hatte neben den sichtbaren Unterschieden Folgen, die den sozialistischen Wirtschaftsraum vom kapitalistischen zusätzlich abgrenzten. Nicht zu unterschätzen ist die Tatsache, dass die Sowjetunion wegen ihrer geringen weltwirtschaftlichen Verflechtung auch weniger von weltwirtschaftlichen Ereignissen abhängig war und sich die ökonomische Sicherheit des Landes dadurch vergrößerte.[175] Die Abgrenzung ideologischer und struktureller Art verstärkte sich dadurch, dass das »sozialistische Weltsystem« gleich zweierlei nicht beabsichtigte, nämlich weder seine Produkte innerhalb des eigenen Systems noch für den kapitalistischen Weltmarkt marktfähig zu machen. Marktfähigkeit war kein Kriterium. Folglich kannte dieses System auch keine Preise im kapitalistischen Sinne, die sich nach Angebot und Nachfrage richteten. Es hat keinen Sinn, die osteuropäischen Wirtschaften mit den Kriterien der kapitalistischen Marktwirtschaften zu betrachten, um – wen wundert's? – daraufhin festzustellen, dass der Sozialismus nicht funktionieren kann. Das tut aber so manche Darstellung, welche die osteuropäischen Wirtschaften vom Standpunkt der marktwirtschaftlichen Orthodoxie behandelt und mehr oder weniger ausgesprochen unterstellt, dass ohne Markt, den die sozialistischen Staaten einführen müssten, diese Typen von Wirtschaft nicht funktionieren. Die Wirtschaftspartner des »sozialistischen Weltsystems« handelten nicht nach den Regeln der Vorteilsmaximierung, sondern strebten nach Produktionserweiterung unter Industrialisierungsbedingungen und versuchten, die Produktionsverhältnisse gegen jegliche Form des Marktes zu schützen. Das ist der Grund, warum die sozialistischen Wirtschaften, die im RGW zusammengeschlossen waren, als »internati-

175 Machowski, *Außenhandel*, S. 2

onales Schutzsystem« bezeichnet worden sind. Es basierte auf bilateralen oder – seltener – auf multilateralen Verträgen zwischen Staaten.[176] Sozialistische Kooperation, die zu Integration führen sollte, stand in Osteuropa auf dem Programm. Das bedeutete, dass die Kosten-Nutzen-Analyse nicht der Maßstab der Außenwirtschaftsverflechtungen war.[177]

Die Voraussetzung für Wandel, auch auf dem Gebiet der osteuropäischen Wirtschaftsbeziehungen, war Stalins Tod. Erst unter Chruščev bahnte sich die Herausbildung eines Wirtschaftsraumes an, der nicht auf Plünderung beruhte. Der Wandel Mitte der fünfziger Jahre war radikal. Er gestaltete die wirtschaftlichen Beziehungen der sozialistischen Staaten untereinander grundsätzlich um. Spätestens auf dem 20. Parteitag im Februar/März 1956 standen einige wesentliche Veränderungen zur Debatte, welche die institutionelle Organisation, aber auch die wirtschaftliche Zusammenarbeit der sozialistischen Staaten betrafen.[178] In Chruščevs Neugestaltung des RGW kam – wie in fast allen Bereichen des sowjetischen Lebens von der Literaturpolitik bis zur Parteiorganisation – der entstalinisierende Gestus des Ersten Sekretärs zum Ausdruck. Chruščev war von der Vorstellung angetrieben, die kapitalistischen Staaten und besonders den Erzrivalen USA zu überholen. Nachdem sich die beiden Blöcke herausgebildet hatten und der sowjetische Sozialismus 1956 in Ungarn militärisch durchgesetzt worden war, war es fast selbstverständlich, dass der stalinistische Raubsozialismus in Osteuropa nicht fortgesetzt werden konnte und an seine Stelle Formen der wirtschaftlichen Zusammenarbeit, ja der Integration treten mussten. Diese Veränderung schlug sich auch in der Wortwahl nieder. Vom »sozialistischen Weltmarkt« war nun nicht mehr die Rede, umso mehr aber vom »sozialistischen Weltsystem«.

In der Tat bildete sich dieses erst unter Chruščev heraus, weil der Erste Sekretär nicht nur die Verhältnisse in Osteuropa zu verändern gedachte, sondern auch, weil erstmals ein Sowjetführer die Dekolonisierung als wichtigen Vorgang zu begreifen schien. Die Konferenz der Drittwelt-Länder in Bandung 1955 hat Chruščev gleichsam geweckt. Stalin hatte für die Ereignisse in den entfernten Erdteilen wenig Verständnis. Ob diese Haltung damit zusammenhing, dass er nur in den überholten Kategorien des Flächenimperiums zu denken vermochte oder ob andere Gründe vorlagen, ist nach dem gegenwärtigen Kenntnisstand nicht zu klären. Die Ausführungen im ersten Abschnitt dieses Kapitels sprechen jedoch dafür, dass er die Vorgänge nicht begriff. Eine sowjetische Drittweltpolitik existierte deshalb bis Mitte der fünfziger Jahre nicht.

---

176 Sobell, *Red Market*, S. 1-11

177 Zwass, *Rat*, S. 105

178 Ribi, *Comecon*, S. 109-168; Zwass, *Rat*, S. 20-44

Die Entstalinisierung, so janusköpfig sie war, krempelte die Binnenstrukturen des zuerst stalinistisch geprägten Imperiums deutlich um. Chruščev löste die »gemischten Gesellschaften« auf, beendete die Entschädigungen in welcher Form auch immer und schmiedete Pläne, wie die Staaten Osteuropas in eine enge Wirtschaftsverbindung eintreten könnten, die einen neuen Typ wirtschaftlicher Integration und Verflechtung unter Ausschluss des Marktes schaffen würde. Wieder einmal stand die UdSSR vor bis dahin unbekannten Problemen: Das »sozialistische Weltsystem« sollte eine multinational verflochtene Wirtschaft sein, ein Wirtschaftssystem ohne Markt und dessen Folgen – ein gewaltiger Fortschritt also bei der Organisation von Wirtschaft. Die Sache war schwierig genug, aber noch komplizierter wurde sie dadurch, dass eine solche Wirtschaftsintegration unter Ausschluss des Marktes niemals zuvor geschaffen worden war, folglich alle Zusammenhänge erst neu entdeckt, analysiert und Koordinierungen aufeinander abgestimmt werden mussten. Unter diesen komplizierten Umständen entwarfen osteuropäische Ökonomen 1958 ein für die Länder des RGW gültiges Preissystem, das »von allen Störungselementen des Konjunkturzyklus des kapitalistischen Marktes« bereinigt sein sollte.[179] Die 1958 von den RGW-Mitgliedstaaten projektierte und 1964 ins Leben gerufene Bank für wirtschaftliche Zusammenarbeit stellte ebenfalls ein Instrumentarium für die Wirtschaftsintegration dar. Sie bildete die zentrale Verrechnungsstelle für den Handel im RGW, verwaltete die Verrechnungswährung »Transferrubel«, bilanzierte die Außenhandelssalden für jedes RGW-Land und vergab Kredite zu Zinsbedingungen, die so niedrig lagen, dass sich jeder Verdacht auf Kreditwirtschaft von vornherein verbot. Ein Mittel zur Zentralisierung des internationalen »Ostblock«-Handels in sowjetischen Händen war die Bank nicht.[180]

Die Parallele zur Entwicklung in der Sowjetunion lag auf der Hand. Auch hier war eine sozialistische Wirtschaft eingeführt worden, ohne dass jemand anfangs gewusst hätte, wie das geht. Mitte der fünfziger Jahre ging Chruščev noch einen Schritt weiter. Die multinationale Wirtschaftsvereinigung RGW hatte nur das Vorbild des »Sozialismus in einem Land«, dessen Grundmodell nach 1945 internationalisiert worden war. Allerdings entstand dabei ein schwerwiegender Widerspruch. Der RGW, der bis dahin ein Kümmerdasein geführt und der an der imperialen Ausbeutungsstrategie unter Stalin nichts geändert hatte, war auf stalinistische Strukturen gegründet. Gleichwohl sollten die wirtschaftlichen Beziehungen der nun als gleichberechtigt deklarierten Teilnehmerländer, welche diese Strukturen bereits vervielfältigt hatten, auf

179 Žukov/Ol'sevič, *Problemy*, S. 31
180 Smith, *Trade*, S. 150-154

einem System aufgebaut werden, das Chruščev gerade im Begriff war, völlig umzugestalten, weil es seine Untauglichkeit bereits unter Beweis gestellt hatte. Das aber war ein unauflösbarer Widerspruch. Er charakterisiert jedoch die gesamte Entstalinisierung unter Chruščev.

Das Ziel der Neugestaltung, die überhaupt erst den Rat für gegenseitige Wirtschaftshilfe, wenn man seinen Namen ernst nahm, belebte, lief auf einen sozialistischen Wirtschaftsraum hinaus, praktisch eine auf ganz Osteuropa ausgedehnte Sowjetunion – jedoch mit einer wesentlichen Modifikation. Zwar blieben die vom Stalinismus geschaffenen Strukturen intakt,[181] aber die geplante Wirtschaftsverflechtung innerhalb des RGW kam Chruščevs Ideen einer Dezentralisierung der Produktion und der Kompetenzen entgegen. Jedes Land sollte sich auf bestimmte Produktionszweige spezialisieren, für die es günstige Voraussetzungen besaß. Dieses Verfahren erhielt den Namen »internationale sozialistische Arbeitsteilung«. Sie ergab nur dann Sinn, wenn die nationalen Wirtschaftspläne untereinander koordiniert waren. An dieser Stelle bemerkten die Planer, dass sie Neuland betraten. Über die Einmaligkeit dieses Vorgangs in der Geschichte waren sie sich völlig im Klaren.[182]

An dieser Stelle ist ein Aber einzufügen, denn es ist kaum wahrscheinlich, dass Chruščev aufgrund entstalinisierender Reflexe den neuartigen sowjetischen Altruismus in die Wirtschaftsbeziehungen eingeführt hätte. Inwieweit der Wandel auch mit den Aufständen in Polen und Ungarn 1956 zusammenhing, ist leider quellenmäßig nicht eindeutig zu klären. Sie haben ihn sicherlich beschleunigt. Es bestehen jedoch erhebliche Zweifel, dass allein der gute Wille zur Entstalinisierung den Anlass gab, das Verhältnis der osteuropäischen Länder wirtschaftlich neu zu regeln, Zweifel, die schon durch die Tatsache der Niederschlagung der ungarischen Reformsozialisten allzu berechtigt sind. Schaut man jedoch über einen längeren Zeitraum hinweg auf die Beziehungen im RGW, so stellt sich heraus, dass es zweimal einen Schub zur verbesserten wirtschaftlichen Zusammenarbeit gegeben hat, der beide Male den »Satellitenstaaten« erhebliche nationale Spielräume ermöglichte. Die Schlüsseldokumente der wirtschaftlichen Zusammenarbeit im RGW von 1962 und 1971 lassen einen Prozess erkennen, der unter Stalin undenkbar war. Er läuft auf die Umkehrung der wirtschaftlichen Ausbeutungsverhältnisse im »Ostblock« hinaus.

In den »Grundprinzipien der internationalen sozialistischen Arbeitsteilung«, im Juni 1962 von den Vertretern der RGW-Länder beschlossen, stand geschrieben, dass im Lager des Sozialismus niemand »irgendwelche besonde-

181 Das gilt trotz der Reformen, die besonders in Ungarn in den sechziger Jahren möglich waren. Sie änderten an den Kernbestandteilen des stalinistischen Systems jedoch wenig.

182 *Pravda* 25. Mai 1956; Bogomolov, *Teorija*; Brezinski, *Wirtschaftsplanung*

ren Rechte und Privilegien« haben dürfe. Die Förderung der nationalen Wirtschaften klang immer wieder in diesem Dokument durch. Deswegen konnte die »internationale sozialistische Arbeitsteilung« auch nur dazu verhelfen, jedem sozialistischen Land »einen sicheren Absatz« seiner Produkte und die »Beschaffung der notwendigen Rohstoffe, Materialien, Ausrüstungen und anderen Waren (zu) gewährleisten«. Bei diesen Passagen handelte es sich nicht um die freundliche Absichtserklärung kommunistischer Parteiführer, sondern um die Inanspruchnahme vollkommen veränderter Wirtschaftsbeziehungen zur UdSSR. Vor dem Hintergrund der räuberischen stalinistischen Phase muss man diese Passage als eine Kehrtwende in den Wirtschaftsbeziehungen lesen. Folglich blieben die Aussagen zur wirtschaftlichen Koordinierung verschwommen: »Die Koordinierung der Wirtschaftspläne – das ist die freiwillige gemeinsame planmäßige Tätigkeit der sozialistischen Staaten, die auf die maximale Ausnutzung der politischen und ökonomischen Vorteile des sozialistischen Weltsystems im Interesse der Sicherung des schnellstmöglichen Sieges des Sozialismus und Kommunismus gerichtet ist.« Mit Lenin sprach das Dokument von der »objektiven Tendenz zur zukünftigen Schaffung einer kommunistischen Weltwirtschaft, die von den siegreichen Werktätigen nach einem einheitlichen Plan geregelt wird«. Chruščevs 1961 vollmundig verkündete Fristen des Übergangs vom Sozialismus zum Kommunismus und des Einholens und Überholens der USA klangen in diesem Satz nach. Neben diesem für die Zeit typischen Wortgeklingel aber lautete einer der zentralen entstalinisierenden Sätze: »Die internationale sozialistische Arbeitsteilung ist die Grundlage des Warenaustausches zwischen den sozialistischen Ländern, der auf dem Prinzip der Äquivalenz beruht.«[183] Das war die entscheidende Passage, die besagte, dass die osteuropäischen Staaten die einseitige »Förderung« der sowjetischen Wirtschaft, wie Stalin sie erzwungen hatte, grundsätzlich ablehnten. Darin spiegelte sich die Lektion von Polen und Ungarn 1956.

Darüber hinaus hatte sich Chruščev in eine selbst gestellte Falle begeben, als er zugestand, dass alle sozialistischen Länder den Weg der Industrialisierung beschreiten sollten. Lediglich die DDR und die ČSSR durften neben der UdSSR als industrialisiert gelten. Wenn also die RGW-»Grundprinzipien« vom »allmählichen Ausgleich des ökonomischen Entwicklungsniveaus« sprachen, so enthielt diese Passage die Forderung nach einem Subventionsprogramm, das die UdSSR in die Pflicht nahm. Sie durfte es nun als ihre ehrenvolle Aufgabe ansehen, den Sozialismus in allen Ländern einzuführen

183 Grundprinzipien der internationalen sozialistischen Arbeitsteilung, in: Damus, *RGW*, S. 272-278; siehe auch das Statut des Rates für gegenseitige Wirtschaftshilfe von 1959 in *Grunddokumente des RGW*

und aufzubauen. Aber dazu war es auch notwendig, den Absatz der Produkte aus den heimischen Gewerben zu garantieren, besonders aber Rohstoffe und Energie aus der Sowjetunion einzuführen, und zwar in einem Umfang und zu Preisen, die die sozialistische Wirtschaft der Länder fördern würde. Genau so stand es in den »Grundprinzipien«. Die kleinen Länder hatten es auf diese Weise zuwege gebracht, einen Teil ihrer ökonomischen Selbständigkeit aufrecht zu erhalten, ohne in eine supranationale zentralistische Planung eingebunden zu sein.[184]

Die Umkehrung der Wirtschaftsbeziehungen im RGW scheint von den Ereignissen in Polen und Ungarn 1956 erzwungen worden zu sein. Chruščev war außerdem bereit sich darauf einzulassen, weil es noch andere außenpolitische Gründe gab, sich vom stalinistischen Modell abzukehren. So fiel die Annäherung an den sozialistischen Renegaten Jugoslawien, der 1948 unter Stalins Ägide aus der Gemeinschaft der sozialistischen Staaten hinausgeworfen worden war, in diese Zeit – ein deutliches Anzeichen dafür, dass Chruščev selbst in diesem Fall einer besonders tiefen Kluft über den Schatten Stalins zu springen vermochte. Darüber hinaus erwies sich der Streit um die ideologische Vorherrschaft im Sozialismus zwischen der UdSSR und China unabwendbar. Chruščev sammelte seine Bündnisgenossen. Er war bereit, dafür einen Preis zu zahlen. Schließlich zahlte er, weil nicht nur die Konkurrenz zu China immer stärker wurde, die schließlich in den offenen Bruch mündete, sondern weil der Streit auch den osteuropäischen Sozialismus bedrohte. Viele Gründe also kamen zusammen, die den Umschwung im RGW erklären.

Dennoch bleibt an der Sache etwas undurchsichtig. Chruščev ließ sich zwar auf den skizzierten Wandel ein, verfolgte offensichtlich langfristig aber andere Ziele. Die »Grundprinzipien« hatten die entscheidende Frage nicht geklärt beziehungsweise nicht klären wollen, ob es auf längere Sicht eine Wirtschaftsintegration geben solle. Die Alternative dazu bildete die bestehende Koordinierung. Fraglich war auch, ob es wirtschaftlich überhaupt möglich war, die nationalen Pläne zu koordinieren, um auf diese Weise eine national spezialisierte Produktion für einen allen gemeinsamen »Markt« der Bedürfnisse einzurichten, ohne dass diese Koordination in eine planerische Gesamtleitung überging. Die »Grundprinzipien« blieben in diesem Punkt unentschlossen und sprachen hinsichtlich der Koordinierung der Pläne von einer »gegenwärtigen Etappe«. Der sowjetische Parteiführer aber ging weiter, als die »Grundprinzipien« erlaubten, und er zeigte sich konsequent. Er zog den Schluss aus den bisherigen Überlegungen, als er nach Verabschiedung dieser »Magna Charta«

184 Schönfeld, »Rat«

des RGW[185] schrieb: »Sukzessive wird ein harmonischer, einheitlicher Wirtschaftskomplex geschaffen, in dem jeder seinen Platz und seine Aufgaben zugewiesen und in dem jedes Land und jede Nation in der Lösung nationaler Aufgaben des sozialistischen Aufbaus eine beständige Stütze erhält.« Seine Ausführungen kulminierten in der Ansicht, dass »Wirtschaftsproportionen« entstehen, die den gemeinsamen Interessen angemessen seien, dass einheitliche Produktionspläne erstellt werden könnten und dass die Entwicklungspläne der einzelnen Länder auf die Bedürfnisse der Gemeinschaft abgestimmt würden.[186] Chruščev träumte offenbar tatsächlich von einem wirtschaftlich funktionierenden »sozialistischen Weltsystem«, in dem die einzelnen Staaten – waren sie erst einmal auf gleicher Entwicklungshöhe angelangt – eine Art osteuropäischer sozialistischer Wirtschaftsgemeinschaft bildeten.

Die These, dass äußere Faktoren den Wandel in den Wirtschaftsbeziehungen auf Seiten Moskaus hervorgebracht haben, wird darüber hinaus von den Entwicklungen nach dem Prager Frühling 1968 gestützt. Es war kein Zufall, dass die Führungsgremien des RGW 1971 das »Komplexprogramm für die weitere Vertiefung und Vervollkommnung der Zusammenarbeit und Entwicklung der sozialistischen ökonomischen Integration der Mitgliedsländer des RGW« verabschiedeten.[187] Die zwingende Folge des Prager Frühlings war eine stärkere Integration der sozialistischen Wirtschaften.[188] Aber in der Praxis war sie schwer zu bewerkstelligen, da sich die einzelnen Staaten auf ihre nationalen Entwicklungswege beriefen.[189] Das »Komplexprogramm« betonte stärker als zuvor die »volle Freiwilligkeit«, lehnte die Schaffung übernationaler Organe ab, sprach von den »interessierten Ländern« und verlangte trotzdem die »schrittweise Annäherung und Angleichung des ökonomischen Entwicklungsniveaus der Länder der sozialistischen Gemeinschaft«, wozu Zusammenarbeit und Hilfe vonnöten seien. Es lag auf der Hand, dass diese Hilfe aus der UdSSR kommen musste und in einem engen Zusammenhang stand mit den ebenfalls geforderten erhöhten Zuflüssen an Roh- und Brennstoffen, die fast ausnahmslos aus der Sowjetunion stammten.

Das war in der Tat ein eigenartiges Imperium, das seine Wirtschaftsbeziehungen nach den Maßstäben von wirtschaftlicher Gleichberechtigung und Ausgleich der unterschiedlichen Industrialisierungsniveaus gestaltete, wenngleich nicht in Abrede zu stellen ist, dass es zentriert war. Was war unter ökonomischen Gesichtspunkten an dieser UdSSR nach Stalin noch imperial? Zwei

185 Zwass, *Rat*, S. 38-41
186 Chruschtschow, *Probleme*, S. 76-79
187 *Grunddokumente des RGW*
188 *Internationale Ökonomische Organisationen der RGW-Länder*
189 Damus, *RGW*, S. 279-297

Antworten gibt es in der Forschung auf diese Frage. Die erste läuft darauf hinaus, die politische Hegemonie der Sowjetunion ohne genaues Hinsehen auf die wirtschaftliche zu übertragen.[190] Demzufolge beherrschte Moskau kraft seiner dominanten Wirtschaft und der dort vorhandenen Rohstoffe und Energieträger die Wirtschaften der kleinen Länder. Die andere Antwort verneint implizit das Imperiale und stellt die Hypothese auf, wonach die UdSSR die osteuropäischen Wirtschaften in hohem Maße subventioniert habe. Dazu wurden die Außenhandelsverflechtungen der RGW-Staaten untersucht um zu prüfen, zu wessen Gunsten sie ausfielen. Darauf kommen wir gleich zurück. Beide Antworten sind unzulänglich; die erste, weil sie ideologisch argumentiert und die sozialistisch verflochtenen Wirtschaften Osteuropas nicht ausreichend empirisch untersucht;[191] die zweite, weil sie die Debatte auf ein Feld führt, wo kaum Gewissheit zu ermitteln ist. Selbst unter der Annahme, dass alle Probleme der Statistik und der Wertermittlung von Gütern des Außenhandels lösbar wären, so ergäbe eine Rekonstruktion der *terms of trade* eben nicht den Sinn der »internationalen sozialistischen Arbeitsteilung«, die sich – da es sich nicht um gewinnmaximierende Außenwirtschaftsbeziehungen handelte – folglich auf diese Weise nicht darstellen lässt. Insider des RGW-Handels haben auf diesen Punkt hingewiesen und außerdem betont, dass neben den statistisch erfassten *terms of trade* der Komplex Außenhandel mit einer Vielzahl kaum miteinander zu verrechnender Elemente ein Ensemble darstellt, das sich einer »sauberen« Bilanz entzieht.[192]

Diese Erklärung, so richtig sie ist, befriedigt aber nicht, weil sie den Gegenstand vor analytischen Instrumenten schützt. Selbst wenn wir, so das implizite Argument, genau ausrechnen könnten, wie die *terms of trade* aussahen, so nützt uns das nichts, weil sie des Kontextes entbehren, der aus quantitativen Aspekten inhaltlich aussagefähige Parameter machte. Was aber spricht dagegen, das komplexe Gebilde Imperium auch durch interne Wirtschaftsbeziehungen gekennzeichnet zu sehen, um die im übrigen unter den historischen Akteuren gerungen wurde? Die Frage, ob die kleinen Länder Osteuropas seit Mitte der 1950er Jahre einen Zuschussbetrieb für die Sowjetunion darstellten, ist nicht irrelevant, wenn auch der politische Kontext eine allein wirtschaftliche Bilanz relativiert. Im Rahmen der Imperiumsfrage stellen die *terms of trade* sehr wohl einen Posten dar, der zu untersuchen ist und der Aussagen über die Binnenstrukturen des Imperiums zulässt. Nicht zufällig hat es darüber unter Wirtschaftswissenschaftlern eine Kontroverse gegeben.[193]

---

190 Damus, *RGW*; Bröll, *Comecon*, S. 74-77

191 Vgl. die Kritik bei Lavigne, »L'U.R.S.S.«

192 Zwass, *RGW*, S. 97-101

193 Lavigne, »L'U.R.S.S.«; dies., »Soviet Union«; van Brabant, »USSR«; Zwass, *Rat*, S. 97-101

Die UdSSR stellte die stärkste Wirtschaftsmacht im RGW dar. Für alle kleinen Länder waren die sowjetischen Lieferungen von ausschlaggebender Bedeutung für die eigene Wirtschaft und Wirtschaftsentwicklung. Der Energiesektor war der wichtigste von allen Bereichen der außenwirtschaftlichen Verflechtung in Osteuropa, der »wie ein neuralgischer Knotenpunkt«[194] auf verschiedene Wirtschaftsbereiche ausstrahlte. Da nun einmal die Industrialisierung in allen Ländern auf dem Programm stand, mussten für diesen Zweck die Rohstoffe und die Energie bereitgestellt werden. Aber nicht alle Länder besaßen ausgiebige Rohstoffvorkommen und Energiereserven. Polen kam vergleichsweise günstig davon, weil es hochwertige Steinkohle abbauen konnte, während die DDR auf minderwertige Braunkohle angewiesen war, die Lager aber so umfangreich ausfielen, dass das kommunistische Deutschland zum größten Braunkohlenproduzenten der Welt wurde. Rumänien besaß soviel Erdöl, dass es sich selbst versorgen konnte, musste aber alle anderen Energieträger einführen. Bulgarien, Ungarn und die Tschechoslowakei bauten ebenfalls Steinkohle ab, was jedoch nicht den eigenen Energiebedarf deckte.[195] Alle osteuropäischen Staaten strebten nach 1945 danach, ihre eigenen Energiereserven und Rohstoffvorkommen auszubeuten. Das hatte zur Folge, dass Osteuropa viel länger als der Westen auf Kohle setzte anstatt auf das energetisch höherwertige Erdöl.[196] Aber die Nachfrage nach Energie stieg dynamischer als die ländereigene Produktion, so dass seit Beginn der 1960er Jahre die Nachfrage nach Erdöl wuchs, seit den 1970er Jahren auch nach Erdgas. Während allein Rumänien des sowjetischen Öls nicht bedurfte, waren ausnahmslos alle RGW-Staaten auf sowjetisches Öl angewiesen. Nettoimporteure von Energie waren seit 1950 die DDR, Bulgarien und Ungarn. Polens Saldo kippte als letzter relativ spät im Jahre 1980.

Die Ölexporte der UdSSR waren quantitativ bereits von großer Bedeutung, mehr noch hinsichtlich der Preise. Die UdSSR belieferte ihre »Satelliten« mit immer größeren Mengen Erdöl. Der Umfang dieser Exporte überstieg die Ausfuhren in den Westen bei weitem, obwohl Moskau auf dem kapitalistischen Weltmarkt für sowjetisches Öl Devisen erhielt, welche die sowjetische Wirtschaft gut gebrauchen konnte. Außer Rumänien deckten alle kleinen Länder ihre Energieimporte zu 84 Prozent und mehr aus der UdSSR. Öl auf dem Weltmarkt gegen Valuta zu kaufen, war den meisten »Satelliten« zu teuer, denn das sowjetische Öl, das durch die Pipeline »*Družba*« (Freundschaft) in die osteuropäischen RGW-Staaten mit Ausnahme Rumäniens floss, war erheblich

194 Dietz, *Energiewirtschaft*, S. 17
195 Ebd., S. 27
196 Sobell, *Market*, S. 36.

billiger. Einige Schlauberger verkauften deswegen einen Teil des »Freundschafts«-Öls zu Weltmarktpreisen im Westen. Auf die Preise kommen wir noch zurück. Bei Gas betrug die Abhängigkeit von der UdSSR gegen 100 Prozent.[197] Es gab jedoch einen »Bodenschatz« in Ungarn, der DDR und der ČSSR, den die UdSSR aus diesen Ländern einführen musste – Uran. In diesem Punkt war es mit der Autonomie der sozialistischen Volkswirtschaften vorbei. Der strategisch wichtige Rohstoff wurde nur unter Kontrolle der Sowjetunion mit Hilfe von sowjetisch geführten Betrieben abgebaut und in das sozialistische Mutterland verfrachtet. In manchen Fällen kam es dann in Form von zivil genutzten Brennstäben für Kernkraftwerke, zumeist aber als sowjetische Atombomben in die Ursprungsländer zurück.

Einen hintersinnigeren Namen für die genannte Pipeline hätten die Regierungen nicht finden können. Das Öl, das aus den Röhren strömte, half nicht nur die Wirtschaft der entsprechenden Satelliten zu entwickeln, es schmierte die politische Freundschaft. Denn der Preis, den die »Satelliten« zahlten, orientierte sich seit 1958 zwar am Weltmarkt, er sollte aber kapitalistische Preisbildungselemente, besonders Spekulationsgewinne, ausschließen. Also legten die RGW-Staaten fest, dass der durchschnittliche Weltmarktpreis der letzten fünf Jahre den Preis pro Tonne Öl im RGW-Handel abgeben sollte.[198] Das war ein Geschäft unter Freunden, wobei die hegemoniale Stellung der UdSSR im Energiebereich von ihr nicht ausgenutzt wurde. Man muss sich klar machen, dass die RGW-Staaten über Jahre hinweg auf diese Weise von Öllieferungen profitiert haben, die sie auf dem Weltmarkt erheblich teurer zu stehen gekommen wären. Mehr noch: Bis zum Preisschock 1973 zahlten die osteuropäischen Empfängerländer für die Tonne Erdöl weniger als die durchschnittlichen Förder- und Transportkosten.[199] Die Sowjetunion zeigte sich auf diese Weise bereit, im Sinne der »internationalen sozialistischen Arbeitsteilung« ihre Energiereserven mit den kommunistischen Regimes zu teilen. Dieses Verfahren konnte aber nur so lange funktionieren, wie die Weltmarktpreise nicht allzu großen Schwankungen unterlagen. Während der »Ölkrise« 1973/74 in den kapitalistischen Ländern, als die Preise für Rohöl explodierten, musste zwangsläufig der externe, zugleich spekulative Preisimpuls in den RGW überschwappen. Ebenso zwangsläufig musste die UdSSR zu dem Schluss kommen, dass es für sie günstiger war, Öl auf dem Weltmarkt zu verkaufen, anstatt es unter diesen neuen Preisverhältnissen an die Brüder zu verschenken.

---

197 Dietz, *Energiewirtschaft*, S. 59-73

198 Mitrofanova, *Ceny*

199 Böhm, *Rolle*, S. 45

1975 änderten sich die Regeln der Preisbildung für Öl im RGW. Zwar mussten die kleinen Länder seither mehr für sowjetisches Öl zahlen, aber noch immer kamen sie im Verhältnis zum Weltmarkt günstig davon. Als 1979 erneut ein heftiger Preisanstieg auf den westlichen Ölmärkten zu verzeichnen war, kamen die kleinen Länder in den Genuss einer verzögerten Weitergabe der Preisexplosion. Zwischen 1979 und 1981 klaffte die Differenz zum RGW-Ölpreis bis zu 50 Prozent auseinander. Von solchen Verhältnissen wagten Regierungschefs westlicher ölabhängiger Staaten nicht einmal zu träumen: dass nämlich Öl fördernde Länder wie Großbritannien oder die USA ihren »Satelliten« ähnliche Freundschaftspreise gewährten. Diese Gegenüberstellung erläutert besser als alle anderen Beispiele, was »sozialistisches Weltsystem« heißen konnte. Der Preis war nicht entscheidend. Erst als die Weltmarktpreise wieder zu sinken begannen, die RGW-Preise dagegen entsprechend der Durchschnittspreis-Fristen erst verzögert reagierten, verschob sich seit 1982 die Bilanz zuungunsten der kleinen Länder, die jetzt mehr zahlten als auf dem Weltmarkt. Wenn die kleineren Länder seitdem Defizite im Handel mit der UdSSR vermeiden wollten, so mussten sie entsprechend den Gepflogenheiten im RGW die Ausfuhr von Fertigprodukten in die Sowjetunion im Vergleich zu 1980 um rechnerische 21 Prozent steigern.[200] Ein Blick auf einschlägige Tabellen aus sowjetischer Feder weist für bestimmte Jahre, besonders nach 1975, einen Außenhandelsüberschuss für die Sowjetunion aus.[201] Davon sollte man sich jedoch nicht täuschen lassen, denn diese Tatsache bedeutete im Kontext des RGW, dass die UdSSR zu einem Gläubiger wurde, der keine Gegenwerte für seine Güter erhielt. Der RGW-Handel verlief grundsätzlich auf *barter*-Basis. Ein nomineller Außenhandelsüberschuss brachte der UdSSR keinen unmittelbaren Vorteil.[202] Nicht kompensierte Überschüsse wurden zuweilen als Kredite deklariert. Aber deren Verzinsung und Laufzeit lässt sich mit keinem kapitalistischen Verleihgeschäft vergleichen.[203]

Halten wir fest, dass die kleinen Länder über Jahrzehnte hinweg ihre Ölimporte zu Preisen tätigen konnten, die so niedrig wie sonst nirgends waren. Welchen Einfluss diese Tatsache auf die Wirtschaftsentwicklung der kleinen Länder gehabt hat, lässt sich kaum sagen, weil dazu eine hochkomplexe Gesamtrechnung unterschiedlichster Faktoren erstellt werden müsste, zu denen nicht allein die allgemeinen *terms of trade* des betreffenden Landes mit der Sowjetunion gehören. Sicher aber ist, dass sowjetisches Öl in den kleinen Ländern vergeudet wurde, denn die vergleichsweise rückständigen Wirtschaf-

200 Vaňous, »Adjustment«

201 *Torgovlja*

202 Lavigne, »Soviet Union«, S. 140-141

203 van Brabant, *USSR*, S. 131

ten Osteuropas verbrauchten deutlich mehr Energie pro Kopf als die EWG/EG-Staaten.[204] Offensichtlich lag der Preis zu niedrig und die Versorgung war gesichert, so dass Energie nicht als knappes Gut aufgefasst wurde. Die energetische Verschwendungswirtschaft war aber auch in der UdSSR ausgeprägt.[205]

Das alles lief auf Handelssubventionen der UdSSR an die ostmitteleuropäischen Staaten hinaus. Das Öl bildete dabei den größten Anteil, war aber nicht das einzige Gut, wenngleich auch die anderen Güter in die Kategorie »*non-food raw materials*« fielen.[206] Dass es sich dabei nicht um eine gezielte, gar geplante Wirtschaftshilfe handelte, ist offensichtlich. Preisbewegungen für Rohstoffe, besonders durch OPEC verursachte, konnte die UdSSR nicht kontrollieren; entsprechend schwach war ihr politisches Instrumentarium, auf die von außen induzierten Schwankungen bei *opportunity costs* zu reagieren. Vermutlich haben sowjetische Ökonomen die Vorgänge mit einer gewissen Verzögerung als unfreiwillige Handelssubventionen begriffen, weil sich eine Diskussion dieses Phänomens erst seit 1979 beobachten lässt.[207]

Aber wie viel hat dies alles die UdSSR gekostet? Daumenpeilungen hinsichtlich der Verluste, die der Sowjetunion auf diese Weise entstanden sind, gibt es.[208] Unter Verlust ist, verkürzt gesprochen, die Differenz zu verstehen, die sich aus einem gedachten Verkauf derselben Gütermenge zu Weltmarktpreisen ergeben hätte. Für 1960–1980 ist die Subvention auf 87,2 Milliarden US-Dollar (zu Preisen von 1980) beziffert worden. Rechnet man diese Summe auf die jeweiligen Empfängerländer pro Kopf und Jahr um, so ergibt sich, dass die DDR mit 73 Dollar die höchste Unterstützung erhielt, gefolgt von der Tschechoslowakei mit 44, Ungarn mit 41, Polen mit 16 und – wegen der eigenen Ölvorkommen – Rumänien mit einem Dollar.[209] Von einem Einkommensverzicht der Sowjetunion in den Jahren 1974–1979 in Höhe von 17–18 Milliarden US-Dollar ist die Rede sowohl von sowjetischer wie von westlicher Seite. Diese Zahl ist – bemerkenswert genug – für die Zeit der für die UdSSR günstigeren Ölpreise errechnet worden. Nach der zweiten Preisexplosion 1979 soll sich nach westlichen Berechnungen der Verlust der UdSSR allein im Jahr 1981 auf über zehn Milliarden US-Dollar belaufen haben. Für 1974 bis 1985 wurden insgesamt 43,5 Milliarden US-Dollar errechnet. Diese

---

204 Dietz, *Energiewirtschaft*, S. 33-58

205 Gestwa/Grützmacher, »Infrastrukturen«

206 Marrese/Vaňous, *Subsidies*

207 Lavigne, »Soviet Union«; van Brabant, *USSR*, S. 128-129

208 Böhm, »Einnahmeverluste«; Dietz, *Energiewirtschaft*, S. 75; Marrese/Vaňous, *Subsidization*; Vaňous, »Slowdown«

209 Marrese/Vaňous, *Subsidies*; dies., »Options«

Summe entspricht dem Vierfachen der Auslandsverschuldung aller RGW-Länder gegenüber den westlichen Industrieländern im Jahre 1975,[210] das heißt zu einer Zeit, als man von der Verschuldungskrise der osteuropäischen Staaten sprach, die 1975 einen Höhepunkt erlebte. Zusätzlich ist zu bedenken, dass die Erschließung neuer Ölfelder in Permafrostgebieten außerordentlich kapitalintensiv war. Im Vergleich zu Fertigprodukten, welche die UdSSR aus den RGW-Ländern einführte, lag die Kapitalintensität bei Energieträger-Ausfuhren drei bis dreieinhalb Mal so hoch. Die Investitionen, welche die UdSSR zur Sicherung des Brennstoffbedarfs tätigten, in dessen Genuss auch die RGW-Partnerländer kamen, bewirkten für die Sowjetunion beträchtliche volkswirtschaftliche Wachstumseinbußen.[211] Durch die hohe Kapitalintensität hat auf diese Weise die Sowjetunion Kapital ausgeführt, anstatt über den Verkauf von Rohstoffen einzuführen.[212] So wundert es nicht, dass Moskau nachdrücklich die Bruderländer aufforderte, sich an den Erschließungskosten zu beteiligen. Aber das gelang nur zum Teil, weil die betroffenen Länder es vorzogen, statt dessen an gemeinsamen Gas- und Ölleitungsprojekten mitzuwirken. Aber selbst das klappte nicht, wie das Beispiel der Gaspipeline von Orenburg am Fluss Ural zur sowjetisch-polnischen Grenze zeigte. In diesem Fall stellte die UdSSR am Ende die Leitung fast gänzlich selbst her. Außerdem musste der UdSSR daran gelegen sein, den Energieverbrauch in den ostmitteleuropäischen Ländern zu senken. Aber über den 1983 gefällten Beschluss des RGW-Rats hinaus, des obersten Entscheidungsgremiums, ein Programm für die Entwicklung energie- und rohstoffsparender Technologien auszuarbeiten, ist nichts zustande gekommen.[213] Allein die Kernenergie schien die Möglichkeit zu geben, einerseits den Strombedarf der kleinen Länder zu befriedigen, andererseits den Rohstoffexport fossiler Brennstoffe aus der Sowjetunion zu reduzieren, wobei die UdSSR zugleich ein High-Tech-Produkt verkaufen konnte (das – wie Černobyl zeigte – von zweifelhafter Qualität war).[214]

Unter dem Strich kam heraus, dass das »imperiale« Warenstromgefüge auf den Kopf gestellt war. Das Zentrum lieferte Roh- und Brennstoffe, tat also das, was gewöhnlich von Entwicklungsländern erwartet wird, wohingegen die kleinen Länder Halb- und Fertigprodukte ausführten, darunter hochwertige Maschinen und Anlagen. Trotz der für die UdSSR ungünstigen Preise stieg der Anteil der Roh- und Brennstoffe an den Ausfuhren 1970–85 von 52 Prozent

210 Fink/Mauler, *Verschuldung*, S. 2; Zloch-Christy, *Problems*, S. 31-33

211 Böhm, *Rolle*, S. 47

212 Sobell, *Market*, S. 46

213 Meier, *RGW-Komplexprogramm*, S. 9

214 Ebd., S. 24-25; Fox, »Soviet Policy«

auf fast 70 Prozent.[215] Entsprechend gestalteten sich die Außenhandelssalden: Das Entwicklungsland UdSSR leistete Entwicklungshilfe, solange die Rohstoffpreise im Verhältnis zu Industriegütern trotz aller Schwankungen niedriger lagen. Diese Außenhandelsstruktur scheint in der Tat für das Zentrum eines Imperiums einmalig, zumal dann, wenn sich die Rohstoffausfuhren nicht kapitalisieren. Wo hat es das in einem Imperium gegeben?

Wenngleich die Zahlen ungenau sein mögen, so zeichnet sich doch deutlich ab, dass die wirtschaftliche Ausbeutung durch die UdSSR spätestens seit den 1960er Jahren eine Legende war, die von den Regimes der kleinen Länder liebevoll gepflegt wurde. Die Vorzugspreise für Energieimporte aus dem großen Bruderland hinderten sie nicht, hartnäckig zu feilschen.[216] Preise wurden somit zu einer Frage von Wohlstandsdistribution und Entwicklungsfähigkeit, zu einem politischen Argument, dem sich keine sowjetische Regierung nach Stalin verschloss. Moskau konnte im Grunde tun, was es wollte, jede Anpassung an das Weltmarktniveau konnte sofort als Ausbeutung angeprangert werden. Es war politisch unmöglich, von den Bruderländern die üblichen Weltmarktpreise zu verlangen. Alle Berechnungen darüber, wie sehr die kleinen Länder unter den seit 1975 gestiegenen RGW-Ölpreisen gelitten hätten, wie hoch der Einkommenstransfer in die Sowjetunion auf diese Weise ausgefallen sei und so weiter, treffen nicht den Kern der Sache. Freilich mussten die kleinen Länder mehr zahlen; selbstredend stellten die höheren Preise eine Belastung für die Wirtschaft dar, aber was war die Alternative? Sie hätten das teurere Öl in Rotterdam kaufen können. Es ist nicht zu erkennen, dass die UdSSR ihre Partner auf diesem Gebiet übervorteilt hätte. Eher hat sie gänzlich unimperial über Jahre hinweg wider allen (kapitalistischen) wirtschaftlichen Gepflogenheiten politische Preise in Rechnung gestellt und unter dem Strich für ihr osteuropäisches Imperium mächtig draufgezahlt.

So auch in Polen 1980/81. Eine Mitarbeiterin der Federal Reserve Bank in New York kam zu dem Ergebnis, während der Krise in Polen sei die ausländische Hilfe in Form verschiedener Darlehen, Kredite und Handelssubventionen zu knapp 90 Prozent (4,3 Milliarden US-Dollar in laufenden Preisen) aus der UdSSR gekommen, während sich der Anteil des Westens 1981 auf vier Prozent belief. Das war erneut ein hoher, für den Zusammenhalt des Imperiums entrichteter politischer Preis, der ein »wichtiges wirtschaftliches Problem« für die Sowjetunion in den 1980er Jahren darstellte.[217] Man vergleiche diese Zahl mit dem sogenannten Milliardenkredit der BRD, von Franz-Josef Strauß einge-

215 Meier, *Konzepte*, S. 9

216 Maier, *Dissolution*, S. 59-73; Seiffert, *Ostblock*, S. 93-113

217 Goldstein, »Assistance«

fädelt, an die DDR im Jahre 1984 in Höhe von 950 Millionen DM, der als riesig eingeschätzt wurde. Während der Perestrojka, als sich viele Legenden der vorangegangenen Zeit in Luft auflösten und der Taschenrechner in der Sowjetunion Einzug hielt, kam der Vorsitzende des Ministerrates der UdSSR, Ryškov, zu dem Schluss, das osteuropäische Modell der wirtschaftlichen Zusammenarbeit habe »seine Möglichkeiten erschöpft«.[218]

Auf diese Weise hat die UdSSR seit der Entstalinisierung Chruščevs einen politischen Preis gezahlt, der eine enorme Subventionierung der osteuropäischen Satellitenstaaten bedeutete. Es war zugleich der Preis für den Erhalt des Imperiums, das 1956, 1968, 1970 und 1980/81 in Gefahr geraten war. Nochmals sei betont, dass sich kaum ausrechnen lässt, wie stark diese Subventionen zum Wirtschaftswachstum in den kleinen Ländern beigetragen haben. Ohne Zahlen zu nennen ist die These aber doch hinlänglich fundiert, dass die Wirtschaftsentwicklung seit Mitte der 1950er Jahre während der Industrialisierung, die in der Mehrheit der Länder noch nicht weit fortgeschritten war, in den meisten osteuropäischen RGW-Ländern durch diese Subventionen unterstützt wurde. Diese Hilfeleistung der UdSSR, lässt sich kaum wegrechnen, wenn dies auch so manchem osteuropäischen Wirtschaftshistoriker nicht passen mag. Auf einem ganz anderen Blatt stehen die Strukturprobleme, die diese Länder infolge der stalinistischen Industrialisierungsvariante aufgezwungen erhielten und die sie schließlich in einem Desaster enden ließen. Wie aber will man die Bereiche der Transfereffekte und der Struktureffekte[219] methodisch korrekt auseinanderhalten? Das geht nicht, und so werden wir darauf verwiesen, dass wir uns nun einmal in der Logik (oder Unlogik) *dieses* Systems befinden, das wir nach seinen eigenen Merkmalen zu untersuchen haben. Die Tatsache bleibt unumstößlich bestehen: Die Sowjetunion hat die kleinen Länder subventioniert, aber auf der Basis ihres unfähigen Systems.

Nach dieser Übersicht über die Wirtschaftsbeziehungen im Sowjetimperium müssen wir noch einmal die Frage stellen, welchen Charakter dieses Imperium in ökonomischer Hinsicht trug, ja, ob es überhaupt den Namen Imperium verdient. Als Albert Demangeon das britische Empire in einer kolonialgeographischen Studie untersuchte, da unterschied er zwischen Nutzungskolonien und Bevölkerungskolonien.[220] Etwas ähnliches kann man für die Sowjetunion nach Stalin nicht feststellen, denn weder hat sie die nur unvollkommen vorhandenen Rohstoffe – mit der Ausnahme Uran – der kleinen Länder ausgebeutet oder für die eigene Produktion benötigt, noch hat

---

218 *Pravda* 6. Juli 1988

219 Höhmann, *Wirtschaftsreformen*

220 Demangeon, *Weltreich*

es einen Arbeitskräftetransfer in die UdSSR gegeben. Die Sowjetunion brauchte Ostmitteleuropa nicht, weder unter wirtschaftlichen noch wirtschaftsdemographischen Gesichtspunkten. Die »Satelliten« waren ein Fass ohne Boden, ein Zuschussbetrieb, der sich nicht rechnete. Wenn Moskau an dem Imperium um jeden Preis festhielt, dann aus den Gründen, die in den vorangegangenen Abschnitten dieses Kapitels genannt wurden. Hinter dieser imperialen Fehlkonstruktion steckte immer noch das überholte Konzept des territorial definierten Imperiums, das mit zunehmender Dauer der Existenz zu einem offenkundigen Anachronismus wurde, nicht nur, weil im Vergleich zur Sowjetunion die USA ein solches Imperium nie aufgebaut und niemals unter solchen Kostengesichtspunkten hätten halten wollen, es also flexiblere und kostengünstigere Formen der Einflussgewinnung, -ausübung und Herrschaftstechnik gab, sondern auch, weil Ostmitteleuropa, wenn man es denn aus Gründen der Sicherheit behielt, genau diese unterminierte, indem es sich zunehmend zu einer Erosionszone des Imperiums verwandelte.

Blicken wir an dieser Stelle auf das gesamte Imperiumskapitel zurück, so ist der fundamentale Wandel nicht zu übersehen, den die Sowjetunion als imperiale Macht zwischen 1945 und 1991 vollzog. Er steht in einem deutlichen Kontrast zu den Ansichten zahlreicher westlicher Politikwissenschaftler, Politiker, Journalisten und Feuilletonisten, die ihn nicht bemerkten oder nicht bemerken wollten und die Zeit ihres Lebens einem Phantom auf der Spur waren, demzufolge sich die Existenz der UdSSR in ihrer bedrohlichen Hochrüstung erschöpfte. Die Hintergründe dieses Phänomens auszuleuchten, die über die schon heute zu nennenden Aspekte hinausgehen, wird sicherlich so manche spätere Untersuchung antreiben. Vorstellbar ist eine Fortsetzung der vorzüglichen Studie von Abbott Gleason für die fünfziger Jahre bis 1991.[221]

Eines der Produkte dieses Denkens ist die Figur von der imperialen Überdehnung der UdSSR. Sie stammt von Paul Kennedy, der sie in einer vergleichenden Untersuchung der Großmächte seit 1500 auch für die Sowjetunion entfaltet hat.[222] Das Argument lautet folgendermaßen: Die Sowjetunion konnte auf wirtschaftlichem Gebiet mit den außenpolitischen Anforderungen an sie als imperiale Macht nicht Schritt halten. Sowohl in der Landwirtschaft als auch in der Industrie zeigten sich Produktions- und Wachstumsprobleme, die durch technischen Rückstand, besonders scharf bemerkbar auf Hightech-Gebieten, die Lage verschlimmerten. Daraus ergaben sich Nachteile für die aus imperialen Gründen notwendige Hochrüstung, die enorm viele Ressourcen im Verhältnis zur Wirtschaftsleistung verschlang. Imperiale Überdehnung ist

221 Gleason, *Totalitarianism*

222 Kennedy, *Rise*, bes. S. 488-513

folglich eine Relation aus Produktionsentwicklung und Ressourcenextraktion auf der einen Seite und militärischer Stärke auf der anderen.

Diese Argumentation ist *cum grano salis* von anderen übernommen worden, am prominentesten von Seweryn Bialer.[223] Wenn man sich jedoch genau anschaut, wie sie vorgetragen wird, dann bleiben viele Fragen offen. Es handelt sich nämlich um sehr allgemein gehaltene Beschreibungen von Entwicklungen in der Politik und der Wirtschaft, der bei allen real vorhandenen Schwierigkeiten *unterstellt* wird, sie sei nicht in der Lage, langfristig das Imperium militärisch zu sichern. Einen die These beweisenden Kausalzusammenhang zwischen Wirtschaftsproblemen und Untergang der UdSSR wird man trotz aller Verweise auf Zahlen nirgends finden. Das Problem mit dieser Argumentation ist, dass sie von vornherein falsch anfängt. Sie ruht auf einer Annahme, die den historischen Befunden nicht gerecht wird. So ist festzustellen, dass die Sowjetunion *trotz* der riesigen Verluste an Menschen, Material und wirtschaftlicher Leistungskraft im Zweiten Weltkrieg nicht nur eine Weltmacht wurde, sondern sie diesen Status in einer Zeit ausbauen konnte, in der sie im Vergleich zum Hauptgegner USA einen enormen wirtschaftlichen und technologischen Rückstand aufwies. *Trotz* ihrer verhältnismäßig schlechten Lage hat sie Rüstungs- und Technologierückstände immer wieder aufholen und zeitweise – zum Beispiel beim Raketenantrieb – die USA sogar überholen können. Sie war dazu in der Lage, weil das Regime in zentralistisch-autoritärer Manier einen Großteil der Ressourcen in den militärisch-industriellen Komplex stecken konnte. Das Geld fehlte dann woanders, ließe sich dagegen sagen. Aber wo fehlte es denn? Soeben haben wir gesehen, dass die Sowjetunion trotz der gewaltigen Rüstungsbürde die ostmitteleuropäischen Länder wirtschaftlich in einem Ausmaß unterstützte, das den »Milliardenkredit« der Bundesrepublik an die DDR zu einer *quantité negligeable* machte. Dann fehlt es eben im Lande, etwa beim Konsum, ließe sich einwenden. Aber dieser Einwand wurde in dem Kapitel über den Wohlfahrtsstaat entkräftet. In der These von der imperialen Überdehnung wird ein Bild entworfen, das große Bereiche der sowjetischen Realität ignoriert, denn während die UdSSR nach Meinung der Vertreter dieser These immerzu den Abgrund des imperialen Untergangs vor Augen hatte, half sie mit riesigen Ressourcen bei der Industrialisierung der ostmitteleuropäischen Länder und sie betrieb eine Wohlfahrtspolitik, deren Kosten bis heute noch nicht annähernd ausgerechnet wurden, von denen man aber schon jetzt sagen darf, dass sie gigantisch waren. Darüber hinaus baute sie, um ein weiteres Beispiel zu nennen, ein Netz von Flugverbindungen auf, das Aeroflot zur größten Fluggesellschaft – gemessen in transportierten Passagieren – der Welt

223 Bialer, *Paradox*; Dibb, *Soviet Union*

machte, und zwar mit Preisen, die sich fast jeder Sowjetbürger leisten konnte. Wie passt das alles zu der These von der imperialen Überdehnung? Offensichtlich werden hier Dinge zusammengedacht, die nur zum Teil zusammengehören. Die These beruht meistenteils jedoch auf Ausblendung.

Erst wenn die vorangegangenen Abschnitte berücksichtigt werden, ergibt sich ein sinnvoller argumentativer Zusammenhang für die imperiale Überdehnung: Die Sowjetunion war in Rüstung und Rüstungstechnik dem Westen unterlegen.[224] Ihr militärisch-industrieller Komplex verschlang in der Tat enorme Ressourcen an Menschen, Intelligenz, Finanzen und Material.[225] Aber das Bonmot, »die USA haben einen militärisch-industriellen Komplex, die Sowjetunion ist einer«, verzerrt das Bild. Glaubwürdig sind die Berechnungen sowjetischer Wirtschaftsexperten aus der Perestrojka-Periode, wonach circa 20 bis 25 Prozent des Bruttosozialprodukts für die Rüstung ausgegeben wurden.[226] Das ist ein Vielfaches der Ausgaben im Vergleich zu westlichen Ländern. Die Angaben sind zu dem hier Genannten und zu dem im Kapitel »Wohlfahrtsstaat« Dargestellten hinzuzurechnen. Dann jedoch stellt sich die Frage, wie die Sowjetunion, die sich allem Anschein nach auf vielen Gebieten »überdehnt« hat, diese Belastungen so lange tragen konnte. Diese mehrfache Überdehnung ist das eigentliche Geheimnis, das spätere Untersuchungen aufdecken müssen.

Die imperiale Überdehnung, so berechtigt sie als Teilerscheinung ist, erweist sich folglich als eine Argumentation, die weniger aus der genauen Kenntnis sowjetischer Verhältnisse gewonnen wurde als vielmehr eine fast zwangsläufige Denkfigur westlicher Perspektiven bildet: Indem die Sowjetunion während des Kalten Krieges als ideologischer und militärisch hochgerüsteter Gegner angesehen wurde, blieb der Westen auf diese Bereiche fixiert wie das Kaninchen vor der Schlange. Aber damit ist die Karriere dieser Denkfigur noch nicht beendet. Die Ansicht, die Sowjetunion sei schließlich totgerüstet worden, ist die logische Folge. Sie findet sich – ebenfalls folgerichtig – bei westlichen Experten für Sicherheits- und Rüstungspolitik und – etwas allgemeiner gesprochen – bei jenen, die das Denken in Kategorien des Kalten Krieges beibehalten, nicht aber, von wenigen Ausnahmen abgesehen, bei Kennern der sowjetischen Geschichte nach 1945. So wagen wir abschließend erneut eine These, die eigentlich schon nicht mehr nötig ist: Die Ansicht von der totgerüsteten Sowjetunion wird sich in Zukunft als eine unhaltbare, weil ideologisch begründete Denkfigur erweisen.

---

224 Minaev, *Mošč'*; Almquist, *Red Forge*

225 Davis, »Aspects«; Lutz, *Rüstung*; s. auch Plaggenborg, »Entwickelter Sozialismus«, S. 471-483

226 Schröder, *Rüstungs- und Sicherheitspolitik*; Walter, »Verteidigungsausgaben«; Jacobson, *Enigma*; Becker, *Burden*; zu Angaben Gorbačevs s. Šachnazarov, *Cena*, S. 49

VII. Umriss der integralistischen Moderne

Die in der Einleitung gestellten drei Fragen sollen hier wieder aufgegriffen werden: Was lässt sich als der theoretische Ertrag der sowjetischen Geschichte ausmachen? Wie erfolgt ihre Einbettung in die Geschichte des 20. Jahrhunderts in Europa? Welche Schlüsse sind aus der Beschäftigung mit der Sowjetgeschichte für die Modernetheorie zu ziehen? Dieses Kapitel versucht, die Fragen miteinander verknüpft zu behandeln, weil sich die Einbettungsproblematik unter den hier gewählten theorieleitenden Gesichtspunkten mit der Moderne verbindet.

1

In der Einleitung war von der imaginierten Moderne die Rede, die entsteht, wenn die Untersuchung der Moderne lediglich auf der Basis von Texten erfolgt, ohne das Material der sich ereignenden Geschichte in die Beobachtungen in hinreichendem Maße einzubeziehen. In der Regel kamen dabei Zerrbilder der Moderne heraus, die – gleichgültig ob im Sinne des Fortschritts- und des Vernunftglaubens oder im Sinne der Negativeffekte der Moderne – die Reflexivität von Modernenarrativ und Geschichte nicht wiederzugeben vermochten. Einige Vertreter der Soziologie haben dieses Defizit erkannt. So plädiert Peter Wagner für eine historische Soziologie der Moderne und sieht den Sozialismus »im Mittelpunkt der Geschichte der Moderne«.[1] Aber sein Versuch, vornehmlich die westlichen Gesellschaften zu analysieren, führt zwangsläufig zu allgemeinen und schematischen Aussagen über den Modernegehalt des (osteuropäischen) Sozialismus. Jedoch stellt Wagners Untersuchung die sonst eher seltene Anerkenntnis dar, die Sachintimität des Historikers mit den Abstraktionsleistungen der Soziologie zu verbinden, wie Hans Joas

1 Wagner, *Soziologie*, bes. S. 157-161

treffend bemerkt hatte.[2] Statt »in immer abstraktere Höhen« aufzusteigen, sei der Soziologie geraten, »mit empirisch gesättigten Beiträgen in die Debatte um die Moderne einzugreifen«, meint Wolfgang Knöbl.[3] Wir stellen fest: Die Soziologie begibt sich auf den Weg zur Geschichtswissenschaft. Ein Moderneverständnis kann folglich nur in der historischen Analyse konstituiert werden. Vermutlich wird dies zwangsläufig einen verminderten Theorieanspruch auch in der Soziologie zur Folge haben, weil andernfalls die soziologische Theoriesuche erneut die Ablösung von der Geschichte betreibt.

Von Stephen Toulmin ist die Überlegung aufzugreifen, dass die historischen Prozesse auf den Verlauf der Moderne eingewirkt haben und die Ausprägungen der Moderne auch eine Reaktion auf geschichtliche Vorgänge waren. Toulmin hat dies an der Entwicklung der cartesianischen Moderne im 17. Jahrhundert dargelegt und den Nachweis geführt, dass diese Modernevariante, welche die auf Toleranz und Humanität beruhende aus der Zeit der Renaissance beiseite schob, ihrerseits ein Ergebnis historischer Prozesse war. Was wir in der Einleitung die Reflexivität von Geschichte und Modernenarrativ genannt haben, bezieht sich in Toulmins Darstellung auf den Bereich von Geschichte, Naturwissenschaften und Philosophie. Toulmin nennt sein Verfahren »Rekontextualisierung«, weil er der Auffassung ist, die Wissenschafts- und Philosophiegeschichte habe die Bindung an die Geschichte übersehen. Jahrelang habe man über Descartes, Galilei und die Entstehung der Moderne geschrieben, ohne ernsthaft in Erwägung zu ziehen, dass Europa zu dieser Zeit von heftigen religiösen und politischen Konflikten zerrissen war und der Dreißigjährige Krieg Teile Europas just zu dem Zeitpunkt entvölkerte und verheerte, als die Moderne entstand. Die Folge sei ein Wandel in den Vorstellungen bis hinein in die Wissenschaften gewesen. Im Vordergrund habe deshalb die Herstellung einer Ordnung in der Zeit des Chaos gestanden, der Gewissheit in einer Zeit der religiösen Frontenverhärtung, der Systematik in einer Zeit, in der – wie John Donne schrieb – »'Tis all in peeces, all cohaerence gone«.

John Donnes Vers gilt auch für die Anfangsjahre des bolschewistischen Experiments. Modernetheoretisch bedeutsam ist die Situation in Sowjetrussland nach dem Oktober 1917, als sich diese Moderne in allen Bereichen etwa zeitgleich neu erschaffen musste. Anders als in der »Sattelzeit« um 1800, als der Diskurs den geschichtlichen Vorgängen davoneilte, oder etwas weniger moderneemphatisch ausgedrückt: als der in Ideen und Begriffen feststellbare

2 Vgl. Einleitung, Anm. 14
3 Knöbl, *Spielräume*, S. 23

Umbruch nicht durchgängig Politik und Gesellschaft erfasst hatte,[4] machte der Zusammenbruch in Russland die Resystematisierung aller Bereiche erforderlich. Keine Moderne in Europa konnte auf einem weitgehend bereinigten historischen Tableau entstehen außer der bolschewistischen. Es spricht einiges dafür, eine besondere Intensität der Reflexivität von Geschichte und Modernenarrativ zu vermuten. Wenn die Frage lautet, wie und auf welche Weise das Ursprungschaos und die allgemeine Krise zwischen dem Zusammenbruch des *Ancien Régime* und dem Ende des Bürgerkrieges auf den bolschewistischen Entwurf eingewirkt haben und inwieweit dies als bestimmend für die sowjetische Moderne angesehen werden kann, dann wird aus der Geschichte ein theoretisches Problem, das die Moderne insgesamt angeht.

Am Ende des Bürgerkrieges waren zwei grundlegende Probleme geklärt: die Machtfrage und die Frage des unmittelbaren Aufbaus des Sozialismus (»Kriegskommunismus«) – die erste zugunsten der Bolschewiki, die andere gegen ihr Projekt. Ohne das sozialistische Projekt aufzugeben, war das Arrangieren mit den Kräften der Tradition notwendig. In der Anfangssituation prallten Kontingenz und Ordnungskonzeption aufeinander. Letztere zeichnete sich durch klare Grundsätze, Gewissheit und Hang zu Systematik, Ordnung und Stabilitätsanspruch einer neuen Ordnung aus. Bei dem Versuch, in ein sich selbst tragendes, traditionsfreies theoretisches System hineinzuspringen, zerstörten die Bolschewiki mehr als sie aufbauten. Statt unmittelbar die Krise zu meistern, hat der bolschewistische Ordnungsentwurf wesentlich zur Vergrößerung des Chaos beigetragen, weil seine destruktiven Elemente unter dem Vorwand, das Neue zu erschaffen, maßgeblich an der Auflösung des Traditionsbestandes beteiligt waren. Die Revolution, so beschrieb es das erste Kapitel, hatte ohnehin der Tabula-rasa-Vorstellung Vorschub geleistet. Anstatt die Kontingenz zu meistern, hat der Ordnungsentwurf sie erweitert und die Differenzierungsprozesse vorangetrieben, während er gleichzeitig die von ihm selbst produzierten Differenzen wieder einzufangen suchte. Das ging die ersten etwa zwölf Jahre des Experiments nicht gut, ganz besonders nicht während des Bürgerkrieges und des »Kriegskommunismus«, der ein gutes Beispiel dafür ist, wie Systematisierung und Auflösung Hand in Hand gingen und Entdifferenzierung neue Differenzen hervortrieb. Diese Interdependenz von Krise und Unübersichtlichkeit einerseits und Ordnung andererseits blieb aber bestehen und wurde nicht zugunsten einer Anerkenntnis des Faktischen, das heißt des Pluralen, aufgelöst. Dieser Zustand ist charakteristisch für die Zeit bis zum Beginn des Stalinismus. Während der erste umfassende Ordnungsentwurf der Bolschewiki (»Kriegskommunismus«), das heißt der ökono-

4 Koselleck, »Fortschritt«

mische, gesellschaftliche und politische Reduktionismus auf eine bestimmte Anzahl von Ordnungsmerkmalen, scheiterte, vitalisierten sich das Plurale, Uneindeutige, Lokale, Partikulare, die in ständigem Widerstreit mit einer implantierten Ordnung standen. So schien sich die Ambivalenz einer Moderne, die sich keiner Einheitlichkeit zuwenden wollte, zu verstetigen. Die zwangsläufig nach 1917 einsetzende Resystematisierung spiegelte diese Ambivalenz wider: in ihrer Suche nach Ordnung einerseits, in dem Sichentziehen der Ordnung durch sich entfaltende lebensweltliche Entwürfe andererseits. In dem Maße, wie die Durchsetzung der sozialistischen Produktionsverhältnisse und der sozialistischen Gesellschaft aufgeschoben blieben, traten an deren Stelle die Bereiche der Ordnung, über die die Bolschewiki verfügten: die Institutionalisierung eines gewaltsam handelnden, Gesellschaft substituierenden Staates. Auch auf dem Gebiet der Kultur und der Kulturrevolution zeigten sich jene Ambivalenzen, die als Ergebnis der Revolution gelten konnten, welche das Alte abgeschlagen hatte. Einerseits die experimentellen Lebensformen und die Emanzipation aus den tradierten Verhältnissen,[5] andererseits der in den kulturellen Überformungsversuchen inhärente Ordnungsentwurf, der die Ambivalenz bändigen wollte.[6] Es sind zwei Seiten der Moderne, die sich darin zeigten und die in Konkurrenz zueinander standen, wobei der homogenisierende Ordnungsentwurf der Bolschewiki die besseren Durchsetzungsmöglichkeiten besaß, weil sich dessen Inhalte mit der politischen Macht verbanden und die Durchsetzung erzwingen konnten. In den ersten Jahren ergab sich für die Bolschewiki folglich ein doppelter Rückzug: Die Gesellschaft blieb gegen die bolschewistische Moderne in großen Bereichen immun, und die Kultur ermöglichte die Rückkehr von Phänomenen, mit denen die nach vorn schauenden Bolschewiki nur konfrontativ umgehen konnten. Die in den zwanziger Jahren aufblühende Ethnographie und das *Kraevedenie* (Regional- und Lokalkunde) machten deutlich, dass in der Kultur Potenzen schlummerten, die den auf Zukunft gerichteten Homogenisierungsplan der Bolschewiki grundsätzlich in Frage stellen konnten.

Gut ein Dutzend Jahre also existierte die sowjetische Moderne in ihren Ambivalenzen, jedoch mit einer klaren Neigung zur Durchsetzung der bolschewistischen Ordnung. In diesem Sinne war auch die Atempause der NĖP die defensive Revolution, das heißt die vorübergehend verhinderte Fortsetzung des sozialistischen Umbaus, der ungeachtet der zeitweiligen Kompromisse und des Taktierens nicht von der Tagesordnung gestrichen worden war. Erst unter Stalin hat die homogenisierende Modernisierung auf allen Gebieten eingesetzt

5 Stites, *Dreams*

6 Plaggenborg, *Revolutionskultur*

– von der Wirtschaft über die Gesellschaft und die Kultur bis hin zum Alltagsleben, der Sprache und den Denkweisen im Prozess der Identitätsfindung.

Der *velikij perelom* (großer Durchbruch) am Ende der zwanziger Jahre bleibt auch im Zusammenhang mit der Moderne der Wendepunkt. Um ihn richtig zu verstehen ist es notwendig, den Sozialismus sowie seine Engführung und Reinigung von Differenzen bei Lenin als Teil der Geschichte der Moderne aufzufassen. Beides stand als Modernedisposition für den Stalinismus zur Verfügung, was die stalinistische Ordnung zusätzlich begreifbar macht. Dieser Zusammenhang ist folgendermaßen zu erläutern.

Der Sozialismus kann als der Bruder des Nationalismus, der anderen bedeutenden Ideologie des 19. Jahrhunderts, gelten. Wenn wir Toulmin darin folgen, dass die im 17. Jahrhundert aus historischen Gründen entstandene gewissheits-, systematik- und ordnungsbezogene Moderne spätestens im 19. Jahrhundert zerfiel, so ergeben sich für die Reflexivität von Geschichte und Modernenarrativ einige interessante Perspektiven. Was Nationalismus und Sozialismus kennzeichnet, ist nicht nur ihre fast zeitgleiche Entstehung in demselben geschichtlichen Milieu, sondern eine prinzipielle Strukturgemeinsamkeit. Es handelt sich um »Abspaltungen« von einem Ganzen.[7] Der Nationalismus negiert ein Ganzes unter dem Gesichtspunkt einer ethnischen oder nationalen Separatheit, definiert auf diese Weise das Fremde gleich mit und konstruiert – oder imaginiert – die Ganzheitlichkeit in Form einer harmonisierenden Vergesellschaftung in emanzipativer Absicht in seinem Bereich neu, das heißt in einem Teil des ehemaligen Ganzen. Der Sozialismus definiert die Separatheit über soziale Kategorien, befindet – ebenfalls in emanzipativer Absicht – über Mechanismen der Inklusion und Exklusion und konstruiert – oder imaginiert – sich als neue Form der harmonisierenden gesellschaftlichen Verhältnisse. Die Überwindung nationaler respektive sozialer Differenz erfolgt in der Wiederherstellung einer holistischen Gesellschaftskonstruktion in kleinerem Rahmen. Insofern sind Nationalismus und Sozialismus Kinder einer Moderne, deren »Gerüst«, wie es Toulmin aus dem 17. Jahrhundert herleitete, zwar eingebrochen ist, die sich aber in ihren separaten Teilen reproduziert. Erst wenn die Fortsetzung der Toulminschen ganzheitlichen Moderne in ihren nationalistischen und sozialistischen Teilprojekten begriffen wird, lässt sich plausibel begründen, warum diese auf Emanzipation angelegten Modernen geradewegs das reproduzierten, was nach Toulmin die cartesianische Moderne kennzeichnete, das heißt die Missachtung des Besonderen, Lokalen, Partikularen, Pluralen und auch die Anwendung von Gewalt. Der Nationalismus hat die Gelegenheit erhalten, sein »Programm« früher aufzudecken als der Sozialis-

7 In Anlehnung an Wagner, *Soziologie*, S. 96-118

mus. Aber schon 1848 hatten wache Beobachter bemerkt, dass der Nationalismus eine Kombination aus Emanzipation und Gewalt enthielt, die später auch den Sozialismus charakterisieren sollte. Franz Grillparzers Wort »von der Humanität über die Nationalität zur Bestialität« macht den Zusammenhang deutlich. Die ungarischen Revolutionäre von 1848 haben in der Praxis unter Beweis gestellt, wie sehr die nationale Befreiung (der Magyaren) vom Joch der Fremdherrschaft die nationale Emanzipation anderer (Slowaken, Kroaten) in Blut erstickte. Unter dem Blickwinkel der historischen Parallelität als Modernevarianten überrascht nicht, dass der Sozialismus in der Absicht, die Arbeiter von der entfremdeten Lohnarbeit im Kapitalismus und von der Ausbeutung durch die Unternehmer zu befreien, in der Praxis die »anderen« verfolgte und vernichtete. In der Kombination von Sozialismus und russischer revolutionärer Bewegung, welche die Öffnung des Sozialismus zur Sozialdemokratie, die als »Revisionismus« in die Geschichte eingegangen ist, nicht mitvollzog, sondern unter den Umständen der Autokratie in Russland die in Europa radikalste Variante des Sozialismus in der Partei der Bolschewiki verkörperte, sind diese Inklusionsmechanismen intensiviert worden und haben den Ausschließlichkeitscharakter angenommen, der historisch wirkmächtig geworden ist.

Diese Erklärung bleibt aber noch zu allgemein. Sie bedürfte der Präzisierung hinsichtlich der russischen Verhältnisse wie auch des Sozialismus in der Sowjetunion. Aber die kurze Skizze schärft den Blick dafür, dass das historische Gepäck der Bolschewiki von vornherein eine Erblast der Moderne in sich barg, von der die Revolutionäre nicht viel ahnten. Die sozialistische Modernevariante verknüpfte sich dann mit den Vorstellungen Lenins, der seinen Sozialismus vor den Anfechtungen der Wissenschaft und der Wirklichkeit rettete, indem er ihn zum Dogma erhob, ihn von Kritik reinigte und ihm Wahrheitsgeltung verschaffte zu einer Zeit, als Wahrheit nur noch relativistisch gebraucht wurde. Anstatt (wie Bogdanov) den Reichtum der Wissenschaften zur Reformulierung des sozialistischen Projektes zu nutzen, kehrte Lenin dieser Aufgabe nicht nur den Rücken, er verfolgte darüber hinaus diejenigen, die dies forderten. Lenin vollzog eine Engführung, die sich die Restitution eben jener Gewissheit, Stabilität und Ordnung zum Ziel setzte, die seit einigen Jahren durch Wissenschaft und Kunst untergraben worden waren. Er setzte damit Maßstäbe für eine Wissenskultur, welche die Sowjetunion erst während der Perestrojka aufzulösen begann. Es ging dabei nicht nur um die theoretische Unfruchtbarkeit von Wissenschaft im Milieu einer technizistisch-anwendungsbezogenen Wissenskultur, sondern auch – zu Lenins Zeit nicht absehbar – um die Verhinderung der Herausbildung von miteinander verknüpften Wissenssphären. Darüber hinaus trat in dieser Reinigungsarbeit eben jene Beschreibung des ausgeschlossenen Anderen zu Tage, die nicht nur auf dem Gebiet des intellektuellen Konflikts Folgen zeitigte, sondern das Grundmuster sozialer Konfliktlösung unter den Vorzeichen der von Lenin inszenierten Exklusionsmechanismen vorwegnahm. Lenin verdoppelte auf diese Weise die homogenisierenden Potentiale des harmonisierend-inklusiven Sozialismus des 19. Jahrhunderts einerseits und des weltanschaulich-exklusiven Marxismus-Leninismus andererseits zu einer totalisierenden Ausschließlichkeit des bolschewistischen Ordnungsentwurfs. Wenn diese Modernevariante 1917 und die ersten Jahre danach an der heterogenen Wirklichkeit Sowjetrusslands abprallte, so wurde ihre Durchsetzung lediglich aufgeschoben. Ihre Latenz war aber von Anfang an sichtbar. Es mussten noch drei weitere Momente hinzukommen, damit diese Moderne in Kraft treten konnte: ein generationelles und personales sowie ein in dieser Moderne eingelagertes strukturell-historisches.

Lenin ging so weit, diesen Ordnungsentwurf mit seinen zwingend gewaltsamen Implikationen durchzusetzen. Weit davon entfernt, vor Gewalt zurückzuscheuen oder vom Sozialismusprojekt Abstand zu nehmen, anerkannte er jedoch gesellschaftlichen Widerstand gegen seine Konzeptionen insofern, als er in dem Moment mit der Durchsetzung der Ordnung um jeden Preis innehielt, als die vom Projekt inkludierte Bevölkerung unmittelbar in Mitleidenschaft gezogen wurde. Das waren die Arbeiter Sowjetrusslands, die ernährt werden mussten von Bauern, die sich dem Regime versagt hatten; und das war das Regime der Bolschewiki selbst, das nicht von der historischen Bühne abzutreten gedachte. Die Generation der Bürgerkriegskämpfer setzte dagegen brachial jene Ordnung durch, die als Sozialismus stalinistischer Prägung zusammengefasst wird und die als Überwindung der Kontingenz und der Ambivalenz betrachtet werden kann. Dabei ist es kein Zufall, dass dieser Übertritt in die brachiale Moderne der durchgängigen Einebnung von Differenzen aus dem Zentrum der Systematik kam, praktisch aus dem einzigen Bereich, in dem die Bolschewiki das Chaos bewältigten: aus dem administrativen Zentrum der Partei, das heißt vom Generalsekretär. Dass Stalin anfangs als »Genosse Kartothek« belächelt wurde, verstellt den Blick darauf, dass gerade er mit seiner Mitglieder- und Nomenklaturakartei das systematische Zentrum in einer Welt der Unordnung darstellte. Stalin besaß als Generalsekretär, als machtbewusster Apparatschik und als Systematiker der unüberschaubaren Verhältnisse jenen antipartikularistischen Reflex, der seine gesamte Politik und die stalinistische Moderne bis 1985 durchzog.

Das Jahr 1985 wurde deswegen genannt, weil es die Abkehr von einigen zentralen Komponenten dieser Moderne darstellt. Aber bis dahin zeigten auch alle nachstalinistischen Sowjetführungen, dass sie am Prinzip der Kontingenzverhinderung festhielten, was um so stärker absurde Züge annahm, je länger die Sowjetunion existierte und je offensichtlicher die Ausdifferenzierung fast aller Bereiche voranschritt. Als Kinder der eindimensionalen Moderne traten auch Breznev und seine Mannen gegen die Pluralität an: Sie zitierten Dissidenten vor Gericht, sperrten Liedermacher ein, ließen Andersdenkende wegen angeblicher Schizophrenie psychiatrisch behandeln und verfolgten Esperantisten, Homosexuelle und Gläubige. Während sie die Soziologie als wissenschaftliche Disziplin wieder zuließen und die Feldforschung förderten, verbarrikadierten sie die theoretischen Schlussfolgerungen aus empirischen Befunden, die ihnen die faktische Pluralität vor Augen führten. Mit Hilfe der »wissenschaftlich-technischen Revolution« Mitte der sechziger Jahre wollten sie den technologischen Anschluss der Sowjetunion an den Westen vorantreiben, übersahen aber dabei, dass das mittlerweile etablierte Dogma auch in diesem Fall die Dynamisierung verhinderte, indem allein der Anwendungsbezug von Technik zur Geltung kam, ihre gesellschaftlichen Folgen weder praktisch abgeschätzt noch theoretisch diskutiert wurden. Andere Beispiele wurden in den jeweiligen Kapiteln genannt.

Die strukturell-historische Disposition rekurriert noch einmal auf den Bürgerkrieg. Er hat nicht nur Mentalitäten geprägt, die wiederum den Durchbruch 1929 charakterisierten, nicht nur dazu geführt, dass der Durchbruch selbst im Stile des Bürgerkriegs durchgeführt wurde, sondern sein Einfluss ist noch größer: Er ist der historische Urknall des bolschewistischen Experiments, der den Stalinismus mit erschaffen hat. Dass Stalins Entwurf des Sozialismus programmatisch die Überwindung der Kontingenz, Differenzen und Ambivalenzen bedeutete, macht seine historische Relevanz aus. Er war nicht der einzige Grund für den stalinistischen Durchbruch, das wäre zu einfach, aber dass die historische Erfahrung von sich scheinbar gegenseitig ausschließenden Produktionsweisen, pluralen gesellschaftlichen Verhältnissen und gescheiterter kultureller Vergesellschaftung den Stalinismus als Vernichtung überkommener Lebensformen, Ökonomiken und Traditionen, das heißt *diesen* Sozialismus ermöglichten, lässt sich nicht bestreiten. Jede Debatte über das Ende der NĖP, zuletzt dokumentiert in fünf Bänden *Kak lomali NĖP* (Wie die NĖP zerschlagen wurde),[8] legt davon Zeugnis ab. Toulmin hat die cartesianische Moderne als »theoretisch perfektionistisch, moralisch rigoros und menschlich unerbittlich« bezeichnet. »Vor welchen Problemen man auch stand, es gab angeblich ein eindeutiges Verfahren zur richtigen Lösung.«[9] Das Ende der NĖP war das Ende der Ambivalenzen – jedenfalls in den Vorstellungen Stalins. Dass sie nicht verschwanden, sondern die vermeintliche Entdifferenzierung – sozialistische Produktionsweise in Landwirtschaft und Industrie,

8 Vatlin u.a., *NĖP*

9 Toulmin, *Kosmopolis*, S. 318

gesellschaftliche Klassen ohne Antagonismen, ästhetisches Konzept des Sozialistischen Realismus, die normierte Sprache und die Vorstellung, mit Leibniz gesprochen, dass alle »dieselben Gedanken haben«[10] – neue Differenzen produzierte, ist heute bekannt, schien damals aber ausgeschlossen. Die – noch einmal: vermeintliche, nicht wirklich vorhandene – Übersichtlichkeit der sowjetischen Verhältnisse trug dazu bei, dass bei Einbrechen der Wirklichkeit in die schöne neue Übersichtlichkeit nicht die Konstruktion der Wirklichkeit Schaden litt, sondern ganz im Sinne Lenins von 1908 die Wirklichkeit selber. Ihr mussten Verschwörungen innewohnen, die das Projekt einem Dauerangriff aussetzten, dem nur mit Gegengewalt zu begegnen war. Der stalinistische Terror war folglich eine Offensivverteidigung, weil er die Unterminierung der Ordnung verhindern sollte. Erst der Durchbruch unter den hier genannten Bedingungen hat die Moderne möglich gemacht, die der Stalinismus zur Blüte trieb. Das war nicht allein das Problem des Stalinismus, sondern der Moderne überhaupt. Stalinismus *ist* Moderne. Er ist es besonders in seinem zentralen Aspekt – der Gewalt.

Die soeben verwendeten Begriffe und Theoreme verweisen auf die Untersuchungen Zygmunt Baumans zur Moderne. Mit ihm gehe ich aber nur ein Stück Weges gemeinsam. Bauman hat eine verführerische Metapher im Modernediskurs gefunden und sie zum zentralen Bild seiner Untersuchung über die Ambivalenzen der Moderne gemacht. Er geht von dem Gedanken aus, dass die Moderne durch die Suche nach Ordnung gekennzeichnet sei, wobei nicht nur das Chaos bewältigt, sondern zugleich das Andere, das Fremde als Teil der Selbstkonstitution der Moderne definiert werde. In dieser Ambivalenz erfülle sich die Moderne. Mit Hilfe der (modernespezifischen) Sozialtechnologie werde das Verfahren in die gesellschaftliche Praxis überführt. Der (moderne) Staat sei die Agentur der Sozialtechnologie. Einem Gärtner gleich bestimme er, was notwendig und gut und was als »Unkraut« auszumerzen sei. Während »Entwurf, Gestaltung, Verwaltung und Technologie« die Moderne bestimmen, sei gleichzeitig »die typisch moderne Praxis, […] Ambivalenzen auszulöschen«.[11] Ambivalenz der Moderne und Gewalt in der Moderne seien deshalb nicht voneinander zu trennen. Bauman möchte die Moderne über sich selbst aufklären, stellt sich deshalb explizit in die Tradition der »Dialektik der Aufklärung« Horkheimers und Adornos, obwohl deren philosophisches Anliegen[12] nicht mit dem Ansinnen Baumans vergleichbar, aber der historische Ausgangspunkt derselbe ist. Bauman entwickelt seine Theorie im Zusammen-

10 Zitiert in Ebd., S. 170
11 Bauman, *Moderne*, S. 20
12 Habermas, *Diskurs*, S. 130-157

hang mit der Beschäftigung mit dem Holocaust. Ohne den historischen Bezug zu 300 Jahren Modernegeschichte, wie Toulmin ihn herstellt, kommt Bauman zu Aussagen, die sich sehr eng an die Ausführungen Toulmins anlehnen, eines Wissenschaftshistorikers und Philosophen, der sich aber nicht mit dem nationalsozialistischen Völkermord beschäftigte, um zu diesen Charakterisierungen der Moderne zu kommen, sondern von den Wissenschaftsdiskursen im 17. Jahrhundert ausging.

Der Befund bedeutet zweierlei: Zum einen besteht der Verdacht, dass die von Bauman diagnostizierten Ambivalenzen, die ja seit Beginn der Moderne zu beobachten waren – ein Befund, der von zahlreichen historischen Untersuchungen gestützt wird, die sich der Verlustgeschichte der Moderne gewidmet haben –, im 20. Jahrhundert einen höherwertigen Status erhalten. Zum anderen übersieht Bauman, dass er eine Moderne beschreibt, die – wie Toulmin zeigen kann – ihrerseits das Ergebnis historischer Prozesse darstellt. Baumans Modernekonzept verallgemeinert durch Begriffe, die dazu neigen, das zu verschleiern, was er gerade aufweisen will. Zwar hat er zurecht auf einige Handlungsmuster des modernen Staates hingewiesen, aber in seinen Ambivalenzen stecken unausgesprochene Setzungen. Was für eine Ordnung? Was für ein Staat? Welche Feinde? So ist der Gärtner-Staat als Nationalstaat zu denken, denn als solcher gilt er in der Theorie (auch in der britischen Soziologie) als moderner Staat. Der Nationalstaat ist derjenige, der – darauf weist Giddens hin[13] – die Gewalt in ihrer höchsten technisch machbaren Gestalt anwendet, und kaum zu bestreiten ist, dass der Nationalismus einer der bedeutendsten modernen Exklusionsmechanismen war und ist, der zur Vernichtung der Fremden führte und weiterhin führen kann. *Diesen* Staat vorausgesetzt, liegt die Moderne im bolschewistischen Experiment neben den Baumanschen Thesen, die mit Hilfe der Gärtner-Metapher eine Richtigkeit der Verhältnisse ebenso sehr herausstellen wie verzerren. Die Theorie erklärt nicht, warum die sowjetische Moderne die Ordnungsoptionen durchsetzte, die sie durchsetzte. Auf die Ordnungssuche als konstitutivem Element der Moderne eingeschränkt, bleibt die Theorie zu einem gewissen Grade differenzblind. Sie kann erklären, warum Kulaken, Kleinkapitalisten und Priester das ausgeschlossene Andere repräsentierten. Aber das zentrale Argument stimmt nicht: Der Sowjetstaat hat zwar die Kulaken und andere sozial und durch die Geschichte als »Menschen von gestern« definierte Individuen und Gruppen ausgelöscht, aber er hat wenig für die Pflege der inkludierten Bevölkerung in seinem sozialistischen Garten – wohl eher eine verwahrloste *Sowchose* – getan. Es ist eine theoriegeleitete, aber vom empirischen Befund her unspezifische Aussage, dass es eine »gepflegte« Be-

---

13 Giddens, *Nation-State*

völkerung gegeben habe. Die Geschichte spricht dagegen. Bauman erweist sich hier als nicht radikal genug in seiner Modernekritik. Wenngleich ihm zuzustimmen ist, dass der Sozialismus und der Kommunismus Fortführungen, ja Steigerungen des Moderneprojektes seien,[14] so ist für den Sowjetsozialismus die radikale Unterdrückung, Terrorisierung Vernichtung von Arbeitern *und* Bauern, Offizieren *und* Intellektuellen, Apparatschiki *und* Künstlern, Priestern *und* NKVD-Mitarbeitern, Mitgliedern des Politbüros *und* Angehörigen von »Volksfeinden«, Deutschen, Tschetschenen, Ukrainern *und* Russen *und* zahlreichen anderen Völkerschaften in der UdSSR charakteristisch. Das in Kapitel IV genannte Beispiel, der Unterschied nämlich zwischen dem zweckrationalen Familiantengesetz von 1726 und den Erschießungsquoten 1937, macht außerdem die kategoriale Unschärfe bei Bauman deutlich. Schließlich ist das Argument von der Emanzipation des zweckgerichteten Handelns von moralischen Zwängen zweifelhaft.[15] In der Sowjetunion ist eine Masse moralischerbaulicher Literatur erschienen, die Tagebücher und Autobiographien spiegeln den moralischen Appell des Regimes sowie die moralischen Selbstanforderungen der Individuen wider. Wenn, so Bauman, die Moderne die Bedingungen für die Ersetzung der Moral durch instrumentelles Handeln geschaffen habe, so fragt sich: welche Moral?, denn es gilt zugleich: die (sowjetische) Moderne hat mit ihrer spezifischen, der bürgerlichen vermeintlich überlegenen und »höheren« Moral Vernichtung betrieben. Die Geschichte spricht auch weitgehend gegen Baumans Beschreibung der Modernebedingungen für die Vernichtung: Die Technologie, die Handeln im großen Maßstab erlaubt, war erst im Aufbau begriffen; die minutiöse Arbeitsteilung wird man in der Sowjetunion vergeblich suchen; die Autorität der Wissenschaft verkörperte der politisch induzierte wissenschaftsorganisatorische und Theoriescharlatan Lysenko; das geistige Klima instrumenteller Rationalität und der technokratische Machbarkeitswahn existierten zwar, haben sich aber zusammen mit der Gewalt im Stalinismus ausgeprägt, gingen also der Vernichtung nicht voraus. Welcher Art war die instrumentelle Vernunft, die international angesehene Wissenschaftler ins Lager steckte, wo sie Bäume fällten und bald verreckten? Von welcher Moderne ist hier die Rede – von der nach zum Teil über hundert Jahren Modernisierungsprozessen institutionell und kulturell existierenden, wie in Westeuropa, oder von der Moderne, wie sie dieses Buch beschreibt: die konservative Moderne Lenins und ihre epistemologischen Folgen, die in einem historischen Neuanfang sich unter Kontingenzverhältnissen herausbildende, auf sich selbst als sozialistischer verwiesene Moderne? Wir haben Baumans Metapher deshalb

14 Bauman, *Moderne*, S. 320-329
15 Ebd., S. 69

verführerisch genannt, weil sie imstande ist, die Moderne zu vereinfachen. Sie führt dazu, die Modernetheorie erneut von der Geschichte abzulösen, in diesem Fall in einer dialektischen Wendung: Wenngleich aus den Katastrophen der Geschichte entwickelt, wird die Baumansche Theorie von der Geschichte wegen voreiliger Verallgemeinerung negiert. So bildet die Baumansche Theorie der Ordnungssuche und des Gärtner-Staats ihrerseits ein Diskurselement der sich immer wieder selbstbeschreibenden Moderne, indem sie das unstillbare Verlangen nach Klassifikation und kategorialer Ordnung durch sich selbst beschreibt und zugleich im Theoriestatus bestätigt. In dem Maße wie diese Theorie auf dem historischen Geschehen aufbaut, tritt sie zugleich in jene imaginierte Moderne über, von der in der Einleitung die Rede war. Sie prallt an der sowjetischen Geschichte ab, nicht an irgendeiner Randerscheinung des 20. Jahrhunderts. Der Baumansche Dissens in den Sozialwissenschaften steht der Modernetheorie näher als auf den ersten Blick zu erkennen. Er bedeutete die moderne Suche nach der Übersichtlichkeit. Für unsere abschließende Betrachtung ergibt sich daraus zweierlei: zum einen darf keine Ersatztheorie an diese Stelle treten, die Baumans – nicht durchweg falschen – Theorieansätze ergänzt und modifiziert, zum anderen ist erneut das Problem der Relation von Geschichte und (theoretischem) Narrativ aufgeworfen. Es wird immer deutlicher, dass es sich dabei um ein Problem der Geschichtswissenschaft handelt, das von dieser zu lösen ist.

2

An der Frage der Gewalt scheiden sich die Geister der Modernediskutanten. Nirgendwo sonst wird die Trennung in die Fortschrittsanhänger und die Schwarzseher deutlicher als bei der Diskussion des Verhältnisses von Moderne und Gewalt. Es hat lange gedauert, bis die direkte, physische Gewalt als Problem der Moderne anerkannt wurde. Wir brauchen die Geschichte dieser schweren Geburt hier nicht wiederzugeben. Eigentlich kam die Frage im Zusammenhang mit dem modernen Krieg auf. Trotz einiger Ausnahmen hat sich, nach meinem Eindruck, die Soziologie nicht genügend an den Gedanken gewöhnt, dass hier ein theoretisch zu erläuterndes Problem vorliegt. Die großen soziologischen und sozialphilosophischen Theorien der letzten Jahrzehnte schweigen sich darüber aus. Ich sehe nicht, dass Habermas physische Gewalt irgendwo in seiner Modernediskussion berücksichtigt hätte. Luhmann kann ein ausgefächertes Theoriegebäude über soziale Systeme entwerfen, in dem Gewalt nicht vorkommt. Die Handlungstheorien schweigen sich aus über Gewalt, die ja gerade die Beschreibung des Verhältnisses von Struktur und Handlung notwendig macht. Niemandem darf deswegen unterstellt werden, die Katastrophen des 20. Jahrhunderts zu verharmlosen; sie waren ja gerade Ausgangspunkt zahlreicher Reflexionen. Das Problem aber ist, dass physische, gegen den menschlichen Körper gerichtete Gewalt, sobald sie über für die empirische Sozialforschung interessante Devianzphänomene hinausgeht, diffus bleibt und keine angemessene theoretische Behandlung im Kontext der Moderne erfährt. Formen des Zwangs, auch die Frage der Gewaltanwendung zur Durchsetzung von Politik sind Themen der Theorie, aber das Ausblenden der Gewalt in der konkreten Aktion ist nicht zu übersehen. Von der Ausnahme Bauman, zu ergänzen um Namen wie Joas, Sofsky, Elwert, war im vorigen Abschnitt bereits die Rede. Dieser Befund lässt einen an Toulmin geschulten Blick folgern, dass es im 20. Jahrhundert auf raffinierte Weise gelungen ist, das gewaltförmige Geschehen in der Theorie unsichtbar werden zu lassen.

Kaum eine andere Theorie ist in diesem Zusammenhang soviel kritisiert worden wie die Zivilisationstheorie Norbert Elias'.[16] Ein ganzes ethnologisches Lebenswerk ist ihrer Widerlegung gewidmet.[17] In der Geschichtswissenschaft haben sich zahlreiche Befunde eingestellt, die die Ausführungen Elias' im Einzelnen wie in der theoretischen Gesamtanlage zweifelhaft erscheinen lassen. Besonders dann, wenn von der Gewalt die Rede war, schien die Zivilisation nicht auffindbar. Nun ist das Werk Elias keineswegs auf die Frage der Gewalt beziehungsweise ihrer Pazifizierung ausgelegt, und bei sorgfältiger Lektüre stellt sich rasch heraus, dass es ihm nicht um eine zivilisatorische Norm ging, sondern um die historisch möglichst sorgfältige Beschreibung menschlicher Verhaltensänderungen, die die Menschen nicht zivilisiert machen, sondern zivilisierter. Hat er aber nicht gerade in Hinblick auf die Gewalt recht? Sind nicht die Affekte kontrolliert, wenn eine Atombombe, die ein Arsenal an technischer, finanzieller, institutioneller und politischer Vorbereitung bedarf, auf Zivilisten geworfen wird? Sind nicht die Selbstkontrollen unübersehbar stark ausgeprägt, wenn »intelligente« Waffen Krankenhäuser in Schutt und Asche legen? Um auf die Sowjetunion zu kommen: Ist es affektbeladen (im Sinne der Eliasschen Zivilisationstheorie), Professoren zur Besserungsarbeit ins Lager zu schicken? Die Kritik an seiner Theorie – übrigens zugleich an einem Soziologen, der Deutschland 1933 verlassen musste und infolgedessen von der deutschen Soziologie nach 1945 lange Zeit ignoriert wurde – fällt deswegen hart aus, weil sie mehr leisten möchte, nämlich die

16 Elias, *Prozess*
17 Duerr, *Mythos*

Moderne selbst angreifen. Aber die Existenz der Gewalt in der Moderne kann man Elias nicht anlasten.

Eher schon Lenin und Stalin. Historiker können sich der Gewalt nicht entziehen, wenngleich dies auch in der Geschichtswissenschaft lange Zeit gelang. Der Rückblick auf die Forschung zur Sowjetunion legt davon beredtes Zeugnis ab. Auch in diesem Falle ist hier nicht der Ort, die Gründe zu erörtern. Bei dem Versuch, die Gewalt im bolschewistischen Experiment nicht nur deskriptiv zu behandeln, sondern sie wie andere Phänomene der Moderne auch als dieser zugehörig und prozesshaft zu beschreiben, lassen uns die verwandten Disziplinen weitgehend im Stich. Kapitel IV stellte den Versuch dar, auf der Basis von Vorarbeiten und ohne Anspruch auf vollständige Darlegung einige systematisierende Aspekte der Gewalt in die Diskussion einzuführen. Lässt sich über das dort Geschriebene hinaus überhaupt etwas theoretisch ausdrücken?

Für die Gewalt in der Sowjetunion ist die Verschränkung von historisch bedingten Dispositionen, bolschewistischer Gewaltbereitschaft, Macht, Disziplinierung, eschatologischen Zügen und gewaltförmigem Recht kennzeichnend. Dem unter *diesen* Umständen errungenen Gewaltmonopol des Parteistaates standen keine Vetomächte entgegen. Unter *diesen* Voraussetzungen zeigten sich die Ambivalenzen staatlicher – das heißt im sowjetischen Falle immer auch parteilicher – Gewalt. Wo der Gewalt keine politischen, rechtlichen, sittlichen Schranken gesetzt sind, wo selbst das Recht gewaltförmig ist, wo also die verbindlichen Normen nicht versagen, sondern der Gewalt Vorschub leisten, da ist sie wahrhaft schrankenlos.

Diese Beschreibung lässt den theoretischen Versuch in die Überlegungen vom totalen Staat münden, muss aber bedenken, dass die Begründungszusammenhänge nicht totalitarismustheoretisch formuliert sind, sondern weiter ausgreifen, indem sie nicht allein funktionalistische Kriterien berücksichtigen. Dass Gewalt Funktionen erfüllte, ist nicht zu bezweifeln. Aber Gewalt in der Sowjetunion, einmal als staatliche etabliert, erschöpfte sich nicht in Machtkonsolidierung und -stabilisierung, Terrorisierung, Ausübung institutionellen Zwangs und Gewährleistung der Herrschaft. Sie war nicht nur Instrument. Ihr wohnte ein systemisch integrierendes Moment inne. Damit ist folgendes gemeint: Die Gewalt – immer zu denken als von *diesem* Staat ausgeübt – hat die amorphe Bevölkerung auf die Linie des Regimes gezwungen, den Widerstand gebrochen, Angst geschürt, die Politik des Regimes durchgesetzt. Darin liegt ihre politische und modernetheoretisch unbestrittene Funktion, wenngleich das Ausmaß bisherige Vorstellungen übertraf. Aber Gewalt leistete mehr. Sie nistete sich ein in alle Bereiche des Staates und der Gesellschaft. Kein Bereich bis hin zum alltäglichen Leben war vor ihr geschützt. Ihre Allgegenwart veränderte das Denken, Fühlen und Handeln der Individuen (wie Tagebücher zeigen) ebenso wie das sozialer Gruppen (wie zum Beispiel der Stachanov-Arbeiter, der sozialen Aufsteiger, der weiblichen Parteimitglieder) und selbst das der Institutionen, seien es Betriebe oder Abteilungen der Staatsverwaltung. Gewalt war eine Form bolschewistischer Kommunikation, die zwischen den einzelnen Bereichen moderierte und sie integrierte, gleichgültig ob diese »Bereiche« Individuen, Gruppen oder Institutionen waren. Sie besaßen die eine Gemeinsamkeit, dass sie sich der Allgegenwart der Gewalt sicher sein konnten. Alles Handeln, sei es widerständig oder konformistisch, maß sich an der Gewalt. Wenn auch nicht in jedem Moment des Alltags diese Allgegenwart bewusst wurde, so war das Handeln und seine Folgenabschätzung doch durch sie beeinflusst. Noch die blutigsten Formen des stalinistischen Terrors können *auch* als Kommunikationsverstärker interpretiert werden, die nicht nur Machtfragen klären sollten (das ist selbstverständlich), sondern man kann von einer »Sprache« der Gewalt sprechen, mit deren Hilfe die verschiedenen, zum Teil weit abgelegenen (und *voneinander* entfernten) Bereiche miteinander kommunizierten. »Speaking bolshevik«[18] besaß eine materielle Entsprechung in der Gewalt. Diese Sprache machte ihrerseits sprechen: während der Folter, mit deren Hilfe Denunziationen und neue Anklagen erpresst wurden, in der Menschen, Gruppen und Institutionen miteinander in Beziehung traten, die nichts voneinander wussten, aber vom Augenblick des Aussprechens kommunikativ aneinandergekettet waren; in den Verhaftungen irgendwelcher Personen und ihrer Verknüpfung mit weiteren Verhaftungen von Verwandten, Arbeitskollegen, Freunden; in der Lagerhaft, wo sich alle sozialen Schichten und alle Generationen trafen dank der Ubiquität der Gewalt; in den Losungen zur Politik; im Zwang zur Erfüllung der Pläne und so weiter. Die Gewalt als Kommunikation integrierte. Ihr Charakter war also ein anderer als von der Soziologie gemeinhin beschrieben, das heißt als Zwangscharakter und als Mittel zur letzten Durchsetzung von Politik. Das war sie auch. Aber unter den Bedingungen der stalinistischen Wirklichkeit wuchs der Gewalt eine integrierende Rolle zu. Dass dies eine Perversion von Systemintegration war, lässt sich nicht abstreiten. Wenn wir jedoch Gewalt allein als Terrorisierung (sittlich schlecht), als Instrument in den Händen einer machtgierigen Clique (politisch schlecht), als Verfahren zur Herstellung von Ordnung (strukturell schlecht) betrachten, dann wird man der Gewalt namentlich im Stalinismus nicht gerecht, wo sie als systemische Kommunikation integrative Aufgaben übernommen hatte. Als Charakteristikum des Systems war sie nicht nur eines seiner zentralen Bestandteile, sondern sie etablierte das System erst als Ganzes; über die Gewalt

18 Kotkin, *Mountain*, S. 198-238

wurde der Stalinismus als System für alle in allen Bereichen spürbar, während er dies nicht *allein* am Arbeitsplatz, *allein* in der Partei, *allein* in der Familie und an anderen Orten war. In dieser atomisierten Gesellschaft verband nichts so sehr wie die Gewalt und ihre ständige Androhung. Das bedeutet nicht, dass nicht auch andere Mechanismen der Kommunikation bestanden, zum Beispiel der Führerkult, die Millionen Leserbriefe, die *svodki* (Berichte), die massenhaft noch heute in den Archiven lagern. Aber das waren vertikale Kommunikationsrichtungen. Gewalt dagegen verknüpfte horizontal und vertikal in allen Bereichen alle mit jedem.

»In allen Bereichen« ist wörtlich zu nehmen. Unter diesem Gesichtspunkt löst sich auch der Unterschied zwischen »fremd« und »eigen« auf, der die soziologische Theorie, besonders deutlich bei Bauman, dominiert. Die Gewalt traf nicht nur die »Fremden«; sie vernichtete auch die jubelnden Anhänger des Regimes. Die Folge war nicht nur die verschwommene Unterscheidung von In- und Exklusion, sondern auch die von Opfer und Täter. Beide sind im Stalinismus in ungezählten Fällen nicht auseinander zu halten – was nicht heißt, es habe keine »wirklichen« Opfer gegeben. Man muss, wenn diese Unterscheidung zugrunde liegt, nicht nur an die ausgewiesenen Stalinisten vom Schlage des Geheimdienstchefs Ežov denken, der vor einem stalinistischen Erschießungskommando endete. Weder die westliche noch die aus nachvollziehbaren Gründen zurückhaltendere russische Geschichtswissenschaft haben deutlich genug ausgesprochen, dass unter der Bedingung, dass das bolschewistische Regime von Anfang an massenmörderisch war, und der Belege sind mittlerweile Legion, nicht nur die Stalinisten der Jahre nach 1934 als Täter gelten, sondern eine Zahl von Mitmachern, die den Weg in den Stalinismus nicht nur passiv mitgegangen sind. Wenn es den Stalinismus *avant la lettre* gab[19] – diese These bestätigt sich immer mehr – dann muss es logischerweise auch stalinistische Täter *avant la lettre* gegeben haben. Es geht hier nicht um Sittlichkeitsanforderungen und Schuldzuweisungen, sondern um die Erläuterung der Tatsache, dass die von der Theorie eingeführten Unterscheidungen nicht zutreffen.

Auch die Unterscheidung von öffentlich und privat verschwand durch Gewalt. Der Alltag vollzog sich unter der Anwendung und Androhung von Gewalt. Pavlik Morozov, der zwölfjährige Knabe, der seinen Vater als Kulak denunzierte und dafür von seinen Verwandten getötet wurde, Stepan Podlubnyj, der als Kulakensohn ein guter Stalinist sein wollte und es nicht sein durfte, Nina Kosterina, die die »Schuld« ihres »Volksfeind«-Vaters durch freiwilliges Melden bei den Partisanen zu tilgen versuchte und fiel – sie sind Beispiele für

19 Plaggenborg, *Stalinismus*

die Kommunikation durch Gewalt und die von der Gewalt in Gang gesetzten Folgen im Alltag, im Seelenleben, im alltäglichen Handeln, in den Werten. Die zahllosen öffentlichen Rituale von Kritik und Selbstkritik, die öffentlichen Selbstdenunziationen und Besserungsvorsätze, die Veröffentlichung von Meinungen, Haltungen und Einstellungen in den Parteisitzungen auf lokaler Ebene und in den Komsomolorganisationen, die alle unter der Gewaltdrohung standen, verwischten die Trennung in privat und öffentlich. Sobald aber die Gewalt aus dem Leben verschwand, das heißt nach 1953, setzte Privatisierung ein. Die Sowjetsoziologie bemerkte nur ein gutes Jahrzehnt später, dass der *homo sovieticus* nur noch unter Druck an den öffentlichen Sitzungen der Organe teilnahm, ansonsten aber mehr und mehr privatisierte. Um diese Trennung wieder aufzuheben, hätte es der Gewalt in großem Umfang bedurft. Die Kampagnen des Generalsekretärs Andropov 1983/84, der seine Schwäche für stalinistische Methoden zugestand, ließen die Möglichkeit aufblitzen, aber sie brachen rasch ab.

Wie beim Verschwinden der Gewalt die Trennung von privat und öffentlich einsetzte, was hier als Beleg für den integrierenden Charakter der Gewalt angesehen wird, so vertieften sich die Unterscheidungen in Eigene und Fremde in einem Bereich. Aber hier ist die Sache komplizierter. Im Stalinismus, so sagten wir, ist die Unterscheidung nur sehr schwer zu treffen, obwohl es sie gab. Aber eine Tendenz ist zu beobachten, die im Stalinismus einsetzte und sich danach verstärkte. Immer mehr traten Kriterien der nationalen Zugehörigkeit als Differenzkriterien auf, die auch in den Antisemitismus führten, der von staatlichen Stellen unter dem Deckmantel des Antizionismus betrieben wurde und die große jüdische Auswanderung aus der Sowjetunion hervorrief.[20] Gleichzeitig trat der von Stalin bereits in Gang gesetzte Russozentrismus immer mehr in den Vordergrund. Ohne auf die nationalismustheoretischen Implikationen einzugehen ist hier festzuhalten, dass die integrierende Kraft der Gewalt die Differenzen nicht tilgte, sondern unterdrückte und deswegen nur scheinbar integrierte.

Ob die Gewalt durch territoriale Reduktion auf den »Sozialismus in einem Land« und die Unmöglichkeit zu expandieren nach innen umgelenkt wurde, ist eine empirisch kaum zu belegende These. Sie ist eine umgedrehte Eliassche These, derzufolge der Hegung der Gewalt im Innern der (frühneuzeitlichen) Staaten die zunehmende Organisierung der Gewalt nach außen entspreche. Weder diese noch die umgekehrte Korrelation ist für die Sowjetunion nachzuweisen. Im späten Stalinismus, als die UdSSR zur Weltmacht geworden war, nahm der Terror gegen die Bevölkerung nicht ab, wenngleich er nicht mehr

20 Messmer, *Antisemitismus*

das Ausmaß von 1937/38 erreichte. Er wurde aber systematischer. Der Einfluss der neuen Weltlage auf die Gewalt im Innern der Sowjetunion bestand darin, dass die Rotarmisten, die das Glück hatten, die deutsche Gefangenschaft zu überleben, als potentielle Verschwörer in Filtrationslager eingewiesen wurden und dass die »Verschwörungen« der Feinde im Innern, die angeblich mit dem Ausland in Verbindung standen, durch die neue internationale Lage der UdSSR mehr Wahrscheinlichkeit erhielten. Nicht nur die Führungsmitglieder des Jüdischen Antifaschistischen Komitees, die während des Krieges sogar hatten in die USA reisen dürfen, damit sie Sympathien für *Uncle Joe* und Gelder für die Rüstung bei den amerikanischen Juden mobilisierten, bezahlten Stalins Schlussfolgerungen aus der internationalen Lage mit dem Leben. Mit Gewissheit – eine Formel, die an dieser Stelle des Buches hinreichend kompromittiert sein dürfte, aber hin und wieder angebracht scheint – lässt sich hingegen sagen, dass die zunehmende Internationalisierung Normen zur Geltung gebracht hat, die auch im Innern der Sowjetunion wirkten. Ob der Zusammenhang von Internationalisierung und Gewaltvermeidung im Innern kausal zusammenhängt, wird sich wohl kaum eindeutig klären lassen. Offensichtlich aber ist die Parallelität der Zähmung der Weltmacht und der Geltung des Rechts im Innern, was nicht mit Rechtsstaat verwechselt werden sollte. Der Vorgang der Normsetzung war nach der stalinistischen Gewalt notwendig geworden. Wenn die Gewalt in das Recht inkorporiert worden war, so musste sie daraus verschwinden, wenn sie gebändigt werden sollte.

Eine Diskussion der Gewalt stellt immer auch die Frage nach den Humanisierungspotentialen. Sie wurden in dem entsprechenden Kapitel hinsichtlich der strukturellen Humanisierung skeptisch beurteilt. Die Frage ist, ob selbst eine »von oben« instituierte Humanisierung ohne Gesellschaft wirksam werden kann. Solange Gewalt in den Händen der Obrigkeit verbleibt, die sich zwar der Geltung von Normen aussetzt, sich aber die Option zur Gewaltanwendung institutionell, rechtlich und machtpolitisch offenhält, verpufft die Humanisierung in einem Akt staatlicher Willkür. Gewalt wird dadurch nicht pazifiziert, sondern es liegt eine Selbstbeschränkung der (staatlichen) Machtmittel vor, die jederzeit zurückgenommen werden kann. Wenn die Gesellschaft nicht an der Pazifizierung der Gewalt teilnimmt, ist jeder Versuch wertlos, sie als potentiell pazifiziert zu betrachten. Allein die Rücknahme der Gewalt durch die politische Macht reicht nicht aus, wenn sie nicht von verbindlich geltenden Normen, einer verfassungsmäßigen stabilen und respektierten Ordnung, einem unabhängigen Rechtswesen, von der schönen alten Gewaltenteilung begleitet wird. Anthropologen, Ethnologen und Kulturhistoriker wissen, dass Normen allein nicht ausreichen, sondern in der symbolischen Ordnung eines Gemeinwesens kulturelle Verfahren gefunden werden müssen, Gewalt durch Ritualisierung unschädlich zu machen. All das fehlt beim mehr oder minder großzügigen Verzicht der sowjetischen Herrschaft auf Gewalt.

Wenn die Sowjetunion im Vergleich zum epochalen Wandel mit einem bemerkenswert geringen, fast ausnahmslos in nationalen Konflikten zu beklagendem Blutvergießen unterging, dann spricht diese Tatsache nicht gegen die soeben umrissene These, sondern bestätigt sie. Die Gesellschaft nahm ja mehrheitlich nicht am Untergang teil, wiewohl sie die Folgen zu spüren bekam. Sie trat vom Sozialismus in den Postsozialismus über, das heißt sie wurde wie in der Schule von einer Klasse in eine andere versetzt und überließ den sich bekämpfenden Politikern und einer hauchdünnen Gruppe in den Hauptstädten Moskau und Leningrad die Gestaltung der Zukunft. Während sich der weitgehend friedliche Zusammenbruch gerade aus dem Fehlen der Gesellschaft und der weitgehenden Gewaltentsagung der politischen Sphäre erklärt, ist damit nichts über die Pazifizierung der Gewaltpotentiale ausgesagt. Letztere harren noch der Bändigung, da diese Gesellschaft, inhomogen, unkommunikativ, sozial zerrissen und von oben gesteuert, bis zum heutigen Tage nur in kleinen Bereichen zivilisierter – um mit Elias im Komparativ zu sprechen – geworden ist. Eine *civil society*, wie einige meinen, existiert bis auf diese Residuen nicht. Die nächste Revolution in Russland wird zeigen, dass diese Gesellschaft, die sich zu keiner Zeit weder ihrer Geschichte noch ihrer gewaltförmigen Übermächtigung bewusst geworden ist, dem Kapitel Gewalt in der Moderne ein weiteres hinzufügt.

Wir wissen auch, dass parallel zu den hier erwähnten Vorgängen der Staat auf dem Gebiet des Rechts Normen gesetzt hat, die einen fundamentalen Wandel in den von Maßnahmen geprägten Verhältnissen bedeuteten. Nicht, dass dieser Staat die »bürgerlichen« Normen erfinden musste, sie standen ja in den Verfassungen, er brauchte sie nur anzuerkennen, vor allem sich daran zu halten. Dieser Wandel, der einen Teil der asynchronen Entstalinisierung darstellt, die nach 1953 einsetzte, ist auch von gravierender theoretischer Bedeutung. Er verweist auf die eigentlich schlichte Tatsache, dass mit aller Sozialtheorie die Bändigung der gewaltsamen Moderne nicht zu schaffen ist. Dazu bedarf es der Normen. Die Sowjetführung hat gewaltförmiges Recht geschaffen, sie hat aber auch die Gewalt weitgehend daraus vertrieben. Ohne den Wandel zu idyllisieren, ist deutlich, dass Normen und ihre Geltung noch immer das sicherste und verlässlichste Mittel gegen Maßnahmen sind. Aus diesem Grunde führt an den rechtsnormativen Bestandteilen der Moderne kein Weg vorbei. Der Grat zwischen ihrer rhetorischen Anerkennung und ihrer faktischen Geltung ist jedoch äußerst schmal.

3

Die sich aus der Gewaltfrage ableitende Problematik der Humanisierung hat unmittelbar in die Frage übergeleitet, inwieweit es verbindlicher Normen bedarf. Kapitel V hat gezeigt, dass Normativität allein, die sich in einem erweiterten Regelwerk und seiner für alle verbindlichen Geltung ausdrückt, nicht ausreicht, wenn gleichzeitig normbrechende Verfahren weiterhin zur Anwendung kommen beziehungsweise – der Konjunktiv reicht schon – kommen *können*. Auf die Moderne bezogen bedeutet das, dass sie nicht nur aus »weichen« Elementen besteht, wie sie im Diskurs, in Rationalität, in den Werten und wertbezogenen Handlungen zum Ausdruck kommen, sondern dass sie darüber hinaus der Absicherung durch Normen bedarf, die sie aus sich heraus formuliert. Die entscheidende Frage aber ist: welche Normen?, denn allzu leicht könnte der Eindruck entstehen, es seien nur die »guten« gemeint. Das ist aber nicht gesichert, wie die vorangehenden Kapitel gezeigt haben. Die Frage der normbewehrten Moderne verknüpft sich deshalb mit den normsetzenden Institutionen und Gruppen. Sie hängt mit dem Staat zusammen. Deswegen ist es in diesem Zusammenhang notwendig, sich über den Staat der Sowjetperiode theoretisch zu verständigen.

Die Schwierigkeit, welche die marxistische Staatstheorie bis heute nicht bewältigt hat, nämlich eine Staatstheorie für den sozialistischen Staat zu entwerfen, liegt nur oberflächlich betrachtet in der Fixierung auf marxistische Kategorien zur Beschreibung eines als marxistisch postulierten Gemeinwesens, das heißt in der Unmöglichkeit, die in dieser Aufgabe notwendig enthaltene Selbstreferentialität unter Wahrung der kritischen Distanz des analysierenden Beobachters »von außen« methodisch und theoretisch aufzulösen, sondern vielmehr in der weitaus schlichteren Feststellung, dass der theoretische Ansatz das historisch Auffindbare nicht angemessen zu erfassen vermag. Ob darin eine besonders am Beispiel der Staatstheorie zu beobachtende theoretische Selbstblockade des Marxismus steckt, kann hier nicht erörtert werden. Jedenfalls haben die Marxisten keine adäquaten theoretischen Begriffe und Kategorien gefunden, um den Staat zu beschreiben, der in der Sowjetunion über sieben Jahrzehnte hinweg für jeden Bürger mit Händen zu greifen und häufig auf der Haut zu spüren war. Dahinter steckt ein doppelter Anfangsirrtum: Dieser Staat ist weder aus einer sozialen Idee noch aus der Gesellschaft heraus entstanden. Es gab keine soziale Idee im bolschewistischen Entwurf, in der der Staat theoretisch einen Platz gefunden hätte. Die große Verwunderung, dass der Staat statt abzusterben zu einem hervorstechenden Merkmal Sowjetrusslands wurde, wird nur durch die Tatsache verständlich, dass Lenins »Staat und Revolution« in der Praxis nach dem Oktober 1917 versagte – besonders in dem Punkt des Absterbens. Die Kluft zwischen dem Todespostulat und dem real existierenden Staat ist modernetheoretisch zu überbrücken. Das Kapitel über den Staat hat dazu einen Vorschlag gemacht: Der Staat der Sowjetperiode, wie wir ihn zur Vermeidung jeglicher Missverständnisse genannt haben, ist aus allokativen und herrschaftlichen Funktionen heraus entstanden. Der logistische, militärische und Distributionsstaat ist auf dem Trümmerhaufen der historischen Situation nach 1917 gewachsen. Es war die geschichtliche Lage nach 1917 und nicht die Gesellschaft – die zu diesem Zeitpunkt ohnehin nicht existierte, es gab nur amorphe Bevölkerung –, die den Staat hervorbrachte. Dass die Bolschewiki als die maßgeblichen historischen Akteure dabei auf traditionelle Muster der Organisation von Regierung zurückgriffen, ist in diesem Zusammenhang zu erwähnen, führt theoretisch aber auf andere Gebiete, etwa der politischen Kultur.

Die Herleitung des Staates aus der historischen Anfangssituation macht plausibel, warum der Staat über Jahrzehnte hinweg seine funktional begründeten Strukturen nie aufgab. Sie macht auch verständlich, dass dieser Staat bis in seine letzten Tage die strukturelle Humanisierung nicht vollzog, das heißt Gewaltpotentiale in sich barg, die über die Sicherung des staatlichen Gewaltmonopols hinausgingen und nur durch schwache rechtliche Einschränkungen eingehegt wurden. Die Anfangssituation hat sich in die Strukturierung eingeschrieben. Es verhält sich also vollkommen anders, als die marxistische Theorie glaubt, wonach die gesellschaftliche Formation oder die Idee den Staat aus sich heraus gebildet hätte. Die sich daraus ergebende theoretische Lücke haben Marxisten nicht füllen können.

Es scheint aber eine Alternative zu geben. Anthony Giddens hat den gegen die strukturtheoretische Soziologie gerichteten Vorschlag gemacht, Institutionalisierung als Routinisierung und Konventionalisierung sozialer Praktiken zu betrachten. Er hat also eine handlungstheoretische Begründung von Institutionalisierungsvorgängen dem Funktionalismus entgegengesetzt.[21] Gesellschaft konstituiere sich demnach in einem unaufhörlich reflexiven Vorgang von Strukturierung und Handlung. Wir können den Gedanken übernehmen, dass nicht strukturalistische Metatheorien das Agens der Geschichte bilden, sondern die daraus entspringende zweifache Konsequenz: Zum einen traten auf diese Weise die Menschen wieder in die strukturalistisch und funktionalistisch »entmenschlichte« Geschichte ein, zum anderen hielt die Geschichte wieder Einzug in die sozialwissenschaftliche Theorie. Der letzte Aspekt wird im nächsten Abschnitt ausführlicher diskutiert. Aber es sei vorweggenommen, dass die für die Sowjetunion ermittelbaren empirischen Befunde gerade die

21 Giddens, *Konstitution*

funktionalen Elemente der Institutionalisierung aufleuchten lassen und dass das Handeln der Bolschewiki, die als historische Akteure unter weitgehend strukturfreien Bedingungen Staat errichten konnten, nicht in die Giddensche »Dualität der Strukturen« eingebunden war, sondern der Einsicht in logistisch, militärisch und distributiv vorgegebene Handlungsnotwendigkeiten entsprang. Diese lassen sich allerdings auf ein Machtsyndrom zusammenführen.

Der Staat ist nicht nur nicht aus der Gesellschaft heraus entstanden, er hat auch keine Gesellschaft geschaffen. Er hat sie ersetzt. Die gesellschaftssubstituierende Funktion des Staates ist ebenfalls aus seiner Entstehungsgeschichte, und nicht allein aus ideologischen Gründen,[22] zu erläutern, wobei die ideologischen Gründe schon deswegen schwer verständlich zu machen sind, weil es hinsichtlich des Staates keine klaren ideologischen Vorgaben gab, folglich auf mehr oder minder klar identifizierbare Ideologiebestandteile der Bolschewiki zurückgegriffen werden muss, die ihre Plausibilität nur durch Beteuerung erhalten, nicht aber durch die Analyse des Staates selbst. Ebenso wie die Gewalt, so zog der Staat die logistischen, militärischen und distributiven Funktionen an sich und gab sie fortan nicht mehr ab. Aber er war immerhin in der Lage, in diesem Horizont seine Funktionen zu erweitern, wie die Entwicklung des sowjetischen Wohlfahrtsstaates zeigt.

Doch ganz so einfach ist das Problem der Substituierung der Gesellschaft durch Staat nicht zu lösen. Unter der Voraussetzung, dass wir nur von unspezifischen makrosoziologischen Konstrukten wie Industriegesellschaft, Bildungsgesellschaft und Ähnlichem sprechen können, folglich die Frage, was eine sozialistische Gesellschaft sei, bisher weder empirisch noch in der Gesellschaftstheorie geklärt ist, kann an dieser Stelle nur folgender Gedankengang diskutiert werden. Hat der Wandel des Staates zum sozialistischen Wohlfahrtsstaat ein gesellschaftsformierendes Element eingeführt, das zuvor in allen Staatstätigkeiten nicht zu beobachten, ja sogar durch diesen Staat strukturell ausgeschaltet war? In der Theorie über den Wohlfahrtsstaat ist der Gedanke gängig, dass Sozialpolitik die Beziehung zwischen Staat und sozialpolitisch begründeten Kollektiven formalisiere. Dieser Vorgang muss nicht mit Gesellschaftsbildung gleichzusetzen sein, aber immerhin kann er dazu beitragen, dass sich Gruppenbewusstsein *im Verhältnis zum Staat* einstellt. Auch in diesem Fall ist für die Sowjetunion vorsichtig zu argumentieren. Eine solche Gruppenbildung hat es nicht gegeben, zumindest ist ein Solidaritäts- und Gruppenbewusstsein auf dieser Grundlage, abgesehen von den Kriegsveteranen, organisatorisch nicht in Erscheinung getreten. Dass der Wohlfahrtsstaat als ein Bei-

22 Malia, *Wahn*

spiel der Dualität der Strukturen im Sinne Giddens Gesellschaft konstituiert habe, ist also skeptisch zu beurteilen.

Dennoch ist dem Wohlfahrtsstaat ein solches konstituierendes Moment nicht völlig abzusprechen. Einschränkend ist an dieser Stelle zu sagen, dass es empirisch noch genauer zu ermitteln ist. Zum Einstieg in dieses Problem wird noch einmal die in Kapitel V diskutierte These Breslauers vom sozialistischen wohlfahrtsstaatlichen Autoritarismus aufgegriffen. Der ungeschriebene Sozialvertrag enthielt eine nichtintendierte Konsequenz, die in der Geschichte auffindbar ist. Innerhalb weniger Jahre hat der sozialistische Staat eine Gemeinschaft der sozialstaatlichen Leistungsempfänger geformt, die ihr Verhältnis zum Staat in den Kategorien eines Sozialprotektorats definierten. Damit ist Folgendes gemeint: Zwar entstand keine Gesellschaft, aber die intersubjektiv geteilte Erwartungshaltung an den Staat als Verteiler von Leistungen. Die späten sechziger und beginnenden siebziger Jahre führten die Sozialpolitik zum Höhepunkt, was die Unterstützung des Regimes durch die Bevölkerung erheblich verbesserte, nachdem es zuvor Proteste und Unruhen gegeben hatte. Aber die Einwohner des Sozialprotektorats UdSSR mussten den ungeschriebenen Vertrag in dem Moment kündigen, als der Staat seinen Part nicht mehr erfüllen konnte. Der Zusammenbruch des Sozialen, der sich während der Perestrojka vollzog, führte zur Erosion von Loyalität und Unterstützung.[23] Darin liegt ein im Sinne der Handlungstheorie passives Moment des Nichthandelns, denn die sozialleistungsempfangenden Sowjetbürger beobachteten mit zunehmender Distanz die Agonie eben jenes Wohlfahrtsstaates, dessen Leistungen ihnen mehr und mehr vorenthalten blieben. Der Großteil der Sowjetbürger tat – im Sinne der Handlungstheorie – nach 1986 nichts: Er hörte auf zu arbeiten, er unterstützte das Regime nicht, er ging nicht auf die Straße zum Demonstrieren, er nahm den sich beschleunigenden Wandel passiv hin. Die Industrie- und Bildungsgesellschaft reagierte in ihrer überwältigenden Mehrheit schockiert und erfüllte die von der Vernunft und der Modernisierungstheorie in sie gesetzten Erwartungen nicht: Weder wollte sie demokratische und rechtsstaatliche Verhältnisse noch kämpfte sie um sie. Die Dialektik der Gesellschaftskonstitution durch wohlfahrtsstaatliche Praxis bestand also darin, dass der Wohlfahrtsstaat eine Systemintegration durch sozialpolitischen Leistungsbezug geschaffen hat, der gesellschaftskonstituierende Impuls aber amorph blieb. Nach heutigem Erkenntnisstand sind auch keine durch Sozialpolitik in Gang gesetzten Vergesellschaftungsprozesse auf einer höheren als der lokalen Ebene zu beobachten. Aber die empirisch schwer fassbare und kaum messbare wohlfahrtsstaatlich induzierte Gemeinschaft verweigerte *in toto*

23 Plaggenborg, »Entwickelter Sozialismus«, S. 497-501; ders., »Lebensverhältnisse«

die Gefolgschaft, als der Sozialstaat zusammensackte. Die »Gesellschaft« war das, was sie über Jahrzehnte hatte sein müssen: passiv, auch im Bezug der Sozialleistungen, dem ersten staatlichen Segen seit 1917, der über die Bevölkerung kam. Warum sollte sie entgegen allem Eingeübten *handeln*, als das System implodierte? Aus der intersubjektiv geteilten Erwartungshaltung an den Staat entstand flugs die intersubjektiv geteilte Distanzierung vom Staat. Gesellschaft kam dadurch nicht zustande. Sprechen wir also von handlungstheoretisch begründeter Gesellschaftskonstitution, die sich in Institutionalisierung als Ergebnis sozialer Praxis manifestierte, so steht die Soziologie im Fall der Sowjetunion vor der Herausforderung einer Theorie des systemdekonstruierenden Nichthandelns.

In diesem Zusammenhang erhält die Metapher vom Absterben des Staates eine neue Bedeutung. Dazu gedacht, das Überbauphänomen Staat im Sinne des Klassenstaats wegen der revolutionären Veränderungen der sozioökonomischen Basis als überkommen und historisch entbehrlich zu bezeichnen, erfolgte der Vorgang des Absterbens tatsächlich, aber anders als geplant. Eines der ältesten Projekte des Sozialismus kam in seinen letzten Atemzügen zur Vollendung. 1991 sackten – um im Bilde zu bleiben – die Institutionen zusammen, die Organe kollabierten. Nach dem »entwickelten Sozialismus« kam der Tod des Staates, nur eben nicht beim Übergang zum Kommunismus. Die Metapher des Absterbens enthält aber nicht nur diese historische Ironie, sondern sie bezeichnet einen systemisch induzierten Vorgang, an dem die Menschen keinen Anteil hatten. Als solche ist die Idee vom Absterben selbst ein Moderneprodukt und deswegen modernetheoretisch von Belang.

Mit dem Bezug auf »Gesellschaft« während der Entstehung des sozialistischen Wohlfahrtsstaates hat sich ein entscheidender Wandel im Vergleich zum Stalinismus vollzogen. Sozialpolitik statt Gewalt verweist aber nicht nur auf ein funktionales Äquivalent zur Konsolidierung des Systems, sondern auch auf einen Funktionswandel des Staates selbst. Indem sich das Regime von der Gewalt immer mehr abwandte, verlegte es seine staatlichen Praktiken in Bezug auf »Gesellschaft« auf zwei Gebiete: zum einen auf die schon beschriebene Sozialpolitik, zum anderen auf diskretere Formen des Überwachens, als sie in der stalinistischen Gewalt zu Tage traten. Unter Stalin bedeutete Überwachung Terrorisierung. Das änderte sich nach 1956. Foucault sprach von dem Übergang von Techniken der Gewalt zu Techniken des Wissens. Dieser Wandel ist in der Sowjetunion nach 1956, verstärkt nach 1964 zu beobachten. Dass die Organe der inneren Sicherheit eine bedeutende Rolle auch nach Stalin spielten, ist dargelegt worden. Zusätzlich aber verfeinerten sich die Methoden der Sozialtechnologie. Die Mitte der sechziger Jahre wiedererstandene Soziologie, im sowjetischen Fall eine Wissenschaft ohne ihren Gegenstand, die Gesellschaft, betrieb Feldforschung auf allen Gebieten, ermittelte das Zeitbudget von Städtern und Kolchosbauern, untersuchte das Verhältnis von Bevölkerungsdichte und Volleyballplätzen, befragte Sowjetbürger nach Alltagspraktiken, maß Freizeitverhalten, berufliche Aufstiegswege und errechnete die durchschnittliche Menge an Geschirr in Tonnen, welche sowjetische Hausfrauen pro Jahr durch die Wohnung schleppten, während ihre Männer vor dem Fernseher saßen.[24] Gleichzeitig sollte die »wissenschaftlich-technische Revolution«, deren Anleihen bei der westlichen Systemtheorie und dem Behaviorismus unübersehbar waren, die wissenschaftliche Steuerung sozialer Prozesse verbessern.[25] Als Methode des sozialen Managements wurde hier die Gesellschaft nicht aus dem Staat entlassen, sondern nur mit veränderten, raffinierteren Methoden überwacht. Die Leitkriterien Rationalität, Steuerbarkeit und Professionalität zeugen nicht so sehr von emanzipativen Potentialen als von der Erlangung sozialtechnologisch verwertbaren Wissens. Im Vergleich zum Stalinismus war das ein großer Fortschritt.

4

Die auf die Handlungstheorie ironisch bezogene Formulierung vom systemzerstörerischen Nichthandeln enthält einen Aussagekern, der die Diskussion des Verhältnisses von Strukturen, Akteuren und ihren Handlungen erfordert. Es wäre an dieser Stelle möglich, die Entstehung von Institutionen, ihre Veränderung und ihre Interaktion mit der »Gesellschaft« handlungstheoretisch weiterzuverfolgen. Mit Bourdieus Theorie der sozialen Praxis, die sich – vereinfacht ausgedrückt – um den Habitusbegriff herumlegt, sowie Giddens' Theorie der Strukturierung liegen anspruchsvolle Gedankengebäude vor, die das theoretische Problem sozialwissenschaftlicher Forschung behandeln, wie das Verhältnis von Handlung und Struktur theoretisch beschrieben werden und welche materiellen Formen es in Gesellschaften annehmen kann. In den vorangegangenen Kapiteln gab es implizite Anknüpfungen an diese Theorien: Die im Oktober 1917 politisch bedeutendsten historischen Akteure schufen auf einem zu Beginn ihrer Herrschaft weitgehend strukturlosen Tableau jene Institutionen, die als Institutionenkonglomerat »Staat« bis 1991 existierten.

Damit ist die Kritik an Giddens' Theorie der Strukturierung noch ein Stück voranzutreiben. Giddens geht, hierin ist er Schüler der westlichen Soziologie

24 Ebd., S. 822-828
25 Afanas'ev, »Rukovodstvo«

und zusätzlich als Brite vielleicht blind für revolutionäre Umbrüche, von nicht näher beschriebenen, irgendwie intakten Struktur-Handlungsbeziehungen aus, nicht – wie in Russland 1917 – von Situationen, in denen das Handeln auf ein weitgehend unstrukturiertes Umfeld trifft. Giddens konkretisiert seine Theorie vornehmlich an zwei Beispielen. Beide lassen sich gegen ihn auslegen. Das erste bezieht er aus einer Studie über auffällige Schüler, an der er verdeutlicht, wie Handeln im Mikrobereich den »überaus komplexen Gesamtprozess institutioneller Reproduktion«[26] am Laufen hält. In dieser Aussage steckt aber schon die Gewissheit über etablierte Verfahren und Normen, darin eingeschlossen der Normverstöße, und darüber, dass der Gesamtprozess institutioneller Reproduktion als Prozess konsolidiert ist. Es gibt – auf das Beispiel bezogen – die Schule, das konfliktreiche schulische Milieu, das schulische Umfeld, die geklärten Autoritätsverhältnisse und die Mittel, sie im Konfliktfall zu stabilisieren, die außerschulische Arbeitswelt und so weiter, alles mehr oder weniger intakte Konstanten des Reproduktionsprozesses. Was, wenn diese vollkommen fehlen, wenn die Institutionen, Autoritäten und die vermittelnden Praktiken vollständig zusammengebrochen sind? Dann geht es um institutionelle Produktion, das heißt um Strukturierung im Chaos und um die Etablierung institutioneller Komplexe und das Herstellen der *Bedingungen* für die institutionelle Reproduktion auch mit Gewalt. Gesellschaft konstituiert sich dann nicht, sondern es entstehen Bedingungen struktureller Abhängigkeit des Handelns. Das wird noch deutlicher anhand Giddens' zweitem Beispiel, der kurzen Sequenz aus einer Gerichtsverhandlung in England.[27] Die Betonung liegt auf England, denn der Leser muss die lange und ruhmreiche Entwicklung von Verfassung, Recht und Justiz auf der Insel einbeziehen, also geschichtlich denken. Das verschweigt Giddens aber. Statt dessen erläutert er im Sinne der Theorie der Strukturierung, dass die Verhandlung zwischen Richter, Staatsanwalt und Verteidiger die institutionellen Züge des Strafsystems stillschweigend voraussetzt. »Indem sie sich jedoch in dieser Weise auf die institutionelle Ordnung berufen – und *es gibt keine andere Weise* für die Interaktionsteilnehmer, ein verständliches und kohärentes Handeln auszuführen –, tragen sie dazu bei, sie zu reproduzieren.«[28] Stellen wir einen stalinistischen Schauprozess dagegen, dann wird sofort klar, dass kohärentes Handeln nicht möglich war, weil es an der Ordnung fehlte, die ja gerade erst durch den Gerichtsprozess – wie übrigens auch durch die ihm vorgelagerten Verhörmethoden – internalisiert werden sollte. Mit Giddens interpretiert waren die stalinistischen Schaupro-

26 Giddens, *Konstitution*, S. 358

27 Ebd., S. 387

28 Ebd., S. 388, Hervorhebung im Original

zesse Dressurveranstaltungen für systemische Reproduktion, in denen die Faktizität von Zwang, Gewalt, Willkür anerkannt und bekräftigt wurde, das systemkonforme Handeln also erst erzeugt werden musste. An die Theorie der Strukturierung stellt sich dann die Frage, wie die Menschen aus dem komplexen Reproduktionsprozess aussteigen können, wenn sich die Zwangsmittel erst einmal soweit konsolidiert haben, dass sie die Reproduktion gewährleisten. Das Beispiel der Schüler, das uns Giddens liefert, führt ja unweigerlich in Defaitismus: Die Revolte gegen den Zwang »Schule« führt in die klaglose Anerkennung des Zwangs »Fabrikarbeit«. Wenn das Außerkraftsetzen der systemischen Reproduktion keine Frage von Quantität ist, das heißt ob genügend Aufruhrpotential zusammengekommen ist, dann gibt es bei Giddens eine handlungstheoretische Leerstelle. Seine Theorie enthält keine expliziten Momente des Entkommens aus dem stählernen Gehäuse des systemreproduzierenden Handelns. Darin ist sie *very british.*

Ob von einer handlungstheoretisch begründbaren Institutionalisierung die Rede sein kann, das heißt, ob es sich um in der Gesellschaft angelegte Routinisierungen und Konventionalisierungen von Handlungen handelte, ist unter den Umständen des bolschewistischen Experiments zweifelhaft. Giddens geht von bestehenden sozialen Systemen aus. Es muss im Falle der Sowjetunion zuerst der Beweis erbracht werden, dass es sich bei ihr um ein *soziales* System handelte. Martin Malia beispielsweise hat dies in Abrede gestellt.[29] Seine Analyse ist jedoch falsch, weil sie das bolschewistische Experiment als nur ideologiegeleitet interpretiert – aber glänzend falsch, weil von einer differenzierenden Intellektualität, die man bei den meisten sozialwissenschaftlichen Studien zur Sowjetunion vergeblich sucht. *Dass* die Sowjetunion ein System war, ist unbestreitbar, aber über seinen Charakter lässt sich vorläufig nur ausschließend sprechen. Aber auch diese Aussage muss sich überprüfen lassen: Um eine handlungstheoretisch informierte Analyse der sowjetischen Institutionalisierung *als soziale Praxis* vornehmen zu können, bedürfte es einer ausgiebigen Diskussion der vorhandenen handlungsstrukturierenden Dispositionen und einer nuancierten Ausfächerung handlungspraktischer, kommunikativer, mentaler und symbolisch induzierter Interaktionen. Dass eine solche Aufgabe auf die Schnelle nicht einmal skizziert werden kann, versteht sich. Wir müssen uns deshalb mit der Feststellung begnügen, dass zukünftige Untersuchungen der Institutionalisierungsprozesse unter handlungstheoretischer Perspektive einen Zuwachs an theoretischer Komplexität versprechen.

Die soeben aufgeworfene Frage darf aber nicht gänzlich ausgeklammert bleiben. Hier soll sie in einer anderen Wendung gestellt werden. Der hand-

29 Malia, *Wahn*

lungstheoretische Ansatz ist insofern von Bedeutung, als er bestimmte Phänomene der Sowjetgeschichte deutlicher vor Augen führt: Mit zunehmender Dauer des bolschewistischen Experiments wurde das Verhältnis von Struktur und Strukturwandel immer problematischer. Es darf als eines der grundlegenden Probleme der sowjetischen Geschichte betrachtet werden. Es hat einen großen Teil der sowjetologischen Literatur seit den fünfziger Jahren beschäftigt. Die Frage, ob die Sowjetunion zu Reformen und Wandel fähig sei, heißt, das Problem des Strukturdeterminismus zu erörtern, an das sich unmittelbar weitere anknüpfen: Wenn von Strukturdeterminismus die Rede ist, wie verhält es sich dann mit dem Verhältnis von Prozess und Struktur, wie mit dem Verhältnis von Akteuren und handlungsevozierten Strukturen, die den Akteuren die strukturverändernden Handlungsoptionen aus der Hand nehmen? Strukturdeterminismus setzt die Reduktion von Handlungs*möglichkeiten* voraus. Der Vorgang der Reduktion von Handlungsoptionen setzt sich soweit fort, dass sich Strukturen zu einem nicht mehr reformierbaren System verbinden, das am Ende weitgehend akteursunabhängig agiert und über die Geschicke der Menschen bestimmt, die sich nun außerstande sehen, dieses System in seinen wesentlichen Komponenten zu gestalten. Das Wörtchen »nun« ist von entscheidender Bedeutung, weil es den Zeitpunkt markiert, an dem die Strukturen geschichtsmächtige Dominanz gegenüber den Akteuren entfalten.

Die in diesem Buch sowie an anderer Stelle[30] verarbeitete Literatur zur Sowjetunion arbeitet mit an solche Denkfiguren anknüpfenden, jedoch unausgesprochenen Prämissen, die hier expliziert und in Bezug zur Modernetheorie gesetzt werden müssen. Dann stellt sich erneut heraus, dass auch die westliche Forschung in hohem Maße die theoretischen Voraussetzungen ihres Forschens oftmals nicht hinreichend reflektiert hat – ein Umstand, der seinerseits der Historisierung bedarf. Die politologische Literatur seit den späten fünfziger Jahren, die theoretisch »beschämend flach«[31] mit dem Totalitarismusmodell arbeitete, konstruierte mit ihrem halben Dutzend Überprüfungskriterien ein statisches politisches *System*. Die sozialwissenschaftliche Literatur, die sich von der Totalitarismustheorie abwandte, führte eine ununterbrochene Debatte über die möglichen Entwicklungswege und Entwicklungspotentiale in einem sozialökonomischen *System*. Die historische Sozialwissenschaft, sofern sie sich überhaupt der gesamten Sowjetgeschichte zuwandte, tat nicht viel anderes. Sie alle sind Kinder aus dem modernetheoretischen Elternhaus, die ein gemeinsames Wissen teilen, das nicht nur in der Klassifizierung von geschichtlichen Vorgängen besteht und an Baumans Ordnungstheorie erinnert, sondern die

30 Plaggenborg, »Entwickelter Sozialismus«
31 Malia, *Wahn*, S. 26

Menschheit in der betreffenden Geschichte bestenfalls auf die politische Elite reduziert. Wie immer die Sowjetunion besonders für die Nachkriegszeit beschrieben wurde, ob statisch, evolutionär oder gesellschaftsgeschichtlich (wobei letzteres, nebenbei bemerkt, für die Sowjetunion eine Unmöglichkeit ist, solange die Historiker keinen Begriff von Gesellschaft im Sozialismus haben, den übrigens auch keine andere Disziplin hat), das System stand im Mittelpunkt. Es war das *Agens* der sowjetischen Verhältnisse beziehungsweise Geschichte. Es entstand der Eindruck, die Sowjetunion sei unter den industrialisierten Staaten das System, in dem Entindividualisierung, zweckbezogene Instrumentalisierung und Subjektlosigkeit am dauerhaftesten und tiefgreifendsten fortgeschritten waren. (Der US-amerikanische Revisionismus in der Sowjetologie hat zwar die »Gesellschaft« in die Debatte eingebracht, kann hier aber beiseite gelassen werden, weil er in seinen Untersuchungen kaum über das Jahr 1941 hinausgekommen ist und die Auseinandersetzung mit den totalitarismustheoretisch und politikgeschichtlich orientierten Sowjetologen für die Jahre nach Stalin bisher gescheut hat.) So ist es kein Wunder, dass ein in der Literatur zur Sowjetunion beliebtes Bild ein System zeichnet, das selbst die Kommunisten am Ende nicht mehr beherrschten und das nicht nur die Bevölkerung, sondern auch die politische Elite wie funktionierende Teilchen im Gesamtgetriebe eines gigantischen Apparates erscheinen ließ. Darin liegt die Gemeinsamkeit der Sowjetologen, obgleich sie aus gänzlich unterschiedlichen Schulen stammen, die sich zeitweise sogar befehdeten. Ihre Gemeinsamkeit wird durch ihre Zugehörigkeit zum Modernediskurs gestiftet, der in seinen Teilnarrativen Totalitarismustheorie und Modernisierungstheorie ein jeweils unterschiedlich klassifiziertes System »erklärt«. Hinsichtlich der Metaerzählung Moderne sind sie Geschwister, die darin übereinstimmen, dass sich am Ende der Sowjetgeschichte das System als Megamaschine etabliert hatte. Diese Metapher, die wir von Lewis Mumford übernehmen,[32] zeichnet die Überwindung des handelnden Menschen, zugleich des historisch handelnden Subjekts plastisch nach.

Es besteht der Verdacht, dass diese unausgesprochenen theoretischen Prämissen, die in den narrativen Verfahren auffindbar sind, auch in soziologischen Handlungstheorien nachzuweisen sind und sie somit ebenfalls als Teilnarrative der Moderne kennzeichnen. Das würde Giddens auch nicht abstreiten, wohl aber die Nähe zu dem von ihm abgelehnten Lager der Funktionalisten. Nicht die Zugehörigkeit zum Modernediskurs ist das Problem – sie ist lediglich der Anlass, skeptischer zu lesen –, sondern die dadurch unausgesprochen angenommenen Prämissen der Theoriebildung. Obwohl Giddens' Theo-

32 Mumford, *Mythos*

rie gerade das »Geschichte machen« aufschlüsseln will, bleibt sie doch sozialwissenschaftlich gebunden. Sein Vorschlag, wegen des handlungstheoretisch-methodologisch kaum noch bemerkbaren Unterschieds zwischen Geschichtswissenschaft und Sozialwissenschaft beide zusammenfließen zu lassen, ist aus der Sicht der heutigen Geschichtswissenschaft, die sich auch kulturgeschichtlich und historisch-anthropologisch darstellt, als sozialwissenschaftliche Verengung von Geschichte zurückzuweisen. Bemerkenswert ist ja der Umstand, dass Giddens zwar glaubt beschreiben zu können, wie Geschichte gemacht wird und sogar ein handlungstheoretisches Verständnis von Geschichte formuliert, aber sich für die Geschichte selbst nicht sonderlich interessiert. Giddens ist Soziologe, was nicht gegen ihn spricht, aber seine Theorie ist eine Version des Narrativs unter der Überschrift »Das ist Geschichte«, also eine philosophische These im Gewande soziologischer Handlungstheorie. Geschichte, so Giddens, ist »die Zeitlichkeit menschlicher Praktiken, die die Strukturmomente formt und von ihnen geformt wird und in die unterschiedliche Formen der Macht eingeschlossen sind.«[33] Wir stimmen Giddens zu, dass das keine »schöne Formulierung« sei, wollen sie aber nicht gänzlich verneinen, sondern relativieren insofern, als den Menschen in der Sowjetunion ein anderes Verhältnis zur Geschichte eigen ist. Ihnen geschah Geschichte.

Wenn die Handlungstheorie wie die Totalitarismustheorie in der Zeit nach Hannah Arendt an der sowjetischen Geschichte abprallt, bleibt das vorhin aufgeworfene, immer noch ungeklärte Problem der Megamaschine zu diskutieren. Es ist ein Einwand vorauszuschicken: Die Gefahr besteht, dass gerade in diesem Fall die Geschichte ihre Veto-Macht gegen das Narrativ nicht durchsetzen kann, weil der Vorgang der Entstehung des Strukturdeterminismus als ein historisches »Ereignis« ebenso schwer nachzuweisen ist wie die Konventionalisierung kollektiver Handlungen in Institutionen. Das konstruktivistische Verfahren (die Beschreibung des Strukturdeterminismus in der Geschichte) ist damit Teil des zu Erklärenden. Mit einer solchen theoretischen Prämisse löst sich die hier vorgetragene Problematik vom geschichtlichen Geschehen ab und setzt sich zwangsläufig der Gefahr aus, ein Narrativ an die Stelle der Geschichte zu setzen, also genau den Fehler zu begehen, der in dieser Untersuchung vermieden werden sollte. Der Weg aus diesen Aporien führt unvermeidlich in die Geschichtsphilosophie. Wir müssen ihn jedoch zu Ende gehen, weil dadurch die Debatte über Prozess und Struktur wieder in den Modernediskurs einmündet.

Der auf die Sowjetunion bezogene, schon mehrfach angeklungene Gedanke lautet stark vergröbert folgendermaßen: In der von Auflösungen und

33 Giddens, *Konstitution*, S. 278

Zertrümmerungen geprägten Anfangszeit stellte der Staat das erste Strukturkonglomerat dar, das sich in Sowjetrussland herausbildete. Es entwickelte eine erstaunliche Haltbarkeit, da es erst während der Perestrojka grundlegend verändert wurde. Von Strukturkonglomerat ist deswegen die Rede, weil die Vorstellung eines durchgestalteten und in sich konsolidierten Institutionengefüges mit den dazugehörigen Apparaten nicht den Tatsachen entspricht.[34] Um den raschen Wechsel von Institutionen und ihren Aufgaben, das Verschwinden und Auftauchen neuer, die zahlreichen institutionellen außerordentlichen Maßnahmen und die administrativ-institutionelle Improvisation begrifflich einfangen zu können, wird hier dieser Begriff verwendet, der nichtlineare, unsystematische und auch widersprüchliche Strukturbildungsprozesse besser zum Ausdruck bringen kann als der homogenisierende Begriff der Struktur. Offensichtlich ist, dass die Strukturen, welche die Sowjetunion charakterisieren, mehrheitlich während des Stalinismus geschaffen worden sind: die durchgängig verstaatlichte Industrie, die kollektivierte Landwirtschaft, die Wirtschaftspläne, die Vorherrschaft der Schwerindustrie vor dem Konsum, die Organisierung von Berufsgruppen in Verbänden, ihre ideologische Gleichschaltung, die Atomisierung der Gesellschaft, die »Kollektivierung« der intellektuellen Arbeit, das Verbindlichmachen eines ästhetischen Konzepts für die Kunst, auch die Rolle von Geschichte als Selbstbeschreibung des Systems. Einparteistaat und Zentralismus gab es schon vor dem Stalinismus. Es ist dennoch gerechtfertigt, vom strukturbildenden Stalinismus zu sprechen. In keinem anderen Bereich hat sich der Strukturdeterminismus so krass gezeigt wie in der Wirtschaft. Der Plan, so formulierte es seinerzeit der Vorsitzende der obersten Planungsbehörde, zeige »die Transformation eines jeden staatswirtschaftlichen Mechanismus in eine einzige riesige Maschine oder ökonomischen Organismus, so dass Hunderte von Millionen Menschen von einem einzigen Plan gesteuert werden.«[35] Zu den materiellen Strukturen traten kognitive hinzu, die in Kapitel II beschrieben wurden: die erkenntnistheoretische Selbstbeschränkung, die Wissenskultur, die keine Selbstreflexion der Wissenschaften zuließ, die – wie Habermas in anderem Zusammenhang feststellte – diese über die Erzeugung technisch verwertbaren Wissens hinaustrieb,[36] die Unzulässigkeit der Erfahrung als Kategorie sozialer Konstituierung des Menschen. Der Steuerung des Regimes unterlagen auch Sinnstiftung und die Identitätsbildung der Sowjetbürger. Entgegen der Absicht und den Deutungen derjenigen Autoren, die sich mit diesen Fragen befasst haben, zeugen die Un-

34 Plaggenborg, »Organisation«, S. 1447-1492
35 V. Mežlauk, zitiert in Zaleski, *Stalinist Planning*, S. 62
36 Habermas, *Diskurs*, S. 138

tersuchungen über die Herausbildung des stalinistischen Ichs durchweg davon, wie sehr die Identitätsfindung, ja selbst die Sprache durch Anverwandlung an den Stalinismus gekennzeichnet war. Stalinistische Orientierungsmuster, Werte und Verhaltensweisen wurden nicht nur akzeptiert, sondern häufig als konkrete Handlungsanweisungen aufgefasst. Wenn wir davon ausgehen, dass sich im Stalinismus das Strukturkonglomerat aus institutionellen, wirtschaftlichen, politischen, sozialen und kulturellen Elementen zu dem System formte, von dem die Sowjetologie gewöhnlich sprach, dann dürfte deutlich geworden sein, was mit dem aus der Theorie bezogenen Begriff des Strukturdeterminismus' im Zusammenhang der historischen Analyse des bolschewistischen Experiments gemeint ist: die stalinistische Strukturkontinuität über das Jahr 1953, Stalins Todesjahr, hinaus. Sie konnte bis in die Perestrojka hinein nicht gebrochen werden.

Seit 1953 ist die Geschichte der Sowjetunion von den vergeblichen Versuchen gekennzeichnet, Reformen in bestimmten Teilbereichen des Systems durchzuführen, die das System jedoch intakt lassen sollten. Die Lager wurden abgeschafft, die Gefangenen entlassen, die Partei unterhalb der Zentrale zweigeteilt, die Wirtschaftsministerien aufgelöst, Stalin als Verbrecher gebrandmarkt, sein Leichnam aus dem Mausoleum am Roten Platz entfernt, der Sozialistische Realismus aufgeweicht, die Planwirtschaft durch Prämien und Anreize attraktiver gemacht, dennoch blieben die stalinistischen Strukturen bestehen. Die asynchrone Entstalinisierung[37] brachte keinen Systemwandel zustande. Chruščevs Fundamentalreformen, die einen dynamischen, modernisierten und international konkurrenzfähigen Sozialismus aufbauen sollten, zerbrachen an der Strukturkontinuität, die sich 1964 in den Verschwörern gegen ihn – allesamt Parteimitglieder, die unter Stalin in zumeist hohe Ämter aufgestiegen waren – personifizierte und in der Floskel vom »Vertrauen in die Kader« formulierte. Unbestreitbar sind partielle Veränderungen zu beobachten, aber das System blieb erhalten. Jeder, der sich an eine grundlegende Reform des Systems wagte, musste scheitern oder das System zerlegen. Über 30 Jahre asynchroner Entstalinisierung legen von dieser Alternative Zeugnis ab. Die fatale Wahl des leitenden historischen Personals fand in Gorbačev ihren Abschluss, als dieser versuchte, jene stalinistischen Strukturen, die sich mittlerweile als hoffnungslos untauglich erwiesen hatten, in zentralen Bereichen so zu verändern, dass der tabuisierte Kerngehalt des Systems, die politische Macht der Parteispitze und der Sozialismus als Ideologie, unangetastet blieben.

Das Problem lag nicht in der Frage der Reforminhalte, sondern im systemischen Charakter des Strukturkonglomerats »Sowjetsystem« selbst, der sich

37 Plaggenborg, »Sowjetunion«, S. 769

nicht nur in mittlerweile konsolidierten Institutionen und Praktiken zeigte, sondern auch in kognitiven und mentalen Ordnungen. Nachdem die Strukturen im Stalinismus etabliert worden waren, hielten sie bis 1991, einige auch darüber hinaus durch. Zu keiner Zeit gelang es den nachstalinistischen Führungen, sie zu brechen oder sich aus ihnen zu befreien. Sie hatten zu wählen: entweder eingeschränkte Rationalisierung des Systems oder seine Zerstörung. Das war die historische Lektion, welche die Verschwörer gegen Chruščev 1964 beherzigten. Wenn in der Perestrojka der Vorwurf des *zastoj* (Stagnation) gegen die Breznev-Periode erhoben wurde, so brachte er die mittlerweile eingetretene Entprozessualisierung der sowjetischen Verhältnisse durch Struktur auf den Begriff. »Stagnation« hieß, dass die Strukturen den Prozess, in den Augen der Reformer: den Fortschritt, getötet hatten. *Perestrojka* (Umbau) und *uskorenie* (Beschleunigung) sollten die historischen Akteure wieder ins Spiel bringen, die von den Strukturen ausgeschaltet worden waren. Die Tatsache, dass die Akteure eingriffen, spricht jedoch nicht gegen den Strukturdeterminismus, sondern bestätigt ihn, denn das Handeln trieb das grundlegende Dilemma auf die Spitze. Der Versuch, das System nicht nur *peu à peu* zu dynamisieren und zu rationalisieren, sondern es in einigen Kernbereichen zu verändern, endete im systemischen Fiasko: Die zusammenbrechende Megamaschine zog ihre Reparateure mit in den historischen Abgrund. Die Strukturen erwiesen sich als mächtiger. Diejenigen, die als brave Marxisten (oder was davon übriggeblieben war) glaubten, die Megamaschine Sowjetunion zu steuern, entpuppten sich als Getriebeteile.

Wenngleich an der stalinistischen Strukturkontinuität und der Entprozessualisierung nicht gezweifelt werden kann, so sind die theoretischen Implikationen vorsichtig zu formulieren. Strukturdeterminismus und Megamaschine rufen unverzüglich jene Elemente des Modernenarrativs ins Gedächtnis, die bisher nicht nur am Widerstand der Geschichte zerbrachen, sondern auch ihre historische Bedingtheit offen legten, sobald sie selbst historisiert wurden.[38] Selbst ein geschichtsphilosophischer Neigungen unverdächtiger Moderner wie Habermas beschrieb das Geschehen als kaum noch steuerbar und »schicksalhaft«.[39] Man fühlt sich an den *deus ex machina* erinnert, wobei deus machina *ist*. Die Beobachtungen am Material der Geschichte verleiten offensichtlich dazu, der Megamaschine Sowjetunion als einem stalinistisch strukturbestimmten Monstrum den Part des handelnden Subjekts in der Geschichte zu übertragen. Stalinistische Strukturkontinuität bedeutet dann, in theoretische Begriffe gewendet, die Herrschaft der Strukturen (einer steuerungslos gewordenen Me-

38 Niethammer, *Posthistoire*
39 Habermas, »Revolution«, S. 125

gamaschine) über die Menschen (auch über die politische Elite im Politbüro), die als »mitgeschichtliches« Anhängsel[40] erscheinen – eine Deutung, die durch das Fehlen der Gesellschaft und ihre Ersetzung durch Staat noch verstärkt wird. Freilich rumpelte die Maschine am Ende ihrer Laufzeit beträchtlich, aber diese Deutung besagt, dass nicht die sowjetischen Akteure sie zerlegt haben, sondern dass sie eines Tages in sich zusammenfiel. Die Strukturen beschlossen ihre Selbstauflösung; die Menschen befanden sich in der Rolle der Zuschauer. Der Zusammenbruch der scheppernden Megamaschine war die Bedingung für das Verschwinden der zu ihr gehörenden historischen Akteure an der politischen Spitze. Nicht sie lösten kraft ihrer instrumentellen Vernunft die Maschine auf, das System zog sie mit sich in den Untergang.

Die hier durchbuchstabierten Konsequenzen des modernetheoretischen Narrativs führen ins befürchtete historiographisch Unbegründbare, das heißt in geschichtsphilosophische Theoreme. Es ist kurios, dass die Literatur, die unausgesprochen diese Konsequenzen enthält, sich in die Deutungen einreiht, die versuchen, den geschichtstheoretischen Diskurs über die Posthistoire zu formulieren. Mit der hinlänglich zugestandenen Dominanz des Systems, dessen Existenz als »zweite Natur« den nur noch »mitgeschichtlichen« Menschen aus seiner Bedeutung im historischen Prozess verdrängt, ist der Übertritt in das nachgeschichtliche Zeitalter vollzogen. Alle menschliche Aktion ist episodisch und systemisch irrelevant. Das System reproduziert sich unablässig, Neues ist nicht zu erwarten; die Geschichte als Prozess hat sich erschöpft. Die Sowjetunion wäre dann in ihrer Spätphase die erste historische Konkretisierung eines solchen Phänomens. Das »Privileg der Rückständigkeit«,[41] die von Stalin und Chruščev beschworene Aufholjagd endete – man kann es nur paradox ausdrücken – im ersten nachgeschichtlichen System der Geschichte. Erneut tritt jedoch die Veto-Macht der Geschichte auf den Plan: Die auf diese Weise interpretierte Geschichte lehrt uns, dass am Ende der Megamaschine nicht der technisch herbeigeführte Tod der Menschheit steht, sondern – diesmal – der Tod der Maschine.[42]

Der Gedanke von der Herrschaft des Systems ist also nicht so sehr aus der Geschichte selbst bezogen, zumindest gibt sie auch andere Deutungen her, sondern mehr ein spezifisches Produkt, das sich während der Etablierung des Modernediskurses herausbildete, wie Toulmin nachwies. In diesem Sinne ist auch Luhmanns Systemtheorie viel stärker zeitbedingt, als sein mit viel philosophischem und begrifflichem Aufwand erarbeitetes Gedankengebäude ver-

---

40 Der Begriff nach Anders, *Antiquiertheit*, Bd. 1, S. 276-294; Bd. 2, S. 271-315

41 Hildermeier, »Privileg«

42 Niethammer, *Posthistoire*, S. 31-67

muten ließe. Dass seine Theorie der funktionalen Differenzen und Interaktionen in selbstreferentiellen Systemen nicht nur ein bisschen Megamaschine enthält, sondern Megamaschine ist, lässt sich bei einem an der Sowjetunion geschulten Blick nicht übersehen. Bei Luhmann weist das System als handlungssteuernde Instanz die Akteure in ihre systemfunktionalen Orte ein. Wie alle Metatheorien so ist auch diese zu historisieren. Das kann an dieser Stelle nicht geschehen. Aber der kritische Hinweis führt auf ein bekanntes Problem zurück: Wieder einmal handelt es sich um ein Problem für die Geschichtswissenschaft, das diese zu lösen hat.

5

Dieses Kapitel muss mit einer dreifachen Problemverknüpfung abschließen, die seit der Einleitung alle Kapitel durchzogen hat und zu Anfang dieses Kapitels noch einmal angerissen worden ist.

Erstens: Bisher wurde, soweit ich sehen kann, die Moderne in den Relationen zwischen ihrer Narrativität und der Geschichte als realem Vollzug nicht hinreichend definiert. »Moderne« ist ein narratives Artefakt, das sich namentlich durch zeitliche, das heißt zugleich geschichtliche Differenz bestimmt. Durch den Vorgang der narrativen Selbsterfindung und fortgesetzten Selbstthematisierung löst sie sich vom historischen Geschehen ab, das sich »unterhalb« des Diskurses vollzieht, ihn aber begleitet, indem die nicht abgerissene Verbindung in der theoretischen Konstruktion »Moderne« präsent zu sein scheint. Der ständige Rekurs auf das geschichtliche Unikat der Moderne enthält Geschichte und verliert sie zugleich; dagegen scheint die Modernekritik mit ihrer auf den Horizont der Negativeffekte ausgelegten Erfahrungsverarbeitung näher am realen Geschehen. Beide Parteien der Moderne sind jedoch auf ihre Weise geschichtsblind: Die optimistische Partei des Fortschrittsglaubens und der Zukunftsgewissheit hält die Vergangenheit für die imperfektile vergangene Zukunft, die Kritik, bildhaft zugespitzt im Benjaminschen Engel der Geschichte, sieht die Katastrophen der Vergangenheit und wird mit dem Rücken voran in die Zukunft fortgetrieben. Beiden gemeinsam ist die Ablösung von der Geschichte als realem Vollzug im narrativen Korsett der Geschichts-»Philosophie«. Die Folge ist, dass die Moderne als Narrativ unter Nichthistorikern stattfindet, während die Historiker die gesellschaftlichen Modernisierungsprozesse untersuchen und (Ausnahmen bestätigen die Regel) modernetheoretisch abstinent bleiben. Viele Historiker vermeiden deswegen den Begriff der Moderne, schlagen sich mit Phänomenen der gesellschaftlichen

Modernisierung herum und konstatieren Wirkungen mit Hilfe der rhetorischen Figuren von den berechenbaren Resultaten oder den nicht intendierten Folgen unter Vermeidung komplexer Beschreibungsmodelle für jene Zustände erreichter Modernisierung, die auch in der Geschichte zu einem Aggregatzustand massiv veränderter historischer Wirklichkeiten zusammenfließen. Sowohl die unhistorische oder besser pseudohistorische Narrativität der Moderne als auch die Theorieabstinenz der Geschichtswissenschaft zur Beschreibung der kulturellen Moderne drücken der soeben genannten Aporie ihren Stempel auf. Die Folge ist: Die Moderne ist in allen Diskursen seit ihrer Entstehung immer auf Geschichte bezogen, und auch die Modernekritik, so alt wie die Moderne selbst, hat aus dem Bezug zur Geschichte ihr Zentralargument bezogen; die Neuerungen der Modernetheorie bis in unsere Tage verweisen auf Konsequenzen der Moderne in den Gesellschaften, die von diesen Prozessen betroffen sind, aber auf eine eigentümliche Weise kommt die Moderne nie in der Geschichte an, sondern verbleibt im abstrahierenden Diskurs. Die Historiker andererseits vermeiden »Moderne« sowohl als Begriff wie als theoretisches Konzept, weil sie ihnen weder deskriptive noch analytische Operationalisierungsmöglichkeiten eröffnet. Die Lösung dieses Problems suchte diese Arbeit in den theoretisch informierten und theoriekonfrontativen Verfahren am Gegenstand der Geschichte selbst. Eine andere Möglichkeit oder eine alternative theoretische Vorabklärung des Problemkomplexes stand nicht zur Verfügung.

Zweitens: Dass die Sowjetgeschichte einen Strang der Moderne bildet, war zuerst einmal eine Setzung. Der Versuch, diesen Geschichtsabschnitt als Moderne zu beschreiben, ohne in den hinlänglich untersuchten Modernisierungsprozessen zu verweilen und deren Resultate wie Industriegesellschaft, Bildungsgesellschaft, Urbanisierungsgrad und ähnliche Phänomene zu untersuchen, rief operationell zwangsläufig das unter erstens genannte Problem auf den Plan. Die Lösung für das Anliegen dieses Buches lag in einem Verfahren, das die in den narrativen Strukturen der Moderne auffindbare Reflexivität als Relation von Geschichte und Modernenarrativ übernahm. Um die Situierung der Moderne im Verlauf der Geschichte bestimmen zu können, war es notwendig, letztere als von der Moderne reflexiv durchwirkten Geschehensablauf zu lesen. Um es sachlich nicht mehr ganz richtig, aber plastisch zu sagen: Erforderlich war eine Darstellung, wie Elemente des Modernenarrativs die sowjetische Geschichte »machten« ebenso wie die Sowjetgeschichte die Ausprägung der Moderne schärfte.

Drittens: Daraus entsprang das Problem, weder das Narrativ und die ihm entnommenen Begriffe und analytischen Kategorien (die naturgemäß das Geschehen selbst nicht bereitstellen kann) noch die Geschichte in dem jeweils anderen aufgehen zu lassen, um unzulässige, das heißt weder von der Empirie noch der Theorie gedeckte Überformungen zu vermeiden, sondern die Balance gegenstandsbezogen von Kapitel zu Kapitel neu einzustellen. Es ist nicht zu übersehen, dass der Versuch, die Reflexivität von Moderne und Geschichte ausfindig zu machen, durch dieses theoretische wie methodologische Problemgeflecht außerordentlich riskant ist. Das Paradox, das hier zu beobachten ist, entspricht dem Paradox der Modernekritik als Vernunftkritik mit den Mitteln der Vernunft, stellt sich im Falle des Einrückens der Moderne in die reale Geschichte aber noch verstärkt insofern, als nun auch Ereignisbereiche außerhalb des Narrativen zur Disposition stehen. Andererseits kann dieses Verfahren die drohende Gefahr einer normativen Überwölbung der Geschichte durch das Narrativ durch strenge Historisierung der narrativen Elemente bannen. Das Verfahren lässt sich deswegen als doppelte Historisierung charakterisieren: die reflexive Historisierung der Geschehensabläufe (der Geschichte) sowie der in sie eingerückten narrativen Prägemomente.

Dass diese dreifache Problemverknüpfung zahlreiche weitere theoretisch wie methodisch zu erörternde Fragen aufwirft, ist offenkundig. So mündet der dritte Punkt zwangsläufig in eine Diskussion der relationalen Geschichtsmächtigkeit von Strukturen, Ideen und historischen Akteuren oder, in Begriffen der Theorie gesprochen, in eine Diskussion theoretischer und methodischer Vorzüge und Operationalisierbarkeiten bei den Historischen Sozialwissenschaften, der Kulturgeschichte, der Gesellschafts- und der Handlungstheorie. Die Anknüpfungen daran waren in den Ausführungen bisher nicht zu übersehen. Diese Debatte kann hier aber nicht weitergeführt werden. Ob das gewählte Verfahren hinreichend theoretisch legitimiert ist und ob es zu Erkenntniszuwachs geführt hat, müssen die geneigten Leser entscheiden. Wir dagegen sollen an dieser Stelle die Modernetheorie aufgreifen und das soeben skizzierte relationale Geflecht von Geschichte und Narrativ im Bereich der theoretischen Debatte fortführen. Einige Konsequenzen, die sich für die Geschichtswissenschaft unter Modernebedingungen ergeben, werden am Schluss dieses Kapitels noch diskutiert.

Der nächstliegende Gedanke lautet, dass die sowjetische Moderne eine einzige riesige Katastrophe sei. Diese Überlegung wurde in der Einleitung bereits umrissen. Der Schluss, der daraus zu ziehen ist, kann also nur ein vollständig trister sein, einer, der nicht nur das bolschewistische Experiment, sondern auch die Moderne ablehnt. Im alten Dualismus von Fortschrittsmythos und Modernekritik löst sich das Problem aber nicht. Das lässt sich bei Walter Benjamin, der beide Parteien im Auge hat, besonders gut feststellen.

Kaum eine andere Figur hat die Kritik am Fortschritt als Teil des modernen Geschichtsnarrativs so bildhaft stark zum Ausdruck gebracht wie Benjamins Engel der Geschichte.

»Er hat das Antlitz der Vergangenheit zugewendet. Wo eine Kette von Begebenheiten vor *uns* erscheint, da sieht *er* eine einzige Katastrophe, die unablässig Trümmer auf Trümmer häuft und sie ihm vor die Füße schleudert. Er möchte wohl verweilen, die Toten wecken und das Zerschlagene zusammenfügen. Aber ein Sturm weht vom Paradiese her, der sich in seinen Flügeln verfangen hat und so stark ist, dass der Engel sie nicht mehr schließen kann. Dieser Sturm treibt ihn unaufhaltsam in die Zukunft, der er den Rücken kehrt, während der Trümmerhaufen vor ihm zum Himmel wächst. Das, was wir den Fortschritt nennen, ist *dieser* Sturm.«[43]

Ob zu den Trümmerhaufen auch der beachtliche Hügel der modernetheoretischen Literatur gehört, was das Bild aus der Schrift »über den Begriff der Geschichte« suggeriert, steht unserem Urteil nicht an. Hier interessiert eine Frage, die sich nach den vorangegangenen Kapiteln an den Text Benjamins stellt. Ich möchte sie anhand der Thesen Benjamins und der jüngeren Diskussion darüber entwickeln.

Für Benjamin verknüpften sich die Überwindung des Historismus, der Kampf gegen den Faschismus und die Ablehnung des Glaubens an den Fortschrittsautomatismus, der sich unter deutschen Sozialdemokraten und in der Arbeiterbewegung breit gemacht hatte. Letztere hatte gegen den Faschismus schon verloren, als Benjamin seine Reflexionen zu Papier brachte. 1940 war er als Intellektueller und als Jude bedroht. Dieser geschichtliche Hintergrund spielt in der Literatur über die Thesen nicht die Rolle, die ihm zukommen sollte. Die historische Wirklichkeit, in der Benjamin seine unsystematischen und bildreichen Ideen formulierte, die er schon lange mit sich herumgetragen hatte, wurde zwar *en passant* zur Kenntnis genommen, ihr aber gleichsam im narrativen Überschwang wenig Beachtung geschenkt. Es ist erstaunlich, wie trotz dieses Drucks realgeschichtlicher Bezüge seine Überlegungen vorwiegend narrativistisch und geschichtsphilosophisch rezipiert wurden – ein Indiz mehr für das hier dargelegte Verhältnis von Modernediskurs und Geschichte. Nicht zufällig war es Lutz Niethammer, Historiker, der das Werk in seinen historischen Bezügen im Zusammenhang der Posthistoire, also der Moderneproblematik, diskutierte.[44] In der älteren Diskussion im Vordergrund stehend, nun aber in Vergessenheit geraten ist die erste These, in der Benjamin seine Ideen mit einem ironisierenden Bild des mechanisch gesteuerten, im Geschichtsverlauf siegreichen historischen Materialismus zu entfalten beginnt und diesem die

43 Benjamin, *Gesammelte Schriften*, Bd. I, 2, S. 697-698, Hervorhebungen im Original
44 Niethammer, *Posthistoire*, S. 116-153

Fähigkeiten zur Veränderung des scheinbar Unabwendbaren, des in die Zukunft gerichteten und Katastrophen anhäufenden Fortschritts zutraut – nein: zuzutrauen scheint. Darauf ist noch zurückzukommen. Das Einebnen des Unterschieds zwischen dem historischen Materialisten, von dem Benjamin spricht, und der Moderne schlechthin ist insofern symptomatisch, als damit das historisch Konkrete im Narrativ zerfließt. Dies wird bei Habermas deutlich. Er übersieht in seinem »Diskurs« den signifikanten Unterschied zwischen »der« Moderne und ihrem Fortschrittsglauben und den von Benjamin explizit mit dem historischen Materialismus verbundenen Thesen. So ist in der von Habermas zitierten 16. These vom historischen Materialisten die Rede, der, im Unterschied zum Historisten, »auf den Begriff einer Gegenwart, die nicht Übergang ist, sondern in der die Zeit einsteht und zum Stillstand gekommen ist«, nicht verzichten kann. Habermas entwickelt daraus das »moderne Zeitbewusstsein«, und zwar mit dem ebenfalls *en passant* eingefügten, stark relativierenden Zusatz, »soweit es sich in literarischen Zeugnissen artikuliert«.[45] Habermas rekonstruiert den Modernediskurs philosophisch, weshalb ihm der Vorwurf der Geschichtsblindheit nicht direkt zu machen ist, aber das Problem der Ablösung des Narrativs von Geschichte kommt deutlich zum Ausdruck und führt in diesem Fall zu unzulässigen Schlüssen: Benjamin habe das moderne Zeitbewusstsein radikalisiert, das sich durch die Idee der Wirkungsgeschichte charakterisieren lasse.

»Der zur Zukunft geöffnete Horizont gegenwartsbestimmter Erwartungen dirigiert unseren Zugriff auf Vergangenes. Indem wir uns vergangene Erfahrungen zukunftsorientiert aneignen, bewährt sich die authentische Gegenwart als Ort von Traditionsfortsetzung und Innovation zumal«.[46]

Die Geschichte spricht dagegen. Andreas Arndt verwischt die Differenz zwischen Engel und historischem Materialisten völlig, wenn er den Engel als Boten des Jüngsten Gerichts mit einem Benjamin-Zitat charakterisiert, das den historischen Materialisten angeht.[47] Das ist im Sinne der hier ausgeführten Problematik keine Unachtsamkeit, sondern symptomatisch: In dem Maße wie das Narrativ geschichtsfern wird, verwischen sich die auf die Geschichte bezogenen Differenzen. In Kapitel III habe ich dargelegt, dass sich die Moderne der Vergangenheit vollständig entledigte, um das in einer radikalen Form zum Ausdruck zu bringen, was Habermas als charakteristisch für die Moderne ansieht, ihre Selbstdefinition nämlich, das auf sich selbst Verwiesensein, das als radikale Entwurzelung, als vollständiger Bruch, als die historische Diskontinu-

45 Habermas, *Diskurs*, S. 23

46 Ebd.

47 Arndt, »Prophet«

ität beschreibbar wird – als aus dem historischen Kontinuum ausgerissen, und zwar im dreifachen Sinn des Wortes: zum einen als Unterbrechung der Geschichte in einem revolutionären Akt, zum zweiten als Lösung einer Klasse (des Proletariats) aus der Gefangenschaft der historischen Konstellation und drittens als Beschleunigung einer Geschichte, die fortan auf einer andern Schiene als bisher verläuft.

Damit stellen sich Bezüge zu Benjamins Denken her, denn die Diskontinuität des historischen Kontinuums ist von Benjamin als das Heraussprengen der Gegenwart beschrieben worden. Die Frage, die hier immer noch entwickelt wird, lässt sich allmählich genauer formulieren, wenn man Benjamin vom Ende her denkt. Das Kontinuum der Geschichte aufzusprengen, stellt für Benjamin die Möglichkeit dar, von der fortgesetzten Anhäufung der Trümmer, die der Fortschritt dem Engel vor die Füße geschleudert hat, wegzukommen. Im Stillstellen des geschichtlichen Kontinuums in »einer Gegenwart, die nicht Übergang ist sondern in der die Zeit einsteht und zum Stillstand gekommen ist«, sehe der historische Materialist – und nicht der Fortschrittsgläubige schlechthin – »das Zeichen [...] einer revolutionären Chance im Kampf für die unterdrückte Vergangenheit« (17. These), die Möglichkeit, die vom Fortschritt überrollte Vergangenheit – in den Worten Niethammers, der an dieser Stelle etwas unpräzise Benjamin den historischen Materialisten sein lässt – »durch historische Vergegenwärtigung [zu] erlösen, will sagen: zur Freiheit der Weiterwirkung entbinden«.[48] Das deckt sich mit der von Habermas beschriebenen Wirkungsgeschichte. Heute aber stellt sich die Frage: Was kommt danach? *Nachdem* der historische Materialist »Manns genug [war], das Kontinuum der Geschichte aufzusprengen« (16. These)? *Nachdem* die Revolution, hier irrte Benjamin, eben nicht den »Tigersprung ins Vergangene« (14. These) vollzogen hat? *Nachdem* die Russische Revolution die paradigmatische Stellung der Französischen Revolution mit ihren Zitaten aus dem alten Rom durch das Paradigma der Vernichtungsrevolution ersetzt hat? Wir stellen fest: Sowohl Benjamin als auch seine Rezipienten irrten, wenn sie der messianischen Hoffnung (Anhang B) auf eine von den Fortschrittskatastrophen erlöste Geschichte anheimfielen, einer Wirkungsgeschichte des Vergangenen, die in der Habermasschen »authentischen Gegenwart als Ort von Traditionsfortsetzung und Innovation« sich immer wieder neu bewähren muss. Noch einmal: Die Geschichte spricht dagegen. Als Benjamin 1940 seine Reflexionen niederschrieb, war die Geschichte auf grausame Weise »weiter« als seine Geschichtsphilosophie. Sie war katastrophischer als Benjamin ahnen konnte (wahrhaben wollte?). Die persönliche Tragik Benjamins kommt dadurch zum Ausdruck,

48 Niethammer, *Posthistoire*, S. 139

dass dem auf der Flucht befindlichen Autor der Reflexionen im letzten Satz seiner Schrift »die kleine Pforte, durch die der Messias treten konnte«, also die Hoffnung auf ein mit der Vergangenheit in der Jetztzeit erlöstes Dasein, an der französisch-spanischen Grenze verschlossen blieb. Für die meisten europäischen Juden war die Pforte der Eingang in die Gaskammern von Auschwitz. Grauenvoll ist die Folgerung: Benjamins Leben erlosch, als hätte sich an ihm die Geschichte wegen Ausblendung der faktisch möglichen Vernichtungspotentiale gerächt, die zu der Zeit bestanden und zur Anwendung kamen, als Benjamin den Text auf Zeitungsbanderolen notierte. Die Geschichte fraß den Autor der Geschichtsphilosophie, als habe sie ihre Existenz in Erinnerung rufen müssen. Es ist nur ein historisch glücklicher Umstand, dass die Narratoren der Moderne von der Geschichte meistens persönlich unbehelligt bleiben. Benjamin, der Sowjetrussland besucht hatte und aus Deutschland geflohen war, hätte wissen können, dass es Zeiten gibt, in denen die Geschichte auch die Narrative überholt. An diesem Punkt ist Benjamin vom Ende her zu lesen. Welche Geschichte vollzog sich, *nachdem* Benjamins historischer Materialist in Person der Bolschewiki im Jahr 1917 die Gegenwart aus dem geschichtlichen Kontinuum herausgesprengt hatte?

Vielmals sind die Metaphern Benjamins diskutiert worden. Aber es gibt Bilder in Benjamins Text, die weniger ins Auge sprangen als der Schachautomat und der Engel. Der antievolutionistische Gedanke der Gewalt steht am Beginn: das Heraussprengen. Ich verweise auf die ersten vier Kapitel dieses Buches. Was sich durch das Sprengen an Kontingenz und -folgen ergeben hat, braucht hier nicht wiederholt zu werden. Das Heraussprengen als Akt der Gründungsgewalt setzt ein neues geschichtliches Kontinuum in Gang, dessen Brutalität den Benjaminschen Sturm der Geschichte zum lauen Lüftchen degradiert. Die Vergangenheit existierte nicht mehr. Die episodische Parole der NĖP-Periode Mitte der zwanziger Jahre, »*licom k derevne*« (mit dem Gesicht zum Dorf), war die bolschewistische Analogie zum Antlitz des Engels, das der Vergangenheit zugewendet war, der, ebenso wie die Bolschewiki kurzzeitig die Tradition zur Kenntnis nahmen, dennoch unaufhaltsam in die Zukunft weiterflog. Die Reflexion, welche die Erfahrung zwischen 1917 und 1940 zusammenfasst, fehlt in Benjamins Schrift. Befand sie sich in der schwarzen Aktenmappe, die der Philosoph auf der Flucht bei sich trug und in der er sein verschollenes Vermächtnis aufbewahrte?

Wie aber lässt sich Benjamin weiterdenken? Ich will versuchen, dies in einer weiteren These im Anschluss an Benjamin zu formulieren. Dabei wird ausnahmsweise der strenge Weg der Zitatmarkierung aufgegeben, um den Text einheitlicher zu gestalten. Die Leser, die Benjamins Thesen kennen, werden sofort bemerken, wo ich seine Worte zum Teil minimal verändert übernehme.

Die 19. These muss lauten: Bekanntlich soll es einen Engel der Geschichte gegeben haben, der so konstruiert war, dass er mit Blick auf eine katastrophische Vergangenheit rückwärts in die Zukunft fortgetrieben wurde. In einem Moment, als der Sturm des Fortschritts unterbrochen ist, klappen die Flügel des Engels zusammen. Die Vergangenheit scheint erlöst. Den vom Fortschritt Überwältigten ruft er ein »Rettet Euch!« zu. Während sie an ihm vorüber in die Zukunft ziehen, wendet er sich mit ihnen um und schreit entsetzt »Jetzt!«; wo *sie* das Paradies sehen, sieht *er* das Massengrab. Sein Mund steht offen, aber er ist stumm. Er sieht den historischen Materialisten, der es als seine Aufgabe betrachtet, die Geschichte gegen den Strich zu bürsten, der ihr als Monade entgegentritt, aber als fensterlose. So sprengt der historische Materialist ein bestimmtes Leben aus der Epoche, so ein bestimmtes Werk aus dem Lebenswerk. Die Trümmerhaufen aus Traditionen, Erinnerungen und Knochen wachsen ins Unermessliche. Ein neuerlicher Sturm treibt den Engel hoch hinauf, über die Gebirge aus Gebein. Da begreift er, was den historischen Materialisten ausmacht. Der Ertrag seines Verfahrens besteht darin, dass *im* Werk das Lebenswerk, *im* Lebenswerk die Epoche und *in* der Epoche der gesamte Geschichtsverlauf aufbewahrt ist. Und der Engel staunt nicht mehr, dass solche Dinge im 20. Jahrhundert »noch« möglich sind, weil er erkennt, dass seine Vorstellung von Geschichte nicht zu halten ist. In dem Moment öffnet sich unter dem Engel eine versteckte Tür, durch die zu sehen ist, dass er eine an Schnüren gezogene Puppe ist. Heraus kriecht ein kleinwüchsiger, pockennarbiger Mann mit gelben Augen über dem wulstigen Schnurrbart. Er bricht den Engel von seinem Mechanismus und wirft ihn achtlos auf den Trümmerhaufen. Es gibt ein Bild von Michail Vrubel', das »Der gestürzte Dämon« heißt. Ein engelsgleiches Wesen liegt dort mit zerbrochenen Flügeln und gebrochenem Blick inmitten einer toten Landschaft.

6

Aber so soll dieses Buch nicht enden. Die Geschichte ist kein »Kehrichthaufen«, wie Trockij gemeint hatte, der mit diesem Bild dem in Kapitel III beschriebenen Zeitverständnis die passende Metapher gab und von der sich Benjamins »Trümmerhaufen« vielleicht ableiten. Sie ist auch nicht in der Giddensschen Dualität der Strukturen zu finden, also über Handlungstheorien zu konstituieren – jedenfalls nicht nur. Sollen die Moderne als Geschichte und Geschichte als Moderne in ihrer Reflexivität analytisch aufgeschlüsselt werden, dann stellt sich diese schwere Aufgabe der Geschichtswissenschaft. Ihr ist es aufgetragen, dieses Ensemble zu beschreiben.

In diese Richtung zielt Heinz-Dieter Kittsteiner. Er hat eine geschichtsphilosophisch informierte Kulturgeschichte vorgeschlagen, die unter Rückgriff auf Ernst Cassirer Geschichte als symbolisch gesteuerte Selbstvergewisserung der Mitlebenden definiert.[49] Die von Koselleck eingeführten Begriffe Erfahrungsraum und Erwartungshorizont, die für jede Modernedefinition eine bedeutende Rolle im Zusammenhang mit ihrer Historizität bilden und auch in dieser Untersuchung im Kapitel über Zeit und Geschichte Ausgangspunkt waren, ergeben unter diesem Blickwinkel eine auf Geschichte symbolisch einwirkende Sinnstruktur: Geschichte wird nur im Spiegel von Erwartung und Erfahrung präsent. Der Historiker stehe vor der Aufgabe, das epochenspezifisch sich verändernde symbolische Universum zu entschlüsseln. Epochenspezifisch bedeutet in diesem Zusammenhang, dass sich durch Symbolwandel ausgeprägte Epochen ausfindig machen lassen, weil die Menschen in der historischen Zeit unterschiedliche symbolische Universen entwerfen, in denen sich ihr Verhältnis zur Geschichte wiederfinden lässt.

Aber auch in diesem Falle stellen wir die Unzulänglichkeit des Ansatzes fest. Diese Kulturgeschichte, explizit auf die Moderne bezogen und dazu verwendet, interne Epochengliederungen vornehmen zu können, verbleibt in jenem narrativen Bereich, der hier als von der Geschichte abgelöst bestimmt wurde. Solange die symbolische Ordnung – oder mit Cassirer die »symbolische Prägnanz« – nicht in der realen Geschichte gebrochen wird, verbleibt auch diese Kulturgeschichte im Bereich der imaginierten Moderne insofern, als sie die kontinuierlich selbsterzeugten Artefakte für das Geschehen selbst hält und darin sogar einen Sinn hineinpostuliert. Wie soll zum Beispiel der Holocaust, wie soll die stalinistische Vernichtung als »symbolisches Universum« entschlüsselt werden? Dass es eine Art kultureller Umschleierung der Vernichtung gibt, steht außer Zweifel, und das entsprechende Kapitel dieses Buches hat selbst darauf hingewiesen, dass aber im symbolischen Referenzsystem Geschichte dieselbe sich erschöpft, ist durch Buchenwald und Butovo radikal verneint. Aber es bedarf nicht einmal dieses erschlagenden Arguments, um zu erkennen, dass die geschichtsphilosophisch orientierte Kulturgeschichte dem Problem der Reflexivität von Narrativ und realem Geschehensablauf nicht gerecht werden kann. Was Kittsteiner jedoch vorantreibt, ist die theoretische Bezugnahme der Historie in einem Bereich, der durch andere ergänzt werden muss, die intentional von Kittsteiners Versuch nicht weit entfernt sind, aber andere Theoriezusammenhänge mobilisieren.

---

49 Kittsteiner, »Stufen«

Ziehen wir an dieser Stelle die Fäden zusammen. Bisher hat die Untersuchung des bolschewistischen Experiments ergeben, dass die verschiedenen Theorieansätze im Horizont des Modernediskurses bestenfalls partielle theoretische Signifikanz behalten, sobald sie auf dieses geschichtliche Material stoßen. Das bolschewistische Experiment wirkte somit mehrfach zerstörerisch: Es hinterließ selbst für das 20. Jahrhundert schauerliche Leichenberge, materielle und kulturelle Zerstörungen; es diskreditierte die Moderne in einem Maße, dass nur noch der schwärzeste aller Schlüsse übrig blieb; und es lässt die Theoreme des Modernediskurses an sich zersplittern. Diese Kumulation an Kaputtheit, die das bolschewistische Experiment hinterlässt, mag ein psychologisches Motiv gewesen sein, dass selbst modernekritische Geister es vorzogen, sich mit *dieser* Moderne lieber nicht zu beschäftigen. Das Ergebnis musste ja feststehen.

Diese Untersuchung hat den Gegenstand der Ausblendung jedoch zum Thema gemacht. Was die bolschewistische Moderne war, hat sie versucht zu beschreiben. Dass sie als Prozess zu sehen ist, nicht als einmal statisch eingerichtete Moderne, sollte in den einzelnen Kapiteln deutlich geworden sein. Auf den Begriff gebracht heißt das: Es bildete sich die integralistische Moderne heraus. Dieser Begriff kann der Unausweichlichkeit entgehen, die in der »holistischen« Moderne steckt, oder in der »totalen« Moderne. Integralistisch vermag den Anteil der Akteure bei der Herausbildung der Moderne besser zu bezeichnen als das strukturtheoretisch besetzte »holistisch« oder »total«. Es entspricht einem Komplex von Teilen und ist in der Lage, die selbstproduzierten Differenzen nicht künstlich vereinheitlichen zu müssen, die bei total oder holistisch begrifflich verschwinden. Außerdem scheint mir der Begriff weniger wertbesetzt zu sein. Mit integralistisch lässt sich auch der Wandel besser in seiner Problematik ausdrücken, wenn diese Moderne in eine Spannung zwischen Integralismus und Differenzierung gerät. Der Begriff bezieht sich also auf das historisch Auffindbare, ohne es in einer konstruktivistischen Begrifflichkeit zu vereinheitlichen. Dadurch kommt ihm über das deskriptive Moment von Geschichte als realem Vollzug hinaus noch ein analytischer Vorzug zu. Mit integralistischer Moderne verfällt man nicht auf die Ausschließlichkeiten einer geschlossenen Modernebeschreibung, sei sie »heroisch«[50] oder »organisiert«[51] oder sonst wie.

Auf die Moderne bezogen ist Folgendes gemeint: Die integralistische Moderne nahm bereits bestehende Ausdifferenzierungsprozesse zurück. Sie tat das unter den Bedingungen eines durch Traditionsauflösungen und Struktur-

50 Kittsteiner, »Stufen«

51 Wagner, *Soziologie*, S. 161

verluste hochgradig kontingenten Geschehens, dem ein alle Bereiche umfassendes Kontingenzbewältigungsprogramm entgegengestellt wurde, das von Anfang an alle Ausdifferenzierungen unterlief und sie in die einsetzende Resystematisierung integrierte. Im Stalinismus kam die sowjetische Moderne zum Höhepunkt: Staat, Partei, Wirtschaft, Wissenschaft, Recht, Moral, Kunst, Alltag und die Subjektivität der Bürger waren integralistisch auf die Zentrale ausgerichtet, nicht im Sinne des Ordnungschaffens (Bauman), sondern als eine auf differenzbeschränkte Ganzheitlichkeit angelegte Moderne, das heißt als Überwindung der von der Moderne selbst und der anfänglichen allgemeinen Krise produzierten Differenzen. Deswegen konnte Gesellschaft, die ohnehin zerrieben war, nicht entstehen; deswegen weiß bis heute niemand, was sozialistische Gesellschaft seinerzeit war. Die integralistische Moderne unterband geradezu ein so komplexes Gebilde wie Gesellschaft. Diese wies keine Binnenstrukturen auf, sofern man die untauglichen soziopolitischen Klassifizierungen der Sowjetstatistik nicht übernehmen möchte. Auch die Herausbildung von Wertsphären ist nicht zu beobachten. Das durch und durch integralistische Modernekonzept hat das Aufstellen von Schranken gegen die systemische Übermächtigung ausnahmslos aller Bereiche verhindert. Da die Durchsetzung des Stalinismus wie überhaupt der bolschewistischen Konzeption an Gewalt gebunden war, bestanden somit auch keine Einschränkungen gegen diese. Gewalt konnte sich in allen Bereichen nicht nur einnisten; darüber hinaus hatte sie eine doppelte systemische Funktion: Sie war zum einen die Gewalt, die das Regime zur Unterwerfung einsetzte, zum anderen stellte sie als kommunikatives Verfahren die integralistische Verknüpfung aller Bereiche sicher.

Das ist aber nur der eine Teil der Geschichte. Das sich in dem genannten Strukturkonglomerat zusammenballende System hat tatsächlich den Stalinismus überlebt. Wir nannten das zuvor die Spannung zwischen stalinistischer Strukturkontinuität und asynchroner Entstalinisierung. Die integralistische Moderne hat Differenzierungen nur überdeckt, nicht aber verhindert; sie hat sie sogar produziert. Deren Existenz ließ sich nicht leugnen. Das hat den Wandel ermöglicht, den dieses System durchlaufen hat. Aus dem stalinistischen Gewaltstaat wurde der sozialistische Wohlfahrtsstaat; Wissenschaft, Kunst, Recht und Internationalisierung brachten Normen zur Geltung, die sich dem integrierenden Zugriff verschlossen. Gleichzeitig hat das System bestimmte Normen akzeptiert. Dem Ausdifferenzierungsprozess stand nun die integralistische Statik gegenüber. Der Sozialismus produzierte nicht nur Trennungen, sondern musste sie auch systemisch verarbeiten lernen. Das gelang zu keiner Zeit. Der systemische Kollaps, der als Untergangsbeschreibung der Sowjetunion der einzig richtige ist, war das Scheitern an der integralistischen Überforderung. Die Kumulation der Krisen, die 1986–91 das bolschewistische Experiment beendeten, kann als eine Ausdifferenzierungskrise der integralistischen Moderne gesehen werden.

Ob diese Beschreibung der Moderne über die Sowjetunion hinaus sinnvoll ist, kann an diesem Orte nicht geklärt werden. Es hat aber den Anschein, als sei damit ein der Moderne innewohnender Prozess beschrieben, der zeitlich und räumlich unterschiedlich abläuft, vor dem aber keine Moderne gefeit ist. Auch die westliche Moderne zeigte den Hang zum Integralismus, vielleicht am stärksten in den sechziger und siebziger Jahren des 20. Jahrhunderts. Das Kernproblem der integralistischen Moderne ist aber immer und überall dasselbe und wird aus der Moderne nicht verschwinden: Die Überwindung von Kontingenz und das Einfangen selbsterzeugter Differenzen. Solange die Modernen systemisch denken, ist keine Gesellschaft vor Integralismus gefeit. Immer wird er die Übermächtigung der Individuen durch Systemimperative bedeuten. Woher das System seine Impulse bezieht, ist dabei gleichgültig. Es können auch äußere Gründe sein, Terrorismus zum Beispiel, die eine Gesellschaft unter staatlichen Zwang stellen.

Diese geraffte Zusammenfassung vergröbert selbstredend und kann den in den Kapiteln beschriebenen Wandlungsprozessen nicht gerecht werden. Aber sie war notwendig, um abschließend zu den Möglichkeiten der historiographischen Analyse des bolschewistischen Experiments zurückzukommen. Die sowjetische Moderne aufzuschlüsseln ist wegen der integralistischen Moderneversion leichter als bei ausdifferenzierten Modernevarianten. Das Dilemma, das eingangs dieses Buches angesprochen wurde, löst sich – so sagten wir – nur durch das methodische Verfahren der doppelten Historisierung, in der das relationale Verhältnis von Modernenarrativ und Geschichte (als realem Vorgang) dargestellt werden kann und der Ort der Moderne in der Geschichte selbst auffindbar wird. Doch dieses Verfahren kann nur vorläufig überzeugen, weil jedes andere theoretische Vorabklärungen und methodische Probleme hätte lösen müssen, die zur Zeit keine Operationalisierung in angemessenen Zeiträumen erlaubten. Aber eine Lösung ist in Sicht. Sie erfordert die Abkehr von der Haltung, dass die Geschichte während der Moderne singulär, dass die Modernen gänzlich anders seien als die menschlichen Bewohner dieses Planeten räumlich und zeitlich vor und/oder außerhalb der Moderne. Das ist die Anthropologisierung der Geschichte der Moderne, die dann nur noch in Anführungsstrichen stehen kann; es ist die Anthropologisierung der modernen Gesellschaften. Die zukünftigen Historiker der sowjetischen Moderne dürfen keine Historiker im herkömmlichen Sinne, sondern müssen Anthropologen sein. Darin sehe ich den weiterführenden Aspekt der Kulturgeschichte Kittsteiners und zahlreicher, in der Geschichtswissenschaft diskutierter kulturgeschichtlicher Ansätze, sofern sie sich nicht als von vornherein selbstbeschränkend ausweisen. Sobald wir den selbstreferentiellen Modernediskurs verlassen und uns als anthropologisch geschulte Beobachter in die Gesellschaft begeben, aus der wir selbst und unsere wissenschaftliche Disziplin stammen, dann besteht trotz dieses scheinbar unauflöslichen Paradoxes die Chance, auch moderne Gesellschaften auf eine Weise zu historisieren, die weder narrativgesteuert noch positivistisch blind noch sozialwissenschaftlich schematisch ist. Jeder gute Anthropologe, so schreibt Bruno Latour, sei in der Lage, eine primitive Gesellschaft zwischen zwei Buchdeckeln in ihren realen, sozialen und narrativen Bezügen zu beschreiben. Wenn wir aufhören zu behaupten, dass dies für moderne Gesellschaften nicht möglich sei, obwohl nach allen Erfahrungen auch unsere Welt real, sozial und narrativ verflochten ist, dann besteht die Chance, uns nicht als singulär zu begreifen. Vielleicht könnte dann die Moderne vom hohen Ross steigen, auf dem bekanntlich der Weltgeist zu reiten pflegt, vielleicht könnte sie sich dann »zurückbetten« in eine Geschichte pluraler Geschehensabläufe, sozialer Formierungen und kultureller (narrativer und symbolischer) Ordnungen. Man hätte dann auch den nicht weiterführenden Dualismus von Fortschritt und Verlusten hinter sich gelassen. Mit einer solchen *Re-embeddedness* wäre es sogar möglich, dass die Historie theoretisch und methodisch vorausgeht, dann nämlich, wenn das europäisch-nordamerikanische Modell in der Geschichtswissenschaft und im realen Vollzug der Geschichte aus dem Zentrum herausgenommen werden wird.[52] Am Ende bleibt dann eine Erkenntnis übrig: Alle Wege der Moderne führen in die Geschichte.

52 Chakrabarty, *Europe*

Literatur

Adibekov, Grant M., *Kominform i poslevoennaja Evropa 1947-1956*, Moskau 1994.

Adomeit, Hannes, *Die Sowjetmacht in internationalen Krisen und Konflikten. Verhaltensmuster, Handlungsprinzipien, Bestimmungsfaktoren*, Baden-Baden 1983.

— *Imperial Overstretch: Germany in Soviet Policy from Stalin to Gorbachev: An Analysis Based on New Archival Evidence, Memoirs, and Interviews*, Baden-Baden 1998.

Afanas'ev, Ju. N., »Perestrojka i istoričeskoe znanie«, in: Ders. (Hg.), *Inogo ne dano – perestrojka: glasnost', demokratija, socializm*, Moskau 1988, S. 491-506.

Afanas'ev, V. G., »Naučnoe rukovodstvo social'nymi processami«, in: *Kommunist* 1965, H. 12, S. 58-73.

Ahlberg, René, *»Dialektische Philosophie« und Gesellschaft in der Sowjetunion*, Berlin (West) 1960.

Akten zur deutschen auswärtigen Politik (ADAP) 1918-45, Serie D (1937-1941), Bd. 8: *Die Kriegsjahre*, Archiv des Deutschen Auswärtigen Amtes, Baden-Baden 1961.

Aktual'nye problemy istorii razvitogo socializma v SSSR, Moskau 1984.

Al'bac, Evgenija, *Mina zamedlennogo dejstvija*, Moskau 1992.

Albertini, Rudolf von, *Europäische Kolonialherrschaft 1880-1940*, Zürich/Freiburg [4]1997.

Alekseeva, G. D., *Istoričeskaja nauka v Rossii. Ideologija, politika. (60-80-e gody XX veka)*, Moskau 2003.

Alexander, Jeffrey C., »Modern, Anti, Post and Neo: How Social Theories Have Tried to Unterstand the ›New World‹ of ›Our Time‹«, in: *Zeitschrift für Soziologie* 23 (1994), S. 165-197.

Allan, Pierre/Kläy, Dieter, *Zwischen Bürokratie und Ideologie. Entscheidungsprozesse in Moskaus Afghanistan-Konflikt*, Bern 1999.

Almquist, Peter, *Red Forge. Soviet Military Industry since 1965*, New York 1990.

Altrichter, Helmut, *Die Bauern von Tver. Vom Leben auf dem russischen Dorfe zwischen Revolution und Kollektivierung*, München 1984.

— (Hg.), *Die Sowjetunion. Von der Oktoberrevolution bis zu Stalins Tod*, Bd. 1: *Staat und Partei*, München 1986.

— *Rußland 1917. Ein Land auf der Suche nach sich selbst*, Paderborn etc. 1997.

— »›Offene Großbaustelle Russland‹. Reflexionen über das ›Schwarzbuch des Kommunismus‹«, in: *Vierteljahreshefte für Zeitgeschichte* 47 (1999), S. 321-362.

— *Kleine Geschichte der Sowjetunion 1917-1991*, München [2]2001.

— »Der Zusammenbruch der Sowjetunion 1985-1991«, in: Stefan Plaggenborg (Hg.), *Handbuch der Geschichte Russlands*, Band 5 (2 Teilbände): *1945-1991 – Vom Ende des Zweiten Weltkriegs bis zum Zusammenbruch der Sowjetunion*, Stuttgart 2002-2003, S. 519-593.

Alymov, A. N., *Social'naja infrastruktura: Voprosy teorii i praktiki*, Kiev 1982.

Amalrik, Andrej A., *Kann die Sowjetunion das Jahr 1984 erleben?*, Zürich 1970.

Anders, Günther, *Die Antiquiertheit des Menschen*, Bd. 1: *Über die Seele im Zeitalter der zweiten industriellen Revolution*, München [8]1983.

— *Die Antiquiertheit des Menschen*, Bd. 2: *Über die Zerstörung des Lebens im Zeitalter der dritten industriellen Revolution*, München [3]1984.

Anderson, Benedict, *Die Erfindung der Nation. Zur Karriere eines folgenreichen Konzepts*, Frankfurt/M./New York 1988.

Anderson, John, *Religion, state and politics in the Soviet Union and Successor States*, Cambridge 1994.

Andreev, E. M./Darskij, L. E./Char'kova, T. L., *Naselenie Sovetskogo Sojuza 1922-1991*, Moskau 1993.

Andreev, V. S., *Pravo social'nogo obezpečenija v SSSR*, Moskau [2]1987.

Andrle, Vladimir, *Workers in Stalin's Russia. Industrialization and Social Change in a Planned Economy*, Wheatsheaf/New York 1988.

Angehrn, Emil, »Zeit und Geschichte«, in: Ders. u. a. (Hg.), *Der Sinn der Zeit*, Weilerswist 2002, S. 67-84.

Ansprache des polnischen Ministerpräsidenten, Tadeusz Mazowiecki, vor dem Sejm in Warschau am 18. Januar 1990 (Auszug), in: *Europa-Archiv. Zeitschrift für Internationale Politik. Dokumente* 45 (1990), D 178-D 180.

Anter, Andreas, *Max Webers Theorie des modernen Staates. Herkunft, Struktur und Bedeutung*, Berlin [2]1996.

Arendt, Hannah, *Elemente und Ursprünge totaler Herrschaft*, Frankfurt/M. 1962.

Armstrong, Marianne, »The Campaign against Parasites«, in: Peter H. Juviler/Henry W. Morton (Hg.), *Soviet Policy Making. Studies of Communism in Transition*, New York 1967, S. 163-182.

Arndt, Andreas, »Prophet und Engel der Geschichte. Historische Dialektik bei Schlegel und Benjamin«, in: Johannes Rohbeck/Herta Nagl-Docekal (Hg.), *Geschichtsphilosophie und Kulturkritik. Historische und systematische Studien*, Darmstadt 2003, S. 75-88.

Arnold, Sabine R., *Stalingrad im sowjetischen Gedächtnis. Kriegserinnerung und Geschichtsbild im totalitären Staat*, Bochum 1998.

Aron, Raymond, *Frieden und Krieg. Eine Theorie der Staatenwelt*, Frankfurt/M. 1963.

Artem'eva, I. I., »Struktura dochodov naselenija«, in: G. S. Sarkisjan (Hg.), *Dochody trudjaščichsja i social'nye problemy urovnija žizni naselenija SSSR*, Moskau 1973, S. 82-99.

Ash, Timothy Garton, *Ein Jahrhundert wird abgewählt: aus den Zentren Mitteleuropas 1980-1990*, München 1990.

Asmus, A. V., »Marksizm i kul'turnaja tradicija«, in: *Revoljucija i kul'tura* 1927, H. 3-4, S. 10-16.

Atkinson, Dorothy, *The End of the Russian Land Commune 1905-1930*, Stanford 1983.

Babel, Isaak, *Tagebuch 1920*. Aus dem Russischen übersetzt, herausgegeben und kommentiert von Peter Urban, Berlin 1990.

Baberowski, Jörg, *Der Feind ist überall. Stalinismus im Kaukasus*, München 2003.

— *Der rote Terror. Die Geschichte des Stalinismus*, München 2003.

Bakulin, V. I., »Stichijno-anarchičeskij komponent sobytij 1917 g. v Vjatskoj gubernii«, in: *1917 god v sud'bach Rossii i mira. Oktjabr'skaja revolujucija – ot novych istočnikov k novomu osmyšleniju*, Moskau 1998, S. 81-94.

Ball, Alan, *And Now My Soul is Hardened. Abandoned Children in Soviet Russia 1918-1930*, Berkeley 1994.

Barber, John, *Soviet Historians in Crisis, 1928-1932*, New York 1981.

— »Stalin's Letter to the Editors of Proletarskaya Revolyutsiya«, in: *Soviet Studies* 28 (1976), S. 21-41.

Baron, Samuel, *Bloody Saturday in the Soviet Union: Novocherkassk 1962*, Stanford 2001.

Barr, Nicholas, *The Economics of the Welfare State*, Oxford ³1998.

Baryšnikov, N. I./Manninen, O., »V kanun zimnej vojny«, in: *Zimnjaja vojna*, Bd. 1: *Političeskaja istorija*, Moskau 1998, S. 131-140.

Basov, V. I., *Obščestvennye fondy potreblenija i bjudžet*, Moskau 1967.

Batsell, W. R., *Soviet Rule in Russia*, New York 1929.

Baudry, Patrick, »Approche sociologique de la violence«, in: *Cahiers internationaux de sociologie* 84 (1988), S. 5-17.

Bauman, Zygmunt, *Moderne und Ambivalenz. Das Ende der Eindeutigkeit*, Hamburg 1992.

— *Dialektik der Ordnung. Die Moderne und der Holocaust*, Hamburg 1992.

— »Gewalt – modern und postmodern«, in: Max Miller/Hans-Georg Soeffner (Hg.), *Modernität und Barbarei. Soziologische Zeitdiagnose am Ende des 20. Jahrhunderts*, Frankfurt/M. 1996, S. 36-67.

Becker, Abraham S., *The Burden of Soviet Defence. A Political-Economic Essay*, Santa Monica 1981.

Békés, Csaba, »New Findings on the 1956 Hungarian Revolution«, in: *Cold War. International History Project Bulletin* 1992, H. 2, S. 1-3.

— »The 1956 Revolution and World Politics«, in: *The Hungarian Quarterly* 36 (1995), S. 109-121.

Belym, L., »L'état actuel du système pénitentiaire dans l'Europe«, in: *Revue de droit pénal et de criminologie* 13 (1936), S. 1085.

Benjamin, Walter, *Gesammelte Schriften*, Bd. I, 2, hrsg. v. Rolf Tiedemann/Hermann Schweppenhäuser, Frankfurt/M. 1974.

Benvenuti, Francesco, *The Bolsheviks and the Red Army, 1918-1921*, Cambridge/Mass. 1988.

Berelovič, A./Danilov V. (Hg.), *Sovetskaja derevnja glazami VČK-OGPU-NKVD 1918-1939*. Bd. 1: *1918-1922*. Dokumenty i materialy, Moskau 1998.

Berg, Ger P. van den, *The Soviet System of Justice: Figures and Policy*, Dordrecht u. a. 1985.

Berger, Johannes, »Gibt es ein nachmodernes Gesellschaftsstadium? Marxismus und Modernisierungstheorie im Widerstreit«, in: Ders. (Hg.), *Die Moderne - Kontinuität und Zäsuren*, Göttingen 1986, S. 79-96.

Berman, Harold J., *Justice in the U.S.S.R.: An Interpretation of Soviet Law*, Cambridge/Mass. 1963.

Beyer-Thoma, Hermann, *Kommunisten und Sozialdemokraten in Finnland 1944-1948*, Wiesbaden 1990.

Beyrau, Dietrich, *Intelligenz und Dissens. Die russischen Bildungsschichten in der Sowjetunion 1917-1985*, Göttingen 1993.

— (Hg.), *Im Dschungel der Macht. Intellektuelle Professionen unter Stalin und Hitler*, Göttingen 2000.

— *Petrograd, 25. Oktober 1917 – die russische Revolution und der Aufstieg des Kommunismus*, München 2001.

Bialer, Seweryn, »The Harsh Decade. Soviet Politics in the 1980s«, in: *Foreign Affairs* 59 (1981), S. 999-1020.

— *The Soviet Paradox: External Expansion, Internal Decline*, New York 1987.

Blumenberg, Hans, *Lebenszeit und Weltzeit*, Frankfurt/M. 1986.

Bluth, Christoph, »Die sowjetische Militärdoktrin im Nuklearzeitalter«, in: Stefan Plaggenborg (Hg.), *Handbuch der Geschichte Russlands*, Band 5 (2 Teilbände): *1945-1991 – Vom Ende des Zweiten Weltkriegs bis zum Zusammenbruch der Sowjetunion*, Stuttgart 2002-2003, S. 1044-1054.

Bobbio, Norberto, »Gibt es eine marxistische Staatslehre?«, in: *Sozialisten, Kommunisten und der Staat. Über Hegemonie, Pluralismus und sozialistische Demokratie*, Hamburg 1977, S. 15-36.

Boden, Ragna, »Die Streitkräfte. Struktur, Umfang, Stationierung«, in: Stefan Plaggenborg (Hg.), *Handbuch der Geschichte Russlands*, Band 5 (2 Teilbände): *1945-1991 – Vom Ende des Zweiten Weltkriegs bis zum Zusammenbruch der Sowjetunion*, Stuttgart 2002-2003, S. 1025-1043.

Bogdanov, A. A., *Vera i nauka*, Moskau 1910.

— *Filosofija živogo opyta*, Petrograd/Moskau [3]1923.

— *Allgemeine Organisationslehre (Tektologie)*, 2 Bde., Berlin 1926-1928.

— *Ėmpiriomonizm. Stat'i po filosofii,* (Neuausgabe) Moskau 2003.

Bogomolov, O. T., *Teorija i metodologija meždunarodnogo socialističeskogo razdelenija truda*, Moskau 1967.

Böhm, Edward, *Die Rolle der Sowjetunion in der Brennstoffwirtschaft des RGW*, Hamburg 1980 (= HWWA-Institut für Wirtschaftsforschung, Report Nr. 57).

— »Die Einnahmeverluste der UdSSR bei ihren RGW-Ölexporten«, in: *Osteuropa-Wirtschaft* 26 (1981), S. 189-192.

Böss, Otto, *Die Lehre der Eurasier: ein Beitrag zur russischen Ideengeschichte des 20. Jahrhunderts,* Wiesbaden 1961.

Bohn, Thomas M., »Historische Soziologie im vorrevolutionären Rußland«, in: *Historische Zeitschrift* 265 (1997), S. 343-372.

— *Russische Geschichtswissenschaft von 1880 bis 1905. Pavel N. Miljukov und die Moskauer Schule*, Köln etc. 1998.

Bonwetsch, Bernd, *Die Russische Revolution 1917: eine Sozialgeschichte von der Bauernbefreiung 1861 bis zum Oktoberumsturz*, Darmstadt 1991.

Bordjugov, Gennadij A., »Črezvyčajnye mery i »črezvyčajščina« v Sovetskoj respublike i drugich gosudarstvennych obrazovanijach na territorii Rossii v 1918-1920 gg.«, in: *Cahiers du monde russe* 38 (1997), S. 29-44.

Brabant, Jozef M. van, »The USSR and Socialist Economic Integration - A Comment«, in: *Soviet Studies* 36 (1984), S. 127-138.

Breslauer, George W., »On the Adaptibility of Soviet Welfare-State Authoritarianism«, in: Erik P. Hofmann/Robin F. Laird (Hg.), *The Soviet Polity in the Modern Era*, New York 1984, S. 219-245.

Breuer, Stefan, *Max Webers Herrschaftssoziologie*, Frankfurt/M./New York 1991.

— *Der Staat. Entstehung, Typen, Organisationsstadien*, Reinbek bei Hamburg 1998.

Brezinski, Horst Dieter, *Internationale Wirtschaftsplanung im RGW*, Paderborn etc. 1978.

Brežnev, L. I., *Leninskim kursom. Reči i stat'i*, 2 Bde., Moskau 1970.

Bröll, Werner, *Comecon (Rat für gegenseitige Wirtschaftshilfe). Der Integrationsversuch sozialistischer Planwirtschaften*, München 1975.

Brovkin, Vladimir N., *Behind the Frontlines of the Civil War: Political Parties and Social Movements in Russia, 1918-1922*, Princeton 1994.

Brügmann, Uwe, *Die russischen Gewerkschaften in Revolution und Bürgerkrieg 1917-1919*, Frankfurt/M. 1972.

Brunner, Georg, »Was ist sozialistisch am sozialistischen Recht?«, in: Paul Hofmann/Ulrich Meyer-Cording/Herbert Wiedemann (Hg.), *Festschrift für Klemens Pleyer zum 65. Geburtstag*, Köln u. a. 1986, S. 187-205.

Brzezinski, Zbigniew, *Das gescheiterte Experiment. Der Untergang des kommunistischen Systems*, Wien 1989.

Bucharin, N., »Vospitanie smeny«, in: Razin I. (Hg.), *Komsomol'skij byt. Sbornik*, Moskau/Leningrad 1927, S. 21-33.

— »O starinnych tradicijach i sovremennom kul'turnom stroitel'stve«, in: *Revoljucija i kul'tura* 1927, Nr. 1, S. 17-22.

— /Deborin, Abram, *Kontroversen über dialektischen und mechanistischen Materialismus*. Hg. u. eingeleitet von Oskar Negt, Frankfurt/M. 1974.

Buckley, Mary, *Women and Ideology in the Soviet Union*, New York u. a. 1989.

Bühl, Walter L., *Das Ende der amerikanisch-sowjetischen Hegemonie? Internationale Politik im fünften Kondratieffschen Übergang*, München 1986.

Bukowski, Vladimir (Hg.), *Opposition – eine neue Geisteskrankheit in der UdSSR?*, München 1972.

— *Abrechnung mit Moskau. Das sowjetische Unrechtsregime und die Schuld des Westens*, Bergisch Gladbach 1995.

— [Bukovskij, Vladimir], *Wind vor dem Eisgang*, Berlin 1978.

Buldakov, V., *Krasnaja smuta. Priroda i posledstvija revoljucionnogo nasilija*, Moskau 1997.

Buldakov, V. P., »Oktjabr' i XX vek: teorii i istočniki«, in: S. V. Tjutjukin (Hg.), *1917 god v sud'bach Rossii i mira. Oktjabr'skaja revolujicija: ot novych istočnikov k novomu osmyšleniju*, Moskau 1998, S. 11-36.

Bulygin, Paul, *The Murder of the Romanovs*, London 1935.

Bunin, Ivan, *Okajannye dni*, Moskau 1990.

Burdzhalov, E. N., *Russia's Second Revolution. The February 1917 Uprising in Petrograd*, Bloomington/Indianapolis 1987 (russ. Erstausgabe 1967).

Burschel, Peter/Distelrath, Götz/Lembke, Sven (Hg.), *Das Quälen des Körpers. Eine historische Anthropologie der Folter*, Köln/Weimar/Wien 2000.

Butterwegge, Christoph, *Wohlfahrtsstaat im Wandel. Probleme und Perspektiven der Sozialpolitik*, Opladen 1999.

Castoriadis, Cornelius, *Gesellschaft als imaginäre Institution. Entwurf einer politischen Philosophie*, Frankfurt/M. 1990.

Černyševskij, Nikolaj G., *Was thun? Erzählungen vom neuen Menschen*, Leipzig 1883.

Chakrabarty, Dipesh, *Provincializing Europe. Postcolonial Thought and Historical Difference*, Princeton/Oxford 2000.

Chalidze, Valery, »A Propos the Application of Corrective Labor in the USSR«, in: Donald D. Barry/George Ginsburgs/Peter B. Maggs (Hg.), *Soviet Law after Stalin*, Bd. 1: *The Citizen and the State in Contemporary Soviet Law*, Leiden 1977, S. 71-76.
Chapman, Janet G., »Recent Trends in the Industrial Wage Structure«, in: Arcadius Kahan/Blair A. Ruble (Hg.), *Industrial Labor in the U.S.S.R.*, New York etc. 1979, S. 151-183.
Charnay, Jean-Paul (Hg.), *Le Bonheur par l'Empire ou le rêve d'Alexandre. Actes du colloque tenu en Sorbonne le 1er mars 1980*, Paris 1982.
Chlevnjuk, O. V., *1937-j: Stalin, NKVD i sovetskoe obščestvo*, Moskau 1992.
— u. a. (Hg.), *Stalinskoe Politbjuro v 30-e gody. Sbornik dokumentov*, Moskau 1995.
— *Politbjuro. Mechanizmy političeskoj vlasti v 1930-e gody*, Moskau 1996.
Chozjajstvennaja reforma v SSSR, Moskau 1969.
Chromov, S. S., »XXIV s-ezd KPSS i nekotorye voprosy social'nogo razvitija sovetskogo obščestva«, in: *Istorija SSSR* 1972, H. 3, S. 3-19.
Chruschtschow, Nikita, *Über die wichtigsten Probleme der Gegenwart: Reden – Aufsätze von 1956-1963*, Moskau 1963.
Chvojka, Erhard/Schwarcz, Andreas/Thien, Klaus (Hg.), *Zeit und Geschichte. Kulturgeschichtliche Perspektiven*, Wien/München 2002.
Clayton, Elizabeth, »The Social Contract: Soviet Price and Housing Policy«, in: Jan Adam (Hg.), *Economic Reforms and Welfare Systems in the USSR, Poland and Hungary. Social Contract in Transformation*, Houndmills 1991, S. 52-67.
Cohen, Ariel, *Russian Imperialism. Development and Crisis*, Westport/London 1996.
Cohen, Stephen F., »Bolshevism and Stalinism«, in: Robert C. Tucker (Hg.), *Stalinism. Essays in Historical Interpretation*, New York 1977, S. 3-29.
Courtois, Stéphane, »Die Verbrechen des Kommunismus«, in: Ders., u. a. (Hg.), *Das Schwarzbuch des Kommunismus. Unterdrückung, Verbrechen und Terror*, München/Zürich 1998, S. 11-50.
Čuev, Feliks, *Sto sorok besed s Molotovym*, Moskau 1991.
Curtiss, John Shelton, *Die Kirche in der Sowjetunion (1917-1956)*, München 1957.
— *Church and State in Russia: the Last Years of the Empire, 1900-1917*, New York 1965.
Čumačenko, T. A., *Gosudarstvo, pravoslavnaja cerkov' i verujuščie 1941-1961 gg.*, Moskau 1999.
Čžun, Rju Che, *Social'naja politika sovetskogo gosudarstva. Važnejšie ėtapy stanovlenija, osobennosti i osnovnye napravlenija realizacii*, Diss. oec. RAN, Moskau 1996.

Damus, Renate, *RGW. Wirtschaftliche Zusammenarbeit in Osteuropa*, Opladen 1979.
Daniels, Robert Vincent, *The Conscience of the Revolution. Communist Opposition in Soviet Russia*, Cambridge/Mass. 1960.
Danilov, A. A./Pyžikov, A. V., *Roždenie sverchderžavy: SSSR v pervye poslevoennye gody*, Moskau 2001.
Davies, R. W., *The Soviet Economy in Turmoil, 1929-1930*, London 1989.
Davis, Christopher, »Economic and Political Aspects of the Military-Industrial Complex in the USSR«, in: Hans-Hermann Höhmann/Alec Nove/Heinrich Vogel (Hg.), *Economics and Politics in the USSR. Problems of Interdependence*, Boulder etc. 1986, S. 92-124.
Dekrety sovetskoj vlasti, Bd. 1, Moskau 1957.
Delamotte, Jeanne, *Shchekino, entreprise soviétique pilote*, Paris 1973.

Demangeon, Albert, *Das britische Weltreich. Eine kolonialgeographische Studie*, Berlin-Grunewald 1926.

Denton, M. Elizabeth, »Consumer Policy: Trends and Prospects«, in: Joint Economic Committee (Hg.), *Soviet Economy in a Time of Change*, Bd. 1, Washington D.C. 1979, S. 759-789.

Dibb, Paul, *The Soviet Union. The Incomplete Superpower*, Houndmills/London ²1988.

Dietz, Raimund, *Die Energiewirtschaft in Osteuropa und der UdSSR*, Wien/New York 1984.

Dimitrov, Georgi, *Dnevnik (9 mart 1933-6 fevruari 1949)*, Sofija 1997.

Dinges, Martin, »Formenwandel der Gewalt in der Neuzeit. Zur Kritik der Zivilisationstheorie von Norbert Elias«, in: Rolf Peter Sieferle/Helga Breuninger (Hg.), *Kulturen der Gewalt. Ritualisierung und Symbolisierung von Gewalt in der Geschichte*, Frankfurt/M./New York 1998, S. 171-194.

Djilas, Milovan, *Gespräche mit Stalin*, Frankfurt/M. 1962.

Dohrn van Rossum, Gerhard, *Die Geschichte der Stunde. Uhren und moderne Zeitordnung*, München/Wien 1992.

Dokumenty o sobytijach v Kronštadte vesnoj 1921 g., Moskau 1997.

Doyle, Michael W., *Empires*, Ithaca/London 1986.

Duerr, Hans Peter, *Der Mythos vom Zivilisationsprozeß*, Bd. 3: *Obszönität und Gewalt*, Frankfurt/M. 1993.

Dumova, N. G., *Kadetskaja kontrrevoljucija i ee razgrom (oktjabr' 1917-1920 gg.)*, Moskau 1982.

Dunaeva, Elena V., *Social'naja politika sovetskogo gosudarstva*, Moskau 1991.

Duroselle, Jean-Baptiste, *Tout empire périra. Théorie des relations internationales*, Paris 1992.

Duverger, Maurice, »Le concept d'empire«, in: Ders. (Hg.), *Le concept d'empire*, Paris 1980, S. 5-23.

Dux, Günter, *Die Zeit in der Geschichte. Ihre Entwicklungslogik vom Mythos zur Weltzeit*, Frankfurt/M. ²1998.

D'jačenko, V. P., *Istorija finansov SSSR (1917-1950 gg.)*, Moskau 1978.

Easter, Gerald M., *Reconstructing the State. Personal Networks and Elite Identity in Soviet Russia*, Cambridge/Mass. 2000.

Ehlert, Trude (Hg.), *Zeitkonzeptionen, Zeiterfahrung, Zeitmessung. Stationen ihres Wandels vom Mittelalter bis zur Moderne*, Paderborn etc. 1997.

Elias, Norbert, *Über den Prozeß der Zivilisation*, 2 Bde., Frankfurt/M. 1980.

— *Über die Zeit*, Frankfurt/M. 1984.

Ellman, M. J., *Full Employment. Lessons from State Socialism*, Antwerpen 1979.

Ennker, Benno, »Politische Herrschaft und Stalinkult 1929-1939«, in: Stefan Plaggenborg (Hg.), *Stalinismus. Neue Forschungen und Konzepte*, Berlin 1998, S. 151-184.

Eropkin, M. N., *Razvitie organov milicii v sovetskom gosundarstve*, Moskau 1967.

Esping-Andersen, Gøsta, »Die drei Welten des Wohlfahrtskapitalismus. Zur Politischen Ökonomie des Wohlfahrtsstaates«, in: Stephan Lessenich/Ilona Oster (Hg.), *Welten des Wohlfahrtskapitalismus. Der Sozialstaat in vergleichender Perspektive*, Frankfurt/M./New York 1998, S. 19-58.

Etkind, Alexander, *Eros des Unmöglichen. Die Geschichte der Psychoanalyse in Rußland*, Leipzig 1996.

Evans, Alfred B., »Developed Socialism in Soviet Ideology«, in: *Soviet Studies* 29 (1977), S. 409-428.

Evans Clements, Barbara, »The Effects of the Civil War on Women and Family Relations«, in: Diane P. Koenker u. a. (Hg.), *Party, State, and Society in the Russian Civil War: explorations in social history*, Bloomington 1989, S. 105-122.

Fainsod, Merle, *Wie Rußland regiert wird*, Köln/Berlin (West) 1965.

Farnsworth, Beatrice, »Bolshevik Alternatives and the Soviet family. The 1926 Marriage Law Debate«, in: Dorothy Atkinson/Alexander Dallin/Gail Lapidus (Hg.), *Women in Russia*, Stanford 1977, S. 139-165.

Feiwel, George R., *The Soviet Quest for Economic Efficiency: Issues, Controversies, and Reforms*, New York u. a. 1972.

Feldbrugge, F. J. M., »Soviet Corrective Labor Law«, in: Donald D. Barry/George Ginsburgs/Peter B. Maggs, *Soviet Law after Stalin*, Bd. 1, Leyden 1977, S. 33-69.

Feshbach, Murray/Rapawy, Stephen, »Soviet Population in Manpower Trends and Policies«, in: Joint Economic Committee (Hg.), *Soviet Economy in a New Perspective*, Washington D. C. 1987, S. 113-154.

Fieseler, Beate, »Themen der Zeitgeschichte – Stimmen aus dem gesellschaftlichen Abseits. Die sowjetrussischen Kriegsinvaliden im »Tauwetter« der fünfziger Jahre«, in: *Osteuropa* 52 (2002), S. 945-962.

— »Innenpolitik der Nachkriegszeit 1945-1953«, in: Stefan Plaggenborg (Hg.), *Handbuch der Geschichte Russlands*, Band 5 (2 Teilbände): *1945-1991 – Vom Ende des Zweiten Weltkriegs bis zum Zusammenbruch der Sowjetunion*, Stuttgart 2002-2003, S. 36-77.

Figes, Orlando, *A People's Tragedy. A History of the Russian Revolution*, Harmondsworth 1998.

— /Boris Kolonitskii, *Interpreting the Russian Revolution. The Language and Symbols of 1917*, New Haven/London 1999.

Fil'ev, V., »O dal'nejšem vnedrenii ščekinskogo metoda«, in: *Voprosy ėkonomii* 1983, H. 2, S. 58-68.

Filippov, A. F., »Nabljudatel' imperii (imperija kak ponjatie sociologii i političeskaja problema)«, in: *Voprosy sociologii* 1992, H. 1, 89-120.

Filtzer, Donald, *Soviet Workers and Stalinist Industrialization. The Formation of Modern Soviet Production Relations 1928-1941*, London 1986.

— *Soviet Workers and de-Stalinization. The Consolidation of the Modern System of Soviet Production Relations 1953-1964*, Cambridge 1992.

— »The Standard of Living of Soviet Industrial Workers in the Immediate Postwar Period, 1945-1948«, in: *Europe-Asia Studies* 51 (1999), S. 1013-1038.

— »Wirtschaft und Gesellschaft in der Nachkriegszeit«, in: Stefan Plaggenborg (Hg.), *Handbuch der Geschichte Russlands*, Band 5 (2 Teilbände): *1945-1991 – Vom Ende des Zweiten Weltkriegs bis zum Zusammenbruch der Sowjetunion*, Stuttgart 2002-2003, S. 78-130.

Fincke, Martin »Die Entwicklung der sowjetischen Kriminalpolitik nach Chruščev«, in: Reinhart Maurach/Boris Meissner (Hg.), *Sowjetstaat und Sowjetrecht nach Chruschtschow*, Stuttgart u. a. 1971, S. 64-124.

— (Hg.), *Handbuch der Sowjetverfassung*, Bd. 1: *Einleitung, Präambel, Art. 1-69*, Berlin 1983.

Fink, Gerhard/Mauler, Kurt, *Die Verschuldung der RGW-Länder und die Perspektiven des Ost-West-Handels*, Wien 1984 (= Wiener Institut für internationale Wirtschaftsvergleiche, Forschungsbericht Nr. 95).

Fischer, Alexander, »Die Anfänge der Roten Armee 1917/18. Zur Theorie und Praxis revolutionärer Militärpolitik im bolschewistischen Rußland«, in: *Militärgeschichtliche Mitteilungen* 18 (1975), S. 63-73.

Fitzpatrick, Sheila, *The Commissariat of Enlightenment: Soviet Organization of Education and the Arts under Lunacharsky, October 1917-1921*, Cambridge 1970.

— »Cultural Revolution as Class War«, in: Dies. (Hg.), *Cultural Revolution in Russia, 1928-1931*, Bloomington 1978, S. 8-41.

— »Ascribing Class. The Construction of Social Identity in Soviet Russia«, in: *Journal of Modern History* 65 (1993), S. 745-770.

— *Stalin's Peasants: Resistance and Survival in the Russian Village after Collectivization*, New York u. a. 1994.

— »Signals from Below: Soviet Letters of Denunciation of the 1930s«, in: *Journal of Modern History* 68 (1996), S. 831-866.

Flake, Otto, *Das Ende der Revolution*, Berlin 1920.

Flasch, Kurt, *Augustin. Einführung in sein Denken*, Stuttgart 1980.

Foucault, Michel, *Überwachen und Strafen. Die Geburt des Gefängnisses*, Frankfurt/M. 1976.

— *Schriften in vier Bänden. Dits et Ecrits*, Bd. 3: *1976-1979*. Hg. von Daniel Defert/François Ewald, Frankfurt/M. 2003.

Fox, Lesley J., »Soviet Policy in the Development of Nuclear Power in Eastern Europe«, in: Joint Economic Committee (Hg.), *Soviet Economy in the 1980's: problems and prospects*, Bd. 1, Washington 1983, S. 457-507.

Fraenkel, Ernst, *Der Doppelstaat*, Frankfurt/M./Köln 1974 (erstmals 1940).

Friedrich, Karl Joachim, *Totalitäre Diktatur*, Stuttgart 1957.

Friese, Heidrun, *Ordnungen der Zeit. Zur sozialen Konstitution von Temporalstrukturen in einem sizilianischen Ort*, Amsterdam 1991.

Garkuša, Ju. A., *Tempy i proporcii rosta oplaty po trudu i obščestvennych fondov potreblenija v period kommunističeskogo stroitel'stva*, Kiev 1974.

Gastev, A., *Vosstanie kul'tury*, Char'kov 1923.

Geldern, James R. van, *Bolshevik Festivals, 1917-1920*, Berkeley u. a. 1993.

Gerson, Lennard D., *The Secret Police in Lenin's Russia*, Philadelphia 1976.

Gestwa, Klaus/Grützmacher, Johannes, »Infrastrukturen«, in: Stefan Plaggenborg (Hg.), *Handbuch der Geschichte Russlands*, Band 5 (2 Teilbände): *1945-1991 – Vom Ende des Zweiten Weltkriegs bis zum Zusammenbruch der Sowjetunion*, Stuttgart 2002-2003, S. 1089-1152.

Getty, J. Arch, *Origins of the Great Purges. The Soviet Communist Party Reconsidered, 1933-1938*, Cambridge 1985.

— /Naumov, Oleg V., *The Road to Terror. Stalin and the Self-Destruction of the Bolsheviks, 1932-1939*, New Haven 1999.

Getzler, Israel, *Kronstadt: 1917-1921. The Fate of a Soviet Democracy*, Cambridge etc. 1983.

Geyer, Dietrich, »Voraussetzungen der sowjetischen Außenpolitik in der Zwischenkriegszeit«, in: Ders. (Hg.), *Sowjetunion: Außenpolitik 1917-1955* (= Osteuropa-Handbuch, begründet von Werner Markert), Köln/Wien 1972, S. 1-85.

— (Hg.), *Die Umwertung der sowjetischen Geschichte*, Göttingen 1991.

Gibijanskij, L. Ja., »Kak voznik Kominform. Po novym archivnym materialam«, in: *Novaja i novejšaja istorija* 1993, H. 4, S. 131-152.

Giddens, Anthony, *The Nation-State and Violence. Volume two of A Contemporary Critique of Historical Materialism*, Cambridge 1987.

— *Die Konstitution der Gesellschaft. Grundzüge einer Theorie der Strukturierung*, Frankfurt/M./New York 1992.

Giduljanov, P. V., *Cerkov' i gosudarstvo po zakonodatel'stvu R. S. F. S. R. Sbornik uzakonenij i rasporjaženij s razjasnenijami V otdela NKJu.*, Moskau 1923.

Gimpel'son, E. G., *Sovety v gody inostrannoj intervencii i graždanskoj vojny*, Moskau 1968.

Ginzburg, Aleksandr, *Belaja kniga po delu A. Sinjavskogo i Ju. Daniėl'ja*, Frankfurt/M. 1967.

Gippius, Zinaida N., *Peterburgskij dnevnik*, Moskau 1991.

Girard, René, *Das Heilige und die Gewalt*, Frankfurt/M. ³1999.

Gleason, Abbott, *Totalitarianism. The Inner History of the Cold War*, Oxford etc. 1995.

Glezerman, G. E./Rejngol'd, O. (Hg.), *Razvitoe socialističeskoe obščestvo. Sušnost', kriterii zrelosti, kritika revisionistskich koncepcii*, Moskau 1973.

Goldman, Emma, *My Disillusionment in Russia*, New York 1970 (erstmals 1922).

Goldman, Wendy Z., »Freedom and Its Consequences: The Debates on the Soviet Family Code of 1926«, in: *Russian History* 11 (1984), S. 362-388.

— »Working-Class Women and the ‚Withering Away' of the Family«, in: Sheila Fitzpatrick/Alexander Rabinowitch/Richard Stites (Hg.), *Russia in the Era of NEP: Explorations in the Soviet Society and Culture*, Bloomington 1991, S. 125-143.

— *Women, the State and Revolution. Soviet Family Policy and Social Life 1917-1936*, Cambridge u. a. 1993.

Goldstein, Elizabeth Ann, »Soviet Economic Assistance to Poland, 1980-81«, in: Joint Economic Committee (Hg.), *Soviet Economy in the 1980's: problems and prospects*, Bd. 2, Washington D.C. 1983, S. 556-574.

Gomulka, Stanislaw, »Soviet Postwar Industrial Growth, Capital-Labor-Substitutiton and Technical Changes. A Reexamination«, in: Zbigniew Fallenbuchl (Hg.), *Economic Development in the Soviet Union and Eastern Europe*, Bd. 2: *Sectoral Analysis*, New York etc. 1976, S. 3-47.

Gorkij, Maxim, *Unzeitgemäße Gedanken über Kultur und Revolution.* Hrsg. v. Bernd Scholz, Frankfurt/M. 1972.

Gorsuch, Anne E., »Smashing Chairs at the Local Club. Discipline, Disorder and Soviet Youth«, in: Corinna Kuhr-Korolev/Stefan Plaggenborg/Monica Wellmann (Hg.), *Sowjetjugend 1917-1941. Generation zwischen Revolution und Resignation*, Essen 2001, S. 247-261.

Gorzka, Gabriele, *A. Bogdanov und der russische Proletkult. Theorie und Praxis einer sozialistischen Kulturrevolution*, Frankfurt/M./New York 1980.

Gribkov, Anatolij I., »Doktrina Brežneva i pol'skij krizis načala 80-ch godov«, in: *Voenno-istoričeskij žurnal* 1992, H. 9, S. 46-57.

— *Der Warschauer Pakt: Geschichte und Hintergründe des östlichen Militärbündnisses*, Berlin 1995.

Grigorov, G./Škotov, L., *Staryj i novyj byt*, Moskau/Leningrad 1927.

Grille, Dietrich, *Alexander Bogdanov-Malinovskij. Beiträge zur Geschichte und Theorie des frühen Bolschewismus (1906-1910)*, Diss. Marburg 1964.

— *Lenins Rivale: Bogdanov und seine Philosophie*, Köln 1966.
Gross, Hermann/Schmutzler, George E./Schönfeld, Roland, »Außenwirtschaft«, in: Klaus-Detlev Grothusen (Hg.) *Südosteuropa-Handbuch*, Bd. 2: *Rumänien*, Göttingen 1977, S. 349-394.
Grottian, Walter, *Das sowjetische Regierungssystem: die Grundlagen der Macht der kommunistischen Parteiführung. Leitfaden und Quellenbuch*, Köln ^{2}1965.
Grunddokumente des RGW, Berlin (Ost) 1978, S. 47-141.
Gumpel, Werner/Hacker, Jens, *Comecon und Warschauer Pakt*, Bonn 1966.
Gurian, Waldemar (Hg.), *Soviet Imperialism. Its Origins and Tactics*, Notre Dame/Ind. 1953.
Gurvič, G. S., *Istorija sovetskoj konstitucii*, Moskau 1923.

Habermas, Jürgen, *Erkenntnis und Interesse*, Frankfurt/M. 1968.
— *Theorie des kommunikativen Handelns*, 2 Bde., Frankfurt/M. 1981.
— *Theorie und Praxis. Sozialphilosophische Studien*, Frankfurt/M. ^{3}1982.
— *Der philosophische Diskurs der Moderne. Zwölf Vorlesungen*, Frankfurt/M. 1985.
— »Nachholende Revolution und linker Revisionsbedarf. Was heißt Sozialismus heute?«, in: Ders., *Zeitdiagnosen. Zwölf Essays*, Frankfurt/M. 2003, S. 124-149.
Hagen, Marc von, *Soldiers in the Proletarian Dictatorship. The Red Army and the Soviet Socialist State, 1917-1930*, Ithaka/London 1990.
Haines, Charles G., *The Threat of Soviet Imperialism*, Baltimore 1954.
Halbach, Uwe, *Das sowjetische Vielvölkerimperium. Nationalitätenpolitik und nationale Frage*, Mannheim etc. 1992.
Halfin, Igal, »From Darkness to Light. Student Communist Autobiography during NEP«, in: *Jahrbücher für Geschichte Osteuropas* 45 (1997), S. 210-236.
Harrison, Mark, *Accounting for War: Soviet Production, Employment, and the Defence Burden, 1940-1945*, Cambridge 1996.
Haslam, Jonathan, *The Soviet Union and the Struggle for Collective Security in Europe, 1933-1939*, London/Basingstoke 1984.
Haslinger, Peter, »Einleitung. Grenze im Kopf. Anmerkungen aus geschichtswissenschaftlicher Perspektive«, in: Ders. (Hg.), *Grenze im Kopf: Beiträge zur Geschichte der Grenze in Ostmitteleuropa*, Frankfurt/M. 1999, S. 7-18.
— »Funktionsprinzip Staatsgrenze: Aspekte seiner Anwendbarkeit im Bereich der Osteuropaforschung«, in: Hans Lemberg (Hg.), *Grenzen in Ostmitteleuropa im 19. und 20. Jahrhundert. Aktuelle Forschungsprobleme*, Marburg 2000, S. 57-66.
Haug, Walter, »Der Durchbruch durch die Ordnung der Zeit in der abendländischen Mystik«, in: Tilo Schabert/Matthias Riedl (Hg.), *Das Ordnen der Zeit*, Würzburg 2003, S. 15-45.
Haug, Wolfgang Fritz, »Philosophie und Praxis bei Lenin. Vorläufige Überlegungen«, in: Theodor Bergmann u. a. (Hg.), *Lenin. Theorie und Praxis in historischer Perspektive*, Mainz 1994, S. 212-215.
Haumann, Heiko, *Beginn der Planwirtschaft. Elektrifizierung, Wirtschaftsplanung und gesellschaftliche Entwicklung Sowjetrußlands 1917-1921*, Düsseldorf 1974.
Haupt, Georges/Scherrer, Jutta, »Gor'kij, Bogdanov, Lenin. Neue Quellen zur ideologischen Krise in der bolschewistischen Fraktion (1908-1910)«, in: *Cahiers du monde russe et soviétique* 19 (1978), S. 321-334.

Hayward, Max/Labedz, Leopold (Hg.), *On Trial. The Case of Sinyavsky (Tertz) and Daniel (Arzhak)*, London 1967.

Hazard, John N., *The Soviet system of government*, Chicago/London ³1964.

Heimann, Eduard, *Soziale Theorie des Kapitalismus. Theorie der Sozialpolitik*, Frankfurt/M. 1980 (zuerst 1929).

Hellbeck, Jochen (Hg.), *Tagebuch aus Moskau 1931-1939*, München 1996.

— »Fashioning the stalinist Soul. The Diary of Stepan Podlubnyj (1931-1939)«, in: *Jahrbücher für Geschichte Osteuropas* 44 (1996), S. 344-373.

Heller, Michel/Nekrich, Aleksandr, *L'utopie au pouvoir. Histoire de l'U.R.S.S. de 1917 à nos jours*, Paris 1981.

Hertzfeld, Lothar (Hg.), *Die Sowjetunion. Zerfall eines Imperiums*, Frankfurt/M. 1992.

Higgins, Joan, *States of Welfare. Comparative Analysis in Social Policy*, Oxford 1981.

Hildermeier, Manfred, »Das Privileg der Rückständigkeit. Anmerkungen zum Wandel einer Interpretationsfigur der neueren russischen Geschichte«, in: *Historische Zeitschrift* 244 (1987), S. 557-603.

— *Die Russische Revolution 1905-1921*, Frankfurt /M. 1989.

— *Geschichte der Sowjetunion 1917-1981. Entstehung und Niedergang des ersten sozialistischen Staats*, München 1998.

Hillig, Götz, *Verblaßte Gesichter, vergessene Menschen… 28 Porträts von »Freunden« und »Feinden« A. S. Makarenkos*, Bremen 1999.

Hirschfeld, Gerhard/Krumeich, Gerd (Hg.), *»Keiner fühlt sich hier mehr als Mensch...«. Erlebnisse und Wirkungen des Ersten Weltkriegs*, Essen 1993.

Hobsbawm, Eric, *Das Zeitalter der Extreme: Weltgeschichte des 20. Jahrhunderts*, München/Wien 1995.

Höhmann, Hans-Hermann, *Wirtschaftsentwicklung und Wirtschaftsreform in der UdSSR. Ursachen, Voraussetzungen, Ergebnisse und Probleme der Reformmaßnahmen in der sowjetischen Industrie 1965-1976*, Diss. Frankfurt/M. 1978.

— *Wirtschaftsreformen in anderen sozialistischen Ländern: Modell oder Herausforderung für die Sowjetunion?*, Köln 1986 (= Berichte des Bundesinstituts für ostwissenschaftliche und internationale Studien 27/1986).

Hoensch, Jörg, *Geschichte der Tschechoslowakischen Republik*, Stuttgart etc. 1978.

Hösler, Joachim, *Die sowjetische Geschichtswissenschaft 1953 bis 1991. Studien zur Methodologie- und Organisationsgeschichte*, München 1995.

— *Die Russische Revolution in der sowjetischen Historiographie* (Kurseinheit 6 (Nr. 4118) der Lehreinheit »Geschichte Rußlands und der Sowjetunion« an der Fern-Universität-Gesamthochschule in Hagen), Hagen 1999.

— »Perestrojka und Historie. Zur Erosion des sowjetischen Geschichtsbildes«, in: Helmut Altrichter (Hg.), *Gegenerinnerung. Geschichte als politisches Argument im Transformationsprozeß Ost-, Ostmittel- und Südeuropas*. Kolloquium des Historischen Kollegs 5.-8.6.2002, München 2005, S. 1-26.

Hövelmans, Kurt, *RGW: Intensivierung und Wirtschaftswachstum*, Berlin (DDR) 1988.

Hofmann, Werner, *Stalinismus und Antikommunismus. Zur Soziologie des Ost-Westkonflikts*, Frankfurt/M. 1967.

Holquist, Peter, »Conduct Merciless Mass Terror. Decossackization on the Don 1919«, in: *Cahiers du monde russe* 38 (1997), S. 127-162.

Huf, Stefan, *Sozialstaat und Moderne. Modernisierungseffekte staatlicher Sozialpolitik*, Berlin 1998.

Huskey, Eugene, »The Administration of Justice: Courts, Procuracy and Ministry of Justice«, in: Ders. (Hg.), *Executive Power and Soviet Politics. The Rise and Decline of the Soviet State*, Armonk/London 1992, S. 221-246.

Inhetveen, Heide, »Schöne Zeiten, schlimme Zeiten – Zeiterfahrungen von Bäuerinnen«, in: Rainer Zoll (Hg.), *Zerstörung und Wiederaneignung von Zeit*, Frankfurt/M. 1988, S. 193-217.

Internationale Ökonomische Organisationen der RGW-Länder. Dokumente, Berlin (DDR) 1985.

Irošnikov, M. P., *Predsedatel' soveta narodnych komissarov V. I. Ul'janov (Lenin). Očerki gosudarstvennoj dejatel'nosti v 1917-1918 gg.*, Leningrad 1974.

Istorija sovetskogo gosudarstva i prava, Bd. 1: *Stanovlenie sovetskogo gosudarstva i prava (1917-1920 gg.)*, Moskau 1968.

Istorija sovetskoj konstitucii. Sbornik dokumentov 1917-1957, Moskau 1957.

Istorija VKP (b). Kratkij kurs, Moskau 1938.

Ivanova, G. M., *Gulag v sisteme totalitarnogo gosudarstva*, Moskau 1987.

— »Repressivnaja sistema: Karatel'naja politika gosudarstva«, in: *Vlast' i obščestvo v SSSR: politika repressii*, Moskau 1999, S. 165-192.

Ivkin, V. I. (Hg.), *Gosudarstvennaja vlast' SSSR. Vysšie organy vlasti i upravlenija i ich rukovoditelej 1923-1991. Istoriko-biografičeskij spravočnik*, Moskau 1999.

Jacobson, Carl Gustav (Hg.), *The Soviet Defence Enigma. Estimating Costs and Burden*, Oxford 1987.

Jacobson, Michael, *Origins of the Gulag. The Soviet Prison Camp System 1917-1934*, Lexington 1993.

Joas, Hans, »Die Modernität des Krieges. Die Modernisierungstheorie und das Problem der Gewalt«, in: *Leviathan* 24 (1996), S. 13-27.

Junge, Mark/Binner, Rol'f, *Kak terror stal „bol'šim". Sekretnyj prikaz No. 00447 i technologija ego ispolnenija*, Moskau 2003.

Jussila, Osmo/Hentilä, Seppo/Nevakivi, Jukka, *Politische Geschichte Finnlands seit 1809. Vom Großfürstentum zur Europäischen Union*, Berlin 1999.

Juviler, Peter H., *Revolutionary Law and Order. Politics and Social Change in the USSR*, New York/London 1976.

Kaempfer, Wolfgang, *Zeit des Menschen. Das Doppelspiel der Zeit im Spektrum der menschlichen Erfahrung*, Frankfurt/M./Leipzig 1994.

Kan, Alexander, »Lenin als revolutionärer Westler«, in: Theodor Bergmann u. a. (Hg.), *Lenin. Theorie und Praxis in historischer Perspektive*, Mainz 1994, S. 71-86.

Kantor, K. M., *Krasota i pol'za. Sociologičeskie voprosy material'no-chudožestvennoj kul'tury*, Moskau 1967.

Kappeler, Andreas, *Russland als Vielvölkerreich. Entstehung, Geschichte, Zerfall*, München 1992.

Neizvestnaja Karelija. Dokumenty specorganov o žizni respubliki 1921-1940 gg., Petrozavodsk 1997.

Kaser, Karl, *Freier Bauer und Soldat: die Militarisierung der agrarischen Gesellschaft an der kroatisch-slawonischen Militärgrenze (1535 - 1881)*, Wien u. a. 1997.

Kaspė, Svjatoslav, *Imperija i modernizacija. Obščaja model' i rossijskaja specifika*, Moskau 2001.

Katkov, George, »Lenin as Philosopher«, in: Leonard Schapiro/Peter Reddaway (Hg.), *Lenin. The Man, the Theorist, the Leader. A Reappraisal*, New York etc. 1967, S. 71-86.

Katzer, Nikolaus, *Die weiße Bewegung. Herrschaftsbildung, praktische Politik und politische Programmatik im Bürgerkrieg*, Köln/Weimar, Wien 1999.

Keep, John L. H., »Introduction«, in: Ders. (Hg.), *Contemporary History in the Soviet Mirror*, London 1964, S. 7-18.

— *The Russian Revolution. A Study in Mass Mobilization*, London 1976.

— *Last of the Empires: A History of the Soviet Union, 1945-1991*, Oxford 1995.

Kekčeev, Ch., *Živaja mašina (kak nado rabotat)*, Moskau 1922.

Kenez, Peter, »Pogroms and White Ideology in the Russian Civil War«, in: John D. Klier/Shlomo Lambroza (Hg.), *Pogroms. Anti-Jewish Violence in Modern Russian History*, Cambridge 1992, S. 293-313.

Kennedy, Paul, *The Rise and Fall of the Great Powers: Economic Change and Military Conflict from 1500 to 2000*, New York 1987.

Khakhordin, Oleg, *The Collective and the Individual in Russia. A study of practices*, Berkeley u. a. 1999.

Kiesewetter, Bruno, *Das sowjetische Vorbild in der Wirtschaftsentwicklung der Oststaaten*, Berlin (West) 1951.

Kim, M. P., »O sostojanii razrabotki istorii socialističeskogo i kommunističeskogo stroitel'stva i zadačach sovetskoj istoričeskoj nauki«, in: *Istoriografija socialističeskogo i kommunističeskogo stroitel'stva v SSSR. Sbornik statej po materialam sessii naučnogo soveta*, M. 1962, S. 5-29.

Kirchheimer, Otto, *Political Justice. The use of legal Procedure for Political Ends*, Princeton/New York 1961.

Kirov, Alexander M., »Hungary, 1956«, in: Jeno Gyorkei/Miklos Horvath (Hg.), *Soviet Military Intervention in Hungary, 1956*, Budapest 1999, S. 127-205.

Kirsch, Leonard Joel, *Soviet Wages. Changes in Structure and Administration since 1956*, Cambridge/Mass. 1972.

Kittsteiner, Heinz Dieter, »Die Stufen der Moderne«, in: Johannes Rohbeck/Herta Nagl-Docekal, *Geschichtsphilosophie und Kulturkritik. Historische und systematische Studien*, Darmstadt 2003, S. 91-117.

Knight, Amy W., *Beria. Stalin's First Lieutenant*, Princeton/NJ. 1993.

— *The KGB. Police and Politics in the Soviet Union*, Boston u. a. 1988.

Knöbl, Wolfgang, *Spielräume der Modernisierung: das Ende der Eindeutigkeit*, Weilerswist 2001.

Knorre, Werner von, *Zehn Jahre Rat für gegenseitige Wirtschaftshilfe (Comecon). Entwicklung und Ergebnisse 1949-1959*, Würzburg 1961.

— *Neue Konzepte für Wirtschaftsleistungen in RGW? Politische und ökonomische Aspekte der 44. Ratstagung in Prag 1988*, Köln 1988 (= Berichte des Bundesinstituts für ostwissenschaftliche und internationale Studien 37/1988).

Koebner, Richard/Schmid, Helmut Dan, *Imperialism. The Story and the Significance of a Political Word*, Cambridge 1964.

Koeppen, Wolfgang, *Nach Rußland und anderswohin. Empfindsame Reisen*, Frankfurt/M. 1973.

Kokurin, A. I./Petrov, N. V. (Hg.), *Gulag (Glavnoe upravlenie lagerej) 1917-1960*, Moskau 2000.

Komersant-Vlast' Nr. 40, 12. Oktober 1999.

Konstitucija obščenarodnogo gosudarstva, Moskau 1978.

Kool, Frits/Oberländer, Erwin (Hg.), *Arbeiterdemokratie oder Parteidiktatur*, Olten 1967.

Koržichina, T. P., *Sovetskoe gosudarstvo: ego učreždenija: nojabr' 1917 g. - dekabr' 1991 g.*, Moskau 1995.

Koselleck, Reinhart, »Fortschritt«, in: Otto Brunner/Werner Conze/ders. (Hg.), *Geschichtliche Grundbegriffe*, Bd. 2, Stuttgart 1979, S. 645-717.

— *Vergangene Zukunft. Zur Semantik geschichtlicher Zeiten*, Frankfurt/M. [4]2000.

Kotkin, Stephen, *Magnetic Mountain. Stalinism as a Civilization*, Berkeley etc. 1995.

Kozlov, Vladimir A., *Massovye bezporjadki v SSSR pri Chruščeve i Brežneve (1953-načalo 1980-ch gg.)*, Novosibirsk 1999.

— »Denunciation and its Functions in Soviet Governance: A Study of Denunciations and Their Bureaucratic Handling from Soviet Police Archives, 1944-1953«, in: *Journal of Modern History* 68 (1996), S. 867-898.

Krämer, Heidrun, *Der Wandel der Politik gegenüber der russisch-orthodoxen Kirche in der UdSSR von Chruščev zu Brežnev*, unveröff. Magisterarbeit, Marburg 2003.

»Krasnyj terror v gody graždanskoj vojny. Po materialam osoboj sledstvennoj kommissii«, in: *Voprosy istorii* 2001, H. 9, S. 10-35.

Kricman, Lev N., *Die heroische Periode der großen russischen Revolution*, Frankfurt/M. 1971 (zuerst 1929).

Kronštadtskaja tragedija 1921 goda. Dokumenty v dvuch knigach, Moskau 1999.

Kubina, Michael/Wilke, Manfred (Hg.), *»Hart und kompromißlos durchgreifen«. Die SED contra Polen 1980/81. Geheimakten der SED-Führung über die Unterdrückung der polnischen Demokratiebewegung*, Berlin 1995.

Kuhr-Korolev, Corinna/Plaggenborg, Stefan/Wellmann, Monica, *Sowjetjugend 1917-1941: Generation zwischen Revolution und Resignation*, Essen 2001.

— *Gezähmte Helden. Die Formierung der Sowjetjugend 1917-1932*, Essen 2005.

Kupchan, Charles A., *The Vulnerability of Empire*, Ithaca/London 1994.

Kuznecova, N. P., »Dochody trudjaščichsja i dinamika cen«, in: G. S. Sarkisjan, *Dochody trudjaščichsja i social'nye problemy urovnija žizni naselenija SSSR*, Moskau 1973, S. 32-55.

Lake, David A., »The Rise, Fall and Future of the Russian Empire: A Theoretical Interpretation«, in: Karen Dawisha/Bruce Parrott (Hg.), *The End of Empire? The Transformation of the USSR in Comparative Perspective*, New York/London 1997, S. 30-62.

Latour, Bruno, *Wir sind nie modern gewesen. Versuch einer symmetrischen Anthropologie*, Frankfurt/M. 1998.

Latyšev, A. G., *Rassekrečnyj Lenin*, Moskau 1996.

Laue, Theodore H. von, *Why Lenin? Why Stalin?*, Philadelphia 1962.

Lavigne, Marie, »L'U.R.S.S. dans le Comecon face à l'ouest«, in: Dies. (Hg.), *Stratégies des pays socialistes dans l'échange international*, Paris 1980, S. 37-68.

— »The Soviet Union inside Comecon«, in: *Soviet Studies* 35 (1983), S. 135-153.

Lebedeva, N. S. (Hg.), *Katyn'. Mart 1940 g. - sentjabr' 2000 g.: Rasstrel. Sud'by živych. Ėcho Katyni. Dokumenty*, Moskau 2001.

Leggett, George, *The Cheka: Lenin's Political Police. The All-Russian Extraordinary Commission for Combating Counter-Revolution and Sabotage (Dec. 1917 to Feb. 1922)*, Oxford 1981.

Le Goff, Jacques, »Zeit der Kirche und Zeit des Händlers im Mittelalter«, in: Claudia Honegger (Hg.): *Schrift und Materie der Geschichte: Vorschläge zur systematischen Aneignung historischer Prozesse*, Frankfurt/M. 1977, S. 393-414.

Lel'čuk, V. S., »Social'no-ėkonomičeskie problemy razvitogo socializma (k istoriografii voprosa)«, in: *Social'no-ėkonomičeskie problemy istorii razvitogo socializma v SSSR*, Moskau 1976, S. 441-462.

Lemberg, Hans, »Unvollendete Versuche nationaler Identitätsbildung im 20. Jahrhundert im östlichen Europa: die Tschechoslowaken, die Jugoslawen, das Sowjetvolk«, in: Helmut Berding (Hg.), *Nationales Bewußtsein und kollektive Identität. Studien zur Entwicklung des kollektiven Bewußtseins in der Neuzeit*, Frankfurt/M. 1994, S. 581-607.

Lenin, V. I., *Polnoe sobranie sočinenij*, Bd. 45, Moskau 1964.

Lenin, Wladimir I., »Über die Aufgaben des Proletariats in der gegenwärtigen Revolution«, in: Ders., *Werke*, Bd. 24, Berlin (Ost) 1959, S. 3-8.

— »Staat und Revolution. Die Lehre des Marxismus vom Staat und die Aufgaben des Proletariats in der Revolution«, in: Ders., *Werke*, Bd. 25, Berlin (Ost) 1960, S. 393-507.

— »Das sozialistische Vaterland in Gefahr!«, in: Ders., *Werke*, Bd. 27, Berlin (Ost) 1960, S. 15-16.

— »Wie wir die Arbeiter- und Bauerninspektion reorganisieren sollen (Vorschlag für den XII. Parteitag), Januar 1923«, in: Ders., *Werke*, Bd. 33, Berlin (Ost) 1960, S. 468-473.

— »Lieber weniger, aber besser, Februar 1923«, in: Ders., *Werke*, Bd. 33, Berlin (Ost) 1960, S. 474-490.

— »Wie soll man den Wettbewerb organisieren?«, in: Ders., *Werke*, Bd. 26, Berlin (Ost) 1961, S. 402-414.

— »Materialismus und Empiriokritizismus. Kritische Bemerkungen über eine reaktionäre Philosophie«, in: Ders., *Werke*, Bd. 14, Berlin (Ost) 1962, S. 7-366.

Lepsius, Rainer M., »Soziologische Theoreme über die Sozialstruktur der Moderne und die Modernisierung«, in: Reinhard Koselleck (Hg.), *Studien zum Beginn der modernen Welt*, Stuttgart 1977, S. 10-29.

Lessing, Gottwald Ephraim, *Gesammelte Werke* Bd. 3, Leipzig 1912.

Levin, B. M., *Uroven' žizni: dochody, potreblenie, dosug*, Moskau 1970.

Liberman, Simon, *Building Lenin's Russia*, Chicago 1945.

Librach, Jan, *The Rise of the Soviet Empire. A Study of Soviet Foreign Policy*, New York etc. 1964.

Lieven, Dominic, *Empire. The Russian Empire and its Rivals from the sixteenth Century to the Present*, London 2003.

Lih, Lars T., *Bread and Authority in Russia, 1914-1921*, Berkeley etc. 1990.

— /Naumov, Oleg V./Chlewnjuk, Oleg V. (Hg.), *Stalin's Lettres to Molotov: 1925-1936*, New Haven u. a. 1995.

Lindenberger, Thomas/Lüdtke, Alf (Hg.), *Physische Gewalt. Studien zur Geschichte der Neuzeit*, Frankfurt/M. 1995.

Litvin, A. L., *Kazan': Vremja graždanskoj vojny*, Kazan' 1991.

Litvinov, Pavel, *The Demonstration on Pushkin Square*, London 1969.

Lorarius, »Diktaturen«, in: *Die Schaubühne* 10.1.1918, S. 45-46.

Lorenz, Richard, *Sozialgeschichte der Sowjetunion*, Bd. 1: *1917-1945*, Frankfurt/Main 1976.

Lorimer, Frank, *The Population of the Soviet Union. History and Prospects*, Genf 1946.

Lübbe, Hermann, *Im Zug der Zeit. Verkürzter Aufenthalt in der Gegenwart*, Berlin etc. 1992.

— *Zeit-Verhältnisse. Zur Kulturphilosophie des Fortschritts*, Graz/Wien/Köln 1983.

Luchterhandt, Otto, *Der Sowjetstaat und die Russisch-Orthodoxe Kirche: eine rechtshistorische und rechtssystematische Untersuchung*, Köln 1976.

— *Entwicklung und Schwerpunkte der sowjetischen Grundrechtsdiskussion*, Köln 1977 (= Berichte des Bundesinstituts für ostwissenschaftliche und internationale Studien 54/1977).

— *Die Religionsgesetzgebung der Sowjetunion*, Berlin 1978.

— »Die Sowjetunion auf dem Wege zum Rechtsstaat?« In: *Jahrbuch des Öffentlichen Rechts der Gegenwart*, NF 39 (1990), S. 157-234.

— »Zu Stand und Inhalten der Kodifikation des Allgemeinen Verwaltungsrechts in Ostmittel-, Ost- und Südosteuropa«, in: Ders. (Hg.), *Verwaltung und Verwaltungsrecht im Erneuerungsprozeß Osteuropas*, Berlin 2001, S. 25-32.

— »Die Justiz«, in: Stefan Plaggenborg (Hg.), *Handbuch der Geschichte Russlands*, Band 5 (2 Teilbände): *1945-1991 – Vom Ende des Zweiten Weltkriegs bis zum Zusammenbruch der Sowjetunion*, Stuttgart 2002-2003, S. 975-1023.

Luckyj, George, »Turmoil in the Ukraine«, in: Abraham Brumberg (Hg.), *In Quest of Justice. Protest and Dissent in the Soviet Union Today*, London 1970, S. 52-61.

Luhmann, Niklas, *Soziale Systeme. Grundriß einer allgemeinen Theorie*, Frankfurt/M. 1984.

Lutz, Dieter S. (Hg.), *Die Rüstung der Sowjetunion. Rüstungsdynamik und bürokratische Strukturen*, Baden-Baden 1979.

Luukkanen, Arto, *The Party of Unbelief. The Religions Policy of the Bolshevik Party 1917-1929*, Helsinki 1994.

— *The Religious Policy of the Stalinist State: a Case Study: The Central Standing Commission on Religious Questions, 1929-1938*, Helsinki 1997.

Luxemburg, Rosa, *Gesammelte Briefe*, Bd. 5, Berlin (Ost) 1984.

Machowski, Heinrich, *Sowjetischer Außenhandel: Tendenzen und aktuelle Probleme*, Köln 1983 (= Berichte des Bundesinstituts für ostwissenschaftliche und internationale Studien 48/1983).

MacKinder, Halford J., »The Geographical Pivot of History«, in: *Geographical Journal* 23 (1904), S. 421-437

— *Democratic Ideals and Reality: A Study in the Politics of Reconstruction*, Constable/London 1919.

Maier, Charles S., *Dissolution. The Crisis of Communism and the End of East Germany*, Princeton 1997.

Maier, Robert, *Die Stachanov-Bewegung 1935-1938. Der Stachanovismus als tragendes und verschärfendes Moment der Stalinisierung der sowjetischen Gesellschaft*, Stuttgart 1990.

Majer, V. F., *Uroven' žizni naselenija SSSR*, Moskau 1977.

Male, D. J., *Russian Peasant Organization before Collectivization. A Study of Commune and Gathering 1925-1930*, Cambridge 1971.

Malia, Martin, *Vollstreckter Wahn: Rußland 1917-1991*, Stuttgart 1994.

Mamontova, N. P., »Povyšenie roli obščestvennych fondov potreblenija v rešenii social'nych problem«, in: G. S. Sarkisjan (Hg.), *Dochody trudjaščichsja i social'nye problemy urovnija žizni naselenija SSSR*, Moskau 1973, S. 56-81.

Man, Hendrik de, *Zur Psychologie des Sozialismus*, Jena 1926.

Manninen, O./Baryšnikov, N. I., »Peregovory osen'ju 1939 goda«, in: *Zimnjaja vojna 1939-1940*, Bd. 1: *Političeskaja istorija*, Moskau 1998, S. 113-130.

Markwick, Roger D., *Rewriting History in Soviet Russia. The Politics of Revisionist Historiography, 1956-1974*, Houndmills 2001.

Marrese, Michael/Vaňous, Jan, »Soviet Policy Options in Trade Relations with Eastern Europe«, in: Joint Economic Committee (Hg.), *Soviet Economy in the 1980's: Problems and Prospects*, Bd. 1, Washington D.C. 1982, S. 102-116.

— /Vaňous, Jan, *Implicit Subsidies and Non-Market Benefits in Soviet Trade with Eastern Europe*, Berkeley 1983.

— /Vaňous, Jan, *Soviet Subsidization of Trade with Eastern Europe – A Soviet Perspective*, Berkeley 1983 (= Research Series Nr. 52).

Marshall, Thomas H., *Bürgerrechte und soziale Klassen. Zur Soziologie des Wohlfahrtsstaates*, Frankfurt/M./New York 1992.

Martiny, Albrecht, *Bauen und Wohnen in der Sowjetunion nach dem Zweiten Weltkrieg. Bauarbeiterschaft, Architektur und Wohnverhältnisse im sozialen Wandel*, Berlin 1983.

Marx-Engels-Werke, Bd. 3, Berlin (Ost) 1958.

Materialy XIX Vsesojuznoj konferencii Kommunističeskoj Partii Sovetskogo Sojuza, Moskau 1988.

Materski, Wojciech u. a. (Hg.), *Katyń. Dokumenty zbrodni*, Bd. 1: *Jeńcy nie wypowiedzianej wojny: sierpień 1939 - marzec 1940*, Warschau 1995; Bd. 2: *Zagłada marzec - czerwiec 1940*, Warschau 1998.

Mawdsley, Evan, *The Russian Civil War*, Boston 1987.

McAuley, Alastair, *Economic Welfare in the Soviet Union: Poverty, Living Standards and Inequality*, Madison/Wisconsin 1979, S. 23-69.

— »Social Policy«, in: Archie Brown/Michael Kaser, *Soviet Policy for the 1980s*, London 1982, S. 146-170.

McNeal, Robert H. (Hg.), *I. V. Stalin. Sočinenija*, Bd. 1, Stanford/Cal. 1967.

Meder, Walter, *Das Sowjetrecht. Grundzüge der Entwicklung 1917-1970*, Frankfurt/M., Berlin 1971.

Medvedev, Roj A., *Neizvestnyj Andropov: političeskaja biografija Jurija Andropova*, Moskau 1999.

Medwedjew, Schores/Medwedjew, Roy, S*ie sind ein psychiatrischer Fall, Genosse*, München 1972.

Meier, Christian, *Der RGW: Wirtschaftsgemeinschaft oder Instrument sowjetischer Hegemonialpolitik?*, Köln 1986 (= Berichte des Bundesinstituts für ostwissenschaftliche und internationale Studien 24/1986)

— *Das »RGW-Komplexprogramm 2000«. Konzept, Stand der Implementierung und Probleme*, Köln 1987 (= Berichte des Bundesinstituts für ostwissenschaftliche und internationale Studien 41/1987).

— *Neue Konzepte für die Wirtschaftsintegration im RGW? Politische und ökonomische Aspekte der 44. Ratstagung in Prag 1988*, Köln 1988 (= Berichte des Bundesinstituts für ostwissenschaftliche und internationale Studien 37/1988).

Meier, Heinrich, »Die Moderne begreifen – die Moderne vollenden«, in: Ders. (Hg.), *Zur Diagnose der Moderne*, München 1990, S. 7-20.

Meissner, Boris, *Das sowjetische Parteiprogramm der KPdSU 1903 bis 1961*, Köln 1962

— u. a. (Hg.), *Einparteisystem und bürokratische Herrschaft in der Sowjetunion*, Köln 1979.

Melgunov, S. P., *Krasnyj terror v Rossii*, Berlin 1924.

Melville, Ralph/Steffens, Thomas, »Die Bevölkerung«, in: Gottfried Schramm (Hg.), *Handbuch der Geschichte Russlands*, Bd. 3, Stuttgart 1992, S. 1009-1091.

Meredova, O. B., *Ėkonomičeskie osnovy formirovanija i ispolzovanija fonda narodnogo potreblenija*, Aščhabad 1988.

Mergner, Gottfried (Hg.), *Die russische Arbeiteropposition. Die Gewerkschaften in der Revolution*, Reinbek bei Hamburg 1972.

Merl, Stephan, *Der Agrarmarkt und die neue ökonomische Politik: die Anfänge staatlicher Lenkung der Landwirtschaft in der Sowjetunion 1925-1928*, München, Wien 1981.

— »Entfachte Stalin die Hungersnot von 1932-1933 zur Auslöschung des ukrainischen Nationalismus? Anmerkungen zu neueren westlichen Veröffentlichungen über die ukrainische Hungersnot«, in: *Jahrbücher für Geschichte Osteuropas* 37 (1989), S. 569-590.

— *Bauern unter Stalin. Die Formierung des sowjetischen Kolchossystems 1930-1941*, Berlin 1990.

— »Entstalinisierung, Reformen und Wettlauf der Systeme 1953-1964«, in: Stefan Plaggenborg (Hg.), *Handbuch der Geschichte Russlands*, Band 5 (2 Teilbände): *1945-1991 – Vom Ende des Zweiten Weltkriegs bis zum Zusammenbruch der Sowjetunion*, Stuttgart 2002-2003, S. 175-318.

Merleau-Ponty, Maurice, *Die Abenteuer der Dialektik*, Frankfurt/M. 1968 (frz. Ausgabe 1955).

— *Humanisme et terreur. Essai sur le problème communiste*, Paris 1965 (erstmals 1947).

Messmer, Matthias, *Antisemitismus in Russland, der Ukraine und Litauen: eine vergleichende Studie*, Köln 1998.

Meuschel, Sigrid, *Legitimation und Parteiherrschaft: zum Paradox von Stabilität und Revolution in der DDR 1945-1989*, Frankfurt/M. 1992.

Meyer, Gert, *Studien zur sozialökonomischen Entwicklung Sowjetrußlands 1921-1923: die Beziehungen zwischen Stadt und Land zu Beginn der neuen ökonomischen Politik*, Köln 1974.

Mikul'skij, K. I. u. a., *Social'naja politika KPSS*, Moskau 1987.

Miller, Martin A., *Freud and the Bolsheviks. Psychoanalysis in Imperial Russia and the Soviet Union*, New Haven/London 1998.

Miller, Max/Soeffner, Hans-Georg (Hg.), *Modernität und Barbarei. Soziologische Zeitdiagnose am Ende des 20. Jahrhunderts*, Frankfurt/M. 1996.

Minaev, A. (Hg.), *Sovetskaja voennaja mošč' ot Stalina do Gorbačeva*, Moskau 1999.

Minc, Isaak, *Istorija Velikogo Oktjabrja*, 2 Bde., Moskau 1967-1968.

Mishra, Ramesh, *Society and Social Policy*, London 1981, S. 68-98.

Mitrofanova, N. M., *Ceny v mechanizme ėkonomičeskogo sotrudničestva stran-členov SEV*, Moskau 1978.

Mlynář, Zdeněk, *Nachtfrost. Das Ende des Prager Frühlings*, Köln/Frankfurt/M. 1978.

Mommsen, Hans, »Modernität und Barbarei. Anmerkungen aus zeithistorischer Sicht«, in: Max Miller/Hans-Georg Soeffner (Hg.), *Modernität und Barbarei. Soziologische Zeitdiagnose am Ende des 20. Jahrhunderts*, Frankfurt/M. 1996, S. 137-155.

Mommsen, Wolfgang J. (Hg.), *Der moderne Imperialismus*, Stuttgart 1971.

— (Hg.), *Der Erste Weltkrieg und die europäische Nachkriegsordnung. Sozialer Wandel und Formveränderung der Politik*, Köln/Weimar, Wien 2000.

Możejko, Edward, *Der Sozialistische Realismus. Theorie, Entwicklung und Versagen einer Literaturmethode*, Bonn 1977.

Mühlestein, Hans, *Rußland und die Psychomachie Europas. Versuch über den Zusammenhang der religiösen und politischen Weltkrise*, München 1925.

Müller, Elfriede Katharina, *Die Bolschewiki und die Gewalt. Theorie, Praxis und Legitimation von Gewalt in der Russischen Revolution vom Juli 1917 bis ins Jahr 1921*, unveröff. Magisterarbeit, Freiburg 1993.

Müller, Klaus, »Nachholende Modernisierung: Die Konjunkturen der Modernisierungstheorie und ihre Anwendung auf die Transformation der Osteuropäischen Gesellschaften«, in: *Leviathan* 19 (1991), S. 261-291.

Mumford, Lewis, *Mythos der Maschine. Kultur, Technik und Macht*, Wien 1974.

Myllyniemi, Seppo, »Die Folgen des Hitler-Stalin-Paktes für die Baltischen Republiken und Finnland«, in: Bernd Wegner (Hg.), *Zwei Wege nach Moskau. Vom Hitler-Stalin-Pakt zum »Unternehmen Barbarossa«*, München 1991, S. 75-92.

Naimark, Norman, *Die Russen in Deutschland: die sowjetische Besatzungszone 1945 bis 1949*, Berlin 1997.

— /Gibianskii, Leonid (Hg.), *The Establishment of Communist Regimes in Eastern Europe, 1944-1949*, Boulder/Col. 1997.

Narskij, Igor', *Žizn' v katastrofe. Budni naselenija Urala v 1917-1922 gg.*, Moskau 2001.

Naumov, V./Sigačev, Ju. (Hg.), *Lavrentij Berija. 1953. Stenogramma jul'skogo plenuma CK KPSS i drugie dokumenty*, Moskau 1999.

Naumov, V. P. (Hg.), *1941 god*, 2 Bde., Moskau 1998.

Nedbajlo, P. E., *Vvedenie v obščuju teoriju gosudarstva i prava. Predmet, sistema i funkcii nauki*, Kiev 1971.

Neumann, Franz, *Behemoth. Struktur und Praxis des Nationalsozialismus 1933-1944*, Frankfurt/M. 1977 (erstmals 1942).

Neizvestnaja Karelija. Dokumenty specorganov o žizni respubliki 1921-1940 gg., Petrozavodsk 1997.

Neizvestnaja Rossija. XX vek, Bd. 1, Moskau 1992.

Neizvestnaja Rossija. XX vek, Bd. 4, Moskau 1993.

Nienhaus, Ursula, *Revolution und Bürokratie: Staatsverwaltung und Staatskontrolle in Sowjetrußland 1917-1924*, Frankfurt/M. 1980.

Niethammer, Lutz, *Posthistoire: Ist die Geschichte zu Ende?*, Reinbek bei Hamburg 1989.

— /Trapp, Werner (Hg.), *Lebenserfahrung und kollektives Gedächtnis. Die Praxis der »Oral History«*, Frankfurt/M. 1985.

Nitschke, August/ Ritter, Gerhard A./Peukert, Detlef J. K./vom Bruch, Rüdiger (Hg.), *Jahrhundertwende. Der Aufbruch in die Moderne 1880-1930*, 2 Bde., Reinbek bei Hamburg 1990.

NKVD i pol'skoe podpol'e. 1944-1945 gg. (Po »Osobym papkam« I. V. Stalina), Moskau 1994.

Nohlen, Dieter (Hg.), *Wörterbuch Staat und Politik*, München 1996.

Nolte, Hans-Heinrich, »Budgetakkumulation, Kollektivierungskampagne und Religionsbedrückung im ersten sowjetischen Fünfjahresplan«, in: *Kirche im Osten* 4 (1981), S. 83-105.

Nolte, Paul, »Historische Anthropologie der Moderne. Rekonstruktion eines Forschungsprogramms«, in: *Geschichte und Gesellschaft* 24 (1998), S. 237-241.

Oberländer, Erwin, *Sowjetpatriotismus und Geschichte. Dokumentation*, Köln 1967.

Offe, Claus, »Zu einigen Widersprüchen des modernen Sozialstaates«, in: Ders. (Hg.), *»Arbeitsgesellschaft«. Strukturprobleme und Zukunftsperspektiven*, Frankfurt/M./New York 1984, S. 323-339.

— »Die Utopie der Null-Option. Modernität und Modernisierung als politische Gütekriterien«, in: Peter Koslowski/Robert Spaemann/Reinhard Löw, *Moderne oder Postmoderne? Zur Signatur des gegenwärtigen Zeitalters*, Weinheim 1986, S. 143-172.

Okunev, N. P., *Dnevnik Moskviča (1917-1924)*, Paris 1990.

Osterhammel, Jürgen, »Imperialgeschichte«, in: Christoph Cornelißen (Hg.), *Geschichtswissenschaften. Eine Einführung*, Frankfurt/M. 2000, S. 221-232.

— »Raumbeziehungen. Internationale Geschichte, Geopolitik und historische Geographie«, in: Wilfried Loth/ders. (Hg.), *Internationale Geschichte. Themen – Ergebnisse – Aussichten*, München 2000, S. 287-308.

— /Loth, Wilfried, *»Internationale Geschichte«. Themen. Ergebnisse. Aussichten*, München 2000.

Ouimet, Matthew J., *The Rise and Fall of the Brezhnev Doctrine in Soviet Foreign Policy*, Chapel Hill/London 2003.

Paasi, Anssi, *Territories, Boundaries, and Consciousness. The Changing Geographies of the Finnish-Russian Border*, Chichester etc. 1996.

Pannekoek, Anton, *Lenin als Philosoph*, Frankfurt/M./Wien 1969 (erstmals 1938).

Parker, Geoffrey, *The Geopolitics of Domination*, London/New York 1988.

Parrott, Bruce, »Analyzing the Transformation of the Soviet Union in Comparative Perspective«, in: Karen Dawisha/ders. (Hg.), *The End of Empire? The Transformation of the USSR in Comparative Perspective*, New York/London 1997, S. 3-29.

Pauer, Jan, *Prag 1968. Der Einmarsch des Warschauer Paktes. Hintergründe – Planung – Durchführung*, Bremen 1995.

Paul, G. A., »Lenin's Theory of Perception«, in: *Analysis* 5 (1938), S. 65-73.

Peris, Daniel, *Storming the Heavens. The Soviet League of the Militant Godless*, Ithaca/N.Y./London 1998

Pervillé, Guy, »L'impérialisme: Le mot et le concept«, in: *Enjeux et puissances. Pour une histoire des relations internationales au XXe siècle. Mélanges en l'honneur de Jean-Baptiste Duroselle*, Paris 1986, S. 41-56.

Pervyšin, V. G., »Ljudskie poteri v Velikoj Otečestvennoj Vojne«, in: *Voprosy istorii* 2000, H. 7, S. 116-123.

Pešechonov, Ju., *Resursy social'nogo razvitija v XI pjatiletke (formirovanie i izpol'zovanie obščestvennych fondov potreblenija)*, Moskau 1988.

Peters, Edward, *Folter. Geschichte der peinlichen Bestrafung*, Hamburg 1991.

Pethybridge, Roger, *The social prelude to Stalinism*, London u. a. 1974.

Pichoja, R. G., »Čechoslovakija 1968 god. Vzgljad iz Moskvy. Po dokumentam CK KPSS«, in: *Novaja i novejšaja istorija* 1994, H. 6, S. 3-20.

— /Gejštor, A. (Hg.), *Katyn'. Plenniki neob-javlennoj vojny. Dokumenty i materialy*, Moskau 1997

— *Sovetskij sojuz. Istorija vlasti 1945-1991*, Moskau 1998.

Pietrow-Ennker, Bianka (Hg.), *Präventivkrieg? Der deutsche Angriff auf die Sowjetunion*, Frankfurt/M. 2000.

— »Mit den Wölfen heulen... – Stalinistische Außen- und Deutschlandpolitik 1939-1941«, in: Dies. (Hg.), *Präventivkrieg? Der deutsche Angriff auf die Sowjetunion*, Frankfurt/M. 2000, S. 77-94.

Pietsch, Walter, *Revolution und Staat: Institution als Träger der Macht in Sowjetrußland 1917-1922*, Köln 1969.

Pipes, Richard, *Die Russische Revolution*, 3 Bde., Berlin 1992-1993.

Plaggenborg, Stefan, »Volksreligiosität und antireligiöse Propaganda in der frühen Sowjetunion«, in: *Archiv für Sozialgeschichte* 32 (1992), S. 95-130.

— »Die Organisation des Sowjetstaates«, in: Gottfried Schramm (Hg.), *Handbuch der Geschichte Russlands*, Bd. 3, Stuttgart 1992, S. 1413-1525.

— »Weltkrieg, Bürgerkrieg, Klassenkrieg. Mentalitätsgeschichtliche Versuche über die Gewalt in Sowjetrußland«, in: *Historische Anthropologie* 3 (1995), S. 493-505.

— »Gewalt und Militanz in Sowjetrußland 1917-1930«, in: *Jahrbücher für Geschichte Osteuropas* 44 (1996), S. 409-430.

— *Revolutionskultur. Menschenbilder und kulturelle Praxis in Sowjetrußland zwischen Oktoberrevolution und Stalinismus*, Köln u. a. 1996.

— »Stalinismus als Gewaltgeschichte«, in: Ders. (Hg.), *Stalinismus. Neue Forschungen und Konzepte*, Berlin 1998, S. 71-112.

— »Gewalt im Stalinismus. Skizzen zu einer Tätergeschichte«, in: Manfred Hildermeier, *Stalinismus vor dem Zweiten Weltkrieg. Neue Wege der Forschung*, München 1998, S. 193-208.

— »Die Sowjetunion – Versuch einer Bilanz«, in: *Osteuropa* 51 (2001), S. 761-778.

— »»Entwickelter Sozialismus‹ und Supermacht 1964-1985«, in: Ders. (Hg.), *Handbuch der Geschichte Russlands*, Band 5 (2 Teilbände): *1945-1991 – Vom Ende des Zweiten Weltkriegs bis zum Zusammenbruch der Sowjetunion*, Stuttgart 2002-2003, S. 319-518.

— »Lebensverhältnisse und Alltagsprobleme«, in: Ders. (Hg.), *Handbuch der Geschichte Russlands*, Bd. 5 (2 Teilbände): *1945-1991 – Vom Ende des Zweiten Weltkriegs bis zum Zusammenbruch der Sowjetunion*, Stuttgart 2002-2003, S. 787-848.

— »Sowjetische Geschichte in der Zeitgeschichte Europas«, in: Alexander Nützenadel/Wolfgang Schieder (Hg.), *Zeitgeschichte als Problem. Nationale Traditionen und Perspektiven der Forschung in Europa*, Göttingen 2004 (= Sonderheft Geschichte und Gesellschaft), S. 225-256.

Poljakov, Ju. A., *Sovetskaja strana posle okončanija graždanskoj vojny. Territorija i naselenie*, M. 1986.

Poralla, Curt, »Die Wirtschaft zwischen den beiden Weltkriegen«, in: Werner Markert (Hg.), *Osteuropa-Handbuch: Polen*, Köln/Graz 1959, S. 69-97.

Porter, Andrew, *European Imperialism, 1860-1914*, Basingstoke 1994.

Portnov, V. P./Slavin, M. M., *Stanovlenie i razvitie konstitucionnogo zakonodatel'stva Sovetskoj Rossii 1917-1920 gg.*, Moskau 1987.

Pospielovsky, Dimitry, *The Russian Church under the Soviet regime: 1917-1982*, 2 Bde., Crestwood 1984.

Poulantzas, Nicos, *Staatstheorie. Politischer Überbau, Ideologie, autoritärer Etatismus*, Hamburg 2002.

Preobraženskij, E. A., *O morali i klassovych normach*, Moskau/Petrograd 1923.

Problemy ėkonomiki razvitogo socializma v SSSR, Alma-Ata 1974.

Problemy teorii i praktiki sovremennogo socializma, Moskau 1973.

Prodovol'stvennaja programma SSSR na period do 1990 goda i mery po ee realizacii. Materialy majskogo plenuma CK KPSS 1982 goda, Moskau 1982.

The Public Papers and Addresses of Franklin D. Roosevelt. With a Special Introduction and Explanatory Notes by President Roosevelt. Bd. 1940: *War – and Aid to Democracies*, New York 1941.

Razvitie i financirovanie obščestvennych fondov potreblenija, Moskau 1978.

Reed, John, *10 Tage, die die Welt erschütterten*, Berlin (Ost) 1983 (erstmals 1919).

Rees, E. A., *State Control in Soviet Russia. The Rise and Fall of the Worker's and Peasant's Inspectorate, 1920-1934*, London/New York 1987.

»Regierungserklärung des polnischen Ministerpräsidenten, Tadeusz Mazowiecki, vor dem Sejm in Warschau am 12. September 1989 (Auszüge)«, in: *Europa-Archiv. Zeitschrift für Internationale Politik. Dokumente* 45 (1990), S. D 162-D166.

Reidegeld, Eckart, *Staatliche Sozialpolitik in Deutschland. Historische Entwicklung und theoretische Analyse von den Ursprüngen bis 1918*, Opladen 1996.

Reiman, Michal, *Lenin-Stalin-Gorbačev. Kontinuität und Brüche in der sowjetischen Geschichte*, Hamburg 1987.

Reinhard, Wolfgang, »Das Wachstum der Staatsgewalt. Historische Reflexionen«, in: Ders., *Ausgewählte Abhandlungen*, Berlin 1997, S. 231-250.

— *Geschichte der Staatsgewalt: eine vergleichende Verfassungsgeschichte Europas von den Anfängen bis zur Gegenwart*, München 1999.

Rejsner, Larisa, *Izbrannoe*, Moskau 1965.

Rejsner, M., »Staroe i novoe«, in: *Krasnaja nov'* 1922, H. 2 (6), S. 276-285.

Renouvin, Pierre/Duroselle, Jean-Baptiste, *Introduction à l'histoire des relations internationales*, Paris ³1970.

Repressii protiv poljakov i polskich graždan, Moskau 1997.

Reshetar jr., John S., *The Soviet polity: government and politics in the USSR*, New York u. a. ³1989.

Rexhäuser, Rex, »Modernisierung und Revolution: Rußland im Jahre 1917«, in: Karl-Heinz Ruffmann/Helmut Altrichter (Hg.), *»Modernisierung« versus »Sozialismus«. Formen und Strategien sozialen Wandels im 20. Jahrhundert*, Erlangen 1983, S. 100-112.

Ribi, Rolf C., *Das Comecon. Eine Untersuchung über die Problematik der wirtschaftlichen Integration sozialistischer Länder*, Zürich/St. Gallen 1970.

Ricœur, Paul, *Zeit und Erzählung*, Bd. 1: *Zeit und Erzählung*, München 1988; Bd. 3: *Die erzählte Zeit*, München 1991.

Rigby, T. H., *Lenin's Government: Sovnarkom 1917-1922*, Cambridge etc. 1979.

Ritter, Gerhard A., *Der Sozialstaat. Entstehung und Entwicklung im internationalen Vergleich*, München ²1991.

Rittersporn, Gábor T., *Simplifications staliniennes et complications soviétiques: Tensions sociales et conflicts politiques en U.R.S.S. (1933-1953)*, Paris 1988.

— »The Omnipresent Conspiracy. On Soviet Imagery of Politics and Social Relations in the 1930s«, in: J. Arch Getty/Roberta T. Manning (Hg.), *Stalinist Terror. New Perspectives*, Cambridge 1993, S. 99-115.

Rogovin, V. Z., *Social'naja politika v razvitom socialističeskom obščestve (napravlenija, tendencii, problemy)*, Moskau 1980.

Rol'f, Mal'te, *Sovetskij massovyj prazdnik v Voroneže i central'no-černozemnoj oblasti Rossi 1927-1932*, Voronež 2000.

Rosenberg, William G., *Liberals in the Russian Revolution. The Constitutional Democratic Party, 1917-1921*, Princeton/NJ. 1974.

Rosental, M. M. (Hg.), *Lenin als Philosoph*, Frankfurt/M. 1971.

Rössler, Roman, *Kirche und Revolution in Rußland*, Köln/Wien 1969.

Rowney, Don K., *Transition to Technocracy. The Structural Origins of the Soviet Administration State*, Ithaca/London 1989.

Rusche, Georg/Kirchheimer, Otto, *Punishment and Social Structure*, New York 1939.

Russkaja pravoslavnaja cerkov' i kommunističeskoe gosudarstvo 1917-1941 gg., Moskau 1966.

Sacharow, Andrej D., *Wie ich mir die Zukunft vorstelle. Gedanken über Fortschritt, friedliche Koexistenz und geistige Freiheit*, Frankfurt/M./Zürich 1968.

— *Mein Leben*, München/Zürich 1991.

Šachnazarov, Georgij K., *Cena svobody. Reformacija Gorbačeva glazami ego pomoščnika*, Moskau 1993.

Safronov, V. P., *SSSR, SŠA i japonskaja agressija na dal'nem vostoke i tichom okeane, 1931-1945 gg.*, Moskau 2001.

Sakwa, Richard, *Soviet Communists in Power. A Study of Moscow during the Civil War, 1918-21*, Houndmills/London 1988.

Salmin, A. M., »Sojuz posle sojuza. Problemy uporjadočenija nacional'no - gosudarstvennych otnošenij v byvšem SSSR«, in: *Polis* 1992, H. 1-2, S. 34-55.

Šapoval, Jurij/Pristajko, Volodimir/Zolotar'ov, Vadim, *ČK-GPU-NKVD v Ukraini: osobi, fakti, dokumenti*, Kiev 1997.

Sapper, Manfred, *Die Auswirkungen des Afghanistan-Krieges auf die Sowjetgesellschaft. Eine Studie zum Legitimationsverlust des Militärischen in der Perestrojka*, Münster/Hamburg 1994.

Sauerland, Karol, *30 Silberlinge. Denunziation: Gegenwart und Geschichte*, Berlin 2000.

Schatrow, Michail, *Weiter... weiter... weiter...*, Köln 1988.

Scheibert, Peter, »Lenin, Bogdanov, and the Concept of Proletarian Culture«, in: Bernard W. Eissenstat (Hg.), *Lenin and Leninism. State, Law and Society*, Lexington/Mass. 1971, S. 43-57.

Schlesinger, Rudolf, *Changing Attitudes in Soviet Russia. The Family in the USSR*, London 1949.

Schlögel, Karl (Hg.), *Der große Exodus: die russische Emigration und ihre Zentren 1917 bis 1941*, München 1994.

Schmid, Josef, *Wohlfahrtsstaaten im Vergleich. Soziale Sicherungssysteme in Europa: Organisation, Finanzierung, Leistungen und Probleme*, Opladen 1996.

— /Niketta, Reiner, »Wohlfahrtsstaat: Krise und Reform im Vergleich«, in: Dies. (Hg.), *Wohlfahrtsstaat: Krise und Reform*, Marburg 1998, S. 13-31.

Schmidt, Hans Theodor, »Die neue sowjetische Gesetzgebung zum Straf- und Untersuchungshaftvollzug«, in: Reinhard Maurach/Boris Meissner (Hg.); *Sowjetstaat und Sowjetrecht nach Chruschtschow*, Stuttgart etc. 1971, S. 125-145.

Schönfeld, Roland, »Der Rat für gegenseitige Wirtschaftshilfe als Instrument sozialistischer ökonomischer Integration und sowjetischer Hegemonie«, in: Georg Brunner u. a. (Hg.), *Sowjetsystem und Ostrecht*, Berlin 1985, S. 687-700.

Schramm, Gottfried, »Grundmuster deutscher Ostpolitik 1918-1939«, in: Bernd Wegner (Hg.), *Zwei Wege nach Moskau. Vom Hitler-Stalin-Pakt bis zum »Unternehmen Barbarossa«*, München/Zürich 1991, S. 3-18.

Schroeder, Friedrich-Christian, *Wandlungen der sowjetischen Staatstheorie – mit einem Textanhang*, München 1979.

— »Rechtsstaat und sozialistische Gesetzlichkeit«, in: *Aus Politik und Zeitgeschichte* 19.01.1980, S. 3-15.

Schroeder, Gertrude E./Severin, Barbara S., »Soviet Consumption and Income Policies in Perspective«, in: Joint Economic Committee (Hg.), *Soviet Economy in a New Perspective*, Washington D.C. 1976, S. 624-635.

Schröder, Hans-Henning, »Lebendige Verbindung mit den Massen. Sowjetische Gesellschaftspolitik in der Ära Chruscev«, in: *Vierteljahreshefte für Zeitgeschichte* 34 (1986), S. 523-560.

— *Industrialisierung und Parteibürokratie in der Sowjetunion. Ein sozialgeschichtlicher Versuch über die Anfangsphase des Stalinismus (1928-1934)*, Wiesbaden 1988.

— »Der Stalinismus – ein totalitäres Regime? Zur Erklärungskraft eines politischen Begriffs«, in: *Osteuropa* 46 (1996), H. 2, S. 150-163.

— »Stalinismus »von unten«? Zur Diskussion um die gesellschaftlichen Voraussetzungen politischer Herrschaft in der Phase der Vorkriegsfünfjahrpläne«, in: Dietrich Geyer (Hg.) *Die Umwertung der sowjetischen Geschichte*, Göttingen 1991, S. 133-166.

— *Sowjetische Rüstungs- und Sicherheitspolitik zwischen »Stagnation« und »Perestrojka«. Eine Untersuchung der Wechselbeziehung von auswärtiger Politik und innerem Wandel in der UdSSR (1979-1991)*, Baden-Baden 1995.

Schüller, Alfred/Hamel, Hannelore, *Zur Mitgliedschaft sozialistischer Länder im internationalen Währungsfonds (IWF)*, Marburg 1984 (= Forschungsstelle zum Vergleich wirtschaftlicher Lenkungssysteme. Arbeitsberichte zum Systemvergleich Nr. 6, 1984).

Schultke, Dietmar, *»Keiner kommt durch«. Die Geschichte der innerdeutschen Grenze 1945-1990*, Berlin 1999.

Schultz, Helga (Hg.), *Bevölkerungstransfer und Systemwandel: ostmitteleuropäische Grenzen nach dem Zweiten Weltkrieg*, Berlin 1998.

— »Von der Nachkriegsordnung zur postsozialistischen Staatenwelt«, in: Dies. (Hg.), *Grenzen im Ostblock und ihre Überwindung*, Berlin 2001, S. 11-35.

Schulze, Winfried, *Der 14. Juli 1789: Biographie eines Tages*, Stuttgart 1989.

— »Ende der Moderne? Zur Korrektur unseres Begriffs der Moderne aus historischer Sicht«, in: Heinrich Meier (Hg.), *Zur Diagnose der Moderne*, Zürich 1990, S. 69-98.

Segbers, Klaus, *Der sowjetische Systemwandel*, Frankfurt/M. 1989.

Seiffert, Wolfgang, *Kann der Ostblock überleben? Der Comecon und die Krise des sozialistischen Wirtschaftssystems*, Bergisch Gladbach 1983.

Senjavskij, S. L., *Social'naja struktura sovetskogo obščestva v uslovijach razvitogo socializma (1961-1980 gg.)*, Moskau 1982.

Serebrjakova, Z. L., *Oblastnye ob-edenenija Sovetov Rossii (mart 1917 – dekabr' 1918)*, Moskau 1977.

Service, Robert, *Lenin. Eine Biographie*, München 2000.

Sharlet, Robert, »Legal Policy under Khrushchev and Brezhnev: Continuity and Change«, in: Donald D. Barry/George Ginsburgs/Peter B. Maggs (Hg.), *Soviet Law after Stalin*, Bd. 2: *Social Engineering Through Law*, Alphen aan den Rijn 1978, S. 319-330.

— /Beirne, Piers, »In Search of Vyshinsky: The Paradox of Law and Terror«, in: Piers Beirne (Hg.), *Revolution in Law. Contributions to the Development of Soviet Legal Theory, 1917-1938*, Armonk/London 1990, S. 136-156.

— *Soviet Constitutional Crisis. From De-Stalinization to Disintegration*, Armonk etc. 1992.

Shelley, Louise I., *Policing Soviet Society. The Evolution of State Control*, London/New York 1996.

Shkliarevsky, Gennady, *Labor in the Russian Revolution. Factory Committees and Trade Unions, 1917-1918*, New York 1993.

Shlapentokh, Vladimir, *Public and Private Life of the Soviet People. Changing Values in Post-Stalin-Russia*, New York etc. 1989.

Shteppa, Konstantin F., *Russian Historians and the Soviet State*, New York 1962.

Sidorova, M. I., *Obščestvennye fondy potreblenija i dochody kolchoznikov*, Moskau 1969.

Siegelbaum, Lewis H., *Stakhanovism and the Politics of Productivity in the USSR, 1935-1941*, Cambridge etc. 1988.

Simmel, Georg, »Soziologie des Raumes«, in: Ders., *Gesamtausgabe*, Bd. 7, Frankfurt/M. 1995, S. 132-183.

— »Das Problem der historischen Zeit«, in: Ders., *Gesamtausgabe*, Bd. 15, Frankfurt/M. 1995, S. 287-304.

Simon, Gerhard und Nadja, *Verfall und Untergang des sowjetischen Imperiums*, München 1993.

Sinjawskij, Andrej, *Der Traum vom neuen Menschen oder Die Sowjetzivilisation*, Frankfurt/M. 1989.

Sivochina, T. A., »Rol' VCIK v stanovlenii sovetskoj gosudarstvennosti (nojabr' 1917 - janver' 1918 g.)«, in: *Rossijskoe gosudarstvo i obščestvo, XX vek*, Moskau 1999, S. 27-37.

Škarovskij, Michail Vital'evič, »Poslednaja ataka na Russkuju Pravoslavnuju Cerkov´«, in: Ju. N. Afanas`ev (Hg.), *Sovetskoe obščestvo: Vozniknovenie, razvitie, istoričeskij final*, Bd. 2, Moskau 1997, S. 328-399.

— »Die russische Kirche unter Stalin in den 20er und 30er Jahren des 20. Jahrhunderts«, in: Manfred Hildermeier (Hg.), *Stalinismus vor dem Zweiten Weltkrieg*, München 1998, S. 233-254.

Skocpol, Theda, *States and Social Revolutions. A Comparative Analysis of France, Russia, and China*, Cambridge 1979.

— »Bringing the State back in: Strategies of Analysis in Current Research«, in: Evans, Peter B./Rueschemeyer, Dietrich/Dies. (Hg.), *Bringing the State back in*, Cambridge u. a. 1985, S. 3-43.

— *Social Revolutions in the Modern World*, Cambridge 1994.

Skutella, Martin (Hg.), *S. Avreli Augustini Confessionum*, Bd. 13, Stuttgart 1969.

Slutsch, Sergej, »Die deutsch-sowjetischen Beziehungen im Polenfeldzug und die Frage des Eintritts der UdSSR in den Zweiten Weltkrieg«, in: Bianka Pietrow-Ennker (Hg.), *Präventivkrieg? Der deutsche Angriff auf die Sowjetunion*, Frankfurt/M. 2000, S. 95-112.

Smirnova, T. M., »Byvšie. Štrichi k social'noj politike sovetskoj vlasti«, in: *Otečestvennaja istorija* 2000, H. 2, S. 37-48.

Smith, Glen Alden, *Soviet Foreign Trade. Organization, Operations, and Policy, 1917-1971*, New York etc. 1973.

Sobell, Vladimir, *The Red Market. Industrial Co-operation and Specialisation in Comecon*, Aldershot 1984.

Sofinov, P. G., *Očerki istorii Vserossijskoj Črezvyčajnoj Komissii (1917-1922 gg.)*, Moskau 1960.

Sofsky, Wolfgang, *Traktat über die Gewalt*, Frankfurt/M. 1996.

Sokolov, A. K. (Hg.), *Golos naroda: pis'ma i otkliki rjadovych sovetskich graždan o sobytijach 1918-1932 gg.*, Moskau 1998.

Sokolov, N. A., *Ubijstvo carskoj semi*, Paris 1925.

Sokolov, N. G., »Nalogovaja politika v derevne v pervye gody Sovetskoj vlasti (1917-1920 gg.)«, in: *Istoričeskie zapiski* 113 (1986), S. 76-111.

Solomon Jr., Peter H., *Soviet Criminal Justice under Stalin*, Cambridge 1996.

Sorokin, Pitirim, *Die Soziologie der Revolution*, München 1928.

Soveščanija Kominforma. 1947, 1948, 1949. Dokumenty i materialy, Moskau 1998.

Sovetskij faktor v vostočnoj Evrope 1944-1953. Dokumenty, 2 Bde., Moskau 1999-2002.

Sovetskij Sojuz i vengerskij krizis 1956 goda. Dokumenty, Moskau 1998.

Spaemann, Robert, »Ende der Modernität?« In: Peter Koslowski/Robert Spaemann/Reinhard Löw (Hg.), *Moderne oder Postmoderne? Zur Signatur des gegenwärtigen Zeitalters*, Weinheim 1986, S. 19-40.

Spulber, Nicolas, *The Economics of Communist Eastern Europe*, New York/London 1957.

SSSR-Pol'ša. Mechanizmy podčinenija. 1944-1949 gg., Moskau 1995.

Stalin, I. V., »Ėkonomičeskie problemy socializma v SSSR«, in: *Vestnik AN SSSR* 1952, H. 9, S. 20.

Stalin, J. W., *Fragen des Leninismus*, Moskau 1947.

— »Das Jahr des großen Umschwungs. Zum 12. Jahrestag des Oktober«, in: Ders., *Werke*, Bd. 12, Berlin (Ost) 1954, S. 105-120.

— »Rechenschaftsbericht an den XVII. Parteitag über die Arbeit des ZK der KPdSU (B)«, in: Ders., *Werke*, Bd. 13, Berlin (Ost) 1955, S. 252-336.

Stanziani, Alessandro, »La gestion des approvisionnements et la restauration de la gosudarstvennost'. Le Narkomprod, l'armée et les paysans, 1918-1921«, in: *Cahiers du monde russe* 38 (1997), S. 83-116.

Steinberg, Dmitri, *The Soviet Economy 1970-1990. A Statistical Analysis*, San Mateo/Cal. 1990.

Steinberg, Isaak, *Gewalt und Terror in der Revolution. Das Schicksal der Erniedrigten und Beleidigten in der russischen Revolution*, Berlin 1981 (zuerst 1931).

Stepanjan, C. A./Friš, A. S. (Hg.), *Razvitoj socializm i aktual'nye problemy naučnogo kommunizma*, Moskau 1979.

Stepanov, A. I., »Psichologičeskie i ėtnokul'turnye posledstvija massovogo terrora«, in: *Revoljucija i čelovek: social'no-psichologičeskij aspekt*, Moskau 1996, S. 201-222.

Stępień, Stanisław, »Die polnisch-ukrainische Grenze in den zurückliegenden fünfzig Jahren«, in: Helga Schultz (Hg.), *Grenzen im Ostblock und ihre Überwindung*, Berlin 2001, S. 259-271.

Stiller, Pavel, *Sozialpolitik in der UdSSR 1950-80. Eine Analyse der quantitativen und qualitativen Zusammenhänge*, Baden-Baden 1983.

Stites, Richard, *Revolutionary Dreams: Utopian Vision and Experimental Life in the Russian Revolution*, New York u. a. 1989.

Studer, Brigitte/Unfried, Berthold, *Der stalinistische Parteikader: identitätsstiftende Praktiken und Diskurse in der Sowjetunion der dreißiger Jahre*, Köln 2001.

Sud palača. Nikolaj Vavilov v zastenkach NKVD. Biografičeskij očerk. Dokumenty, Moskau 1999.

Suni, L. V., »Ingermanlandskie Finny: Istoričeskij očerk«, in: *Finny v Rossii: Istorija, kul'tura, sud'by. Sbornik naučnych statej*, Petrozavodsk 1998, S. 4-25.

Suny, Ronald Gregory, *The Revenge of the Past. Nationalism, Revolution and the Collapse of the Soviet Union*, Stanford 1993.

— »Ambiguous Categories: States, Empires, Nations«, in: *Post-Soviet Affairs* 11 (1995), S. 185-196.

Suslov, M. A., »Obščestvennye nauki – boevoe oružie partii v stroitel'stve kommunizma«, in: *Kommunist* 1972, Nr. 1, S. 18-30.

Szporluk, Roman, »The Fall of the Tsarist Empire and the USSR: The Russian Question and Imperial Overextension«, in: Karen Dawisha/Bruce Parrott (Hg.), *The End of Empire? The Transformation of the USSR in Comparative Perspective*, New York/London 1997, S. 65-93.

Tan-Bogoraz, V. G., »Staryj i novy byt«, in: Ders. (Hg.), *Staryj i novyj byt*, Leningrad 1924, S. 5-25.

Tanner, Väinö, *The Winter War. Finland against Russia 1939-1940*, Stanford/Cal. 1957.

Teorija gosudarstva i prava, Moskau ²1974.

Theunissen, Michael, *Negative Theologie der Zeit*, Frankfurt/M. 1991.

Thompson, Edward P., *The Making of the English Working Class*, Harmondsworth ²1968.

— »The Moral Economy of the English Crowd in the 18th Century«, in: *Past and Present* 50 (1971), S. 76-136.

— *Das Elend der Theorie: zur Produktion geschichtlicher Erfahrung*, Frankfurt/M. 1980.

Timasheff, N. S., »Russian Imperialism or Communist Aggression«, in: Waldemar Gurian (Hg.), *Soviet Imperialism. Its Origins and Tactics*, Notre Dame/Indiana 1953, S. 17-42.

Tiryakian, Edward, »Modernization: Exhumetur in Pace (Rethinking Macrosociology in the 1990s)«, in: *International Sociology* 6 (1991), S. 165-180.

Tocqueville, Alexis de, *Demokratie in Amerika. Grundlagen und Kritik*, Mannheim 1950.

Tomson, Edgar, *Der Ministerrat der UdSSR*, Berlin 1980.

Toulmin, Stephen, *Kosmopolis. Die unerkannten Aufgaben der Moderne*, Frankfurt/M. 1991.

Touraine, Alain, »Krise und Wandel des sozialen Denkens«, in: Johannes Berger (Hg.), *Die Moderne - Kontinuität und Zäsuren*, Göttingen 1986, S. 15-40.

Tri visita A. Ja. Vyšinskogo v Bucharest. 1944-1946 gg. Dokumenty rossijskich archivov, Moskau 1998.

Trockij, L. D., *Kak vooružalas' revoljucija*, 3 Bde., Moskau 1923.

Trotzki, Leo, *Mein Leben. Versuch einer Autobiographie*, Frankfurt/M. 1974.

Tschudi, Daniela, »Nagajka und Blume. Über den jungen Milizionär Murin und die bolschewistische Herrschaft im Gouvernement Smolensk 1919«, in: Corinna Kuhr-Korolev/Stefan Plaggenborg/Monica Wellmann (Hg.), *Sowjetjugend 1917-1941. Generation zwischen Revolution und Resignation*, Essen 2001, S. 169-194.

Tucker, Robert C., *Political Culture and Leadership in Soviet Russia. From Lenin to Gorbachev*, Brighton 1987.

Tych, Feliks, »Drei unbekannte Briefe Rosa Luxemburgs über die Oktoberrevolution«, in: *Internationale wissenschaftliche Korrespondenz zur Geschichte der deutschen Arbeiterbewegung* 27 (1991), S. 357-366.

Uhl, Matthias/Wagner, Armin (Hg.), *Ulbricht, Chruschtschow und die Mauer. Eine Dokumentation*, München 2003.

Uschakow, Alexander, *Der Rat für gegenseitige Wirtschaftshilfe (Comecon)*, Köln 1962.

Vaňous, Jan, »East European Economic Slowdown«, in: *Problems of Communism* 31 (1982), S. 1-19.

— »Macroeconomic Adjustment in Eastern Europe in 1981-83: Response to Western Credit Squeeze and Deteriorating Terms of Trade With the Soviet Union«, in: Joint Economic Committee (Hg.), *East European Economies: Slow Growth in the 1980's*, Bd. 1: *Economic Performance and Policy*, Washington D.C. 1985, S. 22-56.

Váradi, Monika Mária, »Pinkamindszent (Allerheiligen). Verlustgeschichte einer Grenzgemeinde. Ein alternativer Forschungsbereicht«, in: Peter Haslinger (Hg.), *Grenze im Kopf. Beiträge zur Geschichte der Grenze in Ostmitteleuropa*, Frankfurt/M. 1999, S. 141-156.

Varga, Èva, »Technische und mentalitätsgeschichtliche Aspekte des Eisernen Vorhangs an der österreichisch-ungarischen Grenze 1949-1956«, in: Peter Haslinger (Hg.), *Grenze im Kopf. Beiträge zur Geschichte der Grenze in Ostmitteleuropa*, Frankfurt/M. 1999, S. 115-126.

Vatlin, Aleksandr Ju. u. a., *Kak lomali NĖP. Stenogrammy plenumov CK VKP (b) 1928-1929 gg.*, 5 Bde., Moskau 2000.

Vatlin, Alexander, *Tatort Kunzewo. Opfer und Täter des Stalinschen Terrors 1937/38*, Berlin 2003.

Veretenikov, V. G.,/Ržanicyna, L. S., *Obščestvennye fondy potreblenija i social'noe planirovanie*, Moskau 1981.

Vichavajnen, Timo, *Stalin i Finny*, St. Petersburg 2000.

Viola, Linn, »Kollektivizacija i Rjazanskij okrug 1929-1930 gg.«, in: Dies./Sergej V. Žuravlev/Trėsi MakDonald/Andrej N. Mel'nik (Hg.), *Rjazanskaja derevnja v 1929-1930 gg. Chronika golovokruženija. Dokumenty i materialy*, Moskau 1998.

Vnešnjaja torgovlja SSSR 1922-1981. Jubilejnyj statističeskij sbornik, Moskau 1982.

Vogel, Heinrich (Hg.), *Die sowjetische Intervention in Afghanistan: Entstehung und Hintergründe einer weltpolitischen Krise*, Baden-Baden 1980.

Vogel, Klaus A., »Wo Sprache endet. Der Bericht des Anton Prätorius über die Folter und das Problem der selektiven Empathie«, in: Markus Meumann/Dirk Niefanger (Hg.), *Ein Schauplatz herber Angst. Wahrnehmung und Darstellung von Gewalt im 17. Jahrhundert*, Göttingen 1997, S. 188-204.

Volkov, Ju. E. u. a. (Hg.), *Razvitoj socializm*, Moskau 1978.

Volokitina, T. V. (Hg.), *Vostočnaja Evropa v dokumentach rossijskich archivov 1944-1953 gg.*, 2 Bde., Moskau/Novosibirsk 1997-1998.

— (Hg.), *Sovetskij faktor v vostočnoj Evrope 1944-1953*, 2 Bde., Moskau 1999-2002.

VSChON. Programma, sud, v tjurmach i lagerjach, Paris 1975.

Voslenskij, Michail, *Nomenklatura: die herrschende Klasse der Sowjetunion*, Wien [3]1980.

Vucinich, Alexander, *Social Thought in Tsarist Russia. The Quest for a General Science of Society, 1861-1917*, Chicago/London 1976.

Wädekin, Karl-Eugen, *Die Bezahlung der Arbeit in der sowjetischen Landwirtschaft*, Berlin 1972.

Wagner, Peter, *Soziologie der Moderne. Freiheit und Disziplin*, Frankfurt/M./New York 1995.

Wagner, Ulrich H. E., *Finnlands Neutralität. Eine Neutralitätspolitik mit Defensivallianz*, Hamburg-Volksdorf 1974.

Walter, Franz, »Verteidigungsausgaben der UdSSR. Dimensionen und Entwicklungstendenzen«, in: Hannes Adomeit/Hans-Hermann Höhmann/Günther Wagenlehner (Hg.), *Die Sowjetunion als Militärmacht*, Stuttgart 1987, S. 134-156.

Wallerstein, Immanuel, *The Modern World-System*, Bd. 1: *Capitalist Agriculture and the Origins of the European World-Economy in the Sixteenth Century*, New York etc. 1974.

Weber, Max, *Wirtschaft und Gesellschaft. Grundriss der verstehenden Soziologie*, Berlin 1964.

Wehler, Hans Ulrich, *Bismarck und der Imperialismus*, Köln 1969.

Wehner, Markus, »Golod 1921-1922 gg. v Samarskoj Gubernii i reakcija sovetskogo pravitel'stva«, in: *Cahiers du monde russe* 38 (1997), S. 223-242.

Weitz, Siegfried C., *Verwahrlosung, Delinquenz und Resozialisierung Minderjähriger in der Sowjetunion: zur Geschichte eines sozialpädagogischen Problems, dargestellt am Beispiel der Russischen Sowjetrepublik 1917-1935*, Marburg 1978.

— *Materialien zur Geschichte der Jugendverwahrlosung in der Sowjetunion*, 2 Bde., Marburg 1990.

Weizsäcker, Carl Friedrich von, *Der bedrohte Friede. Politische Aufsätze 1945-1981*, München u. a. 1981.

Wellmann, Monica, *Zwischen Militanz, Verzweiflung und Disziplinierung. Jugendliche Lebenswelten in Moskau 1920-1930*, Zürich 2005.

Welsch, Wolfgang, *Unsere postmoderne Moderne*, Berlin [4]1993.

Wendorff, Rudolf, *Zeit und Kultur. Geschichte des Zeitbewußtseins in Europa*, Opladen [3]1985.

Werth, Nicolas, »Ein Staat gegen sein Volk. Gewalt, Unterdrückung und Terror in der Sowjetunion«, in: Stéphane Courtois u. a. (Hg.), *Das Schwarzbuch des Kommunismus. Unterdrückung, Verbrechen und Terror*, München/Zürich 1998, S. 51-298.

Wildman, Alan K., *The End of the Russian Imperial Army*, 2 Bde., Princeton 1987.

Wildt, Michael, »Die politische Ordnung der Volksgemeinschaft. Ernst Fraenkels ›Doppelstaat‹ neu betrachtet«, in: *Mittelweg* 36, Jg. 12, H. 2, 2003, S. 45-61.

Wilensky, Harold L., *The Welfare State and Equality. Structural and Ideological Roots of Public Expenditures*, Berkeley 1975.

Williams, Robert C., *The other Bolsheviks. Lenin and his Critics, 1904-1914*, Bloomington/Indianapolis 1986.

Whitrow, G. J., *Die Erfindung der Zeit*, Hamburg 1991.

Wolle, Stefan/Kowalczuk, Ilko-Sascha, *Roter Stern über Deutschland. Sowjetische Truppen in der DDR*, Berlin 2001.

Wulff, Moshe, »Zur Stellung der Psychoanalyse in der Sowjetunion«, in: *Die psychoanalytische Bewegung* 2 (1930), S. 70-75.

Zacharov, M. L., *Pensii rabočim i služaščim*, Moskau 1983.

Zagorul'ko, M. M. (Hg.), *Voennoplennye v SSSR 1939-1956. Dokumenty i materialy*, Moskau 2000.

Zakonodatel'stvo o religioznych kul'tach: sbornik materialov i dokumentov. Perepečatka s sovetskogo izdanija »Dlja služebnogo pol'zovanija«, New York 1981.

Zaleski, Eugène, *Planification de la croissance et fluctuations économiques en U.R.S.S.*, Bd. 1: *1918-1932*, Paris 1962.

— *Planning Reforms in the Soviet Union: an Analysis of Recent Trends in Economic Organization and Management*, Chapel Hill 1967.

— *Stalinist Planning for Economic Growth, 1933-1952*, Chapel Hill 1980.

Zarone, Guiseppe, »Realität und Rätsel der Zeit«, in: Tilo Schabert/Matthias Riedl (Hg.), *Das Ordnen der Zeit*, Würzburg 2003, S. 161-174.

Zeman, Z. A. B., *The Making and Breaking of Communist Europe*, Oxford 1991.

Zemcov, Il'ja, *Krach ėpochi*, Bd. 1: *Andropov, Černenko, Gorbačev ... poslednie kommunisty v Kremle*, Moskau 1999.

Zima, V. F., *Golod v SSSR 1946-1947 godov: proischoždenie i posledstvija*, Moskva 1996.

Zloch-Christy, Iliana, *Debt Problems of Eastern Europe*, Cambridge etc. 1987.

Zotschew, Theodor, »Der Außenhandel Polens«, in: Werner Markert (Hg.), *Osteuropa-Handbuch: Polen*, Köln/Graz 1959, S. 487-504.

Zubok, Vladislav/Pleshakov, Constantine, *Inside the Kremlin's Cold War. From Stalin to Khrushchev*, Cambridge/Mass. 1996.

Zubov, A. B., »Sovetskij Sojuz: iz imperii – v ničto?«, in: *Polis* 1992, H. 1-2, S. 56-74.

Žukov, V. N./Ol'sevič, Ju. Ja., *Teoretičeskie i metodologičeskie problemy soveršenstvovanija cenoobrazovanija na rynke SEV*, Moskau 1969.

Žurav'lev, Sergej. V., »Dokumental'naja istorija četvertoj rossijskoj revoljucii«, in: Linn Viola u. a. (Hg.), *Rjazanskaja derevnja v 1920-1930gg. Chronika golovokruženija. Dokumenty i materialy*, Moskau 1998, S. VI-XXI.

Zwass, Adam, *Der Rat für gegenseitige Wirtschaftshilfe 1949-1987. Der dornige Weg von einer politischen zu einer wirtschaftlichen Integration*, Wien/New York 1988.

XVIII s-ezd VKP (b). Stenografičeskij otčet, Moskau 1939.

XIX s-ezd KPSS, Bjulleten' Nr. 1, Moskau 1952.

XXIII s-ezd Kommunističeskoj Partii Sovetskogo Sojuza. Stenografičeskij otčet, Bd. 1, Moskau 1966.

XXIV s-ezd Kommunističeskoj Partii Sovetskogo Sojuza 30 marta-9 aprelja 1971 goda. Stenografičeskij otčet, Bd. 1, Moskau 1971.

XXV s-ezd Kommunističeskoj Partii Sovetskogo Sojuza. Stenografičeskij otčet, Bd. 1, Moskau 1976.